KB042383

다시 읽고 싶은

한국행정학 좋은 논문 10선

박순애 · 구민교 편

강신택 · 권혁주 · 김동건
김신복 · 김영평 · 안병만
안용식 · 유민봉
정용덕 · 정윤수

박영사

머리말

본서는 인사, 조직, 재무 등 국내 행정학의 세부 연구 분야 및 정책학 분야에서 이론적 및 경험적 기여가 뛰어난 논문을 재 발굴하여 소개함과 동시에 이에 대한 현대적 해제를 제시하여 행정학의 발전에 기여한 연구들이 사장(死藏)되지 않고 지속적으로 후속 연구에 활용될 수 있게 하자는 취지로 기획되었습니다.

현대 한국 행정학은 타 순수학문 분야에 비해 젊은 학문 분야이지만 여러 선학(先學)들의 노고 덕분에 그간 행정학계에는 '고전'으로 불러도 손색이 없을 만한 저술과 논문들이 많이 축적되어 왔습니다. 그러나 일반 저서와는 달리 학술논문은 일반인들이 접근하기 어려울 뿐만 아니라 최근 들어 여러 학술지 논문들이 폭증함에 따라 일반 학자들의 관심도 끌기 어려워졌습니다. 이러한 안타까운 현실을 타개하기 위해 2014년부터 시작된 노력의 첫 결실은 2015년 3월 『다시 읽고 싶은 한국행정학 좋은 논문 14선』으로 출판되었습니다.

정부의 역할에 대한 논의, 정부 관료제 및 관리에 관한 논의, 지방자치와 관련한 논의를 큰 줄기로 삼아 행정에 관한 이야기를 풀어 간 전편에 대한 독자들의 높은 호응에 힘입어 본 후속편 준비는 크게 뜸을 들이지 않고 전편의 출판과 동시에 시작할 수 있었습니다. 전편과 마찬가지로 우리나라 행정학에 대한 본격적인 고찰이 이루어진 1970년대 이후의 연구물들을 중심으로 전편에서 다루지 못한 주제에 관한 연구 논문 중에서 현재에도 시사점을 줄 수 있는 논문들을 선별하였습니다.

본서는 한국적 행정학의 이론화 노력, 행정이 추구하는 가치의 한국적 재발견, 또는 그간 추진되었던 행정개혁 노력을 살펴보는 열 편의 논문으로 구성됩니다.

"한국국회의 예산심의과정(제6대 국회)"은 국회의 예산심의과정이 연구대상입니다. 저자는 4,000여 페이지에 달하는 예산심의과정 속기록을 중심으로 제3공화국 시기인 제6대 국회(1963년 12월 17일 개원)의 예산심의과정을 체제이론을 통해 밀도 있게 분석합니다. 방대한 속기록 자료를 분석하는 것은 요즘도 어려운 일인데, 40여 년 전에 이미 선구적인 연구가 이루어졌다는 것이 놀라울 따름입니다. 본 논문은 예산을 증액하려는 상임위원회와 정부원안에 근접하려는 예산결산위원 간의 역할 차이를 밝혀냈습니다. 예나 지금이나 예산심의과정은 대단히 정치적인 과정으로 국회와 행정부, 예산 편성자와 심의자, 여당과 야당의 역할에 따라 다양한 이해관계가 만나서 이를 조정하고 타협하는 과정입니다. 선진국에서는 사회적 갈등을 예산상의 계수로 조정하여 수렴하고 해소하지만 우리나라는 예산상의 계수를 이념적, 사회적 갈등으로 증폭시키는 경향이 과거에 비해 더욱 강화되고 있다는 것이 본 연구의 가장 중요한 정책적 시사점이 아닐까 합니다.

"한국 규제정책의 평가: 「8·3긴급경제조치」의 경우를 중심으로"는 「8·3긴급경제조치」가 분석대상입니다. 1972년 8월 3일 박정희 대통령은 「경제의 성장과 안정에 관한 긴급명령」, 즉 「8·3 사채동결긴급조치」를 선포합니다. 동 조치의 골자는 기업과 사채권자의 모든 채권·채무관계는 1972년 8월 3일 현재로 무효화되고 새로운 계약으로 대체된다는 것이었습니다. 이는 시장경제 체제에서는 상상하기 어려운 전무후무한 조치였습니다. 저자는 당시 국내 행정학계에서는 생소하였던 정부규제이론의 관점에서 이를 체계적으로 분석합니다. 그러나 흥미로운 점은 예나 지금이나 한국의 공공정책은 미국 행정학에서 개발된 이론만으로는 모두 설명할 수 없다는 것입니다. 저자는 효율성과 효과성 극대화, 비밀주의와 하향식 '충격요법', 경제 엘리트 위주의 배제주의 등을 한국적 정책결정의 주요 특징으로 꼽습니다. 단일사례의 분석을 통해서 내린 결론이 현재의 관점에서도 유효하다는 것이 놀라울 정도로 흥미롭습니다.

"조선총독부하 일본인관료의 사회적 배경"은 조선 총독부하 일본인 관료의 사회적 배경을 분석한 논문입니다. 광복 70주년, 한일수교

50주년이 지났지만 우리 사회에는 여전히 주기적인 친일논쟁에 휘말립니다. 그러나 놀랍게도 조선총독부 관료제를 학문적인 관점에서 접근하고 체계적으로 분석한 논문은 찾아보기 어렵습니다. 그런 면에서 볼 때 본 논문은 학술적으로나 경험적으로 매우 중요한 기여가 아닐 수 없습니다. 저자가 분석한 방대한 양의 사료들은 후학들에게 경이롭기만 합니다. 아울러 불과 몇 년 지난 일들도 쉽게 잊는 오늘날의 세태에 많은 경종을 울려줍니다. 저자의 말대로 역사는 어제, 오늘, 내일의 구분 없이 끊임없이 흘러가는 강물과 같습니다. 거창한 역사가 따로 존재하는 것이 아니라 오늘이 바로 내일의 역사가 되고, 오늘의 역사는 어제가 있었기 때문에 가능한 것이라는 평범한 진리를 다시 깨닫게 됩니다. 최근 역사교과서 국정화 논란도 있었습니다만, 우리에게 사무치고 뼈아픈 역사를 외면하는 것이 능사는 아닐 것입니다. 저자가 지금까지 기울인 노력처럼 이를 한데 모아 제대로 정리하는 일이야말로 오늘의 우리가 해야 할 과제일 것입니다.

"한국의 정치행정문화: 전통성의 연속과 변화에 관한 연구"는 조선시대 – 일제시대 – 해방 이후 현대에 이르기까지 관료제의 연속성과 변화를 연구대상으로 합니다. 본 논문은 한국의 정치·행정 문화에 대한 올바른 이해를 위해서는 유교문화로부터 비롯된 우리의 관료제 문화에 대한 정확한 인식이 중요하다는 점을 알려줍니다. 한 때 유교문화는 권위주의 문화의 온상으로 지탄의 대상이 되기도 했습니다. 특히 개인주의 사상에 근간을 둔 서구의 자유주의 사상과 양립 불가능한 것으로 여겨져서 신자유주의적 개혁 노력의 '공공의 적'으로 여겨지기도 했습니다. 그러나 최근 들어 국내 행정학계에서 유교문화의 역할에 대한 보다 진지하고 균형 잡힌 분석 노력이 전개되고 있다는 점은 매우 다행스러운 일입니다. 35년 전에 작성된 이 논문과 그간의 저자의 노력이 이러한 학계의 노력에 마중물이 되었다는 생각이 듭니다.

"정책이론에서 합리성의 한계와 모순의 관리"는 합리성의 한계와 모순의 관리에 관한 저자의 통찰력을 보여줍니다. 합리성은 행정이 추구하는 중요한 가치 중의 하나입니다. 대부분의 사람들은 가장 이상적인 정부 정책은 합리적인 토론과 의견수렴을 거쳐 결정되고 원칙 있고 일관되게 집행될 것으로 기대합니다. 국가의 미래를 결정하는 중차대한 정책의 경우 더욱 그러합니다. 그러나 모든 경우의 수와 그에 따르는 불확실성을 정확하게 예측하여 정책목표에 가장 적합한 수단을 선택하고 기대되는 효과를 거둘 수 있는 방법은 없습니다. 모든 정책은 그 결과를 알기 전에 제한된 합리성을 가진 개인이나 집단에 의해 결정될 수밖에 없기 때문입니다. 모든 정책은 합리적으로 결정되고 집행되어야 한다는 기대는 한갓 이상론일 뿐이라는 것이 저자의 주장입니다. 이의 대안으로 저자는 '모순의 관리', 불확실성이 클수록 더 신중하게 정책을 추진하는 '점증주의'를 제안합니다. 그러나 결국 모순의 관리를 통한 점증주의적 정책결정방식도 합리성을 배제하는 것이 아니라 이를 추구하는 가장 현실적인 방법, 즉 '진화적 합리성'이라는 것이 저자의 혜안입니다.

"한국행정에서 사회적 평등과 발전: 사회정책을 중심으로"는 행정이 추구하는 또 하나의 중요한 가치인 '평등'을 분석대상으로 합니다. 본 논문은 사회적 평등을 기회의 평등과 사회적 약자의 보호라는 두 가지 구성개념으로 설정하고, 이러한 시각에서 급격한 산업화를 통한 경제발전을 이룬 한국의 사회적 평등을 분석하고 있습니다. 본 논문이 지적하는 바와 같이 개발연대의 성공신화는 그 이전의 토지개혁과 교육기회의 대폭적인 확대 등을 통해 이루어진 사회적 평등의 토대 위에서 가능했다는 것은 매우 중요한 정책적 함의를 갖습니다. 아울러 한국의 사회적 불평등이 산업화 과정에서 급격히 악화되지 않았다는 점은 '성장'이냐 '분배'냐를 놓고 평행선을 그으며 벌어지고 있는 우리 사회의 논쟁에 큰 시사점을 줍니다. 사회적 불평등의 심화는 결국 성장의 잠재력을 갉아먹는다는 명제를 한국의 후기산업화 과정이 잘 보여주고 있습니다. 소득 불평등의 심화, 세대간-지역간-남녀간 기회의 불평의 심화가 비단 한국만의 현상은 아니지만, 3포와 5포를 넘어 7포 세대라는 자조적인 목소리가 나오고 있는 요즘, 본 논문이 던지는 화두는 여전히 무겁기만 합니다.

"한국 현실에 타당한 주인의식의 개념화와 측정도구 개발: 공공기관의 구성원을 대상으로"는 한국 현실에 타당한 주인의식의 개념화와 측정도구 개발을 목표로 합니다. 본 논문의 문제의식은 행정학 연구에서 중요한 위치를 차지하는 설문조사의 과학적 엄밀성을 확보하지 않고는 행정학의 발전을 담보할 수 없다는 것입니다. 지금도 많은 행태론 연구들이 한국의 행정현상에 대한 맥락적 이해 없이 외국에서 개념화되고 개발된 설문에 무비판적으로 의존한 채 행해지고 있습니다. 이러한 연구들의 현실 적합성이 높을리 없습니다. 때로는 이러한 연구 결과들이 아무런 여과장치 없이 정책에 반영되기도 합니다. 매우 위험한 일입니다. 물론 외국에서 개발된 개념과 측정도구들이 어느 정도 보편성을 갖고 있는 것이 사실입니다. 그러나 한국적 특수성을 무시한 채 이루어지는 설문조사나 연구는 타당성을 갖기 어렵다는 것이 본 논문이 제시하는 결론의 핵심입니다. 지금도 많은 연구자들이 가슴에 새겨야 할 지적입니다.

"세계화와 공공부문 개혁"은 세계화에 따른 공공부문 개혁의 바람이 드세게 불기 시작한 김대중 정부 시절을 분석 대상으로 합니다. 지금은 신자유주의에 대한 비판적 담론이 넘쳐나지만 불과 20여 년 전인 1990년대 말에 신공공관리(NPM)라는 생소한 용어를 등에 업고 등장한 공공부문 개혁 논리는 전가의 보도와도 같았습니다. 서구 국가들에서 신공공관리주의에 대한 확신은 이미 1970년대 말에 확립되었다는 점에 비추어 볼 때 국내 행정학계에는 이 논리가 상당히 늦게 도입된 셈입니다. 그러나 그 도입은 늦었지만 개혁의 강도와 범위는 전례 없이 강하고 넓었습니다. 저자는 김대중 정부 후반 시기에「정부혁신추진위원회」위원장직을 2년 가까이 맡은 경험을 바탕으로 신공공관리주의에 따른 공공부문 개혁 노력을 비판적으로 분석합니다. 많은 논란에도 불구하고 신공공관리주의를 도입하여 정부의 경쟁력과 효율성을 제고시키려 한 것은 세계적인 흐름에 비추어 적절한 대응이었다는 결론은 다시 음미해 볼 만합니다.

"교육개혁추진상의 영향요인과 저항"은 1990년대 중반의 시점에서 1980년대 중반부터 추진되어 온 교육개혁이 연구대상입니다. 교육은 국가 백년대계라고 합니다. 올바른 교육이 국가발전을 위한 기초가 되기 때문입니다. 따라서 역대 대통령은 교육개혁에 대한 지대한 관심을 보여 왔습니다. 그럼에도 불구하고 지금까지의 많은 개혁 노력들은 소기의 성과를 거두지 못하고 표류해 왔습니다. 저자는 교육개혁심의회의 전문위원단장(1985년~1987년)을 맡아 직접 개혁 작업에 참여한 경험을 바탕으로 1985년부터 1995년에 걸친 기간 동안 시도된 다양한 개혁 논의와 그 실패 원인들을 통시적으로 분석합니다. 이 논문의 분석결과는 그간의 교육개혁 노력을 집대성 한 것으로 평가되는 1995년 5·31개혁안 등 김영삼 정부에서 도입된 일련의 개혁안 성안 과정에서 직간접적으로 영향을 미친 것으로 평가됩니다. 저자는 또한 2002년~2003년에 걸쳐 교육인적자원부 정책자문위원장과 차관을 역임하면서 본 연구 결과를 많이 활용하였다고 전합니다.

　　"복지시설 민간위탁과정에 대한 평가: 서울시 청소년시설 위탁운영기관 선정 사례"는 신공공관리론적 공공부문 개혁의 일환으로 실시된 복지시설 민간위탁 과정에 대한 평가를 연구대상으로 합니다. 저자는 특히 서울시 청소년 시설의 위탁운영기관 선정에 대한 사례분석을 통해 민간부문의 활력과 전문성을 공공부문에 접목시키기 위한 노력의 의의와 한계를 평가하고 있습니다. 일견 성과주의에 입각한 신공공관리론적 행정개혁이 많은 성과를 낸 것이 사실입니다. 여러 개도국들은 물론 선진국들도 이러한 성과에 많은 관심을 보이고 있는 것은 고무적인 일입니다. 하지만 여전히 정부혁신이 내재화 되었다고 판단하기에는 미흡한 점이 많습니다. 저자가 지적하는 정부의 학습능력 부족은 매우 중요한 시사점을 갖습니다. 정책이 실패하는 것 자체가 문제가 아니라 그러한 실패로부터 배우지 못 하는 것이 더 큰 문제인 것입니다. 앞서 "정책이론에서 합리성의 한계와 모순의 관리"에서 논의한 '진화적 합리성'이 왜 필요한지 확인시켜주는 논문이라고 할 수 있겠습니다.

　　전편과 마찬가지로 본 편에 실린 논문들은 각기 다른 주제와 시각으로 집필되었지만, 공통적으로 정부의 성과제고 및 국정운영에 관한 철학을 심도 있게 다루고 있습니다. 본 편이 나오기까지 많은 관심과 성원을 보내주신 서울대학교 행정대학원 명예 교수님들과 현직 교수님들, 그리고 행정학계에서 활발하게 연구 활동을 지속하고 계신 여러 교수님들께 감사드립니다. 더불어 책의 발간과정에서 물심양면으로 지원을 아끼지 않으신 박영사 조성호 이사님과 저자들과의 연락 및 수많은 잡무를 헌신적으로 지원해준 서울대학교 행정대학원 이영미 박사, 장아름 박사과정생에게도 감사의 말을 전합니다.

2016년 3월 관악산 자락에서
공공성과관리연구센터
박순애 · 구민교

목차

▌한국국회의 예산심의과정(제6대 국회) / 강신택   1

   Ⅰ. 서 론   3

   Ⅱ. 제6대 국회의 특징과 예산심의   5

   Ⅲ. 상임위원회와 예산결산특별위원회   6

   Ⅳ. 예산심의과정   29

   Ⅴ. 결 어   51

   `논평`   이정만   56

▌한국 규제정책의 평가: 「8·3긴급경제조치」의 경우를 중심으로 / 정용덕   63

   Ⅰ. 서 론   65

   Ⅱ. 8·3조치 정책형성에 관한 평가   70

   Ⅲ. 8·3조치 정책집행에 관한 평가   80

   Ⅳ. 8·3조치 정책의 총괄평가   89

   Ⅴ. 결 론   95

   `논평`   김근세   102

▌조선총독부하 일본인관료의 사회적 배경 / 안용식   107

   Ⅰ. 머리말   110

   Ⅱ. 조선총독부하 일본인관료의 사회적 배경 분석   112

   Ⅲ. 타 식민지와의 비교   124

   Ⅳ. 맺음말   133

   `논평`   오성호   140

▌한국의 정치행정문화: 전통성의 연속과 변화에 관한 연구 / 안병만   145

   Ⅰ. 서 론   147

   Ⅱ. 정치적 관념체제의 연속과 변화   148

   Ⅲ. 전통적 관료제도 및 관료행태의 연속과 변화   155

   `논평`   김인철   191

▌정책이론에서 합리성의 한계와 모순의 관리 / 김영평   195
  Ⅰ. 서 론   199
  Ⅱ. 기존 정책학의 논의 구조   200
  Ⅲ. 정책상황에서 모순의 불가피성   203
  Ⅳ. 모순의 관리의 여러 가지 형태   210
  Ⅴ. 모순의 관리에서 지도력의 역할   224

  논평   최병선   231

▌한국행정에서 사회적 평등과 발전: 사회정책을 중심으로
/ 권혁주   237
  Ⅰ. 서 론   241
  Ⅱ. 사회적 평등과 발전   244
  Ⅲ. 국가 형성기의 사회적 평등: 토지개혁과 산업화   248
  Ⅳ. 한국의 발전국가와 사회정책   251
  Ⅴ. 한국의 민주화와 사회적 평등   255
  Ⅵ. 경제적 구조조정과 생산적 복지   259
  Ⅶ. 사회적 평등과 경제발전의 새로운 위상정립   264

  논평   김영민   270

▌한국 현실에 타당한 주인의식의 개념화와 측정도구 개발:
공공기관의 구성원을 대상으로 / 유민봉   275
  Ⅰ. 문제인식과 연구목적   278
  Ⅱ. 이론적 논의   281
  Ⅲ. 연구방법 및 분석결과   288
  Ⅳ. 논 의   304
  Ⅴ. 결 론   307

  논평   김대건   315

▌세계화와 공공부문 개혁 / 김동건   321
  Ⅰ. 서 론   323
  Ⅱ. OECD국가들의 공공부문 개혁의 배경과 특징   324

III. OECD국가들의 공공부문 개혁에서의 교훈: 실패의 원인 및 성공조건 338

IV. 김대중 정부의 공공부문 개혁: 실적과 평가 343

V. 우리나라 공공부문 개혁의 새로운 비전 및 추진 전략 350

논평 이원희 358

▍교육개혁추진상의 영향요인과 저항 / 김신복 363

I. 서 론 365

II. 교육개혁 연구의 대상 366

III. 한국 교육개혁 활동 개관 369

IV. 교육개혁추진상의 영향요인 371

V. 교육개혁추진상의 저항요인과 집단 382

VI. 교육개혁의 실현 및 저항극복전략 387

논평 이근주 391

▍복지시설 민간위탁과정에 대한 평가:
서울시 청소년시설 위탁운영기관 선정 사례 / 정윤수 395

I. 문제제기 397

II. 관련 문헌 검토 399

III. 민간위탁과정에 대한 평가분석틀 401

IV. 서울시 청소년시설 위탁운영기관 선정에 대한 분석 404

V. 위탁운영기관 선정에 주는 시사점 415

VI. 맺음말 418

논평 허만형 421

▍찾아보기 ……………………………………………… 426

한국국회의 예산심의과정 (제6대 국회)

논문 | 강신택

   Ⅰ. 서 론

   Ⅱ. 제6대 국회의 특징과 예산심의

   Ⅲ. 상임위원회와 예산결산특별위

      원회

   Ⅳ. 예산심의과정

   Ⅴ. 결 어

논평 | 이정만

한국국회의 예산심의과정(제6대 국회)[*]

강신택(서울대학교 행정대학원 명예교수)

프롤로그

이 글은 "다시 읽고 싶은 한국행정학 좋은 논문 10선"의 편집 취지에 따라 비교적 오래 전에 작성된 것을 선정한 것이다. 어느 국가나 예산의 편성, 심의, 집행 및 결산이라는 예산과정에서 국회 예산심의가 정부의 총체적인 규모와 각종 정책 및 사업수준을 결정하는 데 매우 중요한 기능을 수행해야 한다는 것은 주지의 사실이다. 과연 우리나라 국회도 이러한 기능을 수행했을까?

이 연구는 제헌국회 이후의 예산심의과정을 모두 연구하려는 젊은 날의 "무모"한 설계로 착수했으나, 연구 진행과정에서 계획을 수정하여 소위 제3공화국이라 불리던 특정시기 국회의 예산심의과정을 밀도 있게 연구한 후, 발견된 특징을 중심으로 그 후 연구를 반복하려는 것이었다. 아쉽게도 그 후속 연구를 하지 못했으나 제13대 국회의 상임위원회의 예산심의과정을 상세하게 묘사한 일은 있다. 위와 같은 연구는 국회의원을 심층면접하는 것이 바람직하나 우리의 연구여건이 그와 같은 접근을 허락하지 않았다. 그래서 예산심의과정 속기록을 자료로 삼았다. 제6대 국회 예산심의과정 연구에서 약 4,000페이지에 달하는 속기록을 읽고서 어떤 유형을 찾아낸다는 것은 지난한 일이었다. 우선 자료를 읽는 데 소요된 시간에 비하면 "쓸모 있는 자료"가 드물었다. 필자가 속기록과 씨름하는 것을 지나가다가 보신 어느 은사님께서 "강 선생, 굶으려고 해?"하신 말씀이 지금도 기억난다.

이 연구의 특징은 역할이론(role theory)을 기본으로 삼은 체제이론(system

---

* 이 논문은 1974년 『행정논총』, 제12권 제1호, pp. 170−212에 게재된 글을 수정·보완한 것이다.

theory)을 사용하여 하나의 체제로서의 국회 구성원들의 상호작용 유형이 무엇이며 안정된 체제로 발전해 나가고 있느냐를 밝혀보려는 것이었다. 예산을 증액하려는 상임위원회와 정부원안에 근접하려는 예산결산위원 간의 역할차이를 중심으로 일정한 특징을 찾을 수 있었는데, 그 이후의 혼란한 우리나라 정치 상황은 그러한 유형이 아무 의미를 갖지 못하게 만들었다. 또 다른 특징은 국회의원들 상호 간의 상호작용보다는 정당의 방침이 예산심의에서 결정적 역할을 수행한다는 것이었는데, 이것은 정치과정이 파행적으로 작용하면, 예산심의도 파행된다는 것이다. 근래의 여러 대에 걸쳐 우리 정치와 국회가 파행적으로 운영되어 왔다.

예산심의과정에 관한 연구는 단순히 흔히 말하는 "예산절차의 4단계" 중의 하나에 불과한 것이 아니라, 정치과정, 국회와 행정부 간의 관계, 예산편성자와, 심의자의 역할 등에 관해 계량적 질적으로 매우 의미 있는 연구가 소망스럽고 가능한 중요한 연구주제라고 믿는다. 어느 나라는 사회적 갈등을 예산상의 계수로 조정하여 수렴하고 해소한다고 하는데, 우리나라는 예산상의 계수를 이념적, 사회적 갈등으로 증폭시켜 나가고 있는 것이 아닌가 하고 이 논문의 프롤로그를 통해 고민해 본다. 구민교 교수와 박순애 교수의 노고에 감사드리고 훌륭한 논평을 한 이정만 교수에게 감사드린다.

I. 서 론

1. 연구의 목적

이 연구는 제6대 국회의 예산심의과정에 관하여 묘사함으로써 한국 국회에 있어서의 예산심의가 정치체제에 있어서 수행하고 있는 기능의 일단을 엿보고자 하는 것이다.

2. 문제 및 범위

일반적으로 현대 국가의 의회는 예산심의과정에 있어서 두 개의 중요한 기능을 수행할 것으로 기대된다. 즉, 정책형성과 행정부의 감독이다. 그러나 오늘날 여러 나라에 있어서 의회가 이와 같은 본래적인 기능을 제대로 수행하고 있느냐 하는 것에 관해서는 많은 의문이 있으며 의회의 기능은 여러 각도에서 고려되고 있다. 그중에서도 의회는, 어떤 정책을 결정하기보다는 정치체제 또는 특정 정권의 정책이나 사업을 「정통화」시키는 것이 더 중요한 기능으로 나타난다고 보는 견해도 있다. 본고에서는 한국 국회가 정치체제상 차지하고 있는 모든 기능을 고려할 수는 없으며 예산심의와 관계되는 몇 가지 기능만을 살펴볼 것이다.

원래 이 연구의 계획은 1948년의 제헌국회 이후 제7대 국회에 이르기까지의 예산심의과정을 고찰할 예정이었으나 여러 가지 사정으로 제6대 국회(1964.12.17.~1967.6.30.)의 예산심의로 한정시켰다. 제6대 국회의 예산심의과정의 고찰을 통하여 시도해 본 분석방식이나 자료는 차후 6대 국회 전·후시기의 국회 고찰에 활용하고자 한다.

20여 년의 헌정기간 중 약 4년간 만을 고찰의 대상으로 삼았기 때문에 경향이나 유형을 기술하기에는 어려운 점이 있고 이것도 앞으로 추가적인 연구로 보완해 나가면서 확장시키는 수밖에 없다.

본고에서 주로 다루게 되는 측면은 각 상임위원회, 예산결산특별위원회 및 본회의에서의 예산심의와 관련된 사항들이다.

3. 방법 및 자료

이 연구에서는 엄격한 하나의 분석 구조를 사용하지는 않았으나 체제이론에서 사용되는 분석 개념과 역할 개념을 원용하였다. 특히 상임위원회와 예산결산위원회의 고찰에서는 역할 개념을 통하여 상임위원들이 가지고 있는 목표와 기대, 만족과 불만족 등을 살피려고 하였다.

여기에서 의존한 자료는 주로 국회에서 간행한 문헌과 기타 신문기사 등이며 면접 자료는 사용하지 않았다.[1]

---

1) 우병규씨는 그의 저서인 「입법과정론: 한국과 구미와의 비교」(서울: 일조각, 1970), p. 7에서 「한국의 국회에 관한 연구는 "방법론적" 논의이전의 단계에 있다 해도 과언이 아니다. 우선 입법부가 정치학자뿐만 아니라 사회과학분야의 연구대상이 되어 본 적이 거의 없다...」라고 하고 있다. 본 연구를 진행시키면서 느낀 것은 국회에 관한 자료는 많으나 그것이 대부분 정리되지 않은 자료여서 그러한 자료를 정리하는 것조차 벅차고 시간이 걸리는데 막상 정리하여 보면 글을 쓰기에 미흡하고 비체계적임을 면할 길이 없다는 것이다.

II. 제6대 국회의 특징과 예산심의

1. 제6대 국회의 특징

제6대 국회는 5·16군사혁명으로 중단되었던 헌정이 부활되는 제3공화국의 초대 국회로서 성립되었으며 이 점에서 정치사적으로 여러 가지 의의가 있겠으나 제도적으로도 몇 가지 특징을 가지고 있다.

첫째로, 제6대 국회는 단원제 국회로서 능률과 절약이라는 측면을 강조하고 있다.

둘째, 제6대 국회는 의안의 증대경향을 감안하여 이를 신속히 처리하기 위하여 종래의 본회의중심의 삼독회(三讀會)를 지양하고 상임위원회 중심의 의회운영을 채택하고 있다.

셋째, 제6대 국회는 제도적으로 정당정치를 구현하기 위한 헌법상의 보장을 받고 있어서 무소속의 출마가 금지되었고, 국회의원으로서의 임기 중에 있어서도 제명의 경우를 제외하고는 당적을 이탈 변경하거나 소속정당이 해산될 때에는 그 자격을 상실하도록 되어 있었다. 그 뿐만 아니라 비례대표제의 요소를 가미하여 전국구 출신 의원이 탄생하였다.[2]

2. 예산심의절차

행정부 제출예산제도를 채택하고 있는 우리 나라에서는 행정부가 편성한 예산안을 9월초에 정기국회에 제출하고 국회는 이를 심의하여 다음 회계연도 개시 30일 전까지 통과시키도록 되어 있었다. 행정부에서는 예산안 제출과 함께 국회에서 시정연설을 하였고 국회는 접수된 예산안을 소관별로 각 상임위원회에 회부하는 동시에 국정감사를 실시하여 국정전반에 걸친 자료를 수집하고 정책질의의 자료나 문제점을 파악하였다.

국정감사가 끝나면 각 상임위원회는 회부된 예산안을 소관별로 예비심사하여 예산결산특별위원회에 넘겼으며 예산결산특별위원회는 이를 종합 심사하여 본회의에 보고하고, 본회의의 심의를 거쳐 예산이 확정되었다.[3]

그 특징에서 언급한 바와 같이 제6대 국회는 단원제이므로 본회의에서 확정된 예산안은 달리 협의할 필요가 없었으며 본회의보다는 각 상임위원회와 예결위원회의

---

2) 대한민국 국회사무처, 제6대 국회 2년지(1965.12.16.), pp. 4-5 참고.
3) 유훈, 「예산결산위원회에 관한 연구」 행정논총 10권 1호(1972), pp. 151-155 참고.

심의가 더 구체적으로 이루어졌고 위원회의 결정이 본회의에서 수정되는 일은 드물었다. 특히 정당정치의 제도적 보장으로 인하여 상임위원회나 예결위원회의 의사일정이나 토의 및 결정내용에 대하여 각 교섭단체의 총무회담이 커다란 영향을 미쳤으며 이 점은 위원회를 하나의 조직으로 통합시키는 데 오히려 저해요인으로까지 작용한 듯한 느낌이 있다.

Ⅲ. 상임위원회와 예산결산특별위원회

1. 위원회에 관한 분석방식

다수의 인원으로 구성되는 하나의 의회가 현대 국가에서 제기되고 있는 다양하고 방대하며 때로는 아주 전문적이고 기술적인 문제들을 구체적으로 심의 결정하기 어렵기 때문에 위원회제도를 통한 분업에 의하여 이를 감당해 나가려 하고 있음은 잘 알려진 일이다. 물론 세계의 모든 나라의 의회가 똑같은 정도로 위원회제도를 발달시키고 있는 것은 아니며 미국의 의회가 위원회제도를 잘 활용하고 있는 것으로 알려져 있다. 이와 같이 미국 의회가 상임위원회 중심주의의 특징을 크게 나타내고 있음과 동시에 미국 정치학자들 간에도 의회의 상임위원회에 관한 관심이 높으며 그것을 분석 고찰한 글도 많다. 그리고 또한 상임위원회에 관한 분석자체도 여러 각도에서 행하여졌음은 다 잘 알려진 사실이다.

그런데 특히 우리의 관심을 끄는 것은 Richard Fenno의 미국 국회 세출위원회에 관한 고찰로서 그는 세출위원회를 하나의 정치집단으로 보고 이와 같은 집단의 안정성과 통합에 관한 분석을 행한 바 있다.[4] 우리나라에서도 국회의 예산결산위원회에 관하여 연구된 예가 있다.[5] 최근에 와서 Fenno교수는 미국 의회의 예산심의 과정을 좀 더 포괄적으로 고찰하였으며 그 고찰에서는 체제이론의 개념들을 사용하였다.[6]

그는 의회의 위원회를 하나의 정치체제라고 보았으며 이러한 정치체제는 어떤 식별가능한 상호의존적인 내적 부분을 가지고 있는데 내적 부분은 또한 식별가능한

4) Richard F. Fenno, Jr., "The House Appropriations Committee as a Political System: The Problem of Integration," *American Political Science Review* (June, 1962), pp. 310–324.
5) 유훈, 전게논문; 김우현 「한국의 예산심의」 석사학위논문(서울대행정대학원, 1963).
6) Richard F. Fenno, Jr., *The Power of the Purse: Appropriations Politics in Congress* (Boston and Toronto: Little, Brown and Co., 1966), pp. xviii–xix.

외적 환경 내에 존재하며, 일정 기간이 지나면서 내적 및 외적 상호관계는 안정되는 경향이 있다고 보았다. 위원회라는 정치체제는 외부적으로 타 정치적 요소의 요구에 적응하여야 하는 문제가 있으며 내부적으로는 의사결정과 통합(integration)이라는 구조적 문제를 가지고 있다는 것이다. 그러나 「체제」라고 하는 관념은 상당한 정도의 안정성을 가정하며 안정유지 문제에 큰 관심을 갖게 하고 이미 안정경향이 있는 활동의 묘사에 적합한 것으로 보인다는 점도 지적하고 있다. 바꾸어 말하면 상호 간의 관계가 급변하고도 빈번하게 그리고 근본적으로 바뀌고 있는 일련의 활동에 관한 자료를 정리하기에는 체제라는 개념이 적절하지 못한듯 하다는 것이다. 이러한 한계점은 역할(role)이라는 개념을 통한 의회의 분석에서도 지적된다. Malcom E. Jewell은 의회에 관한 역할분석의 효용성을 분석하면서, 「…그러나 만일 대부분의 발전도상 국가에서 볼 수 있듯이 의회제도나 규범이 비교적 약하다면, 의회의원 간에 역할 내용에 관한 합의가 적을 것이다.」[7]라고 말한 바 있다.

우리 나라의 국회가 「체제」라고 볼 수 있을 만큼 안정된 것이었는지는 크게 의심스럽기 때문에 우리가 체제나 역할이라는 개념을 통하여 얻게 되는 것이 별로 없을런지도 모른다.

그러나 체제분석이나 역할분석을 통하여, 우리 국회에 있어서 체제안정과 역할행태의 안정성을 가져오지 못한 연유는 따져볼 수 있을 것이다. 그리고 우리에게 좀 더 직접적인 관심이 되는 것은 그러한 개념을 빌어서 자료를 정리하면 예산심의과정에서 국회가 수행하고 있는 기능을 밝혀 볼 수 있지 않을까 하는 점이다.

이와 같은 이유로 그 제약성에도 불구하고 체제 개념 및 역할 개념을 우리나라 6대 국회의 예산심의과정분석에 원용해 보고자 하는 것이다.

전술한 Fenno교수가 미국의회의 예산심의과정분석에 있어서 세출법안 심의에 참여하는 사람들의 행태를 묘사하기 위하여 사용하고 있는 것은 여러 가지 참여자의 규범적 기대(normative expectations), 참여자의 인지와 태도 또는 영상(perceptions and attitudes, or images), 참여자의 행태(behavior)이다.[8]

그의 견해를 간단히 요약하면, 사람들은 그들의 상호관계에 있어서 다른 사람들이 어떻게 행동하여야 될 것인가에 관한 기대가 있다. 의회의 위원회를 대외적 관계

---

7) Malcolm, E. Jewell, "Attitudinal Determinants of Legislative Behavior: The Utility of Role Analysis," in *Legislatures in Developmental Perspective* eds. Allan Kornberg and Lloyd D. Musolf (Durham, North Carolina: Duke University Press, 1970), p. 462.

8) Fenno, *op. cit.*, pp. xx-xxii.

에서 보았을 때 위원회를 둘러싸고 있는 일련의 다른 사람들은 위원회가 무엇을 하여야 될 것인가에 관한 기대를 가지고 있는데, 이것을 또 두 가지로 나누어 보면 위원회가 무엇을 하여야 된다고 생각하느냐 하는 목표기대(goal expectation)와 위원회가 어떻게 하여야 된다고 생각하느냐 하는 유지기대(maintenance expectation)가 있다.

위원회의 대내관계 묘사에 있어 규범적 기대를 강조함에 있어서는 규범(norms)이라는 개념을 사용하고 있다. 규범이란, "집단구성원의 마음속에 있는 생각인데, 그런 생각은 구성원이나 다른 사람들이 주어진 상황하에서 무엇을 하여야 할 것인가에 관하여 구체적인 진술형식으로 나타낼 수 있다."[9] 규범이 역할을 규정짓는데 역할(role)은 어떤 직위에 있는 개인이 어떻게 행동하기를 기대하는가 하는 것이고 억할행태(role behavior)는 그 개인이 실제로 어떻게 행동하는가 하는 것으로서 양자는 구분될 뿐만 아니라 양자 간의 일치가 이루어지지 않는 경우 제재가 따르기도 한다.

의회위원회의 묘사에 있어서 상술한 기대와 행태 외에, 사람들이 다른 사람들의 행태에 관하여 가지고 있는 영상(image)도 중요하다고 보고 있다. 여기서의 영상이란, 자기주변의 사람들의 행태를 바라볼 때 무엇을 보게 되며 그러한 행태를 어떻게 평가하고 있느냐 하는 태도 등을 결합시킨 개념이다.

이상의 개념을 그대로 채용하여 연구를 진행시키기에는 본 연구에서 사용된 자료가 너무나 미흡하므로 그것을 좀 변형시키기 위하여 조직구성원의 역할취득(role taking) 과정에 관한 생각을 도입 소개한 다음 양자의 공통점을 찾아 우리의 분석 구조를 마련하고자 한다.

역할이 사회 조직의 최소한의 기본 단위라고 본다면 역할이란, 조직의 특정 개인에게 타구성원들이 기대하고 있는 행태의 내용이다. 편의상 우리가 관심을 갖는 개인을 중심인(focal person)이라 하고 그를 둘러싼 다른 구성원들(other members)이 있다고 하면 중심인의 역할취득은 타구성원들과의 상호 의사전달과정을 통하여 이루어질 것이다.

이러한 생각으로 역할취득과정을 묘사하기 위하여 Katz and Kahn은 role-episode라는 일종의 모형을 쓰고 있다.[10] 이상의 그림을 간단히 설명하면 첫째 조직의 어떤 중심인을 둘러싸고 있는 타구성원들은 그들이 속해 있는 집단의 목적달성과 집단의 생존을 위하여 중심인이 수행하기를 바라는 행동과 태도가 있을 것이다.

---

9) *Ibid.*, p. xxi.
10) Daniel Katz and Robert Kahn, *The Social Psychology of Organizations* (New York: John Wiley and Sons, Inc., 1965), pp. 182-183.

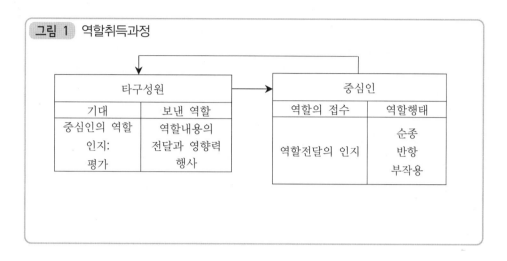

그림 1 역할취득과정

타구성원		중심인	
기대	보낸 역할	역할의 접수	역할행태
중심인의 역할 인지: 평가	역할내용의 전달과 영향력 행사	역할전달의 인지	순종 반항 부작용

둘째, 타구성원들은 이와 같은 기대에 관한 내용을 중심인에게 전달하는 동시에 그와 같은 기대에 따라 행태가 나타나게끔 하려는 영향력 행사나 제재를 가할 것이다.

셋째, 중심인은 타구성원으로부터 전달된 정보 내용을 통하여 자기에게 무엇이 기대되고 있는가를 인지하게 될 것이다.

넷째, 중심인은 인지된 역할에 따라 순종하기도 하고 반항하기도 하며 이에 따른 부작용도 있을 것이다.

중심인의 행태는 다시 타구성원에게 인지되고 그 내용을 타구성원이 평가한 다음에 기대 내용이 수정되고, 다시 위에서 묘사한 바와 같이 순환이 반복됨으로써 역할에 대한 합의가 이루어지기도 하고 때로는 오히려 역할갈등만을 조성하기도 할 것이다.

위에서 살펴본 과정은 역할취득과정을 이해하기 위하여 얼마간의 인위적인 가상을 해 본 것이며 실제로 역할이 형성되는 과정은 그와는 다른 경우가 많겠지만 우리의 이해에 도움이 되는 것은 사실이다. 위에서 묘사된 것과 판이한 경우가 나타나는 주요한 이유는 정치체제에 있어서의 사회화 과정으로 말미암아 사람들은 어떤 특정한 집단의 구성원이 되기 이전에 그러한 집단에 참여하게 될 경우의 자기의 역할이 무엇일까 하는 생각을 어느 정도 가지고 있는 경우가 많기 때문이다. 때로는 반대로 집단구성원의 상호관계가 빈번하고도 근본적으로 변동하기 때문에 어떤 안정된 역할을 갖기가 어려운 경우도 있을 것이다.

이제 전술한 Fenno의 생각과 바로 앞에서 본 Katz and Kahn의 생각은 따지고 보면 동일한 접근방법의 소산이기 때문에 쉽게 종합될 수 있으며 그 요점은 다음과 같은 것이 될 것이다.

즉, 국회를 고찰함에 있어서 결정의 주체를 둘러싼 타집단이 있으며 이러한 타집단의 기대내용이 무엇이며 그들이 가지고 있는 영상과 기억(memory)의 내용은 무엇인가를 알아 보고, 또 결정주체가 가지고 있는 규범, 역할, 역할행태 그리고 영상과 기억의 내용을 알아 보면 결정과정자체의 이해와 예측에 도움이 된다는 것이다. 그렇다면 구체적으로 우리나라 국회의 예산심의과정에 있어서의 내부와 외부, 또는 중심인 내지 조직과 타구성원 내지 타조직은 어떤 것이며 그 범위는 어떻게 잡을 것인가? 어느 경우에나 국회의원, 타의원, 소속위원회, 타위원회, 본회의, 정당, 행정부, 선거구민 및 일반 시민 등이 관련되는데 본 연구에서는 기록 출판된 자료에만 의존하고 있으므로 모두 다 포함하여 고찰하지는 않고, 다음과 같이 구분하여 보기로 하였다.

중심기간으로는 상임위원회, 예산결산특별위원회 및 본회의로만 하였다. 각 상임위원회의 고찰에 있어서는 국회, 타상임위원회와 예산결산위원회, 행정부 및 정당이 상임위원회와 위원에 대하여 가지고 있는 기대와 영상을 알아보고자 하였다. 그런 다음에 상임위원회의 위원들이 인지하고 있는 역할의 내용과 아울러 예산상의 결정을 위한 구조를 살펴보았다.

예산결산위원회에 관해서도 국회, 상임위원회, 행정부 및 정당이 예산결산위원회와 위원에 대하여 가지고 있는 기대와 영상을 알아본 다음 예산결산위원회의 위원들 자신이 인지하고 있는 역할의 내용과 아울러 예산상의 결정을 위한 구조를 고찰하였다.

본회의에 대하여는 따로 상술한 바와 같은 측면에서는 검토하지 않고 예산심의의 절차와 관련하여 몇 가지 특징만을 언급하기로 한다.

누차 지적해 둔 바와 같이 이 연구는 공식기록에서 엿볼 수 있는 자료에 의존하였으므로 때로는 기대와 영상, 규범과 역할을 명확하게 구분하기도 어려웠고 그나마 단편적임을 면할 길이 없었으나 가능한 한 연결을 지어보았을 뿐이다.

2. 상임위원회

1) 상임위원회와 위원에 대한 기대와 영상

각 상임위원회가 그 소관별로 예산안을 예비심사함에 있어서 전체로서의 국회, 타상임위원회, 예산결산특별위원회, 행정부 및 정당 등이 해당상임위원회 자체나 위원들에 대해 어떤 기대를 가지고 있을 것이다.

(1) 국회

국회가 가지는 기대라는 것은, 헌법, 국회법 및 선례 등에 나타난 것 이상으로 특기할 만한 것은 없다. 이와 같은 규정에 나타난 일반적인 기대는 회부된 예산안을 성실히 심사할 것을 바라고 있다고 할 것이다. 이와 같은 심사에 충분한 자료를 얻을 수 있도록 예산심사 전에 일반국정감사를 실시하였으며 결산심의를 통한 자료의 획득도 바람직한 것이었다. 그런데 무엇보다 헌법과 국회법에 규정된 소위 「법정기일」의 문제가 항상 큰 관심거리였고, 따라서 국회가 예산안을 회계연도 개시 30일전까지 의결할 수 있도록 각 상임위원회에서는 미리 기간을 두고 심사할 것을 요청받고 있었다.

(2) 타상임위원회와 예산결산특별위원회

예산안을 각 상임위원회에서 소관별로 예산심사하는 과정에 있어서 각 상임위원회는 상호 간에 타위원회가 자기 소관분야에 간여하지 않기를 바라고 있다. 그러나 예산안 중에는 몇 개의 상임위에서 조정을 하지 않고서는 결정하기가 어려운 경우도 있다. 연석회의를 열 수도 있지만 대개는 소관장관의 답변을 듣는 형식이라든지 비공식적인 약간의 정보교환으로 조정이 이루어지고 있다. 그런데 타위원회의 결정이 특정위원회의 소관에도 관련될 때 타위원회의 결정을 존중하자는 의견과 각 위원회는 독자적으로 결정해 버리고 후에 예결위에서 조정하도록 하자는 등 의견이 엇갈리는 예를 볼 수 있다. 특히 재정경제위원회의 경우는 그 세입결정이나 특별회계예산을 다룰 때 이런 문제에 당면하곤 한다.

1965년도 예산안 재무부 소관을 심사함에 있어서 그 중에 타 위원회와도 관련되는 사항에 관한 논란이 있자 김성곤 재경위원장은 다음과 같이 말하고 있다.

제가 남의 위원회를 무시하고 우리 위원회가 다른 위원회의 멸시를 당하는 일이 없도록, 또 다른 위원회의 결의라는 것은 우리가 존중한다는 전반적 문제로, 상공위원회나 농림위원회나 기타 12개 상임위원회가 재경에 직접 간접으로 관련 안되는 것이 없습니다. 관련이 됩니다. 재경위원장 입장으로 보아서는 기왕 말이 나온 김에 하겠습니다. 재경위원회는 간혹 말을 듣기를 12개 상임위원회 중에서 특수한 위원회냐 국회 전체를 맡았느냐 간혹 이렇게 사담으로 얘기하는 것을 듣습니다.⋯11)

---

11) 제45회 국회 재정경제위원회(이상 재경위 등으로 약칭한다). 회의록 제29호(1964.11.13.), pp. 27-28.

이런 상호존중의 문제는 장관의 출석을 놓고도 제기되기도 한다. 어떤 장관을 타위원회의 편의에 따라 그 위원회에 출석할 수 있도록 하는 것이 타위원회를 「대접」하는 것이 된다고 보기도 한다. 재경위에서 농림부장관에게 질의할 것이 있는데 같은 시간에 농림위원회에서도 장관의 답변을 듣고 싶어하는데 마침 장관은 재경위에 와 있을 때 위원장이 「…우리 국회상임위원회로서 농림위원회를 우리가 어떻게 또 대접하는 거죠, 어떻게 처우를 했으면 좋겠습니까?」라고 의견을 묻자 한 위원은 「농림부장관을 농림위원회에 가게 하는 것이 농림위 위원을 대접하는 길입니다. 농림부장관체면을 생각할 필요가 없는 것이에요」[12]라는 견해였다.

어느 위원회라도 다른 위원회보다 우위에 있다라는 생각을 없애 보고자 하는 의도에서 예산결산위원회를 특별위원회로 설치하고 있는 것이다. 그러므로 예결위의 각 상임위에 대한 기대는 타소관사항의 침해나 경시가 없기를 바라는 것이고 만일 그런 일이 생기면 예결위에서 견제하려 하는 것이다.

(3) 행정부

어느 행정부이건 예산안 편성작업이란 방대하고도 어려운 작업이며 여러 가지 이해관계를 조정하여야 되는 어려움이 있을 뿐만 아니라 국회에서 승인된 예산을 통하여 그 사업을 구체적으로 집행할 수 있게 된다. 그러므로 행정부 전체로서의 예산 책임을 맡고 있는 경제기획원장관으로서는 국회가 가능한 한 행정부 제출예산을 무수정으로 통과시켜주고 어려운 정책질의를 통하여 행정부의 입장을 곤란하게 만드는 일이 없기를 바라게 되는 것은 쉽게 짐작할 만한 일이다. 1965년도 예산 심의가 한창 이루어지고 있는 시기였던 1964년 11월 10일에 중앙청 회의실에서 열린 전국지방장관들을 위한 박대통령과의 면접이 이루어지고 있을 때 매일 예산심의에 출석하던 장기영 부총리겸 경제기획원장관이 몇몇 국회의원더러 「소속이 어디십니까?」라고 묻자 멋쩍어하는 여당의원에게 「질문하실 때 보면 꼭 야당의원 같기만 해서…」라고 했다는 일화는[13] 그 정황을 엿보이게 한다.

경제기획원장관이 예산증액을 국회에서 요청하기에는 어색한 노릇이지만 각 부장관은 국회상임위원회가 소관별로 예산을 예비심사하고 있기 때문에 얼마간에 연대의식을 느끼는지, 상임위가 그 소관부처에 대하여 협조적이고 동정적이기까지를 바라는 면도 간혹 엿보인다. 즉, 대부분의 경우는 상임위에서 심사 중인 예산요구액이 최소한의 경비이므로 그대로 통과시켜 주기만을 바란다. 1965년도 재무소관 예산안을

12) 상게 회의록 제31호(1964.11.16.), p. 4.
13) 동아일보 1964.11.11.

심사 중인 국회 재경위원회에서 재무부 세관국장은 「이것은 그야말로 최소한도의 예산이라고 할 수 있는데 여러 위원님께서 그 이상 손을 대지마시고 통과시켜주시기를 바라는 바입니다」라고 했다가 야당의원 한 사람으로부터 「예산 통과시켜주고 안 시켜주는 그런 것은 장관이 할 얘기이고 국장은 설명이나 잘 하세요」라고 주의를 받기는 하였으나 그들의 기대의 일면을 엿볼 수 있다.[14] 좀 더 협조적이고 동정적인 기대는 특히 자기부처의 예산 요구액 중 경제기획원에서 삭감된 부분을 상임위에 와서 부활시켜 보려는 노력에서 나타난다. 1965년도 내무부소관 예산안을 심사 중인 국회 내무위원회에서 내무부장관은,

> …앞으로 예산심의과정에 있어 참고하여 주실 문제점에 대하여 몇 가지
> 더 말씀드리겠습니다. 여기에서 말씀드리기 대단히 죄송합니다마는 저희
> 들의 정부에서 예산부처와 다각도로 이 문제점에 대하여 제출을 했으나
> 이 문제가 이루어지지 못하고 행정부 내에서의 문제점을 여러 위원님께
> 말씀드리지 않으면 안될 그런 형편에 있다는 것을 양해해 주시기를 바랍
> 니다.…

라고 말하고서 증액해 줄 것을 요청하였다.[15]

(4) 정당과 교섭단체

국회 측의 공식적 기록만으로는 각 정당이 상위의 예산심사에서 무엇을 기대하고 있는지 명확하게 알 수는 없다. 그러나 상임위원회가 소위 「당리·당략」에 따라 정당에서 결정한 의사를 여야가 각각 크게 반영시켜 주기를 기대하리라는 것은 너무나 쉽게 짐작할 수 있는 일이다. 그렇다고 해서 각 상임위별로 여야가 대립하면 혼란이 있어서 그런지 소위 여야총무단의 합의를 통해서 논의의 한계를 미리 정하고 각 상위는 총무회담의 결정에 따라 주기를 기대하고 있다. 그러므로 총무단의 어떤 합의가 있기 전에는 상임위에 있어서의 공식적인 심사조차도 잠정적인 것으로 보는 경우조차 있었다. 1965년도 외무부소관 예산안을 심사함에 있어서 국회외무위원장은 다음과 같이 미리 양해를 구하고 있다.

---

14) 제45회 국회 재경위 회의록 제23호(1964.11.6.) 1965년도 재무부소관 예산안심사 p. 13.
15) 제45회 국회 내무위 회의록 제8호(1964.10.30.) 1965년도 내무부소관예산안심사, p. 7; 우병규, 전게서 p. 14에서는 상위가 마치 행정부의 출장소와 같이 운영된다고 관찰하고 있다.

···민정당과 삼민회 의원총회에서 아직도 국정감사결과를 처리하지 못했
기 때문에 65년도 예산안을 심의하는 문제에 대해서는 교섭단체의 총무
단에서 아직 합의를 보지 못한 것 같습니다··· 65년도 외무부소관예산안
이 본위원회에서 전부 통과되었다고 하더라도 최종적인 동의는 교섭단체
의 총무단회의의 결과에 따라서 다시 한번 회의를 열고 결정을 짓기로 이
렇게 하겠습니다.····16)

이와 같이 정당이나 정당 간의 협의가 당연히 소수인 간에 이루어지는 것이므로
국회의원 개인별로는 이것을 몹시 못마땅하게 생각하나 내놓고 「···충분한 질의와 토
론할 수 있는 기회도 주지 않고 몇몇 사람이 앉아서 본 추경안을 벌써 결정했다는 사
실은 결국 200여명의 국회의원은 필요가 없다는 말이고 민주광장을 무시한 소행으로
써 극히 불쾌한 일이다」····17)라고까지 말하는 일은 드물었던 것 같다.

정당의 기대를 예산심의중인 각 상임위원회에 전달하는 가장 흔한 방식이 소위
관계자의 연석회의이다. 만일 상임위원회의 토의중 여야 의견대립 등으로 의사진행이
느려지거나 하면 위원장은

···그리고 예산심의관계로 해서는 여야총무단 및 상임위원장, 여야간사
연석회의 때에 예산심의해 나가는 그 과정을 격의 없이 토의해 가지고 거
기에서 결정지으면 그 결정에 의해서 현재 진행되고 있는 것을 어제도 제
가 보고 말씀 드렸습니다.····18)

라고 하여 정당의 기대에 따르기를 부탁하는 것이다.

2) 상임위원회의 의사결정을 위한 구조

상임위원회의 조직구조와 아울러 상임위원들의 예산심의를 중심으로 한 역할인
지에 관하여서도 편의상 여기서 함께 고찰하겠다.

---

16) 제45회 국회 외무위원회의록 제7호 1965년도 외무부소관예산안심사, p. 1.
17) 국회사무처, 국회사 제4, 5, 6대 국회, 제56회 국회, 1965년도 제1회 추가경정예산안, 본회의,
   p. 1119, 함덕용의원 발언.
18) 제45회 국회, 상공위원회의록 제8호(1964.11.2.), 65년도 상공부소관예산안심사 p. 33.

(1) 상임위원회에 관한 규범과 위원의 인지된 역할

제6대 국회의 특징 중 정당정치의 보장이라는 것이 중요한 것임은 이미 지적한 바 있는데 우리나라 국회의원들이 가지고 있는 규범가운데 중요한 것 한 가지는 여야가 견해를 달리하여야 한다는 점인 것 같다. 여야의 예산관에 있어서도 견해차가 있지만 예산안을 어떻게 처리해야 될 것이냐에 있어서도 얼마간의 차이가 있어서 이 점에서는 상임위원회소속 위원의 규범이라는 것을 뚜렷하게 밝히기는 어렵게 되어 있다. 일반적으로 말해서 6대 국회의원들도, 예산은 국민의 과중한 부담을 피하면서 경제발전사업을 지원하고, 소비성 지출을 억제하여야 된다는 원칙론에는 합의를 이루고 있는 것 같다. 그러나 좀 더 구체적으로 살펴보면, 여당의원들은 정부가 요구한 예산안을 가능한 한 그대로 통과시켜 주는 것이 바람직하다고 생각하며, 따라서 예산심사에 있어서의 질의도 최소한으로 하거나 지엽적인 것에 국한시키려는 노력을 엿볼 수 있다. 반면에 야당의원들은 정부가 제출한 예산안을 낭비적이거나 국민부담이 과중하기 때문에 삭감하여야 된다는 규범을 내세운다. 흔히 야당의원들이 주장하는 예를 보면 다음과 같다. 즉, 예산안은

① 국민의 담세 한계를 무시하고 관권의 비대화와 권력유지를 위해 거액 지출된다.
② 생산적 경비보다는 소비적 경비가 상대적으로 재정 인플레의 유인을 가중시킨다.
③ 간접세의 비중이 커서 대중수탈의 염려가 있다라고 주장하고, 따라서 삭감·조정되어야 한다는 견해이다.[19]

이와 같은 예산관의 차이 중 두드러진 것은, 예산안이 정권연장과 관련이 되고 있느냐의 여부에 관한 것이다. 야당은 정부의 예산안이 정권연장에 도움이 되리라는 견해아래 그것을 수정해야 되겠다는 것이고 여당은 명분상 예산안은 정부의 종합계획의 발현일 뿐 정권연장과는 하등의 연관이 없으나 만일 그것이 국회에서 크게 수정된다는 것은 정권유지에 도전을 받고 있는 것이라 할 수 있으므로 가능한 한 원안대로 통과시키는 것이 마땅하다는 입장인 듯하다. 그러기에 1966년 3월 15일에 제출된 1966년도 제1회 추가경정예산안의 심의과정에서 볼 수 있던 바와 같이 재정경제위원회에

---

19) 김상흠(재경위원)「우리나라의 경제사정과 신년도예산의 문제점: 조세부담과 재정투융자를 중심으로」국회보 No. 48(1965.9.20.), pp. 17－21; 이중재(재경예결위원)「세법과 예산심의를 마치고 나서」국회보 No. 50(1965.12.20.), pp. 8－12.

서는 여야가 적극적인 대립으로 격돌한 가운데 정부 원안대로 가결하였고, 예결위에서 여야대립이 있고 야당이 본회의장을 점거 농성하자 여당은 제삼별관 특별위원회 회의실로 옮겨 가결시키는 사태까지 초래하였다. 결국 본회의에서도 농성사태가 일어나 예산안을 다음 회기에 이월시켰던 것이다.[20] 「정치적 쟁점과 예산안」에 관해서 뒤에서 따로 고찰하겠거니와 6대국회의 상임위원회에 있어서 위원들의 규범은 절약이니 삭감이니 국민부담이니 하는 것 등의 생각 이전의 차원에서 다루어진 일이 허다하다.

상술한 바와 같이 거창한 원칙론상의 견해차는 여야 간에 명목상 절약이라는 규범을 내세우게 하지만 실제적인 역할 인지나 행태는 좀 달리 나타는 것을 볼 수 있다. 즉, 각 상임위원회에서 소관별 예산요구액이 물론 어느 정도 삭감되는 것은 당연하지만, 한편 각 상위는 소관부처예산 중 증액시켜야 주어야 할 부분은 없겠는가 하고 동정적으로 나오기가 일쑤다. 이것은 각 위원 간의 「분배」와 후원사업, 그리고 이에 따른 상호성이 크게 작용하고, 소관상위가 소관부처의 사업에 어떤 일체감을 가짐으로써 나타나는 것으로 볼 수 있다.

1965년도 예산안심의에 있어서 「교체위에선 김모 의원이 인천 목포 해난심판소 설치에 300만원을 타내고 민모·김모 의원이 경전선 건설비를 1억으로 늘리고 순천 철도청사 신축비 3,500만원을 타냈다. 또 박모 의원을 위해선 장성우체국 담양우체국 증축비 200만원, 500만원을 각각 주고 왕모 의원은 안양자동식 대지비 350만원을 확보했다」라는 신문기사에서 엿볼 수 있는 것이 분배사업의 예이다.[21] 1966년도 예산안 심의에 있어서의 장교 숙사비 논쟁이나 1967년 예산안심의에 있어서의 부식비 증액논쟁 등에서 볼 수 있는 것은 부처 후원적 행태의 예이다.[22] 상위위원 간의 이해존중의 상호성에 관하여는 다음 인용문에서 그 예를 엿볼 수 있다.

1965년도 내무부소관 예산안을 심의중인 내무위원회에서 김진환 위원이 다음과 같이 해명하였다.

> …그 후 예산편성에 있어서 역시 경제기획원장관에게 대해서 경상북도 도청사 신축비에 대해서는 1억 3천 9백 72만원이 필요합니다 하는 것을 내무부장관 이름으로 경제기획원 장관에게 요청을 했습니다. 이러한 건의 에도 불구하고 어디서 어떻게 된 셈인지 예산에는 3천만원 밖에 계상되

---

20) 국회사 4, 5, 6대 국회, 제55회 국회 1966년도 제1회 추경의 심의, pp. 1064-65.
21) 동아일보 1964.11.10.
22) 동아일보 1965.11.27. 「정가산책」 및 1966.11.24. 「팔각정」.

지 않았습니다. 그래서 경북출신 국회의원이 22명이 경제기획원을 방문하고 당신의 처사가 어찌 이렇게 불공평하냐 이것이 내무부 장관의 책임이냐 경제기획원 장관의 책임이냐 하는 것은 저간 경위를 따져서 순수히 설명을 했던 바 경제기획원장관은 대단히 잘못 됐다. 이것을 구제하는 길은 내무위원회에서 증액동의를 해주시면 나는 한 가지 동자 동의를 할 용의가 충분히 있다는 언질을 받았습니다.……23)

이렇게 설명하여 협조를 당부했는데도 내무부 소위원회에서는 그 요청을 들어주지는 못하는 데 대하여 다음과 같이 사과하고 있다.

……지방재정보조금 자체가 되니까 두 위원님에게 대해서는 개인적으로 죄송하고 당돌한 얘기입니다마는… 이것을 거듭 경기도 도청 문제와 경상도(원문대로) 도청 문제를 지적해서 개인의 입장에서 죄송한 말씀입니다마는 소위원회에서 삭감을 가한 중에서 이 분야를 다소 삭감을 가한 것입니다.……24)

여기에 대해서 김진환 위원은 재차 다음과 같이 호소하였다.

……본위원은 정치 초년병이긴 하지만 본 위원의 생각으로는 일단 언약한 사실은 생명처럼 소중이 여겨서 실천 구현되어야 될 것이오며, 이제 정치적 자살이 불가피한 점에 스스로 전락하지 않으면 안되게 된 본위원 외 21명의 경상북도 출신 여야의원을 정치적으로 구출하여 주시겠다는 존중하신 성념에서 각도에 따라서는 견해를 달리 하실 수 있는 것으로 생각됩니다마는 동지적인 입장에서 정치적으로 굽혀 주셔서 만장일치로 가결하여 주시기를 간청하는 것이 올시다.……25)

이것은 의원 상호성에 관한 강력한 호소인 것이다.
앞에서도 몇 차례 언급한 바 있는 상위의 소관부처에 대한 동정 내지 소관부처사업

23) 제45회 국회, 내무위원회의록 제13호(1964.11.6.), p. 27.
24) 상게 회의록 제15호(1964.11.9.), p. 27.
25) 상게 회의록 p. 30.

에 대한 일체감은 여러 형태로 나타나지만 증액을 하려고 하는 태도가 그 두드러진 예이다. 1965년도 외무부 예산심의에 있어서 박준규 위원은 다음과 같이 요청하고 있다.

> 위원장도 계시고 예결위원인 강문봉 위원 하종봉 위원이 계시니 말인데 외무부일이라고 해서 경제기획원에서 깔고 뭉기면 예결위원회에서 증액시킬 수 있으니까 그 원안이 깎였으면 그 내용에 대한 얘기를 들으려고 합니다.26)

정부부처의 요구액을 전부 승인할 수는 없으므로 경제기획원에서의 사정과정에서 삭감된 부분이 있게 마련인데 각 상위는 그렇게 삭감된 부분을 알아내서 검토하기를 바라는 경향이 짙다.

이밖에도 예산안은 법정기일 내에 통과시켜야 된다는 강박관념이 있으며 소관부처의 장·차관 및 간부가 심사 시에 출석하여야 된다는 것이 되풀이 강조되고 있다.

그리하여 각 상임위에서는 수없이 의견이 교환되고 때로는 예산 각 항목에 대하여 면밀한 검토가 행하여지지만 예산안의 결정행태를 보면 그와 같은 논의결과가 제대로 반영되는 경우는 드문 것 같다. 그 이유는 무엇보다도 정파 간의 이해관계로 인하여 세부적인 것까지 따질만한 유인이 없는 것이기도 하겠지만 국회의원 간에 예산안을 진지하게 연구하려는 태도도 결여되어 있는 듯하다. 상임위원회 위원의 역할인지에 관하여 한 가지 특기할 것은 모든 상임위원회가 다 동등하다고 생각하지만 세입결정상 큰 영향력을 가진 재정경제위원회는 가끔 특수한 지위에 있음을 내세우려는 움직임이 있었다. 1965년도 예산안심의에 있어서 재정경제위원회 김주인 위원은 「…이 재경위원회가 우리 국회로서 재정경제정책 전반에 대한 심의기관이라고 생각합니다」라고 하고 따라서 타부처의 예산관계서류도 제출하여 주면 종합 참고하겠다고까지 주장하였던 것이다.27)

(2) 위원장

위원장은 의사진행, 소위원회에서의 조정 등으로 영향력을 행사하고 있으며 예산심사결과를 예결위에서 설명하기도 하는데 그 외에는 별로 특징이 없다.

---

26) 제45회 국회, 외무위회의록 제7호, p. 11.
27) 전게 재경위회의록 제15호(1964.10.27.), p. 18.

(3) 간사

위원장 외에 여야간사가 몇 사람씩 있다. 간사는 위원장 대리사회, 의사진행 협의, 정당대표로서의 역할, 소위원회 구성에의 참여 등으로 결정에 참여한다.

(4) 전문위원

각 상임위원회마다 전문위원이 있어서 국회의원들의 입법활동을 보조하고 있다. 예산심의에 있어서 상임위원회의 전문위원이 행정부에서 제출한 예산안을 심사보고하여 국회의원을 보좌하는 것이다. 심사보고의 내용은 주로 전년도와의 대비와 문제점과 증감이 있어야 할 항목 등에 관한 의견이다. 제6대 국회초기에 국회의원들이 정부의 예산내용을 쉽게 파악하지 못하던 때에는 전문위원에 대한 요망사항도 많았고 의문도 있었던 것 같다.

1965년도 법무부소관 예산심의에 있어서 법사위원회의 김익기 위원은 다음과 같이 요망하고 있다.

> …전문위원의 심사보고는 그것은 작년도의 예산세입세출에 대한 비교표를 설명한 것 뿐이고 좀 더 거기에 심사보고를 우리 위원들이 요구하는 것은 삭감해야 된다고 하는 혐의라고 할까 그런 조항과 어떤 것은 이러이러한 이유로 이것은 삭감해도 무방하다. 또 어떤 것은 이 예산 가지고는 도저히 부족하다. 이런 것 좀 봐달라는 것입니다… 그런데 전문위원으로서 이때까지 심사한 결과 어떤 것은 필요한 금액으로 인정하지 않겠다고 하는 범위 또 어떤 것은 더 필요하다는 범위 그것이 심사보고의 골자입니다.…28)

사실상 각 상임위원회마다 전문위원의 참여방식이 약간은 다른 듯한데 심사보고의 내용은 어디까지로 하며 그와 같은 결정을 어떻게 하느냐 하는 것도 뚜렷하지 않다.

상기한 법사위원회에 있어서 법무부 예산안 중 전문위원이 심사하여 증액한 내용과 이유를 설명하자 이번에는 다음과 같은 논의가 일어났다. 우선 이종극 위원이 국회도 행정부처럼 결재계통이 있어서 서기관, 또는 전문위원이 수정안을 만들어 위원장의 승인을 받으면 위원회의 의사가 되느냐 하는 질의를 하였고 박한상 위원은 그것을 솔직하게 시인하라고 말하고 있다.

---

28) 제45회 국회, 법사위원회의록 제12호(1964.10.30.), p. 7.

···법사위원회의 수정안이 「프린트」가 되어서 자료로 제시되었는데 그 책임이 전부 전문위원에게 돌아가는 것 같은데 솔직히 위원장께서 고백하세요. 일개 전문위원이 이렇게 신년도 예산안에 대한 수정안을 자의로 했을 까닭이 없을 것 같아요 아무 죄될 것도 허물도 아니잖아요?

라고 하자 문상익 전문위원은, 「단독으로 작성한 것이다」 즉, 토의의 편의를 위해서 작성한 것이라고 해명하고 있다.[29]

단독으로 작성하건 말건 간에, 시간에 쫓기고 또 「열심히 일을 한다」는 풍조가 몸에 배지 않은 듯한 국회의원들에게 있어서 전문위원의 증감수정안은 결정에 많은 영향을 미친다고 봐야할 것 같다. 법사위원회가 1965년도 국무총리실 소관예산안을 심사함에 있어서 위원장 백남억은 「···오전회의에 이어서 국무총리실 인원의 감원과 거기에 따르는 세출을 국무총리실과 전문위원이 절충한 것을 그것을 보고해 주세요」라고 하여 전문위원이 실질적인 결정에 영향을 미치게 하고 있다.[30]

어떤 위원회에서는 전문위원이 소관부처의 예산안을 검토하고 그 결과를 위원회에 보고만 하는 것이 아니라, 부처관계자에게 질문을 하기까지 한다. 상공위원회에서 전문위원은 상공부관계자에게 대하여 「···국가적인 체면에 관한 것이 아닌가? 이렇게 빈약한 예산을 가지고 어떻게 계량국을 운영할 것인가? 여기에 대해서 소신을 말씀해 주시기 바랍니다」[31]라고 질문한 예도 있다.

(5) 분업과 소위원회

원래 정부의 예산안내용은 방대하므로 위원회에서 모든 위원이 참여하는 것은 장관의 제안 설명이나 정책질의가 있을 경우에 한하고 항목별 심사는 분업하여 처리하는 것이 능률적일 것이다. 사실, 국회법에서는 소위원회에 관한 규정을 두고 있으며 소위원회의 선임은 위원장이 지명 또는 교섭단체별로 위원이 호선(互選)하도록 하였으며, 소위원회의 인원수는 소위원회를 구성할 때 그 위원회의 결의에 의하여 정하거나 위원장 또는 간사에게 일임한 예도 있다.[32] 소위원장은 소위원이 호선하거나 위원회의 결의로 선임한다.

---

29) 상게 회의록 제13호(1964.10.31.), pp. 14-21.
30) 상게 회의록 제19호(1964.11.9.), p. 4.
31) 제45회 국회 상공위회의록 제11호(1964.11.5.), p. 23.
32) 국회사무처, 국회선례집(1967), pp. 81-90.

본래, 분업의 취지로 보면 소위원회를 몇 개 두고 예산안을 나누어 심의하는 것도 하나의 방안일 것이다. 실제로는 각 위원의 의견이 분분하여 결정하기 어려운 경우에 소위원회에 일임하는 경향이 있다. 그러면 소위원회의 결정을 어떻게 받아 들여야 할 것인가?

내무위의 1965년도 예산안심사에 있어서 길재호 내무위원장은

> …이 내무부예산에 있어서는 간사와 정명섭 위원 그리고 저와 위임해주신 사항에 대해서 어저께 진지하게 논의를 했습니다… 대체적인 의견이 그런 방향으로서 내무위원회에 한번 종합된 의견을 내보내자 그래서 보고 말씀을 드리는 바이올시다.[33]

이에 대해서 내무위원들은 크게 이의를 제기하고 있으며[34] 결국은 기립표결에 의하여 결정하지 않으면 안되었다.[35] 그런가 하면 재무위에서는 위원장이

> 어디까지나 위원회의 위임을 받아서 소위원회에서 결정된 것은 중대한 착오나 위배가 없는 한은 또 위원회 정신에 크게 이탈 안된 한은 아마 보고에 그치는 것이 타당하다고 이렇게 봅니다. 보고하도록 되어 있습니다. 보고를 접수해서 다시 심의하도록은 결의 안했다고 봅니다. 여러분 의견이 어떻습니까?

라고 하자 위원회에서는 이의 없다고 받아들이고 있다.[36]

(6) 전문성과 안정성

우리 국회의 상임위원회의 전문성과 안정성이 낮다고 하는 것은 이미 몇 개의 논문에서 지적되고 있다.[37] 그리고 위에서 여러 가지로 살펴본 바와 같이 위원들의 역할인지도 본래적인 절약보다는 다른 측면에서 합의가 이루어지고 있으며 위원회의 통합이 위원회 자체에서 이루어지는 것이 아니라 교섭단체 간의 사전 협의에 의하여

---

33) 전게 내무위회의록 제15호(1964.11.9.), p. 15.
34) 상게 회의록 pp. 16-17.
35) 상게 회의록 p. 36.
36) 전게 재경위회의록 제33호(1964.11.18.), p. 6.
37) 유훈, 전게논문; 김우현, 전게논문.

이루어지는 것인데 그나마 한 가지 위원회의 통합(integration)에 기여하는 요소가 있다면, 그것은 위원회에서 제안하려는 증액결정은 원칙적으로 만장일치라는 형식을 취함으로써 예산위에서의 종합심사에 임하려는 것과 예결위는 또 원칙적으로 상임위결정 이상으로 증액하지 말아야 마땅하다는 견해를 보이고 있다는 점이다.[38] 예결위가 상임위보다 더 크게 특정소관부처의 예산증액 건의를 한다면 그것은 상임위의 후원자적(patron) 지위를 크게 위협하는 것이기 때문이며 그렇게 되면 소관부처의 신망과 외경으로부터도 멀어질 것이기 때문이다.

3. 예산결산특별위원회

1) 예결위와 위원에 대한 기대와 영상

제6대 국회는 예결안을 종합심사하기 위하여 특별위원회로서 예산결산특별위원회를 설치케 하고 있다. 예결위는 상임위원회가 아닌 것이다. 이러한 예결위에 대해서 우리가 상임위원회에 관하여 고찰했던 바와 같이 전체로서의 국회, 상임위원회, 행정부 및 정당 등이 가지고 있는 기대내용을 검토해볼 수 있다. 전기 상임위에 관한 고찰부분에서 이미 언급된 것과 중복되는 부분은 간단히 다루기로 한다.

(1) 국 회

국회자체가 예결안에 대한 어떤 기대를 가지고 있다고 하더라도 이것을 효과적으로 부과하기는 어렵게 되어 있다. 그러나 예결위는 그것을 어떻게 정의하고 파악하든 간에 국회의원들의 의견을 반영시키지 않는다면 본회의에서 곤경에 처하게 될 것이다. 그리고 예산심의에서 예결위가 타 국회의원의 의사를 계속 경시하게 되면 그 존폐 자체를 논하게 된다. 뒤집어 말하면 어느 상위도 타 상위보다 우위에 설 수 없게 하기 위하여 예결위를 특별위로 설정하는 것이므로 만약 그 예결위가 타 의원의 이해를 침해하면 국회법이나 규정자체를 바꾸어 버릴 것이다.

1964년에 1965년도 예산안을 심사하기 위한 예산결산특별위원회의 구성에 있어 국회운영위원회는 예결위원의 수를 36명으로 할 것이냐 48명으로 할 것이냐에 관한 국회법 중 개정법률안을 심의하는 자리에서 이충환 의원은 예산결산위원회를 설치하게 된 이유를 밝히고 있다. 운영위원은 아니지만 개정법률안의 제안자의 한 사람으로서 발언권을 얻은 이 의원은,

---

38) 전게 법사위회의록 제14호(1964.11.2.).

제가 이 36명 이것을 제안한 것은 과거에 예산결산위원회가 구성되기 전
사태부터 좀 말씀드려야 되겠습니다. 과거에는 2대 국회 초의 얘기입니다
마는 그때에는 재정경제위원회가 예산결산위원회의 역할을 해서 재정경제
위원회는 재정경제위원회의 독자적인 소관사항의 예산심의도 하고 동시에
예산결산위원회가 하여야 할 종합 심사하는 권한까지도 가졌던 것입니
다… 이렇게 재정경제위원회가 종합 심사를 배당하니 결국 예산이 편향적
으로 짜여진다. 재정경제위원회의 소관은 하나도 깎이지 않고 또 재정경
제위원회는 중점적으로 예산이 편성되어 나오고 있기 때문에 이러한 폐단
을 없애기 위해서 각 상임위원회에서 한 사람씩 골고루 내야 한다. 정치적
으로 이 비중이 적은 위원회 특히 그 때 당시의 예를 들면 보건사회위원
회 같은데 문교위원회 같은데가 정치적인 비중이 약했습니다.…

그러므로 푸대접을 받고 있는 위원회도 두서너 사람씩을 내보내어 예산결산위원
회를 구성하고 종합 심사함으로써 각 의원의 권익이나 이해를 반영시키자는 취지에
서 예산위를 설치하였다는 것이다.[39] 이와 같은 기대를 예결위가 저버릴 경우 국회는
거기에 대응할 가능성이 있는 것이다.

(2) 상임위원회

상임위원들은 지원자 입장이었거나 삭감론자의 입장이었거나 자기들의 의사가
심의과정에서 반영된 소관예산에 관한 결정이 다시 예결위에서 심사될 때에는 옹호
자의 입장으로 바뀌는 것이 보통이다. 상위의 예결위에 대한 영상은 상위안을 삭감하
리라는 것이다. 1965년도 법무부 소관 예산안 심사에 있어서의 조재천 의원의 발언
내용에서 이와 같은 영상을 엿볼 수 있다.

…지금까지 검사에 대한 처우개선을 하기 위해서 세입재원의 증가를 과
연 기대할 수 있느냐 지금 그것을 얘기하고 있는데 법사위원회에서는 거
기에 대한 충분한 확신이 서야될 것이고 또 더군다나 예결위원회에 넘어
가면 이것은 법사위원회보다도 더 힐난한 검토와 질문을 받게 되기 때문
에 그것은 여기에서부터 명확히 해놓아야 일이 순조롭게 진행될 것 같아

---

39) 제45회 국회, 국회운영위원회희의록 제3호(1964.9.4.), p. 10.

서 하나 묻고자 하는 것입니다.····[40]

이와 같이 예결위의 심사가 까다로울 것이고 종합적일 것이기 때문에 그에 대비하여 각 상임위는 행동을 조정하게 되는 것이다. 1965년도 예산안 중 세입결함 27억원의 처리문제를 놓고 재경위원회는 수차의 타협을 시도한 끝에 10억원 결함으로 합의를 보게 되었는데 이에 대해서 김성곤 재경위원장은 「재경위에서 한바탕 고역을 치른 것은 예결위를 말썽없이 넘기기 위한 정지작업이었다」고 술회하고 있다.[41] 이와 같은 합의를 예결위에서 번복하려는 눈치가 보이자 여야의 격돌까지 몰고 올 기세였는데 이것은 상위에서의 약속은 예결위에서 지켜질 것으로 기대했기 때문이다.[42] 이와 같이 상위는 그들이 결정한 총액뿐만 아니라 각 항목별로 결정도 예결위에서 존중해 주기를 바라지만 늘 그렇게 될 수 있을 만큼 세입이 유동적인 것은 아니다. 1965년도 예산안의 예결위 종합심사에 관하여 한 석간지는 다음과 같이 묘사하고 있다.

> 예산총규모의 10억원을 깎아 버리자 어느 특정 사업에 꼭 예산조처를 하
> 려고 벼르던 일부 위원들이 코가 빠지도록 실망하는가 하면 반대로 계상
> 된 사무비가 깎이지 않고 간신히 실현됐다고 흐뭇해 하는 일부 의원들이
> 있어 희비변곡선[43]

상임위원회가 그 의사가 존중될 것을 보장하는 하나의 역할은 예결위원을 겸하고 있는 상임위원이 하는 것 같다. 외무위의 강문봉 위원은 다음과 같이 말하고 있다.

> ····제가 외무위원이니까 될 수 있는 대로 외무부에 예산이 많이 나가도록
> 애를 쓸 것입니다. 그래야 예결위에서 이렇게 얘기가 나올 때에 제가 다
> 른 예결위원들에게 혹은 다른 사람들에게 이런 문제를 말할 때에 뒷받침
> 이 있어야 정보비를 어떻게 쓴다고 말할 것입니다.····[44]

물론 위와 같은 발언을 하게 된 직접적인 동기는 외무부의 정보비 사용 내막을

---

40) 전게 법사위회의록 제13호(1964.10.31.), p. 8.
41) 동아일보 1964.11.18.
42) 동아일보 1964.11.28. 「정가산책」.
43) 동아일보 1964.11.30. 「팔각정」.
44) 전게 외무위회의록 제3호(1964.10.6.) 64년도 1회추경심의 p. 4.

알기 위한 것이었으나 그가 예결위원을 겸하고 있다는 것을 크게 인식하고 있음은 「예산결산위원회도 외무위원회가 이와 같은 수정안을 가지고 현재 외무부 관계 예산안을 심의를 했으니까 이 수정안을 그대로 통과시켜 달라 이렇게 하면 될 것이 아닙니까?」하는 데서도 재차 나타나고 있다.[45]

상술한 바와 같이 상위도 예결위에 대한 영상과 기대를 다양하게 갖고 있으며 미리 행동을 조정한다고 하였는데 때로는 상위 자체가 결정을 내리지 못하고 이를 예결위에 미루어 버린 예도 있다. 1966년도 예결안 중 세입에 관한 재경위의 처리방식이 그러하였다. 즉, 정부 원안과 야당 원안 중 그 어느 하나도 표결에 붙여 채택 여부를 결정하지 않은 채 원안을 다수안이라 하고 야당 수정안을 소수안이라고 해서 그대로 예결위에 회부하였던 것이다.[46]

(3) 행정부와 정당

상임위원회에 관한 고찰과 별차 없으나 다만 각 상위에서 증액에 놓은 부분을 가능한 한 정부 원안에 가깝게 수정해 주기를 바라는 것이 경제기획원의 기대라고 볼 수 있다.

2) 예산결산특별위원회의 의사결정을 위한 구조

(1) 예산위원회에 관한 규범과 예결위원의 인지된 역할

예결위원들의 예산관 내지는 자기의 역할을 어떻게 인지하고 있느냐 하는 것은 명확하지가 않다. 일반적으로 말하면 항상 논의되고 있는 바와 같이 국회는 예산심의를 통하여 정책을 형성하며 행정부를 감독하는 것이므로 예결위가 이와 같은 임무수행의 핵심적 역할을 하여야 하리라는 것은 너무도 당연하다. 제6대 국회 후기의 여당 출신 예결위원장은 국회가 정치의 광장이므로 충분한 대화가 이루어져야 하는 것은 당연하지만 정기국회는 예결심의기능에 그 제일의성이 부여되어 있으므로 이 본연의 과업수행이 그 어느 것보다도 우선되어야 한다고 주장하면서, 예산안과 다른 안건과의 교환심의를 노리는 움직임을 비난하였다.[47]

이와 같은 비난이 나오게 되는 이유는 특히 예산결산위원회에 있어서 위원회의 통합이 이루어지지 못하고, 여당이냐 야당이냐에 따라 그때그때 편리한 주장을 하고 있기 때문이다. 주장의 내용은 예결위가 예산심의에 임하는 규범에 관한 것으로서

---

45) 상게 회의록 제9호(1964.10.29.), 65년도 외무부소관예산심의 p. 5.
46) 국회사, 제 4, 5, 6대 국회, p. 944.
47) 구태회, 「예산국회본연의 자세」, 국회보, No. 60(1966.10.25.), p. 2.

「예산결산위원회는 당의 방침이나 상임위원회의 결정에 크게 구속됨이 없이 독자적인 결정권을 가져야 한다」라는 것과 「결정권의 범위는 한정되어 있다」라는 것과의 대립이다. 그런데 이런 규범이 합의조차 이루어지지 못하는 이유는 만약 독자적인 결정권에 의하여 자기 당의 기존 이익에 불리하면 반대하고 유리하면 찬성하는 그런 성질의 것이기 때문이다.

1965년도 예산안 심의에 있어서 재정경제위원회는 여야의 협상을 거쳐 가까스로 세입규모에 대하여 합의를 보고 이를 본회의에 보고하고 예결위의 심사로 넘어 갔는데, 이와 같은 여야협상에서 이루어진 합의내용을 예결위원회가 지켜야 될 것인가가 문제되었다. 합의내용의 성격상 야당은 합의된 선을 지킴으로써 정부의 예산규모를 줄일 수 있었고 반면에 여당은 합의되었던 선보다 세입액을 많게 책정함으로써 정부 예산안의 삭감분을 줄일 수 있는 입장이었다. 이와 같은 대립된 입장에서 예결위의 독자성에 관한 논의가 이루어져서 거기에 대한 견해도 대립되게 된 것이다.

김대중 위원은

　　…여러분께서 이 정부 여당과 합의된 이 테두리를 지킬 수 없다고 하신
　　다고 할 것 같으면 형식적으로 지금 김봉환 위원도 잠깐 말씀합니다만 예
　　결이 바지저고리냐 이러한 생각에서 지킬 수 없다고 이렇게 주장하신다
　　면 우리는 더 말할 필요 없습니다. 우리는 여당대표, 정부대표와 합의했
　　는데 이것이 여당 내부 자체에서 병합이 안되어 가지고 여기서 다시 재론
　　이 된다고 하면 그것은 할 수 없습니다.…48)

라고 하였는데 이것은 야당은 오히려 국회 각 기관의 논의를 지지할 것이라 생각하는 우리의 통상적인 기대에 반하는 것인데 그 이유는 전술한 바와 같이 재론이 불리하기 때문일 것이다.

위의 견해와는 달리 이만섭 의원은

　　…사실 우리들 예결위원이 바지저고리는 아닌 것입니다. 물론 당명에 복
　　종을 해야 하고 이러한 당원으로서의 의무는 있을는지 모르지만 저는 적
　　어도 그렇게 생각합니다. 공화당에서 결정을 내린다고 할 것 같으면 적어

---

48) 제45회 국회 예결위회의록 제16차(1964.11.27.).

도 우리 예결위원하고 상의가 있은 후에야 어떤 결정이 내려지지 우리하

고 상의하기 전에는 그러한 결정이 내려질 수도 없지 않느냐?…49)

위에서 예시한 바와 같이 외형상 상호 대립되는 견해를 보이고 있는데 실상은 예
결위원이 당의 방침에 충실해야 된다는 것을 반영하고 있을 뿐이다. 그리하여 예결위
원들이 가지고 있는 규범들이나 역할은 다음과 같이 요약해 볼 수 있을 것이다.

첫째, 예결위원은 소속당의 이해를 고수하여야 한다. 이것을 명분론적으로 확장
시킨다면 그렇게 하는 것이 다 같이 국민의 부담을 줄이거나 국민에 대한 봉사가 늘
어난다는 주장으로 연결될 수는 있다.

둘째, 위에서 본 것과 밀접히 관련되는 것인데, 예결위원회는 각 상임위원회의
입장을 존중하되 독자적인 결정권을 가져야 한다는 것이다. 타 상임위원회에 대한 독
자적 지위라고 하는 것은, 각 상임위원회의 결정 내용 중 당의 방침으로 보아서 양보
할 수 있는 것에 관한 것이라고 볼 수 있다.

셋째, 상위에서는 의원 각 개인의 이해와 관련되는 사항들이 어느 정도 조정되고
의원 간에는 이것을 존중하려는 상호성이 인정되고 있는데, 이 점은 예결위에서도 마
찬가지로 찾아볼 수 있는 것이다. 그런데 상임위원회 결정사항 중 당의 방침이나 타
협에 의하여 조정되는 것 중에는 각 의원이 애써서 확보했던 액수나 항목에 변경이
있게 마련인데, 이와 같은 조정을 당한 의원은 불평을 하게 마련이다. 1967년도 예산
심의 결과를 논평한 신문가십난에서는 「새해 예산 나눠 먹기」에 한 몫 끼이지 못한
여야 의원들이 분노했다면서 어떤 의원은 「실력 없는 의원에게도 몇 푼 돌아올 수 있
게 처음부터 아예 예산안에서 몇 %를 떼어놓고 국회법도 고쳐 "나눠 먹기 특위"를
만들 용의는 없느냐」고 따지기도 했다는 것이다.50)

(2) 위원장

상임위원장의 선거를 국회 본회의에서 하고 있는 것과는 달리 특별위원장은 위
원회에서 호선하는데 특별위원회의 최초의 회의에서 연장자의 사회로 행하고 본회
의에 보고하도록 되어 있었다.51) 예산결산특별위원회도 특별위원회인데 그 위원장
을 구두호천으로 하거나 투표로써 행할 수 있는데, 구두호천을 실례로 하였다.52)

49) 상게 회의록.
50) 동아일보, 1966.12.9.「팔각정」; 국회사 제4, 5, 6대 국회, 제58회 국회, 1967년도 예산안, 본회
   의, 진기배 의원 질의 p. 1247.
51) 국회법 제45조.
52) 전게 예결위회의록 제1호(1964.10.5.); 제53회 국회 예결위회의록 제1호(1965.11.25.).

(3) 간사

국회법 48조에 상임위원회의 인원수와 각 교섭단체별 할당은 각 위원회에서 결정하도록 되어 있는데 예결위 간사의 수는 3인의 경우도 있었고 4인인 경우도 있었다. 간사의 역할은 상임위원회에서와 마찬가지로 위원장 대리사회, 의사진행 협의, 소속정당 대변 및 소위원회 구성에 참여하는 것 등이다.

(4) 전문위원

상위에서의 역할과 별 차이가 없으나 예결위 전문위원의 소속을 어디로 할 것이냐 하는 것을 국회운영위원회에서 논의한 일은 있다.[53]

(5) 분업과 소위원회

우리나라 상임위원회의 소위원회는 분업을 위하여 사용되기보다는 소수에 의한 신속한 처리를 위해 사용되는 경향이 있는데 예결위원회도 마찬가지이다. 소위원회의 구성 인원수는 그 때마다 달리하여 제53회 정기국회에서의 66년도 예산안심의 시의 예결위소위원회는 여야 7인으로 구성되었었고 제58회 정기국회 예결위 소위원회는 위원장 외 여야 각 4인으로 구성된 9인소위원회였다.[54]

소위원회의 합의내용대로 예결위가 받아들이는 경우도 있고 채택하지 않는 경우도 있는데, 소위원회 자체에서 뚜렷한 합의가 이루어지지 못한 것은 다시 예결위에서 논란되기 때문이다.

대체로 예결위의 심의기간이 너무 짧아 심의 막바지에 모호한 기준 아래 일률적으로 소위원회에 넘겨 「주먹구구식으로 계수조정이 이루어져 소위는 계수조정에 끝나지 않고 예산의 규모와 정책 내용까지 재검토하게 되므로 그 결과에 대해 불만을 품는 일이 많다」[55]는 것이다.

(6) 안정성과 전문성

예결위원회는 상임위원회조차 아니며 그 위원의 교체가 빈번하여 안정성이 극히 낮음은 말할 것도 없다. 그리고 위원임명은 전문성의 고려보다는 각 교섭단체별 및 상임위원별로 그들의 이익이나 대표성을 참고하여 임명하는 경향이 있어서, 한 회기 중에도 수시로 교체됨을 볼 수 있다.[56]

---

53) 전게 운영위회의록 제26호(1964.11.12.).
54) 국회사 제4, 5, 6대 국회 p. 951 및 p. 1243.
55) 유호선 「6대 국회의 예산과 결산심의」 국회보 No. 67(1967.5.25.), p. 26.
56) 유훈교수는 전게논문에서 예산결산위원회의 안정성과 전문성에 관하여 상세하게 고찰하고 있다.

Ⅳ. 예산심의과정

전 장에서는 상임위원회와 예산결산위원회의 각각에 관하여 그들을 둘러싸고 있는 관련 조직의 기대, 그들 자신이 생각하고 있는 역할, 그리고 의사결정을 위한 구조 등을 살펴 보았다. 본 장에서는 좀 중복되는 면도 있으나 예산절차를 개관하고 그러한 절차를 거쳐 나온 결정유형을 분석한 다음에 예산심의 시기의 여야 간 정치적 쟁점이 예산안 심의에 어떻게 영향을 미쳤는가를 검토하려 한다.

1. 절차와 경과개관

1) 절차

공식적인 예산심의절차는 본회의에 보고된 예산안은 소관별로 상임위원회의 예비심사에 회부되는 동시에 정기국회의 경우 국정감사를 실시하며, 상위의 심사가 끝난 예산안은 본회의에 보고되었다가 예산결산안위원회에 회부되어 종합심사를 받고, 이어서 본회의에서 심의·확정되는 것이다.

(1) 예산안 국회제출과 본회의

정부에서 제출한 예산안은 본회의에 보고된다. 이 때 정부의 시정연설에서 열거하고 있는 각 분야별 시책이라는 것이 좀 일반적인 이야기이고 시책 간의 비중을 따지기도 어려워서 사실상 그것이 예산액에 어떻게 반영되었는지를 헤아리기는 어렵게 되어 있다.

(2) 국정 감사

예산안은 상위별로 심사하기에 앞서 국회는 상임위별로 감사반을 편성하여 서울과 지방의 각 기관에 대하여 일반국정감사를 실시하였다. 추가경정예산안의 심사에 있어서는 국정감사가 생략되는 것이 보통이었다.

국정감사를 실시함으로써 얻은 자료를 예산심의의 토대로 삼자는 것이 그 본래의 취지였으나, 예산심의착수 전까지 국정감사의 보고서가 처리되지 못한 경우도 많으며, 또 국정감사에서의 정책질의와 예산심의에서의 정책질의가 중복되기도 한다고 하여 국정감사도 많은 비판을 받았었다.

그러나 한편 생각해 보면, 국회의원들이 정부의 각 사업내용을 파악하는 데 있어서 국정감사가 중요한 기회였다는 것도 부인하기는 어려울 것이다. 예산문서에 나타난 항목별 금액만을 들여다 보고서는 사업내용에 관한 정책질의가 겉돌게 될는지도 모르는 일이다. 특히 예산문서가 주로 품목별로 표시된 경우에 더욱 그러할 것이다. 물론, 국회의원의 전문성이나 안정성이 높아지면 특정사업 분야별 지식이나 경험의 축적으로 형편이 달라질 수도 있을 것이다.

(3) 상임위원회 예비심사

일반적인 절차는, 위원장의 의제상정, 소관부처장의 제안설명, 전문위원의 심사보고, 정책질의, 대체토론 및 부별심의의 순서로 진행된다.

그러나 실제로 심사가 이루어지는 모습은 상위별로 다양하다. 상위에 따라서는 미리 예산안심사방침부터 논의하기도 하는데 그 내용 또한 일정치가 않다. 1965년도 예산안심사에 있어서 국방위원회는 「의장단, 위원장, 총무단 및 간사가 모여 1965년도 예산심의 일정문제에 대하여 토의하고 법정기일까지 통과시키기로 결론을 내렸다」고 보고하고 예정기일 내에 심사를 마치자는 정도의 방침을 논하였다.[57] 문교공보위원회는 예산안의 심사에 앞서서 국정감사결과를 처리하는 것이 당연하나 준비관계로 시일이 걸리기 때문에 그 대안으로서 국정감사 시에 지적되었던 여러 가지 문제에 관하여 중점적으로 토론함으로서 예산 심사에 참고키로 한다는 방침을 정하였다.[58] 그런가 하면 농림위원회는 구체적인 계획을 논하고 있다. 즉, 전문위원으로 하여금 심사방침에 관한 안을 작성케하고 그것을 검토하였는데 그 내용은 다음과 같다.

1965년도 예산심의계획(안)

1. 심사방침

1965년도 농림부 행정목표 및 방침에 대하여 예산과 관련되는 사항을 검토한 후에 심사방침을 수립한다.

2. 심의요령

　가. 예산제안설명(장관)

　　예산에 관한 정책질의(1965년도 목표 및 방침에 의거)

　나. ① 각국별 소관설명 및 질의

　　　② 문제점 지적 및 설명

　다. 예산심사

---

57) 제45회 국회 국방위원회회의록 제7호(1964.10.29.).
58) 제45회 국회 문교공보위원회회의록 제8호(1964.10.20.).

① 전기 소관별 질의답변에서 제기된 문제점을 조정하기 위하여 다음과 같은 방법으로 심의한다. 방법은 상임위원회(전위원)에서 한다. 예를 들면 지금 각 3개 소위원회가 구성되어 있는데 그것을 가지고 한다든지 또는 달리 한다든지 여기서 얘기한다.

② 예산심사보고 및 수정안(필요시)을 작성 제출한다.

③ 위 호에 의거 각국별 회계별 사업별 심사조정한다.

라. 상임위원회 회의(본 심사)

3. 심사기간

64년 10월 9일~10월 31일(11일간, 공휴일 제외)까지 심의완료한다(계획작성은 19일에 했는데 상정일은 27일이었다).[59]

이상과 같은 계획을 놓고 소위원회 구성이 필요한가의 여부, 기간, 국정감사보고와의 선후 관계를 논의하다가 사실은 방침대로 심의를 집행시키지 못하였으나 계획안 자체는 합리적인 것으로 보인다.

그러나 위와 같은 방침에 관한 논의도 없는 위원회에서 정부의 제안설명과 전문위원의 심사보고 후 정책질의에 들어가는데 정책질의에서 다루어야 할 문제의 한계가 무엇이냐 하는 것은 극히 모호하고 또 어떤 것은 중언부언 길게 따지게 되는데 질의가 길어지는 것은 남의 말을 받아 넘기면서 각기 의견을 말하는 경우이다. 질의·답변도 일문일답식이 있는가 하면 두 사람씩 질의한 후 장관이 답변하도록 위원장이 진행순서를 정하기도 한다.[60]

구체적으로 예산안 자체의 결정에 영향을 미치는 것은 항목별 심의인데, 심의과정에서 예산액이 확정되어 가는 경우보다 소위 계수조정에서 확정되는 경우가 많다.

(4) 예산결산위원회 종합심사

예산결산특별위원회는 정부에서 예산안이 제출된 후로부터 각 상임위원회에서 예산안의 심사가 전부 끝나기 전에 구성하는 것을 예로 하고 있다. 그런데 심사의 착수시기를 언제로 잡느냐에 관하여는 약간의 쟁점이 있어 왔다. 즉, 법정기일 내에 예산안심사를 끝내기 위해서는 얼마간의 시간적 여유를 두고 심사하여야 될 터인데, 각 상임위원회에서 소관예산안을 모두 심사완료 보고하여 예결위에 회부된 경우에는 별

---

59) 제45회 국회 농림위원회회의록(1964.10.27.), p. 1.
60) 전게 내무위원회의록 제13호(1964.11.6.), p. 3.

문제가 없으나 일부 상임위원회에서 아직도 심사 중인 경우 예결위가 예결산 심의에 착수할 수 있느냐 하는 문제인 것이다.

이 문제는 특히 세입예산 중 큰 부분을 다루는 재경위원회의 심사완료 여부와 관련되고 있다. 1967년도 예산안심사에 있어서 예결위의 신인양 위원은,

> 국회법 76조가 예산안과 결산안은 소관상임위원회의 심의를 거쳐 예결위
> 에 회부되어 그 심의를 거친 뒤에 본 회의에 회부한다고 규정되어 있는데
> 도 불구하고 법정기일이 부족하다는 이유로, 세입예산이 확정되지 않았는
> 데 여기서 예산안을 심사한다는 것은 위법이다.

라고 주장하고 나섰다. 박찬 위원도, 상임위원회의 심사가 완료되지 않아도 예결위에서 심사한 선례를 인정하면서도, 가령 재경위원회의 소관예산안이 심사 완료되었으나 농림위원회나 혹은 교체위원회 같은 데서 소관예산심사를 마치지 못했을 경우에만 이러한 선례를 따를 수 있는 것이라고 주장하였다.[61]

후에 세입과 세출의 조정에서도 고찰하겠지만, 세입규모에 관한 잠정적인 어떤 결정이 없고서는 타위원회소관예산의 세출심사는 거의 무의미하기 때문이라고 할 수 있다.

심사절차는 상임위원회에 있어서와 비슷하다. 대개는 의사진행 협의에 의하여 순서나 발언자수 등을 정하는 것이 보통이다.

예결위는 구체적인 부별심의에 들어가기 전에, 종합정책질의와 대체토론과정을 통하여 종합심사기준을 결정했는데, 제6대 국회 예결위의 종합심사기준례를 요약 정리해 보면 다음과 같다.

① 세입내 세출이라는 균형예산원칙, 또는 건전재정원칙을 견지한다.(경우에 따라서는 예산총규모를 미리 설정한다.)
② 소비절약을 위하여 불요불급하다고 인정되는 세출을 삭감한다.
③ 투·융자예산은 삭감하지 않는다.
④ 재원 없는 순증(純增)은 원칙적으로 인정하지 않는다.
⑤ 각 상임위원회에서의 자체재원 내 조정이나 세출삭감범위 내에서의 자체조절은 원칙적으로 인정한다.[62]

61) 제58회 국회 예결위원회의록 제3호(1966.11.28.), pp. 1-10.
62) 국회사 제4, 5, 6대 국회, 64차 1차추경, 65년도예산안, 66년도예산안, 67년도예산안 예결위심

이 이외에도 상위에서 논란이 있었거나 특히 고려할 사항이 기준 속에 포함되는데 예를 들면 「일반회계 보건사회부소관 및 구호사업특별회계 수당증액분중 보건직 및 약사수당의 증액은 삭감하고 이에서 염출(捻出)되는 재원을 의사수당에 증액한다」라던가 「비료보상과 미곡매상비추가를 위한 재원을 본 추경에 반영시킨다」 하는 것 등이다.[63]

예결위는 특별위원회이므로 소관심의안건이 처리되면 해산되는 것인데 항상 결산심사가 지연되고, 또 추경예산이 빈번히 제출되어 해산의 시기조차 명확하지 않은 경우도 있다.

(5) 본 회의

예결위의 심사가 끝난 예산안은 예결위원장이 본 회의에 보고하고 질의 답변과 토론을 거쳐서 이견조정이 끝나면 통과시키게 된다. 본 회의의 질의에 대한 답변은 정부의 관련자가 하는 것이 보통이지만 때로는 예결위원장의 답변을 요구할 때도 있다.

본 회의에서의 질의와 토론은 상위와 예결위에서 물었던 내용을 반복해서 묻거나 과거의 약속불이행을 따지거나 위헌론을 제기하기도 하지만 본 회의에서의 이와 같은 주장이 예산액 자체에 영향을 미치는 예는 드물다.

예산안에 찬성하는 야당의 발언을 보면 국회의 의견이 반영되었기 때문에 찬성한다고 하는 경우도 있고 그렇지는 않지만 다른 이유로 찬성한다고 하는 수도 있다. 1964년도 제1차 추가경정예산안의 본회의토론에 있어서 이충환 의원은 예산안의 여러 가지 결함을 지적하고서 「그러나 동예산안의 예결위심사에서 국회의 의견이 어느 정도 반영되었고 경제관료의 이동, 계엄선포 등, 정국 불안 등을 감안, 백보를 양보하여 예결위의 수정안을 찬성한다」고 하였다.[64]

1965년도 예산안심사의 본회의토론에서 이상철 의원은,

> …결론적으로 본예산안에는 대통령이 예산교서에서 제시한 정부목표가 하나도 반영되고 있지 못하였으며, 따라서 본예산안은 정책예산이 아니라 정권유지를 위한 정치예산이다. 그러나 본 국회는 본예산안을 거부할 경우의 국가적 입장에서의 득실을 감안할 때 무작정 거부할 수도 없고 또 장차 추경안 편성이 불가피하다는 판단이 가능하므로 본 예산안을 가예

의, p. 706, 708, 951, 및 1244 참조.
63) 상게서.
64) 상게서, p. 711.

산으로 간주하여 찬성한다.

라고 하였다.[65]

어떤 이는 「정당정치와 국회정치가 정상화한 상태라면 정부안을 무수정 통과시키는 것이 정상적이다. 반대당은 반대의사와 요점을 국민에게 알림으로서 족하다」고 말하면서 6대 국회초의 예산심의 과정을 비판하고 있다.[66]

2) 경과개관

제 6대 국회기간 중 본 예산 3개와 추가경정예산 7개를 심의히였는데 그 경과는 다음 표와 같다.

<표 1>에서 보는 바와 같이 6대 국회의 「법정기일고수」에 관한 강박관념에 가까운 고집에도 불구하고 3회의 총예산심사 중 단 한번만 법정기일 내에 예산안이 통과되었다. 예결위의 3회의 총예산심의기간은 평균 20일이었으며 추가경정예산안의 심의기간은 평균 4일이었다. 이 기간 중에 있었던 회담 중단 등을 감안한다면 예산안은 실로 단시일 내에 심의 완료되는 것이라고 보겠다.

2. 결정유형

1) 예산과 결산심의의 괴리

예산심사를 위한 자료는 국정감사를 통하여서도 얻을 수 있겠지만 결산의 심의를 통하여서도 얻을 수 있을 것인데, 6대 국회는 결산심의에 소홀하였던 감이 있다.

정부에서는 결산을 예산안과 같은 날짜에 제출하였으나 국회에서는 예산심사 전에 결산심의에 착수하기는커녕 예산심사가 완료된 뒤 빨라야 한달, 늦으면 6, 7개월 후에나 심의에 착수하였다. 예산안심사 완료일로부터 3개월 내지 12개월이 지난 다음에야 결산안이 통과되고 있으니 그것이 얼마나 형식적인 처리였는가를 엿보이게 한다.[67]

1963년도 세입 세출에 대하여는 헌정이 중단되었던 군정시의 예산집행결과라 하여, 심사자체에 관하여 논란이 있었다. 예산결산위원회에서는, 예결위가 63년도 결산을 심사할 권한조차 없다는 주장이 나왔는데 여당측에서는, 이미 각 상임위원회에서

---

65) 상계서, p. 741.
66) 주요한 「예산편성과정과 국회심의에 대한 개선방안」 국회보, No. 48(1965.9.20.), pp. 32-34.
67) 유훈 「우리나라 예산제도에 대한 비판적 고찰」 국회보 No. 48(1965.9.20.), p. 14에서 국회가 결산에 대하여 좀 더 많은 관심을 갖도록 촉구하였다.

표 1 연도별 총예산 및 추가경정예산 심의일정

총예산 / 추가경정예산	구분 연도	국회제안 연월일	시정연설 연월일	상임위 회부 일자	예산심의 착수일자 및 종료일자	본회의 통과
총예산	1965년도	64.9.3.	64.9.7.	64.9.7.	64.10.29.~11.30.	64.12.1.
	1966년도	65.9.2.	65.10.19.	65.10.20.	65.11.25.~12.3.	65.12.4.
	1967년도	66.9.1.	66.9.8.	66.9.8.	66.11.22.~12.8.	66.12.8.
추가경정예산	1964년도 제1회	64.9.3.	64.9.7.	64.9.7.	64.10.5.~10.13.	64.10.13.
	1965년도 제1회	65.6.7.	65.6.9.	65.6.9.	65.6.16.~6.17.	65.6.18.
	1965년도 제2회	65.7.21.	65.7.21.	65.7.21.	65.7.21.~7.21.	65.7.21.
	1965년도 제3회	65.12.8.	65.12.8.	65.12.8.	65.12.9~12.9.	65.12.10.
	1966년도 제1회	66.3.15.	66.3.15.	66.3.23.	66.3.19.~3.23.	66.4.8.
	1966년도 제2회	66.9.8.	66.9.8.	66.9.8.	66.10.14.~10.18.	66.10.18.
	1967년도 제1회	67.2.27.	67.2.27.	67.2.2.7.	67.3.6.~3.6.	67.3.9.

자료: 유호선「6대 국회의 예산과 결산심의」국회보 No. 67(1967.5.25.), p. 32에서 발췌 재작성.

예비심사도 끝났으며 결산을 심사했다고 해서 예결위원회가 법적으로 책임을 질 것은 없고, 정치적인 문제이니 각 소관상임위원회에서 올라온 심사결과를 종합해서 본회의에 보고만 하자고 제안하였던 것이다.[68] 본회의에서도 논란 끝에「각 상임위원회가 1963년도 결산을 원안대로 통과시켜 본 예결위에 회부하여 왔으므로 본 예결위로서는 실질적인 내용검토 없이 이를 접수하여 본 회의에 보고한다」라는 내용의 예결위보고를 접수하였다.[69]

1964년도 세입세출 결산심사에 있어서 예결위는 또 그 처리방안에 대하여 논란을 벌였다. 헌법, 국회법, 예산회계법에서 결산을 심사하는 것으로는 되어 있으나 어떻게 심의, 결정하여야 한다든가 또는 언제까지 국회의 심의를 마쳐야 한다는 기한에 대한 구체적인 규정이 없어 예결위원회는 그저 과거의 관례대로 각 소관 상임위원회의 의견을 토대로 종합심사를 하여 본회의에 보고하도록 결정했던 것이다. 그런데 예산결산위원회는 현행제도상 요식행위에 그치는 결산제도를 다른 나라의 예에 따라 좀 더 합리적이고도 효과적으로 운영해 나가도록 보완하여야 된다는 의견들이 나왔다.[70]

---

68) 제53회 국회 예결위 제24호(1965.11.17.).
69) 국회사 제4, 5, 6대 국회, 제53회 국회, 1963년도 세입세출 결예심사 p. 975.
70) 국회사, 제57회 국회, 1964년도 세입세출 결예심사, pp. 1152-53.

표 2 예산과 결산심의일정

구분 연도	국회제안 연월일	시정연설 연월일	상위 회부일자	심의 착수 및 종료일자	본회의 통과
1963년도 결산	64.9.1.		64.9.3.	65.6.7.~11.18.	65.11.22.
1965년도 예산	64.9.3.	64.9.7.	64.9.7.	64.10.29.~11.30.	64.12.1.
1964년도 결산	65.9.2.		65.9.3.	66.7.11~7.12.	66.7.14.
1966년도 예산	65.9.2.	65.10.19.	65.10.20.	65.11.25.~12.3.	65.12.4.
1965년도 결산	66.9.2.		66.9.3.	67.1.30.~1.31.	67.3.7.
1967년도 예산	66.9.1.	66.9.8.	66.9.8.	66.11.22.~12.8.	66.12.8.

자료: 유호선, 전게서 및 국회사.

예산결산위원회에서의 결산심사절차는 정부측의 제안설명, 감사원장의 결산검사보고, 정책질의 부별심사(대개 생략)의 순으로 진행했다.[71]

2) 부처별

제 6대 국회는 3개의 총예산안과 7개의 추가경정예산안을 심사하였다. 추가경정예산안의 국회 수정폭은 매우 적기 때문에 연도별 부처별 비교가 어렵고 또 총예산안도 3개연도분 뿐이므로 어떤 의의 있는 부처별 추이를 찾아내기는 힘들 것이다. 그러나 앞으로 본 연구를 6대 국회전후의 국회에 있어서의 예산심의까지 보완할 때 비교하기 위하여 약간의 분석을 시도하여 보았다.

국회가 예산안을 심의하는 본질적인 기간은 짧은 셈이다. 그리고 일반적으로 논하기를 우리나라 국회는 행정부에서 제출한 예산안에 대하여 별로 수정을 가하지 않는다고 하고 있으나 제6대 국회의 예산심의결과를 분석해보면 여러 개의 수정이 가해지고 있음을 알 수 있다. <표 3> 정부제출예산액의 국회조정액에서는 3개년간 계속 존속한 26개 기관의 일반 회계예산 합계 78건에 관하여 각 상임위원회와 예산결산특별위원회에서 조정한 폭을 원안과 대비 백분비를 산출하여 그 빈도를 보고 이것을 다시 78건에 대한 백분비로 본 것이다. 여기서 말하는 조정폭이란 절대치로 본 증액과 감액의 회계이다. 가령, 동일한 부처의 예산안 중 5원을 증액하고 7원을 감액했다면 조정폭은 12원이 된다.

우선 눈에 띄는 것은, 상임위원회에서는 거의 3분의 1이 무수정인데 예결위에서

---

71) 상게서, 제60회 국회, 1965년도 세입세출 결예심사, p. 1415 참조.

표 3 정부제출예산액의 국회조정폭

(65, 66, 67년도 일반회계 세출)

수정률 \ 위원회별	상임위원회			예산결산특별위원회		
	수	%	누적 %	수	%	누적 %
무수정	22	28.2	28.2	6	7.69	7.69
5% 미만	35	44.87	73.07	30	38.46	46.15
5~9.99%	7	8.97	82.04	26	33.33	79.48
10~14.99%	7	8.97	91.01	9	11.53	91.01
15~19.99%	3	3.84	94.85	4	5.12	96.13
20% 이상 계	4	5.12	99.97	3	3.84	99.97
계	78	100%		78	100%	

주: 1) 조정폭의 비는 위원회의 증감액 합계/정부요구액임.
　　2) 78건은 26개 기관(부처)×3(년)
　　3) 단수(端數)생략으로 누적%는 100미만임.
자료: 국회사무처, 국회사(4, 5, 6대) pp. 712-1413의 예산안통계에서 작성.

는 10분의 1미만만이 무수정이다. 상임위원회나 예결위원회나 다같이 5% 미만이 가장 많고 거의 80%의 경우가 10% 미만의 조정인데 5~10% 미만의 조정도 예결위에서는 3분의 1을 차지하고 있다. <표 3>에서 보는 바와 같이 20% 이상의 조정도 더러 있다.

<표 4> 정부제출예산액의 국회수정률에서는 같은 26개 기관의 3개년간 일반회계예산 78건에 관하여 상위와 예결위의 정부 요구액과 최후 결정액과의 차액을 정부 요구액과 백분비로 대비시켜 그 빈도를 보고 이것을 다시 78건에 대한 백분비로 계산하여 본 것이다. 무수정의 경우는 상임위원회가 55%나 되는 반면 예결위는 9%에 불과하다. 무수정을 제외하고 보면 상임위에서는 약 5%의 경우에 감액을 하고 오히려 거의 40%의 경우에 증액을 하여주고 있다. 예결위는 약 65%의 경우에 감액을 하고 약 25%의 경우에만 증액을 하고 있다. 이 분석에서도 상임위원회는 소관부처의 지원자 또는 후원자적 역할을 하고 있음을 엿볼 수 있다.

<표 5>와 <표 6>은 정부제출예산액의 특별회계에 대하여 국회조정폭과 수정률을 분석하여 본 것인데 상위나 예결위나 거의 반수는 조정을 하지 않았으며 최종결정에 있어서의 무수정도 거의 3분의 2가 된다. 그 외에는 뚜렷한 특징이 없으나 증·감수정은 거의 5% 내외에서 이루어지고 있다.

표 4 정부제출예산액의 국회수정률

(65, 66, 67년도 일반회계 세출)

위원회별 수정률	상임위원회			예산결산특별위원회		
	수	%	누적%	수	%	누적%
15% 이상 감액	0	0	0	0	0	0
10~14.99%	1	1.28	1.28	6	7.69	7.69
5~9.99%	0	0	1.28	10	12.82	20.51
5% 미만	3	3.84	5.12	35	44.87	65.38
무수정	43	55.12	60.24	7	8.97	74.35
5% 미만 증액	17	21.79	82.03	17	21.79	96.14
5~9.99% 증액	5	6.41	88.44	0	0	96.14
10~14.99% 증액	2	2.56	91.00	1	1.28	97.42
15~19.99% 증액	4	5.12	96.12	0	0	97.42
20% 이상 증액	3	3.84	99.96	2	2.56	99.98
계	78	100%		78	100%	

주: 수정률은 (정부요구액-위원회결정액)/정부요구액
자료: 국회사(4, 5, 6대), pp. 712-1413의 예산안통계에서 작성.

표 5 정부제출예산액의 국회조정폭

(65, 66, 67년도 특별회계세출)

위원회별 조정폭	상임위원회			예산결산특별위원회		
	수	%	누적%	수	%	누적%
무수정	32	53.33	53.33	24	40.0	40.0
5% 미만	16	26.66	79.99	24	40.0	80.0
5~9.99%	7	11.66	91.65	8	13.33	93.33
10~14.99%	2	3.33	94.98	1	1.66	94.99
15~19.99%	1	1.66	96.64	1	1.66	96.65
20% 이상	2	3.33	99.97	2	3.33	99.98
계	60[1]	100%		60[1]	100%	

주: 1) 60건은 20개 특별회계×3(년)
자료: 〈표 4〉와 같음.

전술한 바 있듯이, 국회의 예산결정에 관한 경향성을 분석하기에는 너무나 짧은 기간이지만 65, 66, 67년도 일반회계세출에 대한 국회 상임위원회와 예결위원회의 결정경향에 관하여 분석하여 보았다.

먼저 매년의 각 기관별 일반회계 세출요구액에 대한 상임위원회와 예결위원회의 조정률을 계산해서 이것을 3년 평균했으며 조정률이 낮은 기관으로부터 높은 기관의 순으로 순위를 부여했다. 수정률에 대하여서도 같은 방식으로 순위를 부여하였다.

이와 같은 순위의 상관관계를 계산해 본 결과는 <표 7>과 같다.

여기서 조정폭(증·감 절대치의 합계)의 의미를 생각해볼 필요가 있다. 즉, 조정폭은 국회가 정부제출예산의 사업내용을 검토하고 그 의사를 반영시킨 범위이다. 그리고 최종결정에 있어서의 수정범위는 특정기관의 세출에 관한 총액수준의 결정에 관련되는 것이다. 다시 말하면 정부가 요구한 세출에 대하여 사업 간에 여러 가지 변경을 가했으나 같은 기관 내에서는 증감액이 상쇄되어 총액에는 아무런 변경이 없이도 그 기관의 세출에 대한 증감폭은 커질 수 있는 것이다. 따라서 조정률이 아주 낮으면 수정률이 높아질 수는 없으나 조정률이 높은 경우에는 그 수정률이 낮을 수도 있고 높을 수도 있는 것이다.

이와 같은 생각을 기초로 하여 <표 7>의 계산결과를 해석해 볼 수 있다.

첫째, 상임위원회에서의 조정과 예결위에서의 조정은 조정률의 순위관계로 볼 때 상관계수 0.41이며 이것은 유의수준 0.5에서 관련이 있다. 이것은 상임위원회에서 많

표 6 정부제출예산액의 국회수정률

(65, 66, 67년도 특별회계세출)

위원회별 / 수정률	상임위원회			예산결산특별위원회		
	수	%	누적%	수	%	누적%
15% 이상 감액	0	0	0	0	0	0
10~14.99% 감액	0	0	0	2	1.66	1.66
5~9.99% 감액	0	0	0	0	0	1.66
5% 미만 감액	3	5.0	5.0	5	8.33	9.99
무수정	42	70.0	75.0	40	66.66	76.55
5% 미만 증액	12	20.0	95.0	13	21.66	98.31
5~9.99% 증액	1	1.66	96.66	0	0	98.31
10~14.99% 증액	0	0	96.66	0	0	98.31
15~19.99% 증액	1	1.66	98.32	1	1.66	99.97
20% 이상 증액	1	1.66	99.98	0	0	99.97
계	60	100%		60	100%	

자료: 전게 국회사.

은 검토와 조정을 가한 기관에 대해서는 예결위도 많은 검토와 조정을 하였다는 것을 의미한다.

둘째, 상위 조정률과 상위 수정률의 기관별 순위관계는 상관관계 0.86으로서 유의수준 0.1에서 관련이 있다. 즉, 상위에서 사업별 검토가 많이 이루어진 기관의 예산은 수정범위도 큰데 이것이 <표 7>에서 보는 바와 같이 거의 대부분 증액이다. 이 분석에서도 각 상임위원회는 그 소관기관의 후원자적 역할을 하고 있음이 분명하게 나타난다.

셋째, 상위 수정률과 예결위 조정률의 기관별 순위관계는 상관관계 0.24로서 관련이 없다. 이것은 거꾸로 따져 보면 상위에서의 증액 등「혜택」이 주어진 기관에 대하여 예결위가 그것을 크게 존중하지 않았다는 뜻이다.

넷째, 예결위 조정률과 예결위 수정률의 기관별 순위관계는 상관관계 0.57로서 유의수준 0.1에서 관련이 있다. 그런데 <표 7>에서 보는 바와 같이 예결위의 수정은 대개 감액결정이므로 사업별 검토와 조정이 많이 가해졌을수록 감액범위도 커졌음을 의미한다. 이것은 상임위원회에서 세입의 고려 없이 증액해 놓은 부분을「원상복귀」시키는 경우가 있기 때문이라고 생각된다.

다섯째, 상위 조정률과 예결위 수정은 관련이 없고 그 뜻은 위에서 본 셋째의 경우와 같다.

여섯째, 상위 수정률과 예결위 수정률의 기관별 순위관계는 상관계수 −0.07로서 관련이 없으나 이것을 뒤집어 보면 상임위에서 많이 증액한 기관일수록 예결위에서는 같은 혜택을 받지 못했을 뿐만 아니라 오히려 더 감액되고 있는 것이라고 해석할 수 있다. 여기서 입증할 길은 없으나 예결위에서의 약세를 미리 예측하고 어떤 상위는 미리 증액을 많이 해두는 경향이 있지 않은가 하는 생각이 든다.

다음 절의「세입과 세출의 조정」에 관한 분석에서도 나타나지만 6대 국회 각 상임위원회는 정부제출예산의 삭감자로서의 역할을 하고 있는 것이 아니라 오히려 증액을 해주는 경향이 있다. 이것은 예결위에서 깎일 것을 예상하면서도 지방사업이나 특정분야의 기관에 대하여 소관 상임위원회에서 동정하고 있거나「선심」을 쓰기 위한 행태에서 나온 것으로 짐작된다.

표 7 기관별 일반회계세출 국회조정률평균 및 수정률평균

(65, 66, 67년도 예산)

증감과 수정 위원회별 기관별	국회조정률평균				국회수정률평균			
	상임위		예결위		상임위		예결위	
	순위	%	순위	%	순위	%	순위	%
대통령실	1	0	1	1.51	1	0	9	
법제처	2	0	10	3.97	2	0	18	
국가안보회의	3	0	3	2.13	3	0	12	△1.51
경제기획원	4	0.06	12	4.63	4	0	17	△3.97
감사원	5	0.50	8	3.04	8	△0.0	11	△2.13
총무부	6	0.64	26	19.21	9	2	26	△3.91
재무부	7	1.55	18	9.47	11	△0.3	21	△1.87
외무부	8	1.90	2	1.97	12	8	14	9.74
원자력원	9	1.94	25	13.62	7	0.43	24	△5.08
법무부	10	2.68	7	2.84	17	0.67	7	△2.60
국방부	11	2.92	4	2.34	13	0	6	
교통부	12	3.04	17	7.55	15	2.41	3	△7.03
상공부	13	3.11	20	9.55	5	0.77	23	△0.68
문교부	14	3.61	5	2.51	16	1.27	2	0.64
문공부	15	4.40	21	10.39	6	0	13	△0.44
중앙정보부	16	4.70	13	4.70	20	1.52	20	△6.44
농림부	17	5.04	9	3.40	18	0	5	△0.27
내무부	18	5.44	6	2.59	21	△4.7	8	△2.28
중앙선관위	19	5.85	19	9.49	14	0	4	△4.70
국무총리실	20	6.06	11	4.44	10	2.77	15	△0.49
보사부	21	6.14	15	6.22	19	5.22	10	0.84
대법원	22	7.53	16	7.03	22	0.95	1	△0.48
국회	23	9.43	22	10.48	23	0.31	19	△2.66
노동청	24	13.83	23	11.16	24	2.98	22	1.78
농림진흥청	25	14.15	24	12.79	25	7.38	25	△0.14
건설부	26	66.20	14	4.76	26	9.43	16	4.01
						13.83		△6.21
						14.15		8.93
						64.47		△2.99

주: 1) 조정률평균=65, 66, 67년도 조정률 계÷3(년). 2) 수정률평균=65, 66, 67년도 수정률 계÷3(년)
　　〈표 3〉에서 〈표 6〉 참조. 3) △표는 감액

* Spearman Rank Order Correlation Coefficient(ρ)
　　상위 조정률 대 예결위조정률= 0.41 (유의수준 0.5에서 관계있음)
　　상위 조정률 대 상위 수정률= 0.86 (유의수준 0.1에서 관계있음)
　　상위 수정률 대 예결조정률=0.24
　　예결조정률 대 예결수정률=0.57 (유의수준 0.1에서 관계있음)
　　상위 조정률 대 예결수정률=0.09
　　상위 수정률 대 예결위 수정률=-0.07
자료: 국회사 제4, 5, 6대편 pp. 712-1413의 예산안통계에서 필자 작성.

3) 세입과 세출의 조정

「우리나라 국회의 예산안심의는 각 상임위원회의 예비심사와 예산결산위원회의 종합심사를 거쳐 본회의에서 결정한다」라는 말만으로써 세입과 세출의 결정에 관한 동태를 파악하기 어렵다. 실제로는, 막후의 각 교섭단체를 논외로 한다면, 각 상위와 재정경제위원회 그리고 예결위의 상호작용을 통하여 세입과 세출이 조정되는 것이다. 각 상임위원회에서 결정한 세출예산의 총계는 정부요구액보다도 많은 경우가 있는데 세입의 대부분은 재정경제위원회에서 결정하므로 양자의 조정이 이루어지지 않으면 안된다. 그렇다면 예결위는 어떤 것을 기준으로 양자를 조정하는가?

<표 8> 「세입과 세출의 조정」 (1) 본 예산 일반회계에서 보듯이 매년상위에서 결정한 세출액은 세입액보다 많을 뿐만 아니라 정부가 요구한 액보다도 많다. 행정부는 정부전체로서의 예산안을 총합해서 국회에 제출하는데, 국회의 상위예비심사는 소관기관별로 하기 때문에 총액에 관한 결정은 예결위나 본회의로 미루는 수밖에 없어진다. 그렇다고 하더라도 상위의 행태만 본다면 삭감자, 절약자로서의 국회의 영상은 사라져 버리고 만다.

이렇게 상위의 세출 결정액이 세입 결정액보다 많은데 예결위에서 양자를 조절하는 경우 세입액수준을 기준으로 세출액을 삭감하여 양자를 균형시키고 있다.

표 8 세입과 세출의 조정

(1) 본예산 일반회계

(단위: 천원)

연도별 세입세출 구분	1965		1966		1967	
	세입	세출	세입	세출	세입	세출
정부 요구액	73,234,532	73,234,532	109,323,355	109,323,355	152,167,922	152,167,922
상위 결정액	73,470,958	76,431,358	결정 없이 본회의로 이송	110,415,575	152,644,767	153,236,566
예결위 결정액	73,257,073	73,257,073	106,935,383	106,925,383	152,152,387	152,152,387

(2) 추경예산 일반회계

연도별 세입세출 구분	1964년 제1회		1965년 제1회		1965년 제2회	
	세입	세출	세입	세출	세입	세출
정부 요구액	62,584,340	62,584,340	76,737,256	76,737,256	78,337,256	78,337,256
상위 결정액	62,968,584	64,890,984	76,837,256	76,837,256	78,337,256	78,337,256
예결위 결정액	62,968,594	62,968,584	76,837,256	76,837,256	78,337,256	78,337,256
본회의						

(단위: 천원)

연도별 세입세출 구분	1965년 제3회		1966년 제1회		1966년 제2회	
	세입	세출	세입	세출	세입	세출
정부 요구액	82,533,861	82,533,861	116,528,465	116,528,465	126,838,431	126,838,431
상위 결정액	82,533,861	82,548,863	116,528,465	116,519,704	126,838,431	126,878,721
예결위 결정액	82,533,861	82,533,861	116,528,465	116,528,465	126,138,431	126,138,431
본회의			114,893,765	114,893,765		

(3) 일반회계 세입(재무부소관)

(a) 본예산

(단위: 천원)

연도 \ 구분	1965	1966	1967
정부제출예산액	72,455,502	107,145,160	149,685,259
재정경제위원회	71,487,633	결정 없음	149,531,259
예결특별위원회	71,487,633	105,774,186	149,548,259
본회의			

(b) 추가경정예산

(단위: 천원)

구분 연도	1964년 제1회	1965년 제1회	1965년 제2회	1965년 제3회	1966년 제1회	1966년 제2회
정부		74,958,216	78,337,256	80,717,261	114,344,694	124,644,773
재경위	60,863,301	75,058,216	78,337,256	80,717,261	114,344,694	124,644,773
예결위	61,247,545	75,058,216	78,337,256	80,717,261	114,344,694	123,974,773
본회의	61,247,545				112,709,994	

주: 국회사의 통계의 총계 중 필자가 일부 재계산 수정하였기 때문에 양자 간에 차이가 있는 것
   도 있음.
자료: 국회사 pp. 712-1257에서 작성.

<표 8>, (3) 일반회계세입(재무부소관)을 보면 예결위는 재정경제위원회의 세입
결정과 거의 같은 수준의 결정을 하고 있는데(1966년도는 예외), 이 점에서 재경위의
결정은 예결위의 선택을 제약하는 듯하다. 그리고 재경위에서 예비심사하는 세입은
예산상 세입의 거의 대부분을 차지하고 있으므로, 국회예결위에서의 예산총결정은 재
경위의 결정에 크게 구속 받고 있는 것이다. 따라서 세입과 세출의 조정과정을 다음
과 같이 표시해볼 수 있다.

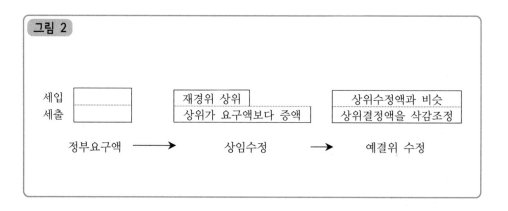

본고 Ⅲ. 예결위원회에 관한 고찰에서도 언급한 바와 같이 재경위가 정부예산의
실질적인 총액결정에 대해서 큰 영향력을 가지고 있는 것에 대해서 예결위원회들은
못마땅하게 생각하고 있으며, 재경위의 결정에 구속될 것이냐의 여부로 가끔 논전도
벌이곤 하였다. 1966년도 예산안의 경우는 좀 예외로서 재경위가 세입결정을 하지
못하고 예결위로 넘겨버렸다.

이렇듯 재정경제위원회가 예산총액규모의 결정에 크게 영향을 미치고 있기 때문에 재경위원들도 이 점을 의식하고, 정부의 세입추계를 검토할 때에는, 정부예산을 적자예산으로 할 것이냐 균형예산으로 할 것이냐를 항상 아울러 고려하고 있다.[72]

예산안을 제출한 행정부에서도 재경위의 결정이 중요하다는 것을 인정하고 있다. 1965년도 재무부소관 예산안을 심사하는 재경위에서 출석 답변한 장기영 경제기획원장관은 다음과 같이 말하고 있다.

> …적자예산이라는 것은 있을 수 없습니다… 그래서 오늘 세입을 먼저 심사해 주십사고 말씀한 것은 양입계출의 원칙에 의해서 현행세법에 의한 세입을 심사하여 주시면 그것으로써 재정경제위원회로서의 세입심사액이 확정이 되는 것입니다. 그것을 먼저 확정지어 주시면 정부도 그 세입확정 되는 것에 따라서 결심을 하고 이 예산결산특별위원회에서 거기에 대하여 세출을 조정할 적에 거기에 대비하려고 하는 것입니다.[73]

위원들도 세입과 세출의 균형에 주안점을 두고 세입을 심사한다는 것은 전술한 바 있는데 야당측은 세입추계 자체의 총액수준을 낮춤으로써 세출예산을 줄이려고 하고 여당은 세입추계를 여유있게 함으로써 세출감액의 폭이 크지 않게 하려고 노력하는 것이다.[74]

세입의 결정이란 이와 같이 예산과정상 중요한 의의가 있기 때문에 그것은 바로 여야 간의 쟁점이 되거나 다른 정치적 쟁점을 해결하기 위한 흥정대상이 되기도 하는 것이다.

3. 정치적 쟁점과 예산안심의

통상적인 생각에서 본다면 국회는 회계연도개시 30일 전이라는 법정기일이나 늦어도 회계연도 개시전일까지는 예산안을 심의 통과시키지 않으면 안된다. 그리고 예산에 관한 결정은 어느 기관도 한 푼도 받을 수 없다는 결정은 있을 수 없다. 즉, 예산상의 결정은 좀 주거나 아주 하나도 안주거나 하는 결정이 아니라 어느 기관이나 사업은 좀 더 받고 다른 것은 좀 덜 받도록 하는 결정인 것이다.

---

72) 전계 재경위회의록 제25호(1964.11.19.) 및 제28호(1964.11.12.) 참조.
73) 상계 회의록 제30호(1964.11.14.), p. 2.
74) 상계 회의록.

따라서 예산심의과정에 있어서 참여자 간에는 타협과 조정이 이루어지는 것이고, 다른 법안과 같이 통과시킬 것이냐 부결시켜 버릴 것이냐 하는 결정은 있을 수가 없는 것이다.[75]

그런데 제6대 국회의 예산심의과정에서는(6대 이전 또는 6대 이후도 마찬가지이지만), 여야 간의 정치적인 쟁점이나 의견차이로 인하여 예산안 심사거부나 통과저지 등의 행동이 여러 차례 시도되었음을 볼 수 있다.[76]

6대 국회의 예산심의기간 중에 정치적 쟁점이나 의견대립의 이유가 되었던 예들로서는, 한일문제, 구속학생 석방, 제적학생 복교, 해임교사 복직, 지방자치제도 실시, 이미 지출된 경비의 국회 사후동의, 통반장 정치활동규제법안, 선거관계법 개정안 등을 비롯하여 삼성밀수, 농어촌 고리채정리, 동아방송지국망 불허, 등등에 이른다. 이상과 같은 쟁점만이 예산안심의 유보나 거부 이유가 되는 것이 아니라 경제기획원 장관이 군수회의에 참석하느라고 국회에 출석하지 못하자 「국회의원이 군수만도 못하단 말이오?」라고 심의를 중단하기도 하고 소관 장관의 불출석으로 심의를 중단한 예가 많다. 그리고 국정감사에서 제기된 사항에 관한 대책을 예산심사 시까지 보고하지 않거나 전에 했던 정부의 약속이 이행되지 않았을 경우에 심의보류 사태가 일어나곤 한다.

위에서 열거한 쟁점을 이유로 행동을 주동하는 것은 대략 야당이다. 여당은 법정 기일까지 통과시키려고 모든 노력을 경주하고 있으므로 이러한 기일을 넘기겠다는 야당의 행동만이 위협으로서의 효과가 있는 것이기 때문이다.

정치적 쟁점 또는 기타 이유로 예산안 심의과정 자체에 영향을 미치는 행동양식의 유형은 의사방해, 지연공작 등의 온건한 것으로부터 회의 중단, 산회, 보류 등과 아울러 퇴장과 출석거부 등에 이른다. 때로는 야당이 예결위구성을 거부함으로써 절차를 지연시키기도 하였다.

이와 같은 행동이 일어난 장소도 다양하여 각 상위, 예결위 및 본회의에서는 물론, 여야 총무회의에서의 협상이 결렬됨으로써 예산안 심의 거부사태로까지 발전하기도 하였던 것이다.

현대의회의 기능에 관하여 여러 가지가 지적되고 있는데 그 중에서도 중요한 것 중의 하나가 국민통합과 대립의 처리라 하는데, 6대 국회의 예산심의에서는 오히려

---

75) Fenno, *The Power of the Purse*, pp. 687–688.
76) 「정치적 쟁점과 예산안심의」에 관한 자료는 국회사 제4, 5, 6대편과 동아일보 1964.11.14.부터 1966.12.1.까지의 예산심의기간 중 기사나 가십난에서 수집 작성함.

분쟁과 대립이 조장된 감이 없지 않다.

4. 국회 예산심의의 기능

의회의 기능에 관하여는 삼권분립론의 입장에서 검토할 수도 있으나 근래에는 정치체제나 과정에 대해서 어떤 효과를 미치고 있느냐 하는 입장에서 의회의 기능이 고찰되기도 한다. 그리고 현대적인 기능론에 의한 고찰방식 자체도 다양하게 이루어 지고 있다.

그 하나의 예가 의회의 기능은 대립의 처리와 정치사회의 통합화(management of conflict and the integration of the polity)에 있다고 보는 견해이다.[77] 대립의 처리를 위하여는 적어도 네 가지의 방법이 사용되고 있는데 그들은 심의적(deliberative), 결의적(decisional), 심판적(adjudicative), 및 정화적(cathartic)인 것이다. 그리고 정치사회의 통합화에 이바지하는 세 가지 방식은 승인(authorization), 정통성의 부여(legitimation) 및 대표(representation)라고 하고 있다.

표현상 좀 차이가 있지만 위에서 본 것과 거의 같은 접근방법으로 브라질 의회의 기능을 고찰한 Packenham은 이와 같은 여러 기능 중에서 어느 기능이 가장 중요한 것인가에 관심을 두고 있다.

즉, 각국의 의회마다 그 나라에 따라 더 중요한 기능이 있을 것이고 이것은 나라마다 상이하리라는 것이다. 그리고 「기능」이란 의회활동의 결과(또는 효과)라고 정의하는 경우에, 그 중 어떤 기능을 골라서 그것이 가장 중요하다고 말하는 것은, 의회가 영향을 미칠 수 있는 여러 과정 중 가장 큰 영향을 받고 있는 과정과 관련이 있다는 의미이다. 다시 말하면 의회의 특정활동은 다른 어느 과정에 대해서 보다는 특정과정에 대하여 더 큰 영향을 미치고 있다는 뜻이라는 것이다. 따라서 가장 중요한 의회의 기능이라는 말은 정치체제의 다른 어느 기관 또는 현상보다도 더 크게 특정과정에 대해서 영향을 미쳤다는 뜻이 아니라 의회의 기능 중에서는 가장 크게 영향을 미쳤다는 뜻이다.[78]

이상과 같은 의미에서 본 브라질 의회의 기능에 관하여 그 중요성의 순위에 따라 다음과 같이 지적하고 있다.[79]

---

77) 우병규는 전게서에서 이러한 견해를 소개하고 그것을 한국국회의 분석에 적용시키고 있다.

78) Robert A. Packenham, "Legislatures and Political Development," in *Legislatures in Developmental Perspective*. eds., Allan Kornberg and Lloyd Musalf (Durham, North Carolina: Duke University), p. 527.

79) *Ibid.*, pp. 527-536.

첫째는 정통화 기능(The Legitimation Function)이다. 정통화의 기능이란 정부가 지배할 수 있는 도덕적 권리에 대하여 대중과 정치 엘리트가 승인하고 지지하도록 조장하는 것이다. 이와 같은 정통화의 기능에는 명시적, 잠재적인 것이 있고, 안전판적 기능 또는 긴장 해소기능이 포함된다. 1964년 4월부터 1965년 7월까지의 브라질 의회가 강력한 행정권 밑에서 수행한 가장 중요한 기능이란 군사혁명으로 집권한 정권을 정통화시키고 거기에서 조성된 긴장을 해소시킨 데 있었다고 보고 있다.

둘째, 충원, 사회화, 및 훈련기능(The Recruitment, Socialization, and Training Functions)이다. 브라질 의회는 의회활동을 통하여 의원들을 정치적으로 훈련시키고 위신을 높여 줌으로써 다른 정치적 역할이나 직위로 충원시킬 수 있게 하여 주었다.

셋째, 결정 또는 영향기능(The Decisional or Influence Function)이다. 브라질 의회는 가끔 좀 중요한 의결도 하고 가치도 배분하고 특정인에게 특정한 행위를 명령하기도 하였는데 이와 같은 결정기능을 세분하면 입법기능(the lawmaking function), 「탈출」기능(the "exit" function), 이익표명기능(the interest-articulation function), 분쟁해결기능(the conflict-resolution function) 그리고 행정감사 및 후원(정실)기능(the administrative-oversight and patronage function) 등이다.

이상은 의회전체의 기능에 관한 고찰인데 좀 더 전통적인 입장에서 의회의 예산심의기능을 고찰한 Burkhead의 견해를 보기로 한다.

Burkhead에 의하면 의회의 예산승인행위는 정책형성(formulation of policy)과 행정감사(oversight of administration)의 두 가지로 나눌 수 있다. 정책형성은 개념적으로 또 두 가지로 나누어 볼 수 있는데 그 하나는 사업과 사업수준(program levels)의 결정이며 다른 하나는 세입과 세출의 전반적 관계에 관한 총액(aggregates)의 결정이다.[80]

물론 예산심의를 통해서만 정책이 형성되는 것도 아니며 또 예산이라는 것은 이미 결정된 사업의 재정적 뒷받침이기 때문에 의회의 예산심의는 법령에 의하여 집행될 사업의 금융적 측면만을 다루는 것이라고도 할 수 있다. 그러나 예산심의과정에서의 예산액의 증감조정이라든가 검토는 사업 내용과 수준에 영향을 미치게 되는 것이다. 그리고 예산을 균형시킬 것인가 또는 흑자나 적자예산을 승인할 것이냐의 결정은 정부 전체로서의 세입액과 세출액 수준의 조정에 의하여 총체적으로 결정되는데 이것은 재정정책의 결정이기도 한 것이다.

이상에서 알아본 몇 가지 의회의 기능에 관한 견해를 수용하여 제6대 국회에 있

---

80) Jesse Burkhead, *Government Budgeting* (New York: John Wiley and Sons, Inc., 1956), pp. 308-316.

어서의 예산심의기능을 검토하기로 한다. 그러나 충분한 자료를 동원하고 있지 못하기 때문에 어느 기능이 가장 중요한 기능이었느냐 하는 판단은 여기서 보류해 두고 다만 관련이 있다고 생각되는 기능에 관해서만 언급해 두기로 한다.

1) 정통성의 부여

5·16군사혁명에 의하여 일시 중단되었던 헌정을 부활시키고 군정 시에 제정되었던 헌법에 의하여 국회가 구성되었다는 사실 자체가 제3공화국체제의 정통화에 기여하였음은 말할 것도 없다. 그리고 그 이후에 매년 정기국회 또는 임시국회에서 행정부가 제안한 본예산과 추가경정예산안을 통과시켜 주었다는 것은 정통성의 부여기능을 국회가 수행한 것이다. 회계연도 개시 30일 전까지 예산안을 통과시켜야 한다는 법적 기한 문제로 예산안심의 중에 가끔 여야 간 논쟁이 있기는 하였으나 예산안 자체를 전적으로 부인하는 일은 없었다. 즉, 예산안의 승인이 명시적으로나 잠재적으로 통치 권력의 도덕적 합법적 권리를 인정하는 것이라는 사실을 부인하려는 움직임은 없었던 것이다.

다만 1964년도의 정기국회에서 1963년도의 결산을 심사할 것이냐의 여부에 관하여 합의를 못본 예산결산특별위원회는 각 상임위원회에서 보고되어 온 63년도 결산을 심의없이 종합하여 본회의에 보고하였고 본회의에서도 이것이 그대로 접수된 일이 있다. 이와 같이 형식절차상 접수되기는 하였으나 심의를 기피하였다는 사실은 국회자체가 예산·결산의 심의과정에 내포된 정통화의 기능을 의식한 행동이라고 할 수 있을 것이다.

그러나 3. 「정치적 쟁점과 예산안심의」에서도 검토한 바와 같이 여야 간의 대립은 극한상황에까지 끌려가는 일이 있었고, 같은 쟁점을 놓고 되풀이 하여 대립하는 경우가 많았는데 이 점에서 본다면 6대 국회 예산심의는 정통성의 부여기능을 그리 중요하게 수행했다고는 할 수 없을 것 같다. 더구나 예산안심의와 관련된 중요한 협상이나 타협은 여야 총무회담에서 흔히 이루어졌고 위원회나 예결위 또는 본회의에 있어서의 어떤 통합에 의하여 이루어진 것이 아니었다. 이와 같이 원외적 조직의 국회에 대한 강력한 제재와 유지 작용은 국회가 분쟁의 해소나 정치적 통합에 크게 기여하지 못하였음을 의미하는 것이기도 하다.

2) 정책형성

앞에서의 부처별 추이분석에서도 지적된 바와 같이 6대 국회의 예산심의가 정책

형성기능을 가지고 있었음은 뚜렷하다. 전술한 바 있듯이 정책형성은 사업수준의 결정과 예산총액의 결정이라는 두 가지 측면을 가지고 있는데 6대 국회의 상임위원회가 그 예비심사과정에서 예결위나 본회의보다도 더 크게 사업내용의 검토나 사업수준의 결정에 작용하였던 것이다. 물론 예산심의에 관한 공식적인 상임위원회 회의록을 읽어보면 말단 지엽적인 듯한 문제를 놓고 장시간 설전을 벌이기도 하고, 소관부처의 모든 사업내용을 체계있게 검토하는 것이 아니기도 하기 때문에 국회가 예산심의에서 하는 일이 중요하지 않은 듯한 인상을 준다. 그러나 오늘날과 같이 행정업무의 내용이 방대한 상황 아래에서 국회가 매년 모든 사업을 똑같이 검토할 수 있기를 바라는 것은 좀 무리가 아닌가 하는 생각이 든다. 다만 문제가 되는 것은 국회의원의 비전문성과 불안정성으로 인하여 가령 금년에 세밀한 검토를 하지 못한 사업에 관하여는 내년도에 자세히 파헤쳐 보고자 하는 일관성있고 체계있는 노력이 이루어지지 않은 듯한 점이 아쉬울 뿐이다. 이와 같이 체계적으로 국정이나 정부사업의 내용을 배워가면서 파헤쳐 보고자 하는 의지가 결여되었던 두드러진 증거는 예산안심사와 결산심의의 괴리라고 할 수 있을 것이다.

정책형성의 또 하나의 측면인 예산총액의 결정은 예산결산위원회의 종합심사에서 이루어지겠지만, 예결위의 총액결정을 한 편에서 거의 실질적으로 구속시킨 것은 재정경제위원회였다. 보통 말하기를 우리나라 국회의 예산결산특별위원회를 외국의 세출위원회와 비슷한 것이라고 하나 따지고 보면 재정경제위원회가 세입위원회격이고, 재경위를 제외한 기타 상임위원회가 세출위의 소위원회격이고 예결위는 세입·세출조절위원회인 셈이었다.

3) 이익표명

기능주의에서 흔히 말하기를 국회는 이미 정당 등에 의하여 통합된 이해관계에 관한 중요안건만을 심의하는 것이라고 한다. 이익표명은 주로 이익집단이 맡아서 하는 것으로 되어 있다. 그런데 6대 국회의 예산심의는 국회의원에 의한 이익표명의 중요한 계기였던 것 같다. 만일 국회가 정부의 일사불란한 지휘통솔만을 받아 행동하는 것이었다면 예산안 자체에 대한 찬반양론만이 있었겠고 또 국회 자체가 이미 통합된 이익을 다루려 하는 것이었다면 좀 더 체계적인 예산심의가 이루어졌을 것이다. 그러나 실제로는 정당이 일정이나 총액 등의 윤곽결정에는 강력히 작용하였으나 개별사업의 내용조정까지 지침을 마련하여 주는 것은 아니었다. 이 틈에서 의원 개개인이 그들의 특정이익을 표명하고 반영시킬 수 있는 소지가 충분히 있었던 것이다.

어느 누구의 이익을 표명하느냐 하는 것은 일률적으로 말하기 어려우나 선거구
민의 이익, 특정지방의 이익 그리고 특정 직업분야의 이익 등을 표명하고 있었던 것
이 분명하다. 이와 같은 이익표명이 사업수준의 결정에 영향을 미쳤음은 사실이고 이
로 인하여 상임위원회에서 결정한 세출총액이 정부에서 요구한 액수보다 많게 나타
나는 일이 허다하게 되었던 것이다.[81]

4) 행정의 감독

6대 국회는 최고집행권자를 감독할 수 있는 처지는 못 되었으나 그 외의 각 부처
급 행정을 감독할 수는 있었다. 특히 예산심의를 위한 국정감사나 예산심의과정상의
정책질의 등이 행정감독의 기능을 수행하였다고 생각한다. 이러한 감독이 얼마나 실
효성 있는 것이었느냐 하는 것은 별문제이다. 흔히 장관에 대한 질의응답이 동문서답
격인 경우가 많았다고는 하나 예산 내용과 같이 구체적인 항목과 금융이 표시된 것을
놓고 벌이는 질문응답에 있어서 답변하여야 할 장관이나 차관이 계속해서 엉뚱한 소
리만 할 수 있는 것은 아니었다.

V. 결 어

이 연구는 한국국회의 제6대 국회기간 중의 예산심의과정에 관한 기술적 연구이
다. 본래는 제헌 국회로부터 7대 국회까지의 예산심의를 고찰할 예정이었으나 정리된
자료를 구하기도 어렵거니와 너무나 방대한 작업이어서 이번에는 6대 국회에 한정시
켜 고찰함으로써 앞으로 연구를 진행시켜 나가기 위한 준비로 삼고자 하였다.

여기서 사용된 기본적인 이론적 준거는 체제접근방법의 문맥 속에서 쓰이는 역
할개념과 기능개념이었다.

예산심의과정의 각 단계에서 참여하는 것은 상임위원회 예산결산위원회 및 본회
의인데, 상임위원회와 예결위원회에 관하여는 각각 그를 둘러싼, 국회, 타 위원회, 행
정부 및 정당의 기대를 살펴보았고, 상임위원회와 예결위 자체의 위원들이 가지고 있
는 예산심의상의 규범과 역할을 공식문서에 나타난 것을 찾아내 보고자 시도해 보았
다. 절약과 삭감이라는 주장은 형식적이었고 오히려 각 상위는 소관부처의 사업에 지
원자적 역할을 수행하려는 경향도 엿보였다. 예결위는 상위의 증액경향을 「복구」시

---

81) 본고 <표 8> 세입과 세출의 조정 참조.

키는 역할을 더하고 있었다.

예산과 결산심사가 시간적으로 아무런 연관없이 행하여졌고 세입과 세출의 조정에 있어서는 재정경제위원회에서의 결정이 큰 제약을 가하였다.

그 중요성에 있어서 우선순위를 말하기는 어려우나 6대 국회의 예산심의가 정통성의 부여기능, 정책형성, 이익표명 및 행정의 감독이라는 제기능을 어느 정도 수행하였음은 분명하다. 다만 그것이 좀 더 체계있고 질서있게 그리고 광범위하게 이루어지지 못하였다 하여 논자들의 비판을 받는 것이리라.

이 글에서 지적된 특징들은 6대 국회에 한하는 것이며 앞으로 이 연구를 보충해나가면서 그를 더 구체화시키고 필요하면 수정을 가할 예정이다.

참고문헌

구태회. (1966). "예산국회본연의 자세". 「국회보」, 60.

김상흠. (1965). "우리나라의 경제사정과 신년도예산의 문제점: 조세부담과 재정투융자를 중심으로". 「국회보」, 48, pp. 17-21.

김우현. (1963). 「한국의 예산심의」. 서울대학교 행정대학원(석사학위논문).

대한민국 국방위원회. (1964). 제7호 국회 회의록(1964.10.29.). 서울: 국방위원회.

대한민국 국회사무처. (1965). 「제6대 국회 2년지」. 서울: 대한민국 국회사무처.

_____. (1967). 「국회선례집」. 서울: 대한민국 국회사무처.

_____. (1971). 「국회사: 제4,5,6대 국회」. 서울: 대한민국 국회사무처.

대한민국 국회운영위원회. (1964). 제3호 국회 회의록(1964.09.04.). 서울: 국회운영위원회.

_____. (1964). 제26호 국회 회의록(1964.11.12.). 서울: 국회운영위원회.

대한민국 내무위원회. (1964). 제8호 국회 회의록(1964.10.30.). 서울: 내무위원회.

_____. (1964). 제13호 국회 회의록(1964.11.06.). 서울: 내무위원회.

_____. (1964). 제15호 국회 회의록(1964.11.09.). 서울: 내무위원회.

대한민국 농림위원회. (1964). 제45회 국회 회의록 (1964.10.27.). 서울: 농림위원회.

대한민국 문교공보위원회. (1964). 제8호 국회 회의록(1964.10.20.). 서울: 문교공보위원회.

대한민국 법제사법위원회. (1964). 제12호 국회 회의록(1964.10.30). 서울: 법제사법
위원회.

_____. (1964). 제13호 국회 회의록(1964.10.31). 서울: 법제사법
위원회.

_____. (1964). 제14호 국회 회의록(1964.11.02). 서울: 법제사법
위원회.

_____. (1964). 제19호 국회 회의록(1964.11.09). 서울: 법제사법
위원회.

대한민국 상공위원회. (1964). 제8호 국회 회의록(1964.11.02.). 서울: 상공위원회.

_____. (1964). 제11호 국회 회의록(1964.11.05.). 서울: 상공위원회.

대한민국 예산결산특별위원회. (1964). 제1호 국회 회의록(1964.10.05.). 서울: 예산결
산특별위원회.

_____. (1964). 제16호 국회 회의록(1964.11.27.). 서울: 예산결
산특별위원회.

_____. (1965). 제1호 국회 회의록(1965.11.25.). 서울: 예산결
산특별위원회.

_____. (1965). 제24호 국회 회의록(1965.11.17.). 서울: 예산결
산특별위원회.

_____. (1966). 제3호 국회 회의록(1966.11.28.). 서울: 예산결
산특별위원회.

대한민국 외무위원회. (1964). 제3호 국회 회의록(1964.10.06.). 서울: 외무위원회.

_____. (1964). 제7호 국회 회의록(1964.10.). 서울: 외무위원회.

대한민국 재정경제위원회. (1964). 제15호 국회 회의록(1964.10.27.). 서울: 재정경제
위원회.

_____. (1964). 제23호 국회 회의록(1964.11.06.). 서울: 재정경제
위원회.

_____. (1964). 제25호 국회 회의록(1964.11.09.). 서울: 재정경제
위원회.

_____. (1964). 제28호 국회 회의록(1964.11.12.). 서울: 재정경제
위원회.

_____. (1964). 제29호 국회 회의록(1964.11.13.). 서울: 재정경제
위원회.

_____. (1964). 제30호 국회 회의록(1964.11.14.). 서울: 재정경제
위원회.

_____. (1964). 제31호 국회 회의록(1964.11.16.). 서울: 재정경제
위원회.

_____. (1964). 제33호 국회 회의록(1964.11.18.). 서울: 재정경제
위원회.

우병규. (1970). 「입법과정론: 한국과 구미와의 비교」. 서울: 일조각.

유호선. (1967). "6대 국회의 예산과 결산심의". 「국회보」, 67.

유훈. (1965). "우리나라 예산제도에 대한 비판적 고찰". 「국회보」, 48.

____. (1972). "예산결산위원회에 관한 연구". 「행정논총」, 10(1), pp. 151－155.

이중재. (1965). "세법과 예산심의를 마치고 나서". 「국회보」, 50, pp. 8－12.

주요한. (1965). "예산편성과정과 국회심의에 대한 개선방안". 「국회보」, 48, pp.
32－34.

Daniel Katz and Robert Kahn, (1965). *The Social Psychology of Organizations*,
New York: John Wiley and Sons, Inc., pp. 182－183.

Fenno, *The Power of the Purse*, pp. 687－688.

Jesse Burkhead, (1956). *Government Budgeting*, New York: John Wiley and Sons,
Inc., pp. 308－316.

Malcolm, E. Jewell, (1970). "Attitudinal Determinants of Legislative Behavior: The
Utility of Role Analysis," in *Legislatures in Developmental Perspective* eds.
Allan Kornberg and Lloyd D. Musolf, Durham, North Carolina: Duke
University Press, p. 462.

Richard F. Fenno, Jr., (1962). "The House Appropriations Committee as a Political
System: The Problem of Integration," *American Political Science Review*, pp.
310－324.

_____, (1966). *The Power of the Purse: Appropriations Politics in
Congress*, Boston and Toronto: Little, Brown and Co., pp. xviii－xix.

Robert A. Packenham, "Legislatures and Political Development," in *Legislatures in*

Developmental Perspective. eds., Allan Kornberg and Lloyd Musalf (Durham, North Carolina: Duke University), p. 527.

동아일보. (1964). 1964.11.10. 기사
_____. (1964). 1964.11.11. 기사
_____. (1964). 1964.11.18. 기사
_____. (1964). 1964.11.28. "정가산책".
_____. (1964). 1964.11.30. "팔각정".
_____. (1965). 1965.11.27. "정가산책".
_____. (1966). 1966.11.24. "팔각정".
_____. (1966). 1966.12.9. "팔각정".

▶ ▶ ▶ **논평**

이정만(공주대학교 행정학과 교수)

1. 연구의 분석구조 및 주요 내용

이 논문의 연구목적은 우리나라 제6대 국회(1964.12.17.~1967.6.30.)의 예산심의과 정의 실태와 기능을 분석, 묘사하는 데에 있다. 전체적으로 평가와 처방에 대한 논의 는 의식적으로 거리를 두고 객관적 자료 분석에 입각하여 예산심의과정 실제를 자세 히 묘사함으로써 현실을 정확하게 이해하는 데에 역점을 둔 기술적(descriptive)·실증 적 연구라고 할 수 있다. 뒤에서 언급되는 바와 같이 당시 우리나라 행정학의 연구 상황에 비추어보면 이 연구는 예산심의과정에 대한 연구 분야에서는 물론이고 전체 우리나라 행정학 연구사에서 조직 내 개인의 행태에 대한 체계적인 실증적·경험적 연구를 선도해간 개척인 연구로서의 의의를 지닌다.

이 연구에서 진행된 논의 전개의 기본적인 구조는 다음과 같다. 우선 연구주제는 언급한 바와 같이 우리나라 제6대 국회에서 이루어진 예산심의과정의 실태와 그 기 능을 밝히는 것이다. 이를 위해 예산심의과정의 핵심적 조직인 국회 내의 상임위원회 와 예산결산특별위원회를 주요 분석대상으로 삼고 있다. 분석의 초점은 이들 위원회 및 위원회 위원들이 예산심의과정에서 보여준 역할 및 행태이다. 그리고 이를 포착하 기 위해 관찰·분석하고 있는 것은 국회 회의록 등에 나타나 있는 이들 위원회와 위 원들에 대해 국회 내·외부의 관련 주체들이 갖는 역할기대와 그들 위원 자신들이 실 제로 인지하고 있던 역할의 내용과 실제의 행동 등이다.

여기에서 국회 예산심의 관련 행위자 간의 역할관계와 연계하여 분석대상의 역 할과 행태를 해석, 재구성하기 위해 동원된 이론적 도구가 역할이론에서 발달한 역할 개념이다. 역할이론에서는 개인의 역할이란 관련 있는 타인과의 상호관계 속에서 형 성·수행되는 것으로 본다. 따라서 어떤 개인의 역할에 대한 타인의 기대와 그에 대 한 역할 점유자의 내적 지각 및 해석 등을 안다면 그 개인의 실제 역할 행동을 예측 하고 이해할 수 있다라는 것이 역할이론의 이론적 입장이다(강신택, 1995: 334-8).

저자는 당시 우리나라 국회의 특성상 안정된 체제를 전제로 하는 역할이론을 그 대로 적용하는 데에는 일정한 제약이 있음을 인정하는 가운데서도 역할 개념 자체는 조직 내 개인의 역할 행동의 형성·수행에 관한 보편성 있는 이론적 원리의 하나로 보고 있다. 이러한 관점에서 국회 상임위원회와 예산결산특별위원회에 대한 다른 행위자들의 역할기대와 그에 대한 반응으로서의 그들 위원회 위원들의 역할인지에 대한 분석을 토대로 그들의 실제 행태를 해석, 묘사하고 있다. 이에 근거하여 제6대 국회 예산심의의 과정과 기능의 특징을 도출하고 있다.

이 연구의 결과에 따르면 절약과 삭감이라는 규범적 주장은 형식적이었고 오히려 각 상임위원회 및 소속 위원들은 소관 부처의 예산액을 증액하는 사업의 주창자(advocate) 내지 지원자적 역할을 수행하려는 것으로 나타났다. 한편 예산결산특별위원회는 상임위원회의 증액 경향을 복구(삭감)시키는 역할을 더 많이 하고 있었다. 또한 예산심의와 결산심사가 시기적으로 아무런 관련이 없이 짧은 기간 내에 이루어졌고, 세입과 세출의 조정에 있어서는 재정경제위원회에서 이루어진 결정이 큰 제약을 가하고 있는 것으로 나타났다. 이러한 연구 결과는 이후의 다른 연구에서도 확인되고 있는 내용들이다. 이 연구에서 밝혀진 50여 년 전 우리나라 국회 예산심의과정의 양상은 오늘날에 있어서도 기본적으로 유사한 부분이 많아 보인다(강신택, 2000: 287-92; 박석희, 2009: 6-7).

이와 함께 체제의 전환과정의 결과로 나타나는 체제의 산출이라는 관점에서 국회 예산심의가 정치체제 내에서 수행한 기능에 대해 검토하고 있다. 이 예산심의 기능에 대한 고찰도 규범적 관점에서의 평가와 처방을 염두에 둔 것이라기보다는 어떤 기능이 어떤 과정을 통해 이루어졌는지를 보기 위한 것으로서 예산심의과정의 실태를 기능론적 관점에서 좀 더 체계적으로 이해하기 위한 시도로 보인다.

연구 결과에 따르면 그 중요성에 있어서 우선순위를 밝히기는 어려우나 제6대 국회는 일련의 예산심의과정을 통해 정치체제의 정통성의 부여 기능, 정책형성, 이익표명 및 행정의 감독이라는 제 기능을 어느 정도 수행한 것으로 평가하고 있다. 다만 그것이 체계적으로 질서 있게 그리고 광범위하게 이루어지지 못한 한계가 있었음을 지적하고 있다.

2. 연구의 학문적 의의 및 공헌

연구 활동이란 그 시대의 역사적 상황 및 시대적 요구에 대한 학문적 대응의 성격을 지니는 바, 그 연구의 의의나 학문적 공헌을 이해하기 위해서는 먼저 연구가 수행된 시기의 시대적 배경이나 학문의 동향을 살펴볼 필요가 있다. 이 논문이 발표된 것은 지금으로부터 40여 년 전 1970년대 중반 무렵이다. 여기서 이 시기의 시대적 상황에 대해 자세히 들여다 볼 여유는 없지만 이 연구가 갖는 학문적 의미의 탐색과 관련하여 중요한 단서가 될 수 있는 것은 이 시기를 전후하여 논의된 한국 행정학 연구의 시대적 과제일 것이다. 이 시기에도 행정학의 과제에 대한 논의는 다양한 측면에서 전개되었지만 이 연구와 관련하여 중요한 것은 실증적·경험적 연구방법이 강조된 부분과 한국 행정학의 토착화에 관한 논의라고 할 수 있다.

6, 70년대의 개발연대를 거치면서 우리나라 행정학은 미국 행정학의 영향에다 정부 주도의 국가발전을 위한 유용한 지식의 제공이라는 규범적·기능적 요청이 겹치면서 객관적 지식을 중시하는 실증적·경험적 연구방법이 주류를 형성해가고 있었다(강신택, 2013: 148-50). 특히 기존 법제도론의 정태적·규범적 연구의 한계를 극복하기 위한 방안으로서 행정인의 행태 분석에 초점을 맞춘 실증적·기술적 연구의 필요성이 강조되고 있었다.

그러나 이러한 기존 연구의 한계에 대한 문제인식과는 별도로 이 논문이 발표된 1970년대 중반까지만 하더라도 실제 행정학 연구에서는 아직 전통적인 법제도론에 입각한 규범적 연구가 대부분을 차지하고 있었다. 이런 사정은 비교적 실증적·기술적 연구가 다른 연구 분야에서보다 이른 시기부터 활발하게 이루어졌다고 하는 예산심의과정에 대한 연구 영역에서도 마찬가지였다. 예산심의와 관련된 법제도의 변천이나 법 규정에 따른 예산심의 절차를 설명하고 선진 외국의 예산 제도와 관행을 기준으로 우리 국회 예산심의의 절차나 기능의 문제점을 비판하고 처방책을 제시하는 연구가 주류를 이루고 있었다(강신택, 2003; 정정길, 1997).

공식적 법제도 중심의 규범적 연구는 개별 법제도를 규정하고 있는 더 큰 상위의 정치적·제도적 맥락에 대한 고찰이 소홀한 데다 제도 운영의 실태에 대한 분석이 미흡했던 한계를 갖고 있었다. 그런 이유로 정작 비판의 대상이 되는 문제의 발생 요인에 대한 정확한 이해도 없이 처방책이 제시되는 경우도 많았던 것으로 보인다. 게다가 우리의 현실적·제도적 맥락에 부합되지 않는 선진 외국의 제도와 규범을 준거로 대안이 제시됨으로써 구호성 처방에 그치는 연구도 적지 않았던 상황이었다(강신택, 1992: 117-8).

이러한 기존 연구의 한계에 대한 인식을 토대로 실증적·기술적 연구의 필요성이 강조되고 있었던 것이다. 이런 상황에서 저자는 국회 회의록 등 공식 기록에 대한 면밀한 분석을 통하여 예산심의과정상의 주요 행위자들의 상호작용, 역할 및 행태를 생동감 있게 기술, 묘사하는 깊이 있는 실증적·기술적 연구를 선보인 것이다. 이러한 관점에서 이 연구는 예산과정에 관한 연구에서는 물론이고 전체 우리나라 행정학 연구사에서 체계적인 실증적·기술적 연구를 선도해간 역작으로 평가된다.

　다음으로 이 연구의 학문적 의미와 연관하여 살펴보아야 할 이 시기의 행정학 연구의 쟁점은 한국 행정학의 토착화에 관한 논의이다. 미국 행정학의 무비판적 모방에 대한 반성에서 출발하여 우리나라 행정 현실에 부합한 한국적 행정이론의 모색이 필요하다는 행정학의 토착화 논의는 1960년대 중반까지 거슬러 올라간다(강신택, 2013: 141). 앞에서 본 실증적·기술적 연구의 강조도 한국의 행정 현실에 대한 정확한 이해를 위한 것으로서 행정학의 토착화 논의와 맥을 같이한다고 할 수 있다.

　그러나 행정학의 토착화 논의는 그 필요성에 대해서는 폭넓은 공감대를 형성하면서 전개되었지만 구체적인 방법에 대해서는 뚜렷한 통일된 견해를 찾지 못하고 있는 형편이었다(강신택, 2013: 142-7; 1971: 141-4). 특히 한국적 행정이론의 모색과 관련하여 외국 행정이론의 수용 방식이나 역할에 대한 생각이 명확하게 정리되지 못한 채 다양한 입장이 병립하고 있었다. 외국의 행정이론으로부터는 한국적 행정이론을 도출할 수 없다는 입장에서 외국 이론의 적용을 부정하는 견해에서부터 이론의 보편성에 의거하여 외국 이론의 비판적·선별적 수용을 주장하는 견해까지 폭넓게 존재하고 있었다. 사실 오늘날에 있어서도 행정학의 토착화를 위한 방법이나 논거에 대해서 지배적인 견해가 합의되어 있다고 하기는 어려운 상황이다.

　저자는 이 연구에서 직접적으로는 밝히고 있지 않지만 외국에서 형성·발전된 이론이라고 하여 그 자체를 부정할 것이 아니라 한국의 행정 현실에 부합하는 행정이론을 개발하는 데에 유용하게 활용하여야 한다는 생각을 갖고 있었던 것으로 보인다. 즉, 외국의 특수 이론으로부터 보편적 원리를 도출하고 그 보편적 원리를 한국의 행정 현실에 적용하여 이론체계를 재구성하면 한국의 특수한 정치·제도적 맥락에 부합하는 행정이론으로 발전시켜갈 수 있고, 또 그렇게 하는 것이 합리적 방안이라는 견해로 이해된다. 물론 한국적 이론이 서구의 특수한 사회경제적 맥락에 부합한 서구의 이론으로 발전하는 반대의 경우도 가능하다는 것이다(강신택, 2005a: 207-8).

　이 연구에는 이러한 저자의 한국 행정학의 토착화 논의에 관한 진지한 성찰이 투영되어 있다고 할 수 있다. 앞에서 본 바와 같이 저자는 이 연구의 이론적 틀로서 서구에서 발전한 체제이론 및 역할이론을 원용하고 있다. 체제이론 및 역할이론의 한국 적용이 갖는 제약성을 고려하면서도 이론의 맥락 의존적 부분은 배제하고 보편성 있다고 판단되는 역할 개념과 기능 개념을 우리의 현실 분석에 활용하고 있다. 이를 통하여 우리나라 상황을 좀 더 체계적으로 이해하는 한편 한국의 특수성이 가미된 이론의 재구성까지도 시도 가능할 수 있다는 입장으로 보인다. 이런 관점에서 보면 이 연구는 한국

행정학의 토착화를 위한 저자의 끊임없는 학문적 노력의 일환으로 해석된다.

3. 맺으면서

저자는 행정이론과 사회과학방법론, 그리고 예산과정에 초점을 둔 재무행정론을 평생 연구해온 우리나라 행정학계의 원로이시다. 이 연구는 40여 년 전에 발표된 것으로서 저자의 연구 여정에서 보면 매우 이른 초기 저작에 해당된다. 그리고 이 연구는 어떤 의미에서 이후에 이어진 예산과정에 대한 저자의 지속적인 연구를 준비해가는 시범적 연구의 성격을 지닌다. 그럼에도 불구하고 앞에서 살펴본 바와 같이 이 연구에는 저자가 평생 천착해온 학문적 관심사와 한국 행정학 연구의 방향성에 대한 예리한 통찰과 문제의식이 이미 깊숙이 배어있음을 알 수 있다.

저자는 비판과 처방의 제시 이전에 현실에 대한 충분한 이해가 우선되어야 하고 그를 위해서는 무엇보다 우리 행정 현실에 대한 실증적·기술적 연구의 축적이 중요하다는 인식을 갖고 있었다. 이 연장선상에서 예산심의과정의 실태를 자세히 묘사하는 이 연구를 진행했다고 볼 수 있다. 또한 연구 논리의 측면에서는 외국의 이론이라고 하더라도 이론이 갖고 있는 보편적 원리에다 한국의 맥락을 가미하여 재구성하면 한국의 현실 문제에 적합한 한국의 행정이론으로 발전시킬 수 있다는 이론적 입장을 견지하여 왔다. 이러한 논리적 근거에서 서구의 이론적 틀을 원용한 이 연구의 분석틀이 구성될 수 있었던 것이다.

이 연구에 담긴 저자의 문제의식은 당시에서 뿐만 아니라 오늘날의 한국 행정학의 연구에 있어서도 시사하는 바가 작지 않다. 최근의 행정학 연구는 지나치게 계량적 연구방법에 치우친 나머지 행정 실태에 대한 설명이나 이해가 불충분한 가운데 통계학적 인과관계의 추론에 주력하는 경향이 없지 않다. 이는 행정 현실에 대한 이해 없이 처방책이 제시되는 경우와 유사한 양상으로서 질적 연구와 함께 기술적 실증연구가 보강되어야 한다는 논의가 다시 등장하는 배경을 이룬다. 물론 이 때는 이 연구에서 다루지 못했던 하위 정치과정을 규율하는 더 큰 정치적·제도적 맥락에 대한 고찰과 함께 비공식적인 부분까지를 연구 시야에 포함한 실증연구가 요구될 것이다.

그리고 이 연구에서 암시되고 있는 외래 이론의 맥락 해체와 한국적 맥락의 재구성에 의한 한국 행정이론의 발전 논리는 한국 행정학의 학문적 정체성과 적실성 문제에 대해 고민하는 오늘날의 많은 후학들에게도 의미 있는 메시지를 던져주고 있다.

참고문헌

강신택. (2013). 「행정사상과 연구의 논리: 한국행정의 역사적 맥락에서」. 조명문화사.

_____. (2005a). 「행정학의 논리」. 박영사.

_____. (2005b). 「한국 행정학의 논리」. 박영사.

_____. (2003). 재무행정연구사. 한국행정학회. 「kapa@포럼」. 101.

_____. (2000). 「재무행정론－예산과정을 중심으로－」. 박영사.

_____. (1997). 한국예산론 연구사 서설. 정정길·이달곤 공편. 「한국행정의 연구」. 박영사.

_____. (1995). 「사회과학연구의 논리」. 박영사.

_____. (1992). 예산심의에 있어서 국회 상임위원회와 행정부처 간의 상호작용(제13대 국회: 1988~1992)－Ⅰ.「행정논총」. 30(1).

_____. (1971). 한국행정학사 서설. 「한국정치학회보」. 제4집.

박석희. (2009). 국회 예산심의과정의 실태와 특징. 한국행정학회. 「한국행정학회 비정기 학술논문발표집」. 2009(16).

정정길. (1997). 새로운 행정학의 틀을 찾아서. 정정길·이달곤 공편. 「한국행정의 연구」. 박영사.

한국 규제정책의 평가: 「8·3긴급경제조치」의 경우를 중심으로

논문 | 정용덕
    Ⅰ. 서 론
    Ⅱ. 8·3조치 정책형성에 관한 평가
    Ⅲ. 8·3조치 정책집행에 관한 평가
    Ⅳ. 8·3조치 정책의 총괄평가
    Ⅴ. 결 론
논평 | 김근세

한국 규제정책의 평가:
「8·3긴급경제조치」의 경우를 중심으로[*]

정용덕(서울대학교 행정대학원 명예교수)

⚜ 프롤로그 ⚜

한국에서 행정학은 전통적인 분과학문들에 비해 일천한, 대략 60년 가량의 역사를 이어오고 있다. 그럼에도 불구하고, 한국행정학계는 "고전"으로 불러 손색이 없을 만한 저술과 논문을 차곡차곡 축적해 왔다. 선학(先學)들이 기울인 노고의 덕분이다.

이런 마당에 내가 쓴 논문 가운데 한 편을 추천해 달라는 편집진의 요청에 망설이지 않을 수 없었다. 과연 내가 벌써 "고전"의 반열에 들어갈 만한 논문을 자천할 수 있을까 하는 생각 때문이었다.

고민 끝에 내 놓은 것이 이 글이다. 이유는 간단하다. 이 글은 내가 조교수 3년차이던 1983년에 쓴 것이다. 당시는 모두 '200자 원고지'에 글을 썼다. 당연히 컴퓨터 파일이 있을 리 없다. 한국에서 정보혁명을 이끈 안문석 선생 정도나 혹시 가능했을성 싶다. 이만하면 (적어도 내가 쓴 논문 가운데에서는) "고전"에 해당하는 셈이다. (아날로그 원문을 타이핑하여 디지털 파일로 탈바꿈시켜준 편집간사 장아름 박사과정생에게 이 지면을 통해 감사한다.)

이 논문을 쓰게 된 계기는 1983년 한국행정학회의 요청에 의해서였다. 한국행정학회의 연구위원회(당시 김광웅 위원장)가 (당시로서는 새로운 분야인) 정책평가방법론을 학계에 소개하기 위한 기획연구 프로젝트를 발주한 것이다. 노화준, 정정길, 구자용, 정용덕이 '차출'됐다. 나는 학위 과정에서 정책평가론을 수강하기는 했지만, 미국 행정학의 탈(脫)맥락적 접근방법에 대해

---

[*] 이 논문은 1983년 『한국행정학보』, 제17권, pp. 89-117에 게재되었다.

무척 식상(食傷)해 있던 터였다. (특별히 표기하지 않는 한, 내가 '행정학'이라고 할 경우에 이는 '정책학'도 포함하는 넓은 개념이다.) 나는 어떤 하나의 정책을 평가하려면 그것에 연관된 전체적인 정치경제 맥락에 대한 이해가 필요하고, 그 이해의 바탕 위에서 평가가 이뤄져야 한다는 생각을 가지고 있었다. 정책의 내용뿐만 아니라 절차 또한 평가 대상에 포함해야 한다고 여겼다. 효율성과 효과성뿐만 아니라, 형평성, 민주성, 합법성 등 행정이 추구해야할 다양한 공공가치들 또한 충족하고 있는가에 대해 평가해야 한다고 믿었다.

논문에서 서술하고 있는 것처럼, 1972년에 시행된 '8·3긴급경제조치'는 한국에서 가히 "역사적인" 공공정책이었다. 굳이 분류하자면 '규제정책'에 해당하는 사례로서, 마침 그 무렵 미국에서 유행하던 정부규제 이론들을 동원해 적용해 볼 만했다. 그러나 이 논문의 독자들은 한국의 (특히 산업화 시대의) 공공정책 결정양식이 미국의 그것과 얼마나 차이가 있는지 알 수 있을 것이다. 1987년 민주주의 이행 이후 한국에서도 의미 있는 변화가 조금씩 이루어지고는 있다. 그러나 효율성과 효과성의 배타적 극대화, 비밀주의와 하향식 '충격요법', 경제엘리트 위주의 배제주의 등 한국 정책결정의 근본적 특성들은 여전히 남아 있다.

이 논문을 쓸 무렵은 일주일에 평균 22시간씩 강의를 해야 했던 시절이다. 그러나 연구를 진행하면서 좀 더 당황스러웠던 것은 자료수집의 문제였다. 어쩌면 이처럼 "역사적인" 공공정책에 대해 이처럼 기본적인 자료조차 없을 수 있는 것인가! 아연실색하면서 백방으로 뛰어다니며 이런 저런 자료들을 모아 원고지에 때때로 잉크가 뭉텅뭉텅 배어 나오는 '모나미 볼펜'으로 한 장 한 장 써 내려갔던 기억이 새롭다.

I. 서 론

1972년 8월 2일 자정 박정희 대통령은 「경제의 안정과 성장에 관한 긴급명령 제15호」(이하 8·3조치)를 발동했는데, 그 내용은 대략 다음과 같은 것이었다.

모든 사채는 8월 3일자로 원리 1.35%, 3년 거치 후 5년 분할상환조건으로 조정되어 기업이 쓰도록 명령한다. 또 금융기관이 2천억 원의 특별금융채권을 발행, 한국은행에 인수시키고 이를 재원으로 기업의 단기금리대출금의 30%를 연리 8% 3년 거치 후 5년 분할상환의 장기저리대출금으로 바꾸어 대출해 줄 것을 명령한다. 이밖에 중소기업신용보증기금과 농수산신용보증기금에 각각 10억 원씩 모두 20억 원을 정부가 출자해서 신용보증을 확대하며 5백억 원의 산업합리화자금을 방출하며, 기업의 투자촉진을 위해서 법인세와 소득세를 감면하며, 교부세의 법정 교부율을 폐지한다. 또 은행금리를 크게 떨어뜨릴 것, 환율을 1달러에 4백 원 선에서 안정시킬 것, 공공요금의 인상을 억제할 것, 물가의 상승을 1년에 3% 내외에서 조절할 것, 1973년도 예산은 규모를 최대한으로 억제해서 편성할 것 등을 내각에 지시한다. 이 긴급명령과 함께 대통령령이 정하고 있는 이자제한법의 최고이자율을 연 36.5%에서 25%로 떨어뜨린다. 한편 금융통화운영위원회는 은행금리를 크게 내려 1년 만기 정기예금의 금리를 연 16.8%에서 12%로, 일반대출금리를 연 15%에서 15.5%로 고쳐 3일부터 실시하기로 한다. 연체금리도 연 31.2%에서 25%로 내린다.(조선일보 1972. 8. 3.)

이와 같은 내용의 '8·3조치'는 같은 해에 일어났던 외교안보분야의 「7·4남북공동성명」, 국내정치 분야의 「10월유신」과 더불어 경제 분야의 최대사건으로 꼽힐 수 있을 것이다. 또 경제 분야에 관한 정책들은 시대별로 볼 때, 1950년대 초에 있었던 「농지개혁」, 1960년대 초에 있었던 「통화개혁」이나 「고리채정리」, 그리고 1980년대 초의 「기업통폐합조치」나 「금융실명제」 등과 더불어, 소위 "혁명적"인 경제정책이었고, "훗날의 경제사가들에 의해서 크게 기록될 「경제사건」으로 보지 않을 수 없는 것"이었다(장성원, 1972: 148~151). 그러나 놀랍게도 8·3조치에 대한 학술적인 평가 연구가 아직 한 번도 실시되지 않은 채로 있다. 이와 같은 의의를 지닌 8·3조치에 관해 경험적 평가 연구를 시도하는 것이 이 논문의 첫 번째 목적이다.

두 번째 목적은 공공정책 평가연구의 분석 틀 개발이다. 20세기 중반 한국에서 자유민주주의 시장경제를 공식 이념으로 하는 국가형성이 이루어졌다. 그러나 '후(後)후발 산업국가'로서 선발 산업국가들을 '따라잡기 위해(catch-up)' 국가는 사회 부문에 대한 적극적인 개입을 추진해 왔다. 이러한 국가개입(즉, 공공정책)에 대한 학술적이고 종합적인 평가연구는 거의 이루어지지 않았다. 여기서는 8·3조치 사례에 대한 평가분석을 통해 앞으로 공공정책 평가연구 수행에 준거가 될 다양한 기준들을 발굴하고 체계화한 분석 틀을 개발하려고 한다.

이 연구의 세 번째 목적은 8·3조치를 정부의 경제규제로 간주하여 이에 관한 평가연구를 규제정책론의 시각에서 접근하려는 것이다. 전술한 것처럼, 한국처럼 국가가 수시로 시장에 개입한 나라도 드물 것이지만, 특히, 정책유형 면에서 규제정책을 많이 사용해온 나라도 드물 것이다. 이는 한국이 형식적으로 취해온 이념상의 공식적 정치경제체제와 실질 운영 면에서의 국가 역할 간의 차이가 절충되는 과정에서 초래된 결과로 해석할 수 있다.[1] 이처럼 많은 규제정책의 시행에도 불구하고 한국에서는 이 분야에 관한 체계적인 평가연구가 별로 이루어져 있지 않다. 이 글에서 규제정책 분야의 평가연구를 위한 분석 틀을 개발해 보려고 한다.

8·3조치를 규제정책론의 시각에서 분석하기 위해서는 먼저 이 조치가 규제정책의 범주에 해당하는지 여부를 살펴볼 필요가 있다. 통일된 개념 정의가 아직 없는 실정이기는 하지만, 대체로 '정부가 하는 행위', '특정 대상인 또는 집단에 대한 정부의 행위', '규제기관이 하는 행위', 그리고 '규제기능을 수행하는 것'으로 이해하는 것으로 정리할 수 있다.[2] 8·3조치는 국가가 민간부문(즉, 시장)에 개입하여 어떤 행위를 취한 경우로서, 첫 번째 개념의 범주에 물론 포함된다. 그 대상에 있어서 8·3조치는 주로 (기업 등의) 채무자와 (사채업자 등의) 채권자 등을 포함하고 있고, 따라서 경제규제에 해당한다. 그러나 그것이 "경제의 안정과 성장"을 목표로 하고 있는 점으로 보아서, 전통적인 경제규제의 대상(예: 공익사업 등)에 속한다기보다는 좀 더 확대된 개념으로서의 경제규제 대상에 속한다.[3] 또한, 규제기관을 중심으로 보면, 8·3조치는 어느 한두 기관에 의한 것이기보다는 "정부"의 입장에서 이루어진 대규모 공공정책이었다. 따라서 역시 전통적인 규제기관의 범주를 넘는 경우로 간주할 수 있다.[4] 마지

---

1) 형식적으로는 자유민주주의와 시장경제를 지향하면서도, 실질적으로는 '계획된 변화(planned change)', '발전의 관리(management of development)', 혹은 '관리된 발전(governed development)'을 추진해 왔다. 이처럼 명목상의 이념과 실제 정부역할 간의 괴리를 절충하는 과정에서, 전체 국민경제에 대한 공공재정 및 공공인력의 비중이라는 양적 규모에서는 '작은 국가'를 유지하면서도, 규제라는 정책수단을 통해 적극적인 국가 개입이 이루어진 것으로 해석할 수 있다.

2) 이에 관한 좀 더 자세한 논의는 더브닉(Dubnick, 1979) 및 정용덕(1983), "한국의 정부규제실태와 과제"를 참고할 것.

3) 최근에 경제규제대상의 범위가 점차 넓어짐으로써 거시경제학 목표를 위한 것까지도 포함시키는 경향이 있다(Nagel 1980: 41~42). 좀 더 사회적인 성격을 띤 문제들(예: 자연환경문제, 국민보건 안전 등)에 대한 규제를 특히 사회규제라고 부르기도 한다.

4) 미국의 주간상업위원회(ICC)나 한국의 노동위원회 및 금융통화위원회 등을 포함하는 소위 독립규제위원회가 흔히 드는 규제기관의 예에 포함된다(유훈, 1982: 244~251).

막으로, 규제기능의 수행이라는 측면에서 보면, '8·3조치'는 번스타인(Berstein)의 화폐금융 프로그램 및 균형 프로그램의 유형에 속한다.[5] 또한, 본문에서 좀 더 자세히 검토될 것이지만, 8·3조치의 경우는 그로 인한 편익과 비용에 관련된 사람들이 거의 명확히 구분될 수 있다. 뿐만 아니라, 그 소득의 전이과정에서 자금을 정부가 직접 다루기보다는 양자 간의 행동에 어떤 "특정한 규칙"을 제정 시행한 것이다. 이 점에서 로위(Lowi)의 규제정책 범주에도 부합한다.[6] 정부는 사채업자들과 기업들 간에 조정자의 역할을 수행한 것이며, 그 중 어느 한 쪽에 소속된 것이거나 또는 직접 재화를 공급 혹은 수령한 것은 아니었다.[7]

일반적으로 평가연구(Evaluation Research)는 실시된(즉, 집행된) 어떤 정책이 그 결과 내용 면에서 어떤 효과(effects) 또는 영향(impacts)을 가져왔느냐에 중점을 두어 객관적인 사실을 측정하는 것을 핵심으로 한다(Anderson, 1979: 151). 그러나 8·3조치와 같은 규제정책을 평가하기 위해서는 평가 범주, 평가 대상, 그리고 평가의 판단기준 등에 있어서 이보다 좀 더 넓은 의미를 포함할 필요가 있다.

첫째, 규제정책의 경우는 정책과정상의 모든 단계를 모두 평가범위에 포함시키는 통합적 평가(comprehensive evaluation)가 필요하다(Rossi and Freeman, 1982: 15~40; Patton, 1978; Perkins, 1977: 639~656).[8] 규제정책론의 기본 가정 가운데 하나는 공공정책(즉, 정부규제)의 개발이 때로는 반드시 공적 혹은 집합적으로 해결하지 않아도

---

5) 번스타인(Berstein)은 정부규제를 기능별로 구분하여, 시장체제의 효과성을 증진시키기 위한 경쟁촉진프로그램(예: 공정거래법), 경쟁원리가 성립하지 않는 공익사업프로그램(예: 전기, 철도, 전화, 등), 금융기관과 일반국민들 사이의 기본적 신용관계를 유지시키기 위한 화폐금융 프로그램, 경제집단 간의 이해관계의 균형을 유지시키기 위한 균형프로그램(예: 노사 간 관계조정) 등 7가지 항목을 제시한다(Berstein, 1961: 329~346).

6) 로위(Lowi, 1972: 298~310)는 공공정책을 크게 분배, 재분배, 규제 정책으로 분류한다. 규제란 관습이나 예의범절 또는 관습법 등에 관한 일반적 규칙(general rule)이기보다는 좀 더 '의도적이고 특정한 규칙'에 해당한다는 개념정의도 있다(DeMuth, 1968).

7) 미트닉(Mitnick, 1980: 9)에 의하면, 규제란 "어떤 주체가 행동선택을 하는 것에 대해 제한을 의도적으로 가하고자 하는 과정"으로서, 이 제한은 "그 행동에 직접적으로 관련 또는 소속되어 있지 않은 실체에 의하여 이루어지는 것"을 의미한다.

8) 정책과정의 마지막 단계로서, 집행된 정책의 효과나 영향이 무엇인가를 찾아내는 일반적인 평가연구의 기본가정은 정책의 형성은 주어진 것(그리고 대개는 바람직한 것)으로 간주하고, 그것의 집행이 이루어지지 않았거나 잘못 이루어졌을지도 모른다는 것이다. 이보다는 좀 더 나아가서 정책의 형성자체에 대해서 의문을 갖게 되는 경우라도, 정책목표는 역시 주어진 것(그리고 바람직한) 것으로 인정하되 대안선정에 있어서 잘못되었을 수도 있다는 토대를 두는 것이 대부분이다. 정책과정의 각 단계에서 나타날 수 있는 여러 문제들에 대해서는 이종범(1982: 234~236)을 참고할 것.

되는 문제들을, 공익과는 상관없이, 채택하여 개입하는 경우도 적지 않다는 것이다 (Posner, 1974: 335~358). 이렇게 볼 때 평가연구의 범위에는 정책의 영향이나 효과가 무엇이며 집행이 제대로 이루어졌는가, 그리고 정책대안은 주어진 목표를 위하여 적절한 것이었나를 평가하는 것은 물론이고, 더 나아가 정책문제의 채택이나 목표의 설정 자체가 과연 바람직한 것이었는가에 관해서까지도 포함시킬 필요가 있다(허범, 1976: 57~58; Steiner, 1977: 28).

둘째, 규제정책 분야에서는 평가의 대상 면에서 단지 정책의 내용(content) 뿐만 아니라 그 절차(procedure)까지도 포함시키는 것을 또 하나의 특징으로 한다.[9] 공공정책의 가치는 제시된 정책목표의 달성 여부에서만 찾을 수 있는 것이 아니고, 어떻게 그 목표를 달성했는지 여부에서도 찾을 수 있기 때문이다(이종범, 1983: 102).

셋째, 정책연구의 분석활동 수준이나 판단기준 면에서 이 논문에서는 일반적인 평가연구보다 그 범위를 넓게 잡으려고 한다. 일반적으로 이루어지고 있는 평가연구들은 대개 사실적 및 논리적 판단에 의한 묘사, 설명, 예측의 수준에 머물러 있고, 도덕적 판단에 근거한 문자 그대로의 '평가'로서의 정책평가에는 소극적인 면이 없지 않다.[10] 그러나 정책평가를 수행하기 위해서는 의도된 목표의 달성도(즉, 효과성)나 비용(즉, 효율성) 등의 가치기준 외에 우리가 추구해야 될 많은 다른 정책가치들이 있을 수 있다.[11] 규제정책 평가를 위해 고려해야 될 가치기준에는 무엇이 포함될 수 있으며, 그 가치기준들이 평가연구에 실제로 어떻게 적용될 수 있는지, 그리고 그러한

---

9) 대개 정책평가의 대상은 정책내용이 얼마나 이루어졌느냐에 초점이 주어진다. 과정평가 (process evaluation)의 중요성을 강조하는 분석가들이 있기는 하나, 이때도 논의가 집행과정에 주어지기는 하되 역시 집행과정을 통하여 의도된 목표달성이 제대로 이루어지는가의 여부에만 초점이 주어질 뿐이다(Freeman and Sherwood, 1970: Patton, 1978: 164~168). 물론 정책의 극단적 목적은 채택된 정책문제(즉, 정책내용)의 해결에 있는 것이기는 하지만 내용 면에만 평가대상을 국한시키는 것은 일종의 Machiavellian적 사고방식에 해당한다고 볼 수 있다.

10) 정책분석가들이 행하는 분석활동에는 묘사, 설명, 예측, 평가, 그리고 제안 등의 수준으로 나누어 볼 수 있다(정용덕, 1983: 255~279; Allison, 1979). 이들은 각각 인간의 지적활동에 있어서의 세 가지 판단기준 – 즉, 도덕적, 사실적 및 논리적 판단 – 과 밀접한 관련이 있다(강신택, 1981: 4; Kemeny, 1960: 291~301). 묘사·설명·예측은 좀 더 가치중립적인 분석활동에 해당하는 것으로서, 곧 과학적 활동의 목적이 되는 것이기도 한데(Nachmias and Nachmias, 1981: 9~15), 이를 위해서는 사실적 판단과 논리적 판단이 요구된다. 반면에 평가나 제안이란 근본적으로 가치 또는 선호의 표현이 개입되는 분석활동수준으로서(Thompson, 1982: 72), 이를 위해서는 논리적 및 사실적 판단 외에 도덕적 판단이 필요하다.

11) 공공행정 또는 정책이 추구해야 될 여러 가지 가치를 제시하고 있는 한국의 행정학 문헌의 예를 들면 다음과 같다. 김신복, 1983: 39~52; 김광웅, 1983: 27~44; 노화준, 1976: 164~185; 박동서, 1983: 85~94; 안해균, 1982: 77~86; 정용덕, 1983; 허범, 1982: 275~291.

가치기준들을 적용한 평가분석에서는 어떠한 정책가치들 간의 상충 혹은 역관계 (trade-off)가 규명될 수 있는지 등, '평가'로서의 정책평가연구는 이와 같은 질문들에 보다 적극적으로 답하고자 노력해야 될 것이다.12)

Ⅱ. 8·3조치 정책형성에 관한 평가

규제정책의 평가는 정책형성단계도 그 범위에 포함시키는 이른바 종합적 평가를 할 필요가 있다. 전술한 것처럼, 정부규제의 발생이 반드시 공익의 추구를 위한 것만은 아닐 수도 있다는 규제정책론 특유의 가정이 있기 때문이다. 규제정책이 때로는 불분 명하거나, 불필요하거나, 심지어는 해로운 목표를 위해 개발될 경우도 있다고 가정할 때, 규제정책형성에 대한 평가연구는 자연히 정책문제의 인지 및 채택(agenda-setting) 은 올바른 것이었으며, 대안의 모색 및 선택은 또 합리적으로 이루어진 것인가라는 질문에 초점을 맞추게 된다. 이와 같은 질문에 답하기 위해서는 8·3조치와 같은 정부 규제가 '어떻게' 그리고 '왜' 발생했는가를 '묘사'하고 '설명'하는 일이 필요함과 동시에, 그 사건(즉, 8·3조치의 형성)이 그래서 '바람직한(desirable)' 것이었는지 여부를 평가해 야 한다. 이 때 필요한 것이 '바람직한' 것과 '바람직하지 않은' 것을 구분 짓는 가치판 단의 기준이다. 모든 공공정책의 평가기준은 공익(또는 공공후생)에 부합하는 것인가에 서 찾을 수 있다. 그러나 공익의 개념은 애매하고 모호하기 때문에 실질적인 정책평가 에 적용하기에는 어려움이 있다.13) 따라서 '궁극적인 공식법칙(ultimate formal rule)'으 로서의 공익을 모색하기보다는, 공익의 속성(또는 구성요소)들을 찾아 그것들을 '중간 수준의 목표(intermediate-level goal)'로 삼아 평가기준으로 사용하는 편이 좀 더 현실 적이다(Mitnick, 1980: 6). 이들 중간수준의 가치기준들을 여기서는 정책의 내용 면과 절차 면으로 크게 구분하여 각각의 구체적인 기준을 모색하고 사례에 적용해 보기로 한다.

12) 물론 이때 평가연구자가 가치들 간에 역관계가 있는 경우(Okun, 1975), 궁극적으로 어느 쪽을 택할 것인가, 또는 여러 가치들 간에 각각 어떠한 비중치를 두어 공익 또는 사회후생을 산출 해 낼 것인가에 대해서까지 해답을 주어야 한다거나 또 할 수 있다는 것은 아니다. 평가연구 자는 고려될 필요가 있는 평가기준들을 모색하고 실제 적용에 있어서 초래될 결과만을 국민 과 정책결정자에게 제시함으로써 그들의 의사결정을 돕는 것이 일차적인 책임이자 능력이다 (Rivlin, 1975: 1~15).
13) 공익은 정치학에서, 공공(또는 사회)후생은 경제학에서 주로 사용되는 개념이지만, 그 내용 및 모호성 면에서 모두 유사하다(Schubert, 1960; Mitnick, 1980: 242~279).

1. 정책형성 내용에 대한 평가

8·3조치와 같은 경제규제정책의 형성을 그 내용에 관해 평가하기 위한 가치기준으로 여러 가지가 제시될 수 있겠으나, 경제적 효율성(economic efficiency)과 배분적 형평(distributional equity)으로 대표될 수 있다(Okun, 1975; Breyer, 1982: 15~35; Browning and Browning, 1979: 5~12; 정용덕, 1983: 260~261). 전자가, 흔히 드는 예로서, '파이(pie)'의 전체 크기를 나타내는 개념이라면, 후자는 그 파이를 쪼개어 나누는 것을 각각 대표하는 개념이다.[14] 이 두 평가기준에 비추어 8·3조치의 형성을 평가하되, 이를 다시 정책문제의 채택과 대안선정으로 나누어 분석한다.

1) 정책목표로서의 경제적 효율성 증진

긴급명령 제1조에 명시되어 있듯이, 8·3조치의 공식적인 정책목표는 "경제의 안정과... 성장을 촉진"시킨다는 것이다(한국은행, 1973: 79). 이는 배분적 형평과 경제적 효율의 두 가지 가치기준 가운데 후자에 주로 관계된 것임을 알 수 있다. 경제안정과 성장을 목표로 삼았다는 것은 바꾸어 말하면 당시의 경제안정과 성장에 문제가 있었다는 논리가 된다. 실제로 8·3조치 정책당국이 표명한 당시의 정책문제들을 살펴보면 다음과 같다.

첫째, 1970년대 초에 들어서면서부터 경제성장이 둔화되고 있었다는 점이다. <표 1>에서 보는 것처럼, 1960년대 중반 이후 연평균 10% 이상의 국민총생산(GNP) 성장을 계속 이루어온 데 비해, 1970년대부터는 10% 이하로 감소되는 경향이 나타났다. 1970년에 들어오면서 수출이 급격히 감소했고, 투자수요 및 고용증가율도 상당히 둔화되었다.[15] 둘째, 악성 인플레 문제다. 인플레이션은 한국 경제에서 항상

---

14) 경제적 효율성이란 파레토(Pareto)에 의해서 잘 설명되고 있다. 어느 경제체제가 효율적으로 운영된다면 그 체제 내에서는 어느 일부 사람(들)의 복지를 감소시키지 않고서는 다른 일부 사람(들)의 복지를 증진시킬 수 없는 상태가 그것이다. 비효율적인 상태에서는 자원배분의 변화를 통해 일부 사람들의 복지를 감소시키지 않으면서 다른 일부 사람(들)의 복지를 증진시키는 것이 가능한 상태를 의미하고, 따라서 어느 사회가 비효율적인 상태에 있다고 하는 것은 무엇인가의 원인 때문에 곧 그 사회가 부여할 수 있는 최대한의 수준까지 사람들의 복지를 증진시키지 않고 있는 상태이며, 이는 곧 사회적 낭비를 의미한다. 배분적 형평성은 평등이라는 개념과 결부되어 사용되는 것이 보통인데, 단순히 기회균등과 같이 절차상의 평등만을 뜻하는 소극적 의미로 쓰이거나, 또는 자원배분효과 자체의 평등을 뜻하는 적극적 의미로 쓰이는 수가 있으며, 그에 따른 정책내용 평가상의 큰 차이를 보일 수 있다(Hirshleifer, 1976: 438).

15) 수출증가율은 68년의 42%에서 1969년의 34% 그리고 1970년의 28%로 각각 감소했다. 이때의 투자수요 감소는 그 이전 3년간에 걸친 긴축금융정책에서 비롯된 것으로서, 그로 인해 국내

문제가 되어 온 것임에는 틀림없으나, 1970년대 초에 들어서면서부터는 비교적 물가
안정을 유지하고 있었다는 점을 지적할 필요가 있다. 따라서 이때의 물가안정문제는
시급을 요하는 것이라기보다는 비교적 장기적인 정책문제로 파악하는 것도 가능하다.
셋째, 기업재무구조의 취약성이다. 한국 기업들의 자기자본구성 비율은 총자본의
50%에 훨씬 미달해 왔고, 특히 70년대 초 그 비율이 더 크게 하락함으로써 기업의
부담이 그만큼 높아졌다(<표 2> 및 <표 3>).[16] 넷째, 고리사채의 성행과 제도금융
의 취약성이다. 자금순환계정상에 나타난 한국 기업들의 사채 의존도는 약 5~6%(병
종배당 이자소득세 납부분 약 1,000억 원)에 불과했으나, 당시 추정액은 약 2,000억 원에
이르렀고, 이율도 월 3% 내외의 고리로 알려져 있었다(한국은행, 1973: 20). 다섯째,
기업의 경영합리화가 미흡한 점이다. 즉, 경제규모의 영세성, 설비의 낙후성, 기업경
제기술의 미숙 등의 취약성을 갖고 있었고, 따라서 생산단가가 높아 국제경쟁력이 취
약했다.

표 1 주요총량지수의 전년 대비 증가율

연도	통화량	국내 신용	수출	전국 도매물가지수	서울 소비자 물가지수	GNP	산업생산지수	
							전산업	제조업
1954	93.3	–	–	28.0	–	5.5	–	–
1955	62.1	–	–	81.9	–	5.4	–	–
1956	28.7	–	–	31.4	–	0.4	–	–
1957	19.8	–	–	16.3	–	7.7	–	–
1958	33.1	–	–	–6.5	–	5.2	–	–
1959	20.7	–	–	2.6	–	3.9	–	–
1960	–2.6	–	–	10.7	–	1.9	–	–
1961	57.7	–	–	13.2	–	4.8	–	–
1962	10.1	–	–	9.4	–	3.1	–	–
1963	6.3	–	–	20.6	–	8.8	–	–
1964	16.7	–	–	34.6	–	8.6	–	–
1965	33.1	34.8	47.0	10.0	13.6	6.1	7.3	6.6
1966	30.1	25.7	42.9	8.9	12.0	12.4	22.6	24.5

신용 증가율은 1968년의 85%에서 1970년의 27%로 급속히 감소되었다(Cole and Park, 1983: 159~160).

16) 교과서적 의미에서는 보통 50%를 유지하는 것이 필요하다. 물론 자기자본보다 낮은 자본비용
으로 부채조달이 가능하다면 괜찮겠으나, 한국의 금융비용은 다른 나라에 비해 높은 편이었
다(윤계섭, 1978: 529~532).

1967	42.5	64.3	27.9	6.4	10.9	7.8	26.6	29.6
1968	24.8	66.3	42.2	8.1	11.2.	12.6	31.0	35.8
1969	45.5	59.8	36.7	6.8	10.0	15.0	19.9	20.6
1970	40.7	32.3	34.2	9.2	12.7	7.9	11.5	11.6
1971	17.7	28.2	27.8	8.6	12.3	9.2	15.4	16.6
1972	41.2	30.5	52.1	14.0	11.8	7.0	14.6	16.4
1973	40.6	–	–	6.9	–	16.0	–	–
1974	29.5	–	–	42.1	–	8.7	–	–
1975	25.0	–	–	26.5	–	8.3	–	–
1976	30.7	–	–	11.2	–	15.2	–	–

자료: 한국은행, 국민소득연보, 1975; 통계월보, 1977. 1; 8·3 긴급조치 종합보고서, 1973.

표 2 한국 제조업의 자기자본 비율

연도	자기자본비율
1963년	52.0%
1971	20.2%
1973	26.8%
1975	22.8%

자료: 윤계섭, 1978: 529.

표 3 한국 대기업·중소기업의 자기자본 비율

연도	제조업 대기업	제조업 중소기업	사채 증가율
1972	23.9	41.9	79.1
1973	26.6	40.2	16.1
1974	23.7	41.5	105.9
1975	22.1	36.1	87.6
평균	24.1	49.5	72.2

자료: 윤계섭, 1978: 532.

그러면, 8·3조치 당국이 제시한 이와 같은 정책문제들이 과연 국가의 개입(즉, 공공정책 또는 정부규제)을 요하는 문자 그대로 '공공'의 문제들이었는가 하는 의문이 제기된다. 자유시장경제체제를 논의의 출발점으로 삼을 때, 공공정책문제란 그 체계 내에서 경제적 효율이나 배분적 형평이 실현되고 있지 않음을 의미한다. 만일 시장조 정기구를 통해 그 문제가 자율적으로 해결될 수 있는 성질의 것이라고 한다면, 그것은 공공정책문제로는 채택될 필요가 없는 것이다.[17] 이런 의미에서 볼 때, 8·3조치에서 표명된 문제들은 대부분 공공정책의 문제들이라기보다는 민간부문에서의 개별 경제단위들의 자체 문제로서의 성격이 더 크다. 그러나 위에서 제시된 문제들이 개별 단위들의 자체 문제의 범위를 넘어 사회 전체에 어떤 형식으로든 피해를 미치는 수준에 이르렀다고 보는 것은 가능하고, 따라서 이들 문제의 해결이 공적·집합적 행동을 통해 모색하고자 하는 것 자체는 의미가 있다. 다만, 이 경우에도 문제가 되는 것은 이들 문제의 해결을 위한 정책대안(또는 수단)들이 효율적일 수 있으며, 다른 가치나 목표에 해를 끼치는 것은 아닌가 하는 점이다. 8·3조치에서 표명된 정책문제들을 일단 공공정책문제로서 채택할 가치가 있는 것으로 간주하고, 다음은 그러면 이 문제들을 해결하기 위해 취해진 정책대안에 관해 검토해보기로 한다.[18]

2) 정책대안의 선정과 배분적 형평의 문제

정책대안의 선정이 잘 이루어졌는가의 여부를 평가하기 위해서는 적어도 두 가지 측면을 검토할 필요가 있다. 하나는 일단 설정된 정책목표(즉, 정책문제의 해결)에 대해 인과관계가 있는 정책수단을 마련하였는가의 여부이다. 다른 하나는 그 정책수단의 집행이 의도된 목표 외에 다른 정책가치에 대해 어떤 폐해를 주는 것은 아닌가의 여부이다(Okun, 1975). 8·3조치에서 선정된 정책수단들은 이미 서론에서 소개한 바와 같거니와, 그중 핵심은 기업이 지고 있는 사채와 은행부채를 동결하여 당시 기업의 자금난을 해소시켜 주는 것이다. 이와 같은 8·3조치에서의 정책대안은, 결론부터 말하면, 위의 두 가지 평가의 측면을 모두 만족시키지 못하는 것이다.

첫째, 선정된 정책수단들이 정책목표(즉, 정책문제의 해결)와 과연 인과관계가 있는 것인가 여부를 판단하려면 먼저 정책문제의 원인들이 무엇인가를 살펴볼 필요가 있다. 선정된 대안으로 미루어 보면 당시 정책결정자들은 모든 문제의 원인을 고리사채의 성행에 두고 있는 것으로 보인다(<그림 1>). 그러나 제기된 모든 정책문제들은 대부분 많은 대안가설들에 의해서도 설명될 수 있다(<그림 1>). 예를 들면, 악성 인플레의 원인을 주로 기업부채에 의한 '코스트푸쉬(cost-push)' 형으로 들고 있으나, 그

---

17) 따라서 공공정책문제란 곧 시장의 실패 혹은 부적절함의 결과를 뜻하는 것이고, 이것을 치유하기 위한 것이 공공정책(수단)인 셈이다(정용덕, 1983: 260~266).

18) 공공정책의 필요성을 확대 해석하는 경향은 1960년대 이래의 발전행정론(Development Administration)의 논리와도 상통한다. 개발도상국에서 국가발전(경제발전을 포함해서)은 주어진 지상의 과제이고, 이 과제를 달성하기 위해 행정이 선도적·적극적 역할을 해야 한다고 가정할 때, 사회에서의 모든 문제는 곧 공공의 정책문제로서 파악되지 않을 수 없다(Loveman, 1976: 612~620).

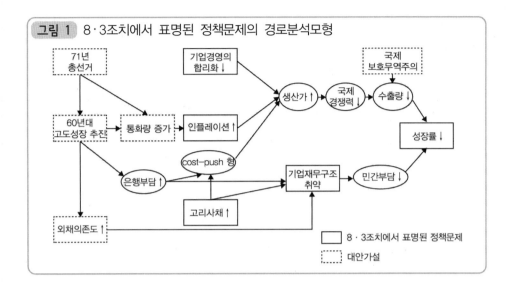

그림 1 8·3조치에서 표명된 정책문제의 경로분석모형

외에도 1971년 총선거와 1960년대의 고도성장 추진으로 인한 통화량 팽창에도 그 원인이 있을 것이다. 또한, 기업재무기조의 취약 원인이 고리사채와 국내외 부채 등에서 비롯된 것임은 틀림없으나, 보다 더 근본적인 이유는 1960년대 양적 팽창 위주의 정책추진에서 비롯된 무모한 기업의 투자에서 찾아야 한다(Cole and Park, 1983: 160). 이렇게 볼 때, 당시 정책결정자들에게 가능한 정책대안은 크게 두 가지로 구분해 볼 수 있다. 하나는 시장경쟁원리에 입각하여 문제가 해결되도록 하는 것이다. 그렇게 하면 건전한 재무구조와 합리적 경영을 이룩한 기업만이 계속 성장하고 그렇지 못한 기업은 자연히 도태되게 됨으로써 산업합리화를 자동적으로 이룰 수 있을 것이다. 반면에 도산되는 기업의 문제가 따르고 이들이 외채를 갚지 못하게 됨으로써 국제금융시장에서의 신용이 저하되며 일시적인 성장의 둔화가 따를 것이 예상된다. 또 다른 대안은 대두된 정책문제 자체(즉, 기업의 자금난)를 직접 구제해 주는 방안이다. 즉, 당시 기업이 지고 있는 사채 및 은행부채를 어떤 형식으로든 해결해 주는 방법으로서, 일단 일부 기업의 도산을 막고 기업에의 투자 의욕을 높임으로써 성장둔화의 타개를 꾀하는 방법이다. 반면에 이 대안은 당시 한국의 실물시장에서 존재하고 있는 미시경제적 비효율성은 그대로 방치한 채로, 그나마 기존의 시장조정 기제를 파괴함으로써 자원배분상의 여러 가지 비효율이 증가될 우려가 있다(Daly and Brady, 1976: 171~186). 이 두 가지 대안 가운데 어느 것이 더 합리적인 대안인가를 판단하기 위해서는 당시 한국경제조건에 대한 좀 더 깊은 분석이 필요할 것이며, 이 논문의 제한된 자료 범위를 넘는 연구문제이다. 그러나 만일 "우리나라도 이제는 시장원리에 의한 산업합리화를

할 때가 되었다"는 당시 일부 정책분석가들의 주장(Cole and Park, 1983: 160~161)이 옳다면, 제기된 정책문제들의 원인이 원인인 만큼 시장원리에 따르는 대안이 더 적합했을 것으로 보는 것에 무리가 없다. 그러나 8·3조치는 정부에 의한 직접규제를 대안으로 선정한 것으로서, 이는 고도성장의 유지라는 목표를 위해, 시장기능에 의한 자원배분의 효율성 손실을 감수한 경우로 볼 수 있다.

8·3조치가 선택한 대안은 그것이 명백하게 배분적 형평에 해를 끼칠 여지가 있는 점에서 보다 근본적인 문제가 있다. 기업의 사채를 동결함으로써 사채업자들로부터 기업들에게로의 명백한 소득재분배를 야기하는 것이다.[19] 이것은 정부규제란 일부 사람(또는 집단)의 소득을 다른 사람(또는 집단)에게 이전시키는 공적수단에 불과하다고 하는 규제정책론 특유의 한 가설의 타당성을 높여주는 전형적인 사례에 해당한다(Noll, 1971).

2. 정책형성 절차에 대한 평가

정책은 내용 외에 절차 면에 대해서도 평가할 필요가 있다. '무엇을 얼마나 하느냐'도 중요하지만, '누가 어떻게 하느냐'의 문제 또한 중요한 공공의 가치이기 때문이다.[20] 절차적 측면에 대해 평가할 때 고려해야 할 기준으로 항상 제시되는 것이 합법성 혹은 정당성(legality or legitimacy)이다(박동서, 1983: 85~86; 안해균, 1982: 78; Breyer, 1982: 350~354). 그러나 논의를 형식적 법치주의에만 국한하기보다는 실질적 법치주의까지를 포함할 필요가 있다(서원우·최송화, 1981: 25~28). 따라서 좀 더 절차상의 실질적인

---

19) 물론 사채동결은 사유재산의 완전 착취가 아니라 3년 거치 5년 상환으로 갚도록 되어 있었다. 그러나 본래의 계약된 금리보다 훨씬 싸게 갚도록 되어 있을 뿐만 아니라, 앞으로 8년간의 물가인상률을 보충하거나 최소한 은행이자율을 유지할 수 있는 아무런 보장이 마련되어 있지 않았다(동아일보, 1972. 8. 14: 3). 이와 같이 기업으로의 소득이전은, 첫째, 결과로서의 소득평등을 이상으로 보는 적극적 의미에서의 형평기준에 비추어 볼 때 말할 것도 없이 불공정(unfair)한 결과를 가져올 것임은 물론이다. 그러나 단순히 절차상의 평등이라는 소극적 의미에서의 형평기준에 비추어 보아도 불공정하기는 마찬가지이다. 즉, 어느 개인이 정당한 절차에 의하여 획득한 소득은 그것이 많고 적음에 관계없이 공정한 소득분배라는 원리(Nozick, 1974: 149~160)에 비추어 볼 때, 탈세를 위한 일부 기업인들의 위장사채를 제외하고는, 당시의 사채행위는 정부에 의하여 인정된 것으로서 납세까지 하고 있었다(최우석·백학준, 1972: 236~237; Cole and Park, 1983: 110~133).

20) 정책형성절차의 중요성은 우리가 내용상의 합리성을 확보할 수 없는 경우가 많기 때문에도 강조될 수 있다. 대부분의 정책은 정보의 부정이나 판단기준의 모호성 등으로 인해 그 내용의 합리성을 구분하기 어렵고, 따라서 절차적 합리성을 대신 확보함으로써 만족하는 경우가 많다(정용덕, 1982: 300~301; Lindblom, 1968).

가치들을 모색하여 적용해야 한다. 여러 가지 가치기준들 가운데, 여기서는 내용 평가의 경우와 마찬가지로 절차 평가의 경우에도 효율성과 형평성의 확보 여부를 고려한다(Owen and Braeutigam, 1978: 21~32). 내용 평가의 경우와 구별하기 위해 전자를 행정적 효율성(administrative efficiency), 후자를 절차적 공정성(procedural fairness) 혹은 민주성(democracy)으로 각각 규정하여 적용하기로 한다.

1) 8·3조치의 형성과정과 합법성

행정의 모든 활동이 합법적으로 제정된 법령·규칙·조례 등에 따라야 하는 법률적합성을 가져야 한다는 것은 이미 오래 전부터 지켜져 온 공공정책 또는 행정관리의 가치규범이다.[21] 8·3조치 형성의 합법성 여부를 평가하기 위한 논의는 대통령긴급명령 발동 자체의 법적 근거와 긴급조치안을 수립해 나가는 과정상의 합법성 여부로 나누어 검토한다.

먼저, 대통령긴급명령의 발동에 관한 법적 근거는 당시 헌법 제73조 1항의 긴급재정명령권에 의거한 것으로서, 대통령에게 부여된 최강의 국가통치권을 발동한 것이다.[22] 여기서 문제는 과연 당시 상황이 긴급재정명령을 발동할 만한 조건에 처해 있었느냐 하는 점이다. 헌법 제73조 1항은 중대한 재정상의 위기에 있어서 공공의 안녕질서유지를 위한 위급한 조치가 필요하고 국회의 집합을 기다릴 여유가 없을 때 한한다고 명시하고 있다. 먼저, 국회의 집합을 기다릴 여유가 없을 때에 한한다는 요건의 경우는 당시의 상황에서 볼 때 명분이 서지 않는다.[23] 논의의 핵심은 과연 당시의 사태가 긴급명령을 취할 만큼 경제적 중대위기에 해당하느냐 여부다. 정부 및 여당에서

---

21) '법률에 의한 행정' 또는 '행정의 법률적합성'이라고 지칭되기도 하는 합법성 원리는 크게 "법률은 법규에 의해서만 폐지되며, 법률에 반하는 것을 스스로 폐지하며 그것을 무효로 할 수 있다"는 '법률의 우월성'과, "행정작용 중 일정한 부분에 대해서는 법률의 근거가 있어야만 비로소 행정은 행동할 수 있다"는 '법률의 유보' 등 두 가지 의미가 있는 것으로 해석되고 있다(서원우, 1979: 39~47).

22) 일반적으로 대통령에게는 국가적 위기에 직면하여 이를 극복하기 위해 비상조치를 할 수 있는 최강의 국가통치권으로서 국가긴급권이 인정되고 있다. 당시 대한민국헌법의 대통령 국가긴급권에 관한 명문규정은 계엄선포권(제75조)과 긴급명령권(제73조)으로 나뉜다. 긴급명령권은 재정·경제상의 긴급명령(또는 처분)과 국가보위상의 긴급명령의 두 가지로 구분되는데, 8·3조치는 바로 이 긴급재정명령권(제73조 1항)에 속하는 것이었다.

23) 8·3조치가 발동된 것은 제82회 임시국회가 끝난 지 바로 다음날이었다. 또, "대통령이 승인만 해주면 공고기간이 2일간이므로 국회를 빨리 열 수 있을 터인 데도 소집요구를 하지 않은 것은 결국 국회개회시기를 기정사실화 하려는 처사"라는 당시 야당의 주장이 이를 뒷받침해 준다.(조선일보, 1972. 8. 4.)

는, 이미 앞의 내용 면의 평가에서 검토한 것처럼, 고도성장의 취약점으로 인플레이션의 악순환, 고리사채, 기업의 재무구조의 취약성, 기업합리화 결여 등을 '재정경제상의 중대위기'로 설명하고 있다. 반면에, 야당에서는 "이 같은 경제상황은 누적된 경제실패로 인한 파탄 때문이나 공공질서의 유지는 확실"한 것으로 당시의 시국을 설명하고 있다.(조선일보 1972. 8. 4.) 이와 같은 시국관의 차이 중 어느 것이 옳은가를 지금 판단하기 어려울 것이나, 다음의 두 가지 이유에서 8·3긴급명령의 발동은 무리한 대목이 있다. 첫째, 그때까지 대통령긴급명령은 14건이 있었으나 모두 1950년대 초 '6.25 한국전쟁' 상황에서 취해진 것들이었다. 이러한 과거의 경험을 통해 볼 때 당시의 한국사회가 비교적 안정된 상태에 있었다고 하는 점에서 납득하기 어렵다. 둘째, 8·3조치의 준비는 경제상황이 비교적 무난하였던 1971년 5월부터 이미 착수되었을 뿐더러 1972년 1월에 발동될 계획이었으나, 다만 당시의 비상사태선포와 보위법파동 등의 정치적 문제 때문에 보류되었다가 8월로 연기된 것이라는 사실이다(동아일보 경제부, 1972: 136~149).

다음은 8·3조치 방안을 수립하는 과정에서 그것이 적법한 절차에 의하여 이루어진 것인가의 문제이다. 미국 등 선진국에서는 행정절차법(Administrative Procedure Act)이 제정되어 있어서 행정의 사전 및 사후 절차에 관한 법적 규제를 하고 있다(Breyer, 1981: 378~381; Stewart, 1975: 1169~1813; Mainzer, 1973: 27~67). 그러나 8·3조치의 경우는 그 사전 절차를 설정할 실정법 자체가 없었고, 따라서 형식논리상으로는 위법에 해당하는 사항이 없었다.[24]

2) 행정적 효율성과 절차적 공정성

위에서 합법성이라는 평가기준을 주로 형식적 차원에서 검토해 보았다. 그러나 합법성의 의미를 단순히 형식 논리적으로만 해석하는 경우에 한계가 있을 수 있으므로(박동서, 1982: 86), 정책평가에서는 보다 본질적인 차원에서 그 의미를 찾아 적용해야 한다. 실질적으로 고려해야 될 절차상의 가치로는 전술한 바와 같이 행정적 능률성과 절차적 공정성을 고려할 수 있다. 전자는 행정이 의도하는 바를 효율적으로 이루기 위한 절차상의 배려에 해당한다. 후자는 이해 당사자들 간의 형평성을 확보하기

---

24) 한국의 경우는 헌법에 절차적 보장에 관한 규정이 없어 왔고, 행정행위의 사후적 통제에 관한 일반법으로 소원(訴願)법과 개별법 중에는 사후구제절차에 관한 규정을 두고 있을 뿐이며, 더욱이 사전절차에 관해서는 극히 예외적으로 몇몇 개별 법률 중에 규정하고 있기는 하지만 그나마 단순히 의견의 진술 정도에 그치고 있으며 그것도 행정청의 재량에 속하는 것이 많다(서원우, 1979: 669~677).

위한 절차상의 배려에 해당한다.25) 절차적 공정성의 경우 모든 사람들이 자신과 결부된 정부규제에 관해 사전에 알 수 있고, 또 자신들의 의사가 정책결정과정에 투입될 수 있어야 함을 의미한다고 할 때, 이는 곧 민주성과 상통한다. 행정적 효율성을 확보하기 위해서는 행정이 기획을 통해 문제해결을 꾀하되, 조정과 집행이 원활히 이루어지고, 비용을 최소화할 수 있도록 행정지도력을 발휘해야 한다(Yates, 1982). 이를 위해 정책결정 권력이 중앙, 그리고 최고행정관리자에게(chief executive officer)에게 집중되며, 전문가 또는 직업관료에 의한 전문기술 또는 과학적 판단에 의존하고, 가급적 정치적 요소를 배재하는 것이 바람직하다(위 책). 한편, 절차적 공정성 또는 민주성의 확보를 위해 행정은 시민 개개인(들)의 관심이나 요구가 "대표 및 대응되도록 하고(representation and responsiveness)", "공개적인 참여가 이루어지도록(openness and participation)"하며, 전문가들의 독주를 통제하고, 이해 당사자들 간의 "경쟁 및 균형(competition and balance)"이 이루어지도록 해야 한다(위 책). 따라서 권력은 (삼권 간, 중앙·지방 간 및 조직 내에) 분산되어 정책결정이 높은 사람의 주도보다는 모든 정책결정자, 이해집단 그리고 시민들의 참여에 의해 협상과 절충을 통해 그들의 효용에 대한 스스로의 판단에 의하여 이루어지도록 해야 한다(위 책). 이렇게 볼 때 두 가지 가치기준의 조건들은 서로 역관계에 있음을 알 수 있다(Okun, 1975). 결론부터 말하면, 8·3조치의 형성과정은 철저하게 행정적 효율성 위주로 이루어진 반면, 절차적 공정성 또는 민주성은 철저하게 배제된 사례에 해당한다.

　8·3조치는 대통령의 지원을 바탕으로 하며, 그 주변의 극소수 권력엘리트, 전문가 그리고 직업관료들에 의해 단기간에 걸쳐 이루어진 것으로서, 그 과정에서 (이해당사들의 대부분을 포함한) 일반시민들의 참여나 이익표명 및 절충을 위한 적어도 공식적인 기회는 없었다.26) 정책의 구상이나 준비 작업이 소수에 의해서 이루어졌을 뿐만 아니라, 철저하게 "극비리"에 붙여짐으로써 1972년 8월 2일 자정 발표가 있기 전까지 그 사실을 알고 있던 사람은 모두 10명이 넘지 못한 것으로 알려졌다. 이와

---

25) 그러나 여기서 유의할 것은 절차적인 면에서의 효율성 확보가 반드시 정책내용에 있어서의 효율성 확보를 의미하는 것이거나, 또는 절차적인 면에서의 형평의 확보가 내용면에서의 형평을 확보하기 위한 것이라고만 보아서는 안 되며, 그 정반대의 경우도 가능하다는 점이다 (Breyer, 1982: 345~350).

26) 8·3조치의 기획은 당시 김정렴 대통령비서실장, 남덕우 재무부장관, 김용환 청와대 경제 제3비서관(그동안 상공부 차관 및 재무부 차관으로 옮김), 최각규 재무부 재정차관보와 재무부·상공부 및 몇몇 은행에서 차출된 전문관료 약간 명을 중심으로 이루어졌다.(동아일보, 1973. 8. 3.)

같은 형성과정을 통해 이루어진 8·3조치는 우선 그것이 절차적인 면에서는 최대의 행정 효율성을 확보한 것으로 평가될 수 있다. 이로부터 10년 후인 1982년 7월 3일에 시도되었던 '금융실명제'의 경우 사전에 공개됨으로 인해 오랜 시일의 정치적 절충 끝에 결국은 유명무실화된 것과는 대조적인 경우로 볼 수 있다(정용덕, 1982: 2). 반면에, 이해당사자들의 참여가 철저히 배제됨으로써 민주성의 확보와는 거리가 멀었다.

여기서 좀 더 깊은 분석을 요하는 것이 소위 '포획론(capture theory)'의 적용 여부이다(Stigler, 1971: 3~21; Posner, 1974: 335~358). 당시 "기업의 불황이 극심"했고, "정부에 대한 특별대책 요구가 빗발치는 가운데 종합 경기 대책의 발표 시기가 4월부터 점쳐지기 시작했다"(동아일보 경제부, 1972: 147)는 점, 그리고 일부 기업에게는 사전에 누설됨으로써 사채액이 예상보다 많이 증가되었다는 주장(동아일보, 1972. 8. 26.) 등을 고려해보면, 기업의 정부에 대한 로비와 압력을 짐작할 수 있다. 그러나 당시에 대정부 로비나 압력은 기업뿐만 아니라 사채업자들도 가능했다(최우석·백학준, 1972: 235)는 점, 그리고 일반적으로 박정희 대통령의 정부가 기업에 의해 정책결정이 좌우되기보다는 차라리 그 반대에 가까웠다는 분석(Jones and Sakong, 1980) 등을 고려하면, 포획론보다는 차라리 권력엘리트들의 권력 유지 노력의 일환으로 설명하는 것이 설득력이 있다.[27)]

Ⅲ. 8·3조치 정책집행에 관한 평가

아무리 잘 형성된 정책이라도 그것의 집행이 잘못 되면 의도된 목표를 달성할 수 없거나 또는 차라리 정책개발이 없었던 것만 못한 결과가 나올 수 있다. 반대로, 정책 형성 단계에서는 불분명한 목표 또는 미흡한 정책수단이 마련된 경우에도, 집행과정에서 적절히 보완하고 조정함으로써 처음에 의도했던 것 이상의 결과로 이끌어 갈 수도 있다.[28)] 이렇게 볼 때, 정책집행에 관한 평가는 형성단계에서 마련된 정책수단이

---

27) 예로써, 그해 10월에 단행될 예정이었던 '유신헌법'에 의한 장기집권 작업의 일환으로 취해진 조치라는 가설 설정이 가능하다. 당시 박 대통령의 장기집권 명분 가운데 하나는 높은 경제성장의 지속이었고, 이것을 위해 기타의 희생을 감수하면서도 8·3조치가 실시된 것으로 볼 수 있다(Cole and Park, 1983: 161).

28) 김영평(1982: 209~224)에 의하면, 모든 정책은 그 결과를 관찰하기 전에 결정되어야 한다는 의미에서 "가설적"이라고 한다. 정책형성은 일종의 가설형성이고 이 가설로서의 정책은 결국 집행과정을 거치면서 오차의 수정이 이루어질 필요가 있다는 것으로 이해해도 될 것이다.

충실하게 적용 되었느냐 하는 것, 그리고 형성단계에서 미흡했던 부분이 집행과정에서 수정 혹은 보완될 수 있었는가라는, 어떤 의미에서는 상충되는 두 가지 측면을 함께 고려해야 한다. 또한, 평가대상은 형성에서와 마찬가지로 정책의 내용과 절차 면을 모두 포함해야 될 것이며, 각각 효율성과 공정성이라는 기준에 의해 평가되어야 한다.

1. 정책 내용의 집행에 관한 평가

1) 정책목표달성을 위한 노력의 투입

8·3조치의 달성에 관한 평가에서 살펴본 바와 같이, 8·3조치의 근본 목적은 경제적 효율성을 증가시키려는 것이었다. 결론부터 얘기하면 8·3조치의 집행은 형성된 정책의 단기적 목표와 대안의 엄격한 집행에는 성공했으나, 장기적 또는 궁극적 목표 달성을 위한 노력의 신속성 있는 투입에는 실패한 것으로 평가할 수 있다.

첫째, 8·3조치의 형성 단계에서 마련된 수단들의 집행은 거의 착오 없이 엄격하게 이루어졌다. 1972년 8월 3일부터 9일까지의 사채신고 기간에 무려 3,500억 원이 신고 됨으로써, 당초 예상액(2천억 원 선)을 훨씬 능가하는 실적을 보였다(<표 4> 참조). 그 외에도 1년간 특별금융조치에 의한 대환(貸換)실적은 2천억 원에 이르렀고(<표 5>), 산업합리화자금의 조달 및 공급 실적은 350억 원 이상 집행 되었다(<표 6>). 그 외에도 신용보증기금의 달성 및 운영(<표 7>), 1973년도 예산규모 증가의 최대한 억제, 금융기관의 금리인하(정기예금은 종전 17.4%에서 12.6%로, 일반대출금리는 20%에서 16.5%로 각각 인하) 등의 시책이 집행되었다.

표 4 사채 신고 액수

사채권자 신고					채무기업 신고				
금액	해당건수		해당금액		금액	해당건수		비율금액	
	비율	건수	비율	금액		비율	건수	비율	금액
3 0 0 만 원 미 만	(%)	(건)	(%)	(백만원)	3 0 0 만 원 미 만	(%)	(건)	(%)	(백만원)
	30만원 미만 35.1	73,957	2.9	10,366		100만원 미만 50.4	20,515	2.2	7,634
	30~50만원 미만 15.0	31,650	3.3	11,684		100~300만 원 미만 25.2	10,241	5.0	17,112
	50~100만원 미만 19.6	41,236	7.6	27,010					

	100~200만원 미만	14.2	29,935	10.4	37,182				
	200~300만원 미만	5.9	12,467	7.8	28,012				
	소계	89.8	189,245	32.0	114,254	소계	75.6	30.756	7.2	24,746
3 0 0 만 원 이 상	300~500만원 미만	4.7	9,958	10.1	36,216	300~500 만원 미만	7.2	2,924	3.2	11,086
	500~1,000 만원 미만	3.3	7,029	12.6	44,919	500~1,000 만원 미만	6.8	2,766	5.6	19,420
	1,000~5,000 만원 미만	1.9	4,416	21.1	75,291	1,000~5,000 만원 미만	7.7	3,123	19.8	68,347
	5,000~1억원 미만	0.2	331	6.1	21,865	5,000~1억 원 미만	1.4	561	11.4	39,039
	1억원 이상	0.1	198	18.1	64,548	1억원 이상	1.3	547	52.9	182,975
	소계	10.2	21,661	68.0	242,838	소계	24.4	9.921	72.8	320,867
	합계	100.0	210,906	100.0	357,093	합계	100.0	40,677	100.0	345,613

자료: 한국은행, 1973: 190.

표 5 특별금융조치에 의한 대환(貸換) 조치

은행별	일반 대환 72.9.5.	특별 대환				합계
		제1차 72.11.18.	제2차 72.12.20.	제3차 73.7.20.	소계	
조흥은행	18,695	4,356	551	29	4,936	23,631
상업은행	19,494	4,366	1,595	124	6,085	25,579
제일은행	16,399	3,920	763	801	5,484	21,883
한일은행	18,314	6,797	750	368	7,915	26,229
서울은행	8,524	2,606	505	–	3,111	11,635
소 계	81,426	22,045	4.164	1,322	27,531	108,957
산업은행	14,223	10,148	1,415	1,630	13,193	27,416
중소기업은행	8,388	459	76	–	535	8,923
국민은행	1,051	50	–	–	50	1,101
농협	3,552	177	246	–	423	3,975
주택은행	911	219	–	–	219	1,130
수협	40	1	–	–	1	41
외환은행	4,232	547	98	178	823	5,055
신탁은행	2,637	641	289	159	1,089	3,726
소 계	35,034	12,242	2,124	1,967	16,333	51,367
부산은행	2,306	138	13	–	151	2,457

대구은행	1,122	74	–	–	74	1,196
충북은행	183	62	–	–	62	245
강원은행	141	9	–	–	9	150
전북은행	290	14	1	–	15	305
경남은행	237	10	–	–	10	247
광주은행	190	10	–	–	10	200
제주은행	121	2	–	–	2	123
경기은행	149	12	–	–	12	161
충청은행	451	24	–	–	24	475
소 계	5,190	355	14	–	369	5,559
신 탁 자 금	24,603	5,944	768	1,267	7,979	32,582
합 계	146,253	40,586	7,070	4,556	52,212	198,465

주: 1973년 7월 31일 현재 기준.
자료: 한국은행, 1973: 191.

표 6   산업합리화자금 운영상황

구분	부문별		72년도	73년도 1~6월중	72~73. 6 누계
자금의 공급	1호	생필품산업			
	2호	기간산업	14,304	9,512	23,816
	3호	원자재 공급산업	1,840	1,570	3,410
	4호	수출·관광등 외자	400	6,073	6,473
	5호	농가부업 및 농수산가공업	–	407	407
	6호	중소기업	–	1,465	1,465
	합 계		16,544	19,027	35,571
자금의 조달	1. 대미차관		6,762	1,761	8,523
	가. PL 480		6,709	137	6,846
	(1) 소 맥		5,599	–	5,599
	(2) 옥수수		1,110	137	1,248
	나. AID 우지(牛脂)		53	1,624	1,677
	2. 대일차관		4,384	8,663	13,047
	가. 해외경제협력기금		325	2,382	2,707
	나. 수출입은행		4,059	6,281	10,340
	3. 산업금융채권		10,008	4,992	15,000
	4. 전년도이월		–	4,610	–
	합 계		21,154	20,026	36,570

주: 1970년 6월 30일 현재 기준. 단위: 100만 원.
자료: 한국은행, 1973: 192.

표 7	신용보증기금조성 및 운용 상황		
구 분	기금조성액(A)	보증한도(B=A×10)	보증실적(C)
조 흥 은 행	356	3,560	381
상 업 은 행	368	3,680	676
제 일 은 행	375	3,750	326
한 일 은 행	396	3,960	688
서 울 은 행	326	2,360	344
소계	1,731	17,310	2,415
산 업 은 행	44	440	150
외 환 은 행	97	970	151
중소기업은행	1,561	15,610	11,789
국 민 은 행	349	3,490	2,366
주 택 은 행	27	270	4
신 탁 은 행	363	3,630	463
농 협	858	8,580	361
소계	3,299	32,990	15,284
지 방 은 행	209	2,090	76
외 국 은 행	47	470	–
합계	5,286	52,860	17,775

주: 1973년 6월 30일 현재 기준. 단위: 100만 원.
자료: 한국은행, 1973: 193.

　　이와 같이 정책 대안들의 집행이 진행됨에 따라, 그로 인한 단기적 정책 효과들이 눈에 띠게 나타났다. 1970년도 하반기 이래 침체되었던 경기는 1972년 중반부터 회복되기 시작하여 산업생산지수는 1971년의 15.2%, 1972년의 14.6%에서 1973년 중에는 33.4%의 높은 증가율을 보였으며, 국민총생산(GNP)도 1971년의 9.2%, 1972년의 6.7%에서 1973년의 16.0%의 성장이 이루어졌다(<표 8>). 기업재무구조도 크게 개선되었다(<표 9>). 물가도 안정세를 시현(示顯)하여, 전국도매물가상승률은 1971년의 8.6%, 1972년의 14.0%에서 1973년에는 6.9%로 둔화되었고, 소비자물가상승률도 1971년도의 12.3%, 1972년도의 11.8%에서 1973년도에는 3.2%로 안정되었다. 금융시장구조 면에서도 직접 금융의 비율이 크게 제고되는 한편, 사채시장의 기능이 약화됨으로써 제도금융의 범위가 넓어지게 되었다.

　　이처럼 8·3조치가 실시된 처음 1년 동안에는 마련된 정책수단의 집행실적이나 그에 따른 효과 등이 상당히 이루어졌다. 그러나 여기서 지적할 필요가 있는 것은 집행과정에서 궁극적인 정책목표의 달성을 위한 계속적인 보완책 마련이나 기타 상황에 따른 신축성 있는 대응을 하지 못했다는 점이다. 1972년 8월 3일부터 1981년 7월 20일까지 만 9년에 걸친 조치의 집행과정에서 그것이 애초에 내세웠던 궁극적인 목표들 가운데 높은 경제성장률의 달성을 위한 것을 제외하고 여타의 목표들에 대해서는 별다른 노력을 투입하지 않았다. 다음 절의 총괄평가에서 자세히 검토하겠지만, 기업재무구조의 개선, 사채시장의 정리, 제도금융의 개발, 물가안정 등 대부분의 정책문제들이 그 후 곧 다시 악화되기 시작했다. 그러나 집행과정에서 이에 대한 아무런 보완조치도 마련되지 않았다.[29] 8·3조치의 집행은 처음 수립된 정책수단의 단 한 차례의 실시로 끝남으로써, 용두사미 격의 결과를 가져온 것이다.(동아일보, 1982. 7. 5.)

2) 배분적 형평성에 대한 보완책 마련

8·3조치 형성의 목적은 경제적 효율성이 확보에 있었던 것이고 형평성을 목적으로 했던 것은 아니다. 그럼에도 불구하고, 선정된 정책수단들은 거의 직접적으로 불공정한 소득재분배 효과를 초래하게끔 기획되어 있었다는 사실은 이미 앞에서 지적한 것과 같다. 8·3조치의 집행이 이루어지면서 이 배분적 형평성의 문제를 보완하기 위한 정책수정이 다소 이루어졌다. 즉, 신고된 사채 중 300만 원 미만의 소액사채에 대해서는 동결에서 <표 10>과 같은 예외 조치를 취하기로 결정한 것이다. 300만 미만의 소액사채가 금액으로는 32%에 불과하지만, 건수에 있어서는 90%라는 높은 비중을 차지했다. 이점을 감안할 때, 이와 같은 보완조치는 정책목표의 달성을 크게 저해하지 않으면서도 배분적 형평성의 문제를 어느 정도 보완할 수 있는 계기가 되었다고 평가할 수 있다. 그러나 300만 원 이상의 거액사채에 대해서는 배분적 형평성의 문제가 그대로 남았다. 즉, '3년 거치 5년 상환'의 조건에 묶여 있을 뿐만 아니라, '3년 거치 5년 분할 상환'은 약속대로 틀림없이 보장받아야 하고, 또 그동안의 물가는 연 3%의 유지로 연 약 10%의 실질금리를 가능하도록 해야 하는 것이지만, 이에 대한 아무런 대책은 없었다.[30] 또 수혜자인 대기업과 중소기업들 간에도 배분적 형평의 원리는 지켜지지 않았다.[31] 신용보증기금의 설비운용이 있기는 했으나, 대부분의 중소

---

29) 물론 이러한 보완책 자체까지도 정책형성단계에서 미리 고려되는 것이 바람직하지만, 집행단계에서의 적절한 대응을 통해서 궁극의 정책목표달성을 가져올 수도 있다.

30) 물가 3%선 억제는 행정규제에 의하여 1년 정도 유지되다가 곧 다시 상승하기 시작하여 1973년 자체도 6.9%였고 1974년에는 42.1%로 급상승하였다(<표 1>).

31) 대기업은 주로 300만 원 이상의 거액 사채를 빌려 썼으므로 사채동결의 직접적인 혜택을 보았고 산업합리화자금 지원, 금리인하, 장기저리자금대환 등 8·3조치의 모든 혜택을 독차지했다(이관홍, 1972). 반면에, 중소기업들의 경우는 그들이 빌어 쓴 사채가 대부분 동결에서 제외된 소액사채들이었다는 데다가 8·3조치 이후에도 60% 이상이 계속 은행용자의 혜택을 크게

기업들은 결국 다시 사채를 쓰지 않을 수 없게끔 되게 되었으며 그나마 8·3조치로 인한 충격으로 사채의 유통이 힘들어져 고리나 완전한 신용관계 아니면 빌어쓰기 어렵게 되었다.(최우석·백학준, 1972: 238; 동아일보, 1972. 8. 5.)

표 8 주요경제지표

	통화량		채무발행액		국내신용		예금은행 예금		예금은행 대출금		산업은행 대출금		어음 부도율 (금액 기준)(%)	
	10억원	증감률 (%)	10억원	증감률 (%)	10억원	증감률 (%)	10억원	증감률 (%)	10억원	증감률 (%)	10억원	증감률 (%)	전국	서울
1971. I	296.8	-3.2	138.0	-13.1	964.3	6.1	85.75	9.4	754.8	6.8	130.9	1.5	0.40	0.35
II	300.1	1.1	142.1	3.0	1,023.7	6.2	907.4	5.8	798.5	5.8	137.1	4.7	0.37	0.35
III	342.6	14.2	164.3	15.6	1,119.0	9.3	932.7	2.8	867.9	8.7	149.9	9.3	0.43	0.42
IV	360.8	5.3	186.8	13.7	1,165.4	4.2	972.0	4.2	900.5	3.8	157.5	5.1	0.53	0.52
1972. I	357.3	-1.0	160.5	-14.1	1,228.7	5.4	1,028.6	5.8	966.5	7.3	168.8	7.2	0.57	0.48
II	380.5	6.5	160.6	—	1,321.0	7.5	1,089.9	6.0	1,048.4	8.5	172.5	2.2	0.34	0.30
III	463.8	21.9	204.0	27.0	1,441.4	9.1	1,206.9	10.7	1,141.0	8.8	178.4	3.4	0.25	0.22
IV	509.4	9.8	245.0	20.1	1,521.3	5.5	1,317.3	9.2	1,178.4	3.3	239.1	34.0	0.19	0.15
1973. I	565.2	11.0	234.2	-4.4	1,659.6	9.1	1,428.3	8.4	1,257.4	6.7	261.9	9.5	0.19	0.16
II	593.8	5.1	247.5	5.7	1,750.1	5.5	1,538.0	7.7	1,354.0	7.7	284.6	8.7	0.19	0.16

	일반은행 요구불예금 회전율	수출		물가지수 (1970=100)				산업생산지수 (1970=100)				건축허가 연면적		경제성장률
				전국도매물가		서울소비자물가		전산업		제조업				
	회	백만「달러」	증감률 (%)	지수	증감률 (%)	지수	증감률 (%)	지수	증감률 (%)	지수	증감률 (%)	1,000㎡	증감률 (%)	(%)
1971. I	8.7	198.5	-18.0	103.9	1.8	110.8	5.6	104.9	-2.7	105.1	-2.3	1,876	-17.9	16.9
II	8.4	271.1	36.6	106.2	2.2	110.2	-0.5	120.7	15.1	122.9	16.9	2,864	52.7	13.5
III	8.6	274.1	1.1	109.2	2.8	115.1	4.4	117.4	-2.7	119.2	-3.0	2,779	-3.0	10.7
IV	8.2	323.8	18.1	115.2	5.5	115.0	-0.1	118.5	0.9	119.0	-0.2	2,101	-24.4	2.7

받지 못하고 있었으며 66%가 담보가 없어 융자를 받지 못했다(최우석·백학준, 1972: 238).

1972. I	7.1	279.6	-13.7	119.9	4.1	121.5	5.7	113.2	-4.5	114.2	-4.0	1,326	-36.9	6.4
II	7.4	383.7	37.2	124.1	3.5	125.6	3.4	133.1	17.6	137.0	20.0	2,447	84.5	4.2
III	6.9	451.1	17.6	125.6	1.2	128.4	2.2	132.7	-0.3	137.8	0.6	2,703	10.5	8.2
IV	6.8	509.6	13.0	125.5	-0.1	126.9	-1.2	149.6	12.7	153.8	11.6	2,225	-17.7	8.2
1973. I	6.5	562.9	10.5	127.3	1.4	127.1	-.2	148.3	-0.9	152.6	-0.8	2,331	4.8	P19.0
II	7.4	–	–	129.3	1.6	127.5	0.3	174.0	17.3	181.1	18.7	5,363	130.1	–

주: 1) 연월말 또는 분기말 계수;   2) 연월중 또는 분기중 평균;
    3) 연 중, 상반기 중 또는 분기 중 누계;   4) 적관기준.
자료: 한국은행, 1973: 188~189.

표 9   제조업의 자기자본 비율(%)

내용 \ 연도	1970	1971	1972	1973
경제규모확대를 위한 추가자본중 자기자본충당비율	24.5	17.2	51.8	39.5
자산총액에 대한 자기자본비율	–	20.2	24.2	26.8

자료: 재무부, 1979: 497~498.

표 10   소액사채 구제조치 내용

금 액 별	거 치 기 간	상 환 방 법
30만원 미만	없 음	당초 예정기간 이내
30~50만원 미만	6 개 월	거치기간 경과 후 즉시
50~100만원 미만	6 개 월	1년 분할상환(매 3개월)
100~200만원 미만	1 년	2년 분할상환(매 6개월)
200~300만원 미만	1 년	3년 분할상환(매 6개월)

자료: 한국은행, 1973: 25.

2. 8·3조치 정책집행 절차에 관한 평가

정책형성 절차에 대한 평가에서와 마찬가지로, 집행절차에 대한 평가도 행정적 효율성과 절차적 공정성이라는 두 가지 기준을 고려할 수 있다. 8·3조치 집행절차의 평가는 크게 그 집행에의 진입 단계와 그 후 집행종결에 이르기까지의 단계로 나누어 검토한다.

1) '충격요법'과 행정적 효율성

8·3조치는 그 집행에의 착수 또는 진입에 있어서 소위 '충격요법(shock treatment)'을 사용함으로써 행정적 효율성의 극대화를 꾀한 경우에 해당한다. 그것의 형성 단계가 극소수 참여자들에 의해 극비리에 이루어졌다고 하는 사실은 이미 앞에서 언급되었다. 그것을 집행하는 착수 과정에서도 흔히 교과서적인 절차와는 다른 '비상적인' 방법을 동원했다. 즉, 긴급조치 발표(1972년 8월 2일 밤 11시 40분)와 더불어 동시에 집행이 착수(1972년 8월 3일 0시)되었으나, 이 조치의 승인을 위한 국회는 그 후에 열려 이미 집행이 시작 된 지 1개월 이상의 기간이 지난 뒤에야 정당화 혹은 승인(legitimation or approval)이 이루어 졌다.32) 그렇게 함으로써, 8·3조치의 집행은 신속히 착수될 수 있었으며, 의도된 정책목표의 실현도 그만큼 행정적으로는 효율적이었다고 평가할 수 있다.33)

일단 이렇게 착수된 8·3조치의 집행은 1980년 7월 20일까지의 기간에 적어도 처음에 형성된 정책수단에 의한 집행은 순조롭게 이루어졌다. 주무 관청인 재무부와 국세청은 은행·기업·사채업자 등을 효과적으로 지휘 감사하여 사채의 신고에서 상환의 완료에 이르기까지 효율적으로 행정이 이루어졌다.34) 이렇게 볼 때, 규제정책론에서 흔히 제기되는 소위 '규제기관의 생명주기론(life cycle theory of regulatory agency)'은 이 경우 적용이 안 되는 것으로 볼 수 있다.35) 그러나 8·3조치라는 경제규제의 주무 기관을 단지 재무부나 국세청으로만 간주하는 데는 문제가 있을 수 있다. 이들 기관이 사채신고 접수 등 정책수단의 기계적인 집행을 담당했던 것은 사실

32) 일반적으로 정책형성은 의회의 승인을 얻음으로서 마무리 되는 것이고, 그 다음에야 비로소 집행을 착수할 수 있는 것이다(Jones, 1977). 그러나 8·3조치는 긴급명령의 형식을 택했기 때문에 이러한 변칙적인 정책과정이 가능했던 것이다.
33) 1973년 법률 제2655호로 제정·통과된 국민복지연금법이 10년이 지나도록 아직 집행의 착수가 이루어지지 않은 것, 또는 1982년 7월 3일 제안된 소위 '실명제'(일명 '7·3조치')가 그 후 집행상의 많은 어려움을 겪고 있는 것과는 크게 대조되는 경우이다(정용덕, 1982: 289~309).
34) 1972년 8월 6일 밤 9시반경 박정희 대통령은 국세청을 이례적으로 방문, 1시간 반 동안 업무 확인 등을 하였다고 한다. 국세청의 발족이래 대통령의 방문은 처음 있었던 일로서 그만큼 집행의 효과적인 추진을 강조하려 했던 것으로 해석할 수 있다(동아일보 경제부, 1972: 143).
35) 규제기관의 생명주기론이란 어떤 규제기관의 기능이 시간이 감에 따라 저차 쇠잔해져서 책임 수행을 효과적으로 하지 못하게 된다는 이론이다(김광웅, 1983: 216~218; 정용덕, 1983: 473; Bernstein, 1955).

이나, 본래 8·3조치의 궁극적인 주무 관청은 공식적으로는 '정부'였고, 좀 더 현실적
으로는 대통령비서실장을 중심으로 한 청와대의 '내부 내각(inner cabinet)'이었다. 그
러나 8·3조치 형성에 핵심적인 역할을 맡았던 청와대의 팀은 일단 집행이 착수되자
앞에서 이미 검토한 것처럼 8·3조치의 궁극적인 목표 달성을 위한 집행과정에서의
보완책 마련 등 지속적인 노력과 투입에는 소홀히 했다. 이렇게 보면 8·3 경제규제
기관의 생명주기론이 일면 그 타당성이 있다고 할 수 있다.

2) 충격요법과 절차적 공정성의 문제

8·3조치 집행의 착수가 충격적으로 실시되었고, 따라서 그것이 일단 정책결정자
의 의도를 실현함에 있어서는 효율적이었다고 하더라도, 다른 한편 그것을 공정성 면
에서 보면 '정의롭지 못한 것(injustice)'으로 평가할 수 있다. 모든 규제정책의 집행은
그것으로 인해 작건 크건 혹은 의도된 것이건 아니건 국민들에게 어떤 유형의 손실을
미치게 되어 있기는 하다. 그러나 "갑자기 많은 직접적인 손실(sudden large direct
losses)"을 초래하는 정부개입은 공정(fair)하지 못하다는 문제를 야기한 것이다.[36] 이
와 같은 공정성의 원칙 외에도, 8·3조치에서 사용된 것 같은 충격요법은 국민들에게
'언제 어떤 또 다른 충격적인 조치가 취해질 것인가'라는 급변에의 기대 심리를 유발
할 수 있다. 반면에 이러한 충격요법이 중복되게 되면 점차 충격에 만성화됨으로써,
소규모의 정부시책은 효과를 보기 힘든 역기능적 정책문화를 창조할 가능성이 있
다.[37]

Ⅳ. 8·3조치 정책의 총괄평가

집행이 끝난 하나의 정책이 그 결과 어떠한 영향(impacts) 또는 효과(effects)를 가
져왔는가에 관해 검토하는 이른바 총괄평가(summative evaluation)는 일반적인 정책평
가연구의 대종(大宗)을 이루는 핵심 부분이다(김명수, 1978: 196~197; Nachmias, 1979:
5~6). 총괄평가에서 흔히 강조되고 있는 평가기준은 효과성과 효율성으로서, 설정된
목표의 달성도와 이 달성된 편익(또는 효과)의 비용에 대한 효율을 각각 의미한다

---

36) "직접적인 해는 끼치지 말라"는 규칙("Do no direct harm" rule)이 정부개입에 적용되어야 한
   다는 주장이 있다(Schultze, 1977: 70~72).
37) 1960년대 이후 실제 한국에서는 이와 같은 충격요법이 자주 사용되어 왔고, 이로 인해 지적된
   바와 같은 많은 역기능이 나타나고 있다(김영식, 1982: 8~9).

(Rossi and Freeman, 1982: 32~40 및 65~298). 여기에는 의도된 것은 물론 의도되지 않은 여러 가지 긍정적 및 부정적 영향들도 고려해야 하고, 유형의 영향은 물론 무형의 것도 포함되어야 한다.[38] 또한 이와 같은 기준들은 주로 정책의 실질적인 내용 면에 초점을 둔 것으로 볼 수 있겠으며, 따라서 절차 면에 대한 고려도 별도로 포함할 필요가 있다.

1. 8·3조치의 내용 면에 있어서의 효과성 및 효율성

8·3조치의 실시는 정책내용 면에 있어서 어떤 효과를 가져왔는가에 관해 유형 및 무형, 그리고 의도된 것 및 의도되지 않은 영향 등을 먼저 검토하고, 그 다음에 효율성에 관해 논의하기로 한다.

1) 8·3조치의 효과성

먼저 8·3조치의 실시로 인하여 그 의도된 목표가 얼마나 달성되었는가에 관해 검토해보자. 앞에서 거듭 서술한 것처럼, 8·3조치는 경제성장의 지속과 경제의 구조적 합리화라는 경제적 효율성의 증대를 가장 중요한 정책목표로 내세웠다. 8·3조치의 시행을 통해 이 목표가 얼마나 달성되었는가를 다음과 같이 요약할 수 있다.

첫째, 8·3조치로 인해 제공된 기업에의 여러 가지 특혜는 이들의 도산을 막고 투자의욕 등을 유발함으로써 일단 1970년대 초 침체되었던 경기를 회복하는 데 결정적인 도움이 되었다. 즉, 1970년 하반기 이래 침체되었던 경기는 1972년 중반부터 회복되기 시작하여 산업생산지수는 1971년 15.2%, 1972년 14.6%에서 1973년 중에는 33.4%의 높은 증가율을 나타냈으며, 국민총생산도 1971년의 9.2%, 1972년의 6.7%에서 1973년에는 16.0%의 성장률로 급증하였고(<표 8>), 따라서 1974~1975년 간의 소위 '오일쇼크'가 주원인이 되어 나타난 성장둔화를 경험하기까지는(<표 1>), 고도성장 지속이라는 목표에 단기적으로는 일단 크게 공헌하였다. 그러나 당시의 경기회복을 반드시 8·3조치를 통해서만 설명하고자 하는 것은 무리일 수 있다. 1973년의 성장은 이와 같은 국내적인 요인에도 기인되었으나, 당시 선진국들의 전반적 경기회복 및 일본의 수출자유정책 등에 힘입은 한국의 수출 호조에도 그 원인이 있을 수 있기 때문이다(재무부, 1979: 496~497).

둘째, 이와 같은 단기적인 목표로서의 성장의 촉진 이외에, 8·3조치의 장기적 목

---

38) 불가측가치존중의 필요성에 대해서는 조석준(1982: 355~356)을 참조할 것.

표로서의 경제적 효율성 증진을 위한 제 목표들에 대해서는 대부분 실패했다. 물가안정의 경우 1972년 말과 1973년 중에는 행정지도에 의한 물가상승률 3%선 억제가 지켜짐으로써 도매물가상승률이 1971년의 8.8%, 1972년의 13.4%에서 1973년에는 6.9%로 안정될 수 있었다. 그러나 이내 다시 급상승하여 1974년 42.1%, 1975년의 26.5% 및 1976년의 11.2%로 오히려 전보다 더 악화되었다(<표 1>). 기업의 재무구조 개선의 경우도 8·3조치 직후에는 여러 가지 특혜로 인해 물론 많이 개선되는 듯했다. 그러나 1974년부터 곧 다시 악화되었다(<표 2> 및 <표 3>). 금융구조의 개선면에서도, 8·3조치 직후에는 사채시장의 기능이 약화되는 듯 했으나, 곧 다시 되살아남으로써 8·3조치가 사채시장에게 치명타가 될 것으로 전망한 일부 정책결정자들의 견해는 무위로 돌아갔다(Mason, 1980: Ch. 9). 1981년 현재 사채 규모는 약 1조 1천억원으로 추정되는데, 이는 1972년에 신고된 사채액 3천 5백억 원에 비해 3.14배나 증가된 액수이다(<표 11> 및 <표 12>). 그동안 다른 금융총량의 높은 증가율(은행대출 13.75배, 통화량 7.68배, 총통화 10.8배)을 감안한다면 이와 같은 사채의 증가율은 그다지 높지 않은 것으로 볼 수도 있다. 그러나 8·3조치 당시 신고액(약 3천 5백억 원)이 추정액(약 2천억 원)보다 약 1.8배 정도 높았던 것을 고려하면, 1981년 말 현재의 실질 사채액도 추정액보다 훨씬 많을 것으로 추측할 수 있다. 반면에 1972년에서 1980년 초 사이에 급속히 성장한 단자 등 제2금융권이 사채를 크게 흡수함으로써 제도금융에 대한 사채의 비중이 <표 12>가 암시하듯 그만큼 감소한 것으로 볼 수는 있다(한국경제연구원, 1982; 구성모, 1982: 8~15). 요약하면, 8·3조치가 의도했던 경제적 효율성의 확보라는 정책목표는 단기적으로는 기업의 자금난을 구원해 줌으로써 이들의 투자의욕을 촉진시켜 1970년대 초 경제성장의 침체를 회복하는 데 공헌했으나, 장기적 목표들인 악성 인플레이션의 근절, 기업재무구조취약성의 해소, 고리사채의 제거 및 제도금융화 등은 단자 등 제2금융권의 발전을 제외하고는 거의 모두 해결되지 못했거나 오히려 악화된 셈이다.

표 11 사채규모의 추정

추정 근거	추정액
IMF 보고서	1,091
8·3조치	1,188
시중사채업자	1,000~1,200
평균	1,126

주: 1981년 말 현재 기준; 단위: 10억 원.
자료: 한국경제연구원 1982: 9.

| 표 12 | 8 · 3조치 이후의 사채추이 |

	1972	1981	1981/1972
A. 사채	350.0	1,100.0	3.14
B. 은행대출금	1,198.0(1,039.0)**	16,481.7(14,329.0)**	13.75
C. 통화량	519.0(417.0)	3,986.0(3,674.0)	7.68
D. 총통화	1,452.0(1,231.0)	15,688.0(13,685.0)	10.80
E. 단자회사수신	−	3,028.0	−
A/B	0.29 (0.34)	0.07 (0.25)*	(0.08)
A/C	0.67 (0.84)	0.27 (1.03)*	(0.30)
A/D	0.24 (0.28)	0.07 (0.26)*	(0.08)

주: ** 사채와 단자회사수신 합의 비율; * 평잔치(平殘値)
자료: 한국경제연구원, 1982: 9.

　　일반적으로 이와 같이 정책목표에 대한 효과성이 낮을 때 그 이유를 두 가지 측면에서 찾아 볼 수 있다. 하나는 선정된 정책대안이 제대로 집행되지 않았을 경우이고, 다른 하나는 대안 자체가 잘못 선정된 경우이다(정정길, 1979: 141). 8·3조치의 경우는 후자의 경우에 해당하는 것으로 볼 수 있을 것이다. 즉, 수립된 정책수단의 집행이 이미 앞에서 검토한 것처럼 엄격히 이루어졌는데도 불구하고, 의도된 목표달성에 실패했던 것은 한국경제의 구조적 모순을 제거함으로써 경제적 효율성을 높이려고 한 정책목표와 선정된 제 정책수단 간에 인과관계가 존재하지 않았다고 밖에 볼 수 없다. 그러면 8·3조치와 같이 행정력에 의한 급격한 충격요법보다는 시장지향적 접근방법에 의한 점증적 대안이 더 효과적이었을지 모른다는 의문이 제기되는데, 이것은 앞으로의 연구과제로 남는다.[39]

　　다음으로, 본래 의도된 목표는 아니지만 8·3조치로 인해 초래된 영향에 관한 것이다. 무엇보다도 8·3조치로 인한 소득재분배효과를 들지 않을 수 없겠다. 물론 8·3조치로 인한 불공정한 특혜 때문만은 아니겠으나, 그 후 대기업은 계속 상승세를 보여 온 반면, 한국의 중소기업은 여전히 존립 기반이나 영역조차 확보하지 못하고 있는 실정이다(어윤배, 1982: 201~223). 이보다 좀 더 직접적인 소득재분배 효과는 사채업자들과 기업들 간에 이루어진 것이다. 이로 인해 전체 국민의 소득분배 면에 어떠한 영향을 미쳤는가에 관한 실증적 연구결과는 아직 없으나, "중산층에게 큰 피해

---

39) 정부규제에 있어서의 시장지향적 접근방법의 장점에 대해서는 슐츠(Schultze, 1977), 제이콥스(Jacobs, 1981), 케이든(Caiden, 1981: 1142~1151)을 참고할 것.

를 주었다"는 것이 일반적인 견해이다.(동아일보, 1981. 8. 3.)

이와 같은 유형의 효과 외에도, 8·3조치는 다음과 같은 무형의 영향 또한 초래했다. 8·3조치와 같이 시장원리에서 벗어나 행정력에만 의거한 경제규제는 대기업과 일반 국민들에게 각각 상이한 무형의 효과를 가져다주었다. 첫째, 대기업들은 정부가 끝까지 그들을 보호해준다고 하는 확신을 가지게 됨으로써, 그 후 중화학공업에의 투자 등 기업이 정부의 정책 방향에 크게 순응할 수 있는 분위기가 마련되었다.[40] 그러나 이것은 다른 한편 이 기업들이 시장경제원리에 의한 경영합리화보다는 정부에 대한 각종 특혜를 요구하는 등 의존심을 증가시킨 요인으로 작용했을 가능성도 있다. 한편, 일반국민들의 경우에 언제든지 정부가 필요하기만 하면 그들의 사유재산권을 침해할 수도 있다고 하는 의구심을 높여줌으로써 자유시장경제체제의 근본이 흔들리게 된 측면이 있다. 오늘날 사채업자는 물론 일반국민들까지도 건전한 투자보다는 아파트 등 부동산투기에 과열을 빚고 있는 이상 현상은 이와 같은 데서도 그 원인을 찾아 볼 수 있을 것이다.[41]

2) 효율성 평가

일반적으로 정부가 직접비용을 투자하는 사업의 경우(예: 공적부조, 국방사업, 고속도로건설 등)와는 달리, 규제정책의 경우에 정부는 단지 조정자 또는 심판관(referee)이 역할을 할 뿐이기 때문에, 소규모의 행정비용을 제외하고는 그 규제정책 자체에 대한 비용은 거의 없는 것이 특징이다. 따라서 비용편익분석이나 비용효과분석 등에 의한 효율성 평가는 앞에서 검토한 모든 영향들을 바람직한 것과 그렇지 않은 것으로 구분하여 비교하는 수밖에 없다. 8·3조치의 경우 이미 검토된 것과 같이 그 내용 면에서만 보아도 유형 및 무형 그리고 의도되었거나 안 된 여러 가지 영향들이 나타났고, 따라서 그것의 효율성을 산출하기란 거의 불가능에 가깝다. 검토된 바와 같은 여러 가지 문제점들에 의한 손실을 비용으로 보고 성취된 단기적 경제성장률의 회복을 편익으로 볼 수 있다면, 이에 대한 가치부여는 궁극적으로 전체 국민들만이 할 수 있을 것이고, 또 역사적인 관점에서만 가능할 것이다.

---

40) 이와 같은 한국 특유의 정부기업관계는 소위 '일본주식회사(Japan Inc.)'형이나 '미국주식회사(America Inc.)'형과는 다른 것으로서, '한국주식회사(Korea Inc.)'형이라 부를 수 있는 것이라는 주장이 있다(Jones and Sakong, 1980).

41) 세칭 '장영자 사건'으로 지칭된 1982년 5월의 사채파동은 문제의 심각성을 잘 묘사하고 있다(김진현, "머리말", 한국경제연구원, 1982, p. 1).

2. 8·3조치의 사후평가 절차에 관한 평가

8·3조치에 대한 총괄평가는 그 내용 면에서 뿐만 아니라 절차 면에 대해서도 이루어질 필요가 있다. 먼저, 정책이 전 과정에 걸쳐 절차적인 측면에서의 평가가 필요할 것이다. 그러나 정책형성 및 정책집행절차에 대해 나타난 논점들에 관해서는 이미 앞의 각 단계에서 검토되었음으로 중복을 피한다. 대신에 여기서는 정책과정의 마지막 단계(즉, 사후총괄평가 및 환류)에 초점을 두어 정부의 노력이나 제도 등에 관해 분석한다.

8·3조치의 집행이 공식적으로 완전히 끝난 것은 만 9년 후인 1981년 7월 20일이며, (본 연구가 진행 중이던 시점에서는) 이미 2년 반이 지나가고 있으나, 아직 이에 대한 아무런 체계적인 사후평가는 없었고, 또 계획조차 없다. 8·3조치가 집행된 지 1년 후인 1973년 여름에 한국은행에서 비교적 체계적이고 통합적인 평가보고서(한국은행, 1973)가 나왔는데, 이는 일종의 형성평가(formative evaluation)로서의 의의가 있다. 비교적 최근에 재무부와 경제기획원에서 8·3조치에 관한 부분적 평가를 포함하는 문헌들이 나온 바 있으나, 그 내용에 있어서 1973년 한국은행의 보고서보다 새로운 것이 별로 없다(재무부, 1979; 경제기획원, 1982).

한 가지 흥미로운 것은 8·3조치의 집행 주무부처였던 재무부 등 관계자들이 사적으로는 8·3조치의 여러 가지 문제점을 인정하면서도(동아일보, 1981. 8. 3. 및 1982. 7. 5.), 위에 소개한 보고서 등에서는 한결같이 문제점은 지적 없이 장점만 강조하고 있는 점이다. 이것은 정책평가연구가 행정관료(또는 기관)들에 의하여 아전인수식으로 이루어지는 등 남용될 여지가 많다는 소위 '평가연구의 정치적 상황'을 생각하게 해 주는 대목이다(Weiss, 1975: 12~36). 이와 같은 아전인수식 평가는 평가의 근본 목적인, 다음 정책결정에의 환류를 무의미하게, 또는 심지어 해롭게 하는 경우가 될 수 있을 뿐이다.

아직 8·3조치에 대한 체계적이고 종합적인 사후평가가 이루어지지 않고 있는 이유는 한국에서는 아직 사후평가의 제도화가 이루어져 있지 않은 사실에서도 찾을 수 있을 것이다. 미국 등 선진국에서와 같이 모든 공공정책에 대한 사후평가를 의무적으로 하게 하는 제도가 아직 한국에서는 실시되지 않고 있는 것이다(백완기, 1979; 노화준, 1980: 79~94; Thompson, 1982: xxiii~xxiv).

V. 결 론

이 글은 8·3조치라고 하는 한국에서의 경제사적 사건을 규명하고, 이를 통해 한국의 공공정책, 특히 규제정책의 특성을 규명하며, 아울러 정책평가의 분석 틀을 개발하려는 의도에서 쓰여 졌다. 다음과 같은 몇 가지 가정을 염두에 두었다.

첫째, 정책평가는 사실적 및 논리적 판단에 의한 사실의 묘사·설명·예측 외에 도덕적 판단을 요구하는 가치 또는 선호의 표명인 평가라는 분석을 필요로 한다는 것이다. 일반적인 평가연구가 주로 전자의 수준에 초점을 두고 있는 데 반해, 여기서는 후자의 필요성을 강조하는 뜻에서 정책평가(여기서는 규제정책평가)에 고려될 필요가 있는 도덕적 판단의 기준들을 가급적 많이 찾아 제시하고자 했다.

둘째, 규제정책은 한국에서 특히 많이 사용되어온 정책유형임에도 불구하고 아직 정책분석에의 실제 적용은 고사하고 교과서 수준에서의 이론 소개마저도 미흡한 실정에 있다는 가정이었다. 그렇다면 그 중 어느 한두 가지 이론(예: 포획론)에 집착하여 사례에의 적용 여부를 검증하기보다는 여기서는 규제정책론에서 제기되는 여러 가지 가정이나 모형들을 가능한 많이 정리하여 보는 편이 더 바람직하다고 보았다.

셋째, 8·3조치를 규제정책의 범주로 간주한 이유는 그것이 한국의 (특히 1960년대 이후) 여러 공공정책들의 특징을 비교적 많이 포함하고 있고, 그것의 규모나 영향 등에 있어 한국의 경제정책사에 크게 기록될 대사건이었으며, 그럼에도 불구하고 아직도 그것의 정책문제들은 미해결의 상태로 존재하고 있고, 따라서 누군가에 의해 반드시 검토될 필요가 있다고 보았기 때문이다. 그러나 한편 8·3조치는 그에 관한 기초적인 자료나 탐색적(exploratory) 또는 서술적(descriptive) 연구조차 너무 빈약하다고 하는 사실을 이 연구의 예비조사 단계에서 발견하였다. 따라서 8·3조치의 일부 측면을 집중적으로 깊이 있게 다루는 것도 중요하지만, 우선 전반적으로 검토되어야 할 논점들을 가능한 많이 정리해보는 것이 급선무라고 보았다.

이와 같은 가정 및 의도에서 진행된 이 연구는 그 당연한 귀결로서 다음과 같은 점을 포함한 취약점을 갖지 않을 수 없게 되었다. 첫째, 연구주제가 부여된 시간과 예산과 지면에 비해 너무 광범위했고, 따라서 실증적인 1차적 자료를 직접 구하기보다는 기존 문헌의 2차적 자료에 주로 의존하게 되었다. 그러나 앞에서 언급한 바와 같이 기존의 자료가 너무 빈약했고, 따라서 논의되는 각각의 사항에 좀 더 체계적이고 계량적인 필요한 증거들을 모두 제시할 수가 없었다. 결국 앞으로 하나씩 발굴하여 보충해야 될 과제로 남게 되었다.

둘째, 이 연구에서는 인과관계의 규명을 논하는 논의들이 많이 제기되었는데, 역시 여러 가지 제약조건으로 인해 모든 가능한 대안가설들을 찾아 분석하는데 충실을 기하기는 어려웠다. 이렇게 볼 때, 이 연구에서 제기되고 논의된 많은 사항들은 가설검증 형이기보다는 앞으로 검증될 가설들의 형성을 위한 것이었다고 볼 수 있다.

이상과 같은 점을 염두에 두고 이 연구에서 검토된 주요 논점들을 요약하면 다음과 같다. 첫째, 8·3조치 정책형성의 내용에 있어서 정책문제의 채택 및 목표의 설정은 경제적 효율성의 확보에 초점이 주어졌으나, 이때 제시된 정책문제들의 일부는 시장경제체제에서 볼 때 반드시 공적·집합적 해결을 요하는 것은 아니었다. 대안의 선정에 있어서는 행정력에 의한 명령·통제적 접근방법을 사용했는데, 이는 시장경제적 효율성의 확보라는 목표를 위해 비(非)시장적 방법으로 해결하고자 한 경우에 해당한다. 정책목표의 설정에서 배분적 형평성이 강조되지 않은 것은 있을 수 있는 일이나, 선정된 정책수단은 근본적으로 이 가치기준에의 손실을 가져올 수밖에 없는 것이었다는 점에서 더 큰 문제가 있었다.

둘째, 8·3조치의 정책형성은 완전 비밀주의 및 엘리트주의에 해당하는 절차에 의해 이루어짐으로써 행정적 효율성의 극대화를 추구했다. 그러나 다른 한편 이것은 형식적 합법성을 넘어 실질적인 절차적 공정성과 민주성을 보장한다는 점에서는 애초부터 실패했다.

셋째, 8·3조치의 정책집행은 충격요법을 사용함으로써, 형성된 정책대안의 신속하고 엄격한 집행의 착수를 꾀했으나, 반면 피해를 입은 사람들에게는 갑자기 직접적이고 대규모의 변화를 주게 됨으로써 일종의 불공정한 영향을 미쳤다. 9년에 걸친 집행과정에서는 처음 형성된 대안의 엄격한 집행을 꾀했을 뿐, 궁극적 목표달성을 위한 보완적 마련 등 신축적인 집행이 이루어지지 않았다.

넷째, 8·3조치 정책결과를 총괄평가해보면 처음 의도된 목표 중 단기적 고도 성장률의 달성 이외에는 대부분 이루어지지 않았다. 선택된 정책수단은 엄격히 집행되었다는 점을 고려할 때, 이러한 목표달성에의 실패 원인은 정책대안의 선정단계에서부터 초래된 것으로 밖에 볼 수 없다. 8·3조치에 대한 사후평가를 위한 노력이 정부 차원에서 이루어지지 않고 있으며, 따라서 다음 정책개발을 위한 체계적인 환류를 기대하기 어려운 상황에 있다.

한마디로 요약하면, 8·3조치는 공공정책에서 추구해야 할 여러 가지 가치들 간에 많은 역관계를 초래한 정책인 것으로 평가하게 된다.

이 연구의 분석 목적은 평가를 위한 것이며, 따라서 제안을 하기는 어려우나, 평가된 내용을 토대로 다음과 같은 정책적 함의가 도출될 수 있을 것이다. 첫째, 정책문제의 채택 및 대안선정은 경제적 효율 이외에도 배분적 형평성을 동시에 고려하여 이루어질 필요가 있다. 또한 정책수단은 명령·통제적 접근방법보다는 시장지향적 접근방법을 더 많이 활용하는 방향으로 나아가야 한다. 둘째, 행정적 효율성의 확보는 절차적 공정성 및 민주성과의 조화를 통해 추구되어야 한다. 이를 위해 행정절차법 등의 제정을 통해 정책과정에서 시민참여와 투명성을 증진할 필요가 있다. 셋째, 8·3조치와 같은 충격요법에 의한 정책집행은 불공정한 절차에 해당하므로 삼가야 한다. 형성된 정책대안의 엄격한 집행에만 집착하기보다는 궁극의 목표달성을 위한 지속적이고 신축성 있는 집행 노력이 필요하다. 넷째, 8·3조치의 객관적인 총괄평가를 통해 해결되지 않은 혹은 새로이 나타난 문제점들을 찾아 해결하도록 효과적인 환류가 이루어져야 한다. 모든 공공정책에 대한 사후평가의 제도화가 필요하다.

참고문헌

강신택. (1981). 「사회과학연구의 논리」. 서울: 박영사.

구성모. (1982). "우리나라 사금융시장의 분석". 「금융지」. 10.

김광웅. (1983). 「행정과학서설」. 서울: 박영사.

김신복. (1983). 「발전기획론」. 서울: 박영사.

김명수. (1978). "정부계획사업의 평가모형". 「한국행정학보」, 12. pp. 267-278.

김영식. "교육정책: 이상과 현실". 서울대 행정대학원 제22회 국가정책세미나에서 발표된 논문. 1982. 11. 26.

김영평. (1982). "정책오차의 수정에 대한 정당성". 「한국행정학보」, 16. pp. 209-224.

김진현. (1982). "머리말". 한국경제연구원. 「한국의 사금융시장에 관한 연구」. pp. 1-2.

재 정. (1972). "고이자 자본이 퇴장하는 전기를". 「재정」, 8. pp. 12-15.

노화준. (1976). "성과지표의 개발과 프로그램의 평가". 「행정논총」, 15(1). pp. 164-185.

_____. (1980). "정책평가의 체제와 관리". 「행정논총」, 17(2). pp. 79-94.

동아일보사 경제부. (1972). "8·3조치의 주변". 「신동아」, 10. pp. 136-149.

박동서. (1983). 「한국행정론」. 서울: 법문사.

박희범. (1972). "산업행정과 금융정책의 새 방향". 「재정」, 11. pp. 40-52.

백완기. (1979). "한국 행정에 있어서 평가제도의 도입연구". 「법률행정논집」, 17. 서울:

고대법률행정연구소.

서원우·최송화. (1981). 「행정법」. 서울: 서울대 출판부.

서원우. (1979). 「현대행정법론(상)」. 서울: 박영사.

안해균. (1982). 「현대행정학」. 서울: 다산출판사.

어윤배. (1982). "기업부조리의 실태와 대책". 「구조적 부조리의 실태와 대책」. 서울: 현대사회연구소. pp. 199 – 224.

유 훈. (1982). 「행정학원론」. 서울: 법문사.

윤계섭. (1978). "기업경영". 변형윤·김윤환. 「한국경제론」. 서울: 이풍출판사.

이관홍. "8·3조치와 기업의 수익성과의 관계고찰". 「한국은행 스태프 경제연구」. 1972. 12. 20.

이종범. (1982). "국민과 행정 간의 거리감". 「한국정치행정의 체계」. 박영사. 223 – 241.

_____. (1983). "행정에 있어서 상벌체계와 형식주의". 「제5회 한·미 정치학자합동학술대회 논문집」. pp. 313~328.

장성원. (1972). "8·3긴급조치의 배경과 파문". 「신동아」, 9월호. pp. 148 – 151.

재무부. (1979). 「한국의 금융정책」. 재무부 이재국.

정용덕. (1983). "한국의 정부규제 실태와 과제". 한국경제연구원, 「정부규제 완화방향과 미국경제 전망」. pp. 37 – 51.

_____. "'7·3조치'의 정치경제학". 성대신문. 1982. 8. 30: 2.

_____. (1982). "한국에서의 배분적 정의와 공공정책". 「한국정치학회보」, 16. pp. 289 – 309.

_____. (1983). "경제사회정책분석과 개념모형". 「제5회 한미정치학자 합동학술대회 논문집」. pp. 255 – 280.

정정길. (1979). "한국에서의 정책연구". 「한국정치학회보」, 13. pp. 137 – 152.

조석준. (1982). 「한국행정학」. 서울: 박영사. pp. 226 – 239.

중앙일보 경제부. (1972). "사채동결 이후의 문제". 「월간중앙」, 9월호. pp. 184 – 201.

최우석·백학준. (1972). "신사채시장의 내막". 「월간중앙」, 10월호. pp. 226 – 239.

한국경제연구원. (1982). 「한국의 사금융시장에 관한 연구」.

한국은행. (1973). 「8·3긴급경제조치종합보고서」.

허 범. (1982). "가치인식과 정책학". 「사회과학」. 성균관대학교연구. pp. 275 – 291.

_____. (1976). "정책의 본질". 유훈 외. 「정책학개론」. 서울: 법문사. pp. 29 – 70.

Anderson, James E., (1979). *Public Policy−Making*, 2nd ed., New York: Holt, Rinehart & Winston.

Allison, Graham T., (1979). *Essence of Decision*, Boston: Little, Brown & Co.

Bernstein, Marver H., (1961). "The Regulatory Process: A Framework for Analysis," *Law & Comtemporary Problems*, 26, Spring.

_____. (1955). *Regulating Business by Independent Commission*, Princeton: Princeton Univ. Press.

Breyer, Stephen, (1982). *Regulation and Its Reform*, Cambridge: Harvard Univ. Press.

Browning, Edgar K., & Browing, Jacquelene M., (1979). *Public Finance and the Price System*, New York: Macmillan Publishing Co.

Caiden, Gerald E., (1981). "The Challenge to the Administrative State," *PSJ*, 19: 8.

Cole, David C., & Yung−Chul Park, (1983). *Financial Development in Korea*, 1945−1978, Cambridge: Harvard Univ. Press.

Committee on Governmental Affairs, (1977). *Study on Federal Regulation*, Vol. 1, Washingtong, D.C. : U.S. Senate.

Daly, George & David W. Brady, (1976). "Federal Regulation of Economic Activity: Failures and Reforms," in James Anderson(ed.), *Economic Regulatory Policies*, Lexington Books, pp. 171−186.

DeMuth, Christoper, (1980). "What Regulation Is," Paper Presented at the APPAM conference held in Boston, Mass., Oct.

Dubnick, Mel, "Making Regulations Regulate," Paper Presented at the 1979 annual meeting of the ASPA held in Baltimore, Maryland.

Freeman, Howard E., & Sherwood, Clarence C., (1970). *Social Research and Social Policy*, Englewood Cliffs: Prentice−Hall.

Jacobs, Penny G., (1981). "Innovative Techniques: A Market Oriented Approach to Regulation," Paper Presented at the ASPA Conference held in San Francisco, Calif., April.

Jones, Leroy and Sakong Il, (1980). *Government, Business, and Entrepreneurship in Economic Development: The Korean Case*, Cambridge: Harvard Univ. Press.

Kemeny, John G., (1960). "A Philosopher looks at Political Science," *J. of Conflict Resolution*, 4.

Lin, Nan, (1976). *Foundations of Social Research*, New York: McGraw−Hill.

Lindblom, Charles E., (1968). *The Policy−Making Process*, Prentice−Hall, Inc.

Loveman, Brain, (1976). "The CAG, Development Administration and Antidevelopment," *PAR*, 36: 3, pp. 612−620.

Lowi, Theodore J., (1972). "Four Systems of Policy, Politics and Choice," *PAR*, 32: 4, July/Aug.

Mainzer, Lewis C., (1973). *Political Bureaucracy*, Glenview: Scott, Foresman & Co.

Mason, Edward S., (1980). *The Economics & Social Modernization of the Republic of Korea: 1945−1975*, Cambridge: Harvard Univ. Press.

Mitnick, Barry, (1980). *The Political Economy of Regulation*, New York: Columbia Univ. Press.

Nachmias, (1981). David and Nachmias, Chava, *Research Methods in the Social Sciences*, New York: St. Martin's Press.

Nagel, Stuart S., (1980). *The Policy−Studies Handbook*, Lexington: Lexington Books.

Okun, Arthur M. (1975). *Equality and Efficiency*. Washington, D.C.: Brookings Institutions(정용덕 역. 「평등과 효율」, 서울: 성균관대출판부, 1984.)

Owen, Bruce M., & Braeutigam, Ronald, (1978). *The Regulation Game: Strategic Use of the Administrative Process*, Cambridge: Ballinger Publishers Co.

Noll, Roger G., (1971). *Reforming Regulation*, Washington. D.C. : Brookings Ins.

Patton, Michael Q., (1978). *Utilization−focused Evaluation*, Beverly Hills: Sage Publications.

Perkins, Dennis N.T., (1977). "Evaluating Social Interventions," *Evaluation Quarterly*, 1:4, Nov.

Posner, Richard A., (1974). "Theories of Economic Regulation," *BJE*, 5:2, Autumn.

Rivlin, Alice, (1975). "Income Distribution: Can Economists Help?" *AER*, May.

Rossi, Peter H., & Howard E. Freeman, (1982). *Evaluation*, 2nd ed., Beverly Hills: Sage Publications.

Schubert, Glendon, (1960). *The Public Interest*. Glencoe, IL: Free Press.

Schultze, Charles L, (1977). *The Public Use of Private Interest*, Washington, D.C. : Brooking Institution(정용덕 역. 「사익의 공공활용」, 서울: 성균관대출판부, 1977.)

Steiner, Peter O., (1977). "The Public Sector and the Public Interest," in Robert H. Haveman and Julius Margolis, *Public Expenditure and Policy Analysis*, 2nd ed., Chicago: Rand McNally College Publishing Co.

Stewart, Richard B., (1975). "The Reformation of American Administrative Law," *HLR*, 88:8, June.

Stigler, George J., (1971). The Theory of Economic Regulation," BJE, 2:1, spring.

Thompson, Mark, (1982). *Decision Analysis for Program Evaluation*, Cambridge: Ballinger Publishing Co.

Weiss, Carol, (1975). "Evaluation Research in the Political Context," in Marcia Guttentag and Elmer Struening(ed.), *Handbook of Evaluation Research*, 1, Beverly Hills: Sage Publications.

Yates, Douglas, (1982). *Bureaucratic Democracy*, Cambridge: Harvard Univ. Press.

▶ ▶ ▶ 논평

김근세(성균관대학교 행정학과 교수)

이 논문은, 저자가 서론에서 밝히고 있듯이, 한국 경제정책 분야에서 가히 역사적 사건에 해당하는 1972년 8월 2일 자정에 발동된 『경제의 안정과 성장에 관한 긴급명령 제15호』(일명 '8·3긴급경제조치', 이하 8·3조치)에 대한 정책평가 연구이다. 8·3조치는 1950년대의 '농지개혁', 1960년대의 '통화개혁'과 '고리채 정리', 1980년대의 '기업통폐합조치', 1990년대의 '금융실명제'와 국제통화기금(IMF) 권고에 의한 '기업구조조정' 등과 더불어 소위 "혁명적"인 경제정책이었고, "훗날 경제사가들에 의해서 크게 기록될 경제사건"이었다. 시대적 배경으로는 한국정치경제의 분기점이었던 1972년도에 발생한 중요한 국가 행위들 가운데 하나가 8·3조치였다. 외교정책 분야의 '7·4 남북공동성명', 국내정치 분야의 '10월 유신'과 더불어 경제 분야의 역사적 사건이었다. 이처럼 중요한 정책에 대한 체계적인 평가가 미흡하다는 것이 저자의 문제인식이다. 이러한 배경에서 저자는 8·3조치를 경제규제정책의 하나로 보고, 그 정책의 형성–집행–평가의 전 단계에 걸쳐, 그리고 각 단계별로 내용과 절차를 구분하면서, 각각 적실한 평가지표를 개발하여 다음과 같이 분석한다.

첫째, 정책형성 단계의 내용적 측면에서 8·3조치는 경제효율성의 목표를 선택하였으나, 배분적 형평성의 목표가 배제된 '박정희 발전국가'의 성격을 날카롭게 지적하고 있다. 또한, 정책목표와 정책수단 패키지 간 인과성에 한계를 지적하고 있다. 절차적 측면에서는 8·3조치 발동이 합법성의 측면에서 무리가 있었고, 소수의 국가엘리트에 의해 주도된 능률성 위주로 형성되었으며, 절차적 공정성과 투명성의 가치가 배제된 한계를 비판하였다.

둘째, 정책집행 단계의 내용적 측면에서 8·3조치는 경기 개선과 대기업 회생이라는 단기적 경제적 효율성 증진이라는 목표달성을 위해 초기에 엄격한 집행을 통한 효과가 있었으나, 장기적으로는 신축적인 정책집행 관리에 실패하여 기업재무구조 개선, 사채시장 정비, 물가안정 목표는 오히려 더 악화되었다고 평가한다. 또한 대기업

-중소기업 등 집단 간 배분적 형평성에 대한 보완책 마련에 실패하였다고 지적한다. 집행절차적 측면에서는, 저자의 표현대로, "충격요법(shock treatment)" 방식으로 재무부와 국세청을 통해 국회의 승인 절차에 앞서 대단히 신속하게 착수하여 효율성 극대화를 추구하는 대신 절차적 공정성의 문제를 노정하였다.

셋째, 정책효과 단계의 내용적 측면에서 8·3조치는 기업에의 특혜를 통해 단기적인 경기부양의 효과를 가져왔고, 이는 당시 '유신정권'의 정당성 기제로서의 과도한 국가개입 문제를 날카롭게 지적하였다. 절차적 측면에서는 8·3조치 이후 체계적인 정책평가의 부재를 강하게 비판하면서, 사후평가제도의 도입을 제안하고 있다.

이러한 사례분석 결과를 통해 볼 때, 전체적으로 한 편의 연구논문에서 다루기 쉽지 않은 연구분석 모형의 종합성과 심층성, 행정가치들 간의 역(逆)관계를 포함하여 필자의 필력과 노력을 읽을 수 있다. 특히, 이 사례분석에서 '박정희 발전국가'의 정책 형성, 집행, 효과의 특성을 내용과 절차의 측면에서 경제효율성과 배분형평성 가치의 종합적 접근으로 예리하게 집어내는 안목이 인상적이다. 경제효율성 위주의 국가정책과 행정가치, 행정부 (특히 핵심행정부) 중심의 국정운영체제, 국가엘리트 중심의 폐쇄적 정책결정, 충격요법의 경직된 정책집행, 민주행정의 가치와 절차의 배제 등은 박정희식 행정체제의 근간이며, 오늘날까지 그 제도적 지속성이 이어지고 있다. 한국행정학의 지식 축적의 측면에서 이 논문의 의의를 좀 더 세부적으로 검토하면 다음과 같다.

1. 정책평가론의 차원에서

이 논문은 한국행정학회 편집위원회가 정책평가 연구를 진작시키기 위해 기획한 한국행정학보의 특집 논문 가운데 하나로 1983년에 발간되었다. 정책평가 연구는 미국 행정학계에서 1960년대 이후 확대된 '위대한 사회(Great Society)' 복지정책의 효과성에 대한 의문을 제기하면서 1970년대 확산되었다. 그러나 한국에서는 1980년대 초에 이르러서야 비로소 중요성을 인식하기 시작하였고, 이러한 맥락에서 정책평가 이론 및 방법론을 한국의 부문별 정책사례에 직접 적용하면서 소개하려는 의도로 기획된 것이다.

그런데 이 논문은 정책평가를 투입 대비 산출(혹은 효과)에 초점을 둔 당시의 미국식 정책평가 접근법에 이의를 제기하면서, 정책평가의 개념과 영역의 확대를 시도한다. 첫째, 정책의 내용 위주 평가에서 절차 또한 포함한 평가; 둘째, 정책의 전 과정(즉, 총괄평가 위주에서 정책의 형성, 집행, 총괄평가)에 대한 평가; 셋째, 정책의 효율성이나 효과성 위주의 평가에서 형평성, 민주성, 합법성 등도 포함하는 평가를 수행하고 있다.

2. 규제정책론의 차원에서

이 논문이 나올 1980년대 초는 한국사회과학계에서 정부규제에 대한 경험적 분석은 차치하고 이론의 소개조차 거의 없었던 시기였다. 이 논문은 규제정책에 대한 선진국의 이론들을 한국 학계에 처음으로 소개한 공헌이 있다. 당시 학문 선진국에서 확산되던 정부규제론을 소개하면서, '포획(capture)' 등의 개념과 '규제의 사익이론' 등을 한국 학계에 처음으로 소개한 것이다. 논문의 본문과 각주를 통해 새로운 연구분야인 정부규제의 기초이론과 관련문헌을 충실히 제공하고 있다. 더 나아가 이 이론들을 한국 사례에 경험적으로 적용하여 분석하면서 그 적실성을 검증한 학술논문이라는 의의를 지닌다.

3. 국가론의 차원에서

이 논문은 8·3조치 사례분석을 통해 한국에서 산업화 시대에 제도화된 한국의 전형적인 정책결정 양식을 규명하였다. 청와대 참모들을 중심으로 정부가 비밀리에 막후에서 정책을 기획하고 그것을 일방적으로 발표하는 '충격요법' 방식, 관료제는 마치 고지 탈환이라도 하듯 그것을 일사천리로 집행하는 '무(無)집행실패'의 행정을 서술해 내고 있다. 이 과정에서 정부는 (경제정책의 경우) 기업, 혹은 전경련 등 '정점조직들'과의 협의를 거치되, 시민사회나 노동은 배제된 형태의 불균형의 투입기제에 의한 정책결정 양식을 규명하고 있다.

이러한 한국발전국가의 정책결정 및 집행 패턴은, 1987년 민주주의 이행 이후 다소 완화되기 시작할 때까지, 한국정책결정의 패러다임으로 자리 잡았다. 이것은 한국 국가의 정책결정이 다원주의 방식과는 크게 차이가 있음을 보여주며, 따라서 미국식 다원주의 정책결정론의 설명력에 일정한 한계가 있음을 시사한다. 이 논문은 한국행정에서 엘리트론 혹은 자율국가론의 적실성을 입증하는 연구사례로 평가할 수 있다.

4. 한국행정론의 발달 차원에서

고전(classics)이란 오래전에 쓰인 글 가운데 통시대적으로 후대의 독자들에게 공감을 얻을 수 있는 작품을 뜻한다. 그러기 위해서는 주제의 적실성, 글의 풍요성, 그리고 던지는 시사점 등이 중요할 것이다. 이 점에서 이 논문은 한국행정학 발달사에

고전으로 자리매김하기에 충분하며, 후학들에게 학문적 자극과 지향을 제공할 수 있을 것이다.

첫째, 연구주제의 맥락적합성 측면에서 이 논문은 박정희 행정부의 8·3조치라는 역사적 사건을 연구주제로 선택하고, 규제정책의 평가라는 이론적 틀로 사례분석을 실시하였다. 박정희 발전국가의 특성과 장점과 한계를 잘 드러내줄 수 있는 주제를 선정한 것은 학술사적 의의가 높고, 따라서 후학에게 두고두고 읽힐 귀중한 문헌으로 남을 수 있을 것이다.

최근 한국의 행정학계에서 출간되는 논문들의 주요 특성 중 하나는 지나치게 방법론에 경도된 연구주제 선정 현상이다. 한국행정의 실천적 혹은 이론적 의의 면에서 가치 있는 연구주제를 선택하기보다는, 방법론의 적용 가능성 위주로 주제 선정이 이루어지고 있는 것이다. 이 경우에 출판의 가능성은 높여줄 수 있겠지만, 그것이 곧 한국행정학의 학문적 발달로 이어지지는 못하는 모순을 목도하게 된다. 이 논문은 후학으로 하여금 행정학을 연구하는 목적이 (한국)행정학의 이론발전 및 (한국)행정의 현실평가 및 개혁을 위해 공헌할 수 있는지 여부를 성찰하도록 만드는 계기를 제공한다.

둘째, 분석의 심층성 면에서 이 논문은 당시 한국 행정학계에 많은 소개가 이루어지지 않았던 규제정책의 이론을 광범위하게 소개하면서 사례분석에 적절히 원용하고 있다. 이론과 분석이 괴리되지 않고, 사례분석의 주요 질문을 풀어가는 과정에서 관련된 당대 최신 문헌을 풍부한 각주를 통해 소개하고 있다. 동시에, 이를 사례분석에 풍부하게 녹여내어 독자에게 공감을 불러일으키고 있다. 독자들은 논문을 읽은 후 지적 욕구를 충실하게 채우는 만족감을 가질 것이다.

최근 한국 행정학계 학술지는 이론과 분석이 괴리되는 경향이 있다. 이론적 배경은 '배경'으로 마치고, 주로 분석결과 부분은 주로 통계적 수치 해석이나 질적 결과분석에 몰두하면서, 이러한 분석결과가 행정의 이론과 실제에 갖는 의의를 간과하는 경향이 그것이다. 이 논문은 이론과 분석이 종합적으로 논의되는 전형을 보여주는 연구사례로서 귀감이 될 수 있을 것이다.

셋째, 다학문적 접근방법이다. 행정학은 기초 사회과학을 행정문제의 해결에 원용하는 응용학문으로서의 성격이 강하다. 따라서 행정학을 공부하기 위해서는 정치학, 경제학, 사회학, 심리학, 법학 등 인접 사회과학의 이해가 요구되는 추가적 노력이 요구된다. 이 논문은 8·3조치라는 규제정책을 이해하고 평가하기 위해 경제규제에 관련된 경제학 지식, 박정희 권위주의 정부의 정치적 맥락에 관련된 정치학 지식, 대통령 경제긴급조치의 합법성을 검토하는 법학 지식이 원용되는 등 다학문적 접근의 전형을 보여준다.

최근 들어 한국행정학계의 연구는 하위분야별로 독자적 학회가 구성되어 전문성이 강화되면서, 다학제성은커녕 오히려 행정학 자체의 핵심영역조차 비어져가는 '공동화' 경향을 나타내고 있다. 이를 극복하기 위해 행정학 연구에 다양한 학문적 관점과 접근법을 통합하는 노력 또한 필요하다. 이 논문은 그와 같은 접근의 표본이 될 수 있을 것이다.

넷째, 한국행정의 이해 및 설명의 측면에서, 이 논문의 8·3조치 정책형성과 집행과정 분석을 통해 한국 학계에서 기본 패러다임으로 적용되어 온 미국식 다원주의 이론의 한계를 확인하게 된다. 대통령 비서실을 중심으로 소수에 의한 폐쇄적 정책결정과 충격요법, 그리고 하향식 일사 분란한 정책집행에 대한 분석을 통해 이 논문은 한국에서 자율국가의 국정운영 패러다임의 모습을 적나라하게 보여주고 있다.

이 논문이 나온 지 한 세대가 지난 지금 한국행정학계의 주류 행정학 교과서와 논문들은 여전히 미국의 전통적 다원주의에 기반을 두어 담론이 이루어지고 있다. 이 논문에서 발견할 수 있는 한국식 엘리트주의의 현실적합성을 감안할 때, 앞으로 많은 새로운 연구주제들을 발굴하고 제도 발전에 대한 학문적 담론과 고민이 이루어질 수 있을 것이다. 이 점에서 이 논문은 한국행정학의 한국화 담론의 단초를 제공한 연구 논문으로서의 고전적 의의를 지닌다.

참고문헌

정용덕. (1983). "우리나라 규제정책의 평가: '8·3긴급경제조치'의 경우를 중심으로". 「한국행정학보」, 17: 89-117.

정용덕 외. (2014). 현대국가의 행정학. 제2판. 파주: 법문사.

Jung, Yong-duck, (2014). *The Korean State, Public Administration, and Development: Past, Present, and Future Development.* Seoul: SNU Press.

조선총독부하 일본인관료의 사회적 배경

논문 | 안용식

    Ⅰ. 머리말

    Ⅱ. 조선총독부하 일본인관료의
       사회적 배경 분석

    Ⅲ. 타 식민지와의 비교

    Ⅳ. 맺음말

논평 | 오성호

조선총독부하 일본인관료의 사회적 배경[*]

안용식(연세대학교 행정학과 명예교수)

～ 프롤로그 ～

이 글은 2003년 한국학술진흥재단의 지원으로 연구하여 2007년 연세대학교 국학연구원 발행의 [동방학지] 제137권에 실린 논문('조선총독부하 일본인관료 연구')의 일부를 옮긴 것이다.

이 연구가 이루어지기 이전 한말의 지방관을 정리한 [한말지방관록](1992), 한말 관료의 임면상황을 정리한 [대한제국관료사 연구](1994 – 1996, 전5권), 일제강점기하의 조선인관료 임면상황을 정리한 [한국행정사 연구](1993 – 1994, 전2권), [일제초기 한국인관료집단의 형성](1997), [일제 지방관록](2001)을 발행한 바 있다. 한말에서부터 일제강점기까지의 일본인관료는 [대한제국하 일본인관료연구](2001), [조선총독부하 일본인관료연구](2001 – 2003, 전5권)의 발간으로 모두 정리하였다. 이들 자료들을 중심으로 여러 편의 논문들을 발표하였는데 후학들이 그것들을 한데 모아 [한국관료연구](대영문화사, 2001)라는 제명으로 출간해 주었다.

이처럼 나이 지천명에 이르면서 강단에서 가르치는 분야말고 평소 관심을 가졌던 관료사 연구에 정성을 쏟기 시작하여 관련 자료를 정리한 것이다. 사학하고는 인연이 있어서 학부 시절부터 대학원 공부를 하는 동안 사학과의 강의를 여럿 접하곤 하였다. 특히 돌아가신 홍이섭 교수님의 현대사강의를 통해 사관에 대해서 뿐만 아니라 일제 연구의 필요성을 느끼게 되었다. 개인적으로는 후학들에게 가르치는 것 외에 자기만의 것을 찾아보는 노력을 늘 강조한

---

[*] 이 논문은 2003년 한국학술진흥재단의 지원으로 연구하여 2007년 『동방학지』, 제137권 제0호, pp. 151 – 212에 게재된 글의 일부를 옮긴 것이다.

바 있었기에 내가 할 바를 지금까지 한 것 같다는 생각을 한다.

관료사 연구를 하면서 내가 무엇을 하고 있는가. 내가 하는 일이 과연 바람직한 것일까. 나는 지금 쓸데없이 귀한 시간만 허비하고 있는 것은 아닐까. 후학들 가운데는 '보는 사람도 없는 책을 왜 만드느냐', '돈도 안되는 연구는 왜 하느냐'는 등 비아냥도 핀잔도 아닌 걱정들을 해주는 이들도 있었다.

현대를 사는 우리들은 망각의 시대에 살고 있는 것은 아닌가. 어쩌면 지난 일들은 금방 잊어버리는 치매의 상태에서 우리는 살고 있지는 않는지. 오늘을 사는 우리들은 역사를 그저 낡은 기록으로, 혹은 지나간 흔적으로 생각하고 있는 것은 아닌가. 또 지난 일이라 오늘의 나하고는 아무 상관없는 과거로 여기는 것은 아닌가. 그렇지만 역사가 언제 단절되는 것인가. 지금의 우리도 내일의 눈으로 보면 역사의 일부분이 되고 마는 것을.

과거의 역사, 특히 우리에게 사무치고 뼈아픈 역사를 한데 모아 제대로 정리하는 일이야말로 오늘의 우리가 해야 할 과제가 아닐런지. 요즈음처럼 돈에 연연하고 있음은 말할 것도 없고 오로지 현세적인 것에 매달려 거기에 정신을 쏟는 현실을 보면서 우리는 스스로를 잃고 있구나 하는 생각을 지울 수가 없다.

해외의 어느 소설가가 '지식과 능력은 어디까지나 도구일 뿐이지 그것을 남에게 자랑하거나 내보이기 위한 것이 아니다'라고 했던가. 또 '존재하지만 드러내지 않는다'는 스웨덴의 어느 부호가문의 가훈처럼 가진 것을 티내지 않는 삶이 어떤 것인지 생각해봄이 어떨까. 지식과 능력을 티내지 않고 조용히 연구하는 자세야말로 앞으로 더욱 필요하지 않을까.

일제 36년 동안 총독부 밑에서 관리 노릇을 한 조선인들을 모조리 정리한 [일제강점기 조선인 관리]라는 이름의 책이 3년여만에 드디어 발간되면 보다 더 열심히 연구해야 할 것 같다.

산수를 바라보는 나이에 이보다 더 즐거운 일이 있으려나.

I. 머리말

일제시대의 관료제가 비록 식민지 통치를 위한 지배적 관료제였지만, 이 시기 성립된 근대적 관료제가 우리나라에서는 최초로 작동한 행정체계였다. 이것이 이후 미군정기에도 그대로 이어지면서 현대의 한국관료제의 체제와 성격에 막대한 영향을 끼치는 역사적 연속성을 가진다는 점에서 조선총독부 관료제의 성격을 고찰하는 것은 한국 관료사의 이해에 매우 중요한 의의를 지닌다. 특히 식민지의 행정조직과 공무원의 행동 그리고 관청의 일반직인 외양이 식민 지배를 하는 본국의 관료제의 특징을 그대로 모방하고 있음을 지적하고 있는 킹슬리(Kingsley)의 주장처럼 식민 본국의 관료제 조직은 식민지에 설치된 관료제의 조직체계 및 성격에 커다란 영향을 미치고 있음을 알 수 있다.[1]

또한 하드웨어인 조직구조상의 영향뿐 아니라 관료제를 구성하고 있는 소프트웨어로서의 인적 자원인 제국주의 관료제의 특성이 본국뿐만 아니라 식민지 관료제의 성격에도 많은 영향을 미친다. 식민지 관료들은 본국의 부처에서 근무하던 제국대학 출신의 고급 또는 중간 관리자 중에서 뽑히는 경우가 많았기 때문에 능력과 자질 면에서 우수하며, 본국과 식민지 정부에서 교대로 근무를 하고, 식민지의 효율적 통치를 위해 본국의 제국주의적, 근대적 조직구조의 특성과 행태를 식민지에 전파함으로써 식민지 관료제에 많은 영향을 미치게 된다.[2]

그런데 관료에 관한 여러 측면에서의 연구접근이 가능하지만 특히 관료에 관한 사회적 배경 연구는 관료 연구의 주요한 단면이 되기도 한다. 우선 사회적 배경을 연구하는 것은 몇가지 점에서 그 의미를 찾을 수 있다. 그것은 첫째, 관료의 사회적 배경을 알면 행정구조나 제도 내에서 이들의 행동양식에 대해서도 알 수 있을 뿐 아니라 미래의 행동에 대해서도 추론할 수 있다.[3] 물론 사회적 배경만으로 관료의 행동을 예측할 수는 없으나, 사회적 배경은 그 사람의 성격, 경험, 조직 등을 규율하고 나아가 행동양식도 규제하게 되는 가장 중요한 요인 중의 하나로 간주된다.

---

1) J. D. Kingsley, *Representative Bureaucracy : An Interpretation of the British Civil Service*, Yellow Springs: The Antioch Press, 1963, p. 303.

2) Lewis Gann, "Western and Japanese Colonialism : Some Preliminary Comparisons" in R. Myers and M. Peattie(eds.), *The Japanese Colonial Empire : 1895~1945*, New Jersey : Princeton Univ. Press, 1984, pp. 512~513.

3) 조석준, 『한국행정학』, 박영사, 1987, 148쪽: 김완식, 「한국공무원의 출신배경과 직업성취도에 관한 연구」, 『행정논총』 13-2, 서울대학교행정대학원, 1975, 148쪽.

둘째, 관료의 출신배경의 구성이 그 나라 사회 모든 부문의 구성비율과 얼마나 일치하느냐 하는 문제는 대단히 중요하다. 관료는 기본적으로 국가의 목적을 수행하는 주체이고 수행을 통해 국민에 직접적인 영향력을 행사하는 존재일 뿐 아니라 관료는 국가기관인 행정구조나 제도에 소속되어 사회에 커다란 영향력을 행사하기 때문에 사회내의 타 조직에 비하여 전 국민의 이해를 대변해 줄 수 있는 인적 구성을 갖추어야 함은 당연한 일이다. 즉, 얼마나 다양한 집단에서 인적 자원을 관료로 동원하고 있는지의 여부는 체제의 정당화와 밀접한 관련이 있다.

셋째, 사회적 배경만으로 모든 관료의 행동양식을 예측할 수는 없으나, 사회적 배경에 관한 연구는 왜 그런 엘리트(elite)들이 충원되고 그들의 행위가 왜 그렇게 나타나는가 하는 물음의 분석을 위한 필요조건으로[4] 사회적 배경과 충원과의 관계를 통해 체제의 동질성(system's homogeneity), 지배적 가치, 엘리트와 엘리트의 관계 그리고 엘리트와 대중과의 관계를 추론할 수 있기 때문이다.[5]

이러한 인식을 바탕으로 본 연구는 조선총독부하 일본인관료의 사회적 배경을 밝히려는 데 그 목적을 지닌다.[6] 연구의 구체적인 내용은 조선총독부하 일본인관료의 사회적 배경을 출신배경(신분관계), 학력(출신학교 및 출신학과) 및 입관시험, 취임 및 재임기간(취임연령, 재임기간), 관직(前職, 최초 관직 및 최종 관직)으로 분류하여 분석하고 이를 타 식민지와 비교하여 조선총독부 일본인관료의 사회적 배경의 특징을 도출하고 다른 일본식민지 관료와는 어떤 차별성이 있는지를 알아보고자 하였다.

본 연구의 시간적 범위는 한일합방이 이루어진 1910년부터 일본이 패망한 1945년까지로 한정하며 연구의 대상은 조선총독부와 그 소속기관에 재직한 일본인관료를 모두 대상으로 삼는다(일반직, 기술직, 사법부, 교육계를 모두 포함한다).

본 연구는 주로 문헌조사를 통해 진행되었고 일본국회도서관, 동경대학도서관 및

---

4) Lester G. Seligman, "The Study of Political Leadership." in Heinz Eulau, Samuel J. Eldersveld and Morris Janowitz(eds.). *Political Behavior : A Reader in Theory and Research.* Glenco, Illinois : The Free Press, 1956, p. 178.

5) Lewis J. Edinger and Donald D. Searing, "Social Background in Elite Analysis: A Methodological Inquiry." *American Political Science Review.* Vol. LXI No. 2(June). 1967. p. 430.

6) 본 연구는 우선 분석시기가 구체적이고 연속적이며 실제 행정을 담당한 관료에 대한 시계열적 행정 현상을 분석했다는 점에서 일제하 한국 행정 현상을 이해할 수 있는 준거자료가 될 수 있다. 특히 거시적 공간 내에서 실제 활동했던 인적 자원에 대한 분석을 지속적으로 추구 처리(follow-up)한다면 단편적 성격에서 벗어날 수 있다는 점이다. 둘째, 분석대상을 조선총독부의 모든 관료로 산정하고 있기 때문에 본 연구를 통해서 집약된 연구결과는 다른 분야의 기초자료로 활용 가능하다는 점이다. 셋째, 현존하고 있는 일본인관료에 대한 연구자료의 정확성과 실효성을 배가할 수 있다.

연구소, 와세다대학도서관의 자료를 수집, 보완하였고 일본 연구자들과의 면담을 통해 의견 교환을 나누는 노력을 하였다.

Ⅱ. 조선총독부하 일본인관료의 사회적 배경 분석

조선총독부하 일본인관료에 대한 사회적 배경은 고위관료와 일반관료로 구분하여 분석하였다. 여기서 고위관료라 함은 총독, 정무총감 및 총독부 본부국장, 법관, 지방장관을 일컬음이고 일반관료라 함은 그 이외의 자를 말한다. 사회적 배경조사를 위해 이용한 자료는 『朝鮮紳士寶鑑』(朝鮮文友會, 1913), 『朝鮮人事興信錄』(朝鮮新聞社, 1922, 1935), 『人事興信錄』(人事興信所, 1918, 1937, 1943), 『韓國近現代史人名錄 2』(驪江出版社, 1987), 『日本海軍將官辭典』(福川秀樹 편, 2000), 『日本陸軍將官辭典』(福川秀樹 편, 2001), 『朝鮮年鑑』각 연도의 부록(인명록) 등이었으며 이중 1918년, 1937년 및 1943년판 『人事興信錄』을 많이 참조하였다.

1. 고위관료의 사회적 배경

1) 총 독

(1) 출신배경

1910년부터 1945년까지 조선총독부 총독을 지낸 사람은 모두 10명이었으나 두 사람(寺內, 齋藤)이 두 번 재임하였으므로 실제 재임한 사람은 8명이었다. 이들의 신분을 보면 화족[7] 2명, 사족[8] 3명, 평민 2명, 미상 1명 등으로 나타나고 있다.

---

[7] 華族이란 1884년에서 1947년까지 존재한 일본근대의 특권적 귀족계급을 말하는데 화족에는 5계급의 작위(공작, 후작, 백작, 자작, 남작)가 부여되어 특권신분을 누렸는데 이러한 계급분류는 집안이나 쌀수확량, 훈공 등을 통해 결정되었다. 특히 화족의 특권 가운데 귀족원의원이 될 수 있는 특권, 취학의 특권 등이 주어졌다. 이 화족제도는 1947년 귀족제도의 폐지(일본헌법 제14조 2항)와 '모든 국민은 법 아래 평등'(일본헌법 제14조 1항)이라는 일본헌법의 시행과 동시에 폐지되었다. 화족에 대한 구체적인 내용은 다음의 자료를 참조할 것. 淺見雅男, 『華族誕生 – 名譽と體面の政治』, 中公文庫, 1999, 6~12쪽: 松田敬之, 「華族の選定基準」, 『歷史讀本』 44(12), 1999, 19~33쪽: 森岡淸美, 『華族社會の家戰略』, 吉川弘文館, 2001, 87쪽: 中野文庫: 小田 部雄次, 『華族』, 中央公論新社, 2006.

[8] 士族이란 明治維新후에 旧武士階級에게 주어진 族稱으로 무사의 신분은 세습이었으며 姓을 가질 수 있었고 帶刀(칼을 꽂고 다님)할 특권이 부여되는 지배신분이었다. 1873년 징병제 실시로 國民皆兵제도를 채택하고 1876년에는 廢刀令(사족의 특권박탈)이 시행됨과 아울러 신분을 불문한 國民皆姓制가 이루어지면서 사족계급의 실질적인 신분은 평민과 같아졌다. 이력서나 紳士錄 등에 사족이라는 기재가 일부 남아 있었으나 호적의 族籍기재는 1914년에 폐지되

(2) 학력

8명의 총독은 모두 군인출신이었음은 이미 잘 알려진 것으로 문관출신은 전무하였다. 이들은 建軍期, 舊육사 및 육군사관학교[9] 출신이 7명, 해군병학교 출신 1명으로 나타났고 이들의 계급은 모두 대장으로 육군이 7명, 해군이 1명이었다. 이들 육해군대장은 모두 친임관에 속하였다.[10]

(3) 취임연령 및 재임기간

취임연령은 모두 58세 이상이었으며 두 번째 총독으로 취임한 齋藤은 71세의 고령이었다. 총독의 평균 재임기간은 42.9개월로 한 명의 총독이 5년 정도 재임한 것으로 나타나고 있다. 그런데 재임기간이 가장 오래였던 총독이 7년 8개월 재임한데 반해 가장 짧게 재임한 총독은 8개월이었다.[11]

(4) 전직 및 퇴임 후 직업(관직)

조선총독의 前職을 살펴보면 모두 軍출신이었기 때문에 군요직을 거쳐 총독으로 취임한 것으로 나타나고 있다. 8명 중 초대총독은 통감부통감을 지낸 자이고 3명은 일본에서의 군 요직 이전에 조선군사령관을 지낸 사람들이었다. 따라서 이들은 비교적 조선 사정에 밝은 사람들이었다고 볼 수 있다.

조선총독을 퇴임한 후의 관직을 보면 대부분 일본본토의 요직으로 이동하였음을 알 수 있는데, 특히 총독 중 3명이 퇴임 후 내각총리대신으로 발탁된 것을 보면 당시의 상황에서 조선총독의 위치가 어떠하였던가를 짐작할 수 있다.

2) 정무총감

(1) 출신배경

조선총독부에 재임한 정무총감은 총 11명이었는데 그 신분을 보면 화족 1명에

었다.(落合弘樹, 『明治國家と士族』, 吉川弘文館, 2001, 8~17쪽: 松田敬之, 「華族の選に漏れた士族達」, 『藝林』 46(1), 1997, 24~41쪽).

9) 建軍期라 함은 육군사관학교이전에 임관된 자이며 舊육사는 사관생도의 1기(1877년 12월 22일 임관)부터 11기생(1889년 7월 26일 임관)까지를 말한다.

10) 印度支那의 경우 불란서총독 16명 중 하원의원 7명이 총독을 지낸 경우와 비교하면 일본의 식민정책이 어떠하였는지는 충분히 이해할 수 있다(臺灣總督官房調査課, 『佛領印度支那統治要覽』, 1929, 44쪽).

11) 조선총독은 대만총독과 마찬가지로 임기제가 아니었다. 그러나 영국의 인도총독은 영국의 정치상황과 상관 없이 임기가 5년이었다(최재희, 「영국의 '인도군'육성정책, 『일본과 서구의 식민통치 비교』, 선인, 2004, 402쪽).

사족 출신이 6명이었고 나머지는 모두 평민출신이었다.

(2) 학력 및 전공 · 입관시험

정무총감의 학력을 보면 전체 11명 중 7명(63.6%)이 동경제대, 1명이 경도제대 출신으로 제국대학을 나온 사람이 8명에 이른다. 이들의 대학전공분야를 보면 법학전공자가 5명, 정치학전공자가 4명이었다. 또한 11명의 정무총감 중 9명이 고등문관시험 합격자로 관직에 들어와 정무총감직에까지 이른 것으로 나타나고 있다.

(3) 취임연령 및 재임기간

정무총감으로 취임한 연령을 보면 총독보다는 다소 젊어 40대 후반에서 50대 초반에 취임한 것으로 나타나고 있다. 40대 후반의 정무총감이 3명인데 반해 50대 초반은 6명이나 되었다. 그런가하면 70세에 정무총감이 된 사람이 1명 있었다. 정무총감의 평균 재임기간은 37.8개월로 총독보다 다소 그 기간이 짧았으나 5년 이상 재임한 사람도 3명이나 되었고 가장 오랫동안 재임한 사람은 초대 정무총감이었던 山縣으로 8년 10개월 재임하였다.

(4) 前職, 최초 관직 및 퇴임 후 직업(관직)

정무총감이 되기 이전의 주요 전직을 분석하면 총독과 같이 통감부 부통감을 역임한 자가 초대 정무총감이 되었고 대신급이 아닌 차관급의 인물들이 정무총감으로 임용되었다. 물론 대신급이 한 명 있기는 하였지만 내무, 체신, 척무차관 같은 자들이 정무총감으로 임명되었고 특히 조선 · 대만과는 격이 다른 식민지였던 관동청의 長을 정무총감에 기용하였다.

정무총감을 마친 이후의 관직을 보면 사망자 2명을 제외하고는 일본본토의 주요 관직으로 자리를 옮겼음을 알 수 있다. 조선총독과 마찬가지로 조선의 정무총감도 그 위치가 중요하였음을 입증하고 있다.

3) 본부국장[12], 법관[13], 지방장관[14] 분석

조선총독부 본부에서 국장(일제 초기의 部長 포함)으로 임용된 자는 모두 123명이었는데 이 중 2명은 다른 보직을 갖고 있으면서 국장의 사무를 취급하거나 겸임을 한

---

12) 본부국장이라 함은 조선총독부 본부의 국장을 지낸 자들을 일컫는데 총독부 초기에는 장관이라고 칭하다가 1920년 총독부관제 개정에 의해 국장으로 개칭하였다.
13) 여기서 법관이라 함은 고등법원장과 고등법원검사장을 지낸 자들을 일컫는다.
14) 여기서 지방장관이라 함은 일본인으로 13도의 知事를 지낸 자들을 일컫는다.

경우였다. 그런데 한 사람이 2개 국의 국장을 지낸 자가 14명, 3개 국의 국장을 지낸 자가 2명, 4개 국의 국장을 지낸 자가 1명이어서 결국 사람 수로 따지면 102명이 본부국장을 역임하였다. 법관은 모두 13명이었고 지방장관을 지낸 사람은 모두 129명이었다. 지방장관을 연임한 129명 중에는 1개 道 이상의 도지사를 거친 자 35명을 제외하면 실제 사람 수는 94명이었다.

그런데 이들 국장, 법관, 지방장관들은 서로 보직을 바꾸어 재직하였으므로 실제의 사람 수는 더 적어 176명이었다. 구체적으로 말하면 본부 법무국장이 고등법원장, 고등법원검사장에 임명되었는가 하면 도지사가 본부국장으로 임명되는 사례가 많았기 때문이다. 따라서 여기서는 176명 전체를 놓고 살펴보기로 한다.

(1) 출신배경

출신배경을 보면 전체 176명 중 화족출신은 2명뿐이고 사족출신 66명, 나머지는 모두 평민출신으로 나타나고 있다.

(2) 학력 및 입관시험

학력을 보면 동경제대 출신이 135명으로 전체(176명)의 76.7%를 차지하고 있으며 그 다음으로 경도제대 출신이 7명으로 나타나 제국대학 출신자가 압도적으로 많음(142명, 전체의 80.7%)을 알 수 있다. 그 외 일본의 각 省부속 교육연수기관이었던 사법성법학교(3명)와 체신관리연구소(1명) 출신이 4명이었고 사립대학출신자는 14명[15]에 불과하였다.

대학출신자의 전공분야를 보면 법학 전공자가 104명, 정치학 전공자가 47명으로 전체의 85.8%였다. 그 외 경제학 전공자가 3명, 공학 전공자가 2명이었다.

고등문관시험 합격여부를 알아보면 전체(176명)의 78.4%인 138명이 이 시험 합격자였다. 그 외는 군인으로 陸士(舊육사 포함) 출신이 4명, 판검사등용시험 합격자가 4명이었다.

(3) 취임연령 및 재임기간

취임연령을 보면 40대에 임관한 사람이 가장 많아 127명에 이른다. 구체적으로는 40~44세가 72명, 45~49세가 55명이었다. 40대 초반이 40%를 넘고 있고 30대가 16명(30~34세가 1명, 35~39세가 15명)이나 되어 결국 30대와 40대 초반이 본부국장이

---

15) 일본대학, 와세다대학, 중앙대학출신이 각 2명이었고, 명치대학출신이 3명, 와세다대학 전신인 동경전문학 출신이 2명, 중앙대학 전신인 동경법학원출신이 2명, 법정대학 전신인 和佛법률학교출신이 1명이었다.

나 지방장관에 임명되었음을 알 수 있다. 그리고 50대 이후가 23명(50~54세가 13명, 55~59세가 7명, 60~64세가 3명)이고 미상이 10명이었다.

그런데 본부국장, 법관, 지방장관 각각을 놓고 보면 본부국장은 40대 후반이 많고 법관의 경우는 13명 중 7명이 50대 후반이었으며 50~54세가 3명으로 법관은 일반 관료보다 연령이 높은 것으로 나타나고 있다. 또한 지방장관의 경우는 40대 초반이 많았다. 따라서 이 세 직군 간에 취임연령상에 약간의 차이가 있음을 보여주고 있다.

재임기간을 보면 전체적으로는 평균 2.6년간 재임한 것으로 나타나고 있는데 본부국장의 경우 2.9년, 법관이 경우는 5.3년, 지방상관의 경우는 2.2년으로 나타나 법관의 재임기간이 길었고 본부국장과 지방장관은 재임기간이 비슷하였다.

(4) 前職, 최초 관직 및 퇴임 후 직업(관직)

前職은 두 가지 측면에서 살펴보아야 하는데 하나는 일본본토에서 관직을 보유한 자 중에서 조선총독부의 관직을 갖게 되었는가 하는 점이고, 다른 하나는 대한제국, 통감부 및 조선총독부에 재직하였거나 재직하고 있는 자가 본부국장이나 법관, 지방장관으로 기용(승진 또는 수평이동)되었는가를 확인하는 것이다.

우선 일본본토 또는 타 식민지에서 바로 총독부국장 또는 도지사로 임명된 사람은 모두 39명이었다. 이들 중 일본본토에서 온 사람은 35명이고 나머지 4명은 타 식민지에서 온 자들이었다. 일본본토에서 온 35명은 주로 縣지사와 府縣사무관(내무부장) 출신이었는데 縣지사가 11명, 府縣사무관이 8명이었다. 縣지사 중 본부국장으로 온 사람이 9명(경무국장과 학무국장이 각 3명, 식산국장이 2명, 내무국장이 1명), 도지사로 온 자가 2명(경북과 경기도)이었다. 縣지사는 칙임관이어서 조선총독부의 칙임관으로 임용된 것은 당연하지만 府縣사무관은 주임관이어서 이들은 조선에 승진해오는 경우라 할 수 있다. 이들 사무관은 본부국장으로 온 자가 3명(학무국장 2명, 지방국장 1명)이었고 나머지는 모두 도지사(충북 2명, 평북·충남·전남 각 1명)로 온 자들이었다.

일본본토에서 온 이들 지방관을 제외한 16명은 省廳의 칙임관(차관, 국장)들이 조선총독부 본부의 국장이나 도지사로 전직한 14명과 기업에서 온 2명이었다.

다음 일본의 타 식민지에서 온 자는 대만에서 2명(대만문교부장→평남지사, 대만통신국장→토목국장), 화태청에서 1명(화태청내무부장→총무국장), 남양청에서 1명(남양청장관→전매국장)이었다.

또한 대한제국과 통감부하에서 관직에 있다가 조선총독부로 자리를 옮긴 자는 모두 45명이었다. 우선 대한제국정부에서 몸담고 있었던 일본인은 7명이었는데 次官

(내부와 탁지부)을 지낸 자가 2명(총독부에서는 내무부장관과 탁지부장관이 됨), 局長(광무국장, 상공국장, 삼정국장, 사세국장)을 지낸 자가 4명(이들은 총독부에서 상공국장, 식산국장, 전매국장, 사세국장이 됨)이었고 1명은 법부참여관촉탁으로 있다가 총독부에서 檢事를 거쳐 법무국장이 되었다.

　통감부에서 長官, 局長 등 고위직에 있었던 자 중 총독부에서도 계속 관직을 보유하고 총독부국장 및 법관, 지방장관을 지낸 자가 모두 38명이었다. 이들 중 14명은 통감부에서 총독부로 넘어오면서 바로 국장(국장을 초기에는 장관이라 칭함), 법관, 지방장관이 된 자들이었다.

　이들 14명 이 외 24명은 통감부에서 판검사를 지낸 8명, 서기관 6명, 재정감사관 2명, 사무관 1명, 屬 5명, 촉탁 2명 등이었는데 이들은 총독부에서 관직을 두루 거친 후 국장, 법관, 지방장관이 된 자들이었다.

　이상에서 우리는 총독정치가 통감정치의 연속선상에 놓여 있었음을 알 수 있고 조선을 병합, 식민지화하면서 통치체제의 안정성과 계속성을 유지하려는 일제의 의도를 확인할 수 있는 대목이기도 하다.

　이처럼 일본본토와 타 식민지에서 바로 총독부관직에 임용된 39명과 총독부 이전부터 대한제국이나 통감부관료로 재직한 45명을 제외한 나머지(92명) 국장이나 법관, 지방장관을 보면 우선 41명이 조선총독부에서 관직을 시작한 자들이었다. 이들은 총독부시보(11명), 사법관시보(1명), 총독부屬(13명), 도屬(9명), 전매국屬(3명) 등이었다.16) 이들 41명 외 51명은 모두 일본본토에서 관직을 보유하고 조선총독부로 轉職한 자들이었는데 이들은 일본본토의 중앙정부보다 주로 지방에서 근무하던 자들이었다. 즉, 縣의 이사관, 사무관, 서기관 등이 조선총독부의 사무관이나 道사무관으로 자리를 옮긴 자들(27명)이 많았다.

　조선에서 총독부국장이나 지방장관직을 퇴임한 후의 직업(관직 포함)을 보면 우선 일본의 패전으로 失官한 17명, 사망과 휴직자 각 4명을 제외한 151명에 대한 분석이 가능하다. 人事興信錄 등의 자료에 나타나 있는 99명을 놓고 살펴보면 다음과 같다.

　① 조선헌병사령관으로서 경무총장을 지낸 자는 참모차장(1명), 군사령관(1명), 사단장(2명)으로 軍에 복귀하였다.

　② 관직을 보유하면서 조선총독부에 남아 있었던 자는 10명이었는데 이들은

---

16) 나머지는 道경부 2명, 임시토지조사국서기와 고등토지조사위원회 사무국서기 각 1명이었다.

중추원서기관장(3명), 고등법원장(2명), 고등법원검사장(2명), 복심법원장(1명), 총독부기사, 총독부참사관 각 1명이었다. 관직을 갖고서 일본본토로 간 자는 29명이었는데 일본의 中央省廳으로 간 자가 16명, 지방의 首長으로 간 자가 13명이었다. 중앙성청으로 간 자는 전부 영전한 경우였는데 그 자세한 사항은 다음의 <표 1>에서 볼 수 있는 바와 같다.

표 1 조선총독부에서 일본의 省廳으로 전직한 경우

농상무대신(탁지부장관) 내각서기관장(총무) 내각척식국장관(경무) 법제국장관(사법부장관) 제실임야국장관(경무) 해군사정장관(경무) 구주제대총장(학무) 내무성경보국장(경무) 척무성척무국장(지사) 척무성관리국장(지사) 후생성직업국장(학무) 북해도청장관(경무) 북해도청장관(식산) 문부성보통학무국장(학무) 이왕직차관(지사) 이왕직차관(지사)

( )안은 조선총독부에서의 관직을 말하며 지사외는 모두 국장이었다.

위의 표를 통해 알 수 있는 것은 지사출신보다 국장을 지낸 자들의 영전이 많았고 특히 경찰총수였던 경무국장의 이동이 돋보인다. 이 외 中央省廳은 아니지만 고등법원검사장이 일본 궁내성 錦鷄間祗候로 옮긴 자가 1명, 정부 관변단체인 유신사료편찬위원으로 간 자가 1명이 있었고 귀족원의원과 중의원의원이 된 사람이 4명이었다.

일본의 지방으로 간 자는 주로 府縣지사로서 이들이 9명이었고 市長이 3명, 市助役이 1명이었다. 부현지사가 된 자들도 조선총독부에서 국장을 마치고 이동한 자가 8명이나 되었다.

관직을 지니고 일본의 타 식민지로 간 자는 4명에 불과하였는데 화태청장관이 2명, 대만총독부 경무국장이 1명, 관동군 교통감독부장이 1명이었다.

③ 관직을 떠나 기업이나 단체로 간 자는 모두 49명이었는데 이들 중 39명은 조선에 남았고 일본으로 간 자는 9명, 대만으로 간 자가 1명이었다. 조선에 잔류한 자들은 모두 중역 이상의 직위를 갖고 있었음을 알 수 있고 이들도 주로 道知事를 마치고 기업이나 단체로 간 자(23명)가 국장을 마치고 간 자(16명)보다 다소 많았다(<표 2> 참조).

표 2 조선에 잔류한 사람들의 소속조직과 직위

조선방송협회장(지) 日赤조선본부상무부총장(지) 조선제염공업사장(지) 조선신탁회사사장(지)
조선석유회사중역(지) 중앙조선협회이사(부) 동양척식이사(2명, 국) 선만척식이사(국) 北鮮제
지전무(지) 조선경남철도사장(지) 조선수력전기사장(지) 조선마그네사이트개발사장(지) 西鮮
합동전기사장(국) 조선주택영단이사장(국) 조선제철부사장(지) 제국광업개발이사(지) 조선
화재해상보험사장(지) 北鮮합동전기사장(지) 조선제련사장(지) 조선유지사장(지) 조선상공
회의소두취(국) 조선금융조합연합회장(지) 조선임업개발사장(국) 일본산금진흥조선지사장(지)
경춘철도사장(국) 조선토목건축업협회장(지) 동양척식이사(국) 조선식산은행이사(2명, 국)
조선식산은행두취(국) 南鮮수력전기사장(국) 동아권업전무(지) 富寧水電사장(지) 동양척식
이사(3명, 지) 조선목재사장(국) 조선잠사사장(국)

( )안의 지는 전직이 도지사, 국은 국장, 부는 부장을 말함.

2. 일반관료의 사회적 배경

여기서 일반관료라 함은 앞에서 살펴본 총독, 정무총감, 본부국장, 법관 및 도
지사를 제외한 관료를 말함이다. 이들은 모두 1918년, 1937년 및 1943년판 일본의
人事興信錄과 기타 人名錄 자료에서 추출한 것으로 표본집단은 2,460명이었다. 고위
직에 관한 분석지표에 따라 조사가능하였으나 이들 자료에서는 관료들의 신분관계가
밝혀지지 않아 그것은 제외하였다.

1) 학력 및 각종 시험합격 여부

표본집단 2,460명 중 학력이 밝혀지고 있는 1,656명을 중심으로 학력을 살펴보
면 대학출신 981명, 전문학교 435명[17], 고등학교 93명[18], 중학교 60명, 기타 87명[19]

---

17) 전문학교는 관립전문학교(예컨대 동경외국어학교, 동경미술학교, 동경음악학교, 京城高商,
京城法專)와 관립실업전문학교(高農, 高蠶, 고등원예, 高商, 高等商船)가 있었고 교원양성학
교였던 高等師範學校가 전문학교로 분류되었다. 또한 사립대학이 대학으로 개편되기 이전의
학교(예컨대 일본대학의 전신인 일본법률학교, 중앙대학의 전신인 동경법학원, 경응의숙 등)
등도 전문학교로 분류되었다. 구체적으로는 高師출신이 가장 많아 88명, 그 다음이 高工(84
명), 高農(66명), 高商(49명), 醫專(38명) 순으로 나타나고 있는데 일본 각 대학의 전문부출신
도 53명에 달하였다.
18) 고등학교도 주로 사범학교나 실업학교출신이었다. 즉, 사범학교출신이 23명, 농림학교출신이
22명, 공업과 상업학교출신이 각 12명, 11명이었고 그 외는 철도, 물리, 전기, 잠업, 부기학교
등이었다.
19) 기타는 일본의 中央정부의 省부속 교육연수기관을 거친 자가 대부분이었는데 46명이 각종 강
습소(잠업, 체신, 수산, 농사, 전신, 통신, 행정, 철도 등)출신이었고 17명이 교원양성소를 마친
자들이었다. 그 외 육사와 해군병학교출신(2명), 각급학교 중퇴(5명), 소학교와 고등소학교를

으로 나타나고 있는데 대학출신자가 전체 59.2%로 가장 많은 비중을 차지하고 있다. 이처럼 대학출신자가 많았던 것도 중요하지만 전체적으로 학력수준이 높았음을 짐작할 수 있다. 또한 대학출신자 가운데는 동경제대 출신자가 401명으로 전체 1,656명 중 24.2%, 대학졸업자 981명 중 40.9%를 차지하여 동경제대 출신자가 관료의 상당수를 점하고 있었던 것으로 나타났다. 그런데 동경제대 이외의 출신대학을 보면 경도제대 116명, 북해도제대 38명, 구주제대 89명, 동북제대 43명, 대판제대 7명 등의 순으로 나타나 일본본토의 제국대학 출신자가 694명(전체 대학졸업자의 70.8%)에 이르러 제국대학 출신이 아니면 공직에 진출할 수 없을 정도라고 해도 무리가 아니었다. 여기서 또 하나 흥미로운 것은 경성제대출신이 77명이나 되어 식민지 조선에서의 제국대학도 일제의 식민통치기간 동안 일본본토의 제국대학과 같은 대우를 받지 않았나 생각된다(전체 제국대학 출신자는 771명으로 전체 대학출신자의 78.7%에 이른다). 제국대학 이외 관립대학(동경상대, 동경문리대, 廣島문리대)과 공립대학(大阪상대)출신이 16명이었고[20] 나머지(194명)는 사립대학 출신이었다. 사립대학은 와세다대학(42명), 일본대학(34명), 중앙대학(32명), 명치대학(19명) 출신이 비교적 많은 편이었다.[21]

전체 대학졸업자 1,656명 중 대학에서의 전공분야가 밝혀지고 있는 834명을 대상으로 전공분야를 살펴보면 사회과학을 전공한 자가 많아 358명에 달하고 있는데 그 중 법학전공자가 가장 많고(264명, 31.7%), 그 다음으로 정치학(66명), 경제학(22명) 순으로 나타나고 있다. 사회과학 전공자 이외에 공학(140명), 농림·수산·축산(111명), 의학(수의학 포함, 87명), 인문학(78명), 이학(39명) 순이었다.

각종 시험합격자는 그렇게 많은 편은 아니었으나 305명에 달하였고 이들 중 고등문관시험 합격자 출신이 220명으로 압도적으로 많았다. 그 다음으로 판검사등용시험(35명), 문관보통시험(17명), 재판소서기등용시험(9명) 등의 순으로 나타났다.

2) 취임연령 및 재임기간

조선총독부 관료로의 취임연령을 보면 전체 표본집단 2,460명 중 연령관계가 밝혀지고 있는 자는 1,384명이었는데 이들의 평균 취임연령은 33.1세로 나타나고 있다. 연령대별로 볼 때 20~24세가 111명, 25~29세가 399명, 30~34세가 367명, 35~39세가

마친 자 2명 등이었다.
20) 大阪상대 1명, 동경상대 5명, 동경문리대 3명, 廣島문리대 7명이었다.
21) 이외의 사립대학출신자를 보면 동경농업대학 11명, 關西대학 8명, 국학원대학 6명, 입명관대학과 경응대학이 각 5명, 동지사대학 3명, 법정대학과 척식대학이 각 2명, 長崎의대 6명, 熊本의대 5명, 여순공대 4명, 미국대학과 동양대학이 각 2명, 기타 6명이었다.

245명, 40~44세가 144명, 45~49세가 83명, 50~54세가 24명, 55세 이상이 10명으로 20대 후반에서 30대 초반이 가장 많이 조선총독부 관료로 임용된 것을 알 수 있다.(전체 766명, 55.3%)

자료분석이 가능한 1,372명을 대상으로 조선총독부 일본인관료의 재임기간을 분석한 결과 1~5년 180명, 6~10년 287명, 11~15년 286명, 16~20년 317명, 21~25년 167명, 26~30년 30명, 31~35년 43명으로 나타났다. 여기서 일반관료의 경우 재임기간이 긴 것을 알 수 있는데 20년 이상 재임한 관료수를 보아도 1,372명 중 총 360명으로 26.2%로 나타났으며 평균 14.6년 정도 재임한 것으로 분석되어 장기간 조선총독부 관직에 머물러 있었음을 보여주고 있다.

3) 관직분석: 前職, 최초 관직 및 퇴임 후 직업(관직)

(1) 前職

조선총독부 관료로 임용되기 전 일본본토 및 타 식민지에서의 관직보유 여부를 알아보면 모두 201명이 전직을 보유하고 있었다.

우선 일본본토에서 관직을 보유하고 있었던 사람은 196명인데 변호사와 해군중장(경성제대 교수로 부임)을 제외한 194명을 보면 거의 교육기관에 있다 조선에 온 자들이었다. 즉, 제국대학 및 관공립고등학교, 관립실업전문학교의 조수, 조교수, 교수직에 있었던 자가 46명(조수와 조교수가 각 12명, 교수가 22명이었다), 고등소학교훈도·사범학교교유·고등여학교교유(학교장 포함), 실업학교교유(교장 포함), 중학교교유(교장 포함)로 있었던 자 71명 등 일본본토의 교육기관에 있다 조선으로 轉職한 자가 모두 117명으로 나타나고 있다.[22]

그 외 일본의 중앙정부에 속했던 자가 36명, 지방직에 있었던 자가 22명 등 총 58명은 관료출신이었고, 사법기관에 있었던 자는 17명(퇴직 판검사 2명 포함)이었다. 이들 관료 중 주임관 이상이 26명 나머지는 모두 하위직 관료들이었다.

한편 일본에서 전직을 보유하고 있던 196명을 제외한 5명은 일본의 타 식민지 출신으로 대만실업학교교유, 관동도독부기수, 화태청경시, 남양청경시(2명)를 지냈던 자들이었다.

---

22) 특이한 것은 거의 관공립학교에서 그 직을 갖고 있었던데 반해 유독 사립학교인 명치전문학교 교수 3명이 이에 포함되어 있었다.

(2) 최초 관직

표본집단 2,460명의 일본인관료가 조선총독부에서 가진 최초관직이 무엇이었는지를 살펴보면 우선 총독부본부에 263명, 총독부 소속기관에 574명, 사법기관에 291명, 지방행정기관에 606명, 교육기관에 465명, 기타 261명[23] 등이 배치되었다. 총독부본부의 경우 최초관직이 고등관직은 20명이고 나머지는 모두 판임관의 하위직(주로 총독부屬 132명과 총독부기수 89명)으로 나타나고 있다. 소속기관의 경우 철도국(238명), 체신(145명), 세무기관(42명), 세관(38명), 전매국(39명)에서 관직을 시작한 자가 많고 그 외 각종 시험장(농사, 수산, 임업 등), 검사소 등에 소수 배치되었다.

소속기관에서도 고등관으로 관직을 시작한 자는 40명에 불과하였고 나머지(534명)는 모두 판임관의 하위직이었다. 사법기관은 조선에서 사법관시보로 시작한 자가 다수여서 160명에 이르고 판사(58명), 검사(25명), 재판소서기(29명) 등의 직에서 출발하였다.

지방행정기관도 고등관(예컨대 부윤, 도사무관, 도기사 등)의 수는 29명에 지나지 않고 나머지는 전부 하위직관료였다. 다만 도립의원의 경우 고등관에 속하는 醫官(68명)이 하위직(의원, 서기, 약제수)보다 많았다. 교육기관의 경우는 경성제대에서 자리를 잡은 자가 116명(助手 9명, 강사 17명, 조교수 27명, 교수 39명, 예과교수 23명, 서기 1명), 전문학교(高農, 高商, 高工, 法專, 醫專 등)의 교수직(조교수 21명, 교수 52명) 그리고 각종 학교(실업학교, 중학교, 사범학교, 보통학교 등)의 훈도나 교유를 시작으로 총독부에 몸담은 자들이었다.

전체적으로 보면 고등관보다 판임관의 하위직으로 출발한 자가 절대적으로 많음을 알 수 있고 총독부본부보다 그 소속기관이나 지방행정기관에서 관직을 시작한 자가 많았다.

이들 일반관료들의 퇴임 후 직업(관직)을 살펴보면 일본의 패전으로 자동 失官한 자 1,398명, 사망 69명, 폐관 1명, 정년퇴직 2명, 휴직 8명(1명은 휴직 후 사망) 등 1,478명을 제외한 나머지 982명 가운데 퇴임 후 직업(관직)이 확인되는 자 307명을 중심으로 살펴보기로 한다.

307명 중 일본본토로 자리를 옮긴 자는 60명이고 나머지 247명은 조선에 그대로 잔류하였다. 우선 일본으로 간 자를 보면 각급학교로 간 자가 21명,[24] 정부기관으로

---

23) 여기서 기타라 함은 조선사회주사(17명), 조선산업기사(163명), 조선산업주사(28명), 조선위생기사(9명), 조선토목기사(30명), 조선토목주사(14명)를 일컫는다.
24) 대학교수와 전문학교 교수 각 7명, 고등학교 교수 2명, 공립중등학교장 4명, 대만고등공업학교

간 자가 19명,[25] 판검사 4명, 육해군교수 3명, 육해군기사 4명, 육해군사정관 5명이 었고 기업이나 협회간부로 간 자는 4명에 불과하였다.

확인 가능한 307명 중 80.5%에 달하는 자들이 조선총독부의 관직을 떠나 조선에 주저앉은 셈이 되는데 이들의 전직상황을 보면 다음과 같다. 우선 고등관대우를 받은 읍면장으로 간 자가 39명(읍장 34명, 부읍장 1명, 면장 4명)이었고, 府(경성, 인천, 나진, 대구, 대전, 부산, 전주, 평양, 청진)의 課長, 기사 등[26]으로 간 자가 32명, 府道會의원이 된 자가 6명(부회의원 4명, 도회의원 2명)이었다.

또 특정우편국장(2명)과 우편소장(4명), 담배판매소장(2명), 상공장려관장(1명) 등 9명이었다.

그 외 각급 학교로 간 자가 5명,[27] 언론계,[28] 公證人(4명), 병원개업(5명), 변호사 개업(9명), 지방상공회의소임원(5명), 금융계[29](8명), 조합이나 협회, 연합회 임원으로 간 자가 39명이었고 나머지는 모두 일반회사의 간부 또는 임원으로 갔다. 개인사업을 한 3명을 제외한 80명이 조선에 있는 기업으로 자리를 옮겼다. 회사로 간 자들 가운 데는 일본에 있는 회사나 단체의 조선본부 또는 지사, 지점에서 근무하게 된 자(12명) 도 있었지만 나머지는 전부 민간회사 간부로 전직하였다.

그런데 여기서 재미있는 사실은 그 회사들의 규모가 크지 않았다는 점과 회사에 서의 직위도 높은 편이 아니었다는 점이다. 민간회사에서의 직위를 보면 사장(4명), 부사장(1명), 전무(12명), 상무(5명), 이사(6명), 지배인(8명), 감사(2명) 등 38명을 제외 한 나머지는 참사(3명), 지점장, 부장, 과장, 사무소장, 출장소장, 주임 등으로 나타나 이를 입증해 주고 있다.

교수 1명이었다.

25) 내각총리대신 비서관과 체신성 사무관 각 2명, 척무사무관 3명, 군수성 군수관·귀족원 서기관·기 상기사·내무기사·馬事연구소 기사·상공사무관·농사시험장 기사·지방교학관·척무기사·통신원 서기관·학습원 사무관·항공관 각 1명이었다.

26) 과장 15명, 기사 4명, 주사 8명, 계장·서기·출장소장·醫長·도서관장 각 1명이었다.

27) 경성상업실천학교장, 숙명고등여학교 교수, 숙명고등여학교장, 연희전문학교 교수, 청주상업 학교장 등이었다.

28) 부산일보부사장, 北鮮일일신문사장, 조선교육신문사장, 함흥방송국장 등이었다.

29) 조선취인소 이사 2명, 대구상공은행 감사역·조선상업은행 상무·조선식산은행 인사과장·조 선신탁부동산 부장·조선신탁 부산지점 지배인·조선은행 지점장 각 1명이었다.

Ⅲ. 타 식민지와의 비교

일제 각 식민지의 최고 통치기구는 크게 조선총독부, 대만총독부, 화태청, 관동청30), 남양청31) 등으로 세분되며, 이들 지역의 경우 그 長은 조선총독부와 대만총독부는 총독, 화태청·관동청·남양청의 경우는 장관으로 명명되었다.

1. 고위관료의 사회적 배경

1) 총독 및 장관분석

대만총독부의 총독을 지낸 자는 모두 19명이었고 관동청장관을 지낸 자는 18명, 화태청장관을 지낸 자는 15명(원래는 16명이나 한 사람이 두 번 재임하였다), 남양청장관을 지낸 자는 9명이었다.

(1) 출신배경

대만총독을 역임한 자들의 신분을 보면 화족출신 1명, 사족출신 8명이었고 나머지는 모두 평민출신(10명)이었다. 관동청장관의 경우는 화족출신 2명, 사족출신 10명이었다. 화태청장관의 경우 화족출신은 없고 사족출신이 9명, 평민출신이 7명이었다. 남양청장관의 경우 화족출신 1명, 사족출신과 평민출신이 각각 4명이었다.

(2) 학력 및 입관시험

① 출신학교를 살펴보면 대만총독의 경우 建軍期 및 舊육사, 육군사관학교 출신이 8명, 해군병학교 출신이 2명으로 이들은 모두 육군대장과 해군대장이었다. 나머지 중 8명이 모두 동경제대 출신이었다(1명은 미상). 여기서 조선총독부의 총독과 차이점을 발견할 수 있다. 그것은 조선총독은 모두 軍출신임에 비해, 대만총독의 경우는 민간인출신이 47.3%에 이르고 있다는 점이다. 동경제대출신의 대만총독은 법학(5명)과 정치학(3명)을 전공한 것으로 나타나고 있다.

관동청장관의 경우를 살펴보면 建軍期와 육군사관학교를 마친 자가 10명(건군기 4명, 육군사관학교 6명)이었고 이들은 육군중장 1명을 제외하고는 모두 육군대장출신이었다. 이들 軍출신 장관외에는 전부 민간인출신 장관이었는데 8명 중 5명이 동경제대

---

30) 관동청의 겨우는 1906.5.1~1919.4.12까지는 관동도독으로, 1919.4.12 이후부터는 관동장관으로 칭하였다.

31) 남양청의 경우 1918.7.1~1922.4.1까지는 임시남양방비대민정부장으로 칭하였다가 1922.4.1부터 남양청장관으로 그 명칭이 바뀌었다.

출신이었고 대학에서의 전공도 법학이 5명, 정치학이 2명이었다(1명 미상).

화태청장관의 경우 장관을 역임한 15명 중 舊육사출신의 육군중장 1명이 장관을 지낸 것 외에는 모두 민간인출신(14명)이 장관을 지냈다. 이들 민간인출신들은 거의 다 동경제대출신(12명)에다 타 대학출신자들이었다. 이들 대학출신자들의 전공분야를 보면 법학전공자가 12명, 정치학전공자가 2명이었다.

남양청의 경우를 보면 9명의 장관 가운데 1명이 해군병학교출신의 해군중장이었고 나머지는 모두 민간인출신이었다. 민간인출신 8명은 동경제대(7명)와 경도제대(1명) 졸업자였다. 이들 대학졸업자는 법학(5명)과 정치학(3명)을 전공한 자들이었다.

전체적으로 보면 대만총독부와 관동청의 경우 통치 초기에 軍출신을 배치하였다가 중반기에 민간인출신으로 補한 후 다시 통치 말기에 이르러 軍출신 총독과 장관을 임명하는 정책을 폈음을 알 수 있다. 이를 통해 식민지배 초기는 군사통치로 시작하였다가 어느 정도 지배기반이 공고해지면 민간인출신으로 통치케 했음을 알 수 있다. 이후 말기에는 전쟁수행과 아울러 다시 군출신으로 배치하여 통치지역의 동요와 예상되는 혼란을 막기 위한 정책을 펴나간 것으로 분석된다. 따라서 상대적으로 통치가 용이한 지역에 속했던 화태청이나 남양청 같은 곳에서는 민간인출신으로 통치케 한 점으로 보아 큰 위험부담을 가지지 않은 것으로 보인다.

② 문관고등시험 합격 여부를 살펴보면 대만총독의 경우 민간인출신 9명 중 8명이 이 시험 합격자들이었다. 관동청장관의 경우는 민간인출신 장관 8명 중 3명이 고등시험 합격자였고 1명은 판검사등용시험 합격자였다. 화태청장관도 軍출신을 제외한 민간인출신 14명 전원이 고등시험 합격자였고, 남양청장관의 경우도 민간인출신 8명 중 7명이 이 시험 합격자였다.

(3) 취임연령 및 재임기관

① 총독 및 장관의 취임연령을 보면 대만총독의 경우 45~49세가 4명, 50~54세가 1명, 55~59세가 6명, 60~64세가 7명으로 나타나 주로 50대 후반 이후의 자들이 대만총독의 자리에 있었음을 알 수 있다. 관동청의 경우도 대만총독과 비슷한 양상을 보였는데 45~49세가 1명, 55~59세가 8명, 60~64세가 8명, 65~69세가 1명으로 대만총독과 같이 주로 50대 후반 이후의 자들이 장관직을 수행하였다.

대만과 관동과는 달리 화태청과 남양청의 경우는 다소 젊은 나이의 사람들을 장관에 임용하였다. 즉, 화태청의 경우 35~39세가 1명, 40~44세가 3명, 45~49세가 7명, 50~54세가 3명이었고, 남양청의 경우는 40~44세가 4명, 45~49세가 1명, 50~54세가 3명, 55~59세가 1명이었음을 보아도 명백히 드러난다.

　② 총독이나 장관의 평균재임기간을 각 식민지별로 살펴보면 대만총독은 34.5개월, 화태청장관은 31.9개월, 관동청장관은 24.6개월, 남양청장관은 36개월로 나타나고 있다. 길게는 8, 9년 총독이나 장관을 지낸 자가 있는가 하면 3개월로 임기를 마친 자도 있었다. 이들의 재임기간은 조선총독의 재임기간보다 짧은 편이었다.

(4) 前職 및 퇴임 후 직업(관직)

　① 前職: 총독이나 장관으로 부임하기 직전의 관직을 보면 대만총독의 경우 軍출신은 사단장 내지는 軍사령관(군사참의관 포함)의 자리에서 총독이나 장관으로 임명되었다. 이는 관동청이나 화태청에서도 똑같았다. 여기서 조선총독이 주로 大臣급의 인물들로 채워진 것과 비교하면 큰 차이가 있음을 알 수 있다. 이는 곧 당시 일본정부가 조선과 타 식민지에 차별성을 두고 있었음을 말해주고 있다.

　다음으로 민간인출신 총독이나 장관을 보면 대만의 경우 체신대신, 관동청장관과 같은 친임관이 2명, 칙임관인 차관급(체신, 문부, 경시총감)의 인물이 총독으로 임명되었는데 특히 귀족원칙선의원이 4명이나 총독이 되었다.

　관동청장관의 경우도 주로 칙임관(大使, 조선총독부 정무총감, 상훈국총재, 내각서기관장, 내무성 경보국장)이 장관으로 기용되었고, 귀족원과 중의원의원이 각 1명 장관이 되었다. 화태청장관도 이와 비슷하였는데 한 가지 특이한 것은 縣지사출신 7명이 장관으로 기용되었다는 것이다.

　그런데 남양청장관의 경우는 다른 지역과는 달리 주임관(縣내무부장, 상훈국서기관, 남양청서기관, 척무성서기관)급에서 장관으로 임명되었다. 당해지역에서 승진하여 장관이 된 경우가 두 번 있었는데 화태청사무관과 남양청서기관이 각각 화태청장관과 남양청장관이 되었다.

　또한 식민지 간의 인사교류는 적은 편이어서 관동청장관이 대만총독으로 자리를 옮겼고 조선총독부 정무총감이 관동청장관으로, 대만의 州지사와 조선총독부의 내무국장이 화태청장관으로, 관동청 경무국장이 남양청장관으로 승진한 경우도 있었다.

　② 퇴임 이후의 직업(관직): 최종 관직을 분석하면 대부분이 일본본토의 요직으로 이동하였음을 알 수 있다. 대만총독의 경우 본토 大臣으로 자리를 옮긴 자가 5명이었고, 그 외 귀족원의원, 추밀고문관이 각 2명이었다.

　대만과 달리 관동청, 화태청, 남양청장관을 지낸 사람들의 경우는 대만총독을 역임한 자들과는 차이가 있어 퇴임 후의 관직이 그 대우면에서 낮았다. 다만 일본본토

로 자리를 옮기지 않고 관동청장관에서 조선총독부 정무총감과 대만총독으로, 남양청
장관이 조선총독부 전매국장으로 이동한 것이 다소 예외적인 인사였다고 할 것이다.

2) 식민지별 민정국(장)관, 사무총장 분석

조선총독하에 정무총감직이 있었던 것처럼 대만총독하에 민정국장(장관)[32], 관동
청장관하에 사무총장[33]직이 있었다. 대만 민정국장은 17명, 관동청 사무총장은 12명
이 재임하였는데 이들에 대한 사회적 배경을 살펴보면 다음과 같다.

(1) 출신배경

대만총독부의 경우는 화족출신 1명, 사족출신 4명이었고 나머지는 모두 평민출
신이었다. 관동청의 경우도 대만과 비슷하여 사족출신이 7명이었고 나머지는 평민출
신이었다.

(2) 학력 및 입관시험

① 출신학교: 출신학교를 보면 대만의 경우 전체 17명 중 동경제대 출신이 13명
(76.5%)에 달하고 있고(경도제대 출신이 1명), 관동청의 경우는 12명 전원이 동경제대
출신이었다.

대학출신자의 전공분야를 보면 대만의 경우 법학전공자가 8명, 정치학전공자가
6명이었다. 또한 관동청의 경우도 법학전공자가 7명, 정치학전공자가 5명이었다. 전
체적으로 보면 법학전공자가 절반을 넘고 있음을 알 수 있다.

② 고등시험 합격 여부: 대만의 경우 전체 17명 중 14명이 고등문관시험 합격자
들이고, 관동청의 경우는 12명 전원이 이 시험의 합격자들이었다.

(3) 취임연령 및 재임기간

① 장관 취임연령을 살펴보면 대만의 경우 35~39세가 2명, 40~44세가 5명,
45~49세가 2명, 50~54세가 5명, 55~59세가 1명으로 30대 후반에서 40대 후반까지
가 9명이나 되고 있다. 이러한 연령대는 관동청의 경우도 비슷하여 40~44세가 4명,
45~49세가 6명, 50~54세가 2명이었다.

---

32) 1896.4.1~1898.6.20까지는 민정국장, 1898.6.20~1919.8.20까지는 민정장관, 1919.8.20 이후는
   총무장관으로 불리었다.
33) 관동청의 경우도 1906.9.1~1919.4.12까지는 민정장관, 1919.4.12~1924.12.20까지는 사무총장
   으로 칭하였다. 관동청 사무총장은 1924.12.24에 폐관되었고 1934.12.26~1947.3.31까지는 관
   동국총장으로 불리었다.

② 재임기간을 분석하면 대만장관의 경우 35.4개월, 관동청장관은 29.9개월로 나타났다. 대만의 경우 8년 8개월 재임한 장관이 있었고 관동청의 경우 9년 2개월 재임한 자도 있었다.

(4) 前職 및 퇴임 후 직업(관직)

① 前職: 장관으로 부임하기 전의 관직을 보면 대만의 경우 일본본토 省廳의 국장이 가장 많아 7명이었고 그 다음이 縣지사가 4명이나 되었다. 그리고 대만총독부 자체에서 승진하여 장관이 된 자가 2명이나 되었다. 관동청의 경우도 대만과 유사한데 일본본토 省廳의 국상출신이 4명이었고 縣지사와 귀족원의원 출신이 각 2명이었다. 그리고 관동청 자체에서 승진하여 장관이 된 자가 3명이나 되었다.

② 퇴임 후 직업(관직): 퇴임 후 직업(관직)을 보면 대만의 경우 관직이 아닌 회사(기업)의 중역으로 자리를 옮긴 자가 5명이고, 귀족원의원이 된 자가 4명, 차관급이 3명이었다. 관동청의 경우는 府, 縣지사로 임명된 자가 4명이었으나, 만주국 총무청장, 통감부 참여관, 조선총독부 정무총감으로 근무처가 바뀐 자도 3명이었다.

3) 대만총독부 본부국장, 법관, 지방장관 분석

식민지의 본부국장, 법관, 지방장관은 자료 求得上 대만총독부의 것만 확인되고 있어 여기서는 그에 관한 것만 분석해본다. 대만의 경우 국장을 지낸 자 138명, 법관을 지낸 자 25명, 지방장관을 지낸 자가 79명으로 전체 242명에 이르나 하나의 직 이상을 재임한 자들이 있어 실제 사람 수는 172명이었다.

(1) 출신배경

대만의 경우 본부국장과 법관, 지방장관을 역임한 자들의 신분을 보면 사족출신이 48명이고 나머지는 모두 평민출신이었다.

(2) 학력 및 입관시험

① 출신학교를 살펴보면 전체 172명 중 동경제대 출신이 129명, 경도제대 출신이 11명으로 나타나 동경제대 출신이 전체의 75.6%에 달한다. 거기에다 대학에서의 전공분야를 보면 법학 전공자가 104명이고, 정치학 전공자는 36명이었다(그 외 경제학 전공자가 6명, 공학전공자가 4명). 특히 법학 전공자 중에는 영국법이나 불란서법보다는 독일법 전공자가 상대적으로 많은 것으로 나타나고 있다.

② 고등시험 합격 여부: 고등문관시험을 거쳤는지를 알아보면 125명이 고등시험

합격자들로서 전체의 72.7%에 이른다.

(3) 취임연령 및 재임기간

① 본부국장 등의 취임시 연령을 보면 40대가 가장 많아 102명에 이른다.(40~44세가 54명, 45~49세가 48명). 50대 이상은 21명(50~54세가 17명, 55~59세가 2명, 60~64세가 2명)이고 30대도 17명이나 된다. 이렇게 보면 비교적 일할 연령에 있는 자들이 본부국장이나 지방장관을 지낸 것으로 파악되는데 50대 이상은 주로 법관 재직자였다.

② 본부국장 등의 재임기간을 살펴보면, 대만총독부의 경우 28.1개월로 나타나고 있다. 전체 242명을 놓고 보면 46명이 1년 미만 재임한 것으로 나타나 그 재임기간은 길지 않았던 것으로 분석된다.

(4) 前職 및 퇴임 후 직업(관직)

① 前職: 전직을 분석할 때는 일본본토에서 바로 대만총독부로 이동하였는지 그리고 대만 총독부에서 관직을 처음 시작하였는지를 파악할 필요가 있다.

먼저 일본본토에서 관직을 보유하였다가 대만으로 자리를 옮긴 경우가 전체 172명 중 139명(법관 제외)이었는데 이들 가운데 일본본토에서 縣지사를 지내다 대만총독부의 국장(20명) 또는 州지사(1명)로 임명된 자가 21명으로 가장 많았다. 이들은 경무국장(8명), 교통국총장(5명), 내무국장(4명)에 주로 발탁되었고 나머지는 재무, 식산, 총무국장으로 임명되었다. 57명 중 일본본토에서의 관등이 칙임관이었던 자가 27명이었고 나머지는 모두 주임관에서 승진하여 대만의 국장 또는 州지사가 된 자들이었다. 州지사로 임용된 자는 전체 8명(이 중 1명은 관동청 내무국장을 지냄)이었고 나머지는 모두 국장으로 임명된 자들이었다.

이들 외 82명은 일본본토에서 관직을 보유하다 대만총독부로 전출하여 근무한 후 국장이나 州지사가 된 자들이었다.

일본의 타 식민지에서 대만총독부의 국장으로 임용된 자는 6명이었는데 이들은 조선의 통감부(이사청 이사관, 칙임관), 조선총독부(체신국장 1명, 사무관 2명), 화태청(장관, 사무관) 출신으로 이들 모두 국장(내무국장 3명, 문교국장 2명, 경무국장 1명)으로 임명되었다.

또한 대만총독부에서 관직을 시작한 자는 모두 27명이었는데 이들은 총독부본부 및 소속기관의 말단직인 屬(서기직, 판임관)에서 출발하여 국장이나 州지사가 된 자들이었다.

② 퇴임 후 직업(관직): 본부국장과 지방장관을 지낸 자들의 퇴임 후 직업(관직)

을 보면 일본본토의 지방관으로 진출한 자가 많았다.

이를 자세히 살펴보면 縣지사로 간 자가 13명(이들 중 6명은 휴직 후 지사로 등용
됨)이었고 市長으로 간 자가 8명이었다(나머지는 국장, 조역, 부장). 중앙부처로 이동한
자가 14명(귀족원 및 중의원 2명, 학교장 1명 포함)으로 주로 차관급 이하의 직으로 자리
를 옮겼다.

다음 총독부의 장관으로 승진한 자가 3명이었고 일본의 타 식민지로 轉職한 자가
6명(조선총독부 국장, 도지사, 관동청 국장 2명, 州廳장관, 화태청장관)이었다.

관직을 떠나 기업의 중역이나 長으로 간 자가 24명이었는데 이들은 물론 민간회
사로 진출한 자도 있었지만 일본의 국책회사(예컨대 남만주철도)나 식민지역에 설립된
관변회사(척식회사, 주택영단 등)로 진출한 자들이었다.

2. 일반관료(대만)의 사회적 배경

타 식민지에서의 일반관료에 대해서는 대만총독부에 한정하기로 한다. 그것은 타
지역에 대한 자료가 불충분하기 때문이다.

1) 신분관계

관료의 신분관계를 보면 표본집단 554명 중 화족출신은 3명에 불과하고, 사족출
신은 158명 나머지는 모두 평민출신이었다.

2) 학력 및 입관시험

출신학교의 경우 자료가 확인된 510명 중 대학출신자가 가장 많아 414명으로
81.2%를 차지하였다. 그 외 관립고등학교 출신은 5명, 관립전문학교와 관립실업전문
학교 출신은 26명, 교원양성학교 출신이 22명, 대학전문부와 醫專 등과 같은 전문학
교 출신이 19명, 정부부속 교육연수기관 출신이 9명 등으로 나타났다. 여기서도 일본
인관료의 학력이 비교적 높았음을 알 수 있다.

대학졸업자를 출신대학별로 구분하면 414명 중 동경제대 출신자는 285명으로 전
체 대학졸업자의 68.8%를 차지하고 있는 것으로 조사되었고 그 다음으로는 경도제대
56명, 동북제대 23명, 북해도제대 9명, 구주제대 6명, 경성제대 1명 등의 순으로 나타
났다. 또한 관립대학인 동경상대와 신궁황학관대학 졸업자가 4명이었다(미국대학 출신
3명). 따라서 제국대학과 관립대학 출신이 384명에 이른데 반해 사립대학 출신자는
27명에 불과하였다.

대학출신자들의 전공분야를 보면 법학관련 전공자가 148명으로 가장 많았고, 정치학 49명, 농과 및 의과 38명, 공과 35명, 문과 33명 등으로 분석되었다. 대만총독부에 재직한 일본인관료들의 경우도 법학과 정치학 전공자가 모두 197명에 이르러 이들 전공자가 관료사회를 지배하고 있었다고 할 수 있다.

대만총독부 관료들의 각종 시험합격 여부를 살펴보면 전체 554명 중 102명이 시험을 거친 것으로 나타나고 있다. 이 중 문관고등시험 합격자가 89명(87.2%)으로 가장 많고 그 다음으로 판검사등용시험 8명, 변호사 및 외교관시험 합격자가 각각 2명, 의술개업시험 합격자 1명으로 나타났다.

3) 취임연령

대만총독부 일본인관료의 취임연령을 살펴보면 그것이 확인되고 있는 108명 중 20~24세가 3명, 25~29세가 24명, 30~34세가 25명, 35~39세가 22명, 40~44세가 19명, 45~49세가 9명, 50대 이후가 6명으로 나타나고 있다. 결국 20대와 30대 초반이 대만총독부에 진입하였음을 알 수 있다.

4) 前職, 최초 관직 및 퇴임 후 직업(관직)

(1) 前職

대만총독부로 이동하기 전의 관직을 표본집단 364명을 중심으로 살펴보면 대부분 일본 본토에서 관직(직업)보유자인 것으로 나타나고 있다.

먼저 일본이 아닌 타 식민지에서 대만총독부로 이동한 경우를 보면 조선총독부에서 대만으로 옮겨간 자가 7명,[34] 관동청과 화태청에서 대만으로 옮겨간 자가 2명(장관비서관과 체신기사)과 1명(민정서촉탁)이었다. 이들 외 354명은 전부 일본본토에서 대만으로 갔다.

이들 354명을 다시 분류해 보면, 판검사 61명, 경찰직 14명, 지방직 28명, 민간회사에서 10명, 변호사 3명, 각급학교 102명 등을 제외한 136명은 일본중앙정부 출신 관료들이었다. 여기서 흥미로운 점은 교유, 교수와 같은 교육종사자들이 많았고, 관료 중에서도 기술직에 속하는 사람들이 많았다는 점이다.

(2) 최초관직

일본인관료의 대만에서의 최초 관직 소속기관을 보면 총독부본부 195명, 총독부

---

34) 교수 3명, 기사 2명, 총독부 사무관·道사무관 각 1명이었다.

소속기관 89명, 교육기관 107명, 사법기관 75명, 지방행정기관 68명 등으로 나타나고 있다.

이를 좀 더 자세히 분석해보면 먼저 총독부본부의 경우 총독부기사(44명) 및 총독부사무관(41명)으로 최초 보직 때는 예가 많았고, 소속기관으로는 철도(교통국)기관 그리고 전매국으로 보임된 경우가 많았다. 사법기관의 경우 법원판관이 51명, 검찰관이 22명이었다. 교육기관의 경우 제국대학 교수직 이외 고등학교, 전문학교 교수들이 상당수였다.

(3) 퇴임 후 직업(관직)

대만총독부에서 퇴임한 후의 직업(관직)을 자료수집이 가능한 280명을 중심으로 살펴보면 우선 대만에 남은 자는 모두 42명으로 대만총독부촉탁(2명), 평의회원(1명), 중학교부교장(1명), 변호사(2명), 공증인(1명) 등을 제외하면 모두 상공회의소, 각종 조합, 협회, 민간 회사의 간부급으로 남았다. 또한 대만 이외 일본식민지역으로의 진출 상황을 보면 조선총독부에 9명,[35] 관동청에 5명,[36] 화태청에 3명,[37] 남양청에 1명(서기관)이었고, 만주국에 2명(만주국 법제국장, 엽연초사장), 남만주철도에 4명 등 모두 25명이었다. 이들 외 213명 다수는 대만을 떠나 모두 일본본토로 돌아갔다. 일본본토로 돌아간 자들을 보면 교육계(교수, 교장 등) 27명, 사법기관(19명), 민간기업(41명)으로 나타났고 나머지는 모두 행정기관으로 자리를 바꾸었다. 행정기관 가운데 중앙행정기관으로 간 자는 55명, 지방행정기관으로 간 자는 71명이었다. 중앙으로의 전직자에는 육군사정관(7명)과 육군사정장관(5명)이 가장 많았고 省廳으로는 척무성으로 옮긴 자(척무사무관 3명, 척무서기관 3명, 척무참사관 1명)가 많은 편이었다. 지방으로 옮긴 자는 縣지사 4명 외에 세관장, 縣부장 등이었다. 이들의 직급을 보면 칙임관보다는 주임관급의 고등관들이 주류를 이루고 있었다.

---

35) 검사 2명, 부윤·기사 사무관·전매국 사무관 각 1명이었고, 경성의전 교수 2명, 조일신문 사장 1명이었다.

36) 관동도독부 사무관, 관동도독부 외사총장, 관동청 기사, 관동청 사무관, 관동청 체신국 과장 등이었다.

37) 화태청 경찰부장·내무부장·사무관 각 1명이었다.

Ⅳ. 맺음말

1. 연구의 요약

조선총독부에서 총독을 역임한 인물들은 모두 육해군대장 출신으로 민간인 출신은 없었다. 또한 총독 취임시 연령은 전원 58세 이상의 고령이었다. 이들의 평균재임기간은 5년이었고 총독 취임 전에는 大臣급의 군요직에 있었으며 총독 퇴임 후에도 내각총리대신으로 기용되는 등 모두 일본본토의 요직으로 전출하였다.

역대 조선총독은 전원 중장 및 대장을 역임한 군 출신이 임명됨으로써 제국대학(특히 동경제대)에서 법학과 정치학을 전공한 후 고등시험에 합격한 민간인 출신이 총독, 장관으로 다수 임명된 타 식민지(대만·관동청·화태청·남양청)와 큰 차이를 보이고 있다.

조선총독의 경우 1910년 9월 30일의 조선총독부 및 소속관서관제(칙령 제354호)에 의해 '총독은 친임관의 육해군대장으로 천황에 直隷하여 위임의 범위 내에서 육해군을 통솔하고 조선을 방비함과 아울러 제반 정무를 통할하고 내각총리대신을 거쳐 상주, 재가를 받게'되어 있었다. 이를 대만총독부관제(제3조)의 '총독은 내각총리대신의 감독을 받아 제반의 정무를 통리한다'는 것과 비교하면 조선총독은 내각총리대신의 감독을 받지 않았음을 알 수 있다.

또한 1919년 3.1운동이 일어난 이후 동년 8월 19일 조선총독부관제 개정(칙령 제386호)으로 총독임용의 범위를 확대하여 육해군대장으로 충원하던 제도를 폐지함과 동시에 종래 '총독은 천황에 直隷하여 위임의 범위 내에서 육해군을 통솔하고 조선방비의 업무를 장리한다'는 조항을 삭제하여 '안녕질서 유지를 위해 필요하다고 인정할 때에는 조선에 있는 육해군 사령관에게 병력의 사용을 청구할 수 있다'고 하여 문관출신자의 총독 임용의 길이 열렸으나 그 이후 문관출신의 총독은 한 번도 임용된 적이 없었다.

여기서 우리는 일본이 보유한 여러 식민지 중에서도 한국통치의 경우만은 특별조치로서 거의 예외로 취급되었음을 알 수 있다.[38] 일본의 대한식민정책은 절대주의 천황제 지배체제하에서 일사불란한 복종이 강요된 군사독재적이며 침략을 위한 병참

---

38) 일본의 식민지 경영전략에서 조선과 대만의 지위가 달랐으며 총독부의 직제에 포함된 육군국과 1개 여단 정도의 일본군이 있었던 대만과 달리 총독부 官房에 무관부를 두고 조선군사령부의 지휘 아래 1.5개 또는 2개 사단이 주둔했던 현실적 차이와도 연관이 있을 것이다. 또한 일본본토의 권력을 사실상 장악하고 있던 육군 군부세력의 대륙지향적인 팽창전략과도 깊은 연관이 있었다(신주백, 「일본의 '동화'정책과 지배전략」, 『일본과 서구의 식민통치 비교』, 선인, 2004, 252쪽).

기지의 성격을 지니고 있었고 특히 만주와 중국대륙에 대한 침략의 군사거점이 되었기에[39] 조선총독을 군 출신으로 補하는 것은 일본으로서는 당연한 일이었는지도 모른다.

다음 조선총독을 보좌하고 있었던 정무총감을 보면 거의 제국대학출신(특히 동경제대)에다 법학과 정치학을 전공한 고등문관시험 합격자들이었고 정무총감 취임연령은 40대 후반에서 50대 초반인 자들이 주를 이루었다. 이들은 모두 문관출신으로 그 평균재임기간은 3년이었으며 정무총감으로 오기 전의 관직은 거의 일본본토의 차관급 고위관료들이었다. 이들은 정무총감직 퇴임 후 거의 일본본토의 주요 관직으로 옮겨갔다.

또한 조선총독부의 정무총감을 이와 같은 지위에 있었던 대만총독부의 민정국(장)관, 관동청의 사무총장들과 비교해보면 학력과 대학에서의 전공분야, 고등시험 출신이었다는 점과 모두 문관 출신이라는 면에서는 별 차이가 없다. 다만 대만총독부의 민정국(장)관, 관동청의 사무총장들의 취임연령이 다소 낮고 전직이 자체 승진한 자가 있는가 하면 일본본토에서 省廳의 국장, 縣지사를 지낸 자들이어서 조선의 정무총감보다는 다소 직급이 낮은 자들이 임명되었음을 알 수 있다. 그러다보니 퇴임 후 진출하는 자리도 조선총독부의 정무총감이 퇴임 후 옮긴 직급보다 다소 낮았음을 보여주고 있다.

다음 조선총독부 본부의 국장과 법관, 지방장관을 보면 모두 민간인 문관출신이었고 학력은 높아 제국대학(특히 동경제대) 출신자, 법학과 정치학을 전공하고 고등문관시험에 합격한 자들이 압도적으로 많았다. 이들의 취임연령을 보면 대개 30대 후반에서 40대 초반이 많았으며 법관의 경우는 50대가 많았다. 평균재임기간을 보면 본부국장은 2.9년, 법관은 5.3년, 지방장관은 2.2년이었다. 이들의 前職을 보면 두 가지 부류로 나눌 수 있는데 일본본토에서 관직을 보유(縣지사나 사무관같은 지방출신이 많았다)하다 한국에 온 자가 39명으로 22%에 이르나 대한제국 및 통감부의 고위직 관료로 있었던 자가 45명으로 26%에 달해 상당수가 합방 이전부터 한국에 있었던 자들이었다. 나머지는 모두 조선총독부에서 관직을 시작하고 국장이나 지방장관을 지낸 자들이었다. 또한 퇴임 후의 직업(관직)을 보면 終戰 또는 사망으로 관직을 떠난 자(18명) 이외의 자들을 보면 일본본토의 요직으로 옮긴 자들도 많았지만, 한국에 남아 소위 관변기업이나 단체[40]의 중역 이상의 자리로 간 자(47명)가 다수였다.

---

39) 金雲泰 외, 『韓國政治論』, 博英社, 1999, 201쪽.
40) 척식회사, 식산은행, 각종 전기회사, 철도회사, 금융조합, 상공회의소 등을 꼽을 수 있다.

대만총독부에서 국장을 지낸 자들을 보면 모두 문관출신에다 제국대학(특히 동경 제대)에서 법학이나 정치학 전공자들이었고 거의 고등문관시험 합격자들이었다. 국장의 취임연령은 40대가 다수여서 조선총독부의 경우보다 약간 연령이 높은 것으로 나타났다. 평균재임기간도 조선총독부의 경우보다 약간 적어 2.4년 정도였고 이들은 대만총독부에서 관직을 시작한 자보다는 거의 일본본토에서 관직을 보유하다 대만총독부로 전직한 자들이 더 많았다. 대만총독부에서의 국장직 퇴임 후에는 일본본토의 관직으로 옮겼어도 주로 차관급 이하 내지는 지방관으로 이동한 자들이 다수였다.

이를 통해 조선총독부에서 근무한 자들이 대만총독부에서 근무한 이들보다 다소 젊은 연령에 취임하여 다소 오래 근무한 것을 알 수 있다. 또한 처음부터 조선총독부에서 관직을 시작한 자와 식민지 조선 이전의 관료출신이 주류를 이루고 있었음을 알 수 있다. 거기에다 국장이나 지방관을 지낸 자들 중에는 퇴임 후 한국에 남아 관기업이나 관변단체의 주요직을 계속 보유했던 자들이 많았다. 그것은 대만의 경우보다 조선에서의 취업기회가 더 많았음을 보여주고 고위관직 보유자가 한국에서 생활하기가 대만보다 더 좋았던 것이 아닌가 생각된다.

끝으로 고위직이 아닌 일반직 관료의 경우를 보면 다음과 같다.

우선 조선총독부의 경우를 보면 대학졸업자 뿐만 아니라 각종 시험 합격자가 상당수였다. 조선에서의 관직 취임연령을 보면 20대 후반에서 30대 초반의 젊은 층이 주를 이루고 평균재임기간도 14.6년에 이르러 고위직보다는 오래 근무한 것으로 나타났다. 또한 이들 중에는 일본본토에서 관직을 보유하다 한국에 온 자보다 조선총독부에서 처음 관직을 시작한 자가 더 많았다. 일본본토에서의 관직도 일반 관료보다 교육직(교수, 강사, 훈도 등)이 다수였음을 보여주고 있고 주임관 이상의 고등관보다 하위직 관료 출신이 더 많았다. 조선총독부에서 관직을 처음 시작한 자도 거의 하위직에서 출발한 것으로 나타났다.[41] 일반직 관료의 퇴임 후 직업을 보면 한국에 잔류한 경우가 많았는데 국장급에서 볼 수 있었던 경우와 마찬가지로 관변단체나 기업으로의 진출이 두드러졌다. 이는 계속 배출되는 젊은 연령층의 관료들을 요직에 앉히기 위해 전직자들을 민간으로 돌려 일하게 한 것으로 보이고 그 일환으로 민간회사나 관변단체의 중역으로 보냈다는 것이다.[42] 흥미로운 것은 주임관(고등관) 대우의 읍면장

---

41) 일본인관료가 조선총독부의 고위직은 물론 하위직까지 차지하고 있었던 것은 서구제국하의 식민지 상황과는 대조를 이룬다. 즉, 버마의 경우 歐洲人 고관은 단 15%에 불과하였으며, 하위·중위직은 물론 심지어 고위직까지도 버마인이 모두 차지하였다(F.S.V. Donnison, *Public Administration in Burma*, Royal Institute of International Affairs, 1953, pp. 87~88).

42) 미야타 세쓰코(해설 감수), 정재정(역), 『식민통치의 허상과 실상－조선총독부 고위관리의 육

으로 임용된 경우가 많았다는 것이다.

대만총독부에서의 일반직 관료도 조선총독부에서의 일반직 관료와 유사한 성격을 띠나, 다만 차이가 나는 것은 일본본토에서의 관직 보유자 중 하위직(판임관)보다 주임관급의 고등관이 상대적으로 많았고 퇴임 후 대만에 잔류한 자들보다 일본본토로 이동한 자가 더 많았다는 점이다.

이상에서 조선총독부에 소속되어 있었던 고위직 및 일반관료의 사회적 배경을 살펴보고 이를 일본의 타 식민지 관료의 그것과 비교해 보았다.

출신배경이나 취인연령, 재임기간, 前職 및 퇴임 후 직업 등에서 조선총독부와 타 식민지와는 많은 차이점이 나타나고 있었음을 알 수 있었다.

다음으로 조선총독부와 대만총독부에서 근무한 적이 있는 고위직 관료 가운데 自傳 또는 傳記를 펴낸 자들의 기록을 통해 인사와 관련한 언급을 소개하면 다음과 같다.[43]

조선총독부와 대만총독부의 고위관료 인선에 있어서는 그다지 큰 차이점은 발견되지 않는다. 다만 대만총독부의 경우 정당(政友會, 憲政會 등)의 영향력에 다소 좌우된 인사가 이루어진 면도 있었으나 조선이나 대만할 것 없이 총독부로 오는 자들은 일본본토 내에서도 특히 우수한 자들만 유치하고자 하였다. 실제로 조선총독부의 경우 장관, 부장, 국장 및 도장관으로 임명된 자는 일본본토 내에서 모두 능력과 업적이 뛰어난 인물로 평가되던 자들만 등용되었다.

그러나 인선과정에서 어려움도 많았는데 무엇보다 外地에 대한 인식이 일본본토 내에서는 그다지 좋은 편이 아니었고 외지로 가는 자들에 대해서도 '무슨 사정이 있어 조선이나 대만까지 가지 않으면 안되는가'라는 것이 일반적인 견해였기에 적극적으로 조선이나 대만에 부임하는 것을 희망하는 관료는 적었다. 이로 인해 이들을 유치하기 위해 총독부에 소속되어 있던 고위간부들의 직·간접적 인맥과 연고를 통해

성중언』, 혜안, 2002, 292~293쪽.

43) 이들의 自傳 및 傳記는 대개 36개 정도 되는데 이 중 조선근무자의 것은 24개, 대만근무자의 것은 10개이고 나머지는 관동청과 화태청근무자의 것이었다. 여기서의 내용은 다음의 自傳 및 傳記에서 인용한 것이다.
水田直昌, 自傳『落葉籠』, 1980, 65~68쪽: 湯淺倉平, 傳記『湯淺倉平』 1969, 200쪽: 內政史研究會, 『大野 錄一郎氏, 談話速記錄』, 1968, 197~198쪽: 川崎卓吉傳記編纂會(편), 『川崎卓吉』, 石崎書店, 1961, 196~198쪽: 森田俊介, 『回想と隨筆 內台五十年』, 伸共社, 1979, 55쪽: 安井誠一郎, 傳記『安井誠一郎伝』, 1966, 304~305쪽: 有賀さんの事蹟と思い出編纂會(편), 『有賀さんの事蹟と思い出』, 1953, 261~263쪽: 丸山鶴吉, 『七十年ところどころ』, 1955, 49~53쪽: 長谷川博士伝編纂會(편), 『長谷川謹介伝』, 1937, 56~60쪽: 池原鹿之助, 『鶴原定吉君略伝』, 1917, 134~135쪽.

삼고초려하여 임용하는 경우가 대부분이었다고 한다. 3·1운동 이후 인사이동이 급격하던 시기에는 주임관급의 고등관 전형에서도 총독부의 정무총감이나 총독비서관 또는 일본 내무성차관 등이 서로 의견을 나누어 조선으로 갈 인재를 결정하였다고 한다.[44]

조선총독부의 고위관리를 지낸 자들의 육성증언을 실은 자료에서도 조선총독부로 왔던 경위를 여러 가지 소개하고 있다. 즉, 조선에서 태어나 학교를 다녔거나 부모가 조선에 살고 있었던 경우, 친인척이 조선총독부 고위직 관료로 재직하여 조선에 오도록 한 경우, 일본본토의 관직에 있으면서 콤비를 이루었고 조선에 오면서 함께 일하기를 설득한 경우, 조선과 만주라는 존재가 일본에서 큰 문제로 부각되면서 만주에 대해 정통한 자를 총독에 기용한 경우, 조선과 대만을 비교할 때 조선이 훨씬 앞서가고 있다고 판단한 경우, 조선이 빈틈없이 치안이 확립되어 있었다는 점 등이 작용한 것으로 나타나고 있다.[45]

하위직 관료의 경우에는 대부분 고위직 인사들의 추천에 의해 등용된 자들이 많았다.[46] 그러나 한편으로 조선총독부에서의 관리 급여가 일본본토보다는 높았다는 점이 취임 동기가 되었을 것이라는 의견도 있다.[47] 이는 이미 1906년 滿韓在勤文官加俸令(칙령 제306호)에 의해 고등관의 가봉은 본봉의 10분의 5 이내, 판임관의 가봉은 10분의 8 이내로 하도록 되어 있었고, 1910년 4월에는 朝鮮臺灣滿洲 및 사할린在勤文官加俸令(칙령 제137호)에 기초하여 소위 外地에 근무하는 일본인 문관에 대해서는 본봉 외에 일정한 비율로 수당이 따로 지급되었다. 일본본토에서 근무하는 관리에 비해 '추위와 더위가 혹독하고 심하여 나쁜 전염병이 유행하고 풍속습관 또한 달라 통치상 어려움이 많고 고국과도 멀리 떨어져 있는 등'이 그 근거였다.[48] 조선에서는 조선총독부 및 소속관서직원의 가봉에 관한 건(조선총독부령 제15호, 1910년 10월 1일 시행)에 의해 고등관은 본봉의 4할, 판임관 5급봉 이상은 본봉의 6할이라는 규정이 마련되었다.

이와 같이 어떤 사연으로 조선에 왔든 조선총독부 및 그 소속기관에 재직한 관료

---

44) 松田壽彦(國際日本文化研究센터)교수 이메일(tosihiko@nichibun.ac.jp) 인터뷰(2006년 9월 19일 회신).
45) 미야타 세쓰코(해설 감수), 정재정(역), 앞의 책, 17, 40, 265, 42, 262, 66, 234, 255쪽.
46) 阿部千一, 『回花仙史隨談』, 1958, 130쪽: 馬場恒吾, 『木內重四郎伝』, 1937, 152~153쪽.
47) 水野直樹(京都대학 인문연구과)교수 이메일(mizno@zinbun.kyoto-u.ac.jp) 인터뷰(2006년 8월 31일 회신).
48) 미야타 세쓰코(해설 감수), 정재정(역), 앞의 책, 209쪽.

들은 위에서 살펴본 바와 같이 일본의 타 식민지와는 다른 사회적 배경을 지닌 자들이었음을 알 수 있고 이들에 의해 조선에서의 식민정책이 진행된 것이다.

2. 제 언

조선총독부하에서의 일본인관료 연구는 그 자료의 방대함에 비추어 지속적인 연구가 요구된다. 최근 일본의 학자들도 그 연구를 위한 자료수집과 정리에 노력을 기울이고 있음을 보아도 알 수 있고 특히 대만의 중앙연구원이 한·중·일 공동연구를 기획하려는 움직임을 보이서도 능히 짐작할 수 있다. 따라서 대만측 자료의 보완, 근년 발굴되고 있는 일본측 자료 求得을 통해 조선총독부 연구는 적절한 지원하에 더욱 활발히 이루어져야 할 것이다.

참고문헌

김완식. (1975). "한국공무원의 출신배경과 직업성취도에 관한 연구". 「행정논총」, 13(2). 서울대학교행정대학원, p. 148.

미야타 세쓰코(해설 감수), 정재정(역), 「식민통치의 허상과 실상-조선총독부 고위관리의 육성증언」, 혜안.

신주백. (2004). "일본의 '동화'정책과 지배전략". 「일본과 서구의 식민통치 비교」, 선인.

조석준. (1987). 「한국행정학」. 박영사.

최재희. (2004). "영국의 '인도군'육성정책". 「일본과 서구의 식민통치 비교」, 선인.

F.S.V. Donnison, (1953). *Public Administration in Burma*, Royal Institute of International Affairs, pp. 87~88.

J. D. Kingsley, (1963). *Representative Bureaucracy : An Interpretation of the British Civil Service*, Yellow Springs: The Antioch Press, p. 303.

Lester G. Seligman, (1956). "The Study of Political Leadership." in Heinz Eulau, Samuel J. Eldersveld and Morris Janowitz(eds.). *Political Behavior : A Reader in Theory and Research*. Glenco, Illinois : The Free Press, p. 178.

Lewis Gann, (1984). "Western and Japanese Colonialism : Some Preliminary Comparisons" in R. Myers and M. Peattie(eds.), *The Japanese Colonial Empire*

: *1895~1945*, New Jersey : Princeton Univ. Press, pp. 512~513.

Lewis J. Edinger and Donald D. Searing, (1967). "Social Background in Elite Analysis: A Methodological Inquiry." *American Political Science Review*. Vol. LXI No. 2(June), p. 430.

淺見雅男, 『華族誕生－ 名譽と體面の政治』, 中公文庫, 1999, pp. 6~12.

松田敬之, 「華族の選定基準」, 『歷 史讀本』 44(12), 1999, pp. 19~33.

森岡淸美, 『華族社會の家戰略』, 吉川弘文館, 2001, p. 87.

中野文庫: 小田 部雄次, 『華族』, 中央公論新社, 2006.

落合弘樹, 『明治國家と士族』, 吉川弘文館, 2001, pp. 8~17.

松田敬之, 「華族の選に漏れた士族達」, 『藝林』46(1), 1997, pp. 24~41.

臺灣總督官房調査課, 『佛領印度支那統治要覽』, 1929, p. 44.

水田直昌, 自傳『落葉籠』, 1980, pp. 65~68.

湯淺倉平, 傳記 『湯淺倉平』1969, p. 200.

內政史硏究會, 『大野 錄一郎氏, 談話速記錄』, 1968, pp. 197~198.

川崎卓吉傳記編纂會(편), 『川崎卓吉』, 石崎書店, 1961, pp. 196~198.

森田俊介, 『回想と隨筆 內台五十年』, 伸共社, 1979, p. 55.

安井誠一郎, 傳記 『安井誠一郎伝』, 1966, pp. 304~305.

有賀さんの事蹟と思い出編纂會(편), 『有賀さんの事蹟と思い出』, 1953, pp. 261~263.

丸山鶴吉, 『七十年ところどころ』, 1955, pp. 49~53.

長谷川博士伝編纂會(편), 『長谷川謹介伝』, 1937, pp. 56~60.

池原鹿之助, 『鶴原定吉君略伝』, 1917, pp. 134~135.

阿部千一, 『回花仙史隨談』, 1958, p. 130.

馬場恒吾, 『木內重四郎伝』, 1937, pp. 152~153.

▶ ▶ ▶ **논평**

오성호(상명대학교 행정학과 교수)

1. 서 론

일제시대는 우리 민족에게 매우 아프면서도 독특하고 또 여러 의미가 있는 역사적 경험이다. 이것은 우리 민족에게 나라를 잃는다는 것이 얼마나 고통스러운 일인가를 깨닫게 한 시기이지만, 현상적으로는 독립 후에도 우리 나라의 사회 각 분야의 체제형성에 많은 영향을 준 시기이기도 하다. 그런 면에서 일제시대는 대부분의 학문분야에서 중요한 연구 대상이 된다.

관료제에 대한 연구도 예외이지 않다. 일제시대의 관료제 연구는 행정학이나 정치학에서 주로 다루어졌지만, 관료 자체에 대하여 초점을 맞춘 것은 아니라고 하더라도 관련성이 있는 연구가 사학이나 일본학 등에서도 수행되었다. 일제시대 관료제 연구가 중요한 것은 그것이 일제시대의 특징을 파악할 수 있는 주요 원천이기도 하지만, 해방 후에도 그 체제가 이어졌기 때문이다. 그렇기 때문에 일제시대 관료제 연구는 현대국가인 한국의 관료제의 특징이나 관료들의 행태를 이해하는 데에 유익한 정보를 제공해준다.

2. 본 연구의 특징

본 연구는 일제시대 관료에 대한 저자의 여러 연구 중 하나이다. 저자는 1990년대 초에 일제시대의 관보를 분석하여 수록된 모든 관료들의 임용사항을 정리한 결과를 발표하였다. 이 작업은 엄청난 시간과 끈기와 인내를 요하는 것으로서 겉으로 보기에는 매우 지루한 과업이었다. 그러나 그 결과로 관료들의 임용상황을 일목요연하게 파악할 수 있게 됨으로써 관료들의 특성을 좀 더 구체적이고 실증적인 근거에 의해 분석하는 것이 가능하게 되었다. 저자는 이러한 노력과 병행하여 한국인 문관, 경찰, 지방관료 등 일제시대의 관료들에 대한 집중적이고 꾸준한 연구를 수행하였다. 그리고 이것은 본 연구가 저자의 다른 연구들과 더불어 일제시대의 관료를 연구하는 다른 학자들의 연구결과와 대비되는 다음과 같은 특징들을 보여 준다.

첫째, 본 연구는 일제시대 관료제에 대한 연구이지만, 다른 연구들이 제도에 기반을 둔 연구라면 이 연구는 관료의 개인적 배경에 기반을 둔 연구이다. 그렇기 때문에 다른 연구들이 제공하지 못하는 의미를 파악하거나 유추할 수 있게 해준다. 예를 들어 조선총독부 관료의 인사(人事)를 분석하면 일본인관료가 어떤 직에 임용되었다거나 조선인 관료가 임용될 수 있는 한계 등을 파악할 수 있다. 그러나 식민지로서의 조선의 관료가 본국으로서의 일본의 관료와 얼마나 유사한 특성을 지녔거나 또는 다른지, 그러한 특징이 해방 이후에는 어떻게 변하였는지 등을 알아보기는 힘들다. 그러나 본 연구는 관료의 개인적 배경을 분석함으로써, 그 특징을 시대나 공간을 넘나들며 비교하고 이해할 수 있는 결과를 제시해준다.

둘째, 본 연구는 연구자의 판단이나 추정보다 객관적 사실에 입각하여 수행되었다. 물론 모든 연구는 사실에 근거를 두고 이루어진다. 그러나 역사적 접근은 관찰대상을 직접 관찰할 수 없다는 한계가 있는데, 사회과학에서 이러한 한계를 극복할 수 있는 방법이 내용분석(contents analysis)이다. 하지만, 내용분석이라고 하더라도 연구대상인 문헌이나 어떤 기록물에 수록된 분석단위를 추출하여 분석할 때는 연구자의 해석이나 주관적 판단 기준이 작용할 수밖에 없다. 본 연구도 그러한 한계에서 완전히 자유로울 수는 없지만, 기록으로 분명하게 제시되고 있는 관료들의 사회적 배경을 통계적으로 분석함으로써 객관성을 최대한 확보하고 있다.

셋째, 본 연구는 일본인관료에 초점을 두고 있다는 점이다. 일제시대 관료를 연구하는 다른 연구들은 모두 한국인 관료를 연구대상으로 하고 있다. 그러나 일제시대는 분명히 일본이 조선을 강제로 식민지로 병합하여 통치하던 시대이므로 그 과정에서 조선인보다 일본인관료가 더 핵심적인 역할을 수행하였을 것은 자명하다. 그렇기 때문에 일본인관료의 판단이나 행동의 기초를 이룰 수 있는 사회적 배경은 주요 연구대상이 될 수 있다. 그럼에도 불구하고 일제시대의 일본인관료에 대한 연구가 활발하지 않았다는 것은 의아한 일이다. 이것은 아마 학자들이 필요한 자료에 접근하는데 어려움을 느꼈거나, 그러한 자료들에 접근할 생각을 미처 하지 못하였기 때문일 것으로 추정할 수 있다. 그러나, 본 연구는 저자의 끈질긴 노력으로 인해 이러한 한계가 극복된 결과라고 평가할 수 있다.

3. 연구의 함의

본 연구는 조선총독부하의 일본인관료를 계급에 따라 분류하여 그 사회적 배경을 주로 객관적 사실을 중심으로 기술하였다. 그리고 그 특성을 다른 식민지와 비교하고 있는데, 여기에서 오늘날 우리가 참고할 수 있는 많은 의미있는 결과들이 나타나고 있다.

1) 한국 공무원제에 이어진 계급제의 특성

본 연구에 나타난 관료들의 특징을 보면 취임연령, 학력, 전직(前職) 등에 있어서 계급에 따른 차이를 보인다는 점이다. 고위직으로 갈수록 연령이나 학력, 전직 등이 높은데, 이는 공직에 들어올 때 계층상의 밑으로 들어오고 상위직은 승진에 의해 충원되는 계급제의 특성을 나타내는 것이다. 또한 이것은 계급이 단지 직무상의 높낮이를 표시하는 것뿐 아니라 일반사회에서의 개인의 서열과도 정(+)의 상관관계가 있는 문화적 특성도 보여준다. 이러한 특성들은 해방 후 수립된 한국 공무원들에게서도 그대로 나타나고 있다.

우리 나라의 인사행정 교과서들을 보면, 한국 공무원제도의 특성을 계급제적인 것으로 파악하고 있다. 그리고 그 원인을 우리의 역사적 배경에서 찾고 있는데, 조선시대의 관료제뿐 아니라, 식민지배를 받던 일제시대에도 그러한 흐름은 단절됨이 없이 계속되고 있었음을 알 수 있다. 그리고 이러한 흐름은 봉건국가인 조선에서뿐 아니라, 근대적 관료제가 작동되었다고 할 수 있는 일제시대와 현대화된 한국 공무원제에서도 나타남으로써 이것이 시대적 특성에 따라 쉽게 달라질 수 있는 것이 아님을 의미한다. 즉, 여러 가지 필요성 때문에 인사의 개혁을 시도하지만, 뿌리깊은 역사성이 존재하므로 이를 충분히 감안하지 않으면 규범적으로 설정된 개혁의 효과를 거두기 어려울 수 있는 것이다. 우리 나라 공무원제도에서의 직위분류제나 보수등급제 실시가 지체되는 것, 승진에 대한 과도한 열망 등이 그렇게 오랫동안 개혁이 모색되고 시도됨에도 불구하고 썩 바람직한 결과를 얻지 못하는 이유를 본 연구를 보면 어느 정도 이해할 수 있다.

2) '법'중심 행정의 전통

본 연구에 나타난 관료들의 학력 배경을 보면, 전부 군인출신인 총독을 제외하면, 대학에서 법학을 전공한 자들이 압도적으로 많다. 계급에 따라 차이는 있지만 전공을 알 수 있는 관료들 중 가장 많은 수가 법학을 전공하였다. 이것은 법학이 관료가 되는데 다른 학문보다 더 유용한 것으로 인식되고 있음을 보여주는 것이며, 그만큼 법 중심의 운영이 되었음을 알 수 있다. 즉, 정부의 활동은 곧 법의 집행이라는 인식이 일제시대부터 전래되어 온 것이라는 의미이다. 이것은 전통적으로 민간부문의 경영과 비교할 때 행정은 절차와 규정을 중요시한다는 특징에 대한 실증도 되지만, 행정이 국민에게 대한 공공서비스를 제공하기 위한 것이라는 속성이 공직 사회에 체화되기 어렵다는 것을 의미하기도 한다. 또한 행정학이 법중심으로 인식되고 연구됨으로써, 관리(management)적 시각에서 행정을 인식하는 것을 어렵게 함으로써, 행정학 및 행정의 발달에 제약을 가져왔음도 알 수 있다. 법중심의 행정이라는 인식은 특히 오늘날과 같이 변화가 많고, 다양한 행정수요가 있는 환경에서, 성과를 낼 수 있도록 그 역할을 수행하여야 한다는 인식이 공무원들에게 자리잡기 매우 어렵게 하는 문제점이 있다.

3) 사회과학 중심의 학력 배경

일본인관료들의 배경을 보면, 본부국장 이상의 직에서는 대부분 법학이나 정치학, 경제학과 같은 사회과학을 전공하였음을 알 수 있고, 그 이하의 직에 있어서도 이공계출신은 절반이 되지 않았다. 즉, 일제시대에 정부의 업무는 이공계보다는 사회과학계통의 전공자가 담당한다는 것을 알 수 있으며, 특히 고위직으로 갈수록 이공계는 줄어든다. 이러한 특성 또한 한국의 공직사회에 전래되어 왔음을 알 수 있다. 공직을 담당하는 데 있어서 어떤 전공배경이 더 유용한가, 특히 고위직에 있어서는 어떠한가에 대해서는 좀 더 체계적인 연구가 있어야 하겠지만, 우리 공직사회에서 이공계출신의 확대 필요성에 대한 요구가 계속 나오는 것은 그 배경이 일제시대부터 연유되었음을 알 수 있다.

이와 같이 본 연구는 일제시대 일본인관료의 사회적 배경을 객관적으로 분류하고 설명하고 있는데, 그것을 통하여 현재 한국의 공직사회를 이해하는 데 유용한 자료를 제공해준다.

4) 한국 식민통치의 성격

본 연구가 제공하는 또 하나의 흥미로운 정보는 같은 식민지배를 한 대만과의 비교 결과이다. 조선과 대만에서 근무한 일본관료들의 사회적 배경은 대체로 비슷하다. 그러므로 이것은 식민지뿐 아니라 본국에서도 나타나는 일본인관료의 특성이라고 이해할 수 있다. 그러나 몇 가지 차이점이 있는데, 이것이 조선지배에 대한 일본의 인식을 나타내는 것이 아닌가 추정할 수 있다.

첫째, 조선총독은 전부 군인 출신인 데 비해서 대만총독은 절반 정도가 민간인 출신이다. 또한 신분배경을 보면 조선총독은 화족(귀족)이나 사족(무사) 출신이 대부분인 데 비해서 대만총독은 평민출신이 더 많다. 이것은 일본이 대만보다 조선의 지배를 더 비중있고 엄중하게 다루고 있지 않았는가 하는 추정을 가능케 한다. 한일관계의 특수성에 대한 연구의 흥미를 유발시키는 요인이라고 할 수 있다.

둘째, 일반관료들의 경우 조선에서 근무한 관료들 중 패전으로 인해 자동적으로

관직을 떠나거나 사망, 정년퇴직 등 비자발적으로 관직을 떠난 자가 아닌 자 중 확인
가능한 인원이 307명인데, 이들 중 대부분(240명)은 총독부의 관직을 떠난 후 조선에
남아서 다른 직업을 가진다. 반면에 대만총독부에서 근무한 관료들 중 자료수집이 가
능한 280명을 보았을 때는 대만에 남은 자가 42명이었으며, 나머지 인원의 대부분
(213명)은 모두 일본 본토로 돌아갔다. 이에 대해서 저자는 대만의 경우보다 조선에서
의 취업기회가 더 많았을 가능성과 고위관직의 보유자가 한국에서 생활하기가 대만
보다 더 좋았을 가능성을 추정하고 있다. 이것은 충분히 할 수 있는 추정이다. 하지
만 이에 그치지 않고 양국 간에 있는 역사적 관계와 그에서 비롯된 정서의 문제, 문
화의 문제 등 더 다양한 가능성을 추정해 볼 수도 있을 것이다. 그리고 이것은 현대
사회에서의 양국 관계의 개선과 발전에 대한 더 많은 흥미있는 연구에 대한 자극제가
된다.

4. 향후 연구에 대한 제언

본 연구는 연구결과의 의의 뿐 아니라 객관적 자료의 탐색이 얼마나 많은 연구의
가능성을 제공할 수 있는가 하는 것을 잘 보여주는 사례로써도 의의가 있다. 그렇기
때문에 본 연구에서 분석한 자료들과 접근방법은 앞으로도 더욱 활발하게 활용될 필
요가 있다. 저자 스스로가 제언하였듯이 조선총독부하에서의 일본인관료에 대한 연구
는 지속적인 연구가 필요하다. 또한 한국과 일본, 그리고 중국이나 대만 등에 방대한
자료들이 있다. 저자와 같은 꾸준하고 인내심 있는 노력을 다른 학자들도 보여야 할
것이며, 이러한 연구에 대한 적절한 지원도 강화되어야 할 것이다.

한국의 정치행정문화: 전통성의 연속과 변화에 관한 연구

논문 | 안병만

    Ⅰ. 서 론

    Ⅱ. 정치적 관념체제의 연속과
       변화

    Ⅲ. 전통적 관료제도 및 관료행태의
       연속과 변화

논평 | 김인철

한국의 정치행정문화:
전통성의 연속과 변화에 관한 연구*

안병만(한국외국어대학교 행정학과 명예교수)

❧ 프롤로그 ❧

이 논문은 1977년 작성하기 시작하여 1980년 한상복 외 5인 공저『한국문화의 연속과 변화에 관한 연구』(서울: 한국사회과학연구협의회)에 최초로 게재하였다. 당시 협의회에서 주관하여 경제, 사회, 인류·문화, 정치·행정, 심리 등 총 5개 분야의 전문가들이 모였다. 이 중 저자는 정치·행정 분야를 맡았고, 정치·행정의 연속과 변화에 대해 고민하던 중 과거부터 존재한 관료제에 집중하기로 하였다. 특히, 조선시대 – 일제시대 – 해방 이후 현대에 이르기까지 관료제의 연속성과 변화된 부분에 관심을 갖고 연구·정리하였다.

논문을 작성할 당시 어려웠던 점은 전통문화로써의 관료제를 개념화하는 부분이었다. 일정한 제도적 유형, 행위 유형이 관료제 문화를 형성한다고 보았는데, 이러한 유형을 찾는 것이 어려웠던 기억이 있다. 그래서 오랫동안 자료를 검토하고 숙고한 끝에 우리나라 전통문화를 조선시대의 유교문화에서 유래되는 것으로 정리하였다. 즉, 유교를 전통문화의 원류로 보고, 이로부터 전통관료제의 제도적 특징과 행태적 특징을 중점적으로 고찰한 것이다. 그리고 그것이 식민 권위주의체제로 일관했던 일제 강점기와 해방 이후를 거치면서 겪게 되는 유형변화의 모습을 추적하고, 그 가운데에도 오늘날까지도 명맥을 유지하고 있는 부분을 정리하는 것이 당시 논문 작성의 핵심이었다. 논문

---

* 이 논문은 1980년에 한상복 외 5인 공저,『한국문화의 연속과 변화에 관한 연구』(서울: 한국사회과학협의회)에 포함되었던 글을 수정·보완하였다.

은 약 35년 전에 작성하였고 본 고에서는 약간의 수정을 가미하여 현대로의
시대변화에 따른 관료제 변화의 모습을 일부 반영시켰다.

그러나 오늘날은 직업윤리로서 자유정신이 강조되고, 유교정신과 어떤 면
에서는 상반된 의미를 갖는 평등이 강조된다. 이러한 사상의 시각에서 관료제
를 재조명해 보는 후속연구가 진행되는 것이 바람직하겠다.

I. 서 론

본 연구는 우리나라의 정치행정문화와 그 속에 형성된 관료제가 시간의 흐름에
따라서 그 전통성을 어느 정도 유지하고 있으며, 어떠한 형태의 변화를 경험하여 왔
나를 살펴보는 데 연구의 목적을 두고 있다.

문화는 "유형화된 가치체계"(patterned value system)이며 관념(idea), 규범(norms),
상징(symbol) 등의 요소로 구성되는 동시에 개인의 행위에 직접적으로 영향을 주는
것으로 정의될 수 있다(Linton, 1936: 288; Parsons, 1951: 17; Mitchell, 1962: 22). 본 논
문에서는 정치문화를 사회 전체 문화의 하위문화로서 파악하였으며, 관료제는 정치문
화의 제도적 표현으로서 파악하였다. 정치문화를 지배체제 속의 규범가치로 파악할
때 이는 정치제도 측면에서 어떻게 표현되고 있으며 정치행태 측면에서 어떻게 부각
되고 있는가를 살펴본 것이다. 즉, 정치제도 가운데에도 관료제도를 연구대상으로 삼
았으며, 관료행태 속에 나타나는 문화적 특질을 파악하였다. 보다 구체적으로는 다음
과 같은 두 가지 국면에 초점을 맞춘다. 첫째, 정치제도 및 행위의 방향에 영향을 주
는 정치적 관념체제, 즉, 사회 속에 뿌리를 박고 있는 근본적인 정치관념이 무엇인가
를 밝히는 것이다. 둘째, 정치문화를 지배체제 속의 규범가치로 파악할 때, 이는 정치
제도 측면에서 어떻게 표현되고 있으며 정치행태 측면에서는 어떻게 부각되고 있는
가를 파악한다.

우리나라 정치행정문화의 기원은 고대시절로 거슬러 올라갈 수도 있지만 조선시
대 특히 조선 말기를 지배하고 있었던 전통문화가 주로 계승·변화되어 내려온 것이
라는 전제하에 연구의 출발 시점은 조선시대로 설정하였다. 따라서 본 연구에서는 조
선시대의 관료제도와 관료행태 속에 나타나는 문화적 전통이 일제와 해방 이후 정치
상황의 변동과 더불어 어떻게 계승, 변화되었는지를 분석하고자 한다.

그리고 시간적 범위를 보다 세분하여 조선시대, 일제 강점기, 해방 이후부터 민주화 이전 시기, 그리고 민주화 이후의 네 시기로 구분하였다. 첫째, 조선시대(1910년 이전)를 제1기로 잡았으며, 당시를 지배하던 정치문화와 관료제 속에 존재하던 전통이 무엇이었는지를 밝힌다. 둘째, 일제 강점기(1910년~1945년)를 제2기로 보고 일본의 정치문화가 침투되면서 우리의 정치문화적 전통 가운데 어떠한 요소가 변화되었으며 어떠한 부분이 계속 전통적 특성을 유지하여 왔는가를 고찰한다. 셋째, 해방 이후의 시기(1945년~1987년)를 제3기로 설정하여 서구의 정치문화, 그 가운데서도 미국의 정치문화 및 정치제도가 우리나라에 옮겨오면서 우리의 정치정향 및 관료행태의 측면은 어떠한 변화를 경험하여 왔는지를 고찰한다. 그리고 민주화 이후 시기(1987년~현재)를 제4기로 하여 이 시기의 우리나라 정치정향 및 관료행태는 어떻게 나타나고 있는지를 분석한다.

연구 목적의 달성을 위해 본 연구는 이미 저술된 각종 문헌 등에 나타난 자료에 기초하였다. 사실 정치행정문화와 그 속에서의 관료행태를 주제로 다른 기존 문헌이 많이 있다. 본 연구는 이들 전통의 연속과 변화라는 관점에서 재정리하고 평가함으로써 우리의 정치행정을 관통하는 문화적 전통이 어떻게 지속 또는 변화되어 나타나는지를 파악하는 데 초점을 두고자 한다.

II. 정치적 관념체제의 연속과 변화

조선은 건국 당시 유교를 국교로 정했고, 이후 500년의 역사를 통하여 유교의 이념 및 규범은 당시 조선 사람들의 의식구조를 크게 지배하였음은 물론 사회제도, 경제생활, 문화생활 및 정치체제의 성격을 결정하는 가장 중요한 기본 가치로서 군림하였다. 따라서 조선시대의 정치적 관념체제는 유교를 중심으로 살펴보는 것이 중요하다.

1. 조선시대

1) 유교: 정치문화의 근원

일명 孔敎 또는 孔子敎라고 불리는 유교는 종교라기보다는 생활윤리로서 생활규범적인 성격을 가지고 있는 일종의 윤리학 또는 정치철학이라 할 수 있다. 특히 우리나라의 경우에는 고려시대 말기에 들어온 주자학이 성행했는데 이 주자학은 인성론에 기초를 둔 윤리학으로서 자아의식적인 사변철학에 귀결되고 있는 것이었으며(유명종,

1976: 175) 국가적 차원에서의 경험적 철학이라기보다는 개인 또는 소집단을 중심으로 하는 관념철학이었다.

조선의 정치적 관념체제는 이러한 주자학 속에서 맥락을 찾을 수 있으며 그 본령을 인간 대 인간의 다양한 관계로 설정하고 이에 대한 행동윤리를 설정하는 데서 발견할 수 있다.

본 연구에서는 유교에 있어서의 인간관계를 크게 두 가지 측면으로 요약한다. 하나는 유교가 인간관계를 인간의 "계층적 관계의식(階層的 關係意識)"으로 파악하는 것이고, 다른 하나는 인간을 하나의 개체로서 보다는 소집단 속의 일원으로서 특히 소집단의 특성에 의해 형성되는 인맥을 매체로 하여 설명되는 "집단적 인맥의식(集團的 關係意識)"의 측면이다.

(1) 계층적 관계의식

인간관계를 계층적 관계 속에서 파악할 때 강조되는 윤리는 곧 윗사람(上)과 아랫사람(下) 간에 어떠한 형태의 예의[1]가 갖추어져야 하는가에 관한 기본윤리이다. 삼강오륜이 바로 이를 대표적으로 지칭하는 것이다. 삼강(三綱), 즉, 군위신강(君爲臣綱), 부위자강(父爲子綱), 부위부강(夫爲婦綱)의 인간적 계층질서체계가 자연의 천지질서와 유사한 것으로 착안되었던 것인데, 이는 임금(君), 아버지(父), 남편(夫)이 각각 신하(臣), 자식(子), 아내(婦)를 거느린다는 것을 의미한다. 이것은 또한 천지(天地)의 질서에 버금가는 인간의 상하질서를 규명하는 기본원리이며, 계층적 관계의식의 포괄적 표현이라 할 수 있다. 이와 같은 삼강의 맥락 속에서 오륜(五倫), 즉 부자유친(父子有親), 군신유의(君臣有義), 부부유별(夫婦有別), 장유유서(長幼有序), 붕우유신(朋友有信)이 도출되는데 오륜은 가정조직 내는 물론 국가행정조직 내에서의 상하질서 등 인간의 상하질서에 각각 어떠한 형태의 윤리적 의무가 지워지는가를 설명하고 있다. 공자는 위의 질서관을 "임금은 임금으로서, 신하는 신하로서, 가장은 가장으로서, 또 자식은 자식으로서의 도리가 있다"(君君 臣臣 父父 子子)라는 말로써 요약하여 표현하기도 하였다.

그리고 주자학에서는 유교의 자연질서관을 더욱 발전시켜 천도의 인도를 동일한 범주로 보는 천인합일론(天人合一論)을 강조하였다. 즉, 이기철학(理氣哲學)을 이용하여(김윤식, 1977: 35) 우주의 자연적 질서를 지배하는 원리가 사회적 질서를 규율하는 원리이며 더 나아가서는 모든 인간에 내재하는 본성(本性, 本然之性)인 것으로 파악하

---

[1] Max Weber는 이를 유교의 핵심개념으로 보았다.

였다.2) 현실에 나타난 계층적 사회질서는 자연질서가 현상화한 것으로 보았으며, 자연질서가 불변인 이상 현실의 계층화된 인간적 질서도 불변하는 것으로 이해하였다. 이러한 맥락 속에서 조선시대의 계층적 질서를 정당화하고 생활화하도록 만드는 이론적 근거가 제공되었던 것이다.

(2) 집단적 인맥의식

유교의 집단가치의식은 가족관계를 중심으로 나타난다. 전체 사회의 안정을 위해서는 가족 내의 평화로운 질서가 가장 중요한 것으로 인식되었던 것이다. 가족 내에서의 자(慈)·효(孝)·우(友)·공(恭)·열(烈)은 도덕적 의무로서 강요되었으며 이것은 가족과 씨족에 대한 무제한적인 충성으로 강요되기도 하였다. 그 중에서도 특히 효는 덕의 절대적 근본으로 파악되었으며 그것이 다른 것들과 상충될 때에는 다른 어느 덕보다도 우선되었다. 또한 효는 그것이 모든 복종관계로 전환될 수 있다고 여겼기 때문에 官吏도 이 덕성으로부터 파생되는 것으로 여겨졌다. 따라서 효를 지니는 것이 관료정치의 가장 중요한 신분적 자격요건으로 보았다(Weber, 1974: 496).

유교 자체의 이러한 특성은 조선에서 주자학이 성행하면서 더 강해졌는데 그 이유는 주자학이 군주권(君主權)과 가부장권(家父長權)을 절대화하면서도 그 중에서도 부자천합(父子天合)을 이(理)라 생각하여 가부장지배를 군신관계보다 우위로 했다는데 있으며 주자가례를 받아들임이 그 결정적 계기가 된 것으로 보인다. 그리고 이는 곧 도덕규범이 되었고 법적인 면에서도 제도화 되었던 것이다.

2) 정치적 관념체제

상기한 바와 같은 유교는 조선시대 정치문화의 근원을 이루고 있었음은 말할 것도 없으며 정치문화의 중요 국면인 정치적 관념체제, 즉, 정치목표 및 목표실현을 위한 통치상의 여러 수단들과 가치 등에도 크게 영향을 미쳐 다음과 같은 정치적 관념체제를 형성하였다.

---

2) 性은 사람이 나면서부터 지니고 있는 素質을 말한다. 性의 본질에 관하여서는 여러 가지 학설이 있으나 주자학은 성선설에 바탕을 두고 있다(차주환, 1970). 그리고 성을 本然之性과 氣質之性으로 나누어 전자는 완전한 善으로 순리적이고 무차별한 것으로 보았다. 그러나 기질지성은 가변적인 것으로서 사람이 나면서부터 지니는 것으로 보았는데 맑은 사람과 흐린 사람, 正한 사람과 僞한 사람이 있게 된다는 것이다. 이 기질의 좋고 나쁨에 의해 인간의 선악이 결정되어지며 계층화 된다는 것이다.

(1) 정치목표

조선시대의 정치목표는 질서의 합리주의에 입각한 체제유지에 있었다고 볼 수 있다.3) 대외적으로는 사대 및 교린 정책4)을 근본으로 삼았으며, 대내적으로는 가부장권의 확립을 통한 가내(家內)의5) 질서유지를 근본으로 삼았다고 할 수 있다. 유교가 질서정연하고 평화로운 우주의 원리를 인간세계에 실현시키는 것을 목적으로 하여 이루어진 관념체제라고 볼 때 조선이 중국이나 일본보다 더욱 철저하고 과격하게 유교의 형식적인 면을 추구(박동서, 1961: 9)했다는 점에서 조선은 체제개혁이나 체제발전보다는 체제유지를 우선적 정치목표로 설정하였다는 점에 이론이 있을 수 없는 것이다. 조선이 세계 역사를 통해 가장 오래 존속했던 왕조의 하나로 명맥을 유지할 수 있었던 것도 정치목표의 보수성에 기인한 것으로 이해할 수도 있다.

(2) 정치적 수단가치

외국과의 평화적 관계유지, 국내에서의 왕권체제 유지라는 목표를 달성하기 위해 조선이 택했던 정치적 수단은 첫째로 국력을 오히려 약화시키면서까지도 문치주의 우선정책을 택했던 것을 들 수 있다. 둘째, 계층적 관계의식의 정치적 표현으로서 중앙집권주의와 권위주의의 강화라는 면을 크게 부각시킴으로써 체제의 폐쇄성과 안정이 추구되었으며, 셋째 집단의식의 표현으로 나타난 집단 간의 상호견제 및 균형을 통해 체제전체의 유지를 도모했던 것으로 보인다.

① 문치주의

군사력과 경제력의 강화는 현대 국가들이 정치체제의 유지를 위해 공통적으로 추구하는 수단이다. 그러나 조선시대에는 위의 두 가치를 크게 설정하지 않았고 오히려 문치주의를 강조하는 정치적 관념체제를 강화하였다. 무력과 경제력은 모두 도가 지나치는 경우 인간관계에서 가장 기본이 되는 인(仁)을 파기하는 것으로 보았다(함병춘, 1975: 335-352). 문치주의의 본질은 상고주의 사상에서 찾을 수 있는데 문치와 그 성취방법은 이미 중국의 주(周)나라에서 나타났고, 공자와 맹자 등에 의해 설명되

---

3) 학자에 따라서는 조선의 정치목표를 보다 구체적으로 지적하는 경우도 있다. 예를 들어 한배호 교수(1975: 294)는 ① 명나라와 우호적인 관계의 유지, ② 불교에 대치되는 공식적 이념으로서의 유교의 채택을 들고 있다.
4) 당시에는 중국을 중심으로 한 사대질서가 국제질서의 기본인 것으로 파악하였으며, 영토확장 등을 통한 국가이익의 확대라는 논리는 고려될 수 없었다. Max Weber의 개념에 의하면 이와 같은 현상은 평화주의라고 해석되어진다.
5) 조선을 천하 속의 한 家로 보았다.

었다는 것을 전제로 하여 유교의 경서를 터득하는 것이 현세를 이해하고 질서를 확립하는 기본이 된다고 믿었다. 여기에 독서 및 수신(修身)이 먼저 요구되었고 유교의 기본이념에 따라 법치보다는 덕치를 행하도록 강조한 것이다.[6] 그리고 이것은 조선 중기의 성리학이 심성론(心性論)의 한계를 넘어서 이기철학(理氣哲學)으로 상승하면서 더욱 강화되었다(박동서, 1961: 50).

② 집권화와 권위주의 의식

정치적 집권화의 근거는 고대 공자사상에서 유래한다. 조선시대에 와서는 이와 같은 원시유교적 정치관념은 왕권중심의 절대적 집권화를 합리화하는 데 이용되었다. 특히 16세기 후반에 퇴계 이황에 의해 성숙된 조선시대 주자학에서는 통치원리를 주자학적 우주론 또는 인간론으로부터 도출함으로써 집권적 왕권체제가 본연지성(理)의 제도적 발현인 것으로 간주하였다. 그 후 실학파가 경험적 현실주의와 민생복리적 측면을 강조하기는 하였으나 정치질서를 바라보는 시각에 있어서는 정통 주자학파와 크게 달라진 것이 없다.

이와 같은 정치적 계층화 및 집권화에 대한 관념체제는 조선시대 관료제와 군주를 정점으로 하는 강력한 중앙집권체제를 구축하는 바탕이 되었다. 또한 유교를 기초로 하여 당시의 지배자들은 피지배자의 도전을 크게 받지 않은 채 일방적으로 통치할 수 있는 권위주의 체제를 확립할 수 있었다. 유교적 권위주의 속에서 당시의 백성들은 정책결정과정에 거의 참여하지 못한 상태에서 지배자들을 무비판적으로 따르는 소위 Almond와 Verba(1963: 3 - 42)가 개념화 한 향리적 정치문화(Parochial Political Culture)가 형성되었던 것으로 볼 수 있다.

③ 정치집단을 통한 체제유지

집단적 관계의식은 가족이라는 혈연적 소집단을 모체로 하여 하나의 관념체제를 이루었고 정치적으로는 혈연 혹은 그 범위를 넘어서 지연, 관(官) 또는 학문적인 결합 등의 다양한 준거집단을 근거로 하여 발현되었다. 크게는 왕을 중심으로 한 왕족, 왕비를 중심으로 한 외척, 그리고 관료 집단으로서의 관계의식이 중요한 정치변수로 존재하였으며 작게는 관료집단 내의 인맥을 통한 소집단, 관료외적 선비중심의 소집단들에 의한 유대관계 및 갈등관계가 개인이 아닌 집단을 중심으로 한 동적, 정적 문화

---

6) 문관과 무관은 다 같은 양반에 속하지만 일반적인 요직은 물론 군사분야의 요직까지도 문관이 차지하였고 무관은 문관 아래에서 보좌하는 경우가 많았다(Channon Macune, 1970: 41; 김운태, 1970: 94-95; Ernst J. Oppert, 1959: 100-101 등 다수).

를 형성하였다고 볼 수 있다. 이상의 여러 집단의 관계의식은 엄격한 계층의식 때문에 유발될 수 있는 정치적 전제화를 방지하고 체제의 경직성을 막는 활력소의 기능도 수행하였다.

첫째, 왕권세력, 양반 중심의 관료세력 등 지배계급 내의 집단들은 광범위하게 각각의 결속력을 강화화면서 동시에 상호 간의 견제와 균형을 유지하여 어느 집단의 정치적 횡포도 용납되지 않는 체제를 구축하였다.[7] 특히 왕권에 대한 관료집단으로 부터의 억제나 제약은 잘 알려져 있다.

둘째, 관료계급 내의 소집단, 서원중심의 수많은 집단세력들은 자체적으로 내부의 결속력을 유지하면서도 어느 특정 집단이 필요 이상의 권력을 소유하는 것을 비판하고 견제하는 기능을 수행하였다.

이러한 집단 간의 대립은 때때로 당쟁으로 비화하여 정치체제의 안정을 크게 위협하는 격변을 유발시킨 사례가 많이 있다. 그러나 집단적 관계의식이 정치적으로 구체화될 때 나타나는 역기능적 요인에도 불구하고 이러한 집단 간의 견제와 대립은 정치체제의 안정을 위한 중요한 수단 가치로서의 의미를 가졌다고 볼 수 있으며 조선조 정치문화의 중요한 국면을 형성한 요인이었다.

2. 일제시대

조선은 이미 19세기 말의 개항과 더불어 체제 자체의 존립과 정통성에 대한 외세, 그 가운데에서도 특히 일본으로부터의 강력한 위험을 경험하면서 체제내적 동요와 변혁의 움직임이 뚜렷이 나타났다. 갑신정변, 동학농민운동, 갑오경장, 독립협회, 만민공동회운동 등 일련의 움직임들은 외세에 한편으로는 저항하고 다른 한편으로는 적응하면서 우리를 지키자는 의지의 표현으로 볼 수 있는 것이다.

일부에서는 일본이 우리와 유사한 동양적 정치문화를 바탕으로 통치했다는 점, 우리가 일제하에서 정책결정과정에 거의 참여하지 못한 채 일방적으로 강압적인 지배만을 받아왔기 때문에 일본 문화에 크게 동화될 여지가 없었다는 점 등을 이유로 들면서 일본의 식민통치는 우리의 전통적 정치관념체제를 거의 변화시키지 못했다고 주장한다.[8] 또 다른 학자들은 기나긴 식민통치시대의 경험은 개개인의 태도, 신념, 가치관 등에 영향을 주어 정치문화의 전통적 국면들을 변화시켰다고 주장한다.

---

7) 이에 대해서는 Byong-ik Koh(1977), James Falais(1973), 오세덕(1976) 등의 논문을 참고하기 바람.
8) 일례로 배성용(1956, 24)을 참조할 것.

본 연구에서는 우리의 정치적 관념체제였던 계층적 관계의식과 집단가치의식은 일제시대를 거쳐 해방을 맞이하면서도 근본적인 변화 없이 계속 그 명맥을 유지하고 있다는 입장을 취한다. 그러나 질서유지라는 목표관념은 식민지통치를 경험하면서 발전한 민족정신을 바탕으로 보다 팽창적으로 변화되었다고 할 수 있다. 즉, 일본의 팽창적인 정치목표의 경험과 독립 혹은 민족자결의 필요성 고양은 질서유지라는 보수적 정치목표관념을 부국강병 등의 보다 팽창적인 관념으로 변화시켰다고 볼 수 있다는 것이다.

3. 해방 이후

해방 이후 30년이라는 짧은 기간에 한국정치는 외부적·내부적 요인들에 자극받으면서 많은 변화를 겪어왔다. 이것을 시대적으로 크게 구분하여 보면 1961년의 군사쿠데타를 기점으로 전기는 일제를 통하여 어느 정도 변화된 정치적 관념체제를 기반으로 정치이념상으로는 자유, 평등 등을 기본이념으로 하는 민주주의가 채택되고 경제적으로는 자본주의가 도입되는 시기였다. 또한 이러한 변화는 당연히 한글 세대의 성장, 교육과 언론의 개방 등을 촉진하였고 그에 따라 정치사회화 과정도 확대되었다(Han-been Lee, 1968: 50). 그러나 정치질서는 문란했고 불안감 속에서 권력에 대한 욕구를 지닌 사회 구성원들이 증가하였다.

1961년 이후의 군사혁명정부는 우선 정치적 수단으로 강압적인 군사력을 우선적으로 사용하면서 사회를 안정시키고 조국통일과 경제발전이라는 팽창적 목표를 설정하였다. 이것은 군사혁명정부가 그 정당성을 경제가치의 확보에서 구하고자 했기 때문이며(박동서, 1977: 6), 이 때부터 급속한 산업근대화가 추진되면서 국민소득이 증가하였다. 이러한 추세에 따라 다원화된 엘리트들의 진출이 이루어지고 경제적인 측면이 부각되어 정치발전에 대한 욕구도 축소되면서 관료지향적 단일가치의식에 대한 재평가가 이루어졌다. 모든 것이 팽창적으로 움직이는 추세에서 정치목표 또한 예외가 될 수 없어 발전의 측면을 중시하게 되었다.

질서유지라는 보수성이 강했던 전통적 정치목표가 완전히 변화된 것이다. 또한 산업의 발전에 따른 인력의 부족과 수평적 유동성의 확대는 불안감과 귀속감을 완화시켜줌으로써 전통적인 계층적 관계의식과 집단적 관계의식에도 많은 변화가 일어났다고 생각할 수 있으며 이를 더 이상 정치적 수단으로 이용할 수 없게 되었다. 그러나 서구문화가 올바르게 뿌리를 내리지 못하고 있었기 때문에 전통성과 물질주의가 혼재되어 많은 폐단이 나타났던 것도 사실이다.

Ⅲ. 전통적 관료제도 및 관료행태의 연속과 변화

1. 조선시대

유교적 관념체제는 관료제도의 이념적 기반을 제공하였고, 문치주의, 집권화 및 집단 간 견제와 균형 그대로 관료제도의 특징적 국면을 형성하였다.

1) 관료제도의 특징

조선시대 관료제도의 특징은 사람 중심의 계급제 원리에 입각한 품계제도와 중앙집권제도의 구축, 사회적 신분질서를 반영한 충원제도, 그리고 집단의식의 표현인 집단상벌과 집단견제제도의 실시 등이다.

(1) 품계제도

조선시대 관료제도의 골격을 이루었던 품계제도는 본질적으로 상하의 질서를 위한 것이었다. 관내외(官內外), 동·서반(東·西班), 내외(內外)를 막론하고 모든 관리는 정1품에서 종9품까지의 18품계 중 하나를 부여받았다. 그러나 종6품 이상의 품계에는 각 품계마다 상하계(上下階)를 두고 정일품에는 특히 삼계(三階)가 있어 실제 24~25개의 계급이 있는 것과 같았다(김운태, 1974: 146). 관아(官衙)들도 그 장(長)의 품계에 따라 상하의 계급이 정해졌다. 예를 들면 사헌부는 종2품 아문이고 사간원은 정3품 아문으로 되어 있었다. 또한 품계제도의 범위에는 왕과 왕비의 친족, 궁궐 내 왕의 부실과 궁녀까지 포함되었는데, 예를 들면 왕의 부실의 서열은 빈(정1품), 귀인(종1품), 소의(정2품), 숙의(종2품), 소용(정3품), 숙용(종3품), 소원(정4품), 숙원(종4품)의 순서로 정해졌다.[9]

사실상 이러한 품계제도는 기능적인 면을 고려하여 고안된 것이라기보다는 유교 속에 내재하는 계층의식의 표현으로 볼 수 있는데 계급 간의 차이는 매우 엄격한 것이었다.[10] 관위를 당상, 당하 및 참상, 참하로 대별하여 예우를 달리하였는데 호칭에

---

9) 대전회통, 이전, 내명부조.
10) 이것은 대전통편과 대전회통의 법제가 잘 설명해 주고 있다. "무릇 하등관이 차등관을 매리한 자는 마인본율에 1등을 가하고 격등관을 뜰한 경우에는 또 1등을 가한다. 이와 같이 체가하여 장백에 이르러 그친다." 대전통편, 형전, 고존장조; "대게 하관으로서 차등자에게 구타욕설한 자는 마인본율에 1등을 가하고 격등되는 것은 또 1등을 가하되 이와 같이 체가하더라도 장 1백에 그치고…이졸로서 5품 이상의 관에게 구타욕설한 자는 장 1백도, 6품 이하의 관에게 구타욕설한 자는 3등을 감하여 장 70도, 사리가 대단히 패려한 자는 장1백도, 도3년하며 타 아문의 관에게 구타욕설한 자는 각각 1등을 감한다." 대전통편, 형전, 고존장조; "…또한 군사로서

서부터 심지어 첩의 수, 분묘의 면적까지 제한할 정도였다. 더 나아가서는 관료의 품계는 당시의 집단주의로 인해 당사자뿐만 아니라 친척의 사회적 신분을 규정해 주는 기준이 되었다. 그리고 일반적으로 상당히 엄격한 계급 간의 차별이 제도화 되었는데 인사상의 기회에 대한 불평등뿐만 아니라 법을 적용하는 데 있어서의 불평등도 제도화 되어 있었다.

(2) 강력한 중앙집권체제의 구축

조선에서는 집권화와 권위주의라는 정치적 관념체제의 제도적 발현으로서 군주를 정점으로 하는 강력한 중앙집권체제가 확립되었다. 당시 지방정부의 독자적 기능은 매우 미약한 상태에서 중앙정부가 모든 분야에 걸쳐 절대적 권한을 행사하고 있었으며, 중앙정부의 지방정부에 대한 관여에는 아무런 법적 제한이 없었다.11) Max Weber의 가산관료제(Patrimonial Bureaucracy)에 해당하는12) 이와 같은 통치체제를 조선은 토지제도와 과거제도 등을 통해서 이루었다. 토지는 국유제를 원칙으로 하였으며, 특히 왕족과 전·현임 관료에게 지급되는 科田을 경기지방에 그 지급지를 한정함으로써 왕족, 양반의 경제적 기반을 중앙에 집중시켰다. 경제적 수단이 국가 혹은 왕으로부터 내려오는 형식을 취하고 대상에 따라서 지급지를 한정함으로써 지방세력의 성장을 막고 왕권중심의 집권체제를 이루었던 것이다.

과거제도는 문치원리에 입각하여 유학을 공부하고 그 이념을 추종하는 인사들로 하여금 군주의 도(道)와 분(分)을 충실히 지키는 충복으로 만들자는 데 주요 목적이 있었다고 하겠으며13) 이를 통하여 지방호족의 정치세력을 누르고 왕권강화를 도모할 수 있었다. 이외에도 기인제도, 상피제, 겸임제, 임기제, 고과제, 본적회피제, 사헌부, 의금부, 형조, 한성부, 관찰사, 수령, 암행어사 등의 제도 역시 중앙의 집권화를 촉진시켜 주는 제도적 장치였다고 볼 수 있다.14)

(3) 사회적 신분질서를 통한 충원제도의 확립

인사제도 면에서는 사회적 신분질서 및 가족중심원리를 충원제도에 충실하게 반

지휘관을 살해하는 행위, 이졸로서 상관을 살해하는 행위는 고려 때와는 달리 모반 등과 같이 10악에 넣어 극형에 처했다." 이희봉, 「한국법제사」(서울: 을유문화사, 1965).
11) 박동서, 「한국관료제도의 역사적 전개」(서울: 한국연구원, 1961), p. 32.
12) 오세덕, "조선조 집권적 관료지배체제의 권력구조상의 견제와 균형관계," 윤근식 외, 「현대정치와 관료제」(서울: 대왕사, 1976), pp. 449~453.
13) 윤재풍, "한국 행정고시제도의 변천과정," 윤근식 외, 앞의 책, pp. 489~490.
14) 김운태, 「조선왕조행정사(근세편)」(서울: 박영사, 1970), pp. 68~128.

영시켰다. 금 제도가 있어 양반 중에서도 최상위에 있는 자들의 친족을 과거를 거치지 않고 일반관직 관리로 채용했다. 나머지는 과거를 통해서 관직을 획득할 수 있었고, 문치주의의 관념 래 과거라 하면 문과를 지적할 정도로 문과의 비중이 컸었다. 그리고 문과에 응시할 있는 유자격자를 신분상으로 제한하여 상인, 장인 및 천인은 물론, 같은 양반이라 서얼출신은 응시할 수 없도록 하는 반면,15) 무과(武科)는 신분상의 제한을 상대적으 약화시켜 무관의 자손을 비롯하여 향리나 상인, 장인에게도 응시할 기회를 주었다. 과(雜科)는 양반은 응시도 하지 않았으며 일반민에게나 천민에게는 개방되지 않 세습직으로서 중인에 의하여 독점됨으로써 이들에 의한 또 다른 계급이 형성되었 . 또 문관의 하급관리인 아전(서리)이나 무관의 하급관리인 군교와 같은 실무직도 리나 군교의 세습직이었다.

이와 같이 신분계급에 가 각각 획득할 수 있는 관직이 달랐으며, 더 나아가서는 사회신분에 따라서 행 조직 내에서 일정한 직위 이상은 오를 수 없는 제도가 마련되어 있었다. 요약하 조선조의 관료제는 사회신분적 계층관계를 최대한으로 반영하였으며, 문과 양반과 상인의 구분은 관료조직 내에 상존하였다.

(4) 단의식을 반영한 집단상벌, 집단견제제도의 실시

집단 내의 연대의식의 강화를 통한 전체 관료제의 안정을 구현하기 위한 수단으로서 집단에 대한 공동 책임 제도를 채택하였다.

개인이 범법행위를 하였을 경우 그 죄는 당사자만의 것이 아니었으며, 중죄일 때에는 혈연징계 외에도 지연공동체인 부락이나 대단위 행정구역까지 그 책임을 묻는 관행이 이루어졌다.16) 또한 왕비나 총빈 등의 고향이라든지 한 고을이 국가를 위해 공을 세웠을 때에는 보다 상위의 행정단위로 승격시키는 반면에, 모반인의 향관일 때는 이를 강등시키는 경우도 있었다.17) 그리고 질서의 확립을 위하여 처벌하던 풍교(風敎)상의 범죄 중에서도 계층질서와 집단의 안정에 다 같이 위배되는 강상(綱常)에 관한 범죄(부모·남편을 죽이는 죄, 관노가 관장을 죽이는 죄, 노비가 주인을 죽이는 죄)는 대단히 엄하게 다루어 범죄가 발생하면 국청을 특설하여 엄중히 조사·심문하였으며, 범인은 극형에 처하고 범인의 처자는 노비가 되며, 그의 집을 부수어 그 자리에 연못을 팠다. 또 강상죄인이 생긴 고을은 강등되고 수령은 파면되었다.18)

15) 대전회통, 이전 및 병전; 이희봉, 앞의 책, pp. 189~192.
16) Pyong-choon Hahm, *The Korean Political Traditions and Law* (Seoul: Hallym, 1967), pp. 63~64.
17) 이홍식 편, 「국사대사전」(서울: 백만사, 1976), pp. 1162~1163 참조.

또한 풍교상의 범죄와 부랑인의 단속을 위한 '오가통(五家統)의 제(制)'가 실시되었는데[19] 범죄가 발생하면 5가의 통장과 이장, 향장 또는 좌수 및 군수에게 연대책임을 지웠다. 또한 3정의 문란의 경우에도 족징·통징 등의 집단책임제가 적용되었으며, 이것은 노비제도에까지 미쳐 노비가 도망하면 그 친족들에게 책임을 지워 구속하기도 하였다.[20]

이와 같이 조선조에서는 집단상벌을 통하여 집단에 대한 연대책임의식을 높이는 동시에 개인보다는 집단을 통한 관료제도 내의 질서 확립을 추구하였던 것이다.

(5) 집단 간 견제제도

집단의식의 제도적 표현은 집단 내적 결속력 강화에만 그치지 않고 집단 간의 상호견제를 통한 관료제도의 동태화 과정에도 나타나고 있다.

우선 왕권을 중심으로 한 세력과 관료를 중심으로 한 양반세력 간의 상호견제를 위한 제도가 마련되었다. 후자는 왕권을 통제하기 위해서 군주교육제도와 묘당제(廟堂制),[21] 간언제(諫言制)를 이용할 수 있었다. 이 중에서도 삼사(사헌부, 사간원, 홍문관)의 간언은 강력한 것이었으며, 극단적인 경우에는 중앙관료조직 상층부 전체가 간언의 기관이 되었다. 이 경우에는 전·현직 관료 전체가 간언을 하며 정정(正政)의 호소는 물론 천명의 정당성까지 논할 수 있었다.[22]

한편, 양반관료세력의 권력에 대해서 왕은 인사제도나 감찰제도를 통하여 이를 통제할 수 있었고 인사제도는 양반세력을 견제할 수 있는 효율적인 수단으로 작용했다. 과거제도를 통하여 새로운 세력을 확보하여 공신계 관료나 집권관료집단의 세력을 견제할 수 있었다. 상피제는 경관직이나 지방직에서 친척 또는 기타의 연고관계가 있는 자들이 상호 지휘감독을 받는 상하관 또는 서로 관련이 있는 관직에 취임하는 것을 막기 위한 제도였다. 이는 물론 가족 또는 친척관계와 향토출신관계 등의 결합

---

18) 대전통편, 형전, 추단조, 이 법의 내용은 경국대전에서 대전통편에 이르기까지 변함이 없었으나 대전회통의 신보합록한 조목에는 "수령은 파면되지 않는다."라고 되어 있다.

19) 오가작통법은 성종16년에 5가를 1통으로 하여 시행되었으며 환난상휼의 정신에 따라 고을 어른이 고을의 식량상태를 살펴 그 대책을 수립하도록 한 것이 그 시초이다.

20) 유형원, 「반계수록」, 강만길 외 역, 「한국의 실학사상」(서울: 삼성출판사, 1976), p. 116 참조.

21) 군국기무의 최고결정형식인 모무를 담당하는 정책기구제도인 묘당제(조선에서는 의정부)는 삼정승의 영향력 증대로 관료권의 신장과 견제적 기능을 확대하여 왕권과 신권의 조화에 공헌했으며, 덕치를 위하여 군주교육제도가 있었는데 이는 관료가 담당하며 교육기관으로서는 경연과 군주의 연학과 수학을 위하여 경적을 정리·대비하는 홍문관이 있었다.

22) James Palais, "이조시대의 안정성," 「한국의 전통과 변천」(서울: 고대 아세아문제연구소, 1973), p. 289.

으로 인하여 지방호족세력이 부식되어 반란을 도모하거나, 정실에 빠져 행정의 공권을 잃거나 또는 관아가 뭉쳐 족당의 소굴을 이루어 조세와 같은 국가수입을 횡령·착취하는 등의 폐해와 위험을 미연에 방지하기 위한 것이었다.[23]

지방관직 내에 연고관계가 있을 때는 하급자가 직을 옮기는 것을 원칙으로 했다. 그리고 지방관을 임명할 때 본적회피제를 채택하여 본향지(本鄉地) 또는 전장보유지(田莊保有地)로 부임·근무할 수 없도록 했는데,[24] 이것도 임기제, 상피제와 더불어 집단세력을 견제하고 연고로 생기는 폐단을 방지하는 데 그 목적이 있었다.

이에 더하여 왕권을 제외한 지배계급 내 여러 집단 간의 견제는 주로 언로를 개방함으로써 이루어졌다. 즉, 선비계급이면 관직의 소유 여하를 불문하고 개방된 언로를 이용할 수 있었기 때문에 왕으로 하여금 현실을 직시하여 한 집단의 자의적인 권력행사를 막을 것을 요구할 수 있었으며, 더 나아가 왕권과 제휴하여 이와 같은 세력을 견제할 수도 있었다.[25]

조선조의 정치적 관념체제와 관료제는 곧 관료집단의 행동강령과 행동범위를 설정해 주는 가치 및 제도의 틀로서 존재하였기 때문에 관료들은 문을 숭상함에 따른 청렴결백한 관직에의 봉사를 중요시하고, 상하관계에 있어서 의리와 위민을 생활신조로 삼았으며 관료집단 간의 상호견제를 통해 관료제의 내적 안정을 도모하였던 것이다.

한편, 높은 유교적 가치기준을 그대로 생활화한다는 것은 현실적으로 불가능한 일이었음이 분명하다. 특히 사회·경제적 혼란이 심화되었던 조선 말기에 관료들이 집권화와 권위주의의 틀 속에서 관존민비의 태도를 가지며, 권력을 이용하여 민에 대한 착취를 자행함으로써 집단의식을 파벌 및 작폐의 도구로 사용하는 행동이 뚜렷이 나타났다.

2) 관료행태상의 특징

(1) 기능적 측면

관료행태의 기능적 국면은 관료가 유교적 이념을 고수하고 군자의 도리를 지키

---

23) 김운태, 앞의 책, p. 153; 오세덕, 앞의 책, p. 461.
24) 그러나 효를 중시하였기 때문에 부모의 나이가 70세 이상인 자는 그의 거주지로부터 3백리 이상의 원격지의 수령으로는 임명하지 않는다는 규정도 있었다. 대전회통, 이전, 외관직조 참조.
25) 사실상 조선은 관인지배체제라는 특수한 성격 속에서 정책결정과정상 통신통로는 상당히 개방되어 있었다. 이러한 언로를 이용하여 정치와 시사에 관한 수많은 상소문들이 왕에게 전달되었으며, 또한 왕은 차대나 인견에 포함되지 않은 관료(경, 대신 등)들을 대상으로 소견을 실시하여 특수임무(사신, 안핵어사 등)를 중심으로 하문할 수도 있었다. 김운태, 앞의 책, pp. 191~194.

는 과정에서 나타난다. 이는 크게 나누어 청렴결백, 의리, 위민정신의 행동화 등에서 찾아볼 수 있다.

첫째, 많은 관료가 유교적 이념에 따라 안빈낙도의 길을 택하였다. 이것은 관료가 관료이기 이전에 선비이며, 단순한 행정능력의 소유자이기에 앞서 유학자였기 때문이다. 특히 공직자로서의 관료에게는 대나무와 소나무의 푸름을 닮아 청렴결백한 것이 덕행의 근본으로 인식되었다. 즉, 명리에 밝아서는 안 되며, 이해를 돌보지 않고 자신의 소신에 편안히 순결하려는 결신(潔身)의 철학이 있었던 것이다. 당시 문관의 가슴에는 학을 그려 넣은 흉배를 찼는데 이것은 순백한 마음을 항상 잃지 않겠다는 선비적 신념에서였다.[26] 또 국가는 청백리가 있으면 표창하여 관료의 귀감이 되게 하였다.[27]

둘째, 의를 존중하여 양심을 배반하지 않는 것과 굳은 의지와 변함없는 충의정신을 높이 평가하였으며, 공직무에 충실하는 것을 공직자의 도리로 인식하였다. 사육신과 생육신의 불사이군(不事二君)의 태도는 의리를 무엇보다도 높이 평가한 당시 관료들의 표상이었다. 임(壬)·병(丙) 양란시 춘추의리(春秋義理)를 중요시하여 국제관계를 유지하였던 예라든지 국가가 위기에 봉착하였을 때 보여준 조선 관료들의 의리[28]는 이충무공의 충의·충절로 나타나며, 삼학사(三學士, 홍익한, 윤집, 오달제)와 비변사 당상 김상헌의 척화로 나타났던 것이다. 또한 송시열의 북벌론, 그리고 한말에서 볼 수 있는 민영환 등의 충절은 유교에 입각한 의리의 표현이었다고 볼 수 있다.

셋째, 유교의 덕치주의와 인을 바탕으로 하는 애민 혹은 위민 정신을 실현하는 관료가 많았다. 이것은 계층구조의 논리에 따라서 민에 대한 상위자로서의 의무인 것으로 받아들여졌다. 관료는 행정업무의 수행뿐만 아니라 백성을 교화하기 위해서 덕과 교양을 지닌 모범인이 되어야 했으며, 안정된 사회와 왕조의 유지를 위해 백성을 사랑하는 자세를 갖추어야 했다. 왕도정치론을 주장하면서 국가의 경비를 줄여 백성의 부담을 가볍게 하는 치자(治者)의 애민(愛民)의 길을 강조한 조광조나 이율곡과 김시습 등을 따르는 관료들의 경세제민운동은 조선 중엽부터 빈번히 나타났다. 조광조, 이율곡, 이퇴계의 향약과 한명회의 오가작통법 등은 환난상휼, 덕업상권, 과실상규 등의 집단적 인맥의식이 반영된 위민정신의 표현이었다고 볼 수 있다.

---

26) 손인수, 「율곡의 교육사상」(서울: 박영사, 1976), p. 171.
27) 태조 때부터 청백리가 있으면 표창을 하였는데 기록에 남아 있는 통계에 의하면 태조에서 성종까지 45명, 중종에서 선조까지 37명, 인조부터 숙종까지 28명, 모두 110명이 표창을 받았다. 정약용 저/다산연구회 역주, 「역주 목민심서 I」(서울: 창작과 비평사, 1978), p. 106.
28) 류승국, 「한국의 유교」(서울: 세종대왕 기념사업회, 1976), pp. 217~240.

(2) 역기능적 국면

유교에 입각한 높은 가치기준은 현실적으로 모순 없이 순조롭게 전개될 수 없었을 뿐만 아니라 유교이념 자체가 가지는 구조적 모순은 관료들로 하여금 관념적으로는 용납될 수 없는 행동을 반복적으로 할 수 있는 여지를 만들어 놓았다. 조선조의 문치주의는 상대적으로 경시되던 상공업 부문을 침체시킴으로써 경제상태의 낙후를 면치 못하게 하였다. 이에 따라서 강력한 정치권력으로서의 관직은 양반들의 유일한 경제수단이 되었고 관직에 대한 과도한 참여를 유발시키고 투쟁을 격화시켜 견제와 균형의 틀을 깨어버리는 상태를 만들기도 하였다.

환경적 악화현상이 유교적 이념질서의 수립에 부정적 변수로 작용하였던 것이다. 관료의 역기능적 행태는 악화된 환경변수와 관료의 유교적 관념이 상호작용할 때 관료가 환경에 순응해 버림으로써 나타나거나, 상황의 악화로 올바른 학자나 관료가 경시되는 반면 능력이 없는 자가 관직에 취임함으로써 일으키는 부작용으로 나타났던 것이라 볼 수 있다.[29]

관료행태의 역기능적인 면을 보다 구체적으로 관료조직 내에서 나타나는 것과 관료조직과 환경 사이에서 야기되는 것으로 나누어 고찰해 보고자 한다.

① 관료조직 내적 행태

가. 충원상의 문제점과 분쟁의 격화

관직이 신분유지의 유일한 수단임에 따라 관직을 얻으려는 양반들의 노력은 수단과 방법을 가리지 않았다. 이러한 관직취득에의 노력과 집단의식이 결부되어 관직수보다 더 많은 인원을 과거 등을 통하여 선발하게 되고 이로 인하여 관료제 내에 집단이기주의가 성행하게 되었다. 추천제도와 서경제도(署經制度)를 이용하여 후보자의 능력 여하를 막론하고 연분이 있는 자를 등용시키는 경우가 그 대표적인 예이다. 과거제도만 하더라도 조선 말기에는 뇌물과 정실, 문벌의 고하, 당파의 소속 등에 따라 급제와 낙제가 결정되어 극도로 문란해졌던 일도 있다.[30] 이렇게 관직을 목적으로 하

---

29) 이에 대하여 Charles Dallet는 다음과 같이 기술하고 있다. "거개의 수령들은 아직도 관용어로 되어 있는 중국어(한문)을 거의 읽지도 쓰지도 못하고, 참다운 학자들은 더욱더 심한 절망에 빠지게 되었다." C. Dallet, 「조선교회사서론」, 정기수 역(서울: 탐구당, 1966), p. 125.

30) 박제가는 "과거는 인재를 뽑으려는 것인데, 뽑음이 과거로 말미암아 잘못되니 이는 국가가 스스로 만든 폐단"이라고 했다. 박제가, 「북학의」, 김용덕 외 역, 「한국의 실학사상」(서울: 삼성출판사, 1976), p. 278; 또한 유형원도 과거제도의 폐단을 들어 과거제도를 폐지할 것을 주장했다. 천관우, "반계 유형원 연구", 「한국사 논문 선집」(서울: 역시학회, 1976), pp. 65~72.

는 집단이기주의는 빈번히 격화되어 집단 간의 견제와 균형을 깨뜨리고 치열한 당파 싸움을 유발했다.[31]

나. 권위주의적 상하관계

어떤 경유를 통했든 간에 일단 관직에 오른 관료들은 전통적 권위를 내세워 하급 자로부터 스스로를 유리시켜 버리는 경우가 많았다. 상급자는 하급자 앞에서는 함부 로 웃는다든지 운다든지 하는 것이 허용되지 않았으며[32] 항상 근엄한 자세로 부하를 다루거나 근엄성이 통하지 않는 경우에는 심한 폭력을 가하기까지 하였던 것 같다.[33] 이와 같은 상하관계 속에서 계급은 단순한 직무상의 위치로서보다도 인적 지배복종 의 기준으로서 존재가치가 있게 되는 것이며 공사(公私) 무분별의 상하관계가 성립되 는 것이다. 이는 물론 하의(下意)의 창의적 상달을 방해했을 뿐만 아니라 상급자의 횡 포를 하급자가 제어할 수 있는 가능성을 배제하며, 이에 따른 각종 부조리를 막을 수 없게 하였다. 이와 같은 풍토 속에서 대신, 왕비, 대관의 집안에는 그들의 권력적 보 호를 받음으로써 이익을 얻으려는 무리가 많았으며, 부조리한 상하관계 속에서 뇌물 을 주고받는 것이 관행이 되었다.[34]

② 관료조직 외적 행태

가. 과대한 권력의 소유와 관존민비

관료들의 민에 대한 권력행사가 커지는 가운데 관존민비의 사상이 조선말 관민 간의 행동규범으로서 크게 부각되었던 것으로 보인다. 관이 민을 위한다(爲民), 사랑 한다(愛民)는 쪽보다는 오히려 민 위에 군림한다, 착취한다는 쪽이 더욱 뚜렷하게 당 시를 설명해 주고 있는 듯하다. 다음의 두 가지 설명은 관존민비의 풍경을 적절히 묘 사해 준다. 박지원은 「양반전」에서 "문과의 홍패라는 것이 … 무엇이든지 마음대로

---

31) 이익은 북조의 최량이 "열 사람이 관직 하나를 함께 하여도 오히려 제수해 낼 수 없다."고 한 말이 당시와 꼭 부합된다고 하면서 "벌열이 성한 가문과 문이 좋은 문호에서도 매미의 배와 거북의 장처럼 굶어 주리면서 홍패만 어루만지며 탄식하는 자의 이름을 이루 다 적을 수 없으 니 어찌 분당되지 않겠느냐."고 했다. 이익, "붕당론", 이익성 역, 「성호잡저」(서울: 삼성문화 재단, 1972), p. 6; 이외에 조규갑, "한국인의 정치심리," 「사상계」(1964년 11월), p. 252 참조.
32) 윤태림, 「한국인의 성격」(서울: 현대교육총서출판사, 1977), p. 149.
33) 1832년 몽금포에 기착한 영국상선 '아마스트호'를 타고 있었던 Cutzlaff는 짧은 기간 동안 몇 번이나 똑같은 행위를 목격했는데, 그것은 외국인에게 그들의 권위를 과시하기 위해 하급관 리를 태형하는 장면이었다. 그는 또 병사에게 고관을 만나게 해 달라고 하자, 그 병사가 손으 로 목을 치는 시늉, 엉덩이에 매질하는 시늉 등을 번갈아하면서 상급자를 만나기 두려워하더 라고 표현하고 있다.
34) 이익, 앞의 책, pp. 73~74.

할 수 있는 것이어서 … 만일 말을 듣지 않는 놈이 있다면 코로 재물을 먹이고 상투를 잡아매어 갖은 형을 당한다 해도 원망조차 못하는 법이다."35)라고 당시를 표현하고 있다. 또한 Gale 목사는 「조선개관」(Korean Sketches)에서 자신을 인도하는 관리가 사람들에게 폭력을 행사하면서 권위를 내세우는 태도를 당연하게 여겼다는 점을 증언하고 있다.36)

나. 착 취

관료들의 가족과 집단에 대한 의무감은 조선사회가 경제적으로 곤경에 처할수록 부정과 착취를 자행하도록 하는 동기가 되었다. 문벌을 중시하는 사고37)와 집단에 대한 경제적 의무감은 강한 환경 속에서 관료는 생계수단이 없는 일가친척을 돌보아야 하는 부담을 계속 지니고 있었다. 양반관료에 대한 급여도 충분하지 않았고 하위관료로 볼 수 있는 아전에 대하여는 국가가 아무런 보상을 제공하지 않았으므로 이들은 자신과 가족의 생활을 위하여 여타의 방법을 모색하지 않으면 안 되었고,38) 결국 백성들을 경제적 수탈의 대상으로 삼지 않을 수 없었다. 「목민심서」, 「경세유표」, 「성호잡저」, 혹은 외국인의 눈을 통해 본 당시의 상황은 주로 폭정과 가렴주구·횡령, 기타 관기(官紀)의 문란 등이 성행했음을 보여주고 있다.39)

다. 무관직 양반의 관료제 내적 작폐

관직이 전체 가문 혹은 집단과 결부되어 인식되어지는 결과로서 무관직 양반의 관료제 내적 작폐현상이 야기되었다. 더구나 가내적 징계는 무엇보다도 큰 도덕적 처벌로 간주되었던 당시에 관료의 친척들이 가문의 경제를 위하여 작폐행위를 한다 해서 관료가 이를 벌하지 못하는 일이 빈번함으로써 무관직 양반의 작폐현상은 더욱 심하게 나타났던 것으로 보인다.

---

35) 박지원, 「양반전」, 한국고전문학편집위원회 편, 한국고전문학전집, 제1권(서울: 희망출판사, 1965), p. 79.
36) James Scarth Gale, 「조선개관」, 장문평 역(서울: 현암사, 1971), pp. 17~22.
37) 이익, 「성호새설」, 이익성 외 역, 「한국의 실학사상」(서울: 삼성출판사, 1976), p. 147.
38) Pyong-choon Hahm, op. cit., p. 66.
39) 이익은 「논괄전」에서 "우리나라는 녹봉이 너무 적다. 이것만으로 여러 관료와 서리들이 모두 제 가족을 거느리기에 부족하다. … 그러므로 한없이 뇌물을 좋아하는 것은 법이 그렇게 시킨 것이며, 뇌물을 일체 막아버리면 공경 이하 서리까지 모두 기한(飢寒)을 면하지 못할 것이다"(이익, 앞의 책: 82~83)라고 말한다. 또한 구한말의 우의정 조병세는 "관리에게는 적절한 급여가 지급되지 않아 국민의 고혈로 생계를 유지하며, 이러한 사회악은 금권과 직결되어 매관매직이 성행하고 …"(1882년 7월 28일자 조병세의 상소문; 신복용, 1976: 147에서 재인용)라고 상소문에서 당시의 관료행태를 고발하고 있다.

Dallet는 조선말의 상황을 다음과 같이 기술하고 있다.

이 나라의 변함없는 풍습은 자기의 모든 집안사람들을 부양하는 의무를
지우고 있다는 것이다. 관리가 만약에 충분한 성의를 보이지 않으면 가장
탐욕스러운 자들은 여러 가지 수단을 쓴다. 대개의 경우 친척들은 그 관
리가 없는 동안에 징세리에게 돈을 요구한다. 물론 징세리는 돈이 없다고
주장하지만 수령의 친척들은 그를 위협하고 팔다리를 잡아매고 물매질을
하여 요구한 금액을 짜내기에 성공한다. 나중에 수령은 이 사실을 알게
되지만 약탈행위에 눈을 감지 않을 수 없다.[40]

Dallet는 또한 어느 관직이 없는 양반에게 실례를 한 4명의 포졸 중, 결국 3명은
두 눈을, 한 명은 한쪽 눈을 빼앗겼고, 그와 같은 제재를 가한 양반에 대해서는 아무
런 처벌도 가해지지 않았다고 전하고 있다.[41]

2. 일제시대

일본은 우리에 앞서 근대화를 추구하였다.[42] 그리고 우리를 식민지의 위치로 전
락시켜 일본의 근대화와 전통문화에 접하게 함으로써 새로운 정통성 위기를 경험하
도록 하였다. 또한 이와 같은 상황변동에 대한 강한 민족적 저항의식을 갖도록 하였
다. 계층적 관계의식과 집단적 인맥의식이라는 관념적 틀은 본질적으로 변화하지 않
았다고 해도 이상의 경험을 통한 전통내용상의 부분 수정 내지는 새로운 요소의 가미
등은 불가피한 역사적 귀결로 나타남을 부정할 수 없다.

여기에서는 계층적 상하관계와 권위주의, 법만능주의와 불신풍조(이상 계층적 관계
의식), 혈연의식과 민족주의, 그리고 파벌주의(이상 집단적 인맥의식) 등을 주요 항목으
로 하여 일제시대를 통한 전통적 관료문화의 변화과정을 파악해 보고자 한다.

1) 전통적 관료문화의 성격변화

(1) 계층적 상하관계와 권위주의

앞에서 언급했던 바와 같이 조선조는 말기의 개항을 통해 외세의 영향력 속에서

---

40) Charles Dallet, 앞의 책, p. 166.
41) 위의 책, p. 164.
42) 일본은 부국강병이라는 목표 속에서 경제력과 군사력을 강화하였다.

자체변화를 경험하였다. 그것은 특히 사회 신분 면에서 두드러지게 나타나 실제로 고종 19년에는 서민도 향교, 성균관 등에 갈 수 있게 되고 양반이 상업에 종사할 수 있게 되었다. 나아가서 갑오경장을 통하여 공사노비의 전적(典籍)이 폐기되고 역인 (驛人), 광대, 백정 등에 대한 신분상의 차별을 철폐하고자 하는 과감한 사회정책이 등장하였다.[43]

한편, 일본의 경우 이와 같은 사회개혁의 추세는 일찍이 명치유신을 계기로 하여 부각되었고,[44] 이를 배경으로 하여 조선을 통치하기에 이르렀다. 그럼에도 불구하고 일본의 정치권력구조와 관료체제는 근본적으로 계층적 상하관계와 권위주의를 바탕 으로 하여 운영되었으며, 이는 그들이 우리를 통치하는 과정에서도 그대로 나타났다. 따라서 우리의 전통적 계층관계의식은 단절될 계기를 갖지 않은 채 오히려 일본의 전 통성이 가미된 방향에서 더욱 강화되는 현상이 나타났다고 볼 수 있다.

제2차 세계대전 전의 일본관료제는 유교와 신도사상을 통하여 천황과 국가에의 충성을 확보하고 그러한 충성을 관료제조직에의 충성과 합일화시키면서 발달하였다. 즉, 유교적 이념(질서이론과 왕도정치사상)으로 위정자 입장에서의 가치를 구하고 우리 에게는 생소한 신도사상에 입각하여 가족선(家族善)인 효(孝)보다도 국가선(國家善)으 로서의 충(忠)의 우월성을 강조하여 천황에 대한 절대적 신뢰, 공권력에의 복종을 요 구하는 과정이었던 것이다. 이렇게 하여 관료는 천황의 관리로서 직접 천황이나 혹은 국가라고 칭하는 초계급적·초당파적인 존재에 봉사하는 특권계급으로 생각되었다. 여기에 일본의 관료들은 충을 효에 앞세우고 공과 사를 구분하며,[45] 천황을 위하여 사리를 희생하는 의식을 철저하게 견지하는 반면, 민이나 기타 정치기구(사회 및 정당) 에는 월등한 권력의 소유자로서 군림하는 위치에 있었다고 보아야 할 것이다. 특히 민에 대하여는 특권적·비민주적·권위주의적 존재로서 부각되었던 것이다.[46]

일본 자체의 정치문화를 배경으로 한 일본의 한반도 식민통치는 치안확보 및 식 민지 착취라는 이중목적을 추구하는 과정에서 관료세력을 최대무기로 한 강력한 무 단통치의 성격을 가지고 등장하였다. 우선 관료제 내적으로는 칙임관(勅任官), 주임관 (奏任官), 판임관(判任官), 고원(雇員) 등의 계급제를 적용하여 계급 간에는 보수를 포 함하여 엄격한 차별을 두었고[47] 누구나 어느 계급 중 하나에 임명되면 상위계급에의

---

43) 김득황, 「한국사상사」(서울: 남산당, 1958), pp. 455~456.

44) 배성동, 「일본근대정치사」(서울: 법문사, 1976), p. 75, p. 151. 참조.

45) Lineberger, Djang and Burks, *Far Eastern Government and Politics*(Princeton, New Jersey: D. Van Nostrand Co., Inc., 1967), p. 391.

46) 신종순, 「행정의 윤리」(서울: 박영사, 1971), p. 61.

승진은 상당히 어렵도록 만들어 놓았다. 관민관계에는 경찰력을 종횡으로 구사하였고, 내무관료의 권한을 극대화시킴으로써 말단 관리까지도 민의 재산과 생명을 위협할 수 있는 가공할 만한 권한을 행사할 수 있었다.

이러한 분위기 속에서 한민족은 일면 우리의 전통적 계층관계와 근본적인 갈등관계를 가지지 않는 일본의 것을 수용하면서도 또 다른 면으로는 우리의 참여가 최소화된 이민족지배의 굴레 속에서 이를 불신하고 저항하는 풍조가 대두되었음을 쉽게 추론할 수 있다.

한민족은 관직을 높이 평가하고 기타 가치는 이에 예속한다는 단일가치의식이 변화하지 않은 상태에서 또 나른 일본 특유의 관료주의적 권위주의를 경험하게 되었고,[48] 이 두 관료체제 속에 존재해 있는 서로 다른 성질의 권위주의를 경험하게 되었다. 이러한 경험을 통하여 한민족은 일본의 식민통치에 대한 권위의 정당성을 인정하지 않으면서도 통치방식으로서의 권위주의는 수용하면서 강화하는 현상을 보여주었다. 다시 말해서 한국인 관리들은 본래의 권위주의적 전통에 익숙한 상태에서 일본인들의 통치방식을 모방하는 과정을 통하여 더욱 강화된 권위주의적 통치사고를 갖게 되었다고 볼 수 있다.

(2) 법만능주의와 불신풍조

조선조의 계층적 정치질서에는 권위를 바탕으로 하는 인적 지배가 정당화되어 있었다. 그리고 이것은 덕치주의가 표방하는 바, 애민의 정신이 짙게 깔려 있었음은 앞에서 본 바와 같다. 애민정신은 환경적 제약으로 인하여 실행에 어려움이 있었고, 실제에 잘 나타나지는 않았지만 지배계급의 높은 가치 중의 하나로 면면히 이어져 왔으며, 적당한 환경이 조성되면 크게 현재화할 소지도 충분히 갖추고 있었다. 그러나 애민의식은 일본통치의 영향으로 약화되었다. 즉, 일본의 의도적인 식민정책으로 인하여, 또한 일본의 정치문화를 모방함으로써 약화되었던 것이다.

일본의 군국주의 속에서는 국가와 천황에 대한 민의 충성은 요구되나, 위로부터 아래로의 윤리는 별로 존재하지 않았다. 관료의 책임감 없는 권위주의가 이를 단적으로 표현하며, 이것을 한국인이 모방하였을 가능성이 있다.

그리고 일본은 서구문화의 수용 결과 얻어진 선진국으로서의 우월감을 전제로 하여, 또 그들이 나서서 지도하지 않으면 한국은 도저히 구제될 수 없다는 입장을 취

47) 박동서, 앞의 책, p. 67.
48) 장을병, "권위편중의 정치환경", 「한국정치학회보」, 제10집(1976), p. 124.

하면서 한반도 내의 교육제도를 개혁하였다. 그러나 한국인 교육은 "제국의 진군에 공헌할 수 있는 자를 기르기 위한 충량한 신민교육"이었고[49] 그 속에서 대부분의 한국인이 받을 수 있는 교육이란 이용후생을 강조하는 등의 실용주의 교육과 실업교육에 불과하였다.[50] 또 한민족의 문화적 전통을 왜곡시키면서 내선일체(內鮮一體), 일시동인(一視同仁) 등의 구호를 앞세우고 황민화(皇民化)라는 동화교육을 실시했던 것이다. 즉, 모든 것이 피치자로서의 의무와 복종만을 내세운 것이었기 때문에 한국인은 더 이상 애민정신이 포함된 전통적 유교교육을 받을 수 없게 되었고, 이러한 과정 속에서 윤리관에 변질이 생길 소지가 마련되었던 것이다.

우리의 애민의식이 바탕이 된 인적 지배가 와해되어 가는 과정 속에서 일본은 프러시아식의 법치제도를 도입하였고 행정에 있어서도 법치행정을 확립했다. 그러나 이것은 '법'만의 강조에 의한 극심한 원칙주의의 사고를 형성시켰다. 법률에 관한 그들의 평가가 얼마나 컸었는가는 관리의 충원과정을 통해서도 알 수 있는데, 고등관리의 등용문인 고등문관시험의 본시험과목은 대부분이 법률학에 대한 과목으로 법률 이외의 과목은 불과 경제학(필수)과 재정학(선택) 등의 과목뿐이었으며 출제위원의 대부분이 동경제대의 법과대학 교수들이었다.[51] 그리고 시험제도가 처음 수립된 1887년에는 칙령으로 제국대학에서 법학과 문학을 전공한 자에게 관리등용상 특권을 부여하기도 했으며, 고등문관시험을 본 전체 합격자의 75%를 동경제대 법대 출신이 차지했었다.[52]

한편, 관리는 법률중심적 사고로 말미암아 행정문제의 답을 여론, 공익 또는 행정상의 실용성 등을 고려해서 처리하려고 하기보다 법전의 테두리 속에서만 논의하였으며, 지나친 원칙의 고수와 전례답습이라는 형식성으로 인하여 사회적으로 법전의 테두리 밖에서 형성된 민의 이해관계를 이해하려 들지 않았을 뿐만 아니라 상황에 적합한 법이 없을 때는 그들의 직무불이행도 정당화되는 것으로 인식했다.[53]

일본의 이러한 지나친 형식성은 원칙을 존중함으로써 행정상 예외를 인정하지 않는다는 의미에서는 장점을 가졌다고 할 수도 있으나, 식민지하에서 피지배민족을 이해함이 없이 원칙적인 통치를 자행함에 따라 나타나는 폐단은 대단히 큰 것이었다.

---

49) 한기언, "일제의 동화정책과 한민족의 교육적 저항," 아세아문제연구소 편, 「일제하의 문화침탈사」(서울: 민중서관, 1970), p. 8.
50) 정세현, 「항일학생민족운동사연구」(서울: 일지사, 1975), pp. 15~19.
51) 한기헌, 앞의 책, pp. 9~12.
52) 신종순, 앞의 책, p. 62.
53) 박동서, 앞의 책, p. 64.

'법보다 예'가 중요시되어 '예'가 곧 '법'이었던 전통이 약화되는 가운데 한국인은 일본의 법률주의를 모방함으로써 법만능주의라는 새로운 관료문화를 생성시켰으며, 다른 한편으로는 식민과 착취를 원칙으로 하는 지배형태에 반감을 표시함으로써 조선말부터 나타나기 시작한 불신풍조가 극에 달하는 상황에 이르게 되었다. 이러한 불신풍조는 다음에 설명할 '저항적 민족주의운동'으로 연결되기도 하고 냉소적 소원의 형태로 나타나기도 했다. 많은 지성인들이 현실부정적 자세를 취함으로써 스스로 정치로부터 멀어져 가고 정치를 더러운 것으로 여겨 문화·교육사업에만 투신하여 지적 또는 감정적으로 이상주의적, 낭만주의적, 그리고 냉소적인 경향으로 흐르게 되었다. 마음대로 되지 않는 비윤리적인 현실에서 도피하려는 경향이 이 당시를 지배하게 되었고, 이는 해방 이후에도 크게 영향을 주었던 것으로 보인다.[54]

(3) 혈연의식과 민족주의

전통사회는 개인이 아닌 가족을 최소단위로 하여 구성되어 있었으며, 가족 내에서의 생활은 지극히 희생적이며 협력적이었다. 그러나 이러한 자아말살적인 사회는 일제의 통치를 경험하면서 변화될 수밖에 없었고, 이에 따라 혈연의식도 약화되었던 것이다. 일제하에서의 혈연의식의 약화는 일본정치문화의 영향, 근대화의 영향 등에 의한 것으로 설명되고 있다.

첫째, 일본도 가부장권을 중심으로 한 가족중심적 사회였음은 부정하기 어렵다.[55] 그러나 우리의 전통사회에서만큼이나 강력한 것은 아니었으며 신도사상과 의도적인 노력에 의해서 가족에 대한 효를 보다 확대된 집단인 촌락과 사회계급으로 연결시키는 데 어느 정도 성공하였고 나아가서는 천황을 중심체로 한 가족국가(family state)를 형성할 수 있었다. 가족국가 속에서는 충을 효보다 우월한 가치로 강조하게 마련이며, 개개인의 가족을 유일한 것으로 생각하지 않는 관념과 태도는 여러 집단 간의 협력적 행동이나 민족주의의 발전을 고무했다. 그리고 실제로 국가이익이라는 차원에서 여러 사회집단은 성공적으로 협력을 했던 것이다.[56] 이와 같이 일본은 국가

---

54) 전통적 정치질서는 유교의 정착화와 더불어 그 내재적 모순에도 불구하고 외부의 충격이 있기 전에는 여전히 정통성을 유지할 수 있었다. 소수의 엘리트에 의한 폭군방벌론의 주장도 있었고, 몇 차례의 정변도 있었지만 이것은 유교적 이념체제에서만 가능했기 때문에 곧 사회는 안정을 회복하곤 하였다. 민중도 지배집단의 특권에 대해서 별다른 거부반응을 보이지 않았다. 그러나 조선 말부터 시작되는 외부와의 빈번한 접촉은 그 정통성을 파괴시켰다. 민중은 정치질서의 불합리성과 쇠진한 국력을 의식할 수 있으며 내부적 질서에 대한 불신과 쇠진한 국력을 뚫고 들어오는 외세에 대한 반감은 임오군란이나 동학란으로 연결되었던 것이다.

55) 김한교, 앞의 책, p. 43.

이익을 인식하고 공공선으로서의 '충'을 실제적으로 확보했으며, 한국인이 이에 동화되어 가면서 공공업무와 관련된 충원상의 원칙에서 가족혈연보다는 오히려 학벌·지연·인물 등을 더욱 중요시하는 경향이 나타났다.[57]

둘째, 혈연집단의식이 사회구조의 분화로 인하여 약화되며, 그 약화된 정도가 곧 근대화의 척도를 나타내는 것이라는 일반론에 입각하여 볼 때, 일제하에서의 도시화 현상, 직업구조의 변동 및 전통적 신분제도의 와해현상 등은 분명히 당시의 혈연의식을 약화시켰을 것이라는 추측을 할 수 있게 한다.

농업인구의 감소와 상공업인구의 증가라는 직업변동의 추세는 1930년대를 중심으로 뚜렷이 나타나고 있으며, 또한 <표 1>에서 보는 바와 같이 1940년대에 와서는 인구의 14% 정도가 도시에 집중되는 현상이 나타났다. 비록 당시의 근대화가 속도나 규모 면에서 오늘날과는 비교할 수 없을 정도로 미미하게 추진되어진 것으로 나타나고 있으나, <표 1>은 혈연중심적 전통사회의 특징에 변화를 주었으리라는 추측을 가능하게 만든다.

표 1 인구의 도시화

(단위: %)

연도 지역	1920	1925	1930	1935	1940	1942
도시	3.4	4.4	5.6	7.0	14.0	14.4
농촌	96.6	95.6	94.4	93.0	86.0	85.6
합계	100.0	100.0	100.0	100.0	100.0	100.0
(실수)	17,288,989	19,522,945	21,058,305	22,899,038	23,547,401	25,525,485

자료: 김영모, "일제하 사회계층의 형성과 변동에 관한 연구", 조기준 외, 「일제하의 민족생활사」(서울: 민중서관, 1971), p. 509.

한편, 전통적으로 집단관계의 기본이 되었던 혈연의식이 상대적으로 약화되는 가운데 또 다른 한편으로 민족집단의식은 일제를 통해 강화되었다고 말할 수 있다. 조선말의 민족의식을 초기 민족주의로 볼 때,[58] 그것은 외세의 압력 속에서 생성된 것

56) John K. Fairbank, Edwin O. Reischauer and Albert M. Craig, East Asia: The Modern Transformation(Boston: Houghton Mifflin Company, 1965), pp. 532~535.

57) 박동서, 앞의 책, p. 53.

58) 김영국, "한말 민족운동의 계보적 연구," 「한국정치학회보」, 제3집(1969), pp. 87~106.

이었고 그 양상은 무엇보다도 외세에 대한 자기보호 및 타에 대한 '우리'의 재발견의 노력이었다고 할 수 있다. 즉, 국내정치에 있어서의 부패와 혼란과 폭정에도 불구하고 그것을 규탄하는 지식인이나 동학군이 모두 정치의 기본체제에는 도달하지 못하고 행정적 압정이나 일부의 개혁, 개화론에 그치고 만 것은 말할 것도 없이 외세의 위협이 급박한 관심사였던 까닭이다.[59]

초기 민족주의의 이러한 자기보호적 성격은 국권회복운동으로 이어졌으며, 식민통치하에서는 3.1운동에서 보는 바와 같이 등질성을 전제로 한 '우리'의식을 강화하였다. 더 나아가 민족이익에 깊이 집착하면서 반일주의를 핵심으로 하는 저항적 민족주의가 세련되면서 발전적으로 계승되었다고 볼 수 있나.

전통적으로 한민족은 일본을 문화적으로 멸시하였으며 일본의 잦은 약탈행위와 무력침공은 반일감정을 더욱 악화시켰다. 즉, 일본침공의 기억은 속담이나 민요를 통해서 널리 알려졌고 반일 적개심이나 불신감은 끊임없이 계속되어 왔던 것이다.[60] 따라서 일본에 의하여 나라를 잃었다는 사실은 한국인으로서는 엄청난 치욕이었다. 이에 더하여 일본은 한국인을 심하게 차별대우했으며, 민족적인 요구를 잔인하고 포악한 방법으로 처리했다. 한국인은 자신의 불평을 호소할 길이 거의 없었으며, 사적인 분쟁에 있어서도 그들은 곡직을 불문하고 일본인과 맞서서는 이길 수 없었다. 또한 식민지 관리와 경찰은 불공평하였다. 이에 따라 한국인, 특히 지식인들이 가지는 일본에 대한 저항적 민족주의 의식은 더욱 강화되었다.

그 구체적인 행동적 표현은 폭력적 정치참여라는 형태로 나타났다. 한국인의 폭력적 정치참여는 광복군을 비롯한 독립군의 형성과 국내에서 있었던 학생운동으로 뚜렷이 전개되었는데, 그중에서도 특히 학생들의 조직화된 폭력은 그 규모에 있어서도 괄목할 만한 것이었다. 학생들은 2.8학생운동을 출발로 하여 일제에 대한 반항을 시작하여, 1920년 이후의 문화·정치상황을 이용하여 더욱 강력하게 이를 전개하였다.[61] 1920년대 후반에는 사회·공산주의와 합류되면서 이념적 명목으로 동맹휴교를 전개하기도 했었다. 또 만주사변 이후에는 죄어드는 일제의 통치를 뚫으면서 반전운동을 폈고, 학교단위의 항일비밀결사를 만들어 반일역량을 기르기도 하였다.

한마디로 일제시대에 있었던 '독립'에의 염원은 민족주의를 강화시켰다고 보아야

---

59) 이용희, "한국민족주의의 제문제," 「국제정치논총」, 제6집(1967), p. 18.
60) 김한교, 앞의 책, p. 39.
61) 당시에는 언론·교육·항일이 연쇄적으로 결합되어 총독정치체제에 다양한 공세를 취했으며, 학생들도 물산장려운동, 농촌계몽운동, 민족정신의 고취, 신사상의 수용 등 다양한 학생운동을 전개하였다. 정세현, 앞의 책, pp. 21~22 참조.

할 것이며, 통치체제를 붕괴시키기 위한 폭력적 행동이 정당화되었고 급기야는 '폭력적 정치참여'라는 새로운 정치문화를 만들었다고 볼 수 있다.

(4) 파벌주의

문벌을 신분적 사회에 근원을 두고 있는 것으로 본다면 대규모 혈연집단이 와해되면서 문벌의식이 약화되었을 것이라고 추정하는 것은 어렵지 않다.[62] 그러나 우리 전통사회에서의 파벌은 가족을 최소 참가단위로 하는 문벌, 학벌, 지벌의 성격이 합류된 것이었으며, 단순한 문벌의식의 약화만으로는 전통적인 파벌의식이 붕괴된 것이 아니었다. 문벌을 제외한 학벌과 지벌은 일제치하에서 오히려 강화되었다.

첫째로 공업화, 도시화에 따라 지역 간의 의사소통의 범위가 확대되기는 하였으나 지방주의의 전통은 별로 타격을 받지 않은 채 오히려 강화되는 현상이 나타났다. 그 이유는 우선 대도시로 이주해 온 사람들은 인간미가 적고 생소한 생활 때문에 출신고향에 대한 감정적인 유대를 더욱 강화하게 되고 동향인들과 교우를 하게 되었던 데서 찾을 수 있다.[63] 이에 대하여 의사소통의 양적 증가가 오히려 상황을 더 악화시켰을 가능성이 있다.

둘째로 일제 시대를 통하여 새로운 성격의 학벌이 형성되었다. 이것은 전통적 학벌의식이 근대화의 과정을 통해 변화된 것이다. 학문이 다양화되고 서구학문이 들어와 일시에 체계화되지 못함으로써 사물의 해석방향과 내용에 근거를 두고 있던 학파의식이 학교 자체에 근거를 둔 학문을 만들었다. 특히 일본정부가 제국대학 출신들을 특별히 우대하는 정책을 씀으로 해서 이러한 현상은 더욱 크게 나타났다.

학벌은 가정적·지연적인 결합과는 달리 개개인의 업적이 어느 정도까지는 구성원으로서의 요건이 된다는 점에서 다소 근대적인 것이라고도 할 수 있다.[64] 그러나 조선조에는 사변적 철학에 관한 것이었지만 당시의 학벌에는 내용이 없고 단순한 애착심만을 배경으로 했다는 데서 많은 문제점이 있었다.

이상의 지연·학벌 등을 모체로 한 파벌주의가 일제시대에 강화될 수 있었던 근본적인 이유는 일본정치 속에 내재해 있던 파벌주의가 한국적인 것과 유사하여 한민족이 쉽게 모방할 수 있었다는 점과, 일본정부가 의도적으로 한국인을 분열시키려고 노력했었다는 점 등에서 찾아볼 수 있다. 이러한 분위기 속에서 성장한 파벌주의는 임란 이후 집단의 견제와 균형 능력이 크게 약화된 상태에서 계속 역기능적인 방향으

62) 김정학, "문벌과 지벌," 「사상계」(1964년 11월), pp. 238~239.
63) 김한교, 앞의 책, p. 51.
64) 위의 책, p. 51.

로 전개되었다. 이와 같은 역사적 사실은 해방 이후의 정치적 파벌활동과도 직결되는 것이었다.

일제하의 한민족이 계층적 관계의식을 평등주의 의식구조로, 집단적 인맥의식을 개인주의 의식구조로 정치적 기본관념체제를 뒤바꿀 만한 제도적·행동적 경험을 한 것은 아니다. 따라서 이러한 기본적 전통의 틀은 계속 유지된 채 오직 부분적인 성격 변화를 경험했다고 보아야 한다.

첫째, 계층적 상하관계와 권위주의는 일본의 고유문화와 식민지통치에 접하여 일면은 배격(특히 권위의 정당성을 부인)하고, 다른 일면으로는 강력히 수용(특히 권위주의적 통치방식의 효율적인 면)하는 과정에서 그 성격의 변화를 초래하였다.

둘째, 일제시대의 인적 지배원리는 법치주의 원리에 의해 대치되고, 관의 애민의식은 식민의식에 의해 말살됨에 따라서 관으로부터는 민에 대한 법만능주의, 민으로부터는 불신풍조가 나타났다.

셋째, 혈연의식이 일본의 통치원리(신도사상) 및 억압, 그리고 근대화의 복합적 영향 속에서 상대적으로 그 중요성을 잃어가는 가운데 가족보다는 더 큰 집단인 민족을 모체로 한 민족주의 의식이 강화되었고 구체적으로는 저항적 민족주의의 성격을 띠면서 폭력적 정치참여라는 정치적 행동문화가 형성되었다.

넷째, 혈연의식의 약화현상과 더불어 문벌의 정치적 중요성은 상대적으로 감소되는 가운데 새로운 형태의 학벌·지벌 등이 강화되었고, 이들을 중심으로 한 파벌주의는 정치참여를 통한 견제와 균형이라는 전통적 기능상의 역할은 수행하지 못한 반면, 일제의 한민족 분열정책의 영향 속에서 세력다툼의 역기능적인 면만이 크게 부각되었다.

이러한 여러 특징적 변화는 우리의 전통적 관료문화를 부분적으로나마 재해석하도록 만들었다.

3. 해방 이후

일제하에 한국의 전통적 관료문화는 부분적으로 변화되었고 일부 수정이 가해졌다고는 하나 그 본질적인 국면인 계층적 관계의식과 집단적 인맥의식이라는 가치의 틀에는 큰 변화가 없었다. 그러나 해방 후, 특히 한국전쟁 이후에는 미국의 영향을 크게 받으면서 전통의식이 근대화라는 새로운 상황변동에 따라서 크게 도전을 받게 되고 역사적으로 보아 그 어느 시기와도 견줄 수 없는 변화를 경험하게 된다. 인구의 급격한 증가와 문맹률이 감소, 농업중심의 산업구조에서 광공업 및 사회간접자본 중심으로의 변화와 이에 따른 급격한 경제성장, 그리고 4·19학생의거, 5·16군사쿠데타, 10·26사태, 일부 정치군인의 하극상에 의한 12·12쿠데타적 사건, 6월 민주항쟁과 6·29민주화 선언과 같은 정치적 격변 등이 바로 그것이다.

이상과 같은 사회·경제적 근대화과정을 거치면서, 그리고 정치체제 내의 질서를 확립한 정치이념의 측면에 있어서도 미국을 중심으로 한 서구로부터의 민주적 정치이념이 미군정시기를 기점으로 하여 우리 사회에 엄습해 들어옴에 따라서 계층적 관계의식과 집단적 인맥의식은 관념상의 본질적인 모순에 빠지게 되었다. 따라서 이것이 구체적으로 관료제와 관료행태 면에서 어떻게 나타나게 되며 어떠한 점에서 새로운 변화가 유도되는가를 검토해 보기로 한다.

1) 관료제도

해방 이후의 관료제는 과거의 '인' 중심의 전통적 관료체제, 일제 시대의 관료제, 미국의 '직무' 중심의 관료제가 제도 확립을 위한 기초자료가 되어 현재의 계급제를 갖추게 되었다. 즉, 해방 후 미군정 당시에는 미국의 직위분류제가 관료제의 근간을 이루었으며, 정부수립과 더불어 새로이 정립된 인사제도는 계급제가 되었다. 다시 1963년에 직위분류부칙을 정함으로써 직위분류제가 정식으로 관료제 내에 도입되는 듯 하였으나 그것은 현실화되지 못하였으며, 종래의 계급제 속에 직위분류제적 요소가 가미된 상태로 현재에 이르고 있다.

구체적으로 현행 공무원임용령 속에는 우선 공직을 1급에서 9급에 이르기까지 9계급으로 계급제의 원칙에 따라 분류하였으며, 이를 다시 일반직 15개 직군(職群), 59개 직렬(職列), 107개 직류(職類)로 직위분류제의 원칙에 따라 분류하였다. 또한 임용시험의 경우에는 직급제로 실시하며, 직렬을 달리하는 전직을 할 때에는 시험을 거치도록 하였다. 그리고 승진임용은 동일직렬의 바로 하위자를 임용하도록 했다. 그러나 직위분류제는 직무분석과 직무평가를 전제로 하여 이루어지는 것으로서 우리나라의 경우에는 제도적 장치로 착근되었다고 볼 수 없기 때문에 현실적으로는 계급제의 원칙이 관료제의 윤곽을 설정해 주고 있다고 할 것이다.[65] 현재의 관료제가 구조적인 면에서 계급과 인 중심의 계급제 원칙을 채택하고 있는 것은 과거의 품계제도의 제도적 특징에서 크게 벗어나는 것이 아니라고 하겠다.

이상의 관료제의 구조적 특징 외에도 조선사회의 과거제, 일제시대의 고등문관시

---

65) 박동서, 「인사행정론」(서울: 법문사, 1979), pp. 109~121.

험제도의 유령이 재현된 듯한 고등고시제도가 고급공무원 충원을 위한 제도적 장치로 남아 있으며,[66] 제2공화국 시절의 지방자치제의 실시 및 분권화의 현실화 경우를 제외하고는 관료제는 계속 집권화되어 왔고, 의사결정 및 집행상의 중앙집권제도도 견지되어 왔다. 또한 전통적 관료문화에서 볼 수 있는 집단적 인맥의식이 제도적으로 보장되어 있지는 않지만, 고급관료 특히 각료의 충원에 있어서 지역을 안배한다든지 혹은 지역적으로 편중한다든지, 더 나아가서는 최고의사결정자가 어느 지역의 인물이냐에 따라 특정 지역을 정책적으로 우선적 고려를 한다든지 등의 비공식적 정책실현은 계속되어 왔다고 말할 수 있다.

한편, 1960년대를 전환점으로 하여 우리나라의 관료제는 인적 구성이 달라지고 공직이 전문화되고 직업화되는 경향을 가지게 되었음을 지적하기도 한다. 즉, 공직의 근대화 경향이라고 말할 수 있는 여러 현상이 관료제 내에서 나타나고 있다는 것이다. 5·16군사쿠데타 이후 관료들이 젊어지고 교육정도가 높아졌으며, 군인들의 대거 공직유입현상에 따른 문무혼성체제를 이루었으며, 기술관료 지향성에 입각한 공직의 전문화·직업화가 이루어지고 있음이 조사를 통해서도 나타났다.[67]

이와 같은 새로운 추이에도 불구하고 이미 지적한 전통과 근대의 대립·갈등 현상에 의한 가치기준상의 혼란 및 이중성 현상은 관료제를 크게 부식시키고 있어서 관료 행태상의 역기능상태가 만연되어 왔음이 사실이라고 할 것이다. 이제 관료행태적 측면에서 전통성은 어떻게 이어져 왔고 변화되어 왔는지에 대한 연구를 해보기로 하겠다.

2) 관료행태의 기능적 국면

관료제 속에서 전통적으로 강조되었던 기능적 국면은 청렴결백, 충의정신, 애민사상 및 집단견제 등을 행동기준으로 하여 나타난다. 이는 물론 유교사상에 기초한 계층적 관계의식과 집단적 인맥의식을 기능적인 면에서 발현시킨 것이라고 하겠다.

해방 이후, 서구적 민주사상과 합리주의 원칙이 관료제 내에도 크게 부각됨에 따라서 직업윤리관에 있어서도 변화가 일어났다. 행정의 과학화라는 요청에 부응하여 공무원들의 해외교육훈련이 크게 권장되었고, 국내에도 1960년대에 와서 대학 내의 행정대학원을 위시하여 각종 공무원교육기관이 설치되어 행정의 기계화, 전문화, 능률화의 원리가 강의되었다. 이를 바탕으로 하여 발전적 관료윤리가 1960년대 후반에

---

66) 이한빈, "해방후 한국의 정치변동과 관료제의 발전," 「행정논총」, 제5권, 제1호(서울대학교 행정대학원, 1967), p. 9.
67) 이한빈, 위의 글, pp. 16~19.

들어서 강조된 것이다. 이와 같은 분위기 속에서 행정은 발전지향적 목표를 세우게 되었고, 정책결정과정에 전문인들의 참여폭이 넓어졌으며, 발전지향적 기획 및 통제의 효율화에 의한 성취도를 높이게 되었고, 행정의 신축성이 커지는 현상이 나타났다.[68]

동시에 행정의 민주화라는 새로운 행정윤리관은 계층적 관계의식 속의 관리의 민에 대한 위치를 뒤바꾸어 놓았다. 즉, 민 위에서 민을 다스리는 위치에 있던 것이 전통적 관념의 관료였다면, 민주행정의 논리에 의거한 관료의 위치는 전도되어 민에 봉사하는 공복(公僕, public servant) 위치에 머물게 되었다. 이는 주권재민의 사상에 입각해 보면 당연한 논리상의 귀결이라고 할 것이다. 이와 같은 공복관은 법·제도적인 면에서 보장해 주는 공무원의 윤리관으로서 등장하게 된 것이다.

이상의 여러 변화를 고려해 볼 때, 전통적인 기능적 국면에도 수정이 가해질 수밖에 없는 상황에 놓이게 되었음을 알 수 있다. 그러나 그것은 관료들의 행동기준의 논리적 근거의 변화가 주를 이룰 뿐, 행동기준이 되는 덕목상의 큰 변화는 없었다. 다시 말해서 계층적 관계의식과 집단적 인맥의식은 민주주의 원리에 의해 정면으로 도전을 받았음이 분명하다. 그러나 청렴결백, 충의정신, 애민정신 등은 계속 바람직한 행동기준으로 남아 있다고 보아야 할 것이다.

특히 청렴결백이라는 행동상의 가치 척도는 과거나 현재나 변할 수 없는 관료행동의 준거기준이 되어 왔다. 공무원의 봉급이 사기업의 그것에 전혀 미치지 못하는 형편에서도 봉급 이외의 수입원을 인정하지 않는 것이라든지, 공무원이라면 공을 위해 사를 희생해야 한다는 공직윤리가 강조되는 것은 국가재정상의 문제를 차치하고라도 전통적 청빈사상을 실현하고자 하는 의지의 표현으로서 풀이할 수 있다. 또한 공무원을 대상으로 한 서정쇄신, 정화작업 등의 일련의 국가정책도 이와 같은 맥락 속에서 풀이될 수 있는 것이다.

충의·애민정신은 해방 이후에도 줄곧 강조되는 덕목이지만 그 논리적 근거는 전통과 판이하다. 충의정신이 전통적으로 '왕'에 대한 충성으로 집약되었다면 이제는 개인이 아닌 국가라는 정체에 대한 충성을 의미하며, 이는 또한 공공복리의 추구라는 '민' 중심의 집합개념에 속한다. 현실적으로는 충의 의미가 집권자 혹은 정권의 차원으로 좁혀지기도 하고, 오용되기도 하였으나 해방 이후의 충의 개념은 민주원리에 기초하였음이 분명하다.

---

68) 박동서, 「한국행정의 발전」(서울: 법문사, 1980), pp. 50~51.

애민정신도 유교의 상하관계의식에 따른 위(관)로부터의 아래(민)에 대한 사랑의 관념적 개념은 해방 후의 민주화와 더불어 변화되었으며, 오히려 공직자는 민에 대한 봉사자 내지는 공복의 의미로 탈바꿈을 하였다. 따라서 애민이란 민에 대한 헌신적 봉사의 뜻으로 해석된다고 보아야 할 것이다.

이상의 전통을 통해 이어받은 덕목들은 공직자들의 행동규범으로 엄연히 존재하면서도 현실적으로는 전통의 역기능성과 결합하여 그 의도와는 다른 결과를 초래하기도 하였다. 즉, 관료들이 직권을 이용하여 치부하려는 집념이 증대됨으로써 1960년대 이후 경제가치의 불공정한 배분을 일삼아 왔던 점, 직책의 좋고 나쁨의 평가를 직무외의 부수입(extra income)의 정도에 기준을 두는 현상,[69] 관료가 집권자에 대한 충성과 국가에 대한 충성을 명백히 구분하지 못하는 사례, 관료들이 봉사에 기초한 애민 대신에 전통적인 군림의 자세를 견지하고 있는 점[70] 등이 많은 학자들에 의해 지적되고 있다.

전통의 계승이라는 면에서 볼 때, 관료의 행태는 역기능적인 국면에서 더욱 뚜렷이 유형화되어 왔음이 부인할 수 없는 사실이라고 하겠다. 이를 자세히 설명하기로 한다.

3) 관료행태의 역기능적 국면

해방 이후 관료행태의 역기능적 국면, 즉, 관료들이 원래 의도하였던 바에 위배되는 행위를 하는 것은 복합적인 원인이 있다고 할 수 있다. 첫째로 전통적으로 내려오는 관료들의 역기능적 행태가 답습되어지는 현상으로도 볼 수 있으며, 둘째로 관료제 자체의 양적 확대와 더불어 관료화경향이 나타남으로써 관료조직 내적 역기능 (dysfunction) 현상[71] 내지는 관료제의 병리현상(bureaupathology)[72]의 일환으로 파악될 수 있다. 셋째로 전통과 근대화가 가지는 특성 간의 마찰에 의해 나타나는 프리즘적(prismatic) 현상으로도 이해될 수 있다. 특히 1960년대에 들어와 급격한 근대화를 추진하면서 관료제의 역할이 중요시되고 관료제가 양적으로 대폭 확장되었던 우리의 경우를 고려해 본다면 새로이 등장한 현대관료제의 병리현상, 전통과 근대화 간의 마찰에 의해 나타나는 프리즘적 현상 등은 조선시대부터 이어져 왔던 관료행태의 역기

---

69) Pyong-choon Hahm, *The Korean Political Traditions and Law*(Seoul: Hallym, 1967), p. 68.
70) Suk-choon Cho, "The Bureaucracy" in E. R. Wright(ed.), *Korean Politics in Transition*(Seatle and London: University of Washington Press, 1975), p. 75.
71) Robert K, Merton, *Social Theory and Social Structure*(Glencoe, Ill.: Free press, 1957), p. 51.
72) Victor A. Thompson, *Modern Organization*(New York: Knopf, 1961). p. 177.

능적 국면을 더욱 강화시켜 주는 결과를 가져왔다고 설명할 수도 있다.

관료제의 역기능적 국면은 조선시대에서와 마찬가지로 관료조직 내적 행태와 관료조직 외적 행태로 구분하여 설명할 수 있다.

(1) 관료조직 내적 행태

전통적인 의미에서의 관료조직 내적 행태의 중요한 특징은 조선시대 및 일제시대를 통한 충원문제, 분쟁 및 파벌, 그리고 권위주의적 상하관계 등에서 발견된다. 계층의식과 집단인맥이 작용하여 형성된 이와 같은 전통적 특징은 정도의 차이는 있지만 오늘날의 관료조직 내에도 연속되어지고 있는 현상으로서 파악된다.

첫째로, 충원문제는 집단적 인맥의식과 관련하여 고찰할 수 있다. 우리나라는 국가공무원법에서 전통적인 정실주의인사나 미국식 엽관주의(spoils system)를 원칙적으로 배격하고 공개경쟁시험이라는 실적인사원칙을 충원의 기본원리로 삼고 있다(국가공무원법 제28조). 그러나 단서를 정하여 특채를 허용하고 있다. 특채는 보직의 성격상(예로서 정책직으로서의 1급) 혹은 피임용자의 전문적 자격요건 등의 특수성 때문에 불가피하게 인정해야 되는 경우만을 인정하는 것으로 되어 있다. 그런데 현실적으로는 공개경쟁시험보다 특채가 중급 이상의 공무원 충원방법으로 더욱 활발히 사용되고 있었다는 데에 문제가 있다. 가장 심한 예로서 군사혁명 이후의 1962년 당시에 2급갑(甲)의 35.5%가 대량 특채로 이루어졌고[73] 그들의 대부분이 군인이었던 사실을 지적할 수 있다.

군 출신이 특채의 형식을 취하여 행정부에 들어가는 일은 그 후 반복해서 나타났는데, 1977년부터는 육사출신장교들에 대하여 5급 공무원으로 특혜 이동할 수 있는 제도적 장치까지 마련되었다. 다음 표에서는 1977년 이래 1987년까지 육사출신의 군인이 특채되었던 상황을 일반행정고시 출신으로 5급 공무원이 되었던 경우와 대비하여 보여주고 있다.[74]

---

73) 조석준, 「한국행정학」(서울: 박영사, 1980). p. 387.
74) 안병만, "민주화와 관·군의 정치적 중립," 「신동아」(1987년 9월), pp. 156~165.

표 2	행정직 5급 공무원의 신규채용		
연도	행정고시	행정직 사관특채	계
1977	186(67.1)	91(32.9)	277(100)
1978	250(79.1)	66(20.9)	316(100)
1979	248(80.5)	60(19.5)	308(100)
1980	187(73.9)	66(26.1)	253(100)
1981	128(65.0)	69(35.0)	197(100)
1982	109(70.8)	45(29.2)	154(100)
1983	100(71.4)	40(28.6)	140(100)
1984	98(66.2)	50(33.8)	148(100)
1985	93(100.0)	0(0.0)	93(100)
1986	100(66.7)	50(33.3)	150(100)
1987	102(67.5)	49(32.5)	151(100)
총 계	1,601(73.2)	586(26.8)	2,187(100)

*( )는 %임.

이 표에 따르면 행정직 5급 공무원의 신규채용에 있어서 사관특채의 비중이 대단히 크다는 것을 쉽게 알 수 있다. 사관특채는 평균적으로 전체 신규채용의 26% 이상을 상회하고 있고, 고시출신과 비교하면 대략 2.7 대 1의 비율을 형성하고 있다. 일반대학과 사관학교의 입학정원비율이 어림잡아 330 대 1 정도의 차이를 가지고 있고, 고시가 지니는 우리의 전통적 가치를 생각해 본다면 2.7 대 1의 비율이란 엄청난 의미를 갖는 것으로 해석할 수 있다. 물론 이러한 군출신 특채제도는 1988년에 폐지되었기 때문에 일시적인 성격을 갖는 것이었지만 5·16군사쿠데타 이후 군사문화가 행정체제 속에 얼마나 깊숙이 침투해 왔느냐를 실증적으로 보여주는 것이라 하겠다.

둘째로, 관료 내적 파벌의식과 그것이 행정에 미치는 영향은 해방 이후에도 줄곧 존재해 왔다고 할 것이다. 특히 전후부터 유행되어 온 '빽', '연줄', '…파', '…라인' 등의 용어는 사실상 관료 내적 현상에 국한되지 않고 사회 전체의 조직을 설명하는 중요한 변수로 인정되어 왔다.

관료제 내에 혈연에 의한 파벌은 일제 시대부터 약화되어 오늘날 거의 없어진 상태이며 주로 출신학교, 출신지방 등이 파벌군의 주류를 형성하여 왔다. 또한 고시파와 비고시파도 파벌형성의 요인으로 등장했던 것으로 보인다. 이 가운데서도 서울대학교 출신에 의한 학파군이 가장 크게 부각된 듯하며 그 실례로 중앙부서의 2급 이상

공무원 가운데 1968년 당시 서울대 출신이 29.9%였던 것이 1979년에 와서는 41.7%로 증가한 것을 들 수 있다.[75]

동시에 5·16군사쿠데타 이후에는 군 출신이 대거 공무원직을 맡게 됨에 따라서 군에 의한 파벌형성도 중요한 위치를 차지하고 있다고 보아야 한다. 1966년에 3급 이상의 공무원을 대상으로 한 조사의 결과를 보면 그 당시에 이미 부내파벌(비공식집단) 형성의 기준으로 출신학교, 군복무관계, 출신지방의 순으로 나타났고 이 세 요인 간에는 별 차이가 없는 것으로 분석되었다.[76]

출신학교, 군복무관계, 출신지방 등에 의해 형성된 파벌이 구체적으로 어느 정도로 행정 면에 역기능적 역할을 해오고 있는지에 대한 정확한 평가를 할 길은 없다. 다만 공무원들의 승진에 관한 사례조사는 이 문제를 간접적으로 설명해 주는 것이라고 하겠다.

1972년도의 「한국공무원행태조사보고」에 의하면 공무원들이 승진하는 데 있어서의 중요 요인을 실적, 연줄, 금력, 운의 순서로 지적하고 있는 것으로 나타났다. 즉, 전체 응답자의 40.8%가 실적을 주 요인으로 보고 있으며, 31.0%가 연줄을, 13.1%가 금력을, 10.8%가 운을 각각 중요하게 보는 것이다.[77]

한편, 1987년에 행정부와 입법부 공무원들을 대상으로 조사한 결과에 의하면 행정부 관료의 45.2%, 입법부 관료의 35.3%가 상관과의 개인적인 친분이 승진이나 승급에 중요한 영향을 미치는 요인이라고 생각하고 있는 것으로 나타났다.[78]

또한 1992년의 「공무원의 의식과 행태에 관한 연구」에서도 승진에 결정적인 영향을 주는 요인으로 응답자의 35.7%가 연줄을, 14.7%가 대인관계라고 응답하여 20년 전의 공무원행태와 크게 변화되지 않고 있음을 보여주고 있다.[79]

이를 통해 보면 파벌 속에 얽혀 있는 연줄이 실적 못지 않게 진급에 영향을 주고 있음을 알 수 있으며, 그 외의 금권과 운을 합한다면 실적보다 더 중요한 승진 요인으로 작용하고 있음을 알게 된다.

파벌은 승진 혹은 출세의 통로로서 인사상의 공평성·보편주의를 무색하게

---

75) 동아일보, 1980년 8월 27일자.
76) 박동서, 앞의 책, p. 243.
77) 김해동, "한국공무원의 형식주의적 태도에 관한 연구," 「행정논총」, 제12권, 제1호(서울대학교 행정대학원, 1974), p. 47.
78) 김창준·안병만, "관료들의 태도 및 행태에 관한 연구: 입법부와 행정부 관료들의 비교," 한국 의회발전연구회 편, 「의회와 행정부」(서울: 법문사, 1989).
79) 한국행정연구원. 「공무원의 의식과 행태에 관한 연구」(1992), p. 173.

만드는 역기능적 역할을 할 뿐만 아니라, 파벌 간의 대립에 의한 관직 내의 불필요한 마찰을 가져올 것이며, 파벌에 속하지 못한 관료들에게는 직장에서의 소외감을 조장시켜 줌으로써 업무상의 비능률·낭비 등을 초래할 것임을 쉽게 추측할 수 있다.

셋째로, 관료 내의 권위적 상하관계를 들 수 있다. 조선시대에는 직무상의 상하관계가 인적 상하관계화되어 상관이 부하에 대하여 인간적인 면에서의 권위를 확보하기 위한 수단으로서 태형까지도 자행했던 사실은 이미 지적하였다. 그러나 해방 이후의 관료제는 인적 상하관계에서 직무상의 상하관계로 전환되어지는 근대적 관료제의 특징을 나타내었으며, 이는 법·제도나 교육훈련 속에서 계속 강조되어 왔음이 사실이다. 그럼에도 불구하고 현실적으로는 인적 상하관계의 전통이 관료제에 내재하고 있는 것으로 보인다.

인적 상하관계가 권위주의로 되는 경우, 상관은 부하보다 직무의 차원에서 뿐만 아니라 인격의 차원에서도 우위를 점하게 되며 부하는 상관과 견해를 달리한다 해도 무조건 따라야 하는 관계가 성립된다. 이와 같은 관계는 현실의 행태적인 면을 차치하고라도 우리나라의 경우에는 이미 제도적으로 이를 보장하고 있다는 설명도 있다. 즉, 대통령을 정점으로 하여 행정조직의 말단에 이르기까지 어느 기관도 대통령으로부터 독립되어 있지 못하며, 위원회나 각종 회의도 계층의 장이 참여하지 않으면 그 기능이 상실되어 버리는 계층규범이 지배하는 현실에서 공무원의 상하관계가 인적 권위주의로 되어지는 것은 자연스러운 현상이라는 것이다.[80]

또한 한국의 문화를 '기분'과 '눈치'의 문화로서 보고 기분주의 행정, 눈치주의 행정의 차원에서 공무원의 상하관계를 정의하기도 한다. 즉, 행정은 객관적인 원칙에 따라 집행되기보다는 행정책임자의 기분에 따라 행해지는 경우가 많으며, 아랫사람은 윗사람의 기분을 정확히 파악하는 눈치 빠른 사람이어야만 행정관으로서 성공한다는 주장이 나오기도 한다.[81]

이와 같은 관료 내적 상하관계가 인적 지배·복종관계로 됨으로써 행정의 획일성, 비창조성, 경직성 등의 역기능현상이 아직도 공직 내에 잠재해 있음을 지적해 두고 싶다.

---

80) Suk—choon Cho, *op. cit.*, pp. 74~75.
81) 김봉식, "한국인의 사고방식을 통해 본 한국행정문화,"「한국행정학보」, 제2호(한국행정학회, 1988), pp. 353~354.

(2) 관료조직 외적 행태

관료조직 외적 행태의 역기능적 국면이란 주로 관료와 민의 관계에서 유형화되는 여러 행태를 종합적으로 지칭한다. 전통적인 역기능적 국면은 과대권력의 소유와 관존민비, 착취, 무관직 양반의 관료 내적 작폐 등으로 설명되었으며, 일제시대를 거치면서 법만능주의, 민으로부터의 관에 대한 불신 등 여러 국면의 전통으로서 이어졌다.

해방 이후 민주적 관료제의 도입은 관과 민의 관계를 관념의 차원에서 뒤바꾸어 놓았음은 전술한 바 있는데, 제도적 변화에 의해 역기능적 국면에도 다소의 변화가 있었음을 부인할 수 없다. 그러나 변화보다는 연속의 국면이 더욱 뚜렷이 나타나고 있음이 사실이다. 이들에 대해 논하여 보기로 한다.

첫째로, 관존민비의 의식은 해방 이후 30년 이상이 지나면서 변모되고 있는 것으로 보인다. 사회로부터의 관에 대한 평가나 관 스스로의 평가 모두 이와 같은 견해를 뒷받침해 주고 있다.

우선 사기업과 비교해 볼 때 보수 면에서 공무원은 취약한 위치에 있기 때문에 공무원 스스로가 이를 문제로 삼고 있을 뿐만 아니라,[82] 젊은이들에게도 가장 매력적인 직업으로는 보이지 않게 되었다. 대학시험에서 행정학과가 가장 인기 있는 과가 되지 못하며 5급 시험에 응시하는 학생들이 반드시 가장 우수한 학생은 아니라는 점은 이를 뒷받침해 준다.

민이 관을 보는 태도를 한편으로는 혜택을 줄 것같이 생각하면서 다른 한편으로는 두렵고 상대하기 싫은 존재로 본다는[83] 표현은 '관존(官尊)'이란 것과는 분명한 차이가 있음을 시사해 준다.

공무원이 민을 대하는 태도에 있어서도 해방 이후 공복의 관념이 소개된 이래 전통적인 '민비(民卑)'는 최소한 관념적인 면에서 받아들이기 어려운 입장에 서게 되었다고 보아야 할 것이다. 물론 관이 민의 종으로서 봉사한다는 의식이 문화적인 차원에서 보편화되었다고 보기는 어렵다. 오히려 공무원은 "민 위에서 지배한다"와 "민 아래에서 봉사한다"의 이율배반적인 입장에서 갈등관계를 가지고 있다고 보는 쪽이 보다 현실을 정확히 파악했다고 할 것이다.

그러나 자유당정부 시절에는 일제식민지하의 관료였던 사람들이 당내의 과두지배층을 형성하였고, 이들은 공무원들을 정치적 이익의 도모를 위한 피조종 도구

---

82) 박동서, 앞의 책, pp. 299~300; 한국행정연구원, 앞의 책, p. 164, p. 179.
83) 조석준, 앞의 책, p. 139.

(controlled instrument)로 이용하였다.[84] 따라서 공무원들은 각종 선거에서부터 민원업무를 처리하는 일에 이르기까지 자유당의 정권유지를 위한 수단으로 행동해야만 했고, 자연히 민의 봉사자가 아닌 정권의 수호자로서 민에 군림하는 위치에 있었다.

1960년대에 들어 국가발전이라는 목표가 뚜렷해지고 행정권의 강화현상과 더불어 발전을 위한 선도적 위치에 공무원이 있다고 보는 불균형 발전전략이 구체화되면서, 공무원은 법적으로 부여된 권한의 범위를 훨씬 능가하여 발전과 관련된 막대한 실권을 부여받게 되었다. 특히 경제발전을 위한 각종 의사결정과정에서 공무원의 결정에 관한 역할은 과대해졌고 이에 따라 정책관료군이 형성되었다.

이는 일면으로 행정의 전문화 및 효과성을 높이는 데 크게 기여한 관료성격의 변화라고 볼 수 있겠으나, 또 다른 일면으로는 관료의 과다권력소유라는 결과를 가져옴으로써 권력의 남용을 가능하게 해주는 여지를 마련해 준 것이다. 서정쇄신, 관료 내 정화운동 등은 그의 반동으로 나타난 정책적 노력이었다고도 평가할 수 있다.

둘째로, 위의 현상과 더불어 유발되는 구체적인 역기능적 국면은 공무원의 부패행위로서 집약될 수 있다. 부패의 의미를 "공적인 것의 사적 목적에의 이용"이라고 정의해 볼 때 결국 공무원의 부패는 공직을 개인의 목적에 이용하는 일체의 행위로 설명된다. 공무원 부패의 원인은 관료들의 과다권력소유라는 구조적 모순 외에도 관직에 대한 전통적 고정관념(관·민 양자가 모두 해당됨), 공무원의 낮은 봉급수준 등이 모두 포함된다고 할 것이다. 이와 같은 이유들로 인하여 구체적으로 고위관리층의 경우에는 소위 '권력형 부정'이 일반화되고 하급관리층에서는 '급행료', 즉, 시민이 해당 공무원에게 뇌물 혹은 금전을 제공할 때만 관련업무가 빠른 시간 내에 처리되는 현상이 만연하게 된 것이다. 행정상 악습이 역기능적 국면으로 해방 이후에도 계속되어 왔음이 주지의 사실이라고 하겠다.

셋째로, 특히 일제시대에 강화되어 하나의 역기능적인 현상으로 되어 왔던 법만능주의와 불신풍조는 해방 이후에도 변함없는, 아니면 더욱 노골화된 행태적 국면으로 이해된다. 법만능주의가 일제시대의 식민지통치방식의 일환으로 행정을 지배해 왔다면 해방 후에도 식민지 치하의 관료였던 사람들이 그것을 계속 이어받았다고도 볼 수 있다. 그러나 준법정신의 강화에 의한 행정의 합법성 함양이라는 기능적 차원은, 해방 후 그리고 전후의 혼란 속에서 약화되어 버리고, 관료제 특유의 형식주의나 무사안일주의 등을 조장해 주는 법만능주의가 만연하게 되었다고 보겠다.

---

84) 이한빈, 앞의 글, p. 9.

한 연구는 우리나라에서 법만능주의가 공무원의 일반화된 행동으로 나타나는 이
유를 유교의 예 중심으로 발달한 형식적이며 선례답습적인 의식주의 전통의 영향인
것으로 풀이하기도 했다.[85] 또 다른 조사에 의하면 이와는 대조적으로 조사대상인 공
무원 가운데 73.16%가 공무집행에 있어서 어느 정도의 규정무시는 불가피한 것으로
응답하고 있으며, 업무가 다소 지연되더라도 규정은 지켜야 된다는 응답이 23.33%로
나타나고 있어 공무원들이 법규정보다는 법의 근본목적을 더욱 중요시하는 경향이
있음을 알게 된다.[86]

이상의 두 개의 모순되는 주장은 행동과 관념 간의 괴리현상을 단적으로 지적해
주는 예라고도 풀이할 수 있다. 바꾸어 말하면 공직자들이 관념적인 차원에서는 오히
려 법만능주의를 배격하고 법이 목적하는 본질적인 면을 중요시하면서도, 현실적인
차원에서는 법만능주의 행정을 수행하고 있다고 풀이되는 것이다. 즉, 공무원들이 그
들의 편의에 따라서 법규를 무시해 버리거나 법규정을 앞세워 행정의 형식성을 강조
하거나 하는 전이사회적(轉移社會的) 특성이 아직도 우리 사회에 잠재해 있다고도 볼
수 있는 것이다.

일제시대에 식민과 착취를 내적 지배원리로 삼았던 일본 군국주의에 대한 반발
이 정치불신이라는 불신풍조를 우리 땅에 뿌리 깊이 부식시켰다는 것은 이미 전술한
바 있다. 해방 이후의 불신풍조는 일제시대의 대정부 불신이라는 전통을 바탕으로 하
여 전환기의 사회적 혼란과 더불어 정치, 경제, 사회, 문화의 각 분야에 걸친 만성적
인 불신풍조로 정착화된 것이다.[87]

특히 정치 혹은 정부에 대한 불신은 불신이라는 전통적 자세에도 문제가 있지만
소위 정치공약 혹은 정부정책 등이 일관성 없이 제대로 지켜지지 않았다는 데에 더욱
두드러진 문제점이 있다. 그것은 헌법의 반복적인 개정작업, 선거공약의 불이행, 정
부정책의 조령모개식 변화 등으로 나타났으며, 대통령의 거취문제에서부터 물가정책
에 이르기까지 해방 이후에 나타났던 무수한 정책변화 등으로 설명된다. 불신풍조의
타파는 어느 일방에 의한 것이 아닌 민·관 양자의 끊임없는 상호노력에 의해서만 가
능해질 수 있다는 문제를 안고 있다.

---

85) 백완기, "한국의 행정문화: 의식주의를 중심으로," 「한국행정학보」, 제12호(한국행정학회,
　　1978), pp. 122~125. 의식주의를 포함한 행정문화에 관한 종합적인 연구를 위하여는 백완기,
　　「한국의 행정문화」(서울: 고려대학교 출판부, 1982)를 참조.
86) 김해동, 앞의 글, p. 53.
87) 동아일보, 1980년 8월 30일자.

4. 민주화 이후 변화

1987년 민주화라는 변곡점을 통해 정치 민주화가 이룩되었다. 이에 비해 행정 민주화는 어떻게 변화했는지를 몇 가지 관점에서 살펴보고자 한다.

우선 조선시대부터 해방 이후까지 변함없는 가치이념으로 청렴결백, 충의정신, 애민정신이 지적되었었다. 그러나 민주화 이후에는 공직에 대한 일반 국민의 인식이 크게 달라진 것을 알 수 있다. 한 조사에 의하면 공무원에게 필요한 것은 책임성, 청렴성, 성실성, 전문성 등 전문가로서 자질이 우선되며 애국심, 봉사성, 조직헌신도 등은 상대적으로 낮게 요청되는 것으로 평가되었다.[88] 이는 전통이념과 비교해보면 청렴결백은 여전히 요청되고 있으나 충의정신, 애민정신은 공무원의 전문적 직업인이라는 기준에서는 상대적으로 중요성이 약화된 것이 분명하다. 이러한 인식의 변화는 관과 국민 간의 관계가 관이 앞장서 민을 끌고 가는 계층적 관계의식이 더 이상 중요시되지 않는다는 징표(sign)로 볼 수 있을 것 같다.

둘째, 해방 이후 학연·지연·혈연 등 연줄의식이 승진, 전직 등 지위상승에 중요한 요인으로 작용해왔다. 그러나 민주화 이후 이러한 부분에서 변화가 있음을 볼 수 있다. 예를 들면 1992년 공무원을 대상으로 조사한 결과에 따르면 승진에 영향을 미치는 요인으로 전체 응답자의 35.7%가 연줄(학연·지연·혈연)을 선택하였고, 다음으로 경력(근무년수)이 26.1%, 대인관계가 14.7%, 업무수행능력이 12.3%, 금력이 6.5%, 운이 1.7% 등으로 나타나[89] 연줄이 가장 중요한 요인으로 밝혀졌다. 그러나 2007년 동일한 기관에서 조사한 결과에서는 경력 및 보직관리가 30.5%, 실적 및 업무능력이 21.3%, 대인관계가 16.0%, 임용출신구분이 15.9%, 연줄이 15.1% 등으로 나타나[90] 경력과 실적이 승진에 가장 큰 영향을 주고 있음을 알 수 있다. 이 두 조사를 비교해보면 민주화 이후로 승진에 있어 경력과 실적의 영향력이 커진 반면에 연줄에 의한 영향력은 크게 낮아진 변화를 보이고 있다. 이는 민주화와 더불어 나타난 공직 내부의 가장 큰 변화 중의 하나라 할 것이다.

---

88) 2010년 일반국민을 대상으로 공무원들이 갖추어야 할 자질에 대한 질문에 전체 응답자의 21.5%가 책임성을 선택하였고, 다음으로 청렴성 19.2%, 성실성 16.4%, 전문성 15.2%, 봉사성 10.5%, 애국심 3.5%, 조직헌신도 1.2%, 의사소통능력 1.2%, 협상력 0.3% 등의 순서로 나타났다. 서성아, 「행정에 관한 국민의 인식조사」(서울: 한국행정연구원, 2010년), pp. 131~132.

89) 서원석·김광주, 「공무원의 의식과 행태에 관한 연구: 1992년 설문조사 결과보고」(서울: 한국행정연구원, 1993년), pp. 81~82.

90) 권혁빈, 「행정에 관한 국민 인식조사」(서울: 한국행정연구원, 2013년), pp. 74~75.

셋째, 앞에서도 지적한 바와 같이 청렴성은 공직의 전통적 덕목이자 오늘에 있어서도 변함없이 중요시되는 덕목이라 할 수 있다. 민주화 이후 이를 높이기 위하여 김대중 정부 때부터 2001년 7월 '부패방지법'의 제정과 2002년 1월 '부패방지위원회'를 출범시켰다. 뒤이어 2003년 2월에는 공무원의 청렴유지를 위한 행동강령을 대통령령으로 제정했다. 그리고 2005년 7월에는 부패방지위원회를 '국가청렴위원회'로 명칭을 변경하였다. 이 시기에 부패행위 개념의 확대, 신고자 보호 및 보상강화, 부패유발요인에 대한 체계적인 검토가 '부패영향평가'를 통해서 이루어졌다. 그 후 2008년 2월 국민고충처리위원회, 국가청렴위원회, 국무총리 행정심판위원회를 통합시켜 '국민권익위원회'를 출범시켰다. 이러한 식으로 제도적인 면에서 공무원의 청렴성을 높이기 위한 노력을 줄기차게 해왔다. 그러나 공무원의 부패문제는 여전히 문제시 되고 있음이 각종 조사에서 나타나고 있다.

넷째, 우리나라의 공직채용은 전통적으로 폐쇄적 임용과 신분보장을 근간으로 하는 계급제적 요소가 강해 외부로부터 충원이 쉽지 않다는 점이다. 이 때문에 공무원의 무사안일, 복지부동 등의 문제점이 공직사회에 만연했던 것이 사실이다.[91] 이러한 문제점을 해결하기 위해 1999년 개방형 직위제를 도입하였다. 개방형 직위제도는 해당 기관의 직위 중 전문성이 특히 요구되거나 효율적인 정책 수립을 위하여 필요하다고 판단되어 공직 내부나 외부에서 적격자를 임용할 필요가 있는 직위에 대해 개방형 직위로 지정하여 채용하는 제도이다.[92] 이에 따라 2006년 도입된 고위공무원단[93] 또는 과장급 직위 총수의 20% 범위에서 개방형 직위를 지정하고 있다.[94] 그러함에도 불구하고 2014년 2월 말 기준으로 볼 때 개방형 직위로 분류된 중앙부처 국장급 직위 134개 중 민간출신 인사는 23.9%(32개)에 불과하고, 같은 부처 국장급이 58.2%(78개) 그리고 다른 부처 출신 공무원이 17.9%(24개)로 나타났다.[95] 이는 개방형 직위제도가 오직 형식적으로만 운영되고 있음을 알 수 있다. 우리나라의 공직 개방성은 OECD 26개국 중 17위[96]로 밝혀진 예에서 볼 수 있듯이 앞으로 공직사회의 문호를 크게 늘

---

91) 박천오 외 공저, 「현대인사행정론」(경기: 법문사, 2014년), p. 56.
92) 「국가공무원법」 제28조 제4항.
93) 고위공무원단제도는 1-3급 실·국장급 국가공무원의 계급을 폐지함으로써 신분적 계급제를 근간으로 하는 우리나라 공무원제도의 근본 틀을 직무와 성과중심으로 개편하는 제도이다. 현행 1-3급 실·국장급 고위공무원의 계급(관리관, 이사관, 부이사관)을 구분하는 대신 직무의 어려움이나 책임 정도에 따라 분류된 가-나-다-라-마 5등급의 직무급에 따라 개별 공무원의 능력을 평가해 자리가 주어진다.
94) 「개방형 직위 및 공모 직위의 운영 등에 관한 규정」 제3조 제1항 및 제2항.
95) 매일경제, 2014년 3월 28일자.

여 공무원의 경쟁력을 향상시키는 데 도움을 주어야 할 것이다.

5. 맺는 글

조선조로부터 면면히 이어져 오는 전통적 정치문화와 그 속에서의 관료제의 기본이 되는 국면은 '계층적 관계의식'과 '집단적 인맥의식'이라는 2대 국면으로 요약된다. 조선시대와 같이 유교가 전체 사회를 지배하는 관념체제로 확고부동한 위치를 점하고 있었을 당시에는 위의 양 국면이 현실적으로 제도화되어 그것의 기능적인 면이 역기능적인 면을 압도하였고, 사회질서와 정치체제의 안정을 구축하는 바탕이 되었다. 그러나 조선 말기의 혼란, 일제식민의 경험은 양 국면의 이론적 바탕을 뒤바꾸어 놓지는 못했을지라도 저항적 민족의식이라는 대단위 집단의식의 씨를 뿌려놓은 반면에 정치불신, 정치폭력, 법만능주의 등의 역기능적 요인을 크게 부각시켰다. 이에 따라 전통문화의 순기능적인 면은 상대적으로 약화되는 현상이 나타났다.

해방 이후 서구의 평등사상, 개인주의 윤리관 등이 민주화의 물결과 더불어 우리 사회에 도입되면서 전통적 국면인 계층적 관계의식과 집단적 인맥의식은 정면으로 도전을 받게 되었다. 또한 사회·경제적으로 나타난 근대화 현상은 소위 사회유동화 현상을 가져와, 우리의 전통적 가치체계는 붕괴위기에 직면하게 되었다. 이와 같은 상황 속에서 전통문화의 기능적 국면은 더욱 약화되고 역기능적 국면이 정치·행정의 양면에서 두드러지게 나타나는 결과를 가져왔다. 해방 이후로 사회·경제적인 부문에서의 근대화가 급속도로 진행되어 온 반면에 정치행정 면에서의 근대화는 이에 뒤따르지 못했음이 분명하다.

이는 정치적 전통성과 근대화라는 양대 가치체계 사이의 갈등이 상호 조화점을 찾지 못하고 계속 심화되어 왔기 때문으로 설명된다. 또한 형식적으로는 민주주의를 표방하면서도 이를 현실적으로 제도화시키지 못한 것도 전통과 근대화 사이의 갈등을 해소하고자 하는 노력이 부족했고, 있었다 해도 남북의 분단적 상황논리 속에서 시행착오의 악순환만을 거듭했다는 데 그 이유가 있다고 보아야 할 것이다. 결국 어떻게 전통이 남긴 역기능적인 국면을 치유하면서 순기능적인 국면을 조장시키느냐 하는 점과, 동시에 이를 어떻게 근대적 가치관과 조화시키느냐에 있다고 볼 수 있다.

---

96) OECD가 발간한 *Government at a Glance 2009*에서도 국가 간 공직개방성을 비교한 결과 우리 나라의 공직 개방성은 OECD 26개국 평균인 0.478보다 낮은 0.392로 헝가리, 슬로바키아 등보 다 낮은 17위로 밝혀졌다. 김재훈·이호준, "공직임용제도의 폐쇄성과 공직부패에 관한 실증 분석," 「한국개발연구」 제34권 제4호, 2012년, pp. 162~163, p. 185.

이것에 대한 해답은 간단하지 않으므로 또 하나의 연구과제임에 틀림없다. 다만 분명한 것은 정치행정문화는 의도적으로 반복되는 학습을 통하여 이루어지며, 그것의 발전은 정치적 지도층과 국민, 그 어느 일방이 아닌 쌍방 간의 상호이해, 상호협조, 상호노력에 의해서만 가능해질 수 있다는 점이다.

한편 1987년의 민주화와 더불어 온 공직 내의 변화를 살펴보면 먼저 전통적인 가치이념으로서 청렴결백, 충의정신, 애민정신이 민주화 이후에는 청렴결백은 여전히 요청되고 있으나 충의정신, 애민정신의 중요성은 약화되고 있다. 이는 관과 국민 간의 관계가 관이 앞장서 민을 끌고 가는 계층적 관계의식이 더 이상 중요시 되지 않는다는 것이다. 또한 해방 이후 학연·지연·혈연 등 연줄이 승진, 전직 등 지위상승에 중요한 요인으로 작용해왔지만 민주화 이후에는 연줄의 중요성을 감소하고 경력과 실적이 중요한 요인이 되고 있다.

그리고 청렴성은 공직의 전통적 덕목이자 오늘에 있어서도 변함없이 중요시되는 덕목이다. 민주화 이후 부패방지를 위한 법제도 개선을 통해 공무원의 청렴성을 높이기 위한 노력을 줄기차게 해왔지만 부패문제는 여전히 문제시 되고 있다. 우리의 공직사회의 무사안일, 복지부동 등의 문제점이 만연하여 이를 해결하기 위해 1999년 개방형 직위제를 도입하였으나 유명무실하다는 비판을 받고 있다. 앞으로 공직사회의 문호를 개방하여 공무원의 경쟁력을 향상시키는 데 중점을 두어야 할 것이다.

참고문헌

강만길 외 역. (1976). 「한국의 실학사상」. 서울: 삼성출판사.

권혁빈. (2013). 「행정에 관한 국민 인식조사」. 서울: 한국행정연구원.

김득황. (1958). 「한국사상사」. 서울: 남산당.

김봉식. (1988). "한국인의 사고방식을 통해 본 한국행정문화," 「한국행정학보」, 2.

김운태. (1970). 「조선왕조행정사(근세편)」. 서울: 박영사.

_____. (1978). 「전통적 정치문화의 연속과 변화」. 서울: 서울대학교 행정대학원.

김영국. (1969) "한말 민족운동의 계보적 연구". 「한국정치학회보」, 3.

김재훈·이호준. (2012). "공직임용제도의 폐쇄성과 공직부패에 관한 실증분석". 「한국개발연구」, 34(4).

김정학. (1964). "문벌과 지벌" 「사상계」, 1964년 11월호.

김창준·안병만. (1989). "관료들의 태도 및 행태에 관한 연구: 입법부와 행정부 관료들의 비교". 한국의회발전연구회 편, 「의회와 행정부」. 서울: 법문사.

김한교. (1973). "한국에 있어서의 일본 식민지 통치의 유산 : 정치문화의 측면을 중심으로". 고려대학교 아세아문제연구소 편. 「한국의 전통과 변천」. 서울: 고려대학교 아세아문제연구소.

김해동. (1974). "한국공무원의 형식주의적 태도에 관한 연구". 「행정논총」, 12(1).

류승국. (1976). 「한국의 유교」. 서울: 세종대왕 기념사업회.

박동서. (1961). 「한국관료제도의 역사적 전개」. 서울: 한국연구원.

_____. (1979). 「인사행정론」. 서울: 법문사.

_____. (1980). 「한국행정의 발전」. 서울: 법문사.

박지원. (1965). 「양반전」; 한국고전문학편집위원회 편. 한국고전문학전집, 제1권. 서울: 희망출판사.

박천오 외. (2014). 「현대인사행정론」. 파주: 법문사.

배성동. (1976). 「일본근대정치사」. 서울: 법문사.

백완기. (1978). "한국의 행정문화: 의식주의를 중심으로". 「한국행정학보」, 12.

_____. (1982). 「한국의 행정문화」. 서울: 고려대학교 출판부.

서성아. (2010). 「행정에 관한 국민의 인식조사」. 서울: 한국행정연구원.

서원석·김광주. (1993). 「공무원의 의식과 행태에 관한 연구: 1992년 설문조사 결과보고」. 서울: 한국행정연구원.

손인수. (1976). 「율곡의 교육사상」. 서울: 박영사.

신복용. (1973). 「동학당연구」. 서울: 탐구당.

신종순. (1971). 「행정의 윤리」. 서울: 박영사.

안병만. (1987). "민주화와 관·군의 정치적 중립". 「신동아」, 1987년 9월호.

오세덕. (1976). "조선조 집권적 관료지배체제의 권력구조상의 견제와 균형관계"; 윤근식 외. 「현대정치와 관료제」. 서울: 대왕사.

유명종. (1976). 「송명철학」. 서울: 형설출판사.

윤재풍. (1976). "한국 행정고시제도의 변천과정"; 윤근식 외, 「현대정치와 관료제」. 서울: 대왕사.

윤태림. (1977). 「한국인의 성격」. 서울: 현대교육총서출판사.

이용희. (1967). "한국민족주의의 제문제". 「국제정치논총」, 6.

이익. (1972). "붕당론"; 이익성 역, 「성호잡저」. 서울: 삼성문화재단.

이한빈. (1967). "해방후 한국의 정치변동과 관료제의 발전". 「행정논총」, 5(1).

이흥식 편. (1976). 「국사대사전」. 서울: 백만사.

이희봉. (1965). 「한국법제사」. 서울: 을유문화사.

장을병. (1976). "권위편중의 정치환경". 「한국정치학회보」, 10.

정세현. (1975). 「항일학생민족운동사연구」. 서울: 일지사.

정약용. (1978). 「역주 목민심서 Ⅰ」, 다산연구회 역주. 서울: 창작과 비평사.

조규갑. (1964). "한국인의 정치심리". 「사상계」, 1964년 11월호.

조석준. (1980). 「한국행정학」. 서울: 박영사.

천관우. (1976). "반계 유형원 연구". 「한국사 논문 선집」, 서울: 역사학회.

한국행정연구원. (1992). 「공무원의 의식과 행태에 관한 연구」. 서울: 한국행정연구원.

한기언. (1970). "일제의 동화정책과 한민족의 교육적 저항"; 아세아문제연구소 편. 「일
제하의 문화침탈사」. 서울: 민중서관.

Almond, G. A. and Verba, S. (1963). The Civil Culture: Political Attitudes and
Democracy in Five Nations. Princeton, N. J.: Princeton University Press.

Cho, S. (1975). "The Bureaucracy". in E. R. Wright(ed.). Korean Politics in
Transition. Seatle and London: University of Washington Press.

Dallet, C. (1966). 「소선교회사시론」, 정기수 역. 서울: 탐구당.

Fairbank, J., Reischauer, E. and Craig, A. (1965). East Asia: The Modern
Transformation. Boston: Houghton Mifflin Company.

Gale, J. S. (1971). 「조선개관」, 장문평 역. 서울: 현암사.

Hahm, P. (1967). The Korean Political Traditions and Law. Seoul: Hallym.

Koh, B. (1977). "Confucian Ideology and Political Equilibrium in east Asia". Social
Science Journal, 4.

Lee, H. (1968). Korea: Time, Change, and Administration. Honolulu: East-West
Center Press.

Merton, R. K. (1957). Social Theory and Social Structure. Glencoe, Ill.: Free press.

Linebarrger, P. Chu, D., and Burks, A. (1967). Far Eastern Government and
Politics. Princeton, New Jersey: D. Van Nostrand Co., Inc.

Linton, R. (1936). The Study of Man. New York: Appleton Century Crafts.

Mitchell, W. (1962). The American Polity. New York: Free Press.

Palais, J. (1973). "이조시대의 안정성". 고려대학교 아세아문제연구소 편. 「한국의 전통과 변천」. 서울: 고려대학교 아세아문제연구소.

Parsons, T. (1951). The Social System. New York: Free Press.

Thompson, V. A. (1961). Modern Organization. New York: Knopf.

Weber, M. (1974). Essays in sociology, Gerth, H and C Mills (trs.). New York: Oxford University Press.

「국가공무원법」

「개방형 직위 및 공모 직위의 운영 등에 관한 규정」

동아일보

대전통편

대전회통

매일경제

▶ ▶ ▶논평

김인철(한국외국어대학교 행정학과 교수)

정치행정문화가 특정 국가의 정치행정현상을 설명하고 이해하는 데 유용하다는 데에는 대다수의 학자들이 동의하고 있다. 우리나라에서도 1970년대와 80년대에 정치행정문화에 관한 많은 연구들이 수행되었다. 당시의 연구들은 공통적으로 우리 정치행정문화의 원류를 유교에서 찾고 있고, 표현에 있어서는 다소 차이가 있지만 권위주의, 형식주의, 가족주의(연고주의 또는 파벌주의), 운명주의 등을 특징으로 제시하고 있다.

그러나 최근의 연구들이 지적하고 있듯이 구체적으로 유교의 어떠한 요인들이 현대 한국의 정치행정문화의 특징들로 연결되었는지에 대한 설득력 있는 논의가 부족하고, 역사의 흐름에 따라 어떻게 발전 또는 변형되어 왔는지에 대한 연구가 미흡한 것이 사실이다.[1]

이러한 점을 고려할 때 안병만 교수의 이 논문은 우리의 정치행정문화에 대한 보다 근원적이고 체계적인 이해에 필요한 핵심적 연구결과를 제시하고 있다는 점에서 매우 중요한 가치를 지닌다.

이 논문은 서구학자들의 정치행정문화에 대한 정의를 종합적으로 검토하여 정치행정문화가 두 가지 차원에서 구성되는 것으로 보고 있다. 하나는 정치행정적 관념체제이고 다른 하나는 지배규범체제이다. 정치행정적 관념체제는 정치와 행정에 대해 사람들이 공유하는 의식과 가치관의 집합체이고, 지배규범체제는 정치와 행정 분야에서 나타나는 제도와 개개인의 행태이다. 그런데 정치행정적 관념체제는 지배규범체제인 제도와 행태로 발현된다.

이 논문은 우리나라 정치행정문화의 근원을 유교로 지적하면서 유교가 관념철학으로서 개인 간의 관계를 규율하는 데 초점을 둔 윤리학적 성격이 강한 생활규범체제였음에 주목한다. 그리고 유교의 대인간관(對人間觀)의 요체를 "계층적 관계의식"과

---

1) 백완기, 2008, "한국의 행정문화와 외래이론에 의존한 정부혁신의 정합성," 『정부학연구』, 14권 1호; 박천호, 2008, "한국행정문화: 연구의 한계와 과제," 『정부학연구』, 14권 2호.

"집단적 인맥의식"으로 정리하면서 이 두 가지 요소가 우리나라 정치행정적 관념체제의 핵심적 요인이 되었고, 다양한 방식으로 정치와 행정 분야에서 제도와 행태로 나타났다고 본다.

"계층적 관계의식"은 사람들 간의 관계에 위계 또는 계층이 존재한다고 보는 것이고, "집단적 인맥의식"은 개인을 독립된 특성을 가진 인간으로서 고려하기보다는 소집단의 일원으로서 그 집단의 특성에 의해 맺어진 인맥 속에 위치하는 개인으로 인식하는 것을 의미한다.

이러한 분석틀을 바탕으로 정치행정적 관념체제의 두 핵심 요인인 "계층적 관계의식"과 "집단적 인맥의식"이 조선시대에는 제도적 측면에서 문치주의와 품계제도, 강력한 중앙집권제도 집단 상벌 및 집단 간 견제 제도 등으로 나타났고, 행태적 측면에서는 청백리 정신, 충의정신, 위민행정 등의 긍정적 요소와 권위주의적 상하관계와 착취, 관직의 사유화 등과 같은 부정적 측면이 함께 나타났음을 설득력 있게 논증하고 있다. 이어서 일제식민지 시기에는 전통적 정치관념체제가 군국주의와 결부되어 굴절되면서 계층적 상하관계와 권위주의, 법만능주의와 불신풍조, 혈연의식과 민족주의, 파벌주의 등으로 변화되었음을 보여주고 있다.

이상과 같은 이 논문의 내용은 다음과 같은 점에서 우리나라의 정치행정문화 연구에 귀중한 기여를 하고 있다.

첫째, 한국 정치행정문화의 원류로 유교를 지적하는 데에서 그치지 않고 "계층적 관계의식"과 "집단적 인맥의식"이라는 두 가지 개념을 유교에 바탕을 둔 정치행정적 관념체제의 핵심 요인으로 도출해 낸 것이다. 기존의 연구들이 현대 우리나라 정치행정문화의 특징인 권위주의, 가족주의(또는 파벌주의), 형식주의, 운명주의 등과 같은 행태적 현상과 그 원류인 유교와의 관계에 대해 체계적 설명을 제시하지 못하고 있는 점을 고려할 때 이 두 가지 핵심 요인을 도출해 낸 것은 상당히 중요한 공헌이다. 실제로 저자는 이 두 요인이 정치행정문화라는 표면적 현상—저자의 표현을 빌리면 지배규범체제로서의 제도와 행태—에 어떻게 투영되고 있는지를 체계적으로 분석하고 있다. 즉, "계층적 관계의식"과 "집단적 인맥의식"의 두 가지 핵심 요인은 정치행정문화의 원류로서의 유교와, 현상으로서의 정치행정문화의 관계를 설명하는 연결 고리이다.

둘째, 정치행정문화가 행태적 측면뿐만 아니라 제도적 측면에서는 어떻게 발현되었는가를 분석함으로써 정치행정문화 연구의 폭을 확대하였다는 점이다. 앞서 언급한 바와 같이 우리나라의 기존 연구들은 주로 행태적 측면에서 정치행정문화를 설명해 왔다. 제도가 사람들의 사상과 가치관 등을 반영한 역사적 산물이라는 점에서 정치문화의 연구대상으로 충분히 고려되어야 함에도 그동안 우리 연구에서는 의미 있는 조명을 받지 못한 것이 사실이다. 이 연구는 이 점에서 중요한 기여를 하고 있다.

셋째, 정치행정문화에 대한 역사적 변화를 추적하고 있다는 것이다. 논문의 제목에서 시사하고 있는 바와 같이 이 논문은 전통적 정치행정문화가 역사의 발전에 따라 어떻게 지속 또는 변화되어 왔는가를 분석하고 있다. 조선시대에 형성된 전통적 정치행정문화가 일제 식민통치시기에 외세의 영향하에서 어떻게 굴절 또는 강화되어 왔는지를 논증함으로써 그동안 연구가 미흡했던 시기의 정치행정문화를 설명하고 있는 것이다. 이러한 분석은 전통적 정치행정문화와 현대 정치행정문화와의 차이의 간극을 이해하는 데 매우 중요하다.

현재 우리나라의 정치와 행정 분야에서 나타나는 다양한 현상들을 이해하는 데 있어서 이 논문의 핵심적 주장은 여전히 강력한 설명력을 제공한다. 예를 들어 검찰과 법원의 인사에서 고시합격 기수가 중요한 요인으로 작용해 동기생이나 후배 기수가 승진하면 사직하는 관행은 계층적 관계의식의 측면에서 설명이 가능하다. 또한 권력자의 사적인 관계나 학연 등에 기초한 계파가 정당 내부에 존재하면서 정치에 상당한 영향을 미치는 현상 등은 집단적 인맥의식이 여전히 작동하고 있음을 보여주는 사례이다.

그러나 다른 한편으로는 이 논문이 발표된 지 30여 년 이상이 경과한 지금 우리 사회가 문화적인 전환기에 놓여 있는 것 또한 사실이다. 최근의 조사결과에 따르면 개인주의적 가치관을 가진 사람들이 집합주의적 가치관을 가진 사람보다 많아진 것으로 나타났다.[2] 이와 같은 의식의 변화 및 공존 현상은 우리 사회와 공공조직 내에서의 다양한 갈등으로 나타나고 있다. 그러나 지난 2000년 이후 우리의 정치행정문화에 대한 연구가 다소 침체되어 있는 것도 사실이다. 1990년대 말의 외환 위기 이후 도입된 각종 행정개혁 프로그램과 관련해 개혁과 문화의 정합성 등에 관한 연구[3]가 일부 수행되기는 했지만 정치행정문화 전반의 변화나 조직문화 차원에서의 세밀한 변화 여부를 다룬 연구는 부족하다.[4]

이러한 변화는 정치행정문화에 대한 새로운 연구 과제를 제시하고 있다. 사회 전반전인 의식의 변화와 정치행정문화의 변화, 조직내부에서의 문화적 충돌, 제도의 변

---

2) 조선일보. 2015. 8. 12.
3) 백완기, 앞의 글; 조성한, 2005, 수사적 행정개혁과 문화적 갈등, 「한국사회와 행정연구」, 15권 4호.
4) 박천오, 앞의 글.

화가 정치행정문화에 미친 영향 등 안병만 교수의 이 논문에 이어 '한국 정치행정문화의 연속과 변화 II'가 필요한 시점이다. 관련 분야를 연구하는 학자들의 연구를 기대해 본다.

정책이론에서 합리성의
한계와 모순의 관리

논문 | 김영평

    Ⅰ. 서 론

    Ⅱ. 기존 정책학의 논의 구조

    Ⅲ. 정책상황에서 모순의 불가피성

    Ⅳ. 모순의 관리의 여러 가지 형태

    Ⅴ. 모순의 관리에서 지도력의 역할

논평 | 최병선

정책이론에서 합리성의 한계와 모순의 관리*

김영평(고려대학교 행정학과 명예교수)

❦ 프롤로그 ❦

[합리성의 역설]을 극복해야 정책학이 가능해진다.

나의 학문적 작업은 일생 정책결정에서 합리성을 찾는 일이었다고 해도 과언이 아니다. 합리성의 가능성을 전제해야만 나의 합리성 탐구도 가능한 일이다. 그러나 그 여정은 거의 언제나 실망스럽거나 당황스러운 결과를 만나곤 하였다. 정책결정에서 합리성을 확보하는 일은 거의 불가능에 가까운 일인데, 그 사실을 모르고 마치 무지개를 찾아 나서는 어린이처럼 "맹목적으로 합리성을 탐구하고 있는 것 아닌가?" 하는 의구심이 들기 시작한 것은 학자 생활의 후반기였다.

미국으로 유학을 떠났던 1977년 때만 해도 우리나라의 경제발전이 무서운 속도로 이어졌다. 그것을 나는 5개년 계획이 차례대로 성공하고 있는 결실로 보았다. 5개년 계획은 합리적으로 결정되었고, 설계도면대로 건축을 하듯 계획을 성공시키는 것이라고 보았다. 그때까지 읽고 배운 것들은 거의 모두 합리성을 확보하는 요령에 관련된 저술들이었다.

그러나 미국에서 수업을 들으면서, 중요한 이론을 배우기 시작했다. 정책은 합리적 선택보다 점진적 선택이 더 유리하다는 주장이었다. 우리나라는 구미 선진국보다 정책결정에 불확실성이 더 클 것이고, 불확실성이 큰 상황에서는 체계적이고 합리적으로 정책을 추진하는 것은 어렵다. 불확실성이 클수록 더 조심스럽게 정책을 추진하는 것이 더 유리하다. 불확실성이 해소될 수 있는

---

* 이 논문은 2008년 『한국행정학보』, 제46권 제3호, pp. 1–33에 게재되었다.

범위에서만 합리성을 추구해야 할 것이다. 한마디로 점진주의 정책결정이론이 여러 선생님들에게서 배운 압도적인 이론이었다.

점진주의도 어떤 의미에서는 합리성을 추구하는 요령이다. 5개년 계획과 같은 대규모 국가적 발전 전략은 합리성을 바탕으로 그려낼 수 없다. 왜냐하면 미래의 5년은 불확실성이 너무 크기 때문이다. 불확실성이 크다는 것은 마치 가시거리가 짧은 안개 속에서 운전을 하는 경우에 비유될 수 있다. 그렇다면 부분적이고 한정적인 범위에서 가시거리가 확보되는 한도에서 가속을 하는 것이 합리적일 것이다. 점진주의에서 가르쳐 주는 합리성의 요령이다.

점진주의가 바로 합리성을 보여주지 못한다. 점진주의에서 탐구할 수 있는 합리성은 인간의 무지와 상황적 불안정성에 따라 다르게 나타난다. 겨우 절차적 합리성을 탐구하는 일이다. 그러나 절차적 합리성이 저절로 분명하게 나타나는 대상도 아니다. 어떤 상황에 어떤 절차를 활용해야 하는지는 다시 인간의 경험적 지식의 소산이다. 그런데 다양한 정책의 복잡성은 인간의 경험적 지식으로도 합리성을 보장하는 절차를 찾기 어렵게 만든다. 여기에서 합리성을 탐구하던 정책학자의 좌절이 시작되었다.

여기서 [합리성의 역설]이 나의 뇌리에서 떠올랐다. 간단한 문제라면 합리성을 찾아볼 수 있지만, 정책과 같이 불확실성이 크고 복잡성이 높으며 모호성이 깊은 문제에서는 합리성을 탐구하면 할수록 합리성에서 멀어진다는 사실이다. 정책의 합리성을 논의하는 사람들은 어느 정책이거나 목표가 뚜렷하게 정해져 있는 것으로 본다. 정책목표가 불분명하거나 다원적이면 합리성을 논의하기 어려워진다. 합리성을 말할 때는 거의 대부분 정책 목표의 효과성과 같은 경제적 귀결에만 주의를 집중한다. 그런데 세상이 어디 그리 간단한가? 정책은 경제적으로도 합리적이어야 하지만, 정치적으로도 합리적이어야 하고, 윤리적으로도 정당화(합리화)되어야 할 것이다. 더 나아가서 그것은 우리 문화와 일반 국민들의 믿음(종교)과 배치되어서도 곤란하다. 이렇게 보면 합리성은 하나가 아니라 단순한 이론으로도 4개의 합리성을 생각해야 한다. 그런데 4가지 다른 차원의 합리성이 서로 정합성을 보이는 경우는 흔치 않을 것이다. 그러면 어느 합리성을 어떻게 결합해야 하는가? 서로 불일치하는 4개 차원들 간의 합리성의 모순관계를 어떻게 다루어야 하는가? 여기에서 합리성의 확인은 더 멀어진다.

이것뿐만이 아니다. 대부분의 합리성 이론가들은 합리성에서 시간적 개념을 배제시키고 있다. 우리는 쉽게 이해할 수 있다. 단기적으로 합리적인 것이 장기적 안목으로는 불합리한 경우를 심심치 않게 목격한다. 예컨대, 베네수엘라 차베스(Carlos Chavez) 대통령의 대중영합주의 복지정책은 단기적으로 국민들의 삶의 조건을 개선하고 자신의 정권을 유지하는 목적에는 합리적이었는지 모르지만, 장기적으로 국가의 산업발전에는 아주 불합리하였고, 장기적 국민 복지를 희생한 것으로 보인다. 그런데 정책에서 합리성을 찾아내기 위해서 우리는 정책의 장기적 합리성에 눈감아도 되는 것인가?

이런 식으로 정책의 복잡성, 불확실성, 모호성을 극복하면서 합리성을 추구하려고 노력하면 할수록 합리성의 정체는 점점 더 멀어져가는 [합리성의 역설]을 극복할 수 없다면, 정책학의 논의는 어디로 가야 하는가? 이것이 나의 학문적 고민이었고, 그래도 정책학의 존재이유를 찾아야 한다는 절박감이 [모순의 관리]로 나타났다. 모순의 관리는 나의 머리에서 창안된 것이 아니다. 인류는 지금까지 이렇게 위대한 문명을 이루면서 어려운 문제들을 다룰 수밖에 없었다. 그 때에 인류가 난제를 헤집고 나가면서 활용했던 경험들을 찾아보면 대부분 모순을 관리하는 방식이었다. 합리성 이론가들은 극복할 수 없는 대상인 모순관계를 말쑥한 합리성으로 제시하려는 노력에 주목하였다. 한마디로 모순을 극복하는 것만이 합리성을 발견하는 것으로 보았다. 나는 그것이 거의 불가능함을 인정하였다. 모순을 인정하고 나니, 이제 그런 상황을 벗어난 경험들에 주목하였다. 그것이 바로 [모순의 관리]였다. 이것에 합리성이라는 어휘를 사용하자면, [진화적 합리성]이론이다. 진화이론은 생명체가 지구에서 번성할 수 있었던 기제는 자연선택이었다는 것을 알려주고 있다. 이 이론은 우리 정책학에서도 원용될 수 있을 것으로 보았다. "진화"라는 어휘와 "합리"라는 어휘는 서로 모순관계이다. 그럼에도 이들을 합쳐서 이론을 담아내려는 나의 노력은 정책학의 존재이유를 확보하기 위한 고뇌의 산물이다.

I. 서 론

정책은 인위적으로 사태를 개선하려는 노력이기 때문에 합리성을 전제하고 있다. 그렇기 때문에 합리성을 배제하고 정책학을 논의하는 것은 무의미하다고 단언할 수 있다. 합리성 논의는 인간이 원하면 합리성을 확보할 수 있다는 가정에서 출발한다. 지금까지 합리성 확보에 대한 심각한 의문이 제기되지 않았다. H. Simon의 한정적 합리성 이론도 합리성의 가능성을 완전히 배제하지 않고 있다.[1] Jon Elster와 같은 학자는 합리성의 대척지로서 인간 감성(emotion)의 효용성을 강조하고 있다. 그가 강조하는 것이 감성이기 때문에 합리성의 한계를 지적하지만, 인간의 합리성 확보 가능성을 부정하지 않고 있다.[2]

이 글에서는 합리성의 가능성을 완전히 부정하지 않지만, 문제가 복잡하고 불확실성이 아주 큰 상황의 정책문제는 하나의 합리성이 아니라 여러 개의 합리성이 서로 모순적으로 존재할 가능성을 지적하고자 한다. 만일 동일한 문제에 대해 여러 가지의 합리성이 나타나고, 불가피하게 그들의 관계가 서로 모순적이면, 이들을 하나로 통합할 수 있는 공식이 없이는 합리적 선택이 불가능해진다. 합리적 선택이 불가능이라면, 정책학의 논의는 지속할 수 있는가? 합리적 선택이 불가능하면서도 합리적 선택을 지향해야 하는가? 그렇게 해야 한다면, 우리가 할 수 있는 방도는 모순적 상황을 관리하여 건설적 귀결을 유도하는 일일는지 모른다. 합리성을 논리 일관성이 아니라 긍정적이고 건설적인 귀결을 얻는 노력에 강조를 둔다면, 모순의 관리를 또 다른 형태의 합리성으로 개념화할 수도 있을 것이다. 위의 질문은 거대담론으로 정책학의 존재이유를 묻고 있지만, 여기서는 그 이전단계로서 정책적 선택상황에서 건설적 가치를 창출할 수 있는 방도를 찾는 데에 초점을 두고 있다.

이 글은 위와 같은 논의를 밝히기 위해서 우선 지금까지의 정책논의에서 합리성을 어떻게 탐구하였는가를 살펴보고, 그 논의들이 내포하고 있는 합리성 탐구에서 모

---

1) 그의 한정적 합리성 이론에 대해서는 Models of Bounded Rationality (Cambridge, MA: MIT Press. 1982)에 잘 정리되어 있다.
2) 이 논의에 대해서는 그의 많은 문헌을 검토할 필요가 있다. 대표적 문헌으로는 Jon Elster의 Alchemies of the Mind: Rationality and the Emotions. (Cambridge: Cambridge Univ. Press. 1999); Nuts and Bolts for the Social Sciences (Cambridge: Cambridge Univ. Press. 1989); Sour Grapes: Studies in the Subversion of Rationality (Cambridge: Cambridge Univ. Press. 1983); Ulysses and the Sirens (1979, rev. ed. 1984); 그리고 Ulysses Unbounded, (Cambridge: Cambridge Univ. Press. 2000) 등이 있다.

순의 불가피성을 보여줄 것이다. 그리고 합리성의 모순적 상황을 극복하기 위해서 모순이 관리될 수 있는 가능성을 탐색한다. 모순의 관리가능성은 지금까지의 여러 가지 다양한 논의에서 제시된 것들을 채집하여 대표적 발상으로 소개하는 것이다. 주로 정책선택의 문제를 자연선택의 진화론과 결합하여 진화적 합리성의 실마리를 찾는 데 초점을 두고 있다.

II. 기존 정책학의 논의 구조

정책에 대한 논의의 수많은 갈래를 모두 나열하는 것은 불가능에 가까운 일이다. 그 중에서 정책학의 논의는 주로 정책의 합리성을 증진하려는 시도에 모아져왔다고 하여도 과언이 아닐 것이다. 합리성에 대해서도 여러 학자들이 서로 개념을 달리하기도 하고, 분류를 다양하게 제시하기 때문에 한 가지로 수렴될 수 있다고 단언하기 어렵다. 그러함에도 개략적으로 합리성은 '더 현명한' 또는 '더 좋은' 선택이 가능하다는 전제에서 논의를 전개하는 것이다. 그렇기 때문에 능률성이나 효과성과 같은 개념들이 합리성을 대신하여 쓰이기도 하였다.

합리성 가정의 타당성에 대해서 지금까지 가장 심각한 도전은 H. Simon의 한정적 합리성(bounded rationality) 이론이라고 할 수 있다. 여기서 새삼 H. Simon의 이론을 소개할 의사는 없다. 그의 이론도 합리성 가정을 버린 것은 아니다. 다만 완전 합리성의 가능성을 부정한 것이다. 인간이 합리적 결정을 할 능력이 없다거나 그 가능성이 없다는 가정 위에서 정책을 논의한 이론을 필자는 아직 보지 못했다. 필자의 과문일지 모른다.[3]

합리성을 증진하고자 하는 정책학의 논의 구조의 특성을 살펴보면 다음과 같은 특징을 발견할 수 있다.

첫째, 정책학의 논의는 논의의 대상이 되는 특정 정책(focal policy), 대체로 하나의 정책의 합리성만을 다룬다. 극히 예외적으로 두세 가지 정책을 하나의 덩어리로 다루는 경우가 있지만, 그 경우에도 그들이 마치 한 정책인 것처럼 다룬다. 즉, 다른 수많은 정책은 마치 존재하지 않는 것처럼 논의를 전개한다. 사실상 한 나라에서 다

---

3) 합리적 결정에서 기준의 선택이 무한 회귀(infinite regress)에 빠질 수 있다는 Collingridge의 주장은 논리적으로는 합리적 선택의 불가능성을 주장하는 것처럼 보인다. 그러나 그의 주장도 그래서 기준의 제시가 완전히 합리적이지 않다는 것이지, 합리적 선택의 불가능성을 주장하고 있지 않다. Collingridge, David. *Critical Decision Making: A New Theory of Social Choice* (London: Frances Pinter Pub. 1982). 특히 Ch.2 참조.

그림 1 정책관심의 네 가지 서로 다른 세계

관심의 공간적 차원

	대내적 관심	대외적 관심
단기적 관심	생산성의 세계	감응성의 세계
장기적 관심	통합성의 세계	정통성의 세계

관심의 시간적 차원

자료: 김영평, 불확실성과 정책의 정당성, p. 233.

루는 정책은 수천수만 가지이다. 이들은 서로 연결되어 있다. 서로 거의 독립적일지라도, 단기적으로 자원배분에서 파이 나누기의 경쟁관계에 있다고 보아야 할 것이다. 분명한 점은 지금까지의 정책학 논의에서 합리성은 특정 정책의 합리성에 대한 것이었다. 국가정책 전체의 합리성은 거의 논의에서 빠져 있었다.

특정 정책 또는 개별 정책의 합리성을 개선하려는 논의를 연장하여 보자. 한 국가에서 수천수만 개의 정책을 추진하더라도, 개별 정책의 합리성이 개선된다면, 국가 전체적으로 정책의 합리성을 개선할 수 있을 것이라는 원자론적 또는 환원론적 입장이 도사리고 있다. 보통 개별 전투에서 이기면 전쟁에 승리할 것이라는 도식이 깔려있다. 즉, 부분 합리성의 합이 전체합리성이 될 것이라는 추론이다. 한 부분의 합리성은 다른 부분의 불합리성으로 상쇄될 수 있다는 점을 무시하고 있다. 정책의 목표를 성취하고도 정책은 실패할 수 있다는 가능성을 정책논의의 추론에서 제외하고 있다.[4]

둘째, 특정 정책의 합리성을 인정하더라도, 정책학의 논의는 대체로 정책에 대한 단기적이고 대내적인 관심에만 집중하여 왔다. 어떤 문제 또는 정책에 대한 관심은 공간적으로 체제의 대내적 관심과 대외적 관심으로 나눌 수 있고, 시간적으로 단기적 관심과 장기적 관심으로 나눌 수 있다. 이 두 차원을 결합하면 네 가지의 서로 다른 관심의 세계가 나타난다. 그리고 그 네 가지 세계의 합리성 또는 더 좋은 상태에 대

---

4) 이 사실의 함축의미는 또 다른 기회에 상당히 길게 논구되어야 할 대상이다. 그러나 이번 기회에는 마치 그 함축의미를 모두 알고 있다고 가정하기로 한다.

한 이미지는 서로 일치하지 않을 가능성이 크다.

네 가지 서로 다른 세계는 취사선택의 대상이 아니라, 존재의 장(field)이다.[5] 우리가 무시하거나 간과한다고 작용하지 않을 수 있는 것이 아니다. 그런데 지금까지의 합리성 논의에서는 마치 다른 세계는 존재하지 않고 생산성의 세계만 있는 것처럼 다루어 왔다. 통합성의 세계나 감응성의 세계를 다루더라도, 마치 독립적으로 존재하는 것처럼 다루었다. 다른 세계의 합리성과 상충하거나 모순관계인 것에 대해서, 우리가 다룰 수 없는 것은 무시해도 아무렇지도 않은 것처럼 논의를 전개하였다. 특히 단기적인 합리성에만 관심을 두면서 장기적인 합리성은 무시하였고, 부분의 합리성에는 초점을 맞추면서 전체의 합리성은 초점 밖에 두었다.[6]

끝으로 지금까지의 정책학 논의는 정책 간의 상호작용망을 보지 않았다. 그렇기 때문에 통제 가능한 부분과 통제 불가능한 부분을 구분하지 않았다. 원래 정책의 합리성이란 인위적으로 합목적적 결실을 얻으려는 노력에 대한 특성이기 때문에 통제 가능한 노력이어야 한다.[7] 통제 가능하지 않다면, 자연발생적 소산이기 때문에 합리성의 논의 대상이 될 수 없다. 그러나 정책들을 네트워크의 망으로 본다면, 어떤 정책은 다른 정책의 투입요소로 작용하기도 하고, 또 다른 경우에는 어떤 정책의 결실이 여타정책의 결실과 결합하여서만 유의미한 정책적 산출로 도출될 수 있다. 이렇게 정책 네트워크를 하나의 단위로 본다면, 다른 정책의 영향은 통제 불가능한 것으로 보인다. 아니면 네트워크에 포함된 모든 정책을 통제대상으로 보아서 한꺼번에 수정할 수 있어야 할 것이나, 그것은 현실적으로 거의 불가능한 일이다. 어느 정책의 합리성을 증진하려면, 다른 정책의 영향을 감안하면서, 통제 가능한 인위적 노력의 한계적 효과에 의존하여야 한다. 그런데, 정책학 논의에서는 다른 정책의 영향을 거의 무시하거나, 아니면 그것을 통제 가능한 것으로 보고 있다.

---

5) 물리학에서 작용하는 힘으로 중력, 전자기력, 약력, 강력 등이 동시에 존재하는 것과 비슷하다.
6) 집합론의 이율배반처럼 부분의 합리성으로 전체의 합리성을 도출하지 못한다. 즉, 대부분의 집합은 자기 자신을 포함하는 집합이 아니다. 철자와 낱말과의 관계나 하드웨어와 소프트웨어의 관계에서처럼, 부분의 진리에서 저절로 전체의 진리를 얻어내지 못한다. 이런 논의는 소위 괴델의 '불완전성의 정리'에서 충실히 지적되었다고 한다. 이런 논의에 대해서는 Hofstadter, Douglas R., Gödel, Escher, Bach: an Eternal Golden Braid. (New York: Basic gooks. 1979) 한글번역본은 박여성 역. 괴델, 에셔, 바흐: 영원한 황금 노끈 (서울: 까치. 1999) 을 참조하기 바란다.
7) 합리적 결정에서 통제가능성의 중요성에 대해서는 Wildavsky, Speaking Truth to Power (Boston: Little, Brown & Co. 1979)에서 잘 논의되고 있다. 그리고 그의 오래된 저술 Budgeting: A Comparative Theory of Budgetary Processes (Boston: Little, Brown, & Co. 1975)에서도 좋은 논의를 읽을 수 있다.

통제 가능하지 못한 대상을 통제하려는 정책적 노력은 설계오차로서 정책 실패를 자초할 것이다. 뿐만 아니라, 불필요한 통제노력은 국가적으로 낭비적 노력을 키울 뿐이다. 새로운 정책이 기존 정책의 수정을 통하여 합리성을 얻으려 한다면, 자신의 꽁지를 먹어서 배불리려는 우를 낳는 것과 같다. 어느 정책도 다른 정책과 무관하게 우월적으로 존재하는 것이 아니다. 따라서 다른 정책과의 연관성을 보지 않는다면, 합리성을 증진하려는 노력에서 수많은 통제 불가능한 부분을 통제 가능한 것으로 착각할 가능성이 크다. 오늘날과 같이 정책들 사이에 상호의존성이 크고 복잡성이 증대하는 현실세계에서 정책 네트워크를 감안하지 않았다면, 다시 말해서 특정 정책을 다른 정책으로부터 거의 독립적이거나 거의 분해가능한 것으로 가정하였다면, 정책합리성에서 비현실적이거나 부적절한 추론과 판단을 강요하게 만들 것이다. 종국적으로, 이러한 추론에 따른 합리성은 정책의 실패, 나아가서 정책의 파국을 조장하는 이론을 양산할 것이다.

Ⅲ. 정책상황에서 모순의 불가피성

우리가 정책을 개선해야 할 대상으로 삼더라도, 정책선택에서 충실한 합리성을 확보하기는 쉽지 않다. 이미 잘 알려진 바와 같이, H. Simon의 한정적 합리성(bounded rationality) 이론은 합리성이 완전하지 못할 이유를 충분히 제시하고 있다. 그 밖에도 복잡성, 불확실성, 모호성이 정책합리성을 제약한다는 주장도 개별 정책의 특성을 묘사한 것이다. 그러나 우리의 정책 합리성 추구는 자칫 모순적인 행동이 될 가능성이 아주 크다. 하나의 정책에는 하나의 합리성이 도출되는 것이 아니라 여러 가지 합리성이 발견된다. 그들은 서로 상충적이거나 상쇄적이지만, 공동의 기반이 없기 때문에 최적의 화합을 추리해 낼 방법이 별로 없다. 이러한 사례를 아래에 몇 가지 제시하고자 한다.[8] 이들은 정책의 합리성 논의에서 제시되는 모순적 상황을 망라한 것이 아

---

8) 정책에서 모순의 불가피성은 학문 간의 서로 모순적인 이론의 존재에서도 찾을 수 있다. 이점에 대해서는 Keyfitz, Nathan. "Inter-disciplinary Contradictions and the Influence of Science on Policy," Policy Science 1995 (28). pp. 21-38에 잘 정리되어 있다. 그리고 Brunsson, Nils (2002) The Organization of Hypocrisy: Talk, Decisions and Actions in Organizations (Abstrakt, Liber: Copenhagen Business School Press)은 조직에 관념체계와 행동체계가 양립하며, 양자는 종종 불일치가 일어나고, 따라서 모순적 상황이 나타나는 점을 지적한다. 이 모순적 상황에 대한 조직의 대응으로서 위선(hypocrisy)을 활용한다고 주장한다. 이 주장에서 모순의 불가피성의 주장이나 그것에 대한 대응으로서 위선의 허용이 나의 주장과 유사한 점이 있다. 그러나 양자 간에는 모순불가피성의 근원에서는 상당한 차이가 있다. 이 책의 존재를 나에게 알려준

니다. 필자가 보기에 중요한 몇 가지만 예시하는 것이다.

1. 존재론적 시공의 세계와 네 가지 서로 다른 합리성의 근거

위에서 지적하였듯이, 정책관심의 네 가지 서로 다른 세계는 시간적 차원과 공간적 차원을 결합하였을 때에 도출되는 생활세계의 영역이다. 각각을 편의적으로 생산성의 세계, 통합성의 세계, 감응성의 세계, 그리고 정통성의 세계로 분류하였다.9) 어떤 정책 판단에서도 네 가지 서로 다른 세계는 공존한다. 우리가 어느 세계는 보고 다른 세계는 무시할 수 있다. 그렇다고 보지 않은 다른 세계의 관심을 배제할 수 있는 것은 아니다. 현실적 판단은 네 가지 세계를 함께 고려해야 한다. 물론 상황에 따라서 어떤 관심을 다른 관심보다 더 중시할 수 있을 것이나, 그것은 상황을 보는 사람의 맥락읽기에 따른 것이다. 객관적으로 관심의 경중을 결정할 표준은 어떠한 근거로도 찾기 어렵다.

각각의 세계는 관심의 기초가 다르기 때문에 합리성의 기초가 다를 수밖에 없다. 예컨대, 생산성의 세계에서는 현재의 목표를 최적으로 성취할 대안과 조건을 찾는다. 그러나 현재의 제약조건에 큰 변화가 없다고 보고 있으며, 따라서 주어진 여건에서 최선의 방안을 찾고 있다. 그러나 정통성의 세계에서는 현재의 제약조건이 상당히 변화하였다고 가정한다. 따라서 목표의 변화를 상정한다. 목표의 변화가 없더라도, 여건의 변화는 기술과 문화와 인식의 변화를 포함하기 때문에 평가의 기준이 달라질 것으로 기대한다. 더구나 대외적 장기적 관심은 기존 목표의 존재이유에 대한 질문으로 이어지기 때문에 목표의 표현은 그대로이더라도 그 의미 내용에는 상당한 수정이 불가피할 것이다. 대내적 입장과 대외적 입장, 단기적 관심과 장기적 관심은 판단의 근거에 분명한 차이를 보여 줄 것이다.

따라서 네 가지 세계를 결합하려면 모순을 피하기 어렵다. 이 상황에서 모순이 논리적으로 필연적은 아닐지 모르지만, 경험적 또는 실증적으로 피하기 어려울 것이라는 점은 쉽게 상정할 수 있다. 이러한 모순의 문제를 기존 이론에서는 보통 다중기준(multiple criteria)의 문제로 다루었다. 그렇더라도 여러 기준들 간에 공통분모가 없다면 서로 통합할 수 있는 합리성을 구할 수 없다. 즉, 모순을 극복할 수 있는 기준은 분명하지 않다. 행여 적절한 이론을 찾는다 하더라도, 그들의 적절성은 다시 합리

서울대 임도빈 교수께 감사드린다.
9) 이들 네 가지 세계에 대한 정의와 특성은 김영평, 불확실성과 정책의 정당성(서울: 고려대 출판부, 1991) p. 233 참조.

적 기준에 의존하여야 할 것이기 때문에, 합리적 기준의 기준이 필요하다. 따라서 합리적 기준의 선정은 논리적으로 무한회귀(infinite regress)에 빠질 수밖에 없다.[10) 기준들 간의 모순과 비정합성을 극복할 수 있는 이론은 아직도 합리적 결정 이론 속에서는 찾기 어렵다. 우리가 현실적으로 사용하는 여러 가지 기준은 결정에 편의적인 탐지적 도구(heuristic devices) 이상일 수 없다.

2. 행동의 정당성 영역의 네 가지 체계

Richard Münch는 행동의 상징적 복잡성(symbolic complexity)과 행동의 상황의 존성(contingency)이라는 두 국면을 결합하여 행동의 정당성 영역을 네 가지로 제시하고 있다.[11) 이것은 T. Parsons의 사회체계이론을 원용한 논의로서, 그의 의도는 미시적 행동과 거시적 구조가 상호의존적이라는 점을 보여주고자 한다. 그러나 이 체계들은 행동선택의 정당성에 대한 체계적 기초를 제공한다. Parsons의 사회체계이론이 암시하듯이, 그들은 경제체계, 정치체계, 윤리체계, 그리고 종교체계(또는 문화체계)로 나눌 수 있다.[12) 각 체계의 행동선택의 정당성은 서로 다른 전제와 추론법칙을 활용한다. 따라서 동일한 사안에 대해서 정치적 정당성은 경제적 정당성, 윤리적 정당성, 종교적 정당성과 다르기 때문에 여러 가지 서로 모순적인 정당성이 제시된다.

D. Stone에 의하면 경제의 정당성은 귀결성의 논리(a logic of consequentiality)를 따르고, 정치의 정당성은 적절성의 논리(a logic of appropriateness)에 의존한다.[13) 경

---

10) 이 논의에 대해서는 Collingridge(1982)의 논의에서 잘 정리되어 있다.

11) 그의 "The Interpenetration of Microinteraction and Macrostructures in a Complex and Contingent Institutional Order" in Jeffrey, C. Alexander, Bernhard Giesen, Richard Münch and Neil J. Smelser (eds.) The Mcro‒Macro Link (Berkely: Univ. of California Press) pp. 319‒336 참조.

12) 이들을 Parson식으로 말한다면, 방향성(목표) 체계, 적응성(수단) 체계, 구조성 또는 통합성 (규범) 체계, 그리고 정체성(준거틀) 체계로 나누어진다. 방향성은 욕구적 정향, 과업수행역량, 권력과 권위 등과 관련이 있다. 적응성은 학습과정, 지력, 교환, 유인(돈)과 연관되고 있다. 통합성은 몰입, 공동체, 감성적 소속감, 생활세계 등에 관한 논의이다. 그리고 정체성은 자기주장의 제시, 의견소통, 상황정의, 상징의 제시와 연결된다. 이들을 좀 더 친근한 국면으로 설명한다면, 상징적 복잡성이 크면 미시적 상호작용을 지칭하고, 그것이 감소하면 거시적 구조를 표상한다. 그리고 상황의존성(또는 우발성)이 감소하면 유기체적 조건의 지배를 받고 상황의존성이 증가하면 물리화학적 조건의 지배를 받는다고 보고 있다. 이들을 결합시킬 때, '거시적 구조가 미시적 행동(또는 상호작용)을 결정한다'는 명제와 '거시적 구조는 미시적 행동에서 형성(재형성 또는 변화)된다'는 명제는 상호침투적인 관계로 보아야 할 것이다. 그렇다면, 예컨대 종교적 정당성이 정치적 정당성을 수정할 수 있고, 경제적 정당성이 윤리적 정당성을 재형성할 수 있을 것이라고 보아야 할 것이다.

그림 2 인간 행위의 영역들

상징적 복잡성 ＼ 행위의 상황의존성	小	大
大	(G) 목표 <정치체제> *지향성*	수단 <경제체제> *적응성* (A)
小	(I) 규범 <윤리체계> *구조성*	준거틀 <종교체계> *정체성* (L)

자료: Münch, Richard(1987). Fig. 14.1.의 수정.

제적 계산은 물리적 법칙을 받아들여 자원의 한정성과 소모성을 가정한다. 이용가능한 자원은 일정하며, 소비되는 만큼 감소한다. 효용을 극대화하는 방향으로 자원을 활용하려면, 기회비용을 계산해야 한다. 그러나 협동이나 지지와 같은 정치적 자원은 사용할수록 더 큰 지지와 협동을 얻게 되는 역설이 작용한다. 동조세력을 규합하는 일은 공동선, 공정성, 정의와 같은 정통성의 계산법에 의존한다.[14]

윤리체계에서는 규범의 세계를 인정하고 의무 공동체를 상정한다.[15] 그것은 이익을 얻기 위해서가 아니라 인간이 인간답기 위해서 규범을 준수해야 한다. 윤리의 세계에서는 규범의 준수가 행동선택의 귀결보다 더 우선적 가치를 지닌다. 윤리적 규범은 사회적으로 형성되었기 때문에 구조화되어 있다고 말할 수 있다.[16] 그러나 그 구조는 고정된 것이 아니라 사회적 집단적 경험에 따라 진화하고 있다. 윤리체계의 정당성은 개인적 선호나 이익에 따라 계산하는 대상이 아니라 의무공동체에 대한 책임의 크기로 응답할 수 있다. 어느 정책이 비윤리적이면서 정당성을 얻을 수 없을 것이다.

종교(또는 문화)체계는 집단 또는 사회의 정체성 또는 준거기준에 관한 것이다. 행동선택의 종국적 가정의 차이가 인간 집단의 고유한 자아를 확인시킨다.[17] 예컨대,

13) 그의 Policy Paradox and Political Reason (Glenview, IL: Scott, Foresman and Co., 1988) 참조.
14) 김영평, 불확실성과 정책의 정당성, pp. 229–231 참조.
15) 윤리의 세계는 의무공동체를 상정하고 있다는 주장은 Abraham Kaplan, "Moral Responsibilities and Political Realities" Policy Sciences 1982 (14) pp. 205–223 참조.
16) 이런 주장은 위에서 인용한 Münch의 글에서 읽을 수 있다.
17) Ellis, M., R. Thompson, and Aaron Wildavsky. Cutural Theory, 특히, Ch. 5. "Instability of the

생명공학이 발달하여 배아복제가 가능하고 인간복제도 가능성의 영역에 들어왔지만, 그것은 허용될 수 없다는 것이 가톨릭의 교리이다. 대체로 기독교 문화가 우세를 이루고 있는 서구제국에서는 생명공학기술의 사용한계를 상당히 인정하고 있다. 다른 준거기준의 문화권에서는 아직 생명공학기술이 충분히 발전하지 못했지만, 생명복제의 범위는 점점 넓혀지고 있다.[18] 이슬람 세계에서는 동성연애를 허용하지 않고 있지만, 기독교 문화권에서는 동성연애와 같은 성적 선호는 개인의 선택사항으로 점점 더 허용범위를 넓히고 있다. 이러한 영역의 행동선택의 정당성은 준거기준의 차이로만 근거를 밝힐 수 있다.

동일한 사안에 대해서 경제적 정당성, 정치적 정당성, 윤리적 정당성, 종교적 정당성 중의 어느 것도 무시하기 어렵다. 그런데 각각의 정당성 간에는 모순이 나타난다. 네 가지 체계의 정당성들은 정합성을 띠기보다 상충성을 보일 가능성이 더 크다. 왜냐하면 그 정당성을 구하는 추론적 전제와 위상적(topological) 존재이유가 서로 다르기 때문이다. 네 가지 정당성들 간에 모순이 나타나는 일은 피하기 어려운 실정이다.

3. 정책 간의 관계에서 나타나는 상충성과 경쟁성

지금까지는 기존의 합리성 이론처럼 하나의 정책을 상정하면서 검토하여도 모순의 불가피성을 회피하기는 어렵다는 점을 부각하였다. 더 중요한 것은 우리가 선택해야 하는 세계는 하나의 조직에서 하나의 정책만 존재하는 것처럼 가정한다면 큰 낭패를 낳을 가능성이 너무 크다는 점이다. 정책이 인위적 노력이고 합리적 시도라면 성공적 추진을 희망한다고 가정할 수 있다. 실패를 위해서 인위적으로 노력하는 사정을 예상하기는 쉽지 않다. 물론 인간의 다양한 선택 중에서 의도적인 실패가 없지 않을 것이지만, 공공적이고 집합적인 노력을 의식적으로 실패로 이끌고 가기는 쉽지 않을 것이다. 그러나 정책목표의 성취가 바로 정책성공으로 치환되지 않을 것이다. 때로는 목표를 성취하고도 실패하는 정책이 있고, 반대로 목표성취에 실패하고도 정책은 성공적인 것으로 평가 받을 수 있다. 정책목표와 정책성패가 일치하지 못하는 이유는 정책이 다른 정책과 공존해야 하기 때문이다. 어느 정책이 아무리 목표를 잘 성취했

Parts, Coherence of the Whole" (Boulder: Westview Press. 1990)에서 준거기준의 차이가 인간 집단의 정체성과 직결되며, 그들은 문화의 차이로 나타난다. 그리고 문화의 유형들은 하나의 편견의 덩어리이지만, 상호공존으로서 오히려 문화적 편견이 지속될 수 있는 역설적 관계 속에서 존립한다는 점을 그들은 설파하고 있다.

18) 최근 한국에서는 개의 복제에 성공하였고, 이것은 인간 복제의 기술에 접근했음을 암시하는 것이라는 공론이 많았다.

그림 3 정책 간의 관계의 다양성

정 합 성

		높음	낮음
상호의존성	높음	상보적	상충적
	낮음	자율적	경쟁적

자료: 송하진·김영평, 정책성공과 실패의 대위법. p.198.

을지라도 국가정책 전체에 해로운 영향으로 작용했다면, 그것을 성공적이라 말하기 어렵다. 따라서 어느 정책을 평가할 때에 다른 정책과의 관계를 보지 않고서는 부분의 논리로 전체를 파악하려는 모순에 이르기 쉽다.

정책들 간의 관계에서 그 상호의존성과 정합성의 차원을 결합하면 네 가지 서로 다른 정책 간의 관계 유형을 도출할 수 있다. 정책들 간에 정합성이 높으면서 상호의존성이 높으면 상호 보완적 관계에 놓일 것이다. 상보적이라 함은 정책 A의 성공과 정책 B의 성공 사이에 상관관계가 높다는 의미이다. 상호 간에 이익을 주는 관계이다. 그러나 정합성은 높으나 상호의존성이 낮은 경우에는 서로 영향을 주고받을 이유가 거의 없기 때문에 각각 독자적으로 운영될 것이다. 정책들 간의 관계에서 상호의존성이 높고 정합성이 낮은 상충적 관계에서 한 정책 A의 성공이 다른 정책 B의 실패를 부를 가능성이 크다. 산업정책과 환경정책의 관계가 좋은 사례가 될 것이다. 이와 대조적으로 정합성이 낮으면서 상호의존성도 낮은 경우에는 제로섬 게임(zero-sum)과 같은 경쟁 관계에 놓일 것이다. 왜냐하면 이용 가능한 자원을 나눠가져야 하기 때문이다.

어느 정책도 다른 정책과의 수많은 관계 속에서 추진된다. 그들은 "상보적"이기보다 "경쟁적"일 가능성이 훨씬 높다. 왜냐하면 정책실현을 위한 예산확보는 파이 나눠먹기인 제로섬 게임이기 때문이다. "상충적"은 아니라도 "경쟁적"이기만 하여도 정책 간에는 갈등적 요소가 도사리고 있다. 한마디로 모순적인 관계가 배태되어 있다. 여기에 정치적 논리를 동원하자면 거의 필연적으로 "적의 불행이 나의 행복"이 될 것이다. 정책들 간의 경쟁관계는 모순을 배태하고 있지만, 필연적으로 모순관계가 노출되는 것은 아니다. 국가산업단지 정책과 농공단지 정책은 얼른 보기에 경쟁적 관계이다. 그러나 산업시설이 국가산업단지에 집중되면 농공단지에 입주할 산업시설은 많지 않게 되어, 농공단지정책이 실패할 가능성을 높인다.[19) 경쟁관계가 상충관계로 전환될 수 있는 가능성을 암시하고 있다.

상충적 관계는 모순적이라고 할 수 있다. 에너지 절약을 강화하기 위해서는 에너지 가격을 올려야 한다. 그러나 에너지 가격의 상승은 사회적 빈곤층의 생활을 압박한다. 이것은 약자를 보호하고자 하는 사회분배정책과 상충관계에 놓일 수밖에 없다. 빈곤층을 보호하기 위해서 에너지 가격을 올리지 않는다면, 에너지 절약효과는 크게 줄어들 것이다. 이와 같이 정책 간의 관계, 특히 정책 간의 모순관계를 감안하지 않고 특정 정책의 합리성을 추구한다면, 정책실패로 귀착될 가능성이 농후하다.

정책들 간의 관계를 정태적으로만 검토하여도 이와 같이 다양한 모순관계가 나타날 것을 예견하고 있다. 실제세계에서는 개별정책도 장기간에 걸쳐 발현된다. 효과가 나타나면서 목표가 변화되기도 하고, 다른 정책의 영향을 받아서 새롭게 정의되기도 하며, 집권세력이 변화하면서 기준의 우선순위가 바뀔 수 있다. 지금까지의 정책논의에서 정책합리성은 시간의 개념을 거의 도외시하였다. 그러나 우리의 활동은 거의 언제나 비가역적이고 경로 의존적(path dependent)이다.[20) 시간의 진행에 따라 서로 다른 선택이 강요되고 있다. 이런 사정에서 합리적 선택의 폭은 아주 좁다고 할 수 있다. 정책들 간에 상호작용하는 것을 동태적이고 장기적인 시각으로 바라보면,

---

19) 이 관계를 아주 장황하게 설명하고 있는 저술로 송하진·김영평. 정책성공과 실패의 대위법: 성공한 정책과 실패한 정책은 어떻게 가려지나 (서울: 나남출판. 2006) 참조.

20) 최근 복잡계 이론이나 신진화 이론에서는 창발성(emergence)이라는 개념을 중시한다. 그리고 이들의 출현은 초기조건의 차이와 경로의존성에 따라서 설명되고 있다. 이런 이론은 근년에 미국 Santa Fe Institute를 중심으로 활발하게 논의가 전개되고 있다. 이런 논의에 대해서는 Johnson, Steven, Emergence (Simon&Schuster. 2001). 김한영 역. 미래와 진화의 열쇠 이머전스 (서울: 김영사. 2004); Kauffman, Stuart. At Home in the Universe: The Search for Laws of Self-Organization and Complexity. (Brockman, Inc., 1995). 국형태 역. 혼돈의 가장자리 (서울: 사이언스 북스. 2002); Prigogine, Ilya and Isabelle Stengers, Order out of Chaos: Man's New Dialogues with Nature (New York: Bantam Books. 1984); Waldrop, M. Mitchel. Complexity (New York: Simon & Schuster. 1992); Lewin, Roger. Complexity: Life at the Edge of Chaos (New York: Macmillan Pub. 1992); Bonner, John Tyler. The Evolution of Complexity; by Means of Natural Selection. (Princeton: Princeton Univ. Press. 1988); Stacey, Ralph D. Complexity and Creativity in Organizations (San Francisco: Berrett-Koehler Pub. 1996); Kiel, L. Douglas. Managing Chaos and Complexity in Government: A New Paradigm for Managing Change, Innovation, and Organizational Renewal (San Francisco: Jossey-Bass Pub. 1994); Gleick, James. Chaos: Making a New Science (New York: Penguin Books. 1987); Dyson, George B., Darwin among the Machines: The Evolution of Global Intelligence (Reading, MA: Perseus Books. 1997) 등 문헌을 참조하기 바란다.

정책 간의 중요성이나 국가적 의미에 변화가 나타나고, 그에 따라 성패에 대한 해석이 달라진다.[21] 물론 정책 상호 간이나 개별정책의 전후관계에 모순이 얼마든지 나타날 것이다. 이런 무질서와 혼돈상황에서 어떻게 하는 것이 더 나은 방향으로 나아가는 것인가?

Ⅳ. 모순의 관리의 여러 가지 형태

정책 논의에서 모순은 거의 불가피한 현상으로 보인다. 모순의 출처도 다양하고, 모순의 양상도 변화무쌍하다. 모순의 세계는 불일치와 혼돈, 갈등과 당황, 투쟁과 무원칙이 두드러지게 부각된다. 지금까지 우리는 문화적으로 이러한 모순적 현상을 부정적으로 인식하였고, 따라서 배제하거나 극복해야 할 대상으로 보려는 경향이 강하게 나타났다. 지금까지 정책학의 논의에서도 모순을 제거하고 논리적으로 일관성을 확보한 토론을 합리성을 갖춘 주장으로 인정하였다.[22] 우리가 위에서 살펴보았듯이, 그러나 정책의 논의나 추진과정에서 모순적 상황은 극복할 수도 없으며, 그것을 극복하려는 노력은 오히려 정책의 실패나 재앙으로 나타날 가능성을 키운다는 점을 살펴보았다. 그렇다면 모순은 극복의 대상이 아니라 관리의 대상이다.[23] 모순적 상황에서 건설적 가치를 건지려는 노력의 과정을 모순의 관리라고 한다면(김영평, 1991: 245), 모순을 관리하는 능력을 향상함으로써 실질적으로 전체로서 정책의 실패를 방어하고 정책의 성공을 조성할 수 있을 것이다.

모순의 관리는 균형이론에서처럼 최적화를 구하는 방법이 아니다. 모순적 세계의 특성 때문에 최적화를 찾기도 어렵지만, 공통분모를 구할 수 없는 상반적 세계의 공존 때문에 최적화를 구할 수 있더라도, 다중최적일 수밖에 없을 것이다. 예컨대, 경제적 의미에서 최적인 것과 정치적 의미에서 최적인 것, 윤리체계의 최적화와 종교체계의 최적화가 서로 일치할 수 없을 것이기 때문에 어느 특정 정책에서 사전적으로 합리적인 해법을 얻기란 거의 불가능에 가깝다고 할 수 있다.

---

21) 장기적인 시각에서 정책을 동태적으로 분석한 대표적 저술로는 Baumgartner, Frank R. and Bryan D. Jones (eds.), *Policy Dynamics*. (Univ. of Chicago Press, 2002) 참조.

22) 이러한 주장이 가장 분명하게 나타난 저술로는 Hoos, Ida R., Systems Analysis in Public Policy: A Critique. (Berkeley: Univ. of California Press. 1972)을 들 수 있다.

23) 여기서 관리의 개념은 Landau, Martin and Russell Stout, Jr., "To Manage is not to Control: On the Folly of Type II errors," Public Administration Review 1979 Mar/Apr (31) pp. 148-156에서 제시하는 개념을 수용하고 있다.

　　정책에 대한 관심이 시간의 흐름에 따라 변화하고, 여러 가지 사업특성도 변질되면, 관심들 간의 관계의 적절성을 판단해야 할 역사적, 문화적, 도덕적, 종교적 맥락이 변모될 것이다. 이러한 상황에서 모순적 관심들 간의 조화를 확인할 수 있는 최적화합의 공식(a formula for the optimal harmony among diverse policy concerns)을 사전적으로 마련하는 것은 불가능에 가깝다. 왜냐하면 변화하는 다양한 관심과 사업특성과 정책맥락의 거의 무한대의 조합에 적용 가능한 최적화 공식을 얻어낼 가능성은 희박하기 때문이다.(김영평, 1991: 242)

　　이런 의미에서 모순의 관리는 사후적으로 심미적 감각에 의존하여 판단할 수밖에 없다(김영평, 1991: 242). 여기서 '사후적(a posteriori)'이라 함은 미리 마련되어 있는 기준이 없이 판단한다는 뜻이지, 미래와 무관하다는 뜻은 아니다. '사전적(a priori)'이 아니라는 것은 최적화와 균형을 발견할 수 있는 공식이 미리 마련되어 있지 않다는 의미이다. 사후적으로 시공적 관심의 세계들 간에 강조를 달리하고 정당성 체계에 대한 비중과 선후를 찾아 판단하는 것은 불가능이 아니다. 모순적 관심들 간의 관계의 적절성은 개별사업의 과업환경, 인과구조, 정책담당자의 능력특성, 지배연합의 특성뿐만 아니라 다른 정책과의 네트워크 속에서 특정 정책의 위상을 포함하여 장·단기적 맥락에 따라 판단할 수 있다. 모순의 관리에서는 이렇게 다양한 요소들을 맥락에 따라 재조정해야 하기 때문에 사전적으로 설정된 기준이 쓰일 여지가 거의 없다.

　　모순적 상황에서 건설적 가치를 건지려는 노력의 양상에는 여러 가지를 제시할 수 있을 것이다. 소수의 논자들이 몇 가지 아이디어를 전하고 있다.[24] 여기에 제시하는 것은 예시에 불과하다. 모순의 관리를 위해 앞으로 더 다양하고 정교한 방법들이 미래에 고안되어야 할 것이다. 그러나 아직은 모순의 관리에 대한 학문적 관심이 깊지 않아서 문헌적인 축적이 풍부하다고 보기 어렵다. 독자들의 이해를 돕기 위해 전형적인 모순의 관리 양상을 예시하고자 한다.

1. 모순의 허용

　　모순의 관리의 가장 초보적인 형태는 모순의 허용이다.[25] 정책에 대한 다양한 서로 다른 관심은 시각의 차이를 낳고, 시각의 대립은 갈등적 상황을 초래한다. 특정 정

---

24) 모순적 상황에서 건설적 가치를 건지려는 노력의 필요성을 역설하고 있는 저술로는 Jantsch, Erich. The Self-Organizing Universe: Scientific and Human Implications of the Emerging Paradigm of Evolution. (Oxford: Pergamon Press. 1980)을 대표적으로 예시할 수 있다. 이 밖에도 각주 21에서 제시하고 있는 여러 저술에서도 부분적으로 그런 주장을 읽을 수 있다.

25) 모순의 허용에 대한 기본적 이해는 김영평(1991) 제9장을 참조하기 바란다.

책에 대한 관심의 차이는 사회적으로나 조직적으로 서로 다른 옹호적 세력에 분담된다. 예컨대, 생산성에 관심을 둔 단위는 대체로 조직의 집행단위에서 담당하는 반면, 정통성에 대한 관심은 보통 조직의 최상층부나 연구개발을 담당하는 단위에서 관장한다. 감응성에 대한 관심은 다양한 외부의 요구를 처리하는 섭외부서에서 관장한다.

생산성을 위해서는 체계적 분석과 합리성에 기반을 둔 계획을 수립할 것이나, 감응성을 위해서는 계획의 비효능성이 주창되고 권력의 다극화와 경쟁을 바탕으로 판단한다. 감응성을 위해 생산성을 희생할 수 없으며, 그 역도 성립한다. 따라서 정책 전반의 성공을 위해서는 서로 대립적인 모순적 주장과 판단이 허용되어야 한다.[26]

통합성을 위해서 한편으로 공동선과 공동기준을 추구하면서, 동시에 정책에 관련된 다양한 활동의 구체적 특수성을 반영할 수 있도록 거부권이 여러 활동단위에 분산적으로 할당되어야 한다. 통합성만을 위해서도 모순적 활동양상이 허용되어야 하지만, 통합성과 생산성 또는 감응성 사이에도 모순적 활동의 정당성을 인정해야 한다.

모순의 허용은 정책의 집행이나 또는 조직의 혁신에서도 필요하다. 정책을 순조롭게 집행하기 위해서는 안정적 주관부서가 있어야 한다. 그렇지만 이 주관부서의 도식적·관료적 정책집행은 정책의 내용에 대한 개선을 담보하기 어렵다. 그렇기 때문에 정책의 개선을 위한 조직의 혁신이 필요하다. 혁신을 위해서는 신축적이고 실험적인 새로운 시도를 도입해야 한다. 새로운 시도는 조직에 불안정성을 유입시킬 수밖에 없다. 안정적 조직운영을 위해 불안정적 요소를 도입해야 한다. 그렇지만 불안정성이 조직의 교란으로 흐르지 않도록 일정한 범위 안에서 허용되는 것이어야 한다. 이러한 의미에서 모순의 허용도 관리의 대상이 된다.

정책의 집행에서는 전문 영역이 활동할 수 있어야 한다. 전문성을 살리기 위해서는 전담부서의 자율적 판단과 독자적 판단이 허용되어야 한다. 그러나 하나의 정책이 여러 전문 활동들의 결합으로 조절되기 위해서는 일반적 관리능력도 필요하다. 전문가들의 새로운 아이디어가 살아나기 위해서는 창의적 영감이 활용될 수 있어야 하기 때문에 조직의 교란적 요소로 작용할 것이다. 그것의 허용이 없이는 전문성도 창의성도 흩어져버릴 것이다. 그렇지만 개별적 창의성과 전문성도 전체적으로 정책의 성공에 기여할 수 있도록 통합 조정되어야 의미가 있다. 그러한 의미에서 전문성과 창의

---

26) Ellis, Thompson, and Wildavsky(1990)는 특히, Ch. 5. "Instability of the Parts, Coherence of the Whole"에서 서로 다른 문화유형이 자신의 문화유형을 강화하기 위해서 다른 유형은 존재를 인정하고 존속시켜야 한다고 주장한다. 이 주장은 우리의 시공적 관심의 세계에서도 거의 그대로 적용될 수 있다. 그것은 각 관심의 세계가 편향적으로 대상을 이해하기 때문에 자기의 편향이 보지 못하는 세계를 포용해야만 자신의 결함을 보전할 수 있을 것이기 때문이다.

성도 일정한 범위의 제약을 받을 수밖에 없다. 전문성과 창의성을 위해서 분권화가 유리하지만 다양한 전문성의 통합과 조정을 위해서는 집권화를 배제할 수 없다. 구슬이 서 말이라도 꿰어야 보배다. 성공적 정책집행을 위해서는 교란적 활동이 허용되면서도 그 활동들이 전체로서 어울리고 화합될 수 있는 방도가 마련되어야 한다. 안정성과 불안정성, 교란과 정돈이 동시에 그리고 일정한 범위 안에서 작용하는 모순을 허용하는 것이 정책 성공의 조건이고 조직 혁신의 요령이다.

모순의 허용은 모순을 극대화하는 것이 아니다. 모순이 관리된다는 의미는 모순적 요소들의 작용에 일정한 경계가 있고, 그 경계의 범위 안에서 작용하도록 유도하는 노력이 필요하다는 뜻이다. 우선 가장 중요한 점은 모순을 없애려고 하는 노력의 무용성을 이해하는 것이다. 일정한 범위로 모순을 적절하게 관리하지 못하더라도, 모순이 허용되면 (시간이 지나면서 진화과정에서 자연선택이 일어나듯) 모순적 상황에도 어느 정도의 건설적 조정이 나타날 것이다. (아담 스미스의 보이지 않는 손의 작용을 상기하라.) 모순적 상황이 항상 바람직한 건설적 효과로 귀착되지 않겠지만, 모순을 없애려는 노력의 파괴성에 비하면 모순의 허용이 훨씬 나은 전략으로 귀착될 것이다.

2. 부분적 실패의 허용

성공을 위해서는 실패를 허용하라. 이 말은 분명 모순어법이다. 색즉시공 공즉시색(色卽是空 空卽是色). 이것은 불교에서 우리에게 주는 현명의 근원이다.[27] 이는 인류가 만든 가장 강력한 모순어법이다. 그러나 거기에 예지의 뿌리가 있다. 컴퓨터의 아버지로 불리는 Türing에 의하면, 틀림이 없는(infallible) 기계는 지능적(intelligent)일 수 없다. 자신의 실수로부터 배울 수 있어야 지능을 얻을 수 있다. 틀리기 쉬운(fallible) 기계여야 학습이 가능하고, 따라서 지능을 갖춘 기계가 될 수 있다고 알려주

---

27) 이 말은 불교 경전인 마하반야바라밀다심경(摩訶般若波羅蜜多心經)의 시작에 나오는 말이다. 불교의 경전과 선(禪) 수행의 대화에는 모순어법이 많이 발견된다. 모순어법은 기독교의 성경에서도 발견된다. 이런 주장은 Philip Yancy. The Jusus I never Know. (Zondervan Pub. House. 1995) 이주엽 역, 내가 알지 못했던 예수 (요단출판사, 1998). p. 374 참조: 인용하자면, "사도 바울은 하나님으로부터 '이는 내(하나님) 능력이 약한 데서 온전하여짐이라'(고후 12:9) 하시는 말씀을 듣고서 자기 자신에 대해 다음과 같이 결론을 내렸다. '그러므로 내가 그리스도를 위하여 약한 것들과 능욕과 궁핍과 핍박과 곤란을 기뻐하노니 이는 내가 약할 그 때에 곧 강함이니라'(고후 12:10)"라고 술회하고 있다. 또 예수는 '너희 원수를 사랑하며 너희를 핍박하는 자를 위하여 기도하라'(마 5:44)라는 계명으로 하나님의 권력을 표현하고 있다. 이는 내적이고 비억압적이며, 나약해보이기도 한다. 이 권력은 일종의 '포기'와 유사하다(p. 99)는 설명도 바울의 고백과 상통하고 있다.

었다.28) 이것을 모순의 개념으로 치환하면, 모순이 내장되어 있는 문제해결자여야 지능적이고 현명한 판단, 즉, 모순의 관리를 할 수 있다.

실패가 노출되어야 실패의 피해를 최소화한다. 실패가 노출되어야 성공에 유용한 요소로 작용한다. 실패가 많을수록 유리하다? 실패를 동시다발적으로 도출하기 위해서는 병렬적 구조가 유리하다. 부분의 실패가 있어야 전체의 생존력이 높아진다. 실패를 체계적으로 구현하는 것이 실험이다. 실패의 스펙트럼의 범위를 넓히기 위해서는 다양성이 허용되어야 한다. 이러한 의미에서 실패의 허용이 관리의 대상일 수 있다.

실패가 성공에 더 유익한 요인이 되기 위해서는 실패가 노출되어야 한다.29) 실패가 숨겨지면 체제가 실패의 교훈을 학습할 기회를 상실한다. 실패가 노출되면, 그 경험이 체제 전체에 공유되어 비슷한 실패를 막을 수 있는 지능을 얻게 된다. 정책을 총괄하거나 관리하는 부서에서 작든 크든 실패를 처벌하고 방지하려고 노력하면, 실패를 저지른 당사자는 그것을 없던 것처럼 만들려 할 것이고, 실패의 기록은 사장될 것이다.30) 이렇게 되면, 관리자로서는 실패의 확산을 막을 기회를 잃게 되고, 실패의 교훈을 소실하게 된다. 실패가 노출되면, 다양한 부분에서 그것의 의미를 되새길 것이고, 따라서 다양한 교훈이 생성 전파될 것이다. 이 교훈들이 정책을 성공으로 이끄는 열쇠가 될 것이다.

실패가 교훈의 원천이라면, 정책의 추진에서 실패가 더 많이 그리고 다양하게 노출되는 체제(또는 구조)를 형성하는 것이 유리하다.31) 조직구조로 말한다면, 병렬적 체제가 유리하다. 병렬적 조직에서는 실패가 동시다발적으로 일어날 수 있다.32) 계층

---

28) 이 명제는 Dyson, George B. (1997) p. 70에서 재인용.
29) 최근 미국 시사주간지 TIME(Apr. 28, 2008. p. 55)은 The Game Changer의 저자이며 미국 Procter & Gamble사의 회장인 A.G. Lafley씨와의 인터뷰에서 "좋은 혁신 전략과 과정에서는 성공보다는 실패를 더 중시해야 함을 지적하고 있다. 실패가 조기에 빨리, 그리고 값싸게 이루어지게 만드는 것이다."(So what you want to do is fail early and fail fast and fail cheap.)라는 주장을 전하고 있다.
30) 이러한 논의를 더 자세하게 다루고 있는 문헌으로는 Landau, Martin, "On the Concept Of a Self-Correcting Organization", *Public Administration Review*, (1973. vol. 33, Nov/Dec), pp. 533-542 참조.
31) 실패의 수가 더 많고 더 다양한 경우에 더 많은 교훈을 얻을 수 있다는 뜻은 다양한 시도가 있어야 한다는 말과 같다. 가능한 한 다양한 대안을 검토할 수 있어야 더 분명한 지식을 얻을 수 있다는 의미이기도 하다.
32) 병렬적 조직은 다양한 시도와 실패를 허용하는 체제로도 유용하지만, 그 구조적 특성이 가외성에 의존하고 있기 때문에 실패의 파급효과를 막을 수 있는 특성도 있다. 병렬적 조직의 특성에 대해서는 Bendor, J.B. Parallel Systems (Berkeley: Univ. of California Press. 1985)를 참조하라. 그리고 가외성에 대해 더 이해하고자 한다면 Landau, Martin. "Redundancy, Rationality,

적 관료제 조직에서는 분권적 조직이 실패를 다양하게 노출시킬 수 있다. 병렬적 조직이나 분권적 조직은 근본적으로 하위 단위가 거의 독립적으로 활동할 수 있기 때문에 실패의 기회도 많지만, 이 구조의 조직이 정책성공에 유리한 또 다른 이유는 실패의 효과가 단위 조직에 한정되고 다른 단위로 파급되기 어렵다는 점이다. 실패가 성공의 어머니라고 할지라도 실패의 비용을 확대하는 것이 성공의 비결은 아니다. 실패의 비용은 최소화하면서, 실패의 교훈은 최대화하는 것이 바로 모순의 관리이다.

부분의 실패를 허용해야 체제 전체의 생존력을 높인다. 벌통의 벌들은 수명이 겨우 한 달여에 불과하다고 한다. 그러나 벌통은 몇 년간 지속적으로 유지된다. 인간은 수십조 개의 세포로 구성되어 있다. 인간 세포의 수명도 몇 달에 불과하다. 그러나 새로운 세포가 계속 생성되기 때문에 인간은 거의 한 세기를 살 수 있다. 부분들을 구성하는 것들은 실패하지만, 실패한 부분을 제거하고 새로운 시도가 계속되기 때문에 더 새롭고 옛날의 실패가 반복되지 않을 체제가 탄생될 수 있다. 정책의 추진에서도 부분의 실패를 허용해야 전체의 성공을 지속할 수 있다.

실패의 비용을 최소화하고 실패를 체계적으로 일어나게 하는 방도가 실험이다. 지금까지 정책에서 실패를 허용하라는 것은 인위적인 실패가 아니라 자연발생적인 실패를 부정적으로 처리하지 말라는 주문이었다. 그러나 정책실험은 인위적으로 다양한 시도의 효과를 검토한다. 대부분의 시도는 실패할 것을 예상하면서도, 실패의 효과와 교훈을 얻기 위해서, 그리고 예외적인 창의적 성공의 방법을 얻기 위해서 실험을 시도한다. 그러나 정책실험은 비용이 적지 않기 때문에 다양한 시도를 체계적으로 구현하기는 쉽지 않다.

그렇지만 실패의 스펙트럼을 넓히는 것이 정책성공을 위한 교훈을 얻기에 유익하다는 것이 분명하다면, 정책추진전략에서 다양한 방안들이 경쟁적으로 시도될 수 있는 자유를 허용하는 것도 중요한 모순의 관리이다. 예컨대, 복지정책을 정부기관만 전담하기보다는 다양한 민간 기구와 조직들이 참여하여 복지 서비스를 전달하는 방안을 강구하면 정책실패의 스펙트럼이 넓어져서, 복지전달체계를 더 세련되게 만들 수 있을 것이다.

여기서 실패를 허용한다는 의미는 모든 형태의 실패를 용납하는 것이 아니다. 한마디로 책임질 수 있는 실패만이 보호받을 가치가 있다. 무책임한 실패와 책임질 실

---

and the Problem of Duplication and Overlap" Public Administration Review 29 (1969). pp. 346-358 참조. 그리고 이에 대한 한글 해설로는 김영평(1991) 제8장과 백완기, 행정학(박영사)을 참조하라.

패를 구분하는 일이 모순의 관리이다. 책임질만한 실패란 실험적으로 그럴듯한 가설을 내포한 개선안을 시도하였을 때를 말한다. 그것도 주의를 다하여 최소한의 비용으로 수행하여야 한다. 무책임한 실패란 정책 귀결의 낭비적 속성을 염두에 두지 않고 독단과 독선으로 장대한 개혁을 밀어붙여 나타난 실패와 스스로의 관리능력을 계측하지 않고 만용으로 정책을 추진하여 일어나는 실패를 말한다. 책임을 진다는 것은 스스로 겸손과 조심성을 견지한 시도를 말한다.[33] 성공의 확률만큼 실패의 가능성도 크다는 것을 인정한 시도여야 책임질만한 시도인 것이다.

실패를 허용하더라도 개별 정책의 부분적 실패를 허용하는 깃이지, 징책 체제 전체 또는 국가의 실패를 허용하는 것은 아니다. 이것은 정책과 정책의 관계를 나타내는 복잡성의 양상과 관련된다. 복잡성은 크게 하위체제의 연결성에 따라 분해 가능한 복잡성과 분해 불가능한 복잡성으로 구분할 수 있다.[34] 전자는 하나의 정책을 거의 독자적인 단위로 시도할 수 있다. 그러나 후자의 경우에는 한 정책의 실패가 체제 전체의 실패로 전환될 수 있기 때문에 아주 조심스럽게 다루어야 한다. 후자의 경우에는 부분의 작은 실패가 체제의 파국적 실패로 전환될 수 있기 때문에 과감한 시도를 허용할 수 없다. 책임의 문제는 여기에도 적용된다. 모순의 관리에서 책임질 수 있는 실패에 한정하는 것은 실패에서 건설적 가치를 건지려는 노력으로서 모순의 관리에 해당하는 활동의 경계를 제시하는 일이다.

3. 정책 네트워크에서 허브의 활용

한 국가에서 다루고 있는 정책의 수는 수천수만에 이를 것이라는 점은 이미 언급하였다. 이들은 마치 하나의 두뇌세포인 뉴런처럼 독립되어 있으면서 동시에 두뇌세포들이 시냅스로 연결되어 있는 것처럼 연결되어 네트워크를 이루고 있다. 두뇌세포의 연결 고리는 시냅스 한 가지이지만,[35] 정책의 연결 고리는 "시장자유의 신장을 위

---

33) 책임의 문제에 대해서 Kaplan, Abraham. "Moral Responsibilities and Political Realities" Policy Sciences 1982 (14) pp. 205–223에 상당히 분명하게 해설하고 있다.

34) 복잡성을 분해가능한 복잡성과 분해불가능한 복잡성으로 구분하는 것은 H. Simon의 "The Architecture of Complexity" General Systems (1965) pp. 63–76에서 처음으로 제시하고 있다. 이 논문은 뒤에 그의 저서 The Science of Artificial (Cambridge: MIT Press. 1969)에 수록되었다. 이 개념은 여러 가지 복잡성에 대한 해설에서 응용되고 있다. 대표적인 예는 Loasby, Brian. Choice, Complexity and Ignorance. (Cambridge: Cambridge Univ. Press. 1976); La Porte, Todd R., Organized Social Complexity: Challenge to Politics and Policy. (Princeton: Princeton Univ. Press. 1975); Gladwell, Malcolm. The Tipping Point: How Little Things Can Make a Big Difference. (New York: Little, Brown & Co. 2000) 등 참조.

한 정책"과 같은 광범위한 목적의 공유나 에너지 정책이라는 활동분야를 공유하는 방식의 비가시적 상호의존성과 산업정책과 환경정책의 상호조절과 같은 가시적 상호의존성으로 나눌 수 있다. 구체적으로, 정보를 공유해야 하는 연결 고리, 담당자 간의 협의라는 연결 고리, 좁은 의미의 공동재원에 의존하는 연결 고리, 시민들의 이념적 편향에 따라 선호가 결합되는 연결 고리 등 정책 네트워크에는 다양한 연결 고리에 따라 여러 가지 네트워크들이 복합적으로 작동하고 있다. 개별적 정책들은 하나의 세포처럼 분권적으로 존재하면서, 상호의존성에 따라 연결되면서 국가적 정책 네트워크를 형성한다.

정책이 인위적인 노력이고 일정한 합리적 효과를 얻기 위한 시도이기 때문에, 엄격히 말하면 정책 네트워크의 연결 고리도 설계에 따라 구성된 인공물이다. 이런 점에서 정책 네트워크는 인터넷이 인공물인 것과 전혀 다르지 않다. 실제로 대부분의 정책은 법의 형식이나 정부 고시의 형식으로 표현되기 때문에 인위적 설계의 산물인 측면을 부정할 수 없다. 그러나 설계와 고안(design)만으로 정책에서 야기되는 상호의존성의 복잡성을 적절하게 다룰 수 없다. 네트워크의 이론에 의하면, 두뇌세포나 개별 정책과 같은 기본 단위인 노드(node)들 간에 자연스럽게 연결(link 또는 connection)이 이루어지면서 네트워크가 그물망을 형성한다.[36]

노드와 노드 간의 선호적 연결이 나타나고, 이런 연결들이 결합하여 허브(hub)가 조성된다. 네트워크의 노드들 간의 상호의존성이 계속되면서 선호적 연결에 따라 상대적으로 훨씬 더 많은 수의 연결을 가진 소수의 노드가 발견된다. 이들을 허브라 한다. 허브의 형성은 체제 전체의 상호작용의 연결성을 줄이면서,[37] 체제의 견고성을 높일 수 있는 기능을 한다. 허브의 존재는 네트워크의 손상이나 병리현상의 출현에서

---

35) 실제로 인체의 신진대사에서도 여러 개의 네트워크가 상호 복합적으로 작동하고 있다. 예컨대, 신진대사 네트워크, 조절기능 네트워크, 담백질 상호작용 네트워크, 생화학 네트워크 등을 예시할 수 있다. 카우프만(2002), p. 320 참조.

36) 네트워크의 일반적 이해를 위해서는 Barabasi, Albert-Laszlo. Linked: The New Science of Networks. 바라바시 저, 강병남 김기훈 역, 링크(서울 동아시아, 2002)가 일반적 수준에서 서술되어 있다. 행정 분야에서는 O'Toole, Jr., Laurence J. (1997) "Treating Networks Seriously: Practical and Research-Based Agendas in Public Administration," Public Administration Review, Vol. 57, No. 1, Jan/Feb, pp. 45-52이 하나의 참고가 될 수 있다. 네트워크를 동태적이고 진화적인 차원에서 이해한 저술로는 Hakansson, H. (1992) "Evolution Processes in Industrial Networks", Axelsson, Björn and Geoffrey Easton (eds.), Industrial Newtorks: A New View of Reality, (London: Routledge), pp. 129-143 참조.

37) 이것은 네트워크 전체의 운영에 소요되는 에너지를 줄이고 비용을 감소시키는 효과를 얻을 수 있다.

회복력을 높여주고, 네트워크가 전체로서 결합성을 유지할 수 있는 통합력을 발휘하게 만든다.38)

선호적 연결이란 자연발생적 관계를 전제한다. 물론 설계의 요소에 의하여 선호적 연결이 나타날 조건을 인위적으로 조성할 수 있다. 따라서 극단적으로 상상하자면, 설계자의 의도대로 허브를 조성할 수 있는 네트워크를 상정할 수 있다. 그렇지만 수많은 연결 고리와 수많은 (국민의 수보다 더 많을 수 있는) 이해와 관심의 결합에 의한 선호적 연결을 통제하여 정책 허브를 설계하려는 노력은 거의 실패할 것으로 보인다. 결론적으로 정책의 합리성을 도모하는 방법으로 정책 허브를 설계하기보다는 자연발생적으로 형성되는 정책 허브를 이용하는 것이 더 현명할 것이다. 합리적 선택에서 자연발생적 네트워크의 허브를 활용하라는 주문은 분명 모순적이다.

자연발생적 정책 허브에 정책의 개선을 맡기는 것은 모순이다. 그렇지만, 모순의 관리는 정책 허브를 허용하고 이용하여야, 정책 네트워크의 거대한 복잡성에서 야기되는 걷잡을 수 없는 오차를 어느 정도 방어할 수 있고, 다른 정책의 실패의 피해를 복원할 수 있으며, 따라서 국가정책 전체로서의 문제해결능력을 키울 수 있다는 점을 강조한다.

실제 세계의 네트워크는 시간이 지나면서 변화하는 역동적인 네트워크여서, 성장하고, 때로는 사멸하며, 집중화의 정도에 따라 계층적 구조를 형성하기도 한다. 인터넷에서 좋은 예를 볼 수 있듯이, 현실세계의 네트워크들은 대체로 모든 노드를 조절하는 중앙 통제나 설계자가 존재하지 않고, 자연발생적으로 구조적 특성이 형성되어지는 이른바 자기조직화가 이루어지는 체제이다.(바라바시, p. 352) 세포의 신진대사, 인터넷, 월드와이드웹, 과학자 공동체 등이 중앙 통제가 없는 좋은 사례들이다. 정책 네트워크도 완전한 중앙 통제가 불가능한 체제의 하나이다. 인터넷이나 정책 네트워크는 인공적 네트워크이기 때문에 필요할 때마다 그때그때 국지적이고 분산적인 형태의 의사결정이 이루어진다.(바라바시, p. 245) 새로운 정책이 노드로 추가되면, 자유롭게 링크를 연결하며, 각 정책의 필요(선호)에 따라 독립적이면서 상호 연결된 다양한 네트워크들이 공존하는 형태를 보인다.

인터넷 웹의 위상구조에서 쉽게 볼 수 있듯이, 수백만 명의 사용자들의 선택에 의해 형성된 인터넷 아키텍처를 어느 (중앙)기관의 설계에 의해 크게 변화시키는 일은 결코 일어나지 않을 것이다. 정도의 차이는 있겠지만, 정책 네트워크도 수많은 정

---

38) 허브는 지식의 전파, 기술의 확산, 혁신의 파급 등을 쉽게 이룰 수 있다. 때로는 전염병의 확산에서도 허브가 감염되면 네트워크 전체로 파급된다. 바라바시. p. 181, p. 223 참조.

부기관뿐만 아니라 정책의 참여자로서 시민(또는 회사, 시민단체, 정치단체 등)들의 행태
와 지지와 여론 때문에 전반적 위상구조를 한 기관이나 정권에서 변화시키려는 노력
은 거의 불가능하거나 또는 정책적 재앙을 부를 것이다. 아무리 막대한 권한을 가진
정책결정자라 할지라도 정책네트워크의 위상구조를 대체로 인정하고 활용하는 도리
이외에는 다른 도리가 별로 없을 것이다. 모순의 관리를 위해 한편으로 정책 네트워
크의 허브를 용인하고 이용하면서 동시에 정책의 개선을 위해 새로운 정책과의 링크
를 통하여 허브가 변형되는 것도 시도하여야 한다. 현상을 용인하면서 새로운 방향을
모색하는 모순적이면서 조화를 찾는 작업이 바로 관리의 초점이다.

4. 진화의 역설과 진화적 합리성

C. Darwin에서 출발한 진화이론은 생명의 변화와 번성을 설명하고 있다. 그 핵
심은 생명체에 야기되는 돌연변이(mutation)의 출현과 자연선택(natural selection)의
메커니즘에 의하여 변화하는 환경에 더 잘 적응할 수 있는 생명체의 출현을 설명한다.
진화이론도 진화하고 있다.[39] 한 종 A의 변화는 경쟁관계나 포식관계에 있는 다른 종
B, C 등의 변화를 초래할 뿐만 아니라 서식환경까지도 변경시킨다. 변화된 다른 종
B, C 등과 서식환경은 다시 종 A의 진화 압력으로 작용하면서, 공진화(co-evolution)
가 나타난다고 진화이론은 설명을 확장하고 있다. 진화이론은 최근에 생명현상 이외
의 다양한 분야로 확장되고 있으며, 사회과학에서도 진화적 설명의 영역을 넓혀가고
있다.[40]

---

39) 진화에 대해서는 전문서적에서부터 일반 과학적 흥미서적까지 다양하게 출판되어 있다. 최근
Steve Johnes 저 [Almost Like a Whale]라는 책의 번역서 제목이 [진화하는 진화론]인 점은 상
당한 시사를 던지고 있다. 사실 진화이론도 상당히 변화를 거듭하고 있거니와, 비생명현상에
더하여 사회현상까지도 최근에 진화이론을 빌려 설명하고 있다. Nelson, Richard and Sidney
Winter. An Evolutionary Theory of Economic Change (Cambridge, MA: Harvard Univ. Press.
1982); March, James G., "The Evolution of Evolution," in Joel A. C. Baum and Jitendra V.
Singh (eds.) Evolutionary Dynamics of Organizations. (Oxford: Oxford Univ. Press. 1994). pp.
39-49; Jantsch, Erich(1980); Johnson, Steven(2001); Bonner, John Tyler.(1988); Dyson,
George B.(1997); Stacey, Ralph D.(1996); Kauffman, Stuart A. The Origins of Order:
Self-Organization and Selection in Evolution, (New York: Oxford University Press, 1993); 그
리고 철학연구회 편. 진화론과 철학 (서울: 철학과 현실사. 2003) 등이 이 분야를 이해하는 데
도움을 줄 수 있다.
40) 인공물의 진화를 예시하는 데는 인터넷이 적합하다. 인터넷은 전적으로 인간이 만들어낸 작
품이지만, 이제는 독자적으로 살아가는 생명체와 같은 존재가 되어가고 있다. 인터넷은 복잡
하면서도 동시에 진화하는 시스템의 거의 모든 특징을 나타내고 있다. 그것은 컴퓨터 칩으로
묘사하기보다 살아있는 세포나 유기체로 묘사하는 것이 훨씬 더 그럴듯하다. 인터넷의 구성

일반적인 사회관계의 추론에서는 경쟁에서 승리해야 살아남을 수 있다. 경쟁에서 승리하기 가장 쉬운 방법은 경쟁상대를 제거하는 것이다. 그러나 진화적 선택과정은 오히려 경쟁이 첨예할수록 진화의 속도가 빠르고, 집단 간 갈등이 빈번할수록 집단에 유익한 속성의 진화가 촉진된다는 역설적 설명을 제공한다. 진화이론에서는 전쟁 속에서 이타적 협동이 발현되고, 집단 간 또는 종 간 생존경쟁이 더 첨예한 여건 속에서 생태계는 더 복잡하게 진화하며 번성한다고 주장한다. 층위가 서로 다른 (예컨대 종의 진화와 생태계 진화처럼) 체제의 관계에서도 진화압력은 작용하고, 공진화의 결합은 또 다른 층위의 체제를 형성할 수 있다. (예컨대, 인간 사회의 제도적 진화와 언어적 진화가 결합하여 문화 현상을 발현하였고, 이 문화의 속성도 마치 유전자처럼 종의 연속성을 유지하면서 진화한다.)

이런 진화의 역설(the paradox of evolution)을 정책의 합리성 증진에 응용하는 것은 모순을 정책에 증식하는 것과 같다. 그러나 진화의 조건을 이해하고 정책에서도 진화가 더 잘 구현되게 하거나 또는 진화 메커니즘을 정책 내용의 설계에 도입하여 진화압력에 따른 자연선택의 논리를 활용하여 정책의 개선과 현명을 얻으려는 시도를 진화적 합리성이라고 부를 수 있을 것이다.[41] 분명 진화적 합리성은 모순어법이다. 진화는 지향이나 목적의 개념을 배제한다. 목적을 추구하는 변화는 진화일 수 없다. 동시에 합리성은 지향과 목적의 개념을 배제하고는 성립할 수 없다. 진화적 합리성은 서로 공존할 수 없는 두 개념을 결합시킨 모순을 배태한 개념임을 부정할 수 없다.

진화적 합리성의 초보적 형태는, 생명체의 진화가 자연선택에 의존하면서 적응의 산물로 나타나는 것처럼, 시행착오와 오차수정이 원활하게 이루어질 수 있도록 제도화하는 노력이다. 진화는 하나의 지식과정이다.[42] 변이가 나타나서 새로운 환경에 적

요소들은 각기 독립적으로 발전해왔지만, 부분들의 단순한 총합 이상의 의미를 내포하는 하나의 시스템으로 진화하고 있다고 주장하는 것이 전혀 어색하지 않다. 바라바시. p. 247 참조.

41) 내가 알기로는 진화적 합리성이라는 개념을 처음 사용한 사람은 H. Simon이다. 그는 Reasons in Human Affairs에서 이 용어를 사용하고 있으나, 이에 대한 충분한 설명을 제시하지 않았다. 그는 진화적 합리성(evolutionary rationality)라는 표현을 쓰지 않았으나, "the vision of rationality as evolutionary adaptation" 또는 "The evolutionary model is a de facto model of rationality." 등으로 표현하면서 진화적 과정을 가속하거나 근시안적 선택효과를 감소시키는 방법, 또는 병렬적으로 진화가 다양하게 진행될 수 있는 노선을 제시하기도 하였다. Reason in Human Affairs (Stanford: Stanford Univ. Press. 1982). 특히 Ch. 2 참조.

42) 진화를 지식과정으로 이해하고 설파하는 중심적 학자는 Sir Karl Popper이다. 그의 다음 저서를 참조하라. In Search of a Better World (London: Routledge. 1994); Knowledge and the Body-Mind Problem (London: Routledge. 1994); The Myth of the Framework: In Defence of Science and Rationality. (London: Routledge. 1994)

합하면 지속되고 그렇지 않으면 도태되는 것처럼, 정책(또는 조직의 혁신 노력)의 새로운 시도와 수정이 실험적으로 실행에 옮겨지고 성공적인 시도는 채택되고 실패한 것은 배제하는 방식으로 사후적으로 선택하는 논리이다. 물론 정책과 같은 사회적 활동에 생물학적 진화이론을 그대로 적용하기에 무리가 따를 수 있다. 인간이 불확실성을 완전히 극복할 수 있는 방법은 없지만, 이성과 의지를 가진 존재이기 때문에 부분적으로 목표와 기준을 상정하여 선택할 수 있다. 그러나 이러한 노력은 비교적 단순한 문제나 안정적인 문제 상황에 적용가능하고, 정책과 같은 복잡하고 역동적인 문제 상황에는 오히려 시행착오의 방법이 더 유효하다. 새로운 변화의 양상에 새로운 대응방법을 발견하는 것은 시행착오의 전형이다. 시행착오는 인간이 지식을 증가시키는 가장 확실한 방법이다. 따라서 진화적 합리성은 시행착오를 더 체계적으로 실현하고, 실패를 다양한 차원에서 경험하면서 그 비용을 최소화하는 노력에서 찾을 수 있다.

자연선택이 항상 더 나은 방향으로 이루어진다고 가정할 수 없다. 돌연변이가 일정한 생태지형에 갇혀서 다양한 탐색이 불가능할 수 있듯이, 정책의 시행착오가 어떤 편견이나 제약 때문에 한정된 영역에 고착되어 정책의 전반적인 개선에 연결되지 못할 수도 있다. 또는 돌연변이의 출현 속도가 너무 높으면 (또는 너무 낮으면) 일정한 유전적 정보로 축적되지 못하듯이, 정책의 혁신이 너무 빈번하여 시행착오의 의미를 학습하지 못하고 제도로 정착시키지 못할 수 있다.

이렇게 자연선택의 논리가 저절로 진화적 합리성을 완성하지 못한다면, 오차수정을 체계적으로 구현할 수 있는 방도를 찾을 수 있을 것이다. 이것이 모순의 관리이다. 그것은 정책 수정을 위해 실험을 허용하는 것이다. 물론 거의 무한대의 가능성의 공간에서 완벽한 탐색을 실현할 수 없겠지만, 필요한 맥락의 변용에 따라 서로 다른 정책을 실험하는 것은 시행착오를 체계화하는 방안이 될 수 있다.

이미 밝혔듯이 무한대의 가능성의 공간에서 시행착오의 체계화는 그 한계가 분명하다. 그렇기 때문에 진화적 합리성의 제2의 양태는 정책 공간에서 진화가 더 잘 이루어질 수 있는 여건을 조성하는 것이다. 우리는 진화의 역동성을 상당히 이해하게 되었다.[43] 따라서 진화가 더 잘 이루어지는 조건도 상당히 알고 있다. 추상적으로 말해서 다양성의 허용, 신축성, 개방성, 변화가능성, 이질적 요소의 허용, 이질적 요소들

---

43) 진화의 역동성에 대해서는 수많은 진화이론의 전문서적에서 찾을 수 있다. 예컨대, Kauffman, Stuart A. (1993); Bowles, Samuel, Jung-Kyoo Choi, and Astrid Hopfensitz. "The Co-evolution of Individual Behaviors and Social Institutions", Journal of Theoretical Biology (2003). pp. 135-147; C. Baum and Jitendra V. Singh (eds.) Evolutionary Dynamics of Organizations. (Oxford: Oxford Univ. Press. 1994) 등 참조.

의 결합가능성 등을 예로 들 수 있다. 이런 조건은 종의 다양성이 유지되는 조건이다. 사회체제의 경우에는 자유와 경쟁, 분권화, 다양한 선택, 비판의 제도화, 지식축적의 제도화 등은 정책에서 진화가 더 잘 이루어질 수 있는 조건으로 예시할 수 있다.

진화적 합리성의 제3의 양태는 정책 내용의 설계에 진화 메커니즘을 도입하여 진화압력에 따른 자연선택의 논리를 활용하는 방법이다. 정책의 구상에서 다양한 방안들이 경쟁할 수 있는 여지를 확보하고, 각 방안들의 정책효과를 보아가면서 수렴을 통하여 진화적으로 더 세련되고 쓸 만한 방안을 선택하는 요령이다. 사전적으로 최적의 방안을 미리 확정하지 않기 때문에 합리적이라고 말하기 어렵지만, 사후적으로 더 나은 방안을 선택한다는 의미에서 합리적이다. 미리 최선의 정책방향을 정하지 않고 사후적으로 여건에 적응한 방안을 선택하였다는 의미에서 자연선택과 닮은 진화 메커니즘에 의존하고 있다.

끝으로 진화적 합리성의 최종단계는 정책의 세계에서 일어나는 자기조직화의 의미를 파악하고 정책결정 체계와 정책의 결정과정이 조화로운지 점검하는 단계이다. 생명체의 진화에서 공진화가 나타나듯이, 또는 생명체들 간에 생태계의 균형을 유지하듯이, 정책의 진화와 정책결정 체제의 진화가 맞물려 일어날 것이다. 또는 개별 정책이 다른 정책과의 네트워크 속에서 상호작용하면서 사회 작용에서의 위치와 기능에 변화가 나타날 것이다. 이러한 변화 속에서 그 의미와 관계가 서로 적합한 관계를 유지하는지 점검하는 노력이다. 이것은 자칫 의미 파악과 균형 확인에 자의성이 개입될 가능성이 적지 않다. 그렇기 때문에, 다양한 전문적 견해들이 조정될 수 있고, 취합될 수 있는 과정과 절차가 정교하게 마련되어야 실효를 얻을 수 있을 것이다.

5. 역사의 중요성

역사는 과거에 대한 기억이다. 그러나 단순한 사실의 기억이나 자세한 사건의 전말에 대한 기억이 아니라 과거의 실패에 대한 교훈과 모순적 상황을 헤쳐 나온 요령에 대한 기억이다. 물론 오늘날에 한 사회단위의 역사는 기록으로 보관되어 있지만, 생명체는 압축된 경험으로서 유전자를 보유한다. 생명체나 사회적 단위나 역사를 통하여 비슷하거나 같은 종류의 실패를 방어할 수 있다. 생명체의 종들은 자신의 진화적 생존을 추구하기 위해서 자기 유전자와 다른 종의 유전자 간의 상호적합성을 만들어야 생존할 수 있다. 자신의 우월성만으로 생존할 수 없다.(인간을 제외한 거의 모든 포식동물들이 멸종위기종(endangered species)이라는 사실이 여기에서 암시하는 바가 적지 않다.) 상호적합성을 만든 생명체들은 다른 종과의 공존을 통해 생존가능성을 키웠고,

그 결과로 생명공동체 최고의 적소를 만들었다. 압축된 생명체의 역사를 유전자로 보유하기 때문에 상호적합성의 예지를 담을 수 있다. 사회적 단위(예컨대, 가족, 조직, 공동체, 국가 또는 문화전수의 단위로서 민족)에서도 생존의 비법은 과거의 역사적 경험에서 실패의 교훈과 모순관리의 요령이 전수될 수 있어야 한다. 그렇지 못한 사회단위는 장기간 번성하기 어려울 것이다. 사회단위의 압축된 경험을 문화적 유전자라고 부르기도 한다.44)

　생명체의 비유를 쉽게 만들기 위해 사회단위를 가시적 조직체로 상정하였지만, 정책과 같은 하나의 사회활동단위에 대해서도 역사와 문화유전자의 개념을 적용할 수 있을 것이다. 위에서 잠깐 지적하였지만, 합리적 결정이론에서는 대내적 단기적 관심에 집중하여 정책결정을 마치 일회적 일시적 결정으로 상정한다. 그렇기 때문에 그 이론에는 역사와 문화유전자의 개념조차도 쓰일 여지가 없다. 현실세계의 정책은 전혀 일회적이거나 일시적이라고 보기 어렵다. 대부분의 정책은 한번 성립되면 장구한 세월 동안 지속되는 것이 정상이며, 다양한 여건의 변화와 다른 정책과의 관계 속에서 대립과 상충을 조정하면서 상호적합성을 일정 수준 이상으로 향상시킨다. 뿐만 아니라, 그 경험의 역사와 문화유전자는 미래의 정책방향을 일정한 범위로 한정한다. 생명체의 유전자에서는 역사해석에 자의성이 거의 배제되지만, 사회활동의 문화유전자에서는 그것을 담당하는 사람들의 자의적 해석에 따라 과거의 실패경험과 모순관리의 요령이 무시될 수 있다.45) 역사에 대한 무지와 무시는 정책의 실패나 좌초로 이어질 가능성이 아주 크다. 정책인 사회활동단위를 하나의 실체(entity)로 인정하지 않고 문화적 유전자의 존재를 (그것의 비가시성 때문에) 이해하지 못하면, 역사적 경험에서 얻을 수 있는 예지와 상호적합성의 적소확인이 무시될 것이다. 따라서 역사의 예지가 주는 이익을 배제할 수밖에 없다.

　문제 공간(problem space)이 아주 작은 문제의 해결에서는 특정 의사결정자가 거의 모든 문제 요소들을 통제할 수 있겠지만, 정책과 같이 문제 공간이 아주 크고 복

---

44) 문화유전자에 대해서는 Lumsden, C. J. and Wilson, E.O., Genes, Mind, and Culture (Cambridge, MA. 1981). 이 저서는 H. Simon의 Reason in Human Affair(p. 54)에서 재인용.
45) V. Thompson에 의하면, 사회적 단위는 인공체제인 동시에 자연체계의 속성을 지닌다. Thomson, Victor A. "Organizations as Systems" in Landau, M., p. Y. Hammond & N. W. Polsby (eds.), University Programs Modular Studies (New York: General Learning Press. 1973), pp. 1-22. 조직에 유기체적 속성을 인정한다면, 그것의 진화 가능성은 물론 문화유전자의 존재를 찾기는 어렵지 않을 것이다. 그러나 조직을 인공체계만으로 이해한다면, 조직역사를 자의적으로 해석하는 일이 쉽게 일어날 수 있다.

잡성이 큰 문제에서는 어느 전지전능한 문제해결자의 존재를 상정하기 어렵다. 잘 알려진 바와 같이, 정책의 결정에는 수많은 세력과 목표와 이해가 서로 상충하고, 쓸 수 있는 자원과 정보와 지식이 유동적이며, 시간의 경과에 따라 예상할 수 없는 여건에 직면해야 한다. 불확실성이 높고 모호성이 심한 정책문제에는 통제 불가능한 영역이 너무 많다. 고도의 복잡성을 띠는 사회단위는 고유성이 크다. 그것의 역사적 경험의 고유성 때문에 다른 사회단위의 경험을 인과법칙으로 적용하기가 어렵다. 유전학의 이론을 빌리자면, 종간 교배가 불가능하다. 복잡한 유기체적 단위의 역사적 교훈은 맥락 의존적이다. 따라서 한 종의 유전자가 그 종의 생존에 중요한 예지를 담고 있듯이, 사회단위의 문화적 유전자도 다른 종류의 사회단위에 전이시키기는 아주 어려운 교훈의 집합이다. 역사의 교훈이 정책과 같은 사회활동단위에서 중요한 이유가 여기에 있다.

역사의 교훈은 모순관리의 요령이 축적된 것이기 때문에 바로 특정 정책 또는 사회단위의 모순의 관리의 교본에 해당한다. 그러나 교본은 어디까지나 지금까지의 경험에 바탕을 두고 있기 때문에 미래의 모든 상황에 대한 해답이 될 수 없다. 다만 모순적 상황을 극복하기 위한 과거의 요령은 미래에 제기될 비슷한 또는 같은 종류의 실패를 방어할 수 있고, 요령의 여러 가지 조합은 새로운 프로토콜(protocol)을 형성할 수 있는 지적 자원으로 쓰일 수 있다.

V. 모순의 관리에서 지도력의 역할

모순의 관리의 또 다른 이름은 진화적 합리성의 추구이다. 모순의 존재를 인정하고 최적화의 해법을 얻지 못하는 상황에서 현명을 얻는 방법은 사후적일 수밖에 없다. 그것은 진화 메커니즘에서 자연선택이 사후적으로 이루어지는 것과 크게 다르지 않다. 자연선택은 체제 전체의 획일적 결정이 아니라 각 생물체에 개별적으로 작용한다. 진화의 자기조직화가 나타나는 공진화에서 볼 수 있는 집단들의 창발성의 질서도 거의 확실하게 개개 생물 수준에서의 선택을 반영한다. A. Smith의 "보이지 않는 손"은 이 수수께끼의 질서를 보여주고 있다. 여기에는 전체를 관리하고 통제하는 안무가는 없다. 모순의 관리에는 관리자가 필요 없는가? 진화적 합리성을 증진하는 주체나 인자의 노력이 없이 진화적 합리성을 증진할 수 있는가?

이 글에서 진화이론이나 네트워크이론을 원용하여 모순의 관리를 설명하면서, 이들을 관리하는 중앙통제기관이 없다는 점을 강조하였다. 만일 관리자가 있다하더라도 국지적이고 분산된 형태의 의사결정이 작용할 뿐이라는 점을 강조하였다. 모순의 관리든 진화적 합리성이든 사후적 선택(자연선택)을 피할 수 없다면, 중앙통제기관의 존재도 큰 의미가 없다. 사후적일지라도 중앙통제기관이 힘을 발휘하려면, 오차수정의 교훈을 독점적으로 발표하고, 그 이후에는 그 기관의 교훈만 적용되어야 할 것이다. 그것은 최적화이론에 따라 합리적 방안을 사전적으로 선택한 것과 같은 것이기 때문에, 사후적 선택이 아니다. 이런 의미에서 모순의 관리에서 중앙통제기관의 존재는 논리적으로 받아들이기 어렵다.

그럼에도 불구하고 정책의 현실세계에는 관리자가 있고, 모순의 관리나 진화적 합리성의 추구에서도 관리자는 역시 필요하다. 다만 그들이 중앙통제기관으로 집권적 전횡을 행사하는 바보가 아니기를 바랄 뿐이다. 왜냐하면 모순의 관리에서 중앙통제기관은 사태를 악화시키지 현명을 증진하거나 정책을 개선하는 데 크게 도움을 주지 못할 것으로 보기 때문이다. 모순의 관리에 필요한 관리자는 스스로 체제 전체를 볼 눈이 없다는 점을 인식하는 주체여야 한다. 스스로 전체를 볼 눈이 없기 때문에 최선의 방안을 알아낼 수 없다는 전제에서, 겨우 해야 모순의 관리에 도움을 주고자 하는 노력을 조심스럽게 보탤 수 있는 주체이다. 목적을 미리 정해놓고 성취하려는 개혁가가 아니라, 실패를 관찰하고 모순을 확인하고 네트워크의 움직임을 이해하면서 오차수정의 메커니즘이 원활하게 작동하도록 지원하는 활동의 주체이다. 정책결정의 내용을 자신의 주장대로 획책하는 것이 아니라, 더 많은 오차가 발견될 수 있도록 대화와 담론의 분위기와 여건을 조성하는 사람이 모순의 관리를 올바르게 담당하는 사람이다.

지금까지 주류 관리이론은 관리자가 조직의 방향을 설정하고 그것이 최대한 효율적으로 추진될 수 있는 방도를 지시명령하고 통제해야 한다고 보았다. 한마디로 최고관리자는 최고 의사결정자라고 보았다. 그러나 최근의 관리이론에서는 조직이 해결해야 할 문제는 복잡하고 조직 환경은 불확실하고 해법을 찾아야 할 결정기법은 무디기 때문에, 오히려 세련된 관리자들은 우리의 모순의 관리자처럼 조직구성원들이 최선을 다할 수 있는 여건을 조성하여야 할 것을 요청하고 있다.[46] 모순의 관리는 취사선택 대상이 아니라 불가피한 요청이며, 그것을 성공하려면 약한 관리자의 입지를 채택할 수밖에 없다. 그들은 자신의 권한과 권력을 축소할 수밖에 없는 분권화를 확

---

46) 이런 주장이 담긴 저술로는 Raynor, Michael E. The Strategy Paradox. (New York: Doubleday. 2007); Schwartz, Barry, The Paradox of Choice: Why More Is Less. (New York: Harper. 2004); Purser, Ronald E. and Steven Cabana. The Self Managing Organization: How Leading Companies are Transforming The Work of Teams for Real Impact. (New York: The Free Press. 1998); 그리고 이미 앞에서 인용하였던 Douglas(1994); Stacey 1996) 등을 들 수 있다.

대하고, 조직이 다양한 발상에 노출될 수 있도록 개방적이고 신축적으로 운영하여야
하며, 스스로 비판에 노출될 준비를 하면서 비판의 제도화를 수립해야 한다. 충분한
지식기반을 마련하기 위하여 비생산적 기반시설에 막대한 투자를 하여야 하고, 이질
적 발상이 교배될 수 있도록 조직 내외의 소통이 원활하게 유지될 기법과 기술을 채
용해야 한다. 현명한 모순의 관리자라면 실패의 교훈이 문화적 유전자로 치환될 수
있도록 오차수정의 기록을 체계적으로 정돈하여 정책결정에 관여하는 많은 인사들에
게 전파하는 것도 중요한 사명이다.

　　더 중요하게는 정책에서만 모순이 발현되는 것이 아니라 모순의 관리에서도 모
순은 발현될 것이라는 점을 이해해야 한다. 자신이 수행하는 일도 모순의 원천이라는
점을 이해한다면, 우리가 추구하는 모든 시도는 조심스럽고 겸손한 자세로 실험적 입
장에서 추진하여야 할 것이다. 모순의 관리가 아니어도, 우리가 해결해야 하는 정책
문제에 대해 아는 것보다 모르는 것이 훨씬 더 많다. 가장 두려운 것은 우리가 무엇
인가를 모른다는 사실이 아니라 우리가 모른다는 사실을 모르는 것이다. 모순의 관리
자에게 이 말을 적용하면, 어떤 모순인지를 모르는 것이 아니라 모순의 존재 자체를
이해하지 못하고 인정하지 못하는 것이 최악의 관리자를 키우는 조건이 될 것이다.
우리는 달을 쳐다 볼 수 있지만, 우리 눈동자 속에 들어있는 달은 보지 못한다.

참고문헌

김영평. (1991). 「불확실성과 정책의 정당성」, 특히 제9장 "효과성의 개념적 혼동과 모
　　순의 관리" 서울: 고려대 출판부.

백완기. (1996). 「행정학」. 서울: 박영사.

송하진·김영평. (2006). 「정책성공과 실패의 대위법: 성공한 정책과 실패한 정책은 어
　　떻게 가려지나」. 서울: 나남출판.

철학연구회 편. (2003). 「진화론과 철학」. 서울: 철학과 현실사.

Barabasi, Albert-Laszlo. (2002). 「링크」, 강병남·김기훈(역). 서울: 동아시아; *The
　　Linked: The New Science of Networks*.

Hofstadter, Douglas R. (1999). 「괴델, 에셔, 바흐: 영원한 황금 노끈」, 박여성(역). 서
　　울: 까치. *Gödel, Escher, Bach: an Eternal Golden Braid*. New York: Basic

books.

Johnson, Steven. (2001). 「미래와 진화의 열쇠 이머전스」, 김한영(역). 서울: 김영사. *Emergence*. Simon & Schuster.

Kauffman, Stuart. (2002). 「혼돈의 가장자리」, 국형태(역). 서울: 사이언스 북스. *At Home in the Universe: The Search for Laws of Self-Organization and Complexity*. Brockman, Inc.

Philip Yancy. (1995). 「내가 알지 못했던 예수」, 이주엽(역). 요단출판사. *The Jusus I never Know*. Zondervan Pub. House.

Steve Johnes. (1999). 「진화하는 진화론」, 김혜원(역). 서울: 김영사. *Almost Like a Whale*. Doubleday.

Axelsson, Björn and Geoffrey Easton (eds.). (1992). *Industrial Networks: A New View of Reality*. London: Routledge.

Baum, C. and Jitendra V. Singh (eds.). (1994). *Evolutionary Dynamics of Organizations*. Oxford: Oxford Univ. Press.

Bendor, J. B. (1985). *Parallel Systems*. Berkeley: Univ. of California Press.

Bonner, John Tyler. (1988). *The Evolution of Complexity; by Means of Natural Selection*. Princeton: Princeton Univ. Press.

Bowles, Samuel, Jung-Kyoo Choi, and Astrid Hopfensitz. (2003). "The Co-evolution of Individual Behaviors and Social Institutions," *Journal of Theoretical Biology*. 135-147.

Brunsson, Nils. (2002). *The Organization of Hypocrisy: Talk, Decisions and Actions in Organizations*. Abstrakt, Liber: Copenhagen Business School Press.

Collingridge, David. (1982). *Critical Decision Making: A New Theory of Social Choice*. London: Frances Pinter Pub.

Dyson, George B. (1997). *Darwin among the Machines: The Evolution of Global Intelligence*. Reading, MA: Perseus Books.

Ellis, M., R. Thompson, and Aaron Wildavsky. (1990). *Cultural Theory*. Boulder: Westview Press.

Gladwell, Malcolm. (2000). *The Tipping Point: How Little Things Can Make a Big Difference*. New York: Little, Brown & Co.

Gleick, James. (1987). *Chaos: Making a New Science*. New York: Penguin Books.

Håkansson, H. (1992). "Evolution Processes in Industrial Networks," in Axelsson, B., Easton, G. (eds.), *Industrial Networks: A New View of Reality.* (Routledge, London), pp. 129－42.

Hoos, Ida R., (1972). *Systems Analysis in Public Policy: A Critique.* Berkeley: Univ. of California Press.

Jantsch, Erich. (1980). *The Self－Organizing Universe: Scientific and Human Implications of the Emerging Paradigm of Evolution.* Oxford: Pergamon Press.

Jon Elster. (1983). Sour Grapes: *Studies in the Subversion of Rationality.* Cambridge: Cambridge Univ. Press.

_____. (1984). *Ulysses and the Sirens.* Cambridge: Cambridge Univ. Press.

_____. (1989). *Nuts and Bolts for the Social Sciences.* Cambridge: Cambridge Univ. Press.

Jon Elster. (1999). *Alchemies of the Mind: Rationality and the Emotions.* Cambridge: Cambridge Univ. Press.

Jon Elster. (2000). *Ulysses Unbounded.* Cambridge: Cambridge Univ. Press.

Kahneman, Daniel, Paul Slovic, Amos Tversky (eds.). (1982). *Judgment under Uncertainty.* Cambridge: Cambridge Univ. Press.

Kaplan, Abraham. (1982). "Moral Responsibilities and Political Realities," *Policy Sciences,* 14: 205－223.

Kauffman, Stuart A. (1993). *The Origins of Order: Self－Organization and Selection in Evolution.* New York: Oxford University Press.

Keyfitz, Nathan. (1995). "Inter－disciplinary Contradictions and the Influence of Science on Policy," *Policy Science,* 28: 21－38.

Kiel, L. Douglas. (1994). *Managing Chaos and Complexity in Government: A New Paradigm for Managing Change, Innovation, and Organizational Renewal.* San Francisco: Jossey－Bass Pub.

La Porte, Todd R. (1975). *Organized Social Complexity: Challenge to Politics and Policy.* Princeton: Princeton Univ. Press.

Landau, Martin. (1969). "Redundancy, Rationality, and the Problem of Duplication and Overlap," *Public Administration Review,* 29: 346－358.

_____. (1973). "On the Concept Of a Self－Correcting Organization,"

Public Administration Review, 33: 533-542.

Landau, Martin and Russell Stout, Jr. (1979). "To Manage is not to Control: On the Folly of Type II errors," *Public administration Review*, 31: 148-156.

Lewin, Roger. (1992). *Complexity: Life at the Edge of Chaos*. New York: Macmillan Pub.

Loasby, Brian. (1976). *Choice, Complexity and Ignorance*. Cambridge: Cambridge Univ. Press.

March, James G. (1994). "The Evolution of Evolution," in Joel A. C. Baum and Jitendra V. Singh (eds.), *Evolutionary Dynamics of Organizations*. (Oxford: Oxford Univ. Press). pp. 39-49.

Münch, Richard. (1987). "The Interpenetration of Microinteraction and Macrostructures in a Complex and Contingent Institutional Order," in Jeffrey, C. Alexander, Bernhard Giesen, Richard Münch and Neil J. Smelser (eds.): 319-336. *The Micro-Macro Link*. Berkely: Univ. of California Press.

Nelson, Richard and Sidney Winter. (1982). *An Evolutionary Theory of Economic Change*. Cambridge, MA: Harvard Univ. Press.

O'Toole, Jr., Laurence J. (1997). "Treating Networks Seriously: Practical and Research-Based Agendas in Public Administration," *Public Administration Review*, 57(1): 45-52.

Popper, Karl. (1995). *In Search of a Better World*. London: Routledge.

Popper, Karl. (1996). *Knowledge and the Body-Mind Problem*. London: Routledge.

Popper, Karl. (1996). *The Myth of the Framework: In Defence of Science and Rationality*. London: Routledge.

Prigogine, Ilya and Isabelle Stengers. (1984). *Order out of Chaos: Man's New Dialogues with Nature*. New York: Bantam Books.

Purser, Ronald E. and Steven Cabana. (1998). *The Self Managing Organization: How Leading Companies are Transforming The Work of Teams for Real Impact*. New York: The Free Press.

Raynor, Michael E. (2007). *The Strategy Paradox*. New York: Doubleday.

Schwartz, Barry. (2004). *The Paradox of Choice: Why More Is Less*. New York:

Harper.

Simon, Herbert. (1965). "The Architecture of Complexity," *General Systems*: 63－76.

_____. (1969). *The Science of Artificial*. Cambridge: MIT Press.

_____. (1982). *Models of Bounded Rationality*. Cambridge, MA: MIT Press.

_____. (1983). *Reason in Human Affairs*. Stanford: Stanford Univ. Press.

Stacey, Ralph D. (1996). *Complexity and Creativity in Organizations*. San Francisco: Berrett－Koehler Pub.

Stone, Deborah A. (1988). *Policy Paradox and Political Reason*. Glenview, IL: Scott, Foresman and Co.

Thomson, Victor A. (1973). "Organizations as Systems" in Landau, M., P. Y. Hammond & N. W. Polsby (eds.): 1－22. *University Programs Modular Studies* New York: General Learning Press.

Waldrop, M. Mitchel. (1992). *Complexity*. New York: Simon & Schuster.

Wildavsky, Aaron. (1975). *Budgeting: A Comparative Theory of Budgetary Processes*. Boston: Little, Brown & Co.

_____. (1979). *Speaking Truth to Power*. Boston: Little, Brown & Co.

▶ ▶ ▶**논평**

최병선(서울대학교 행정대학원 교수)

1. 총 평

이 논문은 저자, 김영평 교수가 정년퇴임을 얼마 앞두고 썼고 고별강연 주제로
삼았던 논문이다. 정년퇴임의 자리에서 새로운 분야나 영역으로 연구관심 범위를 넓
힌 것을 자랑하는 분들이 없지 않은지라 저자의 학자적 고집을 곧추세운 이 글을 논
평자는 좋아한다. 이 글의 주제는, 저자를 잘 아는 사람의 눈으로 보면, 아주 오래 묵
은 된장 맛이 나는, 그런 주제로서, 그의 역작, 「불확실성과 정책의 정당성」(고려대학
교 출판부, 1991)의 제9장, "효과성의 개념적 혼동과 모순의 관리"의 연장선상에 있다.
불확실성과 정책의 정당성, 정책의 합리성 등은 정책학과 행정학의 근본적인 질문들
인 동시에 그가 지금까지도 품고 있는 가장 좋은 질문들이고, 이 질문들에 대한 그의
천착은 우리 정책학계, 행정학계의 편향성을 바로잡는 중요한 역할을 하였다. 이 모
두는 저자가 좋은 질문자이기 때문에 가능한 일이었다. 이 점은 위 책의 서문에 나오
는 회고담에 잘 나타나 있다.:

> "은사이신 인디애나 대학의 William J. Siffin교수는 나에게 큰 가르침을 주
> 셨다. '좋은 학자는 좋은 이론을 만드는 사람이 아니라, 좋은 질문을 만드는
> 사람이다.' 이 말씀을 받고부터 학문의 길이 무엇인지 겨우 깨달을 수 있었
> 다. 그러나 좋은 질문을 만드는 일이 쉽지 않다는 것을 알아채는 데에는 더
> 많은 세월이 필요하였다."

당연하고 근본적인 질문일수록 등한시되거나 가볍게 다루어지는 게 일반적 경향
인지라, 자신의 연구물들에 대한 학계의 무반응이 마음에 걸렸던지, 그가 아니고서는
해낼 수 없는 연구들을 놓고서 스스로 '어거지 소리로 들릴지도 모르는 주장들'이라
고 아주 겸손하게 표현한 바 있다. 이 논문은 그런 주장들 가운데서도 가장 대표적인
주장을 다루고 있다. 이런 이유로 아마도 상당수의 독자들이 이 글을 읽으며 혼란스
러워할지 모른다. 지금껏 '합리성'이라는 말을 잘 알고 있다고 생각하며 무심코 사용

해 온 독자들, 그 말의 의미에 대하여 어떤 의문도 품어보지 않은 독자들이라면 거의 다 그럴 것이다.

'합리적이고자 하는 것'과 '결과가 합리적인 것'은 전혀 다르다. 합리적이고자 의도했다고 해서 결과가 당연히 합리적이 되는 것은 아니다. 이 글은 "우리의 합리성 추구는 자칫 모순적인 행동이 될 가능성이 아주 크다. 하나의 정책에는 하나의 합리성이 도출되는 것이 아니라 여러 가지 합리성이 발견된다. 그들은 서로 상충적이거나 상쇄적이지만, 공동의 기반이 없기 때문에 최적의 화합을 추리해낼 방법이 별로 없다."는 사실을 강조하고 있다. 간단히 말해 합리성을 추구하면 할수록 모순적 상황에 더 깊이 빠져들어 갈 수밖에 없으니, 모순도 이런 모순이 없지만 이 모순이 불가피하다면 차선은 이 모순에 현명하게 대처하는 방법을 찾는 길밖에는 없다고 말한다. 그것은 모순을 극복해 보려는 가망 없는 시도가 아니라 모순을 적극적으로 관리하는 것이다. 여기에 발상의 전환이 필요함은 두말할 필요가 없다.

2. 합리성 논의의 한계에 대한 대안적 설명방식

저자의 주장은 논리적이고 설득력이 있다. 허나 읽어내기가 쉽지만은 않은지라 합리성 논의의 모순성에 대하여 이 글에서처럼 설명하는 것이 최선의 설명방법일지에 대한 다소의 의문이 없지 않다. 또 저자처럼 논지를 '철학적으로' 전개하다 보면 자칫 저자가 잘 분석해 보여준, 그런 다양한 국면과 차원의 합리성 개념들을 하나로 묶고 통합할 수 있는 더 '고차원적인' 합리성 개념이 있을 수 있다고, 혹은 그것이 존재하건만 우리가 찾지 못하고 있는 것뿐이라고, 착각할 수도 있겠다는 우려도 없지 않다. 왜냐하면 합리성 논의의 이런 모순성을 잘 이해하지 못하는 사람들은 한사코 합리성에 대한 완벽한 개념규정에 매달리는 경향이 있고, 그래서 저자의 논의도 그 중 하나쯤으로 심히 오해하거나 격하할 가능성이 없지 않다고 생각되기 때문이다.

예를 들면 저자는 "이런 (모순적) 상황에서는 정책의 효과성을 확인할 수 있는 '이론을 선택하기 위한 이론'이 필요하며, '기준을 선택하기 위한 기준'이 필요하다. 최소한 효과성을 평가하는 데 사용할 기준의 정통성을 누가 결정할 것인가를 정해야 한다. 이러한 결정에서 합리적 이유를 찾으려면 무한회귀(infinite regress)에 빠진다." (김영평, 1991: 228; 김영평, 2006)고 말하고 있다. 이 말은 합리성의 궁극적 판단기준은 있을 수 없다는 사실을 강조하려고 하는 말이지만, 독자들 가운데는 이렇게 모순되는 합리성 개념들에 대하여 각기 가중치를 줘서 하나로 통합된 완전한 합리성 개념을 정립하면 좋겠지만, 그것이 현실적으로 가능하지 않으므로 어쩔 수 없이 적당한 선에서

양보해야 한다는 뜻으로 오독(誤讀)할 독자들이 있을 수 있다는 말이다.

　여기서 논평자가 문제삼는 것은 저자의 결론이 아니다. 그가 택한 설명방식이 내포하기 쉬운 함정이다. 저자는 이 글에서 궁극적으로 무엇이 합리적인지를 안다고 가정하고 있지 않다. 그러나 합리성의 판단기준을 저자는 알고 있다는 듯이 독자는 잘못 읽을 수 있다. 저자는 서로 다른 차원이나 국면의 합리성 개념이 모순적임을 보이기 위해 여러 상황과 경우를 예시하고 있지만 독자 중에는 적어도 저자처럼 현명한 사람은 무엇이 궁극적으로 합리적인지를 옳게 판단할 능력을 갖고 있는 것처럼 잘못 읽을 수 있다는 말이다. 이 글의 후반, 모순의 관리 편에서 저자는 사람들이 합리적이라고 말하는 것이 서로 모순되고, 무엇이 정말 합리적인지는 미리 알 수가 없는 일이니, 진화론적으로 합리성이 선택될 수 있도록 해야 한다고 강조하고 있는 것과 비교하면 앞과 뒤가 다소 모순되게 읽힐 수도 있다는 말이다.

　바로 이런 이유로 논평자는 대안적인 설명방식을 선호한다. "사람마다 합리성 개념과 판단기준이 다르다."는 사실의 이해가 합리성 논의의 모순성을 이해하는 좀 더 빠르고 쉬운 길이라고, 정책의 합리성 여부를 판단하는 입장에 있는 개개인의 차원에서 이 문제를 보도록 유도하는 것이 더 나은 방법일 수 있다고, 생각한다는 것이다.

　국가정책에 대해서는 말할 것도 없고, 개개인의 사사로운 일을 놓고서도 사람마다 평가가 다르다. 대체로 말한다면, 동일한 행동이나 언행에 대하여, 자기가 한 일은 다 합리적이지만, 다른 사람들이 하는 일은 대체로 불합리하고, 무분별하고, 생각이 없고, 심지어는 웃기는 일이다. 왜 이런 차이가 생겨나는 걸까? 이 차이는 거의 대부분 목표와 관련되어 생겨난다. 다시 말하면 다른 사람이 추구하는 목표—쉽게 속마음이라 하자—를 제3자가 정확히 알거나 알 수 있는 게 아니라는 사실로 인하여 생겨난다고 보아야 한다는 것이다. 반드시 그런 것은 아니지만(왜냐하면 사람의 마음은 늘 흔들리므로), 속마음을 정확히 알고 있는 사람은 그나마 오로지 그 자신뿐이므로, 당사자는 자신의 행동이 합리적이라고 생각하고, 그것을 모르는 다른 사람들은 불합리하다고 하는 것이다.[1]

　개인의 사사로운 행동에 대해서도 이러할진대 국가정책에 대하여 사람들마다 합리적이라고 또는 불합리하다고 각기 다르게 평가하는 것은 전혀 이상한 일이 아니다. 허나 이리저리 해야 합리적이라고 내세우는 주장들이나 근거들은 일치하지 않는다. 쉬운 예로서, 정책을 평가할 때 사람들은 "합리적"이라거나 "불합리"하다고 쉽게 말

---

1) 참고로 이 사실이 개인주의 철학의 가장 강력한 논거이다.

하지만, 그 말이 뜻하는 바는 사람마다 다 다르다. 무엇을 어떻게 해야 합리적이라는 전제를 깔고 이런 말을 사용하지도 않는다. 하지만, 놀랍게도, 그 말의 뜻을 이해하지 못하는 사람은 거의 없다. 간단히 말하면, "합리"는 찬성하고 지지한다는 뜻으로, "불합리"는 반대한다는 뜻으로 받아들인다. 또 그 때 비로소 그 사람이 뜻하는 "합리"나 "불합리"가 무엇인지도 머릿속으로 역추적 해낼 수 있게 된다. 동일한 정책에 대한 그의 평가와 나의 평가가 다르다면 그 차이는 필경 해당 국가정책의 (실제)목표에 대한 사람들마다의 이해(와 기대)의 차이가 만들어낸 것일 가능성이 대단히 높다.

논평자가 강조하고 싶은 말은 이것이다. 합리성은 목표와 강하게 결부되어 있는 개념으로서, 목표의 성격을 우리가 옳고 깊게 이해하지 못하면 합리성이란 말을 결코 옳게 이해하고 사용할 수 없다는 것이다. 사람들은 흔히 상이한 목표들을 상호비교하고, 그것들 간에 우선순위를 따져보는 데서 합리성이 요구되고 발휘되어야 한다고만 생각하는 경향이 있다. 목표의 실현가능성이나 실현 여부는 뒷전에 두고 말이다. 수준과 차원이 높을수록 좋은 목표라고 착각하는 이유가 여기에 있다. 또한 목표는 반드시 하나로, 명확하게 규정되어야 한다는 강박관념도 강하다.

하지만, 목표는 언제나 복수이고, 갈등적이며, 애매모호하다(multiple, conflicting, and vague).[2] 이 말은 합리성 개념의 모순성을 잘 들여다보고 이해할 수 있게 해주는 가장 강력한 열쇠이다. 목표가 본질적으로 이런 성격을 갖고 있다면 합리성 개념도 복수이고, 갈등적이며, 애매모호할 수밖에 없다. 예컨대 교육정책의 목표는 무엇인가? 어떤 교육정책이 합리적인가? 한번 생각해보시라. 그것이 과연 하나이고, 서로 모순이 없으며, 명확히 표현될 수 있는 성질의 것인지를 곰곰 따져 보시라.

이처럼 목표는 항상 복수이고, 갈등적이며, 애매모호하다. 하지만, 합리주의자들은 이를 당연한 사실로 받아들이지 못한다. "목표는 하나이고, 분명해야만 한다."는, 도대체 어디서 유래했는지 알 수 없는 도깨비불에 홀려서 여러 목표 또는 상충되는 목표, 분명하지 않은 목표들을 질서있게 정렬하고 우선순위를 부여하는 일에 온갖 노력을 집중한다. 이 노력의 전형적 표현이 기획이다. 기획을 하면 목표의 우선순위가 합리적으로 설정되는 것으로 착각한다. 그러나 목표의 이런 성격은 어떤 경우에도 변하지 않는다. 본질적이다.

---

2) 이 점을 가장 잘 설명하고 강조하는 대표적인 학자가 Aaron Wildavsky이다. 그의 책 *Speaking Truth to Power: The Art and Craft of Policy Analysis*(1987)이나 *Implementation*(1973)에 특히 잘 드러나 있다. 윌다브스키의 정책관에 대해서는 최병선, "윌다브스키의 정책학," 『행정논총』, 제53권 제4호 참고.

이 점을 이해하고 나면, 이제 국가정책에 대하여 합리성을 논하는 것이 왜 그리도 어려운 일인지를 이해하기는 그리 어렵지 않다. 국가정책의 목표들은 매우 추상적이다. 국민의 복지, 공공이익 등과 같이 막연하기 짝이 없다. 근사하지만 막연하기 짝이 없는 이런 목표가 구체적으로 무엇을 의미하는지를 그 어느 누구도 명확하게, 일의적으로 규정할 수 없다. 사람마다 처지가 각기 다르고 가치관과 생각이 다 다르기 때문이다. 무엇이 국민복지이고 공공이익인지를 결정해야 하는 위치에 선 민주국가의 의회가 무능하고 무력하다는 비판을 피하지 못하는 근본이유가 이것이다. 물론 국회의원들이 무능하고 무식할 수도 있겠지만 이것은 본질적인 이유가 아니다. 근본적인 이유는 목표에 대한 실질적인 합의(real agreement)가 존재할 수 없다는 사실에 있다.

민주국가에서 의회가 법률제정권한을 쥐고 있지만 세세한 내용을 행정부에, 전문가 집단에 위임하는 주된 이유도 이것에서 찾아야만 한다. 시간이 없고, 전문성이 모자라서가 아니다. 실질적인 합의가 있을 수 없는지라 정치적 타협이 불가피한데 이것은 용인할 수 없는 일로 간주하기 때문이다. 그러면 이 불가능한 일을 위임받은 전문가들은 뾰족한 수가 있는가? 없다. 왜냐하면 이들에게도 의견통일이란 있을 수 없기 때문이다. 따라서 결국은 누군가에게 절대적인 권한을 부여하는 방법 외에는 논란에 종지부를 찍을 다른 방법이 없다. 하지만 이는 다른 문제를 만들어낼 뿐이다. 절대적인 권력을 쥔 자가 그 권력을 자의적으로 행사하지 않는다는 보장이 어디 있는가? 그가 그렇게 하지 않는다면 그게 기이한 일이다. 민주주의에서 합의를 빙자한 자의적 권력의 행사가 다반사로 이루어지는 것은 이 때문이다. 합리주의자가 반민주적인 생각에 쉽게 빠지고 마는 것도 다 이 때문이다.

3. 모순의 관리의 여러 가지 형태에 대하여

이 글의 전반부에서 "정책의 논의나 추진과정에서 모순적 상황은 극복할 수도 없으며, 그것을 극복하려는 노력은 오히려 정책의 실패나 재앙으로 나타날 가능성을 키운다는 점"을 살펴본 저자는 이제 이 글의 후반부에서 "그렇다면 모순은 극복의 대상이 아니라 관리의 대상"이라고 주장하면서 모순의 관리의 형태 또는 양상들을 제안하면서 설명을 덧붙이고 있다. "모순은 극복의 대상이 아니라 관리의 대상이다."라든가, "정책의 합리성 논의에서 모순을 없애려는 노력은 오히려 파괴적 귀결로 흐를 가능성이 더 크다. 그렇다면 정책논의에서 모순은 배제의 대상이 아니라 관리해야 할 대상이다."라는 등의 말은 역설이다. 이런 말들을 처음으로 접해보는 많은 독자들은 어쩌면 전율 같은 것을 느낄지 모른다. 하지만, 처음에는 세상에 무슨 이런 "어거지

소리"가 있는가 싶겠지만, 이내 이런 말들의 심오한 의미를 깨닫고 즐기게 될 것으로 생각한다. 그러면서 그동안 자기가 갇히는 줄도 모르고 무작정 따라 들어만 갔던 터널, '다른 생각을 못하게 만드는' 컴컴한 터널을 빠져나오는 경험, 또 규범적인 언설에 감성적으로 매혹되던 미숙함에서 질문다운 질문이 무엇인지를 알고 할 줄도 알며, 참학문에 눈을 뜨는 놀라운 경험도 하게 되지 않을까 기대해 본다.

끝으로 독자들의 이해를 돕는 차원에서 몇 가지 사항에 대한 논평자의 해석이나 권고를 덧붙여본다. (1) 모순의 관리에 관해 논하면서 저자는 모순의 관리 '양상' 혹은 '양상'이라는 그리 적절해 보이지 않는 단어를 사용하고 있는데, 이보다는 모순의 관리 '전략'이라는 표현이 문맥상으로나 저자가 전하고자 하는 취지에 비추어 더 적절하지 않을까 생각한다. (2) 모순의 관리 '전략'으로서 저자가 예시하는 관리행동이나 전략들이 5-여섯 가지에 국한되고 있으나, 이는 어디까지나 예시에 불과하고 이런 전략들은 얼마든지 더 생각해 낼 수 있다는 점, 그리고 이보다 더 중요하게, 이런 전략들은 성공적인 조직 및 정책관리를 위한 권고사항이기도 하지만, 사실은 유능한 관리자들일수록 이미 일상적으로 사용하는 합리적 의사결정의 도구들이라는 점도 염두에 둘 필요가 있다. (3) 이 글에서 점진주의라는 용어는 거의 등장하지 않고 있으나, 저자는 자타가 공인하는 대한민국 최고의 점진주의자이다. 이 글에서도 그의 이런 면모는 확연하다. 저자가 약방의 감초처럼 사용하는 불확실성이라는 용어도 이 글에서는 잘 나타나지 않고 있다. 그러나 문맥상 충분히 짐작할 수 있는 경우가 많다. 이 점에 유의할 필요가 있다. (4) 이 글의 최대의 약점이 있다면 적절한 사례를 제시하며 논의를 전개하지 못한 것이 아닐까 생각된다. 이해가 쉽지 않은 대목에 이를 때면 적절한 예를 독자 스스로 생각해 보는 짬을 가지려 한다면 이 글의 교훈을 더 풍요롭게 얻어낼 수 있을 것이라는 점을 부기해 두고 싶다.

한국행정에서 사회적 평등과 발전: 사회정책을 중심으로

논문 | 권혁주
    Ⅰ. 서 론
    Ⅱ. 사회적 평등과 발전
    Ⅲ. 국가 형성기의 사회적 평등:
        토지개혁과 산업화
    Ⅳ. 한국의 발전국가와 사회정책
    Ⅴ. 한국의 민주화와 사회적 평등
    Ⅵ. 경제적 구조조정과 생산적
        복지
    Ⅶ. 사회적 평등과 경제발전의
        새로운 위상정립
논평 | 김영민

한국행정에서 사회적 평등과 발전: 사회정책을 중심으로*

권혁주(서울대학교 행정대학원 교수)**

🙠 프롤로그 🙡

이 논문은 원래 『한국행정학보』 41권 3호에 게재된 <민주주의, 평등 그리고 행정>이라는 주제의 특집 기고논문으로 게재되었다. 특집의 편집인을 맡은 안병영 교수님은 저자에게 이 논문을 통해 한국행정의 변화와 발전을 평등이라는 관점에서 분석하고 앞으로 한국행정의 과제를 도출해 보라는 편집방향을 제시했다. 이러한 맥락에서 이 글은 한국행정의 가장 큰 지향점으로 설정되어온 경제발전이라는 정책논리와 사회적 평등이라는 가치와의 관계를 살펴보고, 한국 행정의 성과를 평가하고 앞으로의 과제를 도출하고자 하였다.

John Rawls의 사회정의와 Amartya Sen의 잠재력 접근 등의 개념을 재구성하여 사회적 평등을 기회의 평등과 사회적 약자의 보호라는 두 가지 구성개념으로 설정하고, 이러한 시각에서 급격한 산업화를 통한 경제적 발전을 이룬 한국의 사회적 평등을 분석하였다. 이 같은 분석을 통해 이 논문은 한국의 경제발전과 사회적 평등과의 역설적 관계를 재조명하고자 하였다. 먼저 그동안 한국의 산업화가 박정희 정부 이래 강력한 정부의 개입을 통한 국가 주도적 전략을 통해 이루어졌다는 발전국가론적 시각이 지배적이지만, 이러한 경

* 이 논문은 2007년 『한국행정학보』, 제41권 제3호, pp. 67-90에 게재된 글을 수정·보완하였다.
** 이 논문을 작성하면서 특집호의 편집자인 안병영 교수와 정무권, 임도빈 교수와의 논의과정에서 많은 도움을 받았으며, 익명의 심사자 세 분의 날카로운 지적에 따라 대폭적인 수정을 하였다. 일본 큐슈대의 이일청 교수, 성균관대 원시연 박사와의 토론에서도 많은 것을 얻었으며, 자료수집을 위해 성균관대 국정관리 대학원의 곽효경, 여정원, 유은실에게 도움을 받았다. 모두에게 깊은 감사를 드리며, 논문에서 있을 수 있는 오류는 전적으로 저자의 책임임을 밝혀둔다.

제발전 전략은 사실 그 이전의 토지개혁과 교육기회의 대폭적인 확대 등의 정책을 통해 이루어진 사회적 평등의 토대 위에 가능했다는 것을 설명하였다. 토지개혁을 통해 국가 주도적 경제발전 전략에 장애가 될 수 있는 지배세력이 와해되어 박정희 정부가 광범위한 정책적 자율성을 확보했으며, 1950년대 이후 대폭적으로 확대된 초, 중등 교육기회의 확대로 산업화에서 필요한 양질의 노동력이 창출되었다는 것이다. 이러한 사회적 평등의 기반에서 노동집약적 산업화와 대기업 중심의 수출주도형 산업화가 가능했던 것이다. 이렇게 본다면 최근 많은 개발도상국이 한국의 발전 경험에 기초하여 발전국가적 전략을 채택할 것인가를 고민하고 있으나, 그 성공에는 이러한 사회적 평등이 기초하고 있었다는 점을 분명하게 인식해야 할 것이다.

다른 개발도상국가의 발전경험과 비추어 볼 때 한국의 경제발전의 또 다른 특징은 사회적 평등을 정책목표로 하는 사회정책이 취약했음에도 불구하고 사회적 불평등이 산업화 과정에서 급격히 악화되지 않았다는 점이다. 이와 같은 점은 한국의 사회경제적 발전이 특정한 사회계층을 배제하지 않은 포용적 성격을 가지고 있었다는 점이 가장 중요하지만, 사채시장에 대한 규제, 전국적으로 광범위한 기본적 보건체제 구축, 새마을 운동을 통한 농촌발전 등과 같이 다양한 사회정책적 기제들이 존재했기 때문이다. 사실 필리핀, 아르헨티나, 이집트 등 지금까지 개발도상국가 가운데 경제발전에 성공하여 중진국의 위상을 확보했었던 나라들이 많이 존재한다. 그러나 이들 국가들은 중진국을 넘어서 선진국가로 가는 문턱을 넘어서지 못하고 다시 빈곤으로 퇴행하는 경우가 많이 있었다. 그러한 배경을 보면 산업화 과정에서 심화된 사회적 불평등을 슬기롭게 극복하지 못하여 사회적 갈등과 분쟁이 만연하게 되어 성장의 잠재력을 상실했기 때문이다.

그런데 재벌 중심의 중화학 공업 육성정책을 펴던 박정희 정부가 1970년대 말기에 이르러 악화되고 있던 사회적 불평등을 방치하고, 이것이 결국 정치적 민주화 운동과 함께 사회적 갈등을 급격히 고조시키는 계기가 되어 결국 정권의 종말을 재촉하였다는 점은 깊이 생각해봐야 할 점이다. 이후 전두환 정부하에 우호적인 대외적 경제조건을 계기로 경제가 상당한 정도로 회복하고, 노태우 정권에서 확대된 노동자의 권리로 사회적 평등도 개선될 수 있었다.

한국 경제발전의 두 번째 역설은 정치적으로나, 정책적으로 사회적 평등을 더 강조했던 김대중, 노무현 정부에서 오히려 사회적 불평등이 심화되었다는 점이다. 이들 두 정부는 IMF 경제위기 이후 첨단기술 고부가가치 중심으로 산업구조의 변화를 꾀하면서 노동시장의 유연성을 확대하고자 하였으며, 이를 뒷받침하기 위해 기존의 사회정책을 대폭 확대하고 새로운 제도를 도입하기도 하였다. 그럼에도 불구하고 노동시장에서 중간 계층의 직장들이 축소되고 정규직과 비정규직의 이중구조가 확연히 드러나면서 사회적 불평등은 더욱 심화되게 되었다. 이와 같은 점은 과거에서처럼 경제발전에서 집중하고, 이차적인 정책적 수단으로서 사회정책을 활용하여 사회적 평등을 확보한다는 정책논리는 더 이상 타당하지 않다는 점을 보여주는 것이다. 더욱이 박정희 정부의 산업화도 사실은 사회적 평등을 기반으로 하는 사회적 구조에서 가능했다는 점을 생각해보면 향후 한국사회의 경제, 사회적 발전 방향에 있어서 사회평등의 중요성을 다시 한 번 느끼게 하는 것이다.

이 논문을 이번 한국행정학 좋은 논문 10선에 포함시켜준 편집자에게 진심으로 고마운 마음을 표하고자 한다. 기라성 같은 선배 교수님의 연구업적들과 함께 실릴 만한 논문인가 하는 생각을 지울 수 없었지만, 행정학을 공부하는 학생들에게 조금이나마 도움이 될 수 있다는 생각에 용기를 내게 되었다. 특히 소박한 논문에 좋은 논평을 해주신 김영민 교수의 글에서도 큰 용기를 얻었다. 김영민 교수의 지적처럼 이 논문은 역사 구조주의적 관점을 내포하고 있으나, 그 점을 명확히 하지 못한 것은 논문의 아쉬운 점이라 생각한다.

이 후기를 작성하면서 필자는 다시 한국사회의 불평등에 대해 생각해 본다. 어떻게 보면 한국 사회는 지난 60년간 경제, 사회, 정치, 문화 등 거의 모든 분야에서 괄목할만한 성장과 변화를 겪어왔다. 산업화, 민주화, 복지국가 등 그동안 우리 모두가 성취하고자 열심히 노력했던 목표들이다. 이제 어느 정도 이러한 목표들을 달성한 것이 사실이지만, 그것들이 이제는 오히려 우리에게 새로운 도전으로 다가오고 있는 현실이다. 건강하게 장수하는 것이 지난 시절 우리에게 희망이었다면, 이제 우리는 고령화 사회의 도전에 직면하고 있다. 효율적이고 유연한 경제체제를 달성했지만 오히려 많은 사람들이 고용의 불안정에 시달리고 있는 것이다. 자신의 능력을 개발하고 사회적 성취의 기회를 제공했던 교육체제가 이제는 대부분의 가정에 커다란 부담으로 작용하여 결과적으로 한국이 세계의 최저 출산율을 기록하게 되는 중요한 요인으로 작용하고 있다.

그렇다면 어떻게 사회적 도전을 적절히 해결하고 한국사회가 안정적이고 조화로운 사회로 나아갈 수 있을까? 이러한 질문을 해보면서 필자가 느끼는 안타까운 점은 2007년 이 논문을 작성할 때 느꼈던 엄중함과 절박함에 또 다시 직면하게 되었다는 것이다. 지난 기간 동안 노무현, 이명박, 박근혜 정부가 나라를 책임졌지만 사회적 평등의 관점에서 문제는 점점 더 악화되고 있다는 생각을 피할 수 없기 때문이다. 노동시장의 이중구조는 과거에 비해 훨씬 고착화되고 있으며, 소득의 불평등도 더욱 심화되고 있다. 많은 청년들이 직장을 구하지 못하고 아르바이트를 전전하며 한국 사회가 지옥과 같다고 말하기도 한다. 어떻게 하면 한국사회가 보다 공평하고 정의로운 사회로 나아갈 수 있을 것인가 하는 질문에 또 다시 천착하지 않을 수 없는 현실이다.

I. 서 론

한국은 지난 40여 년간 급속한 경제발전을 하면서도 국제적으로 다른 개발도상국 혹은 그러한 경험이 있는 국가와 비교해 봤을 때 양호한 사회적 평등을 유지한 나라로 평가받고 있다. 그러나 지난 10년 사이 사회적 불평등이 심화되고 있다는 지적이 제기되고 있는 것도 사실이다. 그런데 사회적 평등을 목적으로 한 정책들이 매우 선택적으로 실시되었던 과거에 비해 다양한 사회정책이 실시 및 확대되고 있는 지난 10년 사이 사회적 평등이 점점 악화되어 가고 있다면, 단순히 정책의 효과성을 넘어 한국의 경제, 사회의 구조변화와 이에 따른 정책적 대응에 보다 깊은 숙고가 필요할 것이다.

특히 한국의 민주주의가 형식적, 절차적인 민주주의를 넘어서 실질적인 민주주의로서 공고히 자리 잡는 것은 얼마나 사회적 평등을 보장하는가에 달려있다고 할 수 있다. 그러나 사회적 평등은 민주주의의 유일한 가치가 아니며, 정치적 자유와 같은 다른 가치와 조화를 이루어야 하기 때문에 평등지상주의로 흘러가서는 안 될 것이다. 다시 말해 민주시민으로서 사람들은 다른 능력과 선호를 가지고 있기 때문에 삶의 양식과 그 결과의 측면에서 각기 다른 모습의 삶을 살아가며, 마땅히 이처럼 자신이 원하는 삶을 살아갈 자유를 갖고 있다. 따라서 민주주의 사회의 구성원리로서 평등은 다른 사회적, 정치적 원칙에 우선하지만, 평등의 조건이 충족될 때 서로 다른 능력과 선호를 가진 사람들 사이에서 발생하는 차별성 역시 인정해야 한다는 논리가 성립한다. 이러한 차별성을 인정하면서 추구하는 사회적 평등의 개념은 무엇이고 그 기준은 무엇인가?

이 글에서는 먼저 이 같은 사회적 평등에 대한 정치이론 측면에서의 간략한 논의를 통해 한국의 사회적 평등에 관한 정책을 논의하는 준거를 마련하고자 한다. 특히 Rawls와 Sen의 논의를 중심으로 사회적 평등의 개념을 기회의 평등과 사회적 약자의 보호라는 두 가지 구성개념으로 설정해보고, 이러한 개념을 바탕으로 한국행정에서의 사회적 평등을 위한 정책을 사회정책 중심으로 논하기로 한다. 여기서 사회정책이란 사람들이 자본주의 경제하에서 생애주기 동안 직면하는 경제적, 사회적 위험과 가난, 질병 등에 대비하여, 위험에 처한 경우 이를 극복하고, 자신의 삶을 추구하도록 하는 정책을 의미한다. 이러한 광범위한 정의를 통해 연금, 의료보험, 실험보험, 사회부조와 같은 좁은 의미의 사회정책과 교육정책, 장애인 재활정책, 여성정책을 사회정책에 포함시켜 논의하고자 한다. 이와 같이 정의된 사회정책은 수혜자가 사회적 보호를 받는 순간 소득이전의 효과가 발생하며 보다 궁극적으로는 다음 장에서 논하는 바와 같이 자신이 원하는 삶을 살아갈 수 있는 기회의 평등을 추구한다는 측면에서 사회적 평등에 기여한다고 볼 수 있다.

그런데 현실에서 사회적 평등을 확보하기 위한 정책들은 다른 정책과 무관하게 선택되고 집행되는 것이 아니라 상호보완 혹은 긴장관계 속에서 결정되고 시행된다. 이러한 측면에서 이 논문은 평등과 긴장관계에 있으며, 한국행정의 정책 패러다임에 커다란 영향을 끼친 정책적 가치인 '발전'과 연관 지어, 그것이 사회정책에 어떠한 영향을 주었는가에 대해 논의해 보고자 한다. 보다 구체적으로는 그동안 한국정부가 가장 중요한 정책목표로 설정해 온 경제발전이 사회적 평등의 추구를 목적으로 하는 사회정책에 어떠한 영향을 끼쳤고 그 결과는 무엇인지 살펴보고자 한다.

해방 이후 지난 60여 년간 한국은 경제발전을 이룩하기 위해 사회적, 행정자원을 집중적으로 동원하였으며, 경제발전을 정부 정책에 가장 우선적인 정책목표로 설정하였다. 특히 한국 경제발전 과정에서 국가의 역할을 설명하는 발전국가론은 경제발전이라는 정책목표가 다른 행정과 정책적 목표에 우선하였다고 주장한다(김일영, 2001; Kwon, 2005). 이러한 상황 가운데 사회적 평등이라는 정책목표가 어떻게 설정되고 수행되었는지 살펴보고자 하는 것이 바로 이 글의 목적이다. 그런데 모두에서 지적한 바와 같이 제2차 세계대전 이후 독립을 한 개발도상국 가운데 한국은 급속한 경제발전을 이루었을 뿐만 아니라 사회적 평등의 측면에서 다른 국가들에 비해 매우 양호한 것으로 평가되고 있다. 만일 한국행정에서 경제발전이 최우선의 정책목표였고, 사회적 평등은 정책적 우선순위에서 밀려있었다면 이러한 사회적 결과는 어떻게 설명할 것인가? 반면 1997년 경제위기 이후 다양한 사회정책의 도입과 확대에도 불구하고 사회적 평등에 대한 사회적 우려가 정부의 정책결정자뿐만 아니라 일반국민 사이에 광범위하게 대두되고 있는데 그 이유는 무엇인가?

이러한 질문에 대해 대답하기 위해서는 사회적 평등을 위한 정책을 고려함과 더불어 거시적 측면에서 사회적, 정치적, 경제적 구조에 대해서도 고려해야 할 것이다. 그것은 사회적 평등과 같은 정책목표는 정치적 결정에 따라 정책적으로 단기적으로 조정, 통제될 뿐만 아니라, 장기적으로 사회구조의 변화에 따라 영향을 받으며, 때로는 이러한 구조적 영향이 정책적 개입보다도 더 많은 영향을 끼치기도 하기 때문이다. 또한 이러한 구조적 변수들은 국가가 사회적 평등을 제고하기 위한 정책적 개입의 필요성 여부를 좌우하며, 정책적 개입을 결정한 후에는 정책수단의 선정에도 커다란 영향을 끼치게 된다. 게다가 그 정책이 추구하는 목적을 효과적으로 달성할 수 있는지의 여부에 대해서도 정치적, 사회적 맥락으로 작용하기도 한다. 예를 들어 카스트 제도와 같은 불평등 제도가 존재하여 사회 구조적으로 매우 불평등한 사회에서는 모든 사람들에게 평등한 교육기회를 제공한다고 하더라도 신분적 제약으로 인해 자신이 능력을 발휘할 수 없기에 국가의 교육정책은 사회적 평등에 크게 기여하지 못할 것이다. 이와는 반대로 사회적 평등의 정도가 상대적으로 높은 사회에서는 특정시점에서 사회적 평등을 제고하기 위한 정책이 시급하게 논의되거나 시행되지 않을 수 있을 것이다.[1] 이러한 측면에서 한국사회에서 행정적, 정책적으로 수행된 평등에 관련된 제도와 정책을 논의함에 있어서 이러한 구조적 요인을 감안해야 할 것이다.

사회적 평등을 위한 정책을 논의함에 있어서 이러한 구조적 요인을 고려하고자 하는 또 다른 이유는 이 글의 주된 초점이 사회적 평등에 대한 이론적, 분석적 논의에 있는 것이 아니라 그동안 한국행정에서 나타난 평등정책에 관한 역사적 고찰에 있기 때문이다. 평등 혹은 사회정의와 같은 사회적 가치에 대한 분석적 연구들은 그 개념의 정교화를 위해 역사적, 사회적 상황을 사상하거나 통제하는 경우가 많다. 이러

---

[1] 물론 사회적 평등이 높은 사회라고 하여도 불평등에 대한 용인정도가 낮아 평등을 위한 정책에 대한 사회적 요구가 매우 높을 수 있다.

한 논의는 종종 실험실적 상황을 설정하여 아주 간단한 사회와 그 구성원인 개인에게 초점을 맞추는 미시적 분석의 성격을 띠게 된다. 그러나 이러한 미시적 분석만으로는 특정한 사회에서 역사적으로 나타난 사회적 평등에 관련된 정책을 구체적으로 논의할 수 없다. 따라서 이 글에서는 역사적으로 한국사회의 정치, 경제 구조적 맥락에서 정부가 추구한 평등과 발전을 위한 정책과 제도를 고찰하고자 한다. 그러나 통시적으로 한국 행정사를 모두 망라하여 다루기보다는 정치, 경제적 구조변화에 중요한 영향을 끼친 정치적, 사회적 국면(conjunctures)들에 초점을 맞추어, 국가형성기, 박정희 정부의 발전국가 시기, 민주화와 경제적 구조조정기 등을 중심으로, 그 맥락 속에서 사회적 평등을 목적으로 한 사회정책을 살펴보기로 한다.

Ⅱ. 사회적 평등과 발전

이 글의 주된 목적인 한국행정에서 나타난 사회적 평등에 관한 정책을 검토하는 역사적 논의에 앞서, 분석적으로 사회적 평등에 관련된 제도와 정책이 어떤 것인지 설정해야 할 것이다. 그러나 평등에 대한 정치이론적 논의를 보면 여전히 다양한 이론적 입장에서 치열한 논쟁이 진행되고 있기 때문에 모두가 동의하는 개념을 설정하기는 힘들다. 예를 들어 공산주의적 시각에서 평등은 인간의 삶을 포괄하는 광범위한 평등을 의미한다(Marx, 1875). 그러나 개인의 자유와 선호의 다양함을 인정하는 민주주의 정치체제와 자본주의 경제체제를 함께 인정한다면 이 같은 전면적인 평등론은 받아들이기 어려울 것이다. 이와는 대조적으로 인간의 정치적 주권을 인정하고, 그것이 모든 인간에게 평등하게 부여되어 있다면 더 이상의 평등을 위한 정책은 불필요하다는 자유 지상주의자들의 주장도 존재한다(Nozick, 1974). 그러나 이들에 대해서는 그런 자유가 실질적으로 보장될 수 있도록 하는 정책대안에는 무관심하다는 비판을 제기할 수 있다. 이 글에서는 이러한 편향적인 주장을 따르기보다는 인간의 자유와 다양성을 인정하면서도 그들 가운데 확보되어야 할 사회적 평등의 개념을 간략히 검토하면서 이에 관련된 제도와 정책을 정의해 보기로 한다.

민주주의에서 정치적 주권은 모든 시민에게 있으며 주권자로서 시민은 평등하다고 할 수 있다. 근본적으로 이러한 주장은 도덕적 신념에 근거한 것이지 과학적으로 검증된 명제라고 할 수 없을 것이다. 그러나 외부의 관찰자로서가 아니라 그 사회공동체에 참여하고 있는 주체로서 '나' 자신을 개입시켜 고려한다면, '나'는 '주인과 노예'의 불평등한 사회구조를 선택하여 '노예'가 되는 위험을 감수하기보다는 나와 다른 사람이 함께 평등한 주권자로서의 시민이 되는 정치적 입장을 선택하게 된다. 이에 따라 사회공동체의 다른 시민들을 주권자로서 대할 정치적 의무가 생기게 된다. 주권자로서 시민은 단순히 정치적 권한을 행사하거나 공직을 맡을 권리가 있는 것만을 의미하는 것이 아니라 경제적, 사회적으로 다른 사람과 동일한 권한과 기회를 갖는 것을 의미하는 것으로서, 즉, 주권자로서의 자신이 추구하는 삶을 살아갈 기회의 평등을 의미한다.

이러한 사회계약적 시각에서 John Rawls는 한걸음 더 나아가 정치적 주권자로서 모든 시민들은 삶을 영위하는 데 필요한 기초적 재화(primary goods)를 소유해야 한다고 주장한다(Rawls, 1971). 이러한 조건이 만족된다면 개인의 선호와 능력에서 차이가 존재함에 따라 나타나는 사회적 불평등은 용인될 수 있다는 것이다.

만일 우리가 사회적 평등은 스스로가 선택한 자신의 삶을 추구하기 위한 정치적 주권과 기초적 재화를 소유함에 있어서의 평등이라는 주장을 수용한다면, 이러한 이론에 입각한 평등정책을 결정하고 집행해야 할 것이다. 그렇다면 기초적 재화가 무엇인지를 파악해야 한다. 실제로 Nussbaum은 기초적 재화를 구체적으로 열거해야 한다고 강력히 주장한 바 있다(Nussbaum, 2000). 그러나 Rawls에게는 이러한 기초적 재화를 구체적으로 열거할 수 없는 이론적 제약이 있다. 이것은 Rawls가 말하는 정치적 주권과 기초적 재화를 소유해야 한다는 주장에는 정치공동체에 참여하는 사람들은 각자의 가치와 선호에 따라 나름대로의 삶을 영위할 수 있도록 자유로워야 한다는 전제를 갖고 있기 때문이다. 즉, 정치공동체 성원 모두가 공유하는 삶의 방식과 원리가 무엇인지 정할 수 없다는 것이다. 그런데 기초적 재화가 무엇인지를 구체적으로 열거하게 되면 결과적으로 특정한 삶의 방식을 설정하는 결과를 초래하기 때문이다.

이러한 이론적 한계를 훌륭하게 극복한 것이 Sen의 잠재력(capability) 이론이라고 할 수 있다. 잠재력 개념은 객체로서 존재하는 기초적 재화를 그것을 소비하여 삶을 영위하는 주체(agency)로서의 시민과 연결시켜 생각하는 것이다. Sen은 이러한 논리를 설명하기 위해 잠재력(capability)과 기능수행(functioning)을 제시한다(Sen, 1993). 즉, 사람들이 어떠한 특정한 가치를 갖고 나름대로 삶을 살아가기 위해서는 그러한 가치를 전제하지 않더라도 사람들에게 필요한 효용이나 잠재력이 필요하며 Sen은 그것을 기능수행과 잠재력이라고 정의한다. 예를 들어 적당한 영양섭취를 하여 걷거나 뛸 수 있는 기능수행(functioning)과 이동하거나 물건을 옮길 수 있는 잠재력(capability)을 갖고 있는 것은 어떠한 가치를 전제하지 않더라도 누구에게나 필요한 것이다. 어떻게 보면 기능수행과 잠재력은 사람의 신체적 특성을 결정하는 DNA 구조와 그것을 구성하는 핵산(nucleotide)과 같은 것이라 하겠다. 사람은 한 사람 한 사람 다른 얼굴과 모습을 띤 유일한 존재이지만, 그러한 신체적 차별성을 결정하는 염색체는 기본적으로 제한된 수의 DNA와 핵산으로 구성되어 있다. 다만 이것이 어떻게 조합되어 있느냐에 따라 인간의 신체적 독특성이 나타나는 것이다. 이와 마찬가지로 서로 다른 가치와 선호를 가지고 모두들 독특한 삶을 살아가더라도 그러한 삶을 살아가기 위해서는 거기에 필요한 기능수행과 잠재력을 소유할 필요가 있으며, 그러한 기능수행과 잠재력에는 사람들 사이에 상당한 공통분모가 내포되어 있다고 볼 수 있다. Sen은 기본적인 영양상태를 갖고 있어 자유로운 신체적 활동을 할 수 있는 것, 문자를 해독하고, 정보를 접할 수 있는 것 등과 같은 개인적 잠재력과 기능수행을 열거함과 동시에 말라리아 모기로부터 자유로운 환경, 깨끗한 상·하수도가 구비되어 있는 것 등과 같은 사회적 기반시설이 갖추어져야 얻을 수 있는 것들도 지적하고 있다(Sen, 1999).

요약하면 정치공동체의 성원으로서 시민들은 정치적 주권과 나름대로의 삶을 살아가는 데 필요한 최소한의 잠재력(capability)과 기능수행(functioning)을 할 수 있도록 하는 자원을 소유하거나 향유함에 있어서 평등하다 할 수 있다. 이를 다르게 표현하면, 이와 같은 것을 가질 권리와 타인의 권리를 보호할 의무가 형성된다고 할 수 있다. 또한 이에 대한 국가의 정책적 개입은 필요하다 할 수 있다.[2]

지금까지 간략히 살펴본 것을 정리하면, 사회적 평등은 정치적 주권과 자신의 가치와 선호에 따라 삶을 추구하는데 기본적으로 필요한 잠재력과 기능수행을 소유함에 있어서 평등함을 의미한다. 그런데 이것을 현실정책 측면에서 보다 구체화하면 먼저, 정치적 주권은 단순히 정치적 권리를 넘어 나름대로의 삶을 살아갈 기회의 평등이라고 할 수 있다. 그리고 최소한의 잠재력과 기능수행에 있어서의 평등은 현실적으로 이러한 능력을 스스로 확보하지 못한 사람들 혹은 그러한 사회적 약자의 입장에 처할지도 모르는 사람들, 즉, 현실적 혹은 잠재적 사회적 약자에 대한 정책적 보호를

---

2) 이러한 사회적 평등이 정치공동체를 형성하는 시점에서 보장되었다면 사람들이 각자의 삶을 살아가면서 결과적으로 발생하는 불평등은 자연스러운 것이며 이에 대해 정치공동체의 중심에 위치한 국가가 개입할 필요는 대두되지 않는다. 그러나 그러한 불평등이 어떤 사람들에게 그들의 정치적 주권, 필요한 최소한의 능력과 기능수행의 결여로 연결되어 자신의 삶을 영위하는 데 아주 커다란 제약이 된다면 국가의 정책적 개입이 필요할 것이다. 이에 대해 Nozick은 개인의 자유로운 의사에 따라 상호작용으로 발생한 불평등에 대해 인위적으로 국가가 개입하는 것은 옳지 않다고 주장한다(Nozick, 1974). 그러나 아무리 정치적으로 자유롭고 소유할 권한을 갖고 있는 사람이더라도 자신의 삶을 영위할 최소한의 기능수행과 잠재력에 커다란 제약이 있다면, 처음에 공유했던 사회구성원리에 위반되므로 국가의 개입은 필요하다고 할 수 있다.

의미한다. 따라서 이 글에서 논의할 사회적 평등은 기회의 평등과 사회적 약자의 보호라는 두 가지 구성개념을 갖는 것으로 정의할 수 있고, 국가가 사회적 평등을 위해 추구하는 정책도 이러한 두 가지 측면에서 살펴볼 수 있다. 정부의 다양한 정책들이 이러한 목적을 위해 추진될 수 있으나 이 글에서는 사회적 평등을 위한 중심적 정책수단인 협의의 사회정책과 더불어 교육정책, 여성정책, 장애인 재활정책 등 다양한 정책 등을 포함시키는 광의의 사회정책을 논의하면서 이러한 정책들의 성격을 논의하여 보기로 한다.

다음으로 한국의 중요한 정책적 가치로서, 사회적 평등과 긴장관계에 놓여 있으며 오히려 사회정책의 성격에 더 많은 영향을 끼쳤다고 볼 수 있는 발전의 개념에 대해 살펴보자. 한국에서 국가정책과 관련하여 볼 때 발전(development)은 주로 경제발전을 의미해 왔다. 이것은 제2차 세계대전 이후 한국을 포함한 세계의 많은 나라들이 경제발전을 제1의 국가적 목표로 설정하면서 최우선의 정책적 가치로 설정하였기 때문이다. 또한 경제발전은 달러로 표시된 일인당 국민소득의 증가로서 손쉽게 표현되기도 하며, 정부나 시민들도 이를 보다 넓은 의미의 발전과 동일시하는 경향을 보여왔다. 그러나 발전은 사회적 구속이나 제약이 축소, 철폐되어 더 많은 사람들이 보다자유로운 삶을 영위할 수 있도록 사회가 변해가는 사회발전(social development)을 포함하며, 문화발전 등의 개념 등도 의미할 수 있다. 물론 물질적으로 보다 풍요롭게 변해가는 경제적 발전(economic development)도 이에 포함된다. 이처럼 발전을 경제발전보다 광의의 개념으로 설정하고 다양한 발전의 측면을 포함시켜 세계 각국을 비교하고 있는 것으로 유엔개발기구(United Nations Development Programme)의 인간개발보고서가 있다.

발전을 인간 삶의 다양한 측면에서 긍정적 변화로 보는 광의의 해석은 앞에서 논의한 사회적 평등과 일맥상통하는 것으로 서로 긴장관계에 있기보다는 오히려 상호보완 관계에 있다고 할 것이다. 그러나 발전을 협의로 이해한다면 사회적 평등과는 상호보완보다는 긴장관계에 놓이게 될 가능성이 많다. 정부는 경제발전을 위해서는 생산성이 높거나 경쟁력이 있는 분야를 중심으로 특정 산업분야에 집중적으로 투자하는 선택적 전략을 구사하는 정책적 선택을 하고, 이러한 과정에서 경쟁력이 약한 분야에 종사하는 사회적 약자들이 보호받지 못하고 희생되는 경우가 많기 때문이다. 물론 이러한 선택과 집중을 통해 경제가 발전하는 것은 자신의 삶을 추구하는 데 있어서 어려움을 겪는 사회적 약자들에게도 긍정적인 영향을 끼칠 수 있는 것이 사실이다. 예를 들어 경쟁력 약화로 구조조정된 석탄광산의 광부에게 직업훈련을 통해 새로운 일자리를 얻게 하거나, 실업수당과 같은 방법으로 일정한 소득을 보장하여 그들의 자녀들이 계속 학교에 다니고, 장래에 취업하여 경제에 기여한다면, 순기능적 관계가 형성될 수 있다. 이렇게 보면 어느 순간 사회적 약자의 위치에 놓인 사람들이 그들의 기능수행과 잠재력을 적절히 전환하여 나름대로의 삶을 살아갈 수 있다면, 경제발전과 사회적 평등이 순기능적 관계를 갖게 될 것이다.

그렇다면 한국행정에서 발전의 개념은 어떻게 설정되어 왔는가? 이후에 살펴보는 바와 같이 한국행정에서는 대체적으로 발전이 경제발전과 동일시되는, 협의의 개념으로 이해되어 온 것이 사실이다. 그러나 시점에 따라 다른 개념으로서 이해되기도 했으며, 사회적 평등과의 정책적 관계도 다르게 설정되기도 했다. 또한 발전을 협의로 이해하여 경제발전으로 설정한 경우에도 사회적 평등과 반드시 갈등관계에 있었다고 볼 수는 없다. 그것은 이들 두 가지 정책적 가치의 관계는 정책결정자의 판단에 의해 정해지기도 하며 보다 장기적으로 설정된 정치, 경제적 구조라는 거시적 변수들로부터 영향을 받기 때문이기도 하다. 이제부터 그동안 지속적으로 정책적 우선순위를 점했던, 발전이라는 정책적 가치가 사회정책의 성격에 어떠한 영향을 끼쳤으며 그에 따라 사회정책이 추구하는 사회적 평등은 어떻게 영향을 받았는지를 사회, 정치, 경제적 구조의 맥락에서 살펴보기로 한다.

Ⅲ. 국가 형성기의 사회적 평등: 토지개혁과 산업화

해방을 통해 한국인들은 잃어버렸던 정치적 주권을 회복하였고, 식민지인으로 겪었던 경제적 차별이 철폐됨에 따라 일차적으로 사회적 평등에 필요한 첫 번째 조건을 제도적 차원에서 획득하였다. 그러나 이후 한국사회, 경제적 구조에 커다란 변화를 가져왔던 가장 큰 정책은 해방 이후 실시된 토지개혁이라고 할 수 있으며, 그에 따른 사회적 평등에 관한 영향도 매우 큰 것으로 보인다.

토지개혁은 미군정에 의해 실시된 소작료에 대한 제한을 두는 3.1제의 도입과 일본인 및 신한공사의 토지배분, 그리고 한국전쟁 직전과 직후의 이승만 정부에 의한 토지개혁 등 3단계에 걸쳐 시행되었다(신병식, 1988). 토지개혁에 대한 그동안의 연구 가운데는 해방 이후 토지개혁이 중산층의 안정된 농민을 창출하지 못했다는 점을 지적하거나, 지주의 토지방매가 있었다는 점 등을 언급하면서 불완전함을 지적하는 비판적 견해를 보인 것들이 많았다(예: 유인호, 1975; 황한식, 1981). 그러나 토지개혁의 성과에 대한 최근의 연구들은 이와는 다른 견해를 보인다. 일부 지주가 토지개혁 실시 이전 토지를 매도하기는 했으나 60퍼센트 이상의 토지가 정부에 의해 매수되어 농민에게 분배되었는데, 농민은 1년치 수확량의 1.5배의 가격으로 3년 동안 지가를 상환하도록 하였으며, 농민들은 3정보의 토지를 분배받게 되면서 자영농으로 탄생하게 되는 결과를 가져왔다는 것이다(김성호, 1997). 토지개혁을 통해 소작농이 경작하는 농지가 1945년 65퍼센트에서 1951년 8.1퍼센트로 축소했다는 것과 충남의 용문면의 경우 농지소유의 Gini 지수가 0.63에서 0.50으로 급격히 낮아지는 것을 보여주는 조석곤의 연구(2003: 297)도 토지개혁의 결과를 긍정적으로 평가하고 있다.

더욱이 세계은행(2006)은 1945년 이후 한국, 일본, 대만 등에서 실시된 토지개혁은 매우 성공적이었고, 이는 다시 성공적인 경제발전으로 연결되었다고 평가하고 있다. 토지를 소유하게 된 농민들은 소작농의 경우와 다르게 생산성을 높이기 위해 토지의 생산력을 높이기 위한 투자, 효율적인 영농을 위한 기계 등에 투자하여 농업생산을 증가시킴으로써 결과적으로 경제성장을 촉진한다(Deininger & Binswanger, 1999). 그럼에도 불구하고 토지개혁이 직접적으로 한국 경제발전에 기여했다고 보기는 어렵다. 이는 1960년대 이후 한국 경제성장의 원동력이 되었던 것은 공업부분이지 농업부분이 아니었기 때문이다. 더욱이 농업의 경제적 비중도 급격히 축소하였다. 예를 들어 1961년 제1차 경제개발계획이 실시될 당시의 농업은 국민총생산에서 47.1퍼센트를 차지하고 있었으나 1981년에 이르러 16.3퍼센트로 그 비중이 축소되었다(Kwon & Yi, 2007).

경제발전에 있어 토지개혁의 기여는 오히려 사회적 평등이라는 가치를 실현하면서 간접적으로 기여했다고 할 것이다. 토지개혁은 가장 직접적으로 1950년대 초반까지 인구의 70퍼센트가 가난한 농민이었던 시기에 농민들에게 토지라는 생산수단을 소유할 수 있게 함으로써 경제적으로 불평등한 소작관계에서 벗어나게 했다. 자작농으로서 생산성을 향상시키고 경제적 잉여를 전유하게 된 농민들은 자녀들을 학교에 보내 적극적으로 교육시키기 시작했다. 1959년 인문계 고등학교 진학자는 1945년 대비 3.7배가 증가하였고, 실업계 고등학교 진학자는 같은 기간 약 3배가 증가하였다. 대학교 진학자는 같은 기간에 약 13배가 증가하였다(경제기획원, 1960: 395). 중등교육을 받은 농촌의 젊은이들은 곧이어 있을, 1960년대 한국정부가 경제개발계획을 기초로 한 야심찬 산업화 정책에 양질의 노동력을 제공할 수 있게 된다. 반면 과거에 비해 훨씬 높은 교육을 받게 된 젊은이들의 개인적인 차원에서 보면, 소작농으로서 토지에 묶여 있으며 가난한 생활을 영위해야만 했던 그들의 부모세대와 다르게 새롭게 변화해 가는 사회의 흐름과 함께 하면서 자신들 나름대로의 계획에 따라 삶을 추구할 수 있는 기회를 얻게 된 것이다. 토지개혁은 기회의 평등을 확보할 수 있게 하는 커다란 구조적 변동이 되었던 것이다.

토지개혁이 끼친 또 다른 사회구조적 변화는 일제 강점기를 거치며 한국사회의 지배계급으로 자리 잡고 있던 지주계급의 몰락을 가져온 것이다. 토지개혁으로 지주들은 1년 생산량의 1.5배를 가격으로 하여 5년 동안 토지에 대한 보상을 받게 되었다. 그러나 정부는 농민들에게서 토지매입 대금은 철저히 현물로 받으면서도, 지주에게 지불한 토지대금에 대해서는 보상을 재정적 이유에서 의도적으로, 지연하기도 하였다. 지가증권을 소유하고 있던 지주들은 헐값에 증권을 매각하기도 하였는데 특히 한국전쟁으로 인한 물가상승으로 지주들은 많은 손해를 보게 되었다. 이로 인해 소수의 예외적인 경우를 제외하고 지주들은 산업자본가, 금융자본가 등으로 전환하여 새로운 경제력을 확보하는 데 실패하였다(김일영, 2004). 해방 전후 시기에 경제적, 정치적으로 가장 강력한 지주계급이 쇠퇴하게 됨에 따라 1960년대에 국가주도의 산업화를 추진함에 있어서도 국가가 특정세력에 의해 지나치게 영향 받지 않는 결과를 가져왔다.

이렇게 하여 1960년대부터 시작한 급속한 산업화에 강력한 국가주도의 경제발전을 실시할 수 있었다는 것은 지금까지 많이 지적되어 왔으나, 토지개혁이라는 구조개혁을 통해 확보된 사회적 평등이 경제발전에 크게 기여하였다는 점 또한 강조되어야 할 것이다. 물론 한국의 산업화는 저임금에 기초한 노동집약적 산업으로 출발했기 때문에 산업화에 참여한 산업인력들은 매우 낮은 임금에도 만족해야만 했으며, 근로조건 역시 매우 열악했다. 1970년 열악한 노동조건의 개선을 요구하던 전태일의 분신자살은 이러한 상황을 극명하게 보여주는 사건이었다. 그러나 1962년부터 1967년까지 수입대체를 목적으로 추진한 정부주도의 산업화정책은 괄목할만한 경제성장의 결과를 가져왔으며, 이 시기 약 13퍼센트 증가한 경제적 활동인구에도 불구하고 실업자를 급속히 흡수하면서 전체 취업자 노동자의 증가를 보였다(Adelman, 1997: 514). 이에 따라 노동자 가구의 수입을 증가시켰고, 이러한 산업화의 결과로 <표 1>에서 보는 바와 같이 빈곤가구가 급속히 줄어들었다.

S. Kwon(1998)은 이러한 빈곤감소는 세계의 다른 개발도상국가에 비해 놀라운 성과라고 지적하면서도 이것은 정부의 의도적인 정책개입의 결과라기보다는 경제성장의 결과가 외연적으로 빈곤가구들까지 침투, 확산된 것이었다고 주장한다. 그러나 경제성장이 있었다고 자연스럽게 빈곤이 축소되는 것은 아니라는 것은 다른 나라들의 경험에서 잘 알 수 있다. 한국에서 경제성장이 직접적으로 빈곤의 축소로 이어지게 된 것은 산업화 과정에서 다른 개발도상국에서처럼 지역별로, 언어집단별 혹은 인종별로 차별받아 변화의 물결을 함께 하지 못하고 고립되는 사회집단이 없었기 때문

| 표 1 | 절대빈곤 가구 추이 |

단위: 퍼센트(%)

	1965	1970	1976	1980	1991
도시가구	54.9	16.2	18.1	10.4	8.7
농촌가구	35.8	27.9	11.7	9.0	2.8
전체가구	40.9	23.4	14.8	9.8	7.6

주: 절대빈곤선: 5인 가족 기준 121,000원(1981년 가격).
자료: S. Kwon(1998: 34).

이다(Kohli, 2004). 또한 앞에서 지적한 바와 같이 다른 개발 도상국가들과는 다르게 토지개혁을 통해 농촌인구들이 새로운 직장과 기회를 얻기 위해 도시로 이주하는 데 최소한의 경제적 기반을 갖추고 있었으며, 산업에서 필요로 한 교육적 훈련을 받았다는 것을 지적해야 할 것이다.

Ⅳ. 한국의 발전국가와 사회정책

1961년 군사쿠데타로 정권을 잡은 박정희 정부는 경제발전과 빈곤퇴치를 5.16 '혁명'의 최우선 과제로 설정하였다. 다시 말해 박정희 정부는 경제발전과 사회적 평등을 동시에 추구하는 것을 최우선 정책적 목적으로 설정하였던 것이다. <표 2>에서 보여주는 것과 같이 1960년대 초반 한국은 국민소득이 100달러 내외로 세계 최빈국의 하나였다. 따라서 거의 대부분의 국민이 빈곤의 상황에 놓여 있었다는 것을 감안하면 이러한 정책적 시각은 매우 자연스러운 인식이라고 할 것이다. 박태균(2003)의 지적처럼, 경제발전을 최우선의 정책과제로 설정해야 한다는 정책적 인식은 박정희 정부에 의해 갑작스럽게 제시된 것이 아니라 이미 제2공화국 정부 시기부터 사회적으로 많은 논의가 있어왔던 것이다. 박정희 정부의 차별성은 경제발전이라는 최우선의 목적을 위해 이미 잘 조직화된 관료조직에 군대식 기강을 접목하고 필요한 정책자원을 최대한 동원하는 발전국가의 전형적인 모습을 보여 주고 있다는 점에 있다.

발전국가로서 박정희 정부는 산업화 정책에 있어서 수입대체산업화를 시작으로, 수출위주의 경제성장, 그리고 중화학 공업 육성 등의 정책목표에 변화를 주었지만 경제발전을 정책의 최선의 과제로 설정하였다는 점에는 커다란 변화가 없었다. 그럼에도 불구하고 경제성장의 혜택은 <표 3>에 예시된 브라질 혹은 인도네시아(1979년

표 2 한국의 주요 경제지표(1960-1980년대)

	1961	1966	1972	1981	1987
일인당 국민소득($)	90	125	306	1,741	3,218
경제성장률	1.6	6.8	16.1	21.3	10.7
실업률[a]	17[b] (7)	15 (6)	10 (4)	5 (3)	4 (3)

주: a) 실업자와 일주일 18시간 이하의 근로자 포함, 괄호 안의 숫자는 완전 실업자.
　　b) 1963년 수치.
자료: Adelman(1997)에서 재인용.

Gini index 0.500(권순원, 1992))와 같은 다른 개발도상국들에 비해 상대적으로 고르게 분배되었다. 그러나 이러한 분배는 사회정책을 통한 의도적 노력의 결과라기보다는 토지개혁과 교육기회의 확산 등과 같은 한국 사회의 구조적 여건에 의해 사회의 특정한 지역, 계급이 산업화에 배제되지 않고 참여할 수 있었기 때문이었다. 이에 비해 브라질의 경우 사회계층 사이의 장벽으로 말미암아 일차 유럽이민 계층이 산업화에 주도적으로 참여하여 그 결과를 향유한 반면 흑인, 원주민, 여타 계층은 소외되었고 결과적으로 산업화의 기반은 협소하고, 계층 간의 불평등은 심화되어 외부의 충격에 매우 취약한 경제구조를 노정하였다(Kholi, 2004). 한편 박정희 정부가 실시한 농어촌 부채 탕감정책, 추곡수매를 통한 미곡가격의 통제, 새마을운동 등을 통한 농촌소득 증가정책 등은 소득분배에 중요한 영향을 끼쳤을 것으로 보인다. 물론 이것은 전형적인 사회정책이라기보다는 경제개입 정책을 통한 것이라 하겠으나, 박정희 정부가 경제개입을 통해 소득분배에 영향을 끼치고자 했다는 사실은 주목해야할 점이다(Kwon & Yi, 2007).

표 3 한국의 소득불평등 지수(Gini 계수)의 추이

	1965	1970	1976	1982
한국	0.344	0.332	0.391	0.357
브라질	0.50	0.58	–	0.63

주: 1) 브라질은 1960, 1970, 1980년도 수치.
　　2) 서로 다른 조사를 통해 얻어진 지수이므로 대체적인 추세를 보는 것 이상으로 해석하는 데는 무리가 있다.
자료: 한국의 사회통계(각 년도), Draibe(2005).

그러나 이러한 가운데도 빈곤, 질병, 노령 등과 같은 사회적 위험에 처해 있는 사람들이 존재할 수밖에 없다. 따라서 어떠한 정책적 노력을 통해 이들을 사회적으로 보호하였는가가 박정희 정부라는 발전국가의 사회적 평등정책을 평가하는 중요한 평가기준이 될 것이다. 1960년대부터 1970년대에 걸쳐 20여 년간 대통령의 시정연설문의 내용을 분석하여 복지에 관련된 언급의 빈도와 내용을 추적한 김광웅의 연구(1983)는 1962년 제1차 경제개발계획과 관련하여 복지에 관한 언급이 미약하게 나타났고, 그 이후 복지, 평등에 관한 언급에 관해 중요한 의미를 두는 내용이 거의 없었다고 지적하고 있다. 이러한 내용이 전혀 포함되어 있지 않은 해도 17개년에 달하고 있음을 보여 주고 있다. 일부 언급된 내용 가운데도 정의와 평등, 사회적 약자의 보호 등과 같은 것보다는 인적자본투자자로서의 교육, 고용 등에 관한 내용과 관련이 되어있는 것들이라고 밝히고 있다.

그러나 박정희 정부가 사회정책을 도입, 실시하지 않은 것은 아니다. 사회부조, 의료보험, 산재보험 등 현재 시행되고 있는 대부분의 사회정책은 그 연원을 박정희 정부에 두고 있다는 점에서도 박정희 정부의 사회정책에 대한 영향은 부정할 수 없다. 그러나 경제발전을 정책의 최우선 가치로 설정한 박정희 정부는 사회적 평등을 추구하기 위한 것이 아니라 경제발전의 정책적 수단으로서만 사회정책을 사용했다. 1963년 박정희 정부에 의해 도입된 산업재해 보험을 보더라도 사회적 평등보다는 경제발전 우선원칙이 그대로 적용되고 있음을 알 수 있다. 물론 산업재해를 당해 노동력을 상당 기간 혹은 영원히 상실한 노동자에게 최소한의 경제적 보상을 한다는 의미에서 사회적 약자에 대한 보호라는 산업재해 보험의 본질적인 기능은 부인할 수 없다. 그러나 박정희 정부가 산업재해 보험을 의료보험 등과 비교검토한 후 우선적으로 도입하기로 결정한 것은 경제개발계획에 따라 추진할 산업화 과정에서 산업재해 보험이 가장 시급히 필요하다고 판단하였기 때문이었다(노동부, 1981). 그러나 산업재해 외에 다른 이유로 장애를 입은 사람들을 위한 재활이나 직업훈련, 고용촉진을 위한 정책은 전혀 고려되지 않았다는 것은 사회적 약자를 보호하고 그들에게 삶을 펼칠 기회를 제공하는데 정책적 관심이 없었다는 것을 의미한다(최무현, 2003).

직접적으로 최빈곤층을 대상으로 한 사회정책은 생활보호법에 따른 공공부조 프로그램이었다. 1965년 도입되어 2001년국민 기초생활보장법에 의해 대치될 때까지 존속된 이 제도는 정부가 정하는 빈곤선에 미치지 못하는 가구들에게 최소한의 생활 지원을 하는 제도로서 매우 경직된 절대빈곤선에 따른 자산조사를 기초로 하고 있었다. 더욱이 18세에서 64세 사이의 사람들은 자동적으로 근로능력이 있는 것으로 판단하여 소득지원에서 제외시키는 등 소수의 절대 빈곤층만을 대상으로 하였다. 이로 인해 이 제도의 사회적 평등에 대한 파급 효과는 매우 미미할 수밖에 없었다.

한국의 복지체제에 가장 중요한 기둥으로서 자리 잡고 있는 의료보험제도도 1977년 박정희 정부에 의해 도입되었다. 정부는 1965년 시범사업으로 실시되던 의료보험제도를 500인 이상의 노동자를 고용하고 있는 기업에게 본격적으로 실시하기로 했던 것이다. 당시에 이 정도 규모의 기업에 종사하고 있는 사람들은 상대적으로 안정된 소득을 갖고 있는 계층들이었고, 반면에 저소득층이거나 빈곤층이었던 도시의 자영업자, 농민, 노인, 실업자 등은 의료보험 대상에서 제외되었다. 1978년 공무원을 대상으로 한 의료보험이 도입되었지만 이 또한 경제발전에 안정적으로 공무원의 조직몰입을 동원하기 위한 수단의 일환이었다.

1960년대 이후 산업화 과정에서 빼놓을 수 없는 기여자는 저임금의 여성 노동자였다. 이들은 섬유제조업과 같은 노동집약적 산업에서 일하면서 저임금을 받고 열악한 환경에서 일해야 했다. 그러나 여성 노동자들의 노동시장 참여는 미혼기에 산업에서 근무하고 결혼과 함께 남성 노동자를 뒷받침하고 산업인력을 재생산한다는 가부장적 전제 하에서 이루어졌다(장화경·정경애, 2001). 산업현장에서 빈번히 발생되는 성차별적 관행에 대한 시정 노력이나 여성 노동자가 주변적, 보조적 역할이 아니라 중심적인 노동자로 성장하도록 하는 정책적 노력은 거의 없었다(원시연, 2007). 여성 정책은 영세극빈 모자가정을 위한 소수의 탁아시설운영과 성매매 여성을 대상으로 한 정책 등 예외적 상황을 전제한 정책들이 전부였다.

그러나 교육정책에서는 매우 적극적으로 정책을 추진했다. 1960－70년대에 걸쳐 박정희 정부는 직업 교육, 기능 교육을 통한 중간 기술자 양성을 위한 교육제도뿐만 아니라 과학기술 교육을 통한 고급기술자 양성을 위해 적극적인 노력을 했다. 단기 고등교육을 담당하는 전문대학, 기업체 부설 야간 고등학교의 제도화 등 산업화의 중추적 역할을 하는 중간계층 기술인력의 양성을 강조했다. 뿐만 아니라 초, 중등 교육의 재원확보를 위한 재정교부금 제도를 정비하여 1971년 지방교육재정교부금법으로 통합하여, 당시 내국세의 12.98%에 해당하는 재원을 지방 초, 중등학교에 지원하였다(정태수, 1995: 10). 이에 따라 <표 4>에서처럼 1970년대 초반 고등학교 학생 수가 대폭 증가한다. 이러한 적극적 교육정책은 정태수(1995)의 지적처럼 경제발전을 뒷받침하는 교육체제화를 목표로 한 것이었지 사회적 평등을 일차적 목표로 한 것은 아니었다. 그러나 이러한 적극적인 교육정책은 대부분의 국민들에게 초, 중등 교육기회를 제공하였다는 점에서 큰 의미가 있다. 특히 사회적 평등을 기회의 평등과 사회

적 약자의 보호라고 정의했을 때, 이 당시의 초, 중등 교육의 확대는 사회적 평등에
크게 기여했다고 평가할 수 있다(김영화, 2002: 82).

표 4 고등학교 학생수 변동추이

	인문계	(증가율)	실업계	(증가율)	계	(증가율)
1965	216,386		210,193		426,531	
1970	315,467	45.8	275,015	30.8	590,382	38.4
1975	648,149	105.5	474,868	72.7	1,123,017	90.2
1980	932,605	43.9	764,187	60.9	1,696,792	51.1
1985	1,266,840	35.8	885,962	15.9	2,152,802	26.9

자료: 김상균(1998: 275)에서 재계산.

　　종합하면 발전국가의 전형이었던 박정희 정부는 국가주도의 경제발전을 성공적
으로 추진함에 있어서 해방 후 토지개혁과 경직된 사회계층 구조의 타파 등 구조적으
로 제공된 사회적 평등으로 산업인력의 수급, 국가주도의 산업화를 추진하는 데 커다
란 도움을 받았지만, 장애인, 여성, 빈곤계층이 그들이 처한 상황을 적극적으로 극복
할 수 있도록 하는 사회정책에는 소홀했다. 예외적으로 경제발전의 효과적 수단으로
서 활용될 수 있었던 산업재해 보험, 대기업 종사자와 공무원을 대상으로 한 의료보
험과 같은 사회정책을 도입하였으나 이러한 정책의 사회적 평등에 대한 기여는 매우
제한적일 수밖에 없었다. 그러나 경제적 발전을 추진하는 데 꼭 필요했던 초, 중등
교육의 확대와 산업기술 인력 양성 정책을 적극적으로 추진한 것은 많은 사람에게 교
육기회의 확대를 가져왔고 결과적으로 사회적 평등에 기여했다. 그러나 국가가 특별
히 사회적 약자를 보호하는 정책을 도입, 시행하기보다는 장애인을 보호하고, 가난한
사람들이 삶을 꾸려나가도록 지원하는 것은 가족의 책임으로 돌렸다. 국가의 경제적
수준이 매우 낮아 대부분의 시민이 가난한 생활을 영위하는 상황에서 박정희 정부는
경제발전에 매진하는 것이 가장 시급했다고 판단했던 것이다.

V. 한국의 민주화와 사회적 평등

　　사회적 평등은 기회의 평등을 내포하는 개념으로서 정치적 주권자로서의 평등과
사회적 약자를 위해 나름대로 삶을 영위하는 데 필요한 잠재력과 기능수행을 확보해
야 한다는 의미에서의 평등이라는 두 가지 측면을 의미한다는 것은 이미 논의한 바와

같다. 또한 지금까지 박정희 정부가 1960년대에 성취한 산업화는 사회적 평등에 기초하고 있다는 점을 강조했다. 그러나 박정희 정부가 1972년 유신헌법의 도입을 통해 생래적으로 갖고 있던 권위주의적 성격을 더욱 확고히 하면서 정권의 편에 선 사람들과 정치적 주권자로서의 일반시민 사이의 정치적 평등은 심각하게 침식되었다고 할 수 있다. 더욱이 박정희 정부는 1970년대 들어 농촌에서 도시로 유입되는 인구가 고갈되면서 상승압력을 강하게 받고 있는 노동자의 임금인상을 통제하고자 노동자의 노동조합 구성, 임금협상, 파업 등의 권리를 강력히 통제하였다(Im, 1987). 이러한 통제는 박정희 정부가 경제적인 측면에서 시민들이 갖는 자율적 삶의 기회를 침해하고 있음을 잘 보여주는 것이라고 할 수 있다.

한편 박정희 정부는 1970년대 중반 이후 경제발전 전략을 중화학 공업 육성과 함께 재벌을 통한 경제성장 정책으로 전환하였다. 이에 따라 재벌 등 국가의 강력한 지원을 받는 대규모 기업과 그러한 지원을 받지 못하는 중소기업, 자영업, 농촌 부분과의 격차가 벌어지기 시작했다. 재벌중심의 경제발전 정책을 통해 앞의 <표 3>에서처럼 소득불평등도 1970년 후반으로 가면서 점차 악화되어 정치적, 경제적 측면에서 사회적 압력에 직면해야 했다. 1979년 박정희 대통령의 암살과 정권의 붕괴로 이어지는 일련의 정치적 과정에서 촉발제 역할을 했던 YH기업의 여성 노동자의 야당 당사 농성과 무력진압은 불평등에 대한 사회적 압력을 극명하게 반영한 것이라고 할 수 있다.

더욱이 그동안 발전국가에서 기회의 평등 기제로서 효과적으로 작용하던 교육이 오히려 계층적 특권과 불평등을 초래하기 시작했다. <표 5>에서 보는 바와 같이 사회계층별 대학입학 가능성은 1960년대와 70년대에 걸쳐 모든 계층에 걸쳐 증가했다. 그러나 중상층과 중산층의 대학진학 확률은 다른 계층에 비해 훨씬 빠르게, 높게 증가하였다. 또한 대학생 가운데 부모가 대학을 졸업한 사람들의 비율이 1967-9년 28.3퍼센트에서 1977-9년 38.1퍼센트로 증가하는 등 교육이 기회의 평등 기제로서가 아니라 계층구조의 고착화 기제로 작용하는 양상이 두드러지게 나타나기 시작했다(김영화, 1993). 다시 말해 교육이 사회계층 간에 불평등을 구조화하고, 정당화하는 상황이 대두된 것이다.

10.26 사태 이후 광주 민주화 운동을 무력으로 진압하고 권력을 장악한 전두환 정부가 '복지국가 건설'을 국가적 정책목표로 내세운 것도 이러한 사회적 불평등에 대한 정권차원의 대응이었다. '복지국가 건설'의 정책목표를 실현하기 위해 전두환 정부는 생활보호법에 따른 공공부조 프로그램을 개선하는데, 그 주요 내용은 정부가 정

| 표 5 | 사회계층별 대학진학 가능성 |

	1967-69	1972-74	1977-79	1982-84
중상층	.119	.162	.159	.234
신중산층	.053	.062	.079	.134
구중산층	.064	.056	.064	.134
근로계층	.043	.048	.053	.087
도시저소득층	.041	.057	.055	.083
농민	.054	.064	.068	.114

자료: 김상균(1998: 279).

하는 절대적 빈곤선을 상향조정하여 과거에 비해 좀 더 많은 사람들이 수혜대상으로 선정되게 하는 것이었다. 또한 과도한 사교육비를 줄이기 위해 과외를 금지시키고, 대학정원을 확대하여 사회계층 간 교육의 불평등을 해소하려는 정책을 취했다.

그러나 전두환 정부는 정권의 권력이 공고화되자 곧바로 경제안정을 정책적 최우선 과제로 설정하면서 긴축적 예산을 운용하는 등 더 이상 복지에 정책적 관심을 두지 않게 된다(Haggard & Moon, 1990). 이밖에도 전두환 정부는 긴축 통화정책, 중화학 공업의 구조조정 등 강력한 안정화 정책을 실시하여 경제가 위축되는 현상을 경험하지만, 일본 엔화의 강세, 낮은 원유가 등 한국에게 유리한 국제적 경제조건의 형성으로 경제안정화 정책과 경제성장이라는 정책목표를 달성하게 된다.

그러나 권위주의적 정권이었던 전두환 정부는 정치적 민주화와 사회적 평등에 대한 사회적 요구로부터 자유로울 수 없었다. 1980년대 전반에 걸쳐 야당과 학생운동은 끊임없이 민주화를 요구했으며 노동자들은 그들의 권리확보와 임금인상을 위해 노동운동을 전개했다. 이러한 사회적 평등에 대한 요구는 의료보험 정책에서 잘 나타난다. 당시 의료보험은 500인 이상 대규모 기업을 중심으로 처음 도입된 이래 적용대상을 확대했지만 그들은 대부분 기업에 종사하는 임금 노동자였으며, 일부 지역단체를 중심으로 자영업자들이 가입되어 있는 상태였다. 사회적 약자인 빈곤층, 노인, 실업자와 더불어 농민, 도시 영세자영업자 등은 의료보험에서 제외되어 있었다. 이들이 다른 사회계층보다도 건강을 잃거나 질병에 걸릴 확률이 더 높다고 보면, 건강하게 삶을 살아갈 잠재력(capability)의 측면에서 의료보험에 가입한 사람들과 커다란 차이가 있어 초기의 의료보험은 사회정책으로서 사회적 평등을 제고하지 못하고 오히려 불평등을 초래했다고 볼 수 있다.

정부 내에서 의료보험의 전 국민 확대적용의 필요성을 인식한 보건사회부 관료들이 단위 조합별로 운영되어오면서 점차적으로 대상자를 확대하고 있던 의료보험을 전국을 총괄하는 통합의료보험 조직을 통해 전 국민으로 확대하는 방안을 검토하기도 하였다. 그러나 그동안 보험의 적용대상이 되지 못했던 도시 자영업자, 농민 등을 위해 임금노동자의 고용주 보험료 부담분을 정부가 부담해야 할지도 모른다는 우려로 청와대를 중심으로 의료보험 통합안을 폐기시키게 된다. 이에 따라 의료보험 통합을 위한 사회단체들의 요구는 점점 강해졌으며 야당들도 의료보험 통합에 동조하기 시작했다. 그 가운데 사회정책 전문가들의 단체인 사회보장연구회는 의료보험을 통합하여 전국적 관리기구를 만들어 사회적 위험을 분담하고 사회적 약자에 의료보험을 적용하여 사회적 평등을 제고할 것을 강력히 요구하였다(Kwon, 2007). 의료보험의 통합요구는 농민단체를 중심으로 제기되어 사회운동의 중요한 쟁점으로 형성되어 갔다(김재관, 1993). 의료보험을 둘러싼 이러한 논쟁은 그동안 주로 관료적 논의의 대상으로 남아 있었던 사회정책에 관한 논의가 1980년대 민주화 운동과 함께 정치적 성격을 띠고 사회적 평등의 관점에서 보다 많은 시민단체, 이익집단, 전문가 단체 등으로 확산되어 나갔다는 점에서 커다란 변화를 반영하고 있다.

여성정책과 장애인 보호정책에서도 민주화에 대한 사회적 압력의 증가와 함께 정책적 요구가 증가하고 이에 따른 정책적 대응도 나타난다. 1985년 여성이 경제, 사회활동에서 직면하는 다양한 차별을 축소하기 위한 남녀차별 개선 지침이 만들어졌다. 이는 국가차원에서 최초로 여성에게 부과되는 차별을 없애고 기회의 평등을 보장하기 위한 정책적 노력이라는 점에서 평가할 만한 정책이다. 이 지침은 노동시장에서 여성이 직면한 차별과 사회화, 교육과정에서 받는 노동시장 외적 차별, 그리고 가족법 등에서 차별을 철폐하여 여성에게 기회의 평등을 강조하였다. 또한 여성노인, 육체적 정신적으로 학대받는 여성, 유아를 둔 여성 등 사회적 약자로서의 여성에 대한 보호를 강조하는 다방면에서 걸친 여성정책이었다. 그러나 이것은 여성운동과 같은 정치적 세력을 기반으로 한 자발적인 사회적 요구에 기초한 것이 아니라 1985년 제3차 세계 여성대회를 대비하여 정부가 일방적으로, 또한 법률이 아닌 지침의 형식으로 제시한 것으로 실질적으로 집행되는 데는 커다란 한계가 있었다(원시연, 2007).

장애인 보호정책도 여성정책과 비슷한 형성과정을 거친다. 1980년에 이르기까지 한국정부는 장애인을 보호하고 나름대로의 삶을 추구할 기회를 제공하려는 데 특별한 정책적 노력을 기울이지 않다가 1975년 UN 총회에서 1981년을 세계 장애인의 해로 지정한 것에 맞추어 1981년 심신장애자복지법 1982년 직업안정법 등을 제정하여 장애자 보호정책을 시작하지만 실효성있는 결과를 창출하지 못하였다(전영평·이곤수,

2002). 그러나 1986년 6·29선언과 이어 1987년 여소야대 정부라는 정치적 상황에서 전국의 장애인이 대규모 집회를 개최하는 등 장애인에 대한 실효성 있는 보호정책에 대한 사회적 요구가 증가하였다. 또한 1988년 서울장애인 올림픽이 개최되는 등 국제사회에 대한 고려도 작용하면서 결과적으로 1991년 장애인고용촉진법이 제정된다.

이 정책은 장애인에게 직업을 가질 수 있도록 하여 삶을 펼칠 기회를 제공한다는 점에서 기회의 평등 측면에서 사회적 평등에 크게 기여할 수 있는 정책이다. 그러나 전영평·이곤수(2002)에 따르면 이 정책은 두 가지 측면에서 한계를 갖는다. 첫째, 이 정책의 핵심은 장애인 의무 고용제도로서 정책목표를 달성하기 위해서는 기업주가 이를 적극적으로 수행하여야 하지만, 이들이 정책에 적극적으로 호응하지 않았으며, 정부는 책임 회피적 입장을 취할 뿐이었다. 둘째, 장애인이 갖는 여러 가지 어려움을 완화하는 노력이 간과되었다는 점이다. 즉, 장애인의 기능수행(functioning)과 잠재력 (capability)을 향상시켜 비장애인과 같이 직업활동을 할 수 있도록 하는 노력이 결여 되었다는 측면에서도 사회적 평등을 제고하는 데 한계가 있었다고 보인다.

직선제 개헌에 따라 경쟁적 대통령 선거가 치루어지자, 다른 사회정책도 확대되 게 되는데 노태우 후보는 정책공약의 하나로 의료보험의 전 국민 확대, 국민연금의 도입 등 사회정책의 확대정책을 내세웠다. 이 점에서는 다른 야당후보들도 비슷한 공 약들을 내세웠다. 그러나 의료보험 정책의 경우 여전히 전국을 총괄하는 의료보험 통 합기구 안은 받아들여지지 않았다. 전체적으로 1980년대 민주화라고 하는 정치적 구 조의 변화는 사회적 평등에 관한 논의가 사회적 쟁점으로서 대두되게 하였으며, 의료 보험의 확대, 여성과 장애인에 대한 보호정책 등 사회적 약자에 대한 정책이 도입되 기 시작하였지만, 실효성 있는 결과를 창출하기에는 한계가 있었다는 점에서 민주화 의 시기는 사회적 평등을 위한 정책적 전환기라고도 평가할 수 있을 것이다. 그러나 사회적 평등을 위한 정책이 이제 한국행정에서 더 이상 경제발전에 부수적인 정책가 치로서가 아니라 그 자체로서 중요한 정책적 가치로 자리매김 되기 시작했다.

VI. 경제적 구조조정과 생산적 복지

1980년대 말 민주화는 시민의 정치적 주권을 회복하는데 그치지 않고 경제적 측 면에서 기회의 평등을 제고하는 것으로 연결되었다. 1987년 노동자 대투쟁으로 표현 되는 노동조합 운동의 확산과 노동자의 단체 교섭력의 증가가 바로 그것이다. 박정 희, 전두환 정부로 이어지는 권위주의적 발전국가에서 경제적 분배에 관해 정당한 요구를 하지 못했던 노동자들은 노동조합의 결성을 통해 임금인상을 요구하고, 획득했을 뿐만 아니라 고용 안전성 제고도 쟁취할 수 있었다. 전병유(2003)는 1987년 노동자 대투쟁 이후 대기업을 중심으로 급속하게 내부 노동시장이 확산되었다고 지적하고 있는데, 이는 더 많은 기업에서 필요한 인력을 기업 외부의 노동시장에서 공급받기보다는 기업 내부에서 인력을 충원, 조달한다는 것을 의미한다. 물론 이러한 기업의 내부 노동시장 의존도는 이전에도 존재하였지만 대기업에서 중소기업으로 급속히 확산되었다. 내부 노동시장에 대한 의존도가 높아지는 것은 노동자의 직업 안정성이 제고되고, 연공서열에 따른 보상제도가 정착됨을 의미한다(전병유, 2003: 192).

노태우 정부에 이어 등장한 김영삼 정부는 1994년 고용보험법을 도입했으나 1997년 경제위기 상황에서 보여주듯이 실효성이 있는 내용을 담지 못했다. 그러나 경제발전을 최우선 정책과제로 설정한 과거의 정부에서는 실업자를 보호하기 위해 실업수당을 제공한다는 것은 거의 금기시된 정책이었다. 이렇게 볼 때 고용보험법의 도입은 문민정부로서의 자신감과 1990년대 초반 안정된 경제성장에 기초한 과거와는 다른 새로운 정책방향의 시도라고 볼 수 있다. 그러나 1990년대 중반을 넘어서면서 1995년 WTO의 출범 등 글로벌 경쟁의 격화로 저임금을 무기로 하는 중국과 동남아시아 국가의 기업들과 경쟁해야 하는 국내외 기업들이 한국 노동시장의 경직성을 지적하면서 노동시장 개혁의 필요성을 제기하기 시작했다. 실제로 1990년대 초반 평균 임금 인상률이 14.3퍼센트였던 반면 생산성의 증가는 10.4퍼센트에 불과하여 한국 경제의 국제적 경쟁력은 약화되고 있었다(Park, 2001).

김영삼 정부는 1996년 12월 노동시장의 유연화를 위한 노동관계법 개혁안을 국회에 제출하고 날치기로 통과시켰으나 전국적인 노조의 반대운동, 야당의 지속적인 문제제기로 결국은 1997년 3월 개혁을 유보하기에 이르렀다(이영환·김영순, 2001). 이로 인해 김영삼 정부의 정치적 능력에 대한 회의가 대두되기 시작했고, 국내·외 기업과 국제 금융자본의 한국경제에 대한 신뢰도는 급격히 추락하게 되었다. 더욱이 김영삼 정부는 작은 정부, 시장주도의 경제정책을 추진하면서 핵심적 정책수단인 외환의 국제거래에 대한 감시, 통제 및 조정 기능을 축소하였다. 이로 인해 단기외채 도입의 누적현상을 방치하여 1997년 태국에서 비롯된 외환위기에 연쇄적으로 노출되어 급기야는 국제통화기금(International Monetary Fund: IMF)에 구제금융을 신청하게 된다.

1997년 말 외환위기 와중에서 대통령으로 당선된 김대중은 IMF가 긴급구제금융 제공의 요구조건으로 제시한 거시경제운용의 개혁, 금융시장 개혁, 기업의 지배구조 개혁, 무역자유화, 노동시장의 개혁 등 다섯 가지 경제 구조조정을 받아들여 이에 착수하기로 약속한다(정진영, 2000). 이러한 IMF의 요구는 경제의 각 분야에서 국가의 개입을 대폭 축소하고 노동시장을 개혁하여 기업으로 하여금 쉽게 노동자를 해고하거나, 단기간의 계약을 통한 고용을 가능하게 하는 것을 골자로 하고 있다. 이러한 구조조정 정책을 실시하기 위해 김대중 당선자는 사회적 합의를 통한 개혁을 실시하기 위해 노사정 위원회를 개최하였다. 이 위원회에는 정부, 재계, 노동계, 정책 전문가들이 참석을 하였다. 특히 그동안 정부로부터 대화의 상대로 인정을 받지 못하던 민주노총이 참석하게 됨에 따라 노사정 위원회는 이익집단의 조정기관으로서의 면모를 갖게 된다(박 동, 2001).

노사정 위원회는 IMF에서 요구했던 구조조정 정책을 수용하되 이러한 정책시행으로 발생하는 실업과 같은 사회적 결과에 정부가 적극적인 대책을 마련한다는 합의안에 이르렀다. 즉각적으로 정부는 실업대책을 위한 종합대책을 마련하여 공공근로사업을 실시하였고, 조건이 까다로워 효과적이지 못했던 고용보험의 실업수당 제도를 개선하였다. 이 이후 김대중 정부는 1999년 '생산적 복지'라는 정책 패러다임을 제시하며 적극적으로 사회정책 확대에 나섰다. 이를 통해 상대적 빈곤의 개념과 복지에 대한 사회권에 근거한 국민기초생활보장법을 도입하였고(안병영, 2000), 행정과 재정의 단계적 통합을 실시하여 의료보험을 국민의료보험으로 개편하였다. 이밖에도 실업자가 보다 쉽게 직장을 찾을 수 있도록 훈련프로그램을 강화하고 고용서비스도 확대했다.

장애인 보호정책에 있어서는 장애인고용촉진법에서 의무고용제를 기업주에게 강제하고 이를 어기면 처벌하는 접근을 넘어 장애인의 재활도 동시에 강조하는 장애인고용촉진 및 직업재활법이 2000년에 만들어졌다. 이 정책은 장애인의 직업재활에 장애인 고용부담금의 3분의 1을 의무적으로 사용하고, 중증장애인, 여성장애인에 대한 지원을 강화하는 것을 목표로 하고 있다(최무현, 2003). 장애인고용촉진법의 한계로 지적되었던 기능수행과 잠재력의 제고에 초점을 맞춘다는 점에서 사회적 평등의 측면에서 진일보한 정책이라고 보이나, 정책결과에 대해서는 실증적 연구를 통한 검증이 필요하다고 하겠다.

이러한 사회정책 패러다임으로서 생산적 복지는 사회적 약자에 대한 보호를 사회적 권리로서 접근한다는 점에서 사회적 평등에 있어서의 중요한 변화를 의미한다. 그러나 지금까지 한국행정에서 가장 중요한 가치로서 설정되어온 경제발전에도 여전히 중요한 의미를 부여하고 있다. 생산적 복지의 핵심에 노동자의 재훈련, 실업자의 재취업 등 적극적 노동시장 정책이 위치하고 있다는 점이 이를 잘 말해 준다. 이러한 면에서 김대중 정부의 생산적 복지 정책 패러다임은 경제발전이라는 정책목표와 더불어 이에 종속적인 혹은 도구적 가치를 가졌던 사회적 평등에 대등한 의미를 부여하고 있다고 해석할 수 있다.

김대중 정부에 이은 노무현 정부는 '참여정부'의 기치 아래 복지정책에서도 '참여적인 복지'를 실시할 것을 천명하였는데 이는 근본적으로 생산적 복지와 다르지 않은 것으로 여겨진다. 단적인 예로 노무현 정부는 저출산, 고령화에 대한 장기적 대비를 위해 장기요양보험, 유아 및 아동에 대한 사회적 돌봄을 확충하는 정책을 강조하고 있는데, 여기에는 이러한 사회적 수요에 대응함과 더불어 여성과 노인의 경제적 참여를 확대하려는 경제발전의 논리도 잡고 있다. 그리고 노무현 정부는 인적 자본의 형성을 통한 성장기반의 확보에 정책적 강조점을 두어 복지정책이 단순히 복지만을 위한 것이 아니라 경제성장에도 기여할 수 있는 복지와 성장의 동반전략을 구사하면서 김대중 정부의 생산적 복지의 틀을 유지하겠다고 강조하고 있다(대한민국정부, 2006).

그러나 김대중, 노무현 정부의 사회적 평등에 대한 정책적 강조에도 불구하고 노동시장의 구조변화에 따라 사회적 계층간 괴리가 강화되고 고착화되는 현상이 나타나고 있다는 점을 지적해야 할 것이다. <표 6>에서 보는 바와 같이 경제위기 이후 노동시장의 개혁으로 지속적으로 증가하고 있는 임시직, 비정규직에 근무하고 있는 노동자와 정규직 근로자 간의 소득격차가 확대되고 실업의 위험이 임시직, 비정규직에게서 훨씬 높게 나타나고 있다. 국민연금과 고용보험 등에서 정규직은 대상자들의 거의 대부분이 보험에 가입하여 보호를 받고 있지만 비정규직 노동자들은 아직도 많은 사람들이 가입하고 있지 못하고 있다(<표 7> 참조). 불안정한 고용직위로 인해 사회적, 경제적 위험에 처할 위험이 훨씬 높은 사람들이 사회보험을 통해 보호를 받지 못한다면, 사회적 평등을 추구하는 정책으로서의 효과성은 매우 부정적이라고 할 수밖에 없다.

표 6 고용직위의 변화(성별)

		1990	1995	1997	1998	2000	2005
남성	정규직	64.5	67.6	64.6	64.7	59.2	62.3
	비정규직	25.5	32.4	35.4	41.9	40.8	37.7
여성	정규직	37.6	42.8	38.4	34.8	31.1	38.2
	비정규직	62.4	57.2	61.6	64.2	66.9	61.8

자료: 한국통계청(www.nso.go.kr).

| 표 7 | 고용직위에 따른 사회보험 가입 격차 |

	국민연금		국민건강보험		고용보험	
	2001	2007	2001	2007	2001	2007
임금소득자 전체	51.8	62.6	54.3	63.9	46.9	55.6
정규직	92.7	98.8	94.8	99.3	80.0	83.6
비정규직	19.3	33.9	22.2	35.8	20.7	33.3

자료: 김유선(2001; 2007).

전병유(2003)에 따르면 경제위기 이후 고용안정성의 학력별, 소득계층별 차이가 오히려 줄어들고 있다는 것을 알 수 있다. 정리해고 등으로 인한 실업으로부터 자유로 웠던 공공부분 노동자, 고임금, 고학력 노동자들의 해고 확률은 아직도 다른 부분의 노동자들에 비해 낮지만 증가율은 더 높다는 것이다. 다시 말해 정규직도 과거에 비해 실업의 위험에 많이 노출되고 있다는 것이다. 그런데 전병유·김복순의 최근 연구 (2005)는 소득계층을 중심으로 볼 때 최저소득을 제1분위 계층이라 할 때 중간소득계 층인 제5분위, 6분위의 일자리는 감소하는 반면, 저소득층인 제1분위, 2분위와 고소득 인 제9분위, 10분위는 상대적으로 고용이 증가하고 있다고 지적하고 있다. 이들은 제 조업에서 숙련편향적 노동수요와 구조조정을 통한 비정형 고용의 활용으로 이러한 현 상이 나타나고 있음을 지적하고 있다(전병유·김복순, 2005). 아직 불확실한 것은 이러 한 중간소득계층 일자리가 축소되는 것이 곧 저소득 계층이 저소득의 함정에서 빠져 나오지 못하고 고착화되느냐의 여부이다. 그러나 이미 관찰된 현상만으로도 사회적 평등의 관점에서 우려할 만한 일이라고 할 수 있다. 여유진·김태완(2005)에 따르면 1996, 2000, 2003년의 가처분 소득의 지니계수가 0.28, 0.33에서 0.34로 악화되고 있 다는 지적은 이러한 우려가 근거가 없는 것이 아님을 보여준다(여유진·김태완, 2005).

요약하면 김대중 정부 이후 사회적 약자에 대한 사회정책적 보호가 지속적으로 확대되어 왔음에도 불구하고 경제위기 위기 이후 노동시장의 구조개혁과 노동수요의 변화로 사회적 격차가 증가하고 있다. 아직까지 이러한 사회적 격차의 확대가 체계적 으로 고착되어 특정계층에게 지속적인 불이익을 주어 기회의 평등을 위협하고 있는 지, 경험적으로 뚜렷이 검증하기에는 시간적으로 이른 감이 없지 않다. 하지만 사회 적 약자에 대한 보호, 적극적 노동시장 정책과 같은 사회정책의 확대에도 불구하고 경제구조의 변화에 따른 사회적 격차의 확대가 더 빠르게 진행되고 있다는 점은 분명 하다 할 것이다.

VII. 사회적 평등과 경제발전의 새로운 위상정립

지금까지 논의한 바와 같이 김대중 정부 이전의 한국의 사회정책은 경제발전의 수단으로서 사용되었고 사회적 약자보다는 산업화에 전략적 중요성을 갖는 대기업 노동자 등을 중심으로 사회적 보호를 제공하는 특징을 보이며 형성, 발전해왔다. 그럼에도 불구하고 해방이후 국가형성기의 토지개혁과 교육기회의 확대로 사회적 평등은 발전국가의 전형이었던 박정희 정부가 성공적으로 산업화 정책을 시작할 수 있게 하였다. 그러나 1970년대 중반 이후 재벌을 중심으로 한 집중을 통해 경제성장을 추구하면서 사회적 불평등이 분명히 노정되기 시작하였다. 1970년대 말 박정희 정부의 몰락에는 겉으로 나타난 정치적 사건 뒤에 사회적 불평등의 심화가 작용하고 있었다고 할 것이다. 이에 비해 김대중 정부와 노무현 정부에서는 복지와 경제성장을 동시에 추구하는 정책구상을 제시하고 있다. 따라서 경제성장을 강조한다는 점에서 김대중 정부 이전과 이후의 사회정책의 목표는 계속성을 갖는 반면, 김대중 정부 이후에서는 사회정책의 1차적 목표인 사회적 약자의 보호를 통한 평등의 제고를 가장 중요한 정책목표로 설정하기 시작했다는 점에서 새로운 변화를 보이고 있다.

다시 말해 경제발전에 보다 중요한 초점을 맞추어 사회적 보호 대상을 전략적 산업 노동자, 국가 관료 등에 우선하는 선택적(selective) 사회정책 패러다임이 경제발전을 강조하면서도 사회적 약자를 보호하는데 노력을 경주하는 포용적(inclusive)인 패러다임으로 변화시켰다고 평가할 수 있다. 또한 정치적으로는 권위주의적 정치에서 민주주의적 의사결정이라는 정치체제의 변화가 평등을 추구하는 사회정책의 변화에 배경으로 작용하고 있다. 그러나 경제적인 측면에서 보면 오히려 사회적 위험의 광범위한 확산과 노동시장에서 경제적 격차의 확대는 한국에서 사회적 평등의 변화를 간단히 예측할 수 없게 만들고 있다. 바로 이러한 측면에서 사회정책의 확대를 통한 사회적 약자의 보호와 평등의 제고를 간단히 낙관할 수 없는 것이다.

더욱이 한국 사회가 앞으로 직면할 노령화, 저출산, 가족구조 변화, 새로운 직업구조 등의 사회적 도전들을 감안하면 사회적 위험의 증대로 기회의 평등에 대한 도전과 사회적 약자가 겪는 생활의 어려움이 한층 증가할 것은 분명하다. 더욱이 세계화로 인한 국제적 경쟁의 가속화로 인해 경제적 불안정성은 더욱 증가할 것이다. 이에 따라 교육수준이 낮은 사람, 노령층, 장애인과 같은 전통적인 사회적 약자뿐만 아니라 상대적으로 안정된 생활을 하였던 사람들도 경제적 위험에 처할 가능성이 높아지고 있다. 반면에 한국의 복지국가를 구성하고 있는 중요한 사회정책 프로그램은 아직도 정책집행에 있어서 경험이 일천하여 성숙단계에 이르지 못하고 있는 것이 사실이다. 국민연금은 아직도 본격적으로 연금수급권자에게 연금을 지급하지 않고 있으나 벌써부터 재정적 안정성이 우려되고 있다. 행정적, 재정적 통합을 이룬 국민건강보험제도는 아직도 불필요한 의료수요와 과잉진료를 발생시키는 행위별 수가제도를 개선하지 못하고 있으며, 노령화 사회에 발생할 노인의료 수요에 대해 장기요양보험은 뚜렷한 정책방향을 정하지 못하고 있다. 국민기초생활보장제도, 고용보험제도 등 다른 사회정책도 사정은 크게 다르지 않다. 여성정책과 장애인 정책도 여성과 장애인에게 기회의 평등과 약자로서 보호가 실효성있게 집행되고 있는지 아직 확실해 보이지 않는 것도 사실이다. 교육분야에서는 교육이 사회계층 간의 이동을 막고 격차를 고착화하는 기제로서 작용하고 있다는 지적이 계속되고 있다.

이러한 문제점을 들어 사회정책의 대폭적인 축소를 주장하는 개혁의 목소리도 강하게 제기되고 있다. 예를 들어 한국의 국민연금, 공무원연금의 재정 건전성의 취약성을 지적하면서, '재정파탄', '깡통재정' 등의 과장된 표현을 사용하면서 급진적 개혁이 없이는 제도가 붕괴할 것이라는 지적들이 있다. 이러한 지적들은 공적연금제도의 문제점을 지적하면서 정책적 개선의 필요성을 부각시키는 긍정적인 측면이 있는 반면, 사회정책과 복지국가 전체의 제도적 신뢰성을 심각히 훼손하는 의도하지 않은 결과를 만들고 있는 것이 사실이다.

그러나 정책적 개선의 필요성을 지적하기 위해 반드시 파국론을 상정할 필요가 없다. 더욱이 경제구조에 의해 사회적 위험이 확대되고, 불평등이 확대될 것이 예상되는 상황에서 사회정책의 중요성은 더욱 강조되어야 할 것이다. 하지만 노무현 정부가 주장하듯이 한국의 사회복지 지출(GDP 대비 정부＋민간＝11.4%)이 OECD 평균(22.6%)과 비교하여 볼 때 현저히 낮기 때문에 재정지출을 확대하는 데 여유가 있다는 식(국민경제자문회의, 2006)의 논리는 옳지 않은 것으로 보인다. 그보다는 사회적 위험의 대비, 사회적 약자에 대한 보호가 우선되어 결과적으로 사회복지 지출의 규모가 결정되어야 할 것이다. 늘어나는 재정부담을 어떻게 하면 지속가능한 범위에서 통제, 조절할 것인가 하는 점은 여전히 중요한 정책과제인 것이다.

한편으로 한국 사회정책의 중요한 특징이었던 경제적 측면에서의 '발전적' 기능도 보완, 발전시켜 나가야 할 것이다. 과거에는 경제발전에 도구적 성격만을 강조하고 사회적 약자에 대한 보호를 등한시 한 것이 사실이지만, 이제는 사회적 약자를 보호하는 데 정책적 강조를 두면서도, 약자 스스로가 경제적으로 재기할 수 있도록 하는 사회정책의 개발에 노력해야 할 것이다. 미시적으로 볼 때 사회적 약자에게 보호와 함께 기회가 주어져 모든 시민 개개인이 그들의 잠재력(capability)을 최대한 발휘한다면 궁극적으로 사회적 평등이 제고될수록 경제발전에 기여하게 될 것이다. 거시적 측면에서 사회적 평등과 경제발전의 순기능적 측면도 강조되어야 할 것이다. 지난 60여 년간 한국이 지속적인 경제발전을 할 수 있었던 것은 발전국가를 통한 경제우선의 정책뿐만 아니라 경제발전에 광범위한 사회적 참여가 있었고 이를 가능하게 한 사회적 평등이 존재했기 때문이다. 한편 현재의 상황을 보면, 점점 치열해지는 국제적 경쟁으로 노동시장의 유연화, 경제적 보상의 차등화 등은 불가피한 현상이라고 하더라도, 이로 인한 사회적 불평등의 심화를 그대로 방치한다면 경제성장의 기초를 침식하게 되어 국내·외적 충격에 취약한 경제구조를 갖게 될 것으로 판단된다. 또한 사회적 갈등을 유발하여 궁극적으로는 한국 경제의 정체를 가져오게 될 것이므로 사회적 평등과 경제발전을 동시에 추구하는 정책이 꼭 필요하다고 할 것이다.

참고문헌

권순원. (1992).「분배불균등의 실태와 주요정책과제」. 서울: 한국개발연구원.

경제기획원. (1960).「인구 주택 국세 조사보고」. 서울: 경제기획원.

국민경제자문회의. (2006). OECD 선진국과 우리나라의 사회복지 지출 비교. 미간행 보고서.

김광웅. (1983). 정치복지론: 대통령 시정연설문 내용분석(1962-1983).「한국정치학회보」, 17(1).

김상균. (1998). 국가정책의 빈곤감소 효과.「빈곤퇴치」. 서울: UNDP 한국대표부.

김성호. (1997). 농지개혁연구: 이데올로기와 권력투쟁을 중심으로 하여. 김경림 편,「한국사 연구 논선」. 서울: 아름출판사.

김영화. (2002). 교육평등과 불평등.「교육비평」, 7호.

김영화 외. (1993).「한국의 교육불평등」. 서울: 교육과학사.

김유선. (2001; 2007). 비정규직의 규모와 노동조건. 서울: 노동과 사회연구소.

김일영. (2001). 한국의 근대성과 발전국가. 정용덕 외,「국정관리제도의 재발견」. 서울: 대영문화사.

_____. (2004).「건국과 부국: 현대한국정치사 강의」. 서울: 생각의 나무.

김재관. (1993).「한국 의료보험에 관한 정책논쟁분석: 조합주의와 통합주의 논쟁을 중심으로」. 박사학위논문, 성균관대학교.

노동부. (1981). 「산재보험 15년사」. 서울: 노동부.

대한민국정부. (2006). 「함께 가는 희망 한국: Vision 2030」. 서울: 대한민국정부.

박 동. (2001). 한국에서 '사회협약 정치'의 출현과 그 불안정성 요인분석. 「한국정치
    학회보」, 34(4): 161－177.

박태균. (2003). 1960년대 경제개발 신화의 형성과 확산. 유철규 편, 「한국자본주의 발
    전모델의 역사와 위기」. 서울: 함께 읽는 책.

신병식. (1988). 한국과 대만의 토지개혁에 관한 연구. 「한국과 국제정치」, 4(2).

안병영. (2000). 한국의 국민기초생활보장법 제정에 관한 연구. 「행정논총」, 38(1).

여유진·김태완. (2005). 「한국의 소득불평등 동향과 정책방향」. 서울: 한국보건사회연구원.

원시연. (2007). 한국 여성정책의 변천에 관한 제도주의적 연구. 「한국정치연구」,
    16(1).

유인호. (1975). 「농지제도 연구」. 서울: 집문당.

이영환·김영순. (2001). 사회복지발달의 계급정치. 이영환 편, 「한국 시민사회의 변동
    과 사회문제」. 서울: 나눔의 집.

장화경·정경애. (2001). 산업화와 여성노동. 이영환 편, 「한국 시민사회의 변동과 사회
    문제」. 서울: 나눔의 집.

전병유. (2003). 국가와 노동자 변화. 유철규 편, 「한국자본주의 발전모델의 역사와 위기」.
    서울: 함께 읽는 책.

전병유·김복순. (2005). 노동시장의 양극화와 정책과제: 고용 양극화를 중심으로. 「노
    동리뷰」, 7.

전영평·이곤수. (2002). 항해와 정박효과의 은유를 통한 장애인 고용정책집행의 해석.
    「한국행정학보」, 36(1).

정진영. (2000). 금융위기의 정치경제학과 정책논리: 무슨 일이 일어나고 있는가? 「경
    제와 사회」, 봄호.

정태수. (1995). 한국의 교육개혁과 교육제도의 변천. 「교육법학연구」, 7호.

조석곤. (2003). 농지개혁과 한국자본주의. 유철규 편, 「한국자본주의 발전모델의 역사
    와 위기」. 서울: 함께 읽는 책.

최무현. (2003). 한국의 장애인 고용정책 과정에 관한 연구: 장애인 고용촉진 및 직업
    재활법 개정과정을 중심으로. 「한국행정연구」, 12(4).

한국통계청. (2007). www.nso.go.kr

황한식. (1981). 미군정하의 한국농업. 「농업정책연구」, 8(1).

Adelman, I. (1997). Social Development in Korea, 1953−1993. In D. Cha, K. Kim, & D. Perkins(eds.), *The Korean Economy 1945−1995*, 509−540. Seoul: Korea Development Institute.

Deininger, K. & Binswanger, H. (1999). The Evolution of the World Bank's Land Policy: Principles, Experience and Future Challenges. *The World Bank Research Observer*, 14(2): 256.

Dasgupta, P. & Debraj R. (1987). Inequality as a Determinant of Malnutrition and Unemployment: Policy. *Economic Journal*, 97: 177−188.

Draibe, S. (2005). *The Brazilian Developmental Welfare State: Rise, Decline and Perspective*. UNRISD.

Haggard, S., & Moon, C. I. (1990). Institutions and Economic Policy: Theory and a Korean Case Study. *World Politics*, 42(2): 210−237.

Im, H. (1987). The Rise of Bureaucratic Authoritarianism in South Korea. *World Politics,* 39(2).

Kohli, A. (2004). *State−Directed Development: Political Power and Industrialization in the Global Periphery*. New York: Cambridge University Press.

Kwon, H. J. (2007). Advocacy Coalitions and Health Politics in Korea. *Social Policy & Administration*, 41(2): 148−161.

_____. (ed.). (2005). *Transforming the Developmental Welfare State in East Asia*. London: UNRISD/Palgrave.

Kwon, H. J., & Yi, I. (2007). *Development Strategies, Welfare Regimes and Poverty Reduction in Korea*. Unpublished manuscript, Geneva.

Kwon, S. (1998). The Korean experience of poverty reduction: lessons and prospects. In KDI/UNDP(ed.), *Poverty Alleviation*. Seoul: Korea Development Institute.

Marx, K. (1875). 「Critique of Gotha Programme」, reprinted in (Marx, K., & Carver, T. (1996). *Marx : later political writings*. Cambridge; New York: Cambridge University Press.

Nozick, R. (1974). Anarchy, state, and utopia. New York: Basic Books.

Nussbaum, M. C. (2000). *Women and human development: the capabilities approach*. Cambridge: Cambridge University Press.

Park, B.−G. (2001). Labor regulation and economic change: a view on the Korean economic crisis. *Geoforum*, 32(1): 61−75.

Rawls, J. (1971). *A theory of justice*. Cambridge, Mass.: Belknap Press of Harvard University Press.

Sen, A. (1993). Capability and Well−Being. In M. C. Nussbaum & A. Sen(eds.), *The Quality of Life*, 453. Oxford: Oxford University Press.

_____. (1999). *Development as Freedom*. New York: Alfred A. Knopf.

World Bank. (2006). *World Development Report 2006*. Washington DC: World Bank.

▶ ▶ ▶ **논평**

김영민(인하대학교 행정학과 교수)

1. 사회적 평등과 발전

저자가 2007년에 쓴 이 논문은 그 주제가 지금 더 절실하게 우리에게 다가온다. 사회적 양극화가 날로 심화되는 이 시점에서 한국 사회에서 사회적 평등과 발전의 관계를 사회정책과 관련시켜 논의하는 것은 의미 있는 일이다. 저자는 이 논문에서 "그동안 한국 정부가 가장 중요한 정책목표로 설정해온 경제발전이 사회적 평등의 추구를 목적으로 하는 사회정책에 어떠한 영향을 끼쳤고 그 결과는 무엇인지를 살펴보고" 있다.

저자는 사회적 평등을 '기회의 평등'과 '사회적 약자 보호'로 개념화하고 있다. 기회의 평등은 누구나 정치적, 경제적, 사회적으로 동일한 기회를 가져야 한다는 민주주의의 원리에 부합한다. 저자가 인용한 Sen(1993)에 의하면, 누구나 자신의 삶을 영위하기 위해서는 최소한의 '잠재력(capability)'과 '기능수행(functioning)'을 위한 자원을 소유해야 하는데, 사회적 약자 보호는 그렇지 못한 사람들에 대한 국가의 정책적 개입이다. 이 논문에는 저자가 사회적 평등이라는 추상적인 개념을 놓고 고민한 흔적이 역력하게 나타나고 있는데, 사회정책을 논의하는 준거로서 사회적 평등을 기회의 평등과 사회적 약자 보호로 구성한 것은 매우 적절한 것으로 보인다.

발전이라는 개념도 추상적이기는 마찬가지이다. 이른바 '발전국가(developmental state)'를 경험한 한국에서는 오랜 기간 발전은 곧 경제발전을 의미하였기 때문에 사회적 평등과 긴장 관계에 있을 수밖에 없었다. 그러나 저자는 "발전을 인간 삶의 다양한 측면에서 긍정적인 변화로 보는 (발전에 대한) 광의의 해석은 앞에서 논의한 사회적 평등과 일맥상통하는 것으로 서로 긴장 관계에 있기보다는 오히려 상호 보완 관계에 있다"고 보고 있다. 그렇다면 발전과 사회적 평등과의 관계를 어떻게 볼 것인가? 한국행정에서는 발전의 개념을 어떻게 설정해 왔는가? 한국사회에서 사회적 평등에 영향을 미친 요인은 무엇인가? 사회정책이 사회적 평등에 미친 영향은 어느 정도인가?

2. 사회구조와 사회정책

명확하게 밝히고 있지는 않지만 평자가 보기에 저자는 위와 같은 만만치 않은 질문들에 답하기 위하여 '역사적 구조주의(historical structuralim)' 방법론에 의지하고 있는 것 같다. 역사적 구조주의에 따르면 역사 속의 어떤 사건(사회정책)의 의미를 정확하게 이해하기 위해서는 그것을 부분으로 포함하고 있는 사회구조 안에서 통합적으로 인식하여야 한다.[1] 저자에 의하면 "이러한 질문에 대해 대답하기 위해서는 사회적 평등을 위한 정책을 고려함과 더불어 거시적인 측면에서 사회적, 정치적, 경제적 구조에 대해서도 고려해야 할 것이다. 그것은 사회적 평등과 같은 정책목표는 정치적 결정에 따라 정책적으로 단기적으로 조정 통제될 뿐만 아니라, 장기적으로 사회구조의 변화에 영향을 받으며, 때로는 이러한 구조적 영향이 정책적 개입보다 더 많은 영향을 끼치기 때문이다." 저자는 한국 사회정책을 논의하는 데 있어서 그 정책이 입안되고 집행될 당시의 사회구조의 중요성을 아주 길게 강조하고 있는 것이다.

저자의 논점은, 사회구조가 사회정책에 영향을 미치며 사회정책이 사회적 평등에 영향을 미치는데, 그 영향의 정도는 다시 사회구조에 의해서 영향을 받는다는 것이다. 물론 사회적 평등에 영향을 미치는 사회정책으로 공공부조, 연금, 의료, 실업 등에 대한 좁은 의미의 사회정책뿐만 아니라 교육정책, 여성정책, 장애인 정책들을 포함시키고 있다. 경제발전도 마찬가지다. 사회구조가 경제정책에 영향을 미치며 경제정책이 경제발전에 영향을 미치는데, 그 영향의 정도는 다시 사회구조에 의해서 영향을 받는다. 결국 사회적 평등과 경제발전의 관계는 사회정책과 경제정책의 영향을 받지만 사회구조 안에서만 그 정도와 의미를 제대로 확인할 수 있다. 이러한 저자의 입장은 같은 정책이 시대와 상황에 따라 다른 효과를 내는 일종의 '정책 착란'이라고 부를 수 있는 현상을 이해하는 데 매우 중요한 실마리를 제공하고 있다.

3. 사회정책의 전개

저자는 한국 현대사를, 국가형성기, 발전국가기, 민주화기, 경제적 구조조정기로 나누어 사회정책의 변화를 살펴보고 있다. 국가형성기의 토지개혁(1950)은 불완전하기는 하지만 한국 사회의 사회적 평등을 달성하는 데 ─ 사회적 불평등을 완화하는 데 ─ 기여한 것은 사실이다. 토지개혁이 경제발전에 미친 영향은 간접적으로 나타났다.

---

1) 역사적 사건과 사회구조의 관계는 신용하 편(1982), 「사회사와 사회학(창비신서 42)」 참고.

토지개혁으로 농토를 소유할 수 있게 된 농민들이 자녀들을 교육시킬 수 있는 여력을 갖게 되어 국민들의 교육 수준이 급격히 향상되었으며, 이들의 양질의 노동력을 바탕으로 경제발전이 가능했기 때문이다. 발전국가기의 경제발전 추진은 국가의 모든 역량을 동원하는 그야말로 총력전이었다. 그러나 이 시기에도 사회정책을 전혀 실시하지 않은 것은 아니었다. 공공부조, 산재보험, 의료보험과 같은 기본적인 사회정책들이 도입되었으며, 직업교육, 기능교육, 과학기술교육 등 경제발전에 도움이 되는 교육정책에는 매우 적극적이었다.

민주화기의 가장 큰 특징은 경제발전 과정에서 억압되어 있던 시민사회의 요구가 분출하였다는 점이다. 대상자 전 국민 확대와 의료보험조합 통합 등 의료보험제도를 둘러싼 활발한 논쟁에서 보는 바와 같이 "사회정책에 관한 논의가 1980년대 민주화 운동과 함께 정치적 성격을 띠고 사회적 평등의 관점에서 보다 많은 시민단체, 이익집단, 전문가 단체 등으로 확산되어 나갔다." 그동안 차별받아 왔던 여성과 소외되어 왔던 장애인들도 자기 목소리를 내기 시작하여 이들을 대상으로 하는 사회정책들도 도입되기 시작하였다. 한국에서 정부 차원에서는 처음으로 노동, 교육, 가족의 영역에서 여성에게 부과되는 차별을 철폐하여 사회적 약자로서의 여성을 보호하는 여성정책이 입안되었다. 장애인들도 전국 수준의 대규모 집회를 개최하는 등 자신들의 요구를 적극적으로 표출하기 시작하였다. 이 시기에 심신장애자복지법, 직업안정법, 장애인고용촉진법 등 장애인 관련법이 제정된 것은 이런 정치사회적 변화를 배경으로 하고 있었다. 기회의 평등과 사회적 약자 보호라는 사회적 평등의 관점에서 보면 민주화기의 사회정책은 확실히 진일보한 측면이 있다. 그러나 이 정책들이 "실효성 있는 결과를 창출하기에는 한계가 있었다는 점에서 민주화 시기는 사회적 평등을 위한 정책적 전환기라고도 평가할 수 있을 것이다." 저자는, 이 시기에 발전국가기까지 기회의 평등에 절대적으로 기여하던 한국의 교육이 오히려 계층적 특권으로 인한 사회적 불평등을 야기할 조짐이 나타나고 있었다는 점도, 강조하여 지적하고 있다. 중산층 이상과 하위층 자녀들의 대학진학률의 격차가 벌어지기 시작한 것이다.

IMF 외환위기(1997) 전후의 한국사회는 그야말로 격동 그 자체였다. 선진국 클럽인 OECD 가입(1996) 축하 샴페인을 채 들이키기도 전에 IMF 긴급 구제 금융을 받아야만 하는 신세로 전락하였다. 민주화기 이후 절차적 민주주의의 진전으로 국민들의 정치적 주권은 회복되었으나 평등과 참여를 강조하는 실체적 민주주의에 중대한 위기가 닥친 것이다. 발전국가기와 민주화기에 응축(凝縮)된 한국사회의 모순들이 적나라하게 들어난 이 시기에 경제적 구조조정과 복지제도 재편은 불가피한 일이었다. 경제운용, 금융, 기업, 무역, 노동 등 전 방위에 걸친 경제 구조조정이 외부에 의해서 강요되었고 실업과 빈곤 같은 부작용에 대한 종합적인 대책이 시급하게 요구되었다. 비록 외부적 충격에 의한 것이었지만 경제발전 일변도에서 탈피하여 사회적 평등을 확대하기 위한 사회정책의 일대 전환이 필요한 시점이자 기회였다. 그러나 당시 한국이 처한 경제 현실은 경제발전을 외면하고 사회정책만을 강조할 형편이 못되었다. 이 시기의 "사회정책 패러다임으로서 '생산적 복지(1999)'는 사회적 약자에 대한 보호를 사회적 권리로서 접근한다는 점에서 사회적 평등에 있어서의 중요한 변화를 의미한다. 그러나 지금까지 한국행정에서 가장 중요한 가치로서 설정되어온 경제발전에도 여전히 중요한 의미를 부여하고 있다." 이러한 사정은 복지 자체보다는 경제발전을 위한 인적 자본 형성을 강조하는 '참여 복지(2003)'에도 그대로 드러났다. 결국 이 시기에도 사회적 평등에 대한 정책적 강조에도 불구하고 사회적 불평등이 오히려 심화되는 결과를 초래하게 되었다.

4. 사회정책의 방향

이 논문을 통해서 우리는 한국사회의 사회적 불평등이 경제발전을 강조하던 발전국가기가 아니라 민주화기 이후에 오히려 더 심화되기 시작한 이유를 짐작할 수 있다. 실체적 민주주의에 도달하지 못한 불완전한 민주화에도 원인이 있고 갑자기 들이닥친 IMF 외환위기와 같은 외부적인 요인도 작용하였다. 무엇보다도, 지금도 마찬가지지만, 경제발전에 미련을 버리지 못한 한국정부의 미온적인 사회정책에 가장 큰 책임이 있다. 저자의 방식으로 표현하자면 사회구조적 요인과 사회정책적 요인이 동시에 작용한 것이다.

저자에 따르면 한국사회의 "사회적 불평등의 심화를 그대로 방치한다면 경제성장의 기초를 침식하게 되어 국·내외적 충격에 취약한 경제구조를 갖게 될 것"이며 "사회적 갈등을 유발하여 궁극적으로 한국 경제의 정체를 가져오게 될 것"이다. 더구나 "한국사회가 앞으로 직면할 노령화, 저출산, 가족구조 변화, 새로운 직업구조 등의 사회적 도전들을 감안하면 사회적 위험의 증대로 기회의 평등에 대한 도전과 사회적 약자가 겪는 생활의 어려움이 한층 증가할 것은 분명하다." 한국사회는 잘못하면 사회적 평등과 경제발전이라는 두 마리 토끼를 모두 놓칠 수 있는 중차대한 국면에 있는 것이다. 저자는 이 논문에서 한국 사회정책이 나아가야 할 방향을 명확하게 제시하고 있는데, 이 방향 제시는 지금도 여전히 유효하다.

한국 현실에 타당한 주인의식의 개념화와 측정도구 개발: 공공기관의 구성원을 대상으로

논문 | 유민봉

    Ⅰ. 문제인식과 연구목적

    Ⅱ. 이론적 논의

    Ⅲ. 연구방법 및 분석결과

    Ⅳ. 논 의

    Ⅴ. 결 론

논평 | 김대건

한국 현실에 타당한 주인의식의 개념화와 측정도구 개발: 공공기관의 구성원을 대상으로[*]

유민봉(성균관대학교 행정학과 교수)[**]

∾ 프롤로그 ∾

이 논문의 주제에 관심을 갖게 된 것은 행정학 연구에서 중요한 위치를 차지하는 설문조사의 과학적 엄밀성을 확보하지 않고는 행정학의 발전을 담보할 수 없겠다는 생각에서였다. 특히 행태론 연구의 주요 변수 측정이 외국에서 개념화되고 개발된 설문에 의존하고 있는 한 한국 행정현상을 더 잘 설명하는 적실성 높은 연구를 기대하기 어렵겠다는 생각에서 출발하였다.

실제로 논문을 준비하기 이전의 5년간(2006-2010) 한국행정학보에 게재된 일반논문 246편을 분석해본 결과, 1/4에 해당하는 68편이 설문척도를 활용한 논문이었다. 이들 논문에서 변수를 측정하기 위하여 사용된 설문 중 출처가 다른 것은 263개이었는데, 기존 설문을 사용한 것이 68.8%, 저자가 구성하여 사용한 것이 27.0%, 출처를 밝히지 않은 것이 4.2%였다(다음쪽 표).

표에서 보듯이 기존 설문을 이용한 경우, 외국에서 개발된 설문이 173개(95.6%)로 국내에서 개발된 설문보다(8개) 절대적으로 다수이다. 외국 설문 사용의 경우에는 다시 기존 외국 설문을 새롭게 재구성하여 쓴 경우가 148개로 가장 많았다. 이들 중에는 기존의 여러 연구 결과나, 전문가 또는 심층면접을

* 이 논문은 2012년 『한국행정학보』, 제46권 제1호, pp. 207-237에 게재된 글을 수정·보완하였다.

** 이 논문은 심형인(성균관대 국정관리대학원 박사), 안병일(성균관대 국정관리대학원 박사), 최윤정(한국직업능력개발원 연구원)과 함께 저술했음을 표기한다.

구 분				설문 수
1) 기존 설문	① 외국 설문 사용 (173개)	– 기존 번역본을 그대로 사용(6개)	출처만 밝힘	3
			출처 및 특성을 언급	3
		– 새로 번역하여 사용(19개)	저자 직접 번역	18
			전문가 번역	1
		– 기존 설문을 재구성(148개)	후속 연구를 참고	98
			전문가 의견을 참고	2
			저자의 추론	48
	② 국내 설문 사용(8개)		그대로 사용	3
			후속 연구를 참고하여 재구성	4
			저자의 추론	1
	소 계			181(68.8%)
2) 저자 구성	③ 개념에서 추론(70개)		단일 문항으로 구성	20
			다수 문항으로 구성	50
	④ 직접 척도 개발			1
	소 계			71(27.0%)
3) 출처 없음				11(4.2%)
총 계				263(100.0%)

근거로 원래 설문을 재구성하는 경우도(100개) 있었지만 단순히 저자의 추론에 의해 문항이나 단어를 바꾸고 설문문항을 빼거나 추가하는 경우도 48개나되었다. 이렇게 이미 개발되어 있는 기존의 측정 도구에서 후속 연구자의 편의에 따라 문항을 재구성하여 사용하는 경우, 기존 척도의 구조적 특성이 변형되기 때문에 사전조사를 거치는 등의 타당화 작업이 필요하지만 이런 절차를 거친 논문은 8편에 불과하였다.

연구자가 직접 설문 문항을 개발하여 사용한 변수는 71개였는데 70개는 해당 개념의 내용에서 추론하여 문항을 만들어 사용하고 있었다. 이렇게 기존의개념을 문항으로 만들어 사용하는 경우, 개념 정의 자체를 질문으로 만들어사용하거나 연구자가 필요로 하는 답을 직접 질문하는 방식이었기 때문에 내용타당성은 확보할 수 있지만 측정도구가 갖추어야 할 판별타당성이나 수렴타당성을 결여하고 있었다.

설문의 타당성뿐만 아니라 연구결과의 타당성을 확보하기 위해서는 연구대상의 모집단을 대표할 수 있는 표본을 수집하는 것이 필수적이다. 설문 협조가 어려운 현실에서 확률적 표본추출보다 편의 추출이 응답의 성실성을 확보하는 데 유리한 것도 사실이지만, 표본의 대표성을 확보하기 위한 노력을 포기하는 한 의미 있는 이론의 발견은 어렵기 때문이다.

설문조사를 이용한 연구에서 아무리 문제인식이 좋고 의미있는 이론적 발견을 하였다 하더라도 측정도구인 설문의 타당성이 결여되어 있다면 연구 자체가 무의미하다 할 수 있다. 이러한 문제인식을 바탕으로 이 논문은 설문의 타당성을 확보하기 위해 초기의 척도 문항 개발을 위한 심층면접의 실시, 문항을 정제하기 위한 사전조사 2회 실시(확률적 표본추출의 한 방법인 군집표집 원리 적용), 그리고 최종적으로 본조사를 실시하는 등 척도개발에 필요한 엄격한 방법론적 절차를 거쳤다. 설문조사는 행정학을 포함한 사회과학 연구에서 매우 중요한 양적 연구방법이고 실제로 개인의 인식, 태도, 가치를 연구하는 데 적절한 방법이기도 하다. 한국 행정학의 발전을 위해서는 질적 연구, 실험설계 등 연구방법의 다양화와 함께 기존에 널리 적용되어온 설문조사의 과학적 엄밀성을 제고하여야 할 것이다. 이 논문이 이러한 문제인식을 공감하고 확산시키는 데 기여할 것을 기대해 본다.

I. 문제인식과 연구목적

우리나라에서 주인의식이라는 단어는 공공분야와 민간분야, 국가와 지방자치단체, 대기업과 중소기업 등 광범위한 현장에서 빈번하게 사용되고 있다.[1] 정부, 공기

---

[1] 실제 인터넷 검색창에 '주인의식'이라는 용어로 검색을 해보면 이 단어가 얼마나 널리 사용되는지를 확인할 수 있다. 그 중 주인 또는 주인의식이 강조된 대표적인 문장을 열거해보면 다음과 같다:

"대한인(大韓人)이 된 자는 누구든지 명의상 주인은 다 될 것이되 실상 주인다운 주인은 얼마나 되는지 알 수 없습니다. 어느 집이든지 주인이 없으면 그 집이 무너지거나 그렇지 않으면 다른 사람이 그 집을 점령하고, ...(안창호, 1926. 동포에게 고하는 글, 동광, 2호)."

"한국석유공사 강영원 사장은 공기업에 주인의식을 불어넣었다. 저성과와 무임승차와 같은 공기업의 비능률은 주인의식 부재에서 유발된다는 게 그의 생각이었다(경향신문, 2011. 6. 27)."

"(지방공기업의 성과급에 대하여) 공기업 임직원의 주인의식, 나아가서는 윤리의식 부족이다. 자기가 피땀 흘려 이룬 기업이라면, 부채가 산더미같이 쌓이고 있는데 산해진미로 잔치를 하기에 바쁠까(임도빈, 문화일보, 2010. 10. 5)."

업, 사기업, 대학 등 각계각층의 조직에서 주인의식에 대해 강조하고 언급할 때의 문맥을 살펴보면 공통적으로, 구성원들이 주인의식을 가지고 있다면 책임성이 확보되고 조직성과가 향상될 것이라는 가정을 하고 있음을 알 수 있다.

실제 소유권을 가진 주인과 월급을 받고 일하는 고용인의 태도가 다르다는 것은 일상생활에서 경험적으로도 쉽게 알 수 있고, 이론적으로도 주인 – 대리인 모형을 통해 검증되고 있다(Pratt & Zeckhauser, 1985; Rees, 1985; Stiglitz, 1987; Eisenhardt, 1989; Waterman & Meier, 1998). 특히 사기업이 개인 또는 이익을 공유하는 한정된 주인들로 구성된 것과 달리 정부와 공기업의 주인은 엄밀히 말해 국민 모두라 할 수 있다. 즉, 주인 자체가 다양한 이해를 가진 다수의 사람들(국민)이다보니 대리인(공조직)에 대한 통제는 민간기업보다 더욱 복잡하고 어려울 수밖에 없고(Moe, 1984), 조직 구성원의 도덕적 해이나 방관자적인 태도가 나타날 가능성도 높다. 이에 대해 공조직에서는 국정감사, 감사원 및 자체 감사, 행정절차제도, 정보공개제도 등 정부 및 공기업을 통제하기 위한 다양한 제도적 장치를 두고 있지만, 이 역시 제도 자체의 미비(박경귀, 1999; 장지원·문신용, 2004) 또는 정보의 비대칭(Jensen & Meckling, 1976)이라는 근본적인 한계 때문에 쉽지 않다. 특히 민주이념에 근거한 정부통제의 제도화 역사가 짧은 우리나라에서는 제도적인 통제가 미치지 않는 공조직 영역에서 구성원의 주인의식에 더 많이 의존할 수밖에 없는 것이 현실이다.

이처럼 실제 현장에서 중요하게 여겨지고 사용되는 것에 비하여 주인의식에 대한 학문적인 연구는 매우 미흡하다. 행정학 분야에서는 1983년 「지방행정」에 '지방행정과 주인의식'이라는 특집을 통해 주인의식의 중요성을 인식시키는 논문이 발표되었고(고범서; 김대한; 김보현; 신윤표), 실증연구로는 지역민의 심리적 주인의식과 지역관련행동과의 관계를 분석한 논문(김교헌, 1995)이 있을 뿐이다.[2]

한편 경영학 및 심리학 등의 분야에서는 서양에서 1990년대 이후 자신이 일하는 회사나 담당하는 업무에 대해 심리적으로 그것이 내 회사, 내 업무라고 느끼는 것이

"대학도 비록 재단이라는 법적 주인은 있지만 구성원들의 목소리가 여러 갈래라 주인 없는 조직처럼 효율이 떨어질 수 있거든요. 대학도 일종의 공익 추구 집단이라고 보면 주인의식, 책임의식, 목표의식을 불어넣어야 합니다(박종구, 신동아, 2010. 12. 24)."

"실패를 두려워하지 않고 긍정적인 마음가짐을 지닌 사람, 주인의식을 갖고 맡은 일을 반드시 완수하는 사람, 투명하고 공정하게 일하는 사람도 효성이 바라는 인재상이다(한겨레, 2011. 9. 28)."

2) 한국교육학술정보원의 RISS, 한국학술정보의 KISS, 누리미디어의 DBPIA 시스템에서 주인의식을 키워드로 하여 검색하였다.

근무행태에 어떠한 영향을 미치는지에 대한 연구가 진행되어 왔다(Pierce, Rubenfeld, & Morgan, 1991; Pierce, Kostova, & Dirks, 2001, 2003; Dyne & Pierce, 2004; Pierce, Jussila, & Cummings, 2009; Mayhew et al., 2011). 즉, 이들은 어떤 대상에 대한 법적이고 실질적인 소유가 아닌 심리적 소유 상태를 psychological ownership으로 개념화하고 이를 이론화하는 작업을 해 온 것이다. 최근 한국에서도 이들 연구를 받아들여 '심리적 주인의식'으로 번역하여 이에 대한 실증적 연구를 진행하고 있다(이봉세·박경규·임효창, 2009; 추대엽·정유경, 2009; 김광근·김용철, 2010; 배성현·김영진·김미선, 2010; 조영복·이나영, 2010).

하지만 이들 연구는 한국의 조직현장에서 주인의식이 어떻게 이해되고 사용되는지에 대한 검토 없이 서양에서 이뤄진 연구와 개념을 단순히 사전적으로 번역하여 사용했다는 점에서 한계가 있을 수밖에 없다. 각주 1)에서 보는 바와 같이 우리나라 공·사조직의 현장에서 널리 사용되고 있는 주인의식은 서양에서 말하는 psychological ownership과는 분명히 개념적으로 차이가 있고 단순한 수사(metaphor) 이상의 실체적 개념이기 때문이다. 또한 공공분야에 있어서 구성원들이 주인의식을 가져야 한다는 것은 매우 중요한 문제이기도 하다.

이러한 문제인식에서 출발하여 이 논문은 한국의 공공조직 현장에 적합한 주인의식의 개념화를 시도하고 이를 측정하기 위한 설문도구의 개발을 연구목적으로 한다. 이를 위해 우리나라 공공부문 종사자를 대상으로 심층면접과 3차에 걸친 설문조사를 실시하여 문항을 선별하고 측정모형 및 측정도구의 타당도를 확인하였다.

이 논문은 외국에서 개발한 개념과 척도의 적실성을 지적하고 한국의 현실에 적합한 개념화와 측정도구 개발이라는 점에서 그동안 지속적으로 제기되어온 한국행정의 토착화 내지 한국화(이종범, 1977; 조석준, 2004; 한국행정학회, 2005, 2006; 박종민·정무권(편), 2009; 김병섭, 2010; 박통희, 2010)를 위한 중요한 시도가 될 것이다. 또한 주인의식을 조직행태의 한 개념으로 발전시킴으로써 앞으로 선행변수로서 리더십을 포함한 조직 관리변수와 결과변수로서 구성원의 근무태도 및 조직성과와의 관계를 연구하고 이론화하는 데 기여할 것으로 기대한다.

논문 구성은 제2절에서 주인의식 및 측정도구 개발에 대한 개념적 논의와 선행연구를 검토하고, 제3절에서 주인의식 측정도구의 타당화를 위해 진행한 구체적인 연구방법과 분석결과를 제시할 것이다. 제4절에서는 분석결과에 측정도구 개발의 방법론적인 측면과 측정문항의 내용적인 측면에 대한 논의를 진행하고 제5절에서 연구의 의의를 다시 확인하고 연구의 한계와 향후 과제를 언급할 것이다.

II. 이론적 논의

1. 심리적 소유(Psychological Ownership)[3]

1) 개념적 논의

사전적 의미로 ownership은 어떤 대상을 소유한 상태이거나 소유에 대한 권리를 의미하는 법적 또는 실제적 의미인 반면, 'psychological ownership'은 소유의 대상을 '나의 것'·'우리의 것'으로 인지하고, 믿고, 느끼는 심리 상태를 의미한다(Pierce, Kostova, & Dirks, 2001). 이때 소유의 대상은 단지 물질적인 것뿐만 아니라 사람이나 아이디어와 같은 비물질적인 것도 포함된다. 심리적 소유를 개념적으로 접근한 초기의 논문들은 철학자 Jean Paul Sartre, 사회심리학자 Erich Fromm(1976), 미국 심리학자 William James(1890; Pierce, O'Driscoll, & Coghlan, 2004 재인용)를 인용하면서, 소유 또는 소유의 감정은 자연발생적인 인간 존재의 보편적 현상이라고 규정한다(Furby, 1978, 1980; Belk, 1988; Dittmar, 1992). 즉, 사람은 어떤 대상을 소유하면서(possessing, owning) 자아의 개념을 소유물까지 확장하고 대상의 속성을 자신과 동일시하는가 하면, 소유를 통해 자아의 영역을 키우고 소유한 것을 자아의 일부분으로 간주하기도 한다(Ibid.).

심리적 소유는 개인이 소유의 대상에 대해 자아와 연결되어 있는 정서적·인지적 관계를 나타내는 것으로, 여기에는 자기효능감(self-efficacy), 소속감(belongingness), 자기정체성(self-identity), 영역성(territoriality), 책임성(accountability) 등의 개념이 포함되어 있다고 본다(Pierce, Kostova, & Dirks, 2001; Avey et al., 2009). Pierce, Kostova, & Dirks(2001)는 앞의 세 요소를 사람들이 심리적 소유를 추구하는 주요 동기라고 보았다. 즉, 사람은 자신이 직면하는 환경에 종속되기보다는 이를 자신의 힘으로 통제하고 싶어 하고(자기효능감), 자신이 살고 있는 집과 같은 공간을 갖고 싶어 하며(소속감), 또한 자신의 정체성을 상징적으로 확인시켜 줄 대상을 원하는데(자기정체성) 심리적 소유는 이러한 인간의 기본적인 욕구를 충족시켜주는 역할을 한다는 것이다. Avey

---

3) 한국학자들은 psychological ownership을 심리적 주인의식으로 번역하여 사용하고 있지만 영어 ownership은 Wikipedia의 정의("the state or fact of exclusive rights and control over property, which may be an object, land/real estate or intellectual property")에서 알 수 있듯이 재산에 대한 배타적 권리와 소유의 상태나 사실이다. 따라서 이를 주인의식으로 번역하는 것은 적절치 않으며, 심리적 주인의식이라 번역하는 것도 '심리적'과 '의식'의 동어반복이 발생한다. 이런 이유에서 이 논문에서는 심리적 소유(권)로 번역하여 사용하였다.

et al.(2009)는 여기에 사람들이 소유 대상에 대한 배타적 영역 개념을 갖게 되어 이를 지키려 하며(영역성), 자신이 소유한 것에 대하여 스스로 책임을 지는 것은 물론 다른 사람에게도 그들의 소유에 대한 책임을 묻는 것(책임성)도 심리적 소유의 중요한 차원으로 추가하였다.

심리적 소유에 대한 학술적 연구는 자아 개념에서 소유가 갖는 이러한 중요한 의미를 조직 상황에 접목시킨다. 특히 종업원이 회사의 주식을 실제 소유하는 종업원지주제(employee ownership)가 조직성과에 미치는 직접적인 영향이 확인되지 않으면서(Hammer & Stern, 1980), 실제 소유와 종업원 행동 사이에 심리적 소유가 이들 관계에 중요한 역할을 할 것으로 보았다(Pierce, Rubenfeld, & Morgan, 1991). 사람은 자신이 어떤 것을 소유하고 있다고 느낄 때 그 대상을 더 잘 돌보고 관리하려는 동기가 발생하기 때문에 심리적 소유를 개인의 행동 동기에 대해 보다 잘 이해할 수 있는 조직행태라고 본 것이다(Ghafoor et al., 2011). 또한 심리적 소유의 대상을 조직과 직무로 보고 이에 대해 구성원이 심리적으로 어떠한 소유의 경험을 하는지가 그들의 태도나 행동에 중요한 영향을 미친다고 보았다.

심리적 소유의 핵심은 대상에 대해 '나의 것'이라고 느끼는 '소유 감정'이라 할 수 있다. 이러한 점에서 조직에 대한 정서적 애착과 헌신해야 한다는 의무감 그리고 계속 근무하고자 하는 조직몰입(Meyer & Allen, 1991), 또는 자신이 맡은 직무에 대해 느끼는 직무만족(Locke, 1976) 등 기존의 조직상황에서 중요하게 다루어져 왔던 개념과 구분된다(Pierce, Kostova, & Dirks, 2001; Dyne & Pierce, 2004). 또한 이들 연구는 기존 개념으로 설명하지 못한 조직 현상을 심리적 소유를 통해 추가적으로 설명할 수 있다고 주장한다(Ibid.).

2) 선행연구

2000년 이전에는 심리적 소유에 대한 연구가 주로 개념적 논의에 대한 것이었다면 (Furby, 1978, 1980; Belk, 1988; Pierce, Rubenfeld, & Morgan, 1991; Dittmar, 1992), 2000년 이후의 연구는 심리적 소유와 영향 관계에 있는 선행요인 및 결과변수에 대한 실증적 연구나 척도의 타당화 연구(Avey et al., 2009)로 발전하였다. 선행요인으로는 업무환경의 구조적 특성(기술의 비정형성, 자율성, 의사결정에의 참여) 및 담당 직무에 대한 통제의 정도(Pierce, O'Driscoll, & Coghlan, 2004), 직원몰입(employee engagement) 및 변혁적 리더십(Ghafoor et al., 2011), 자기결정(self-determination)의 조직분위기(Wagner, Parker, & Christiansen, 2003) 등에 대한 실증연구가 있으며, 이들 요인은 모두 심리적 소유를 강화시킨다는 것을 보여주었다.

심리적 소유의 영향을 받는 결과변수의 경우 직무만족 및 조직몰입(Dyne & Pierce, 2004; Mayhew et al., 2011), 자존감 및 조직시민행동(Dyne & Pierce, 2004), 또는 자긍심 및 성취감과 같은 직무태도(Wagner, Parker, & Christiansen, 2003) 등 전형적인 조직행태 변수를 대상으로 하여 연구되었으며, 심리적 소유는 이들 요인에 긍정적인 영향을 주는 것으로 조사되었다. 특히 직무만족이나 조직몰입보다 자존감과 조직시민행동에 대한 설명력이 더 높다는 결과를 보여주기도 하였다(Dyne & Pierce, 2004).

한편 이들 실증연구에서 심리적 소유의 측정은 Dyne & Pierce(2004)의 7문항을 주로 사용하였다.[4] 각주에서 알 수 있듯이 '나'와 '우리', '조직'과 '회사'의 단어를 중복적으로 배합하여 유사한 내용을 질문하고 있다. 이런 방식의 설문척도는 내적일관성을 높일 수 있겠지만 심리적 소유가 의미하는 다양한 차원을 충분히 포함시키기에는 한계가 있다. 최근 Avey et al.(2009)는 앞에 설명한 심리적 소유의 5개 하위 차원(자기효능감, 소속감, 자기정체성, 영역성, 책임성)에서 문항을 추론하여 척도개발의 타당화 과정을 거친 다음, 16문항으로 구성된 척도를 제시하였다.[5] 이는 Dyne & Pierce(2004) 7문항에 비해 차원이 구분되고 척도 개발의 타당화 작업을 거쳤다는 점에서 높이 평가되지만, 기존의 자기효능감이나 자기정체성과의 구분이 모호하고 심리적 소유가 과연 이들 5개의 차원으로 구성되는 것인지에 대한 논란이 있을 수 있다. 따라서 조직 상황에서 심리적 소유가 조직행태의 중요한 변수로 사용되기 위해서는 타당성과 신뢰성을 갖춘 척도의 개발이 선행되어야 할 것으로 보인다.

2. 주인의식

1) 선행연구

지금까지 우리나라에서 주인의식과 관련하여 진행된 연구는 모두 psychological

---

4) 7문항은 다음과 같다(Dyne & Pierce, 2004): "This is MY organization." "I sense that this organization is OUR company." "I feel a very high degree of personal ownership for this organization." "I sense that this is MY company." "This is OUR company." "Most of the people that work for this organization feel as though they own the company." "It is hard for me to think about this organization as MINE(reversed)."

5) 문항의 일부를 제시하면 다음과 같다(Avey et al., 2009): "I am confident in my ability to contribute to my organization's success(자기효능감)." "I feel I belong in this organization(소속감)." "I feel this organization's success is my success(자기정체성)." "I feel I need to protect my ideas from being used by others in my organization(영역성)." "I would challenge anyone in my organization if I thought something was done wrong(책임성)."

ownership을 심리적 주인의식으로 번역하여 사용한 것이다. 이들 연구는 선행변수로 기술정형성·직무재량권·직무교육기회(이봉세·박경규·임효창, 2009; 추대엽·정유경, 2009), 고용안정과 참여경영을 포함한 조직특성(추대엽·정유경, 2009), 직무다양성·직무정체성·직무중요성·직무피드백·직무자율성을 포함한 직무특성과 조직의 사회적 지원(김광근·김용철, 2010), 조직공정성(배성현·김영진·김미선, 2010)을 검토하였다. 한편 결과변수로는 조직몰입 및 직무몰입(김광근·김용철, 2010; 배성현·김영진·김미선, 2010), 변화지지행동(조영복·이나영, 2010), 조직시민행동 및 직무긴장(배성현·김영진·김미선, 2010), 조직에 대한 책임감 및 변화수용성(이봉세·박경규·임효창, 2009)을 포함시키고 있다.

이들 연구에 사용된 설문문항은 기본적으로 Dyne & Pierce(2004)의 7문항을 크게 벗어나지 않고 있다. 이와 달리 윤만영·김명언(2006)은 기존 외국 학자의 설문문항을 그대로 번역하여 사용하지 않고, 주인의식의 구성요소를 새롭게 도출하고 이에 대한 타당도 검증을 시도하였다. 그 결과 서양학자들이 강조한 소속감이나 책임의식 이외에 한국인의 주인의식에는 이타적 정신과 적극적·능동적 자세가 함께 나타난다는 것을 확인하였다. 즉, 한국인은 주인의식을 정서 및 행동 차원의 특성이 복합적으로 반영된 개념으로 인식하고 있다고 주장하였다. 이 연구는 군인이라는 특정 직업군을 대상으로 하였고 문항 추출의 논거가 미약하다는 점에서 설문의 일반화를 시도하기에는 한계가 있지만, 우리나라 현실에 보다 적실한 설문문항을 개발하고자 시도하였다는 점에서 긍정적으로 평가할 수 있을 것이다.

2) 한국적 특성

앞서 말한 바와 같이 'psychological ownership'의 본질은 대상에 대한 소유(ownership, possession)로부터 도출된다. 다만 심리적 소유라는 것은 소유의 상태가 실질적인 것이 아니라 인지 또는 정서적 차원이라는 것이다. 이에 비해 우리나라에서 '주인의식'의 핵심은 주인(owner)이라는 소유의 주체에 있는 것으로 보인다. 각주 1) 인용문의 맥락에서도 알 수 있듯이 기업의 경영자가 주인의식을 말할 때는 '돈 받고 일하는 종업원이 아니라 회사 주인 또는 사장'의 입장에서 생각하고 일할 것을 기대하는 것이다. 주인의식에 대한 이러한 시각은 뒤에 제시한 심층면접 결과와도 일치한다고 볼 수 있다.

이에 비해 psychological ownership에는 명시적으로 주인이라는 말이 없다. 각주 3)에서 언급한 것처럼 ownership은 어떤 재산을 소유한 상태나 권리를 말한다. psychological ownership의 개념이 종업원 지주제가 성과에 미치는 영향 연구에서

(Long, 1978; Hammer & Stern, 1980) 발단이 되었다는 점에서도 알 수 있듯이 psychological ownership은 소유에서 오는 권리와 밀접한 관련이 있다. 특히 psychological ownership에 대해 처음으로 개념화한 미국에서는 재산권(property rights)의 이해 없이는 미국의 헌법과 자본주의를 이해할 수 없을 정도이다(Cato Institute, 2008). 실제 미국에서 재산권은 200년 이상 개인의 기본권 차원에서 보장되고 법원의 판결을 통해 구체화되었다. psychological ownership은 이처럼 개인의 배타적 소유와 권한 행사의 내용을 중심으로 개념화된 ownership에 소유의 상태를 심리적 차원으로 한정한 것으로 이해할 수 있다.

우리나라도 헌법 제23조에서 재산권을 보장하고 있지만 토지수용보상이나 불법복제 및 복사 등의 분쟁 사례에서 볼 수 있듯이 소유의 개념과 권한에 대해 민감하지 않은 것이 사실이다. 소유 개념의 불분명성은 무보수 초과근무, 근무 중 개인 업무수행, 회사 물건의 사적인 사용 등에서도 잘 나타난다. 너의 것과 나의 것, 사적인 것과 공적인 것의 구분을 분명히 하지 않는 데에는 한국인의 '우리의식'도 중요하게 작용하는 것으로 보인다. 개인과 개인의 관계 또는 개인과 집단의 관계를 '나'의 '이익(interest)'을 중심으로 이해하는 서양인과 달리 한국사람의 경우 '정'으로 연결된 '하나의 관계'로 이해하는 문화적 특성이 있다고 할 수 있다(최인재·최상진, 2002; 조긍호, 2003).

즉, 한국에서 주인의식은 소유의 목적물과 소유의 상태를 강조하는 psychological ownership과는 관점을 달리하여 종업원, 손님, 나그네, 고용인, 대리인과 대비되는 '주인'의 관점이 강조되는 것으로 보인다. 국어사전에서 주인은 "대상이나 물건 따위를 소유한 사람"뿐만 아니라 "집안이나 단체 따위를 책임감을 가지고 이끌어 가는 사람"으로 정의하고 있다. 이와 같이 우리나라에서는 단순한 소유상태를 넘어 주인이 보여주는 다양한 태도나 행동까지를 주인의식으로 이해한다고 볼 수 있다. 즉, '주인'이 가지거나 보여주는 특성은 그것을 인지적, 정서적, 행태적으로 명확히 구별하여 나타나기보다는 통합적으로 인식하고 보여주는 것이다. 한국인들의 주인의식은 인지적·정서적 차원과 행태적 차원이 명확히 구분되지 않고 복합적으로 사용된다는 윤만영·김명언(2006)의 연구도 이런 맥락에서 이해할 수 있을 것이다.

이상의 내용을 종합해 보면, 우리나라에서의 주인의식은 소유에 대한 심리적 감정상태보다 훨씬 포괄적인 개념으로서, 주인의 입장에서 가지는 인지나 정서뿐만 아니라 행태적 속성을 포함하는 것으로 이해할 수 있을 것이다.[6]

---

6) 지역민의 심리적 주인의식을 연구한 김교헌(1995)은 심리적 주인의식의 구성요소를 '지역에 대한 동일시', '정서적 개입' 그리고 '지역관련 행동'으로 구분하였는데 역시 행태적 특성을 포

3. 측정도구 개발: 척도 타당화

주인의식을 위와 같이 차별화하여 개념화하고 이론화하기 위해 우선적으로 필요한 작업은 주인의식을 측정할 수 있는 새로운 도구를 개발하는 것이다. 주인의식과 같이 추상성이 높은 구성(construct) 개념은 그것을 실제 관찰하여 측정할 수 있는 것이 아니기 때문에 측정도구의 개발이 매우 어렵고 그에 비례하여 엄밀한 타당화 작업이 요구된다. 전통적으로 측정도구의 유용성은 내용타당성, 구성타당성, 기준타당성을 얼마나 충족시키는가로 판단하여 왔다(Nunnally, 1978; American Psychological Association, 1985). 기존에 만들어진 측정도구를 사용할 때에는 이러한 기준의 충족여부만 판단하면 되겠지만 새로운 측정도구를 개발하는 경우에는 개발과정에서부터 타당성과 신뢰성을 확보하기 위한 구체적인 노력이 필요하다. 특히 사회과학에서 측정도구로 가장 널리 활용되고 있는 설문지 문항의 경우에는 초기 설문 문항을 확보하는 단계에서 측정개념을 대표하는 최종 문항을 확정하기까지 일련의 기준 내지 타당화 과정을 따를 것이 요구된다.[7] 다수의 학자들이 이러한 타당화 과정을 제안하였는데(Churchill, 1979; DeVellis, 1991; Spector, 1992; Benson, 1998; Hinkin, 1998; Blankson, 2008), 핵심적인 단계는 수행하는 연구의 목적에 따라 개념화 및 문항개발, 문항정제, 측정모형 및 타당도 검증으로 구분할 수 있다.

첫째, 개념화 및 문항개발 단계는 측정하고자 하는 개념을 명확히 하고 이를 측정하기 위한 초기 설문문항을 만들어내는 작업이다(Benson, 1998). 기존의 문헌을 검토해서 개념을 정의하고 이를 근거로 관련 문항을 연역적으로 도출하기도 하고, 연구대상자를 선정하여 개방형 질문이나(Hinkin, 1998) 포커스 그룹 인터뷰(FGI) 또는 심층면접을 통해 귀납적으로 문항을 만들어 갈 수도 있다(Ng, Nudurupati, & Tasker, 2010). 이렇게 확보된 문항은 다시 전문지식이나 경험을 가진 사람을 대상으로 구성개념과의 관련성 및 문항과 문항의 유사성에 대한 검토를 하거나, 다수의 응답자를 대상으로 예비조사를 실시하여 문항의 표현, 척도 간격, 설문 응답 시간 등을 점검하

함시키고 있다.

7) Hinkin(1998)은 조직현상의 연구를 위협하는 요인으로 부적합한 표본추출, 요인구조의 취약성, 내적 일관성 측면에서의 낮은 신뢰성, 그리고 새로 개발한 척도에 대한 불충분한 정보제공을 지적하고 있다. 행정학 분야에도 외국에서 개발된 설문을 활용하여 연구를 하는 경우가 많은데, 이러한 지적에 주목하여 사용하는 척도가 연구하고자 하는 개념을 타당하게 측정할 수 있는지에 대한 엄밀한 검증과 필요하면 새로운 척도를 개발하는 적극적인 노력이 필요할 것이다.

여 실제 설문을 위한 설문지 양식으로 완성시킨다. 이 단계에서는 내용타당성 확보를 위해 노력하며, 이를 위해 질적인 접근 방법을 주로 이용한다.

두 번째 단계는 1단계에서 확보한 문항이 동일한 차원을 측정하는 문항들인지, 몇 개의 하위 구성개념으로 구분되는 것인지에 대해 분석하고, 동일한 차원으로 보기 어려운 문항들을 제거시켜 나가는 문항정제의 과정이다. 이 단계에서는 1차적으로 전체 문항의 평균값 및 표준편차, 그리고 문항－총점 상관계수를 검토하는 것이지만, 가장 중요한 작업은 탐색적 요인분석(exploratory factor analysis, EFA)을 통해 자료 안에 담겨져 있는 문항 간 구조를 확인하는 작업이다. 즉, 하나의 구성개념을 측정하는 문항들이지만 보다 동질적인 문항끼리 요인(factor)으로 범주화함으로써 측정한 자료를 보다 간결하게 대표해서 보여줄 수 있는지를 검토하는 것이다. 따라서 이 단계에서는 대표성 있는 일정 규모 이상의 표본을 확보해서 요인구조를 확인하고 구성요인의 내적 일관성을 통해 설문문항의 타당성과 신뢰성을 점검하게 된다.

세 번째 단계에서는 먼저 이론적 논의를 근거로 하여 제안한 측정모형이 실제 조사자료를 충분히 대표하는지를 검토하는 측정모형 검증이 진행된다. 분석기법으로는 EFA와 구분되는 확인적 요인분석(confirmatory factor analysis, CFA)을 사용하는데 Chi－Square, CFI, NFI, RMSEA 등의 지수를 적용하여 모형의 적합도를 판단한다. 측정모형의 적합성을 확인한 다음에는 확인적 요인분석을 통해 얻은 통계치(average variance extracted, AVE; composite validity, CA)를 적용해서 측정도구의 수렴타당도와 판별타당도를 검증한다. 이상의 타당도가 검증되었다 하더라도 추가적인 표본을 통해서 이들 타당도를 재검증하거나 다른 외부 변수를 포함시켜 이들 개념과의 관계에 대한 기존의 이론을 지지하는지를 확인하는 작업을 거쳐야 한다.

이상 문항확보, 문항정제, 측정모형 및 타당도 검증은 선형적인 순차적 과정이라기보다는 어느 단계에서든 문항의 타당성에 문제가 있을 때에는 앞의 단계로 돌아와서 이를 보완하는 순환적 과정이라 할 수 있다. 즉, CFA를 통해서 바로 모형이 검증되지 않을 때에는 추가적으로 문항을 삭제하기도 하고, 하나의 요인을 구성하기에 문항이 충분히 확보되지 않았을 때에는 첫 번째 단계로 돌아가서 문항을 추가한 다음 다시 일련의 타당화 과정을 거칠 수도 있다.

이 연구에서는 이러한 척도 타당화 과정에 따라 한국적 주인의식의 개념화와 측정도구 개발을 위해 공공분야의 직원을 대상으로 하여 총 네 번의 연구를 진행하였다. 각 연구에서 수집한 자료와 검증내용을 간단히 정리하면 다음 그림과 같다.

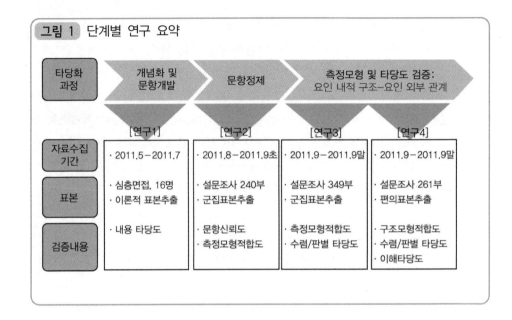

그림 1 단계별 연구 요약

Ⅲ. 연구방법 및 분석결과

1. 연구1: 개념화 및 문항개발

1) 연구문제 및 연구방법

연구1에서는 우리나라에서의 주인의식은 서양의 심리적 소유와 개념적 차이가 있으며, 외국에서 개발한 심리적 주인의식의 설문척도를 그대로 사용하는 것은 한계가 있다는 인식에 따라 한국인들의 주인의식에 대해 개념화하고 초기 문항을 개발하였다. 이를 위해 두 개 공기업의 16명 팀장을 대상으로 심층면접을 실시하여 공조직 현장에서 주인의식이 어떤 의미로 이해되고 있는지를 분석하였다.[8] 심층면접은 2011

---

8) 면접대상자를 선정하는 과정에서 주인의식은 팀의 높은 성과를 이끌어내는 팀장 이상의 관리직에게서 더 자주 나타날 수 있는 특징으로 보아, 해당 공기업의 평가팀장으로부터 사내에서 전년도 최고 평가등급을 받은 팀장/처실장을 추천받아 면접을 실시하였다. 참여한 면접자들의 간단한 인적 사항은 다음과 같다.

〈표 1〉 심층면접대상자 인적 사항

참여자	면접일자	직급	근무기관	참여자	면접일자	직급	근무기관
면접자1	5월16일	처장	G공사	면접자9	6월16일	처장	W공사
면접자2	5월16일	처장	G공사	면접자10	6월21일	팀장	W공사
면접자3	5월25일	팀장	G공사	면접자11	6월21일	팀장	W공사

년 5월부터 2011년 7월까지 총 9회에 걸쳐 진행되었으며, 각 회마다 1-2명의 면접 대상자와 2명의 연구자가 함께 진행하였다. 면접시간은 평균 2시간 30분 정도였고, 면접을 진행하기 전 기존의 이론과 앞서 진행한 면접내용 분석을 바탕으로 질문의 핵심주제와 추가 확인 내용만 결정하고, 실제 면접은 비구조화된 상태에서 진행하였다. 면접내용은 대상자들에게 동의를 구해 녹음을 하고, 면접 후 녹취록을 작성하여[9] 2명 이상의 연구자가 지속적인 논의를 통해 면접내용을 심층 분석하였다.

2) 분석결과

녹취한 면접내용을 분석한 결과 공조직에 근무하는 직장인이 인식하는 '주인의식'의 개념에는 소유의식, 책임의식, 기관차원의 사고, 적극적·자발적 태도의 특성이 포함되어 있음을 확인하였다.

(1) 소유의식

주인의식을 가진 사람들의 중요한 특징 중 하나는 바로 자신이 담당하는 업무나 근무하는 회사가 바로 '나의 것'이라는 소유의식을 갖는다는 점이다. 공기업에서 주인의식을 가진 직원은 공기업 자체에 우리사주와 같은 제도가 없기 때문에 회사의 소유와는 아무런 관계가 없음에도 불구하고 자신의 업무나 자신이 속한 조직을 본인의 것처럼 생각한다. 이들은 회사에 대해 거래적 관계 즉, 자신은 노동을 제공하고 회사는 그에 해당하는 급여를 제공하는 곳 이상의 의미를 부여하여, 자신이 맡은 일과 근무하는 회사에 대해 '내 일'·'우리 회사'로 믿고 회사에 애착을 가지고 있었다. 또한 면접대상자들은 공기업 사장은 소유주(owner)가 직접 경영하는 사기업과 달리, 정부가 임명한 고용된 경영자이기 때문에 구성원들이 스스로 회사에 대해 소유의식을 가지고 임해야 한다는 점을 강조하고 있었다.[10]

면접자4	5월25일	팀장	G공사	면접자12	6월28일	팀장	G공사
면접자5	6월2일	팀장	G공사	면접자13	6월28일	팀장	G공사
면접자6	6월2일	팀장	G공사	면접자14	6월29일	팀장	W공사
면접자7	6월14일	처장	W공사	면접자15	6월29일	팀장	W공사
면접자8	6월14일	처장	W공사	면접자16	7월5일	처장	W공사

9) 녹취를 정확히 하기 위해 녹음 자료를 여러 번 들으면서 수정하고 정리하였으며, 이렇게 만들어진 녹취록은 A4용지에 글자크기 11, 문단간격 160%로 총 361쪽이었다.
10) 이상의 내용을 추론하는데 대표적인 인용문을 예시하면 다음과 같다: "6개월은 정말 10시부터 11시, 12시에 나가야 되는 엄청나게 야근을 많이 하는 데에 6년 정도 있었습니다. 그런데 그걸 견딜 수 있었던 것이 내가 주인이구나 하는 생각이 들더라구요. 대리인데도 불구하구요."

(2) 책임의식

자신의 일과 회사에 주인의식을 가진다는 것은 그 만큼 자신의 업무와 회사에 책임을 가지고 맡은 일에 최선을 다한다는 것이다. 심층면접을 통해 살펴본 공기업의 주인의식을 가진 구성원들 역시 업무를 수행하는 과정뿐만 아니라 결과에 대해 분명한 책임감을 가지고 있었다. 즉, 직급과 일의 중요도 등에 상관없이 본인에게 주어진 업무에 대해서는 책임을 지고 완수하려는 노력과 설사 해결하기 어려운 과제가 주어지더라도 자신의 일이기 때문에 끝까지 해결책을 찾아내려고 하는 모습 등을 볼 수 있었고 또한 이러한 것을 당연하게 여기고 있었다.[11]

(3) 기관차원의 사고

면접 결과 주인의식을 가진 구성원들은 업무를 수행함에 있어서 기관차원에서 생각하고 행동하고 있음을 알 수 있었다. 즉, 자신이 맡은 업무에만 단편적이고 미시적으로 집중하는 것이 아니라, 기관 전체에 어떠한 영향을 미치는지에 대해 생각하고 의미를 부여하며, 나아가 기관이 발전적인 방향으로 나가기 위해 본인이 어떠한 일을 할 수 있는지를 고민하고 실행에 옮기는 특성을 발견할 수 있었다. 또한 이러한 맥락에서 굳은 일이라서 다른 사람들이 모두 피하고 싶어 하는 일에 대해서 기관 전체적으로 볼 때 누군가는 해야 하는 일이라면 스스로 앞장서서 하는 모습을 보였다.[12]

"정말 저기 자기가 주인이라고 생각하고 몰입을 해버리면 그 사람 감당 못해요. 내 살림을 꾸려가는구나 뭐 이런 그 생각을 하다보니까 야근이 두려운 게 아니죠." "내 나름대로 훨씬 더 공부하고 업무에 대해서도 알려고 막 이렇게 하지.. 오히려 그걸 못해서 미안하다 이런 생각이 들지 업무가 많아서 힘들다 이런 생각은 안 했어요. 제 생각에는 주인 의식이 있는 사람은.. 그런 것 같습니다."

11) "차장이 됐든 대리가 됐든 관계없이 그 업무를 자기가 책임감 있게 하고. 그런 사람들은 상당히 다르더라구요." "책임감, 성취감. 그러니까 어떤 일이 주어지면 완수를 해내는 거죠. 우리가 회사와 국가의 녹을 먹고, 또 봉급을 받는 것은 그 만큼 주어진 일을 최선을 다해야 하는 거죠. 나의 모든 중심에는 일이 있어야죠." "저는 늘 제 역할에 충실했던 거 같구요. 항상 맡은 일에 대해서 임무 완수에 대한 책임감이 있었던 것 같습니다." "어떤 문제나 상황이 발생하면 해결하려고 하는 의지가 강한 것 같아요. 그 사람들이 고성과를 내는, 책임감 있는 사람들인 것 같아요.

12) "아무도 안 맡으려고 하는 일들 많이 있거든요. 아무도 안 맡으려고 하는 일이라면, '이게 (우리) 공사에서 안 해도 되는 일인가'를 스스로에게 물어요. 그것이 누군가는 해야 되는 일이라면 그러면 '내가 하자.'라고 마음먹어요" "이것이 나를 위해서 하는 거냐. 회사를 위해서 하는 거냐. 내가 사심이 있어가지고 하는 건 분명히 아니다 내가 평가를 잘 받으려고 가는 것이 아니다. 이건 회사를 위해 해야 되는 거다." "밖에서 여러 가지 배우고 느꼈던 것을 직원들하고 얘기를 해서 각 파트별로 개선해야 할 사항을 정했어요. '우리 회사가 어떤 방향으로 나가야 될 것인지' 한번 솔직하게 너희들이 개선해야 할 사항을 나한테 얘기를 해라."

(4) 적극적·자발적 행태

주인의식을 가진 구성원들은 단지 기관차원에서 생각하고 소유의식과 책임의식을 갖는 것에서 그치는 것이 아니라 이러한 이유들로 인해 자신의 업무수행 및 조직 구성원들과의 관계에서도 적극적이고 자발적인 태도를 보이고 있었다. 구체적으로 누가 시키지 않아도 본인의 업무에서 기관차원에 혹은 업무적으로 좀 더 발전적인 방향과 방법이 있다면 그러한 방법을 시도하고 변화시켜 보려는 자세와 이를 위해 주변 동료나 상사, 선배들에게 적극적으로 찾아가서 조언을 구하는 모습 등이 있었다. 또한 개인차원에서 개발하고 해결해 나갈 수 없는 것 등은 주변 동료들을 독려하여 팀이나 부서차원에서 함께 발전적이고 더 좋은 방향으로 이끌기 위해 노력하는 자세도 나타나고 있었다.[13]

3) 주인의식의 개념화

심층면접을 통해 주인의식의 한국적 특성을 정리해 보면, 소유의식, 책임의식, 기관차원의 사고는 '인지적·정서적 차원의 주인의식'으로, 적극적·자발적 태도는 '행태적 차원의 주인의식'으로 이해할 수 있을 것이다. 이 중 소유의식과 책임의식은 심리적 소유의 특성인 소속감, 자기정체성, 자기효능감, 영역성, 책임성이 복합적으로 반영된 것으로 볼 수 있다. 따라서 기존에 밝혀진 심리적 소유의 개념과 비교하여 한국적 주인의식의 중요한 특성은 기관차원의 사고와 적극적·자발적 태도라 할 수 있다.

기관차원의 거시적 사고는 '회사의 주인'이 갖는 본연적 특성이라 할 수 있다. 분업을 기본원리로 하는 현대 조직에서 개별 구성원은 자신에게 맡겨진 업무만 집중하게 된다. 특히 근무성적평정이 담당 업무의 성과를 중심으로 이루어지고 그 결과가 보상과 연결되는 평가 및 보상 구조를 가지고 있기 때문에 구성원들은 조직 전체보다는 담당 업무에 초점을 맞추도록 학습된다. 문제는 구성원 모두가 각자의 업무에 집중하고 충실하면 조직 전체의 성과도 비례하여 높아져야 하지만 개인 또는 부서이기주의 등으로 인해 개별성과의 종합이 조직 전체의 성과를 보장하기 힘들다는 것이다.

---

13) "내 나름대로 또 뭘 이렇게 해서 아이디어 제안하고 '진짜 우리가 이렇게 한번 해보자.' 그렇게 해서 같이 나누는 거죠." "오히려 속도를 조절해라 할 정도로 쫙 치고 나와요. 스스로 주도해서 이걸 이끌어 가는 거죠. 굉장히 적극적으로, 옛날보다 훨씬 나은 방법으로…" "자기 일인데 남의 일 하듯이 하는 건 안 되죠. 자기 일이 있으면 진짜 언제까지고 해야 되면, 밤도 새고 토요일도 나오고, 해결하려고 다른 사람한테 모르면 물어도 보고 자문도 구하고… 뭐 진짜 이런 적극성이 있죠." "그거는 진짜 일에 대한 열의… 뭐 이런 거거든요. 그런 게 있어야지 일이 되는 거니까… 그렇게 하면 다 해결되지 않겠나 싶어요."

그렇기 때문에 개개인의 성과뿐만 아니라 결과적으로는 조직 전체의 성과에 주목하는 주인의 경우 조직 전체 차원에서 성과를 고민하고, 업무를 부분으로서가 아니라 유기적 연관성을 가진 전체로서 인식한다. 주인의식을 가진 면접대상자들에게서 확인할 수 있었던 중요한 특성은 이들 역시 자신의 업무를 기관 전체, 심지어 국민 또는 국가에 어떠한 영향을 미치는지를 생각하며 일한다는 것이었다.

적극적·자발적 태도 역시 한국적 주인의식에 나타난 중요한 마음가짐이자 행태적 특성이다. 고용된 사람은 employee, employed라는 수동형의 영어 표현에서 알 수 있듯이 주인 또는 고용주(employer)에 비해 맡겨진 일을 수동적·소극적으로 할 가능성이 있다. 즉, 같은 일을 하더라도 종업원에 비해 주인이 보다 강한 열정을 가지고 자발적·변화지향적·배려적 특성을 보일 것이라는 것이다. 주인의식을 좁은 의미로 이해하면 이러한 행태적 특성은 인지적·정서적 주인의식의 결과로 나타나는 후행변수로 볼 수 있지만, 한국의 조직상황에서는 적극성·자발성 등의 행태적 특성을 포함하는 광의의 주인의식으로 이해하는 경향이 있다.

다만 광의의 주인의식은 개념의 외연이 너무 커서 다른 조직행태 개념과의 구분이 모호해지고 이론화의 한계가 있을 수 있다. 따라서 이 연구에서는 조직몰입이나 조직시민행동과 같은 태도 또는 행태 변수와의 이론화를 위해서는 인지 및 정서차원의 협의의 주인의식으로 개념화하고, 직무성과와 같은 최종 성과변수와의 관계를 연구하거나 주인의식의 수준을 이해하고 고양시키는 조직관리의 실용적 차원에서 활용하기 위해서는 여기에 주인행태까지를 포함하는 광의의 주인의식으로 개념화하고자 한다. 이 경우 합리적 행동모형(Fishbein & Ajzen, 1975)의 논리에 따라[14] 인지·정서 차원의 주인의식이 행태차원의 주인의식에 영향을 미치는 구조로 이해할 수도 있을 것이다. 이와 같이 주인의식을 다른 개념과의 가설적 관계로서 이해한 것을 도식화하면 다음과 같이 나타낼 수 있을 것이다.

---

14) 합리적 행동모형(theory of reasoned behavior)은 어떤 행동이 초래할 결과에 대한 믿음과 평가적 태도(인지적·정서적 요소)가 그런 행동을 할 것인가의 행동의지(행태적 요소)에 영향을 미치고 실제 그렇게 행동할 가능성이 높다는 논리를 모형화한 것이다. 이 모형은 후에 자신이 실제 행동을 어느 정도 통제할 수 있다고 생각하는지(perceived behavioral control)의 요소를 추가하여 계획행동이론(theory of planned behavior)으로 발전하였다.

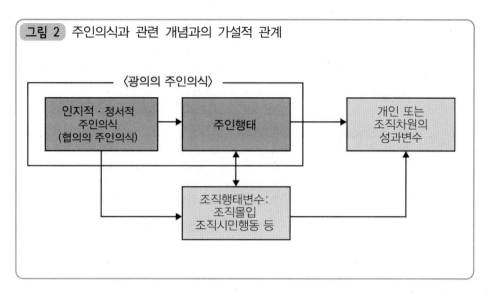

그림 2 주인의식과 관련 개념과의 가설적 관계

이상 한국에서의 주인의식에 대한 개념화와 이론적 논의에서 설명한 심리적 소유의 개념을 비교해보면, 우선 주인의식의 중심단어는 '주인'이고 심리적 소유의 중심단어는 '소유(ownership)'라 할 수 있다. 한국에서 주인의식의 어원을 찾는다면 도산 안창호 선생이 국가에 대한 주인으로서의 책임을 강조한 글에서 찾아 볼 수 있고, 미국에서는 소유의 심리학(psychology of possession)에서 시작하여 종업원지주제(employee stock ownership)의 개념을 거쳐 심리적 소유로 진화되었다고 할 수 있다.[15] 각각의 하위 구성개념을 도출하기 위한 기본적인 질문이 주인의식의 경우 어떤 물건(회사를 포함)의 주인이라고 할 때 그 주인에게서 나타나는 특성이 무엇인지 묻는 것이라면, 심리적 소유의 경우에는 어떤 물건을 '내 것'이라고 할 때 느껴지는 정서를 묻는다고 할 수 있다. 그에 따라 구성개념도 전자는 소유의식, 책임의식, 기관차원의 사고, 적극적·자발적 행태 등 주인이 갖는 의식이나 행태적 특성이 나타나는 반면, 후자는 '내 것(소유물)'에 대한 책임감, 자아 개념의 내 것으로의 확장, 내 것으로 지켜야 할 영역, 자신이 통제할 수 있다는 효능감 등으로 구별할 수 있다. 끝으로 개념 도출과 장점을 보면 주

---

15) 소유(possession, ownership) 또는 재산(property)이 갖는 심리학적 의미에 대한 연구는 Kline & France(1898) 이후 심리학에서 중요한 주제로 다루어져 왔다(Beaglehole, 1932; Furby, 1978; Belk, 1988; Etzioni, 1991; Dittmar, 1992). 한편 조직차원에서 종업원의 자사주 소유를 성과와 연결시킨 초기의 연구는 1970년대 말부터 시작되었고(Long, 1978; Hammer & Stern, 1980), 이어서 1990년대 들어 회사 주식을 소유하지 않은 심리적 상태의 소유에 대한 개념적·실증적 연구(Pierce, Rubenfeld, & Morgan, 1991; Dirks, Cummings, & Pierce, 1996)가 시작되었다고 할 수 있을 것이다.

인의식의 경우 이 논문에서 면접자료를 토대로 귀납적 접근을 하였기 때문에 그 결과로 도출한 개념의 현실 적합성이 높다 할 수 있다. 심리적 소유의 경우는 기존의 소유에 대한 심리학 이론으로부터 연역적으로 추론하는 방식을 사용하였고 개념의 명확화와 이론화 가능성에서 우수하다고 할 수 있을 것이다(다음 <표 2>).

표 2   주인의식과 심리적 소유의 개념 비교

구 분	광의의 주인의식		심리적 소유
	협의의 주인의식	주인행태	(psychological ownership)
중심 단어	주인		소유(권), ownership
개념	주인의 의식	주인의 행동	심리적 상태의 소유
용어의 근원 /진화	도산 안창호(1926) 주인 對 객(客,나그네)		소유의 심리학(Kline & France, 1898) 종업원지주제(Long, 1978) 심리적 소유(Pierce, Rubenfeld, & Morgan, 1991)
기본 질문	어떤 물건의 주인이라고 할 때 그 주인에게서 나타나는 주요 특성은?		어떤 물건을 소유할 때(내 것) 그 소유물에 대해서 느껴지는 것은?
답: 하위 구성 개념	소유의식 책임의식 기관차원의 사고	적극적·자발적 행태	책임감(accountability) 자기동일시(self-identity): '자아' 연장 영역성(territoriality): 지켜야 할 영역 자기효능감(self-efficacy): 통제가능 소속감(belongingness)
개념 도출방식	실제 인터뷰를 통해 확보한 면접자료를 토대로 귀납적으로 도출		소유에 대한 심리학의 이론으로부터 연역적으로 추론
장점	한국의 조직현장에서 실제 사용되는 용어로 현실 적합성이 높음		개념화의 논리성이 우수하고 이론화에 유리

4) 최초 설문문항 구성

측정하고자 하는 개념은 그 개념을 명확히 정의함으로써 문항 개발과 선정이 용이해진다. 따라서 위와 같이 주인의식을 개념화하고 이에 적합한 문항을 심층면접 분석 결과와 기존의 유사한 연구 결과를 바탕으로 개발하였다. 먼저 소유의식과 책임의식 차원에서는 심층면접 자료와 심리적 소유의 측정항목(Dyne & Pierce, 2004; Avey et al., 2009)을 참고하여 소유격을 달리하거나(나의, 우리의) 목적어를 달리하는(조직, 직무) 형식적인 표현을 피하고, 자기효능감이나 자기정체성의 개념까지 의미를 확장하지 않는 범위 내에서 가능한 현장에서 이해하기 쉬운 문장 표현으로 문항을 개발하였다. 기관차원의 사고와 적극적·자발적 태도는 전적으로 심층면접 자료를 토대로 문항을 개발하였다. 연구자들은 객관적이고 실효성 있는 문항개발을 위해 수차례에 걸쳐 각각의 문항이 주인의식의 개념에 포함될 수 있는 것인지, 의도한 의미가 질문에 제대로 포함된 것인지 등에 대해 숙의하여 다음 <표 3>과 같이 19개 문항을 확정하였다. 척도는 6점 리커트 방식을 사용하였다.

| 표 3 | 최초 설문문항 |

차 원	문 항
소유의식	2. 나는 우리 회사에 대해 애착을 가지고 있다
	4. 나는 종종 ○○공사가 '우리 회사'라는 생각을 한다
	5. 나는 일하면서 종종 회사의 주인이라는 생각을 한다
	9. 나는 경제적 이유 때문에 회사를 다닌다(역코딩)
	10. 나는 회사 일을 내 일이라고 생각한다
책임의식	7. 내가 하고 있는 일에 강한 책임의식을 가지고 있다
	8. 현재 하고 있는 일에 대해 '이건 내 일이야'라는 신념이 있다
기관차원사고	1. 내가 하고 있는 일에 대해 회사차원의 의미를 부여할 때가 많다
	3. 어떤 일을 할 때 우리 회사 사장의 입장에서 생각해 볼 때가 많다
	6. 나 한 사람의 일이지만 회사에 중대한 영향을 줄 수 있다고 생각한다
적극적·자발적 행태	11. 나는 내가 맡은 일에 대해서는 완벽을 기하기 위해 최선의 노력을 다 하는 편이다
	12. 나는 동료가 일을 끝내지 못했을 때 같이 남아서 도와줄 때가 많다
	13. 나는 회사의 시설, 예산, 사무용품 등을 내 것처럼 아껴서 사용한다
	14. 나는 어떤 일이 주어지면 앞장서서 일할 때가 많다
	15. 내가 일하는 것은 금전적 보상보다는 일을 통해 얻는 성취감 때문이다
	16. 나는 어떤 일이든 열정을 가지고 일한다
	17. 나는 어떤 일이 주어져도 적극적으로 일한다
	18. 나는 과거의 방식을 답습하기보다 보다 나은 방식을 찾으려고 노력할 때가 많다
	19. 나는 일을 하다 보면 주말이나 근무시간 외에 회사에 나와 일할 때가 많다

2. 연구2: 문항정제 및 측정모형검증

1) 연구문제 및 연구방법

최초 개발된 19개 문항은 기존 문헌과 조직현장에서 주인의식을 경험하고 강조한 면접대상자들의 심층면접 분석을 통해 내용타당성을 확보한 것이다. 하지만 연구자의 주관적 판단에서 완전히 벗어날 수는 없기 때문에 연구2에서는 설문조사를 통해 주관성이 내포된 이들 문항이 동일한 차원을 측정하는 도구로서 내적일관성을 가지는지에 대해 통계적으로 분석하여 기준을 충족시키지 못하는 문항을 제거시키

고, 주인의식이라는 추상적 개념의 구성요인과 요인 간의 구조적 관계에 대해 검토하였다.[16)

자료수집은 SOC공기업[17) 중 한 기업의 협조를 구해 군집표집(cluster sampling) 원리에 따라 팀 단위로 표본추출을 위한 틀(sample frame)을 만들고, 124개 팀 중에서 무작위로 31개 팀을 선정하였다. 2011년 8월 9일에 530부를 배포하여, 9월 6일까지 16개 팀에서 240부를 회수하였으며(회수율 45.3%), 이 중에서 결측값을 포함하여 응답의 진정성에 의심이 가는 14부를 제외한 226부를[18) SPSS와 AMOS 통계프로그램을 이용하여 분석하였다.

2) 분석결과

먼저 19개 문항 각각에 대한 평균값은 6점 척도에서 4.07 − 5.06로 중간값(3.50) 이상이었으며, 표준편차는 .865 − 1.237의 범위로 극단적으로 편차가 큰 문항은 없었다. 다만 문항내적일치도의 하나인 문항−총점 간 상관계수(item−total correlation)에서 문항9가 기준치인 .3(Churchill, 1979)에 훨씬 못 미치는 .070으로 다른 전체 문항과의 동질성이 확인되지 않아 삭제하였다.[19) 그 후 18개 문항에 대하여 탐색적 요인

---

16) 일반적으로 요인의 내적일관성을 확인하는 탐색적 요인분석(EFA)과 요인의 구조적 관계를 확인하고 측정모형의 타당성을 확인하는 확인적 요인분석(CFA)은 별도의 표본을 이용하는 것이 바람직하다(Hinkin, 1998). 하지만 EFA로 묶인 요인을 새로운 표본에 적용할 때 모형 적합도가 바로 나오지 않고 추가적인 문항 삭제를 통해 적합도를 개선시키는 것이 일반적이기 때문에, 새로운 표본(연구3)을 적용하기 전에 EFA를 실시한 동일 표본으로 일단 만족할 만한 수준의 모형적합도가 나오도록 문항을 추가 삭제하였다.

17) SOC공기업: 사회기반시설(social overhead capital)을 통해 공공서비스를 제공하는 공기업이다.

18)

⟨표 4⟩ 연구2의 표본 특성

특성	구분	빈도	비율	특성	구분	빈도	비율	특성	구분	빈도	비율
성별	남성	200	88.5	연령	20대	10	4.4	재직기간	3년이내	26	11.5
	여성	24	10.6		30대	70	31.0		3−5년	19	8.4
	결측치	2	0.9		40대	112	49.6		6−9년	25	11.1
직급	2급	10	4.4		50대 이상	31	13.7		10−14년	36	15.9
	3급	45	19.9		결측치	3	1.3		15−19년	79	35.0
	4급	115	50.9	직종	행정직	47	20.8		20−24년	18	8.0
	5급	13	5.8		기술직	156	69.0		25년 이상	19	8.4
	6급	22	9.7		별정직	18	8.0		결측치	4	1.8
	7급	11	4.9		기타	1	0.4	n=226			
	결측치	10	4.4		결측치	4	1.8				

19) 9번 문항이 삭제된 이유는 문항 자체가 측정하고자 하는 주인의식의 의미를 잘 반영하지 못하고 있는 것일 수도 있지만 이 문항만 유일하게 부정적 표현이었던 점, 그리고 뒤에 지적하겠지만 모든 문항에 하나의 응답으로 동일하게 체크한 설문이 많았던 점 등에 의해 영향을

분석(EFA)을 실시하였다.[20] 결과를 보면 18개의 문항은 총 3개의 잠재요인으로 묶였는데 잠재요인3은 19번 문항 단 하나의 문항만이 포함되어 있어 이를 제거하였고,[21] 3번 문항은 요인 적재값이 두 개의 잠재요인에 각각 .5 수준으로 비슷한 값을 보여주어 삭제하였다.

문항제거 후 16개 문항에 대한 EFA결과 두 개의 잠재요인에 대한 개별 문항의 적재값은 .647 − .837의 범위로 양호하였으며, 잠재요인별 크론바하 알파도 .935와 .923으로 권장 수준 .7 이상의 매우 높은 문항 간 신뢰도를 보여주었다. 또한 두 하위 잠재요인은 측정문항의 전체 변량 중 68.7%의 높은 설명력을 보여 주었다. 잠재요인별 측정문항을 구체적으로 보면 잠재요인1에는 소유의식, 책임의식, 기관차원의 사고를 나타내는 8개 문항이 포함되었고, 적극적·자발적 태도의 8개 문항은 잠재요인2로 묶였다. 따라서 요인1은 조직과 업무를 자신의 것처럼 여기고, 이에 대해 책임감을 느끼며, 조직전체의 입장에서 생각하는 등의 주로 주인으로서의 인지나 정서적 감정 상태를 담고 있어 '인지적·정서적 주인의식'이라고 명명하였다. 요인2의 8개 문항은 조직과 업무에 대해서 주인으로 인식하는 차원을 넘어서 실제 행동에서 적극적이고 자발적이며 열정적인 태도를 보여주는 문항들이어서 이에 대해서는 '주인행태'로 명명하였다. 이 논문에서는 인지적·정서적 주인의식을 협의의 주인의식으로, 여기에 주인행태를 포함한 것을 광의의 주인의식으로 개념화하고자 하며, 본문에서 주인의식은 광의의 개념으로 사용하였다.

다음으로 이렇게 발견된 인지적·정서적 주인의식과 주인행태의 구조적 관계를 탐색하고 측정모형의 적합도를 검증하기 위하여 확인적 요인분석(CFA)을 실시하였다. 먼저 16개 문항 2개 잠재요인이 상호관계가 있다는 기본모형(null model)을 분석한 결과 절대적합도인 RMSEA값(.104)과 증분적합도인 NFI값(.889)이 기준치를 충족시키지 못하여 모형으로서 적합하지 않았다(<표 5>의 ①). 측정문항의 잠재요인에 대한 요인적재값은 .589 − .892(p < .001)로 양호하였지만, 측정문항의 오차항 간에 수정지수(modification indices)가 높은 것이 적합도를 떨어뜨리는 것으로 판단되어 이를 참고하여 1, 4, 11, 12, 14번 문항을 제거한 대안모형(alternate model, <표 5>의 ②)

받았을 수 있다.

20) 요인분석의 필요성을 검토하기 위하여 KMO 측도 및 Bartlett의 구형성 검정치를 확인한 결과 기준치를 충족하였다.

21) 19번 문항(나는 일을 하다 보면 주말이나 근무시간 외에 회사에 나와 일할 때가 많다)은 응답자의 적극적이고 자발적인 의도나 태도와 상관없이 실제 부과되고 있는 절대적인 업무량에 의한 영향을 더 받았을 가능성이 있어 보인다.

표 5 연구2의 측정모형 적합도

측정 모형	절대 적합도				증분 적합도		간명 적합도		모형 비교*	
	x^2	df	x^2/df	RMSEA	NFI	TLI	PNFI	PCFI	x^2 차이	df 차이
①기본모형(16문항)	351.726	103	3.415	.104	.889	.905	.763	.768	–	–
②대안모형(11문항)	105.174	43	2.446	.080	.950	.961	.743	.758	246.6	60
우수성 판단기준	x^2/df 낮을수록			<.05	>.9	>.9	>.5	>.5	p값 < α유의값	

* p〈.000

으로 다시 분석하였다.22) 이의 적합도 지수를 확인한 결과 NFI(.950), TLI(.961), IFI(.970), CFI(.970) 모두 우수성 판단기준을 충족시켰고 RMSEA는 .080으로 수용 가능한 수준이 되었다.23) 두 모형을 x^2차이로 검증한 결과 대안모형이 기본모형에 비해 통계적으로 탁월하다는 것도 확인되었다.24)

3. 연구3: 측정모형 및 수렴·판별 타당도 검증

1) 연구문제 및 연구방법

연구2에서 확인한 측정모형은 EFA로 요인을 추출한 표본을 그대로 사용하였기 때문에 실제보다 모형 적합도가 과장되었을 가능성이 높다. 따라서 연구3에서는 이

---

22) 이들 문항은 하는 일에 기관차원의 의미를 부여하거나(1번), 직장을 '우리 회사'로 생각하는 것(4번), 맡은 일에 완벽을 기하기 위해 최선의 노력을 한다거나(11번), 일을 마치지 못한 동료를 도와주는 일(12번), 그리고 어떤 일이든 앞장서서 일하는(14번) 내용들이다. 이들은 주인의식과의 관계 이외에 이들 문항 간 또는 다른 11개 문항과 강한 연관성을 가지고 있고 이들을 묶어 주는 또 다른 개념이 있을 수 있다는 것으로 해석된다. 구체적으로 새로운 개념이 무엇일지는 강한 관계성을 보인 문항이 어떤 짝인지(2개) 또는 그룹인지(3개 이상)를 검토해야 하는데, 1번과 11번은 다른 문항과 공분산이 광범위하게 나타날 정도로 지나치게 포괄적인 개념이었고, 12번과 14번은 오차항 간 가장 높은 공분산을 보일 뿐만 아니라 추후 외적 타당도를 검증할 때 비교 대상이 될 조직시민행동의 이타적 행동과 유사하다고 보아 모두 삭제하였다. 4번 문항은 6번 문항(내가 하는 일이 회사에 중대한 영향을 줌)과 높은 공분산을 보여주어 모형의 단순화와 적합도 개선을 위해 삭제하였다.

23) RMSEA 적합도 판단에 대해서는 학자마다 다소 차이가 있지만 일반적으로 .05 이하이면 매우 우수한('close' 또는 'very good') 수준으로, .08 이하이면 수용 가능한 양호한('reasonable' 또는 'mediocre') 수준으로 보는 것이 가장 일반적이다(Steiger, 1989; Browne & Cudeck, 1993; MacCallum et al., 1996).

24) RMSEA값을 낮추기 위해 1문항을 추가 삭제하였으나 개선이 되지 않았고 x^2차이도 통계적으로 유의하지 않아 11문항으로 확정하였다.

부분을 보완하기 위하여 새로운 표본을 추출하여 연구2에서 확인한 측정모형의 적합도를 다시 판단하고, 모형이 측정도구로서 수렴타당도와 판별타당도를 갖는지에 대해 검토하였다.

엄밀한 표본추출을 위해 연구2에서와 마찬가지로 군집표집방법을 사용하여 무작위로 선정한 62개 팀에 846부의 설문지를 9월 19일부터 배포하였고, 9월 30일까지 이 중에서 43개 팀으로부터 349부를 회수하였다(회수율 41.3%). 회수된 설문지는 연구2의 기준과 동일하게 결측값 등 신뢰성이 떨어지는 설문지를 제외하였고, 총 337부에 대해 AMOS로 분석하였다.[25]

2) 분석결과

먼저 새로운 표본에 대해서도 연구2에서 확인한 모형에 따라 11개 문항이 두 잠재요인으로 상관관계를 형성하는 구조를 기본모형(<표 7>의 ①)으로 하여 확인적 요인분석을 하였다. 그 결과 각 측정문항에 대한 잠재요인의 계수값은 .715－.940(p<.000)의 높은 값을 보여주었고, 모형 적합도 중에서도 다른 지수는 문제가 없었으나 RMSEA값(.099)이 높아 모형을 개선할 필요가 있었다. 측정문항의 오차항 간에 공분산이 모형 적합도를 떨어뜨리는 가장 큰 요인으로 판단하여 다수의 측정문항에 공분산값이 가장 높은 2번 문항을 삭제하였다.[26] 그 결과(<표 7>의 ②) RMSEA값이 .082로 수용가능한 수준이 되었고, 기본모형과의 x^2차이 검증을 통해서도 대안모형이 우수하다는 것이 입증되었다.[27] 한편 용어의 사용에서 '우리회사에 대한 애착'이라는

---

25)

〈표 6〉 연구3의 표본 특성

특성	구분	빈도	비율	특성	구분	빈도	비율	특성	구분	빈도	비율
성별	남성	295	87.5	연령	20대	24	7.1	재직 기간	3년 이내	49	14.5
	여성	40	11.9		30대	115	34.1		3－5년	22	6.5
	결측치	2	0.6		40대	159	47.2		6－9년	52	15.4
직급	2급	30	8.9		50대 이상	37	11.0		10－14년	50	14.8
	3급	72	21.4		결측치	2	0.6		15－19년	105	31.2
	4급	138	40.9	직종	행정직	104	30.9		20－24년	35	10.4
	5급	23	6.8		기술직	206	61.1		25년 이상	21	6.2
	6급	50	14.8		별정직	23	6.8		결측치	3	0.9
	7급	11	3.3		기타	2	0.6		n＝337		
	결측치	13	3.9		결측치	2	0.6				

26) 이 문항을 삭제한 데에는 공분산 이외에도 조직몰입과의 개념적 혼란을 예방하기 위해서였다. 이 문항을 설문지에 포함시키는 연구자의 입장에서는 '우리' 회사에 초점을 두지만, 실제 설문지에 응답하는 구성원들의 입장에서는 '애착'을 중시할 수 있고 이렇게 이해한다면 조직의 정서적 몰입과 유사한 개념이기 때문이다.

정서 차원의 문항이 삭제되고 남은 문항이 모두 인지 차원이기 때문에 이 단계에서부터 인지적·정서적 주인의식 대신 인지적 주인의식으로 변경하였다.

측정 모형	절대 적합도				증분 적합도		간명 적합도		모형 비교*	
	x^2	df	x^2/df	RMSEA	NFI	TLI	PNFI	PCFI	x^2 차이	df 차이
①기본모형(11문항)	184.276	43	4.285	.099	.948	.948	.741	.750	−	−
②대안모형(10문항)	110.935	34	3.263	.082	.965	.967	.729	.737	73.3	9
우수성 판단기준	x^2/df 낮을수록			<.05	>.9	>.9	>.5	>.5	p값 < α유의값	

표 7   연구3의 측정모형 적합도

* p<.000

다음으로 대안모형을 통해 얻어진 통계치를 이용해서 수렴타당도와 판별타당도를 분석하였다. 먼저 수렴타당도는 각각의 잠재요인을 구성하는 측정문항들이 모두 이들 잠재요인을 측정하는데 동일한 차원인지를 검증하는 것으로 표준화 적재량, 항목신뢰도, 평균분산추출(AVE), 합성신뢰도(CR) 등을 통해 분석한다. 다음 <표 8>에서와 같이 표준화 적재량은 모두 기준인 .5(Fornell & Larcker, 1981) 이상이고, AVE와 CR도 각각의 허용기준인 .5와 .7(Hair et al., 2009)을 충족시킴으로써 인지적 주인의식과 주인행태를 측정하기 위한 각각의 5개 문항은 이들 잠재요인으로 수렴하고 있음이 확인되었다.

한편 판별타당도는 두 잠재변수의 AVE 평균값과 상관계수의 제곱값을 비교하여 검증한다(Fornell & Larcker, 1981). AVE는 잠재요인이 그 요인에 속한 각 측정문항의 변량을 설명하는 비율의 평균값으로, 인지적 주인의식의 경우 5개 측정문항 변량의 평균 73.5%, 주인행태의 경우 69.8%를 설명하고 있다. 상관계수의 제곱(공유변량, shared variance)은 한 변수가 다른 변수의 변량을 설명하는 정도이다. 인지적 주인의식과 주인행태의 상관계수는 .891이고 이것의 제곱은 .794로 한 잠재요인이 다른 잠재요인의 변량을 79.4% 설명하고 있다. 이 값은 두 AVE값의 평균인 .717보다 높은데, 이것은 각각의 문항들이 그들이 속한 잠재요인에 대한 공통점이 그들이 속하지 않은 다른 잠재요인보다 크지 않다는 것으로 잠재요인 간 판별타당도가 없음을 의미한다.

---

27) 오차항 간에 공분산이 다음으로 높은 문항 3과 4, 문항 8과 10에 오차항 상관관계를 설정한 결과 RMSEA값은 .059로까지 낮아졌다.

표 8	연구3의 대안모형에 대한 확인적 요인분석 결과

요인 → 측정 문항		표준화 적재량 λ_{1i}	항목 신뢰도** λ^2	오차(δ) $=1-\lambda^2$	평균분산 추출AVE***	합성신뢰도 CR****
인지적 주인의식	→ Q3	0.836*	0.699	0.301	.735	.932
	→ Q4	0.787*	0.619	0.381		
	→ Q5	0.876*	0.767	0.233		
	→ Q6	0.873*	0.762	0.238		
	→ Q7	0.909*	0.827	0.174		
주인행태	→ Q8	0.715*	0.511	0.489	.698	.920
	→ Q10	0.760*	0.578	0.422		
	→ Q11	0.940*	0.884	0.116		
	→ Q12	0.930*	0.865	0.135		
	→ Q13	0.808*	0.653	0.347		

* p < .001
** 잠재요인이 측정문항을 설명한 정도이며, 회귀분석에서 R^2에 해당한다.
*** AVE: Average Variance Extracted = $(\Sigma\lambda^2)/n$.
**** CR: Composite Reliability = $(\Sigma\lambda)^2/\{(\Sigma\lambda)^2+(\Sigma\delta)\}$.

판별타당도가 확인되지 않음에 따라 10개 문항에 대한 탐색적 요인분석을 다시 하여 보았는데 이번에는 두 요인이 아니라 단일 요인으로 묶였다. 하지만 이를 반영하여 단일요인이 10개의 문항을 설명하는 측정모형을 만들어 확인적 요인분석을 한 결과 RMSEA값이 .145로 수용할 수 없는 수준이었다. 결론적으로 인지적 주인의식과 주인행태의 두 잠재요인의 차별성이 분명하지 않더라도 두 요인의 상호관계 모형이 적합도 지수의 절대값이 만족할 만한 수준이고 단일요인으로 모형화하는 것보다 상대적으로 우수하다는 것을 알 수 있다. 다만 두 잠재요인의 판별타당도는 확인되지 않았기 때문에 추가적인 연구가 필요할 것으로 판단되었다.

4. 연구4: 외적 관계 구성타당도

1) 연구문제 및 연구방법

연구4의 목적은 주인의식이 기존의 다른 유사한 구성개념과 어떠한 관계를 가지며, 이를 통해 측정도구의 이해타당도(nomological validity)[28]를 검증하는 것이다. 이

---

28) nomological은 영어로 논리의 법칙성으로 이해할 수 있을 것이다. 즉, nomological validity는 개념과 개념 간의 이론적 법칙성을 확인하여 구성개념의 타당성을 검증하는 것이기 때문에 이해타당도보다는 이론적 구성타당성이 더 적합한 용어일 수 있다.

를 위해 주인의식의 유사 개념으로 기존의 심리적 소유 연구에서 결과변수로 가장 많이 연구되어온 조직몰입을 선정하였다. 연구4는 이렇게 다른 개념과의 외적 상관관계를 보고, 또한 기존의 연구에서 밝혀낸 이론적 관계를 재확인하여 구성타당도를 검증한다는 의미에서 측정도구의 내적 구조를 검토한 연구2나 연구3과는 차별적이라고 볼 수 있다.[29]

자료는 모형의 일반화를 높이기 위하여 연구2와 연구3의 표집대상이었던 공기업을 제외한 준정부기관 35개 기관과 10개 정부부처에서 689명을 대상으로 편의추출하였다. 설문지는 9월 14일부터 9월 30일까지 배포 수거하였으며 261부를 회수하였다. 이 중에서 주인의식과 조직몰입 두 변수에 모두 결측값을 가지고 있거나(28부), 모든 응답을 하나의 값으로 한 것(18부)을 삭제하여 실제 분석에는 215부를 사용하였다.[30] 설문문항은 주인의식의 경우 연구3의 결과를 적용하여 10문항을 사용하였고, 조직몰입은 Meyer & Allen(1997)이 제안한 정서적 몰입, 지속적 몰입, 규범적 몰입 3요인 구조의 19문항을 전문가의 번역을 거쳐 사용하였다.

2) 분석결과

기본모형은 주인의식의 두 요인과 직무몰입의 세 요인이 상호상관관계를 가지는 구조적 관계로 구성하였다. 기본모형에 대한 확인적 요인분석을 한 결과 모든 모형적 합도 지수가 판단기준을 충족시키지 못해 조직몰입에 대하여 별도의 문항분석 및 요인분석을 하여 정서적 조직몰입 6문항과 규범적 조직몰입 5문항으로 문항을 정제하였

---

29) 구성개념의 타당화를 연구한 Benson(1998)은 이런 의미에서 연구4와 같은 외적 관계의 구성 타당도 검증을 구성 개념의 내적구조를 검토하는 단계(구조적 단계, structural stage)와 구분하여 외부 단계(external stage)로 명명하였다.

30) 이 설문의 경우 앞서 연구2와 연구3이 직접 연구자가 연락을 취하고 설문을 배포, 회수한 것과 달리 외부 설문기관의 도움을 받아 조사를 실시하였는데 실제 설문지의 결측치나 설문의 신뢰도 수준이 떨어지는 수가 상당히 많았다. 다음 <표 9>는 연구4 표본의 인구통계학적 특성이다.

〈표 9〉 연구4의 표본 특성

특성	구분	빈도	비율	특성	구분	빈도	비율
성별	남성	144	67.0	재직기간	1년 이내	18	8.4
	여성	70	32.6		1-5년	46	21.4
연령	20대	8	3.7		6-10년	71	33.0
	30대	101	47.0		11-20년	56	26.0
	40대	83	38.6		20년 이상	23	10.7
	50대 이상	22	10.2		n=215 결측치=1		

| 표 10 | 요인 간 상관계수 및 평균분산추출 |

	요인 간 상관계수, 상관계수², 평균분산추출			
	인지적 주인의식	주인행태	정서적 조직몰입	규범적 조직몰입
인지적 주인의식	1.000	.857*	.746*	.658*
주인행태	.734 (.577)	1.000	.705*	.589*
정서적 조직몰입	.557 (.585)	.497 (.530)	1.000	.821*
규범적 조직몰입	.433 (.570)	.347 (.515)	.674 (.523)	1.000

– 대각선 상단은 잠재요인 간 상관계수이고, 대각선 하단은 상관계수 제곱과 평균분산추출값(괄호 안)임.
* 모든 상관계수의 p값은 .001 이하임.

다. 정제된 문항으로 주인의식과 조직몰입의 네 하위 잠재요인 간의 구조모형을 CFA로 분석한 결과 수정지수에서 다른 측정문항과 공분산이 광범위하게 존재하는 것으로 확인된 주인의식의 2번 문항도 제거하였다. 이렇게 주인의식 2요인 9문항, 조직몰입 2요인 11문항으로 구조모형을 재구성하여 요인분석을 한 결과 적합도 지수는 수용 가능한 경계값을 보여주었고(RMSEA = .080, NFI = .861, TLI = .899, IFI = .915, CFT = .914), 최종적으로 수정지수에 따라 일부 측정문항 간 공분산 관계를 설정함으로써[31] 모든 적합도 지수를 충족시키는 모형(RMSEA = .057, NFI = .905, TLI = .950, IFI = .959, CFI = .958)을 도출하였다.

이 모형에서 얻은 통계치를 가지고 먼저 인지적 주인의식, 주인행태, 정서적 조직몰입, 규범적 조직몰입의 수렴타당도와 판별타당도를 검토하였다. 그 결과 네 구성요인은 AVE와 CR 모두 수렴타당도 판단기준치 .5와 .7을 초과하였다. 또한 주인의식을 구성하는 두 요인은 조직몰입을 구성하는 두 요인과는 판별타당도가 확인되었다

---

31) 조직몰입에 대하여 항목-총점간 상관계수가 .3보다 낮은 문항이 5개(9, 11, 12, 13, 19)가 있어 이를 제외시킨 다음 주인의식 10문항 2요인과 조직몰입 14문항 3요인으로 다시 분석하였다. 이 경우에도 RMSEA값이 .088이고 NFI, TLI, CFI 지수는 기준치 .9를 충족시키지 못하였다. 적합도를 개선하기 위하여 우선 다중상관자승치(Squared Multiple Correlation)가 .3보다 낮은 2문항(조직몰입의 10, 16번)을 삭제하였다. 그 결과 지속적 조직몰입이 7개 문항에서 5개 문항이 삭제된 2개 문항만 남아 지속적 조직몰입 요인 자체의 타당성에 문제가 있다고 판단하고, 또한 지속적 조직몰입의 신뢰성과 구성타당성이 한국 사례에서 명확하게 확인되지 않은 선행연구 결과(Ko, Price, & Mueller, 1997)를 토대로 지속적 조직몰입 요인 전체를 삭제하였다.

(<표 10>의 진한 글씨체). 하지만 연구3에서와 마찬가지로 주인의식을 구성하는 두 하위요인 간에는 상관계수 제곱값이 AVE 평균보다 높아 판별타당도가 확인되지 않았으며, 정서몰입과 규범몰입의 경우에도 판별타당도가 나타나지 않았다. 결론적으로 주인의식은 조직몰입과는 별개의 개념이지만(판별타당도), 이들 개념을 구성하는 하위요인은 통계적으로 의미 있는 구분은 어렵다고 볼 수 있다.

한편 인지적 주인의식과 주인행태는 모두 정서적 조직몰입 및 규범적 조직몰입과정의 상관관계를 보여주었다(<표 10>의 대각선 우상단). 상관계수는 .589 − .746(p<.000)의 범위로 통계적 유의성이 확인되었다. 이는 심리적 소유가 조직몰입에 긍정적인 영향을 미친다는 기존의 국외연구(Dyne & Pierce, 2004; Mayhew et al., 2011)와 국내연구(김광근·김용철, 2010; 배성현·김영진·김미선, 2010)결과를 지지하는 것으로 해석할 수 있다. 물론 이 연구에서 개념화한 주인의식을 심리적 소유와 동일하게 보고 비교할 수 없겠지만, 인지적·정서적 주인의식의 경우 심리적 소유와 개념이 유사하기 때문에 기존의 심리적 소유에 의해 지지되어 온 조직몰입과의 상관관계를 통해 주인의식의 이해타당도를 확인하는 것도 적합한 방법이라 할 수 있을 것이다.

Ⅳ. 논 의

분석결과 한국에서 광의의 주인의식은 인지적 주인의식과 주인행태의 두 잠재요인이 상호관계성을 가지는 측정모형의 구조를 가지며, 이 때 두 잠재요인의 수렴타당도는 확인되었지만 판별타당도는 확인되지 않았다. 한편 기존 연구에서 심리적 소유와 밀접한 관련성이 밝혀진 조직몰입과의 외적 관계에서는 수렴타당도와 판별타당도를 검증할 수 있었지만, 이 경우에도 주인의식의 하위 잠재요인 간에는 판별타당도가 나타나지 않았다.

이러한 결과는 표본의 신뢰성 문제가 하나의 이유일 수 있다. 실제로 연구3의 경우 최종 분석한 337개 중 주인의식을 포함한 설문지의 같은 쪽에 있는 다른 변수인 업무특성까지 모두에 동일한 응답(대부분 최고 점수인 6점)으로 표시한 설문지가 17.2%인 58개였으며, 연구4에서도 261개 표본 중에서 46개가 동일 응답을 하거나 무응답을 한 것이었다. 이렇게 모든 문항에 동일한 값으로 응답을 하는 경우, 하위 잠재요인의 수렴타당도는 실제보다 강하게 나타나는 반면 잠재요인 간의 판별타당도는 실제보다 약하게 평가될 가능성이 있다.

또 다른 이유로는 응답자들이 실제로 인지와 행태를 구분하지 않고 '주인'의 주체적 관점에서 주인의식 측정문항 전체를 동일한 차원으로 인식하였을 가능성을 생각해 볼 수 있다. 한국인 및 동아시아 사람들이 전체적 사고(holistic thinking)를 한다는 기존의 연구결과(Nisbett et al., 2001; Nisbett, 2003; Choi, Koo, & Choi, 2007)를 참고하여 생각해 보면, 한국인들은 인지와 행태 차원의 개념을 명확하게 구분하기보다는 통합적으로 인식할 가능성이 크다. 즉, 설문 응답자들이 주인의식에 대하여 인지, 정서, 행태의 차원을 구분하지 않고 포괄적이고 통합적으로 인식하여 응답했을 수 있다는 것이다. 결과적으로 한국에서 주인의식이 실제로도 인지 차원과 행태 차원 간의 차이가 없는지, 차이는 있지만 표본의 문제 때문에 구분할 수 없는 것인지에 대해서는 추후에 더욱 신뢰성 있는 표본을 확보하여 분석하는 노력이 필요할 것이다.

이번 연구는 주인의식의 개념 자체의 내적 요인과 요인구조의 신뢰성과 타당성 검증을 넘어 조직몰입과의 외적 관계를 통해 수렴 및 판별타당도는 물론 이해타당도를 확인하였다. 다만 외적 관계를 검증하는 데 있어 조직몰입 하나의 변수만을 고려하여 비교하였다는 점은 한계라 할 수 있다. 일반적으로 이해타당도는 개발하고자 하는 새로운 측정 개념과 영향관계가 확인된 결과변수는 물론 선행변수를 포함하여 법칙성을 가진 네트워크(nomological network) 모형을 제시하고(Cronbach & Meehl, 1955; Benson, 1998 재인용) 이를 통해 개념 간의 관계를 확인한다(Judge et al., 2003).32) 따라서 조직몰입 이외에 이론적 논의에서 언급한 조직성과 및 개인의 업무성과와 같은 결과변수 그리고 선행변수로서 직무의 자율성, 리더십, 조직분위기, 의사결정 참여 등과의 관계성을 검토하는 노력도 추후에 필요할 것으로 보인다. 한편 외적 구성타당도를 검증하는 또 하나의 대표적인 방법은 집단 차이(group differentiation)를 살펴보는 것이다(Benson, 1998). 예를 들어 주인의식의 경우 자영업이나 중소기업을 직접 경영하는 주인(owner)이 종업원에 비해 주인의식이 높을 것이라는 가설을 가지고 주인과 종업원의 평균값을 비교해 볼 수 있을 것이다.

이 연구에서는 한국의 조직상황에서 주인의식의 개념을 측정하기에 적합하다고 판단한 19개 문항(연구 1)에 대한 타당화 과정을 거치면서 주인의식을 측정하기에 적합한 문항을 다음 <표 11>의 10개 문항으로 압축하였다. 이들 문항 중 소유의식과 책임의식은 심리적 소유 개념과 매우 유사하다는 것을 알 수 있다. 특히 심리적 소유

---

32) 다수 변수의 구조적 방정식(structural equation model)을 생각하면 될 것이다. 실제로 Benson & Hagtvet(1996)은 개념의 외적 관계를 통한 타당화에 가장 적합한 방법으로 구조방정식 모형을 제안하고 있다. 하지만 대부분 측정도구 개발 논문은 구조방정식 모형을 통해 다수 개념의 구조적 관계성을 보기보다는 이들 간의 상관관계를 통해 이해타당도를 검증하고 있다.

표 11 주인의식 측정문항(최종)

잠재요인	하위차원	문 항
인지적 주인의식	소유의식	나는 일하면서 종종 회사의 주인이라는 생각을 한다
		나는 회사 일을 내 일이라고 생각한다
	책임의식	내가 하고 있는 일에 강한 책임의식을 가지고 있다
		현재 하고 있는 일에 대해 '이건 내 일이야'라는 신념이 있다
	기관차원 사고	나 한 사람의 일이지만 회사에 중대한 영향을 줄 수 있다고 생각한다
주인행태	적극적· 자발적 행태	나는 회사의 시설, 예산, 사무용품 등을 내 것처럼 아껴서 사용한다
		내가 일하는 것은 금전적 보상보다는 일을 통해 얻는 성취감 때문이다
		나는 어떤 일이든 열정을 가지고 일한다
		나는 어떤 일이 주어져도 적극적으로 일한다
		나는 과거의 방식을 답습하기보다 보다 나은 방식을 찾으려고 노력할 때가 많다

의 경우 소유의 대상을 조직차원과 직무차원으로 나누어 접근하기도 하는데(Pierce, O'Driscoll, & Coghlan, 2004; Mayhew et al., 2011), 주인의식의 차원 중에서 소유의식은 '조직차원', 책임의식은 담당하는 '직무차원'의 심리적 소유로 이해할 수 있다. 또한 한국의 인지적 주인의식에는 기관차원의 거시적 사고가 추가됨을 알 수 있었다. 한편 주인행태는 적극적·자발적 태도의 속성을 담은 다섯 문항이 포함되었다. 이들 문항은 회사 물품을 아껴 쓰는 것, 일에 대한 성취감·열정·적극성, 그리고 업무개선 노력으로서 심리적 소유와 구분되는 중요한 요소들이다.

조직몰입과 비교하여 구조모형을 확인한 결과에서도(연구4) 인지적 주인의식과 조직행태의 판별타당도가 확인되지 않았다. 또한 만족할만한 수준의 구조모형 적합도를 얻기 위해서 '회사에 대한 주인의식' 문항이 추가로 삭제되는 등 연구4를 마친 상태에서도 주인의식의 요인구조가 아직 안정적인 것은 아니다. 하지만 한국의 주인의식은 조직몰입과 분명히 구분되는 개념임을 확인하였고, 두 하위 잠재요인 간의 차이가 없는 주인의식 단일 차원의 개념이라 하더라도 심리적 소유를 포함하는 포괄적인 의미로 개념화할 수 있는 가능성을 확인하였다. 앞으로 한국에서의 주인의식을 측정하기 위한 안정적인 설문도구를 확정하기까지는 많은 노력이 필요하겠지만, 주인의식이 우리의 조직 현장에서 사용하는 실제적이고 관리적인 의미를 보다 타당하게 대표할 수 있다는 점에서 상당히 의미 있는 연구라 할 수 있을 것이다.

V. 결 론

한국에서 주인의식은 직무만족, 조직몰입, 조직시민행동 등 기존의 행태변수에 비해 실제 현장에서 훨씬 더 빈번하게 사용되고 있으며 따라서 조직 구성원들에게 더 쉽게 이해되고 호소력이 있을 것으로 기대한다. 서론의 인용문에서 보았듯이 주인의식은 우리의 일상생활에서 많이 사용되는 친숙한 개념이며, 심층면접을 통해 그 의미도 어느 정도 공유하는 것이 있음을 발견하였다. 더군다나 심층면접을 통해 한국의 조직에서 구성원들이 갖는 주인의식은 단순한 심리적인 소유 감정이나 인지차원을 넘어서 주인처럼 생활하고 행동하는 가시적인 행태적 특성까지도 포함하는 것으로 이해할 수 있었다.

주인의식의 이러한 개념화는 긍정조직행태(positive organizational behavior, POB)의 관점에서도 중요한 의미를 부여할 수 있다. 주인의식은 개념을 측정하기 위한 측정도구의 타당화 및 유사 개념과의 이론 개발이 가능하다는 점에서 POB에서 중시하는 과학적 연구의 대상이며, 조직설계나 리더십 또는 교육을 통해 주인의식을 고양시키는 변화와 개발이 가능한 개인 특성변수이다. 또 기존 연구가 보여주듯이 주인의식의 고취는 조직성과에 긍정적인 효과가 있다(Luthans, 2002; 김대건, 2011).

특히 공조직의 경우 사기업과 달리 조직의 소유권은 민주주의 원리에 따라 국민 또는 선출된 대표자에게 있지만 이들이 조직을 실질적으로 통제하기 어렵기 때문에 조직구성원이 주인의식을 가지고 생활하는 것이 훨씬 중요할 수 있다. 이는 실제 공기업에서 최고 등급의 평가를 받은 팀장급 구성원들을 심층면접한 결과 이들의 공통점이 자신을 회사의 주인으로 생각하고 책임감 있고 적극적이며 열정적인 태도로 직무를 수행한다는 점에서 주인의식의 중요성과 관리적 차원에서의 의미를 짐작해볼 수 있다.

따라서 관리적 차원에서 중요한 함의는 앞으로 주인의식을 고양시킬 수 있는 방법을 찾아 제안하는 것이다. 심리적 소유의 선행연구를 통해 직무의 자율성 제고(Pierce, O'Driscoll, & Coghlan, 2004; 이봉세·박경규·임효창, 2009; 추대엽·정유경, 2009), 의사결정에의 참여 확대(추대엽·정유경, 2009), 조직공정성 확대(배성현·김영진·김미선, 2010), 변혁적 리더십(Ghafoor et al., 2011) 등이 긍정적 영향을 미칠 수 있음을 보았다. 주인의식이 심리적 소유를 포함한 의미라는 점에서 이와 유사한 결과를 기대할 수 있지만 행태적 특성을 포함한 광의의 주인의식으로 개념화하는 경우 기존에 연구된 개념은 물론 다른 선행변수를 탐색하여 이들과의 관계를 검증하는 노력이 필요할 것이다.

향후 과제로는 이외에도 표본의 신뢰성 문제와 요인구조의 불안정 등을 고려할 때보다 대표성과 신뢰성을 갖춘 표본으로 추가적인 타당화 작업이 필요하다고 본다. 또한 외적 구성타당도에서 조직몰입 하나가 아니라 주인의식의 선행변수와 결과변수를 추가하여 이들 간의 이론적 관계를 검증하는 연구도 필요할 것이다.

참고문헌

고범서. (1983). 지방행정과 주인의식: 주인의식 실천의 길. 「지방행정」, 32(355).

김광근·김용철. (2010). 호텔기업 종사자의 심리적 주인의식에 관한 연구. 「관광연구」, 25(1): 461-484.

김교헌. (1995). 지역민의 심리적 주인의식. 「사회과학논총」, 6: 107-125.

김대건. (2011). 긍정조직행태. 「온라인행정학전자사전」. http://www.kapa21.or.kr/.

김대한. (1983). 지방행정과 주인의식: 주인의식과 시민윤리. 「지방행정」, 32(355).

김병섭. (2010). 한국행정학의 토착화: 제2세대의 역할과 공헌. 「한국행정학회 하계학술대회 발표논문집」.

김보현. (1983). 지방행정과 주인의식: 지방청 공무원의 주인의식. 「지방행정」, 32(355).

박경귀. (1999). 행정절차제도의 운영실태 분석과 개선방안. 「한국행정학보」, 33(3): 129-143.

박종민·정무권(편). (2009). 「한국행정연구: 도전과 과제」. 서울: 박영사.

박통희. (2010). 한국에서 행정학의 전문성과 고유성: 성찰인가, 자학인가?「한국행정학회 동계학술대회 발표논문집」.

배성현·김영진·김미선. (2010). 조직공정성과 조직결과변수간의 관계에서 심리적 주인의식의 매개효과 및 부정적 성향의 조절효과. 「인적자원관리연구」, 17(4): 97-125.

신윤표. (1983). 지방행정과 주인의식: 주인의식과 지방문화. 「지방행정」, 32(355).

안창호. (1926). 동포에게 고하는 글. 「동광」, 2호.

윤만영·김명언. (2006). 산업 및 조직 심리학회 : 구두발표; 주인인가 나그네인가: 주인의식의 구성요소와 선행요인 규명 및 변화몰입과의 관련성 검증. 「한국심리학회

연차학술발표대회 논문집」.

이봉세·박경규·임효창. (2009). 직무특성과 주인의식문화가 심리적 소유감 및 태도에
미치는 영향. 「산업관계연구」, 19(1): 139-167.

이종범. (1977). 행정학의 토착화에 관한 논거. 「한국행정학보」, 11: 198-223.

장지원·문신용. (2004). 행정정보공개의 관련요인에 관한 실증분석. 「한국행정연구」.
13(1): 170-202.

조긍호. (2003). 「한국인 이해의 개념틀」. 서울: 나남출판.

조석준. (2004). 「한국행정과 조직문화」. 서울: 대영출판사.

조영복·이나영. (2010). 심리적 주인의식이 변화지지행동에 미치는 영향에 관한 연구.
「인적자원관리연구」, 17(2): 71-94.

최인재·최상진. (2002). 한국인의 문화 심리적 특성이 문제대응방식, 스트레스, 생활만
족도에 미치는 영향: 정(情), 우리성을 중심으로. 「한국심리학회지: 상담 및 심리치
료」, 14(1): 55-71.

추대엽·정유경. (2009). 레스토랑 직원에게 지각된 직무특성과 조직특성이 심리적 주
인의식에 미치는 영향. 「외식경영연구」, 12(4): 279-297.

한국행정학회. (2005). 기획특집: 한국행정학의 한국화. 「KAPA@포럼」, 111호: 6-29.

_____. (2006). 기획특집: 한국행정학의 한국화. 「KAPA@포럼」, 112호: 8-41.

American Psychological Association. (1985). *Standards for Educational and
Psychological Tests and Manuals*. Washington, DC: American Psychological
Association.

Avey, J. B., Avolio, C. D., Crossley, C. D., & Luthans, F. (2009). Psychological
Ownership: theoretical extensions, measurement and relation to work
outcomes. *Journal of Organizational Behavior*. 30: 173-191.

Beaglehole, E. (1932). *Property: A study in social psychology*. New York:
Macmillan.

Belk, R. W. (1988). Possessions and the extended self. *Journal of Consumer
Research*. 15: 139-168.

Benson, J. (1998). Developing a Strong Program of Construct Validation: A Test
Anxiety Example. *Educational Measurement Issues and Practice*. 18(1):
10-22.

Benson, J., & Hagtvet, K. A. (1996). The interplay among design, data, analysis, and theory in the measurement of coping. In M. Zeidner & N. S. Endler (Eds.), *Handbook of coping: Theory, research applications* (pp. 83-106). New York: Wiley.

Blankson, C. (2008). Measuring College Students Choice Criteria of Credit Cards: Scale Development and Validation. *Journal of Marketing Management.* 24(3-4): 317-344.

Browne M. W., & Cudeck, R. (1993). Alternative Ways of Assessing Model Fit. In Bollen, K., & Long, J. (eds.), *Testing Structural Equation Models.* Newbury Park, CA: Sage.

Cato Institute. (2008). *Handbook for Policymakers.* 7th ed. pp. 345-362.

Choi, I, Koo, M., & Choi, J. (2007). Individual differences in analytic versus holistic thinking. *Personality and Social Psychology Bulletin.* 33: 691-705.

Churchill, G. A., (1979). A Paradigm for Developing Better Measures of Marketing Constructs. *Journal of Marketing Research.* 16(1): 64-73.

Cronbach, L., & Meehl, P. (1955). Construct Validity of Psychological Tests. *Psychological Bulletin.* 52: 281-302.

DeVellis, R. F. (1991). Scale Development: theory and applications, Newbury Park: Sage.

Dirks, K. T., Cummings, L. L., & Pierce, J. L. (1996). Psychological Ownership in Organizations: Conditions under which individuals promote and resist change. In R. W. Woodman & W. A. Pasmore (Eds.), *Research in Organizational Change and Development,* pp. 1-23, Greenwich, CT: JAI Press.

Dittmar, H. (1992). *The Social Psychology of Material Possessions: To have is to be.* New York: St. Martin's Press.

Dyne, L. V., & Pierce, J. L. (2004). Psychological Ownership and Feelings of Possession: Three field studies predicting employee attitudes and organizational citizenship behavior, *Journal of Organizational Behavior,* 25: 439-459.

Eisenhardt, K. (1989). Agency Theory: An assessment and review. *Academy of Management Review.* 14(1): 57-74.

Etzioni, A. (1991). The Socio-economics of Property. In F. W. Rudmin (Ed.), *To Have Possessions: A handbook on ownership and property. Special Issue, Journal of Social Behavior and Personality.* 6(6): 465-468.

Fishbein, M. & Ajzen, I. (1975). *Belief, Attitude, Intention, and Behavior: An introduction to theory and research.* Reading, MA: Addison-Wesley.

Fornell, C., & Larcker, D. F. (1981). Evaluating Structural Equation Models with Observable Variables and Measurement Error. *Journal of Marketing Research.* 18: 39-50.

Fromm, E. (1976). *To have or To Be?* New York: Continuum.

Furby, L. (1978). Possession in Humans: An Exploratory Study of Its Meaning and Motivation, *Social Behavior and Personality.* 6: 49-65.

_____. (1980). The Origins and Early Development of Possessive Behavior. *Political Psychology.* 2(1): 30-42.

Ghafoor, A., Qureshi, T. M., Khan, M. A., & Hijazi, S. T. (2011). Transformational Leadership, Employee Engagement and Performance: Mediating effect of psychological ownership. *African Journal of Business Management.* 5(17): 7391-7403.

Hair, J. F., Black, W. C., Babin, B. J., & Anderson, R. E. (2009). *Multivariate Data Analysis* (7th ed.). Upper Saddle River, NJ: Prentice-Hall.

Hammer T. H., & Stern R. N. (1980). Employee Ownership: Implications for the organizational distribution of power. *Academy of Management Journal.* 23: 78-100.

Hinkin, R. H. (1998). A Brief Tutorial on the Development of Measures for Use in Survey Questionnaires. *Organizational Research Methods.* 1(1): 104-121.

James, W. (1890). *The Principles of Psychology.* New York: Holt.

Jensen, M. C., & Meckling, W. H. (1976). Theory of the Firm: Managerial Behavior, Agency Costs, and Ownership Structure. *Journal of Financial Economics.* 3(4): 305-360.

Judge, T. A., Erez, A., Bono, J. E., & Thoresen, C. J. (2003). The Core Self-evaluation Scale: Development of a measure. *Personnel Psychology.* 56: 303-331.

Kline, L. W., & France, C. J. (1898). The Psychology of Ownership. *Pedagogical Seminary*. 6: 421−470.

Ko, J. W., Price, J. L., & Mueller, C. W. (1997). Assessment of Meyer and Allen's three−component model of organizational commitment in South Korea. *Journal of Applied Psychology*. 82: 961−973.

Locke, E. A. (1976). The Nature and Causes of Job Satisfaction. In M. D. Dunnette (Ed.), *Handbook of Industrial and Organizational Psychology* (pp. 1297−1349). Chicago, IL: Rand McNally.

Long, R. J. (1978). The Effects of Employee Ownership on Organizational Identification, Job Attitudes and Organizational Performance: a tentative framework and empirical findings. *Human Relations*. 31: 29−48.

Luthans, F. (2002). The Need for and Meaning of Positive Organizational Behavior. *Journal of Organizational Behavior*. 23: 695−706.

MacCallum, R. C., Browne, M. W., & Sugawara, H. M. (1996). Power Analysis and Determination of Sample Size for Covariance Structure Modeling. *Psychological Methods*. 1: 130−149.

Mayhew, M. G., Ashkanasy, N. M., Bramble, T., & Gardner, J. (2011). A Study of the Antecedents and Consequences of Psychological Ownership in Organizational Settings. *The Journal of Social Psychology*. 147(5): 477-500.

Meyer, J. P., & Allen, N. J. (1991). A Three−component Conceptualization of Organizational Commitment. *Human Resource Management Review*. 1: 61−89.

Meyer, J. P., & Allen, N. J. (1997). *Commitment in the Workplace*. Sage: Thousand Oaks.

Moe, T. M. (1984). The New Economics of Organization. *American Journal of Political Science*.

Ng, I. C. L., Nudurupati, S. S., & Tasker, P. (2010). Value Co−creation in the Delivery of Outcome−based Contracts for Business−to−business Service, AIM Research Working Paper Series.

Nisbett, R. E., Peng, K., Choi, I., & Norenzayan, A. (2001). Culture and Systems of Thought: Holistic versus analytic cognition. *Psychological Review*. 108(2): 291−310.

Nisbett, R. E. (2003). *The Geography of Thought: How Asians and Westerners think differently…and why.* New York: The Free Press.

Nunnally, J. C. (1978). *Psychometric Theory* (2nd ed.). New York: McGraw－Hill.

Pierce, J. L., Jussila, I., & Cummings, A. (2009). Psychological Ownership within the Job Design Context: Revision of the Job Characteristics Model. *Journal of Organizational Behavior.* 30(4): 477－496.

Pierce, J. L., Kostova, T., & Dirks, K. T. (2001). Toward a Theory of Psychological Ownership in Organizations. *Academy of Management Review.* 26: 298－310.

Pierce, J. L., Kostova, T., & Dirks, K. T. (2003). The State of Psychological Ownership: Integrating and extending a century of research. *Review of General Psychology.* 7: 84－107.

Pierce, J. L., O'Driscoll, M. P., & Coghlan, A. (2004). Work Environment Structure and Psychological Ownership: The mediating effects of control. *The Journal of Social Psychology.* 144: 507-34.

Pierce, J. L., Rubenfeld, S. A., & Morgan, S. (1991). Employee Ownership: A conceptual model of process and effects. *Academy of Management Review.* 16: 121－144.

Pratt, J., & Zeckhauser, R. (1985). Principals and Agents: *The structure of business.* Boston. Harvard Business School Press.

Rees, R. (1985). The Theory of Principal and Agent—Part I. *Bulletin of Economic Research.* 37(1): 3－26.

Spector, P. E. (1992). Summated rating scale construction: An introduction. In M. S. Lewis－Beck (Ed.). *Basic Measurement: International Handbooks of Quantitative Applications in the Social Sciences* (pp. 229－300). Thousand Oaks, CA: Sage.

Steiger, J. H. (1989). *EzPATH: Causal Modeling.* Evanston, IL: SYSTAT.

Stiglitz, Joseph. (1987). Principal and Agent. In J. Eatwell, M. Milgate, & P. Newman (Eds.), *The New Palgrave: A dictionary of economics.* London: The Macmillan Press Limited.

Van Dyne, L., & Pierce, J. L. (2004). Psychological Ownership and Feelings of Possession: Three field studies predicting employee attitudes and organizational citizenship behavior. *Journal of Organizational Behavior.* 25: 439 – 459.

Wagner, S. H., Parker, C. P., & Christiansen, N. D. (2003). Employees that Think and Act like Owners: Effects of ownership beliefs and behaviors on organizational effectiveness. *Personnel Psychology.* 56: 847-871.

Waterman, R. W., & Meier, K. J. (1998). Principal – Agent Models: An expansion? *Journal of Public Administration Research and Theory.* 8(2): 173 – 202.

▶ ▶ ▶ **논평**

김대건(강원대학교 행정학과 교수)

1. 서론: 언어와 관점 그리고 새로운 개념화

언어는 세계관을 구성하는 기본이자 새로운 세계를 인식하는 도구 이상의 것이다. 우리는 흔히 이전 패러다임의 언어에 속박을 받고 있기 때문에 새로운 인식에 근거한 새로운 패러다임을 갖기 매우 어렵다. 그러므로 새로운 패러다임을 갖기 위해서는 새로운 언어가 필요하다. 이는 패러다임의 전환과정에서 언어의 역할이 매우 중요하다는 의미인 동시에 새로운 세계관을 갖기 위해서는 새로운 언어를 창조하여야 한다는 의미이다.

본 논문의 목적은 주인의식이라는 새로운 개념화의 시도와 그 측정도구를 개발하는 것이다. 그런데 그 근저에는 한국의 공공조직현상을 설명하기 위한 새로운 조직언어의 창출과 그 언어의 개념화 및 현실적 적용에 대한 도전이 내포되어 있다. 개념화된 새로운 조직언어인 '주인의식'을 통하여 한국공공조직의 현상을 새롭게 보거나, 새로운 것을 발견하자는 도전적 물음을 던진 논문이다.

또한 본 논문은 끊임없이 회의(懷疑)하는 데카르트적 성찰의 단면을 볼 수 있는 논문이다. 저자는 외국에서 개발된 개념과 척도가 한국현실에 적용하기에 과연 적절한가라는 의문에서 출발하여, 그 의문을 끊임없이 캐묻고 한국현실에 적합한 개념화와 측정도구 개발을 시도하고 있다. 이는 그동안 지속적으로 제기되어온 한국행정의 토착화 내지 한국화를 위해 시도되었던 한국행정학의 데카르트적 성찰이라 할 수 있다. 이런 맥락에서 심리적 소유[1]의 개념에서 출발하여 한국적 특성을 반영한 주인의식의 개념화와 그 측정도구의 개발에 깔린 배경과 다양한 시사점들에 대해 구체적으로 검토해 본다.

---

[1] 저자는 psychological ownership을 '심리적 소유'로 번역하였다. 기존의 번역서나 학술논문에서는 '심리적 주인의식'으로 번역하였다.

2. 해당 논문의 개요 및 주요내용

1) 심리적 소유에서 한국적 특성을 반영한 주인의식까지[2]

2000년대 초반부터 연구가 시작된 긍정조직행태의 주요 연구주제는 심리적 자본, 진(정)성 리더십, 윤리적 리더십, 긍정적 강점, 긍정적 정서, 심리적 소유, 심리적 임파워먼트 등이었다. 그 중에서 심리적 소유에 대한 연구는 조직구성원의 경제적 보상에 근거한 조직성과 개선 방법의 한계를 극복하고, 조직구성원이 자신이 속한 조직을 자신의 것인 것처럼 느끼는 소유감을 바탕으로 성과를 향상시키기 위한 대안으로서 논의가 시작되었다. 심리적 소유는 Pierce와 그의 동료들을 중심으로 연구가 시작되었으며, 최근 긍정조직행태 연구에서 심리적 자본과 더불어 조직성과에 기여할 수 있는 새로운 주제로 새롭게 주목받고 있다.

전통적인 관점에서 조직구성원과 조직의 이익이 항상 일치하는 것이 아니기 때문에, 조직성과는 계약관계에 있는 조직의 대리인인 조직구성원들과의 이해관계에 의해 영향을 받는다. 즉, 전통적인 유인요인인 경제적 보상은 근본적으로 조직성과를 높이는 데 한계가 있기 때문에 이를 보완하기 위한 다양한 노력들이 있었다. 기업조직의 종업원지주제도(ESOP: Employee Stock Ownership Plan)가 그 한 예이다. 그러나 긍정적인 성과의 개선을 목적으로 한 이 제도는 예상과 달리 여러 실증적 연구결과가 일관적으로 나타나지 않았다. 이에 연구자들은 종업원지주제도와 성과의 관계에 영향을 줄 수 있는 다른 변수들에 대해 관심을 갖게 되었고, 그 결과 심리적 소유라는 개념이 도출되었다. 이후 Pierce 등에 의해 심리적 소유에 대한 측정도구가 개발되면서 실증적 연구가 본격적으로 시작된 것이다.

그 연장선상에서 본 논문은 한국의 조직현실에서 심리적 소유가 어떻게 이해되고 사용되는지에 대한 검토 없이 외국의 학자들에 의해 이뤄진 연구와 개념을 단순히 사전적으로 번역하여 사용했다는 점을 지적하고, 심리적 소유의 한계점을 비판하는 동시에 한국의 공공조직 현실에 적합한 주인의식의 개념화를 시도하여 심리적 소유의 개념을 한 단계 더 정교하게 확장시켰다.

2) 주인의식의 한국적 개념화의 시도와 그 측정도구의 개발

본 논문은 주인의식이라는 새로운 개념화와 그 측정도구의 개발을 시도한 동시

---

2) 각주 1)에서 밝혔듯이, 기존의 번역서나 학술논문에서는 '심리적 주인의식'이라고 번역하였다. 그러나 여기에서는 심리적 소유로 통일한다.

에 주인의식을 조직행태의 한 개념으로 발전시키고 있다. 즉, 한국인의 주인의식에는 이타적 정신과 적극적·능동적 자세가 함께 나타나고, 정서 및 행동차원의 특성이 복합적으로 반영된 개념이며, 주인의식은 소유에 대한 심리적 감정상태보다 훨씬 포괄적인 개념으로서, 주인의 입장에서 가지는 인지나 정서뿐만 아니라 행태적 속성을 포함하는 것으로 이해하고 있다. 이는 본 논문에서 언급한 니스벳의 연구결과뿐만 아니라 홉스테드의 다섯 가지 문화차원이론에서도 한국인의 특성을 반영한 주인의식의 근거를 충분히 찾을 수 있다. 이러한 개념화를 기초로 주인의식의 개념을 측정하기에 적합한 문항을 개발하였는데, 크게는 잠재요인으로 인지적 주인의식과 주인행태로 구분하고, 인지적 주인의식의 하위차원으로는 소유의식, 책임의식, 기관차원사고와 주인행태의 하위차원으로는 적극적·자발적 행태로 두었다. 각각의 하위차원을 실제 측정하기 위한 문항은 총 10개를 도출하였다.

3. 이론적 기여점: 공공조직에서 주인의식의 개념화와 측정도구의 필요성 - 조직행태적 측면

지금까지 공공조직은 조직구조, 예산, 인력 등 외적이고 제도적인 변화에 치중한 관리혁신을 통해 조직의 성과와 효율성을 높이고 목표를 달성하고자 하였다. 그러나 다양한 관리적 시도에도 불구하고 여전히 많은 공공조직들이 조직실패로 인한 문제에 시달리고 있다. 그 이유는 조직의 관성과 관료제적 특성으로 인한 문제를 완전하게 극복하지 못하였기 때문이다. 즉, 조직 구조와 시스템에 대한 변화 시도는 조직의 관성을 극복하지 못하였고, 권위적이고 경직적인 관료제적 특성 때문에 발생하는 조직구성원의 권태, 사기저하 및 무기력 등의 문제를 극복하는 데까지 이르지 못하였다. 논문에서 언급하였듯이, 조직구성원의 도덕적 해이나 방관자적인 태도가 나타날 가능성이 크고, 민주이념에 근거한 정부통제의 제도화 역사가 짧은 우리나라에서는 제도적인 통제가 완벽하게 작동하지 않는 공공조직 영역에서 구성원의 주인의식에 더 많이 의존할 수밖에 없는 현실을 간과하였다.

또한 조직실패 대응을 위한 다양한 시도들은 대부분 일시적이고 외형적인 변화에 치우쳤으며, 조직구성원들의 가치관과 의식 수준에서의 변화에는 관심을 두지 않았으며, 심리적 차원의 강점을 조직구성원들에게 내재화시키는 것에 소홀하였다.

결론적으로 공공조직실패[3]가 반복되어 오고 있다. 이에 대응하기 위해서는 단순

---

3) 일반적으로 공공조직실패에 대한 논의는 정립되어 있지 않았다. 지금까지 공공조직실패는 시장실패 극복을 위한 정부개입의 목표가 달성되지 못하거나 정부활동이 시장의 자유방임 상태

히 조직구조와 시스템에 대한 변화를 넘어 조직이 지속적으로 경쟁력을 가지고 환경변화에 효과적으로 대응할 수 있는 조직문화차원의 관리가 필요하다. 또한 조직의 패러다임, 공유된 신념 및 비전 등에 대한 인식의 공유와 다양한 조직의 강점이 조직구성원의 심리적 차원까지 내재화될 수 있도록 하여야 한다. 이를 위해 한국적 주인의식을 조직행태의 개념으로 발전시킨다면, 공공조직실패의 핵심적 원인인 대리인 문제와 주인의식 결여를 해소하는 논의뿐만 아니라 도덕적 해이, 나태 및 부패 문제 등의 해소를 넘어 공공조직의 성공으로 나아가기 위한 촉매제가 될 것으로 보인다.

4. 논의의 확장

1) 열린공동체의 자발성·자율성과 주인의식

엘리너 오스트롬은 공유자원의 황폐화 문제를 해결하기 위한 국가의 자원통제나 자원의 사유화는 그 실효성이 적음을 경험적 사례를 통해 설명하면서, 파레토 열위, 공유재의 비극, 죄수의 딜레마 등을 극복하고 공유 자원 문제를 해결하기 위해 공동체 구성원의 자발적 참여와 자기 규율의 노력이 필요함을 역설하였다. 즉, 자발적이고 자율적인 참여와 관리를 통해 자원의 지속가능한 관리와 자원의 고갈 및 황폐화를 막아야 한다고 역설하였다. 이는 본 논문에서 다루고 있는 주인의식과 상당히 상통하는 면이 있다. 열린 공동체에서 한정된 자원이 지속적으로 유지·사용되기 위해서는 공동체 구성원들의 자발적·자율적 참여가 중요한데, 이것이 바로 주인의식의 발로라고 할 수 있다. 그러므로 본 논문의 주인의식과 그 측정도구는 비단 조직행태의 한

보다 나쁜 결과를 초래하는 상태를 의미하는 정부실패와 명확하게 구분되지 않고 혼용되어 왔다. 그 이유는 공공조직실패의 구체적인 개념 정의에 대한 선행연구가 없었으며, 실제 관련 연구들 대부분이 정부의 정책실패에 대한 문제에 편중되었기 때문이다.

공공조직실패는 시장실패의 대칭적인 개념인 정부실패와 다른 개념임을 이해할 필요가 있다. 김대건 외는, 아래 표에서 보는 바와 같이, 공공조직실패는 바람직한 성과를 달성하지 못하여 조직이 쇠퇴되어 있는 상태인 조직쇠퇴형으로까지 확장하여, 공공조직실패의 정의를 '공공조직의 다양한 내·외적 원인으로 인하여, 조직이 소멸되지는 않으나, 바람직한 성과를 달성하지 못하여 조직이 쇠퇴되어 있는 상태'로 정의할 수 있다고 주장한 바 있다.

조직쇠퇴형 실패	조직소멸형 실패
조직쇠퇴(organizational decline)	조직사멸(organizational mortality)
조직곤란(organizational distress)	조직사망(organizational death)
조직축소(organizational retrenchment)	조직해체(organizational dissolution)
구조조정(downsizing)	파산/부도(bankruptcy)
광의	협의

개념으로서만이 아니라 열린 공동체의 주인의식을 개념화하고 측정하는 데 그대로 적용될 수 있다고 하겠다.

2) 긍정조직행태 이원모형과 주인의식

한국적 주인의식을 한국공공조직에 적실성 있게 적용하고, 조직행태의 한 개념으로 발전시키기 위해서는 전통적 조직행태 모형에 기초를 두지 않아야 한다. 그 이유는 전통적 조직행태연구 모형은 조직의 부정적 행태의 제거가 바로 조직의 긍정적 행태로 이어지는 것을 전제로 하기 때문이다. 즉, 개인, 집단 및 조직의 성과와 효과성을 저해할 수 있는 부정적 행태들을 제거하는 것이 바로 성과와 효과성을 높이는 긍정적 행태로 변화된다는 것을 가정한다. 그러므로 이 모형의 가장 큰 맹점은 조직의 부정적 행태의 제거가 어떻게 긍정적 행태로 변화되는지에 대한 치밀한 논의가 없다는 것이다.

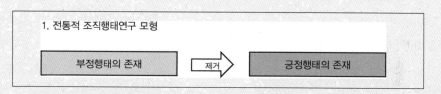

한편 전통적 조직행태연구를 극복하기 위해 김대건 외의 긍정조직행태 이원모형을 참고할 필요가 있다.

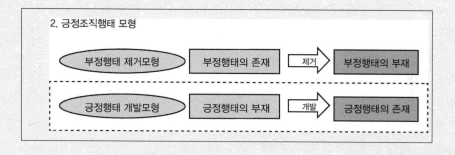

이원모형 중 부정행태 제거모형의 핵심적 초점은 조직의 성과와 효과성을 저해할 수 있는 부정적 행태의 제거가 '부정의 부재(the absence of the negative)'의 상태만을 만드는 것일 뿐이다. 이는 부정적 행태의 제거를 통해 낮은 성과 상태에서 벗어나고자 하는 소극적 관점과 조직의 행태적 문제 해결을 강조하는 질병모델(disease model) 또는 D 접근법(D's Approach)에 초점을 병리학적 관점에 기초하고 있다.

그러나 긍정행태 개발모형은 조직의 성과와 효과성을 향상시킬 수 있도록 긍정적 행태를 개발하여 '긍정의 존재(the presence of the positive)' 상태로 만드는 것에 초점을 둔다. 즉, 긍정적 행태의 개발을 통해 조직의 문제를 해결하고, 회복탄력성을 가지고 높은 성과와 효과성을 낼 수 있는 긍정행태의 존재까지 고려하는 모형이다. 이는 긍정적 행태 개발을 위한 교육 및 훈련 등을 강조하는 개발모형과 긍정적 유인 또는 보상을 통해 긍정적 행태를 유도하는 긍정적 강화모형에 초점을 둔다.4)

한국적 주인의식의 개념과 그 측정도구도 단순히 전통적 조직행태 모형에 기초하여 주인의식이 없는 상태를 제거하면 된다는 인식에서 긍정적 주인의식의 행태의 긍정적 존재로까지 논의될 수 있도록 하면, 주인의식에 대한 더 다양한 논의가 있을 것으로 본다.

5. 주인의식의 연구에 대한 향후 전망

비판적 시각도 있지만, 긍정조직행태는 부정적 관점에 편향된 전통적 조직행태 연구의 한계점을 보완하고, 조직구성원들의 긍정적 강점과 역량 등 긍정적 조직행태의 개발을 통해 조직의 성과를 높이기 위한 중요한 수단으로 관심 받고 있다. 하지만, 국내에서는 2000년대 초·중반 이후 현재까지 긍정조직행태와 관련된 연구가 활발히 이루어지지 못하고 있다. 긍정조직행태와 관련한 국내 선행연구는 관련 이론의 소개와 핵심 요인에 대한 실증적 연구가 이제 시작되고 있는 단계이다. 또한 심리적 소유는 조직의 성과에 긍정적 영향을 미친다는 연구결과들이 많이 있지만, 한국적 주인의식과 공공조직의 성과 간의 관계를 연구한 논문이 없다.

이러한 추세에서, 한국적 특성을 반영한 주인의식의 개념화와 그 측정도구는 긍정조직행태 분야에서 과학적 연구의 대상이 될 수 있으며, 변화와 개발이 가능한 개인 특성변수로서 자리매김할 수 있다. 본 논문에서 제시한 한국적 특수성을 반영한 주인의식과 공공조직의 성과 간의 관계에 대한 연구가 향후 많이 이루어질 것으로 기대된다. 특히 공공조직의 경우에 더더욱 그러하다.

---

4) 긍정적 조직행태 이원모형은 부정행태 제거모형과 긍정행태 개발모형을 단절적 개념으로 보지 않는다. 일반적으로 조직행태연구에서 부정행태의 제거와 긍정행태의 개발은 동시에 이루어지기도 한다. 다만, 부정적 관점에 편향되어 있는 전통적 조직행태연구의 문제점을 극복하기 위해 긍정과 부정의 균형적 연구를 강조하고, 나아가 조직성공을 위한 긍정적 관점의 조직연구와 조직관리를 강조하기 위한 것이다.

세계화와 공공부문 개혁

논문 | 김동건

  Ⅰ. 서 론
  Ⅱ. OECD국가들의 공공부문 개혁의
     배경과 특징
  Ⅲ. OECD국가들의 공공부문 개혁에
     서의 교훈: 실패의 원인 및 성공
     조건
  Ⅳ. 김대중 정부의 공공부문 개혁:
     실적과 평가
  Ⅴ. 우리나라 공공부문 개혁의 새로운
     비전 및 추진 전략

논평 | 이원희

세계화와 공공부문 개혁*

김동건(서울대학교 행정대학원 명예교수)

∽ 프롤로그 ∽

이 글은 공공부문 개혁의 이론적 배경으로 김대중 정부 시절 때 도입된 소위 신공공관리(NPM)를 소개하고 있다. 김대중 정부 이후 20년 가까운 세월이 흐른 지금에서 보면 신공공관리의 논리가 별로 새로울 것도 없지만 당시에는 행정학계에서 대단히 논란이 될 수 있는 새로운 접근 방식이었다. 하기야 신공공관리주의에 대한 확신은 1979년 영국 대처수상 시절부터라고 본다면 우리나라는 OECD 국가들보다 한참 늦게 도입한 셈이다.

필자가 이글을 쓰게 된 동기는 필자가 김대중 정부 후반시기에 「정부혁신추진위원회」 위원장 직을 2년 가까이 맡은 바 있었고 노무현 정부가 출범하면서 지속적인 정부개혁의 필요성이 제기되고 있었던 때였기에 필자가 위원장으로 있으면서 느꼈던 개선사항들을 그 때 정리하고자 한 것이다.

그동안 김대중 정부 시절의 개혁 과제들에 대해서 이런저런 평가가 모두 검토되었다. 그리고 노무현–이명박–박근혜 정부로 이어지는 과정에서 공공부문개혁이 꾸준히 그리고 다양하게 추진되어 왔고 나름대로의 성과도 있다고 본다.

그러나 김대중 정부 시절 많은 사람들에게 생소하게 여겨졌던 신공공관리주의를 도입하여 정부의 경쟁력과 효율성을 제고시키려 한 것은 세계적인 흐름에 비춰 적절한 대응이었다는 점을 이 글에서 강조하고자 하며 독자들도 이러한 시각에서 읽어 주기 바란다.

---

* 이 논문은 오연천·이달곤 외, 『세계화시대의 국가정책』, 제2장, "세계화와 공공부문 개혁," pp. 23–59(박영사, 2004)에 게재된 글을 수정·보완하였다.

I. 서 론

지난 20여 년간 대부분의 OECD국가들은 공공부문 개혁이라는 물결에 휩싸여왔다. 1980년대 초반 이후 진행된 "작고 효율적인 정부"에 대한 열망은 정부운영의 패러다임을 새로 짜는 작업이라고 해도 과언이 아닐 것이다. 공공부문 개혁의 물결은 전 세계적으로 급속히 파급됐으며, 그 범위도 다양하고 포괄적이다. 공공부문 개혁의 세계화(globalization)가 이루어지고 있는 것이다.

개혁의 진행과정에서 놀라운 것은 수많은 나라에서 짧은 기간 내에 개혁 과제를 추진하고 있으며, 나라마다 차이가 없는 것은 아니나 비교적 유사한 전략들을 채택하고 있는 점이다. 공공부문 개혁의 공통적인 특징이라면 다음과 같은 것이다.

① 정부 생산성 향상: 정부는 어떻게 하면 적은 세금비용으로 보다 많은 서비스를 제공할 수 있는가?

② 시장화: 정부는 어떻게 하면 관료제의 병폐를 뿌리뽑고 시장지향적인 인센티브를 접목시킬 수 있는가?

③ 고객지향적 서비스: 정부는 어떻게 하면 고객(시민)들과 보다 많은 접촉을 가져 서비스 질을 높이고 정부에 대한 신뢰를 구축할 수 있는가?

④ 분권화: 정부는 어떻게 하면 권한 위임을 통해 대응적이고 효율적인 프로그램을 추진할 수 있는가?

⑤ 정책역량: 정부는 어떻게 하면 서비스 전달체계를 강화하여 정책해결 역량을 강화할 수 있는가?

⑥ 결과에 대한 책무성: 정부는 어떻게 하면 약속한 성과를 달성하고 이에 대한 책무를 다할 수 있는가?

이처럼 대략 여섯 가지의 공공부문 개혁의 특징을 나열할 수 있겠는데, 세계 여러 나라가 서로 유사한 전략들을 동원하여 짧은 기간 내에 의욕적으로 개혁을 추진하게 된 배경을 살펴보면 이 역시 유사한 측면을 발견하게 된다.

우선 정치적인 측면에서는 냉전 이후 세계 각국에서 정부의 역할에 대한 논쟁이 확산되었고 국정운영의 기본시스템을 바꾸어 좀더 민주적인 시민사회 건설이 요구되면서 이에 부응한 작은 정부론이 제기되었다.

사회적 측면에서는 서구 선진국은 물론이고 동구 유럽국가에 걸쳐 삶의 질을 높이며 최소한 지금까지 누려온 삶의 수준을 유지하기 위해서는 정부가 앞장서서 변화해야 한다는 인식이 강해졌다.

경제적 측면에서는 1980년대 초반 영국과 뉴질랜드 같은 나라에서 심각한 경제위기에 직면하게 되었고, 한때는 "아세아의 기적"이라고 일컬어졌던 주요 아시아 국가들이 1990년대 후반에 와서 외환위기에 따른 경제파탄에 이르게 된 것이 공공부문 개혁을 불가피하게 만들었다.

끝으로 제도적 측면에서는 모든 정부가 어쩔 수 없이 세계화 추세에 적응하지 않을 수 없게 되었다. EU 국가 내에서 범국가적 공동프로그램을 개발하게 되고 IMF, 세계은행, OECD기구들과 협력하고 NGO들의 의견을 수렴할 수밖에 없는 상황에 처하게 된 것이다.

21세기에 진입한 지금에 공공부문의 개혁에 대한 관심은 더욱 고조되고 있다. 전통적인 관료제의 병폐를 타파하고 정부를 좀더 효율적이고 투명하게 운영하고자 하는 노력은 OECD국가뿐만 아니라 동구권, 라틴아메리카 국가들에도 파급되고 있다. 이러한 맥락에서 본 연구는 OECD국가들이 추진해온 공공부문 개혁의 내용과 특징을 살펴보고, 이들과 유사한 개혁 과제를 채택한 김대중 정부의 공공부문 개혁을 개괄적이나마 평가하고자 한다. 나아가서 이러한 검토를 통해 향후 우리나라가 지향해야 할 공공부문 개혁의 새로운 비전과 전략을 도출해 보고자 함이 본 연구의 목적이다.

II. OECD국가들의 공공부문 개혁의 배경과 특징

OECD국가들에서 그간 진행되어온 공공부문 개혁의 이론적 배경은 소위 신공공관리(New Public Management)라는 논리로 대변되어 왔다. 이는 다시 영국 및 영연방 국가들의 개혁 모형인 웨스트민스터(Westminster) 모형과 미국에서의 정부재창조(Reinventing Government)모형으로 구분된다.[1] 각각에 대하여 고찰하기로 하고 우선 신공공관리가 등장하게 된 역사적 배경부터 살펴보기로 한다.

1. 신공공관리(New Public Management)

대부분의 OECD국가들에게 공공부문 개혁은 그 배경이나 추진강도는 조금씩 다

---

1) 이와 같은 두 가지 형태의 모형은 Kettl의 구분에 따른 것이다. D. F. Kettl(2000) 참조.

른 것이었으나 상당히 오랜 역사를 지니고 있다고 하겠다. 1950년대 이후 후기케인
지언 복지국가(post-keynesian welfare state)의 산물이라고 할 수 있는 거대한 공공관
료제의 성장이 그 비효율성으로 인해 국민들의 불신을 초래했다는 데에서 출발의 배
경을 찾을 수 있다. 특히 1970년대의 오일 쇼크에 따른 경기침체와 과다한 복지비용
은 정부재정에 큰 부담을 주었다. 이러한 시기에 영국과 미국에서 신보수주의가 등장
하면서 공공부문 개혁의 강도가 크게 높아지는 계기를 마련하게 되었다. 그 결과 능
률성과 경제성이 공공부문의 핵심적 가치로 자리잡게 되었고, 정부 부문에서 작은 정
부, 기업가적 경영, 민영화, 분권화, 규제완화 등의 용어가 유행어처럼 확산되었다.

　1980년대 이후의 공공부문 개혁은 70년대에 걸친 세계적인 경기침체와 그에 따
른 재정적자, 정치적 환경변화 등에 의하여 지속적인 정부지출에 반대하는 중산층의
반발과 신보수주의적 물결 등 여러 가지 복합적인 요인 등으로 더욱 박차를 가하였다.
한편 불필요하게 크고 소모적인 정부에 대한 비판이 정부개혁의 출발 논리를 제공하
였다면, 세계화, 개방화, 정보화라는 전 지구적 환경변화는 개혁을 더욱 지속시켜야
한다는 논리로 작용하였다. 실제 영국이나 뉴질랜드 등 많은 OECD국가들에서는 정
권의 변화에도 불구하고 지속적이고 일관된 개혁이 진행되어 왔다. 그것은 21세기의
지식정보사회에서 국가경쟁력의 제고만이 무한경쟁, 국경 없는 경쟁에서 살아남을 수
있으며, 정부경쟁력이 바로 국가경쟁력의 근간이고 요체라고 믿게 되었기 때문이다.

　OECD국가에서 나타난 이러한 변화를 Mascarenhas[2]는 공공부문에서의 기업문
화(enterprise culture)의 구축이라고 설명하고 있다. 즉, 국민의 요구에 대한 구태의연
한 관료제적 대응문화가 실적과 인센티브 중심의 기업문화로 이전되었으며, 또한 경
험, 지식, 충성을 기반으로 한 공무원 사회가 실적, 결과, 관리기술을 중시하는 방향
으로 바뀌었음을 뜻한다는 것이다. 이러한 공공부문에서의 가치적 변화를 일컬어 관리
주의(managerialism), 기업가적 정부(entrepreneurial government) 등 다양한 이름으로
불리어왔다. 이러한 개혁의 기본적인 아이디어는 전통적인 관료제적 계층제가 비대응
적이었음을 지적하면서, 권위적이고 경직적인 정부를 신축적이고 능률적인 정부로 대
체하고 정부 내에 시장의 경쟁원리를 도입하려는 데 있다.

　신공공관리는 "관리자에 의한 관리"(let the managers manage), "결과를 위한 관리"
(managing for results)를 모토로 하여 소위 "관리"(management)라는 말 속에는 민간기
업만이 아니라 공공부문에도 순수하게 적용할 수 있는 원칙들이 있다는 가정에서 출

---

2) R. C. Mascarenhas(1993) 참조.

발한다. 이러한 관리에 대한 강조라는 점에서 이러한 주장은 새로운 것이라기보다는 1910년대 Taylor의 과학적 관리법 등에서 그 뿌리를 찾을 수 있기 때문에 이를 신테일러리즘(neo–Taylorism)이라고 부르기도 한다. 아무튼 신공공관리는 학자들보다는 주로 민간의 실무자나 컨설턴트 등에 의하여 제기된 주장으로 1980년대에 걸쳐 OECD국가들의 공공개혁에 큰 영향을 미친 것은 사실이다.

신공공관리의 핵심 내용은 다음과 같이 요약될 수 있다.[3]

① 최소한 관리라는 관점에서 보면 공공부문과 민간부문의 차이는 그리 크지 않으며 같은 원리하에 있다는 믿음.
② 절차적 책무성(process accountability)에서 결과에 대한 책무성(accountability for results)으로의 전환.
③ 정책보다는 관리에 초점. 특히 관리기술 그 자체에 관심.
④ 보고체계의 개선, 모니터링, 책임 메커니즘의 발전 등과 연계하여 관리 통제를 위임.
⑤ 대단위 관료조직을 준자율적 기관(책임운영기관)으로 분할, 특히 상업적, 비상업적 기능의 분리와 정책조언과 집행, 규제기능의 분리.
⑥ 민영화, 경합적 공급, 민간위탁 등의 선호.
⑦ 고전적 계약으로 전환. 즉, 장기적이고 불명확한 계약에서 단기적이고 보다 명확하게 내용화한 계약으로 전환.
⑧ 전략계획 작성, 성과협약, 성과와 연계된 보상시스템, 새로운 관리정보시스템 도입 등 민간 분야에서의 관리기법 도입.
⑨ 비금전적 인센티브보다는 금전적 인센티브 선호.
⑩ 비용절감, 효율성, 감축관리 등에 대한 강조.

2. 영국 및 영연방국가들의 공공개혁(Westminster Model)

1) 영 국

1970년대 말부터 시작된 영국의 공공개혁과정은 두 가지의 큰 동인이 뒷받침되었다. 하나는 정부의 재정적자의 누증에 따른 도산위기, 국제통화기금(IMF) 등 국제기구의 압력, 그리고 격심한 노동운동으로 인해 정부가 총체적으로 증대한 위협에 처

---

3) J. Boston et al.(1996)에서 요약·발췌한 것임.

해 있었다는 점이며, 다른 하나는 1979년 출범한 대처 수상의 신정부에 대한 기대와 새롭게 부각되었던 관리주의(managerialism)에 대한 확신 등으로 새로운 기회를 맞이 하였다는 점이다.

특히 영국정부의 재정적자문제는 그 정도가 극도로 심했다. 국내외 총 부채가 GDP보다 많아지게 됨으로써 정부지출 규모를 줄여야 한다는 주장이 설득력을 얻게 되었고 대처 수상 자신도 정부가 사회 각 영역에 대하여 지나치게 관여하고 있으며 따라서 정부기능을 축소하고 재정립해야 한다고 믿고 있었다. 이러한 위기의식은 집 권한 보수당에게 새로운 기회를 제공하는 것이었다. 대처 수상은 과감한 정부개혁계 획을 추진하게 되었는데, 한편 당시의 시대적 조류로써 자유시장 경제체제와 자유민 주주의에 대한 신념에 바탕을 둔 신보수주의 사고(The New Right)가 세계적으로 확산 되면서 이러한 조류는 관료적 통제위주의 행정문화를 관리적 문화로 변화시키는 데 압력으로 작용하게 되었다.

영국의 공공부문 혁신은 행정의 능률성 제고를 통하여 납세자의 세금에 부응하 는 가치(value for money)를 창출하고자 하는 데서 시작되었으며, 다음과 같은 네 가 지 기본 방향 속에서 추진되었다.[4]

(1) 정부기능의 재정립

정부의 역할과 기능을 재평가하여 공공부문과 민간부문 간의 경계를 다시 확정 하고자 하였다. 민간에서 수행하는 것이 당연하거나 바람직한 정부기능에 대해서는 민영화나 공사화 등을 통해 민간부문에 이관하는 한편, 정부에서 수행해야 할 기능으 로 판단된 영역에 대해서는 그 기능을 더욱 보강하는 개혁 조치를 취하였다. 인력감축 (downsizing)과 정부조직개편은 불가피한 조치였으며, 1979년부터 1997년 사이에 34%의 인력 감축이 있었다.

(2) 관리권한의 위임

중앙부처에 집중되어 있던 관리권한을 실무부처에 위임하고, 각 부처에서도 일선 관리자에게 권한을 부여하는 대신 그에 따른 책임성을 확보하는 데 관심을 갖게 되었 다. 1982년 도입된 재무관리개혁조치에 의해 각 부처의 예산 자율권은 대폭 확대되 었으며, 인사권한도 지속적으로 하부에 위임되어 1997년까지의 정부백서에서도 인사 권한의 자율성 확대를 계속 지지하였다.

---

4) 총무처, 「신정부혁신론」(1997)의 '영국' 부문 설명에서 발췌한 것임.

(3) 시장원리 및 성과관리의 도입

정부분야에서도 시장원리를 도입하여 경쟁을 유도하고 성과관리 행정체제로 전환하고자 하였다. 이를 위해 정부조직에서 집행기능만을 책임지고 전담하는 책임운영기관(executive agency)을 창설하여 민간의 경영방식을 적용토록 하였으며 책임운영기관의 사장은 장관과 성과계약을 맺고 실적에 따라 책임을 지도록 하였다. 또한 공직자에게도 업무목표를 부여하고 개인별 성과와 인사관리를 연계시키는 노력을 기울임으로써 기관별은 물론이고 개인별 성과중심 행정체제를 추구토록 하였다.

(4) 행정서비스의 질 향상

행정서비스의 질을 향상시킴으로써 고객인 국민에 대한 대응성 향상에 중점을 두기 시작하였다. 1991년부터 시도된 시민헌장(citizen charter)제도는 행정서비스를 공급자 중심에서 수요자 중심으로 전환하기 위한 정부의 개혁 노력을 가시화한 것이다.

1979년 보수당에게 정권을 내어준 이래 18년 만인 1997년에 다시 집권하게 된 블레어 노동당 정부는 그럼에도 기든스의 소위 "제3의 길" 논리를 근거로 「대처·메이저」로 이어진 보수당 정권의 공공개혁 기조를 대부분 계승하였다. 다만 블레어 정부는 그동안의 개혁이 부처별·개인별로 수직적 능률성을 성취하는 데는 효력이 있었으나 횡적인 협력체계가 미흡했다는 점을 인식하고 기관별로 분화된 정부 조직을 결합하여(joined-up), 수평적 협력(horizontal coordination)을 통해 정부 전체의 정책목표를 달성하고자 시도하였다.

1999년 발표된 "정부현대화 백서"에서 제시하고 있는 5대 개혁목표는 다음과 같다.5)

① 결과중시·미래지향적 정책 추구
② 대응성 있는 공공서비스
③ 고품질의 공공서비스
④ 정보화시대의 정부
⑤ 새로운 공공서비스 가치 창출

---

5) The Cabinet Office(U.K.), *Modernising Government* (The Stationary Office, March. 1999).

이처럼 블레어 정부의 정부개혁목표는 능률성(경쟁)강화 차원을 넘어서 질 높은 공공서비스 제공과 고객중심의 민주성 강화를 추구하며 이를 위해 국민의 소리를 듣고 이의 요구에 순응하며 시민참여(partnership)의 기회를 증진시키고 이를 위해 정보화 기술을 활용하여 개혁을 확대·발전시켜 나가겠다는 것이다.

또한 공공서비스가 국민에게 분명하게 전달되는 전달체계 확립에 주력하면서 몇 가지 특정분야를 선정하고 이를 집중 관리하여 성과를 극대화하려고 시도하였다. 2002년 현재 블레어 정부에서 집중 관리하고 있는 정책 분야는 교육, 보건, 법질서 및 교통, 이렇게 4개 분야이다.

성과와 책임을 분명히 하고자 공공서비스 계약(public service agreements)을 적극 도입하였다. 이미 오래 전부터 성과계약이 있어왔으나 이를 더욱 구체화하여 각 부처가 재무성과 협의하여 3년 단위의 공공서비스에 대한 대국민 약속을 문서화하여 공개적으로 발표하도록 하였으며 합의 내용도 막연한 것이 아니라 상당히 구체적으로 명시토록 하였다. 또한 지방정부의 역할과 협력을 매우 중요시하여 지방정부에의 권한위임 및 자율성을 대폭 강화시키는 분권화 작업을 병행 추진하였다.

2) 뉴질랜드

관리주의적 사고에서 정부개혁을 선도한 나라가 영국이라면, 뉴질랜드는 현대적 공공관리개혁을 본격적으로 추진한 나라이며 어떤 의미에서는 영국보다도 더 급진적으로 추진하였다고 하겠다. 영국이 신보수주의(the new right)에 근거한 개혁을 시도했다면, 뉴질랜드는 신급진주의(the new left)에 근거한 개혁을 시도했다고도 할 수 있다. 뉴질랜드는 1893년 세계 최초로 여성의 참정권을 인정하는 급진적인 사회개혁을 추진하였고, 1935년 대공황시기에 세계 최초로 "요람에서 무덤까지"의 급진적 복지정책을 마련한 역사적 유산을 갖고 있다.

그러나 1980년대 초반에 이르러 뉴질랜드의 경제는 더 이상 야심적인 공공정책을 추진하기가 어려울 정도로 악화되었다. 높은 인플레이션, 재정적자, 환율의 평가절하를 경험하였으며, 정부부채는 1975년의 40억 뉴질랜드달러에서 1985년에는 280억 뉴질랜드달러로 7배 증가하였던 것이다.[6] 이와 같은 경제위기는 노동당(Labour Party)이 국민당(National Party)을 제치고 9년 만에 집권하는 계기를 마련하였다.

정부개혁의 청사진은 1985년 노동당정부의 초대 재무부 장관인 로저 다그라스

---

6) Kettl(2000), p. 10.

(Roger Douglas)에 의해 마련되었다. 이를 "로저노믹스"(rogernomics)라고 칭하는데, 전통적인 정부개입정책을 비판하고 시장자유화에 근거한 급진적인 정부개혁을 입안하였다. 로저노믹스의 이론적 배경은 신제도경제이론(new institutional economic theory)이다. 신제도경제이론의 핵심은 거래비용(transaction cost)에 관한 것으로서, 정책에 관한 정보를 획득하는 데 드는 비용이 크면 클수록 정보를 독점하고 있는 특수 이해집단들의 세력이 강화되고 결국 이들 이해집단들이 정책을 좌지우지하게 됨을 지적하는 것이다. 따라서 효과적인 정부개혁이란 정부정책 입안자와 이해집단과의 유착관계를 차단하는 방법을 강구하는 것이라는 것이다. 이러한 인식은 대리인 이론(theory of agent)이라든가 공공선택이론(theory of public choice)에서도 이미 언급되고 있다.

다그라스(R. Douglas) 재무장관과 그의 동료들은 그동안의 전통적인 뉴질랜드 행정에서는 관리자들에게 아무런 자율권을 주지 않고 통제 위주로 관리해 온 것을 비판하고 관리자들에게 예산상, 인사상의 자율을 허용하면서 그만큼 결과에 대하여 책임을 물어야 한다고 믿었다. 다시 말하여 관리자들에게 자율권을 주어 그들로 하여금 관리하게 하고 동시에 결과에 대하여 책임을 지게 하는, 두 가지 측면의 균형을 유지토록 한 것이다.

1985년 이후의 뉴질랜드 공공부문 개혁을 대체로 4단계로 구분하여 성격을 살펴보기로 한다.7)

① 1단계(1985-1987): 노동당 집권 초기의 정부혁신 주내용은 시장화(marketization)라고 요약할 수 있겠다. 공공서비스의 제공에 있어 효과와 경쟁을 바탕으로 한 기업원리를 도입하려는 데 주목적이 있었다. 한걸음 더 나아가 정부기능을 상업기능과 비상업기능으로 분리하여 상업기능은 공기업(state-owned enterprises: SOEs)이 담당하도록 시도하였다. 이를 위한 입법으로 1986년 공기업법을 마련하였고 상당수의 정부기업을 자율적인 공기업으로 전환시켜 사기업과 같이 관리하도록 하였다. 장기적으로는 정부의 상업기능을 민간기업 체제로 전환시키는 토대를 마련하였다.

② 2단계(1988-1990): 1987년 노동당 정부의 재선 후, 정부 효율성 증진의 지속적인 추구를 위해 성과관리체제를 확고히 하려고 하였다. 이를 위해 인사 및 재무관리의 혁신을 도입하였고 공무원법과 재정법이 도입되었다. 공무원법의 제정으로 기존의 정년직인 차관제를 없애고 사무차관제(chief executive)를 도입하였다. 사무차관은 공공관리위원회와 계약하며 고용주로서 부처 내의 고용자에 대하여 모든 권한, 의무,

---

7) 총무처, 「신정부혁신론」(1997)의 '뉴질랜드' 부문 설명에서 발췌한 것임.

권력을 부여받았다. 공무원법과 함께 공공관리개혁의 또 한 축을 형성했던 재정법의 핵심은 재무관리의 중심을 투입통제(input control)에서 산출통제(output control)로 변화시키는 것이다. 기존의 현금주의 예산회계에서 발생주의 예산회계로 대체하고 철저한 재정보고 절차를 마련하였다. 이러한 재무관리체제는 1994년 재정책임법의 제정으로 더욱 강화되었다.

③ 3단계(1991-1996): 노동당 정부의 도전적이고 급진적인 정부개혁 노력이 있었으나 정부 내에서 개혁정책에 대한 내적 갈등이 가속화되었는데, 이런 와중에서 1990년대에 정권이 국민당으로 다시 바뀌게 되었다. 그러나 정부혁신의 기조는 계속 유지되었고 다만 시장화 전략을 통해 세분화(fragmentation)된 행정체제를 조정하는 등 정부개혁 프로그램에 대한 전반적인 재검토와 더불어 총체적인 전략관리체제 (overall strategic management framework)의 구축에 노력하였다. 이러한 전략적 관리의 구체적인 조치로 9개의 전략성과영역(strategic result area)을 확정하여 각 부처가 성과협약(performance agreement)을 통해 이 영역을 책임지고 추진하도록 하였다.

④ 4단계(1997-현재): 1996년 국민당과 뉴질랜드 제일당(New Zealand First Party)의 보수성향 연정이 탄생하였다. 양당은 정부의 효율성을 위해서는 강력한 공직사회의 개혁능력이 필요하다는 것을 인정하고 다음과 같은 과제에 개혁초점을 맞추었다. 공무원의 책임성 원칙, 공식문서에 대한 접근성과 투명성 제고, 선거제도의 개선, 서비스질 표준(quality standards) 개발, 그리고 인적자원의 개발과 같은 새로운 개혁 과제의 추진 등이다.

3) 미국의 공공개혁(Reinventing Government Model)

(1) 70년대 중반 이후의 신보수주의의 등장

70년대 중반 이후 신보수주의의 등장은 기본적으로 정부의 사회지출 프로그램의 지속적 확대에 대한 비판을 불러일으키는 계기를 마련하였다. 1960년대에는 사회지출 비율이 정부 총지출의 10.9%이었는데 1981년에는 약 그 두 배인 20.8%까지 증가하였기 때문이다. 미국의 대표적 복지 프로그램인 AFDC(Aid to Families with Dependent Children)가 정부의 "비싼 실패"(expensive failure)로 평가되는 좋은 예이다. 빈곤에 대처한다고 하면서도 가난한 사람들에 대한 지원효과가 그리 높지 않은 반면, 수혜자들의 경제적 의존성만 증대시키고 가정파괴를 부추겼으며, 각종 불법 및 탈세를 부추기고 있다는 것이었다. 또다른 대표적인 사례는 1978년 캘리포니아 주 헌법의 개정을 요구하는 Proposition 13을 들 수 있는데 이는 재산세의 세율을 일정

수준 이상 증가시키지 못하도록 하는 것을 주요 내용으로 하는 것으로서 이것은 주정부의 정부지출에 대한 억제운동으로 받아들이게 되었다.

서비스의 제공자들이 소비자의 입장이 아니라 자신의 관점에서 제도를 운영하는 데서 오는 소위 "provider power"에 대해서도 비판이 크게 제기되었다. 실제로 서비스를 제공하는 일선 공무원, 교사, 의사 등은 소비자들의 요구에 무관심하고 비효과적이며 심지어 고압적인 자세를 보인다는 비판이었다. 결국 70년대 후반에 이르러 신보수주의자들이 공공서비스에 대한 새로운 접근방식의 필요성을 주장하게 되었는데, 이러한 주장들은 공공선택이론, 대리인이론, 제도경제학 등 신자유주의적인 학문적 이론의 발전이 연계되었다. 다시 말하여 관료제에 대한 강한 의구심, 서비스의 과다공급 및 예산극대화 추구, 정부규모 팽창이 개인들의 자유에 미치는 부정적 측면, 정부지출의 증가가 구축효과를 통해서 민간부문의 성장을 저해하고 기업정신을 위축시킨다는 점 등이 논리적으로 제시되었다.

이러한 신보수주의의 물결은 처음에는 기본적으로 복지지출에 대한 예산축소 등으로 인식되었으나 점차 그 방향은 정부의 관리개혁 측면으로 전환되면서 정부 생산성 향상이 강조되기 시작하였다. 레이건 대통령의 취임 이후 1982년에 설치된 President Private Sector Survey on Cost Control(PPSSCC; Grace Commission)은 이러한 방향에서 낭비적인 정부활동을 찾아내고 관리측면에서의 효율성을 제고하기 위한 위원회였으며 위원의 95%를 민간사업가로 구성하는 등 민간부문에서의 역할을 강조하였다. 이 위원회는 1984년까지 활동하면서 47개의 보고서를 통하여 공공부문의 여러 가지 실패 사례를 제시하고 건의안을 마련하는 등 방대한 활동을 하였는데 결론적으로는 공공분야의 모든 부문에서 민간부문과 거의 동일한 경영방식을 도입하는 것이 "최선의 실제"(best practices)임을 지적하고 주장하였던 것이다.

고비용의 정부부문이 너무 커져서 민간을 위축시킨다는 것은 분명하게 밝혔으나, 사회 지출 등을 축소하는 것은 정치적으로 민감한 사항이었고 교육이나 보건 등의 사업을 민영화시키는 것도 현실적으로 매우 어려운 과제였으므로 결국 남은 선택은 생산성 향상을 강조하는 것이었고(예: 공급중시경제학) 그 방법을 민간부문의 경영기법에서 찾았던 것이다. 그러나 이러한 PPSSC의 보고서 내용은 사실상 새로운 것이 아니었고, 그 진의들에 대한 체계적인 실천방안도 마련되지 않았기 때문에 그 영향력은 미미한 것이었다고 평가된다. 결국 80년대 초반까지의 미국의 공공개혁에 관해서는 관리주의(managerialism)적 언어는 넘쳐나고 있었지만 사실상 공공부문의 경쟁력은 크게 향상되지 못하였다. 또한 정치적 측면에서 의회가 사회지출 프로그램을 대폭 삭감시키지 못하는 상황에서 미국의 전체적인 반관료적인 조류는 관료들 자체에 대한 불신감을 확대하는 방향으로 전개되었던 것이다.

(2) 80년대 후반 이후의 서비스 질(quality of services)에 대한 강조

80년대 후반부터 90년대 초반에 이르기까지 미국 정부에서 Westminster식의 관리주의적 사고가 재검토되기 시작하였다. 1988년 레이건 뒤를 이은 부시 대통령은 관료들의 비효율성을 크게 비난하지 않았는데, 이는 물론 그 자신이 거의 평생을 공직에 몸 담아왔다는 개인적인 측면도 있지만 기본적으로 공직사회의 사기가 크게 저하하는 등의 문제점이 인식되기 시작하였기 때문이다. 개혁의 초점을 공직사회의 분위기를 쇄신시키고 일하는 방식을 개선시키어 고객의 요구에 부응하여 정부가 제공하는 공공서비스의 질을 향상시키는 쪽으로 바꾸려고 하였다.

미국의 80년대 후반 이후의 정부개혁 핵심내용은 다음과 같이 네 가지로 요약될 수 있다.8)

① 직접 민영화할 수 없는 부분에 대해서는 더욱 과감하고 광범위한 시장 메커니즘의 활용(준시장(quasi-market) 적용)
② 서비스 생산 및 관리에 대한 분권화 강조
③ 고객요구에 부응한 서비스 품질 향상의 필요성 강조
④ 서비스의 사용자 및 소비자의 반응과 의사에 깊은 관심 표명(고객만족도 및 고객불만 처리 시스템 개선)

전체적으로 볼 때 80년대 후반 이후 신공공관리의 영향에서는 관료조직에 대한 일반화된 매도경향은 사라졌으며 고객의 요구에 관심을 가지고 이에 부응하도록 품질향상에 대한 관심이 크게 높아졌다는 특징을 발견할 수 있다. 그러나 효율성에 대한 강조가 결코 사라진 것은 아니며 조직축소 및 예산절감에 대한 압력은 지속되었다. 결국 이러한 변화는 기존의 관리주의에다가 문화관리적인 측면을 통합함으로써 생긴 현상이라고 평가할 수 있다.

(3) 90년대 중반 이후의 정부재창조(reinventing government)

1993년 2월 클린턴 대통령은 취임 직후 고어 부통령에게 정부재창조(reinventing

---

8) C. Pollitt and G. Bouckaert(2000) 참조.

government)의 기초 작업을 추진할 것과 6개월 이내에 이에 대한 기본 보고서를 제출할 것을 지시함으로써 클린턴 행정부의 정부개혁은 막을 올렸다. 고어 부통령은 약 250명의 공무원으로 구성된 정부성과평가단(National Performance Review: NPR)을 구성하여 정부재창조 작업에 박차를 가하게 되었다.

Kettl이 지적하였듯이, 정부재창조형 개혁은 기존의 신공공관리의 기본성격인 정부조직 및 제도의 관리개선을 넘어 관료들의 형태를 변화시키려고 시도한 측면이 강하다고 하겠다. 클린턴 행정부 8년간의 공공개혁을 대략 세 가지로 나누어 검토하면 다음과 같다.9)

① 제1기: 1993년 9월에 제출된 NPR보고서(From Red Tape To Results: Creating a Government That Works Better and Costs Less)에서 제시된 정부개혁의 기본방향과 이의 실행계획을 추진한 시기에 해당된다. 대략 네 가지의 기본방향을 가지고 시작되었는데 초창기에는 상당한 업적을 인정받았다고 하겠다.

NPR은 연방정부의 혁신이 성공을 거두기 위해서는 지방정부 및 민간기업의 성공사례를 수집·분석하여 그 결과로 나타난 공통요인을 정부재창조의 기본원칙으로 내세워야 한다고 생각하였다. 그리고 각 원칙을 실현하기 위한 단계별 방안을 제시하였다. NPR이 내세운 정부재창조의 기본원칙은 관료적 형식주의 제거(Cutting Red Tape), 고객우선주의(Putting Customers First), 성과산출을 위한 공무원의 권한강화(Empowering Employees to Get Results), 기본원칙으로의 복귀(Going Back to Basics) 등 네 가지였다.

첫째, 관료적 형식주의(red tape)를 제거하기 위한 방안으로는 하부조직 또는 담당자들이 재량권을 확대하며, 규칙을 잘 준수하는지 여부보다는 업무성과 그 자체를 중시하도록 건의하였다. 기존 통제시스템의 기능은 적발과 책임 추궁에서 관리시스템 평가 및 문제소지의 사전제거로 그 방향을 전환하도록 하였다. 그리고 연방정부 내부의 불필요한 통제·절차를 제거하여 업무의 흐름을 신속하게 하도록 하였다.

둘째, 고객우선주의에 대해서이다. NPR은 행정서비스를 이용하는 고객의 의견을 적극적으로 받아들이고 고객의 만족도를 높일 수 있는 방향으로 업무절차를 개선하여야 한다고 강조하였다. 또한 고객이 선택할 수 있는 기회를 제공하며 경쟁 등의 시장원리를 연방정부에 도입하여 공무원들이 고객을 최우선적으로 고려하도록 유도하여야 한다고 건의하였다.

---

9) Kettl(2000), pp. 16-18.

셋째, 성과위주의 관리방식을 실현하기 위한 방안이다. NPR은 효과적이고 기업적인 정부가 되려면 권한을 분산함으로써 조직문화를 바꾸어야 한다고 건의하였다. 그러기 위해서는 일선담당자에게 권한을 부여하고 공무원 노조와의 협력관계(partnership)를 강조하며 일선공무원이 강화된 권한을 통해 임무를 제대로 수행할 수 있도록 능력배양의 기회를 부여하도록 하였다. 또한 근무 장소를 보다 인간적·가정적으로 변화시키도록 하였다. 그러나 일선공무원의 권한을 강화하는 대신 업무수행의 결과에 대해서는 책임을 지도록 하였다. 성과관리의 하나로 성과와 예산을 연계하는 성과주의 예산제도를 도입했으며 이를 뒷받침하는 「정부성과 및 결과에 대한 법률」(Government Performance and Results Act: GPRA)을 제정하였다.

넷째, 기본원칙으로의 복귀와 관련하여 불필요하고 중복된 조직과 절차는 폐지하고 장기적인 투자와 첨단기술을 통해 비용을 절감하는 등 업무처리 방식과 절차를 끊임없이 개선하고 검토할 것을 강조했다. 무엇보다도 민주주의와 시장경제질서의 조화를 각오하였다.

② 제2기: 1994년 말까지 진행된 제1기의 개혁성과는 상당한 것이었다. 정부 인력의 감축노력으로 비용절감 효과가 나타나기 시작했고 고객서비스도 상당 분야에서 개선되는 징후가 생기기 시작했다. 대표적인 예로 물자구매 분야를 들 수 있는데 조달업무상의 형식적인 절차가 많이 개선되었다. 그래서 고어 부통령은 정부재창조의 역군으로 박수를 받기도 하였다. 그러나 이러한 노력에도 불구하고 1994년 말에 실시된 중간선거에서 야당인 공화당이 상·하 양원을 모두 석권하는 결과가 발생하게 되었다.

이러한 선거결과는 클린턴 행정부로 하여금 정부재창조 개혁의 방향을 바꾸도록 하는 계기를 마련했는데, 정부가 일을 어떻게 해야 하는가에 초점을 둔 제1기에서 정부가 무엇을 해야하는가로 이동하게 되었다. 제2기의 출범과 더불어 고어 부통령은 연방정부 관리자들에게 당신들이 하고 있는 모든 일들을 재검토("review everything you do")하라는 지시를 내리기도 하였다.

아무튼 제2기는 그동안의 미흡한 부문을 보완하는 기회가 되었고, 고어 부통령으로 하여금 일선기관의 재창조 노력이 무엇보다 중요함을 일깨워주게 되었다. 개혁을 통하여 비용이 얼마만큼 절감되었는가를 정확히 측정하기는 대단히 어려운 일이다. NPR은 처음 4년에 걸쳐 123억불의 순수 비용절감이 이루어졌다고 주장하였다.[10] 그러나 정치적 측면에서 의회에서의 논란과 싸움은 더욱 치열해져서 제1기 중에 형성

---

10) (사)한국재정연구회, 「주요국의 재정개혁」(2000)의 '미국' 부문 참조.

된 공공개혁에 대한 열정이 많이 사그라지는 폐해가 발생하였다.

③ 제3기: 클린턴 대통령이 1996년말 대선에서 승리하면서 새롭게 출범한 클린턴 행정부는 지난 4년간의 정부개혁 기조를 계속 유지하면서 개혁의 초점을 다시 바꾸는 작업을 시도하였다. 우선 NPR의 이름을 National Performance Review에서 National Partnership for Reinventing Government로 바꾸면서 영문약자는 계속 NPR을 사용토록 하였다. 새로운 NPR의 새로운 슬로건은 "America@Its Best"이었다. 이런 이름에서 볼 수 있듯이 앞으로의 정부재창조는 시민들과의 파트너십을 통해 이루어지며, 특히 정보화 기술을 적극 도입하여 이를 통해 정부의 대국민 서비스를 개선해 나가겠다는 의지를 표명한 것이다. 소위 전자정부(e-government)의 구축이 중심과제로 등장한 것이다.

이와 같은 제3기의 목표와 전략은 두 가지 측면을 고려하고 있다. 즉, 내적으로는 정부관료들의 일하는 자세를 바꾸는 절차와 과정상의 개혁을 추구하고, 외적으로는 국민들에게 직접 피부에 와닿는 정책과제들을 폭넓게 개발하고 개선하고자 하는 것이었다. 그러나 이 양 측면을 동시에 달성한다는 것은 그리 용이한 일이 아니었다. 예컨대 의료보건사업이나 치안유지사업 등은 국민 모두들에게 가장 중요하게 느껴지는 과제이나 이를 취급하는 일은 너무 복잡하여 적절한 성과를 얻는다는 것이 정말로 어렵다는 것이 새삼 확인되었다. 2000년까지 진행된 제3기의 특징은 정치적 적절성(political relevance)을 추구했던 시기라고 하겠는데, 그러나 제1~2기의 경우와 마찬가지로 행정부와 의회의 정치적 투쟁과 일선정부관료들의 운영행태 간의 갭이 큰 문제점으로 부각되었고 어쩌면 더 악화되었다고도 하겠다.

클린턴 행정부에 의해 추진된 정부재창조계획은 정부를 보다 능률화하려는 노력면에서 크게 인정되며 상당한 성과도 있었다. 물론 NPR이 약속했던 모든 것이 다 성취되지는 못하였다. 그러나 NPR이 추구하는 정부재창조 과제는 어차피 끝없이 탐색해야 할 일들인 것이며 이러한 노력은 앞으로도 계속될 것이다. 그러나 분명한 것은 정치가와 관료들의 적극적인 자세 없이는 현행과 같은 행정부와 의회 간의 독특한 권력관계하에서는 NPR에서 제안하고 있는 여러 과제들이 성공적으로 실현되는 데는 많은 한계가 따를 수밖에 없었다는 것이다. 결국 공공부문의 개혁은 단순한 관리(management) 측면의 개혁에 머무를 수 없고 정치와 거버넌스(politics & governance)에서의 개혁이 될 때 진정으로 성공할 수 있다는 교훈을 다시금 얻게 된다고 하겠다.

4) 신공공관리 모형에 관한 총괄적인 평가

이상으로 살펴본 신공공관리론은 자유경쟁시장의 조정력을 신봉하는 영미의 사회 문화적 전통에 충실한 논리라고 하겠으며 OECD나 세계은행과 같은 국제기구들의 활동에 힘입어 전 세계적으로 확산되었다. 우리나라도 1990년대 초부터 국제경쟁력 강화라는 기치아래 이를 사실상 도입한 바 있으며, 특히 김대중 정부가 수립되고 나서 포괄적 정부혁신의 준거모형으로 원용되었다. 김대중 정부의 정부혁신 성과는 나중에 다시 언급하기로 한다.

그러나 신공공관리론은 그 긍정적인 측면과 현실 개혁에서의 공헌에도 불구하고 이론과 실무차원의 적용과정에서 개혁모형의 적실성과 효과성에 대해 논란이 일고 있는 것도 사실이다. 우선 정치철학적 측면에서 신공공관리론이 민주적 가치실현과 양립할 수 있는가의 논쟁이 제기되고 있다. 즉, 신공공관리기법은 행정을 정치로부터 격리시킴으로써 민주성과 책임성 추구라는 행정가치의 실현을 저하시키고 있다는 것이다.

좀더 본격적인 논쟁은 신공공관리론이 추구하는 경쟁지향, 성과지향, 그리고 고객지향의 적실성에 관한 것이다. 신공공관리론의 이러한 지향과 수단은 공공부문의 특성을 고려하지 않은 기법으로서 단순히 민간의 경영기법이 공공부문의 그것보다 더 우수한 것이라는 기대하에 검증되지 않은 가정하에서 적용됨으로써 많은 문제를 야기할 수 있다는 것이다. 구체적으로 성과지향과 관련하여 정부조직의 목표가 불분명하고 시장의 가격기능이 작동하기가 불가능한 독점성을 가진 상태에서 성과를 정확히 평가하고 이에 기초하여 인센티브를 제공한다는 것에는 본질적 한계가 있다는 것이다. 이런 측면에서 성과를 높이기 위한 실증적 수단으로 단행되는 인력감축(downsizing)은 서비스의 질을 도리어 낮추고 자칫 국가의 공동화(hollow state) 현상을 유발할 수 있다는 것이다.

문제는 민간부문의 경영기법과 가치들이 공공부문에 적용될 때 진정으로 정부조직의 성과가 향상될 수 있을 것인가와 그리고 신공공관리론이 우리가 추구하는 새로운 국가운영의 패러다임으로서의 거버넌스의 본원적 취지에 부합되는가 하는 점이다. 일부 학자들은 이러한 질문에 대하여 이론과 실무를 조화롭게 형성시키는 새로운 패러다임은 없다라고 지적하고 있다.

이처럼 학자들 간의 논쟁이 끊임없이 계속되고 있지만 그러나 분명한 것은 영국의 웨스트민스터식 개혁이나 미국의 정부재창조식 개혁 모두가 국가운영의 합리성과 효율성을 달성하는 방법을 제시하고 있다는 점에서 정부개혁에 관한 거버넌스 관련 논의의 중요한 한 축을 형성하고 있다는 점이다. 이 개혁 모형들은 정부가 무엇을 해야 하고 어떻게 잘 할 수 있는가에 관한 논의에 중요한 시금석이 되고 있음은 분명하다.11)

Ⅲ. OECD국가들의 공공부문 개혁에서의 교훈: 실패의 원인 및 성공 조건

이상으로 영국, 뉴질랜드 및 미국을 중심으로 한 OECD국가에서의 정부개혁 노력들을 살펴보았는데, 그 성과를 보면 긍정적인 측면이 부정적인 측면보다 컸다고 본다. 물론 앞 절에서 언급한 바처럼 신공공관리 정부개혁이 원래 의도한 효과를 달성하였는가에 대해서는 학자들 간에 논쟁이 지속되고 있으나 일단 긍정적인 효과를 두가지 지적할 수 있다. 하나는 정부운영에 있어서의 경제적 효율성이 증진하였다는 것이고, 다른 하나는 경직적인 관료제적 문화에서 신축적인 기업문화로 전환되었다는 것이다. 경제적 효율성 측면에서는 영국은 1979년부터 1997년 사이에 34%의 인력감축이 이루어졌고 1999년에는 공공지출이 GDP의 38%까지 하락함으로써 OECD국가들 중에서 가장 낮은 수준에 이르렀다. 뉴질랜드의 경우 중앙정부 예산이 1994년에 흑자로 전환된 이래 9년 연속 흑자를 기록하였고 정부의 순부채도 큰 폭으로 하락하여 1990년대 초반 GDP의 50%를 초과하였던 정부의 순부채 규모가 2000년에 이르러 거의 20% 수준까지 하락한 것으로 나타났다. 미국의 경우 경기호전에 힘입어 1998년에는 마침내 30년 만에 연방정부예산이 흑자로 전환되었고 이러한 재정흑자는 2001년까지 4년 동안 계속되었다.

기업문화로의 전환과 관련해서는 뉴질랜드가 그 중 기업문화를 비교적 쉽게 정착시킨 나라라고 하겠다. 이는 뉴질랜드가 이민자들에 의해 구축된 나라이기에 계층중심적인 사회구조를 거부했고 또한 영국과 달리 전통적인 행정엘리트 계층이 없었기 때문에 정부관리들이 기업문화를 받아들이는 데 상대적으로 거부감이 적었던 탓이다. 정도의 차이는 있겠지만 영국이나 미국의 경우에도 기업문화의 전환은 어느 정도 이루어졌다. 투입보다는 산출, 과정보다는 결과, 행정권한의 하부이양, 계약제, 시민헌장제 등은 이를 가능케 한 수단들이었다.

그러나 그동안 OECD국가들이 추진해온 신공공관리 정부개혁에 대하여 상당수

---

11) 김석준 외, 「뉴거버넌스」, 2000.

의 부정적인 효과가 지적되고 있다. 예컨대, 지방분권화가 지방정부의 부패를 조장한 경우도 있고 규제완화조치가 정부의 정보부족현상과 고위관료층의 책무성 결핍을 초래시킨 경우도 있었다. 그러나 무엇보다 신공공관리 정부개혁이 정부운영상의 효율성을 증진시키는 데는 어느 정도 기여했다고 하더라도 이것이 보다 나은 정부(better government)를 건설하는 데의 충분조건이 되지 못했다는 점이다. 충분조건이 되기 위해서는 행정문화와 관료행태에의 변화가 일어나야 하는데 몇몇 나라를 제외하곤 그런 변화가 별로 감지되지 못하였다.12)

신공공관리주의적 정부개혁이 OECD국가들에서 큰 성과를 이루어내지 못한 요인들로서 다음과 같은 것을 지적할 수 있겠다.

첫째, 정부개혁의 수단들이 집행되는 과정과 이를 통해 나타나는 결과성의 총체적인 맥락에 대한 이해가 관료들에게 부족하다. 국가가 처한 맥락 속에는 정치적, 제도적, 문화적인 모든 요소들이 복합적으로 내재되어 있는데 이에 대한 충분한 이해 없이 무조건 시장중심적 정부개혁을 신봉하여 이것이 갖고 있는 제약점이 무엇인지 충분히 검토하지 않은 채 추진하다 보니 나라마다 다른 상황에서 동일한 수단이라 하더라도 전혀 다른 결과를 초래하게 되는 것이다.

둘째, 첫 번째 요인과 연관되어 있는 것으로서, 정부를 하나의 시스템(system)으로 이해하는 데 실패할 때 신공공관리 정부개혁이 성공할 수 없다. 공공관리는 정부조직 내의 관리활동뿐만 아니라 공공부문의 거시적 수준의 관리, 즉 전체로서의(as a whole) 관리라는 성격이 강하다. 정부정책은 다양한 조직들이 참여하여 공동의 목표를 함께 추구해야 하는 경우가 많으며 이때 정부 부처들 간의 상호의존성, 조정 및 협조가 중요하다. 그런데 개별조직의 성과와 이에 따른 보상을 강조하는 신공공관리가 이처럼 조직들 간의 네트워크를 소홀히 한다면 효과적인 정책성과를 거두기 어렵게 된다.

셋째, 변화를 두려워하는 관료층의 저항을 어떻게 극복하느냐에 성패가 달려있다. 뉴질랜드의 경우는 그래도 성공한 나라에 속하지만 대부분의 많은 나라에서는 관료층의 저항이 있었고 그 저항의 형태도 적극적인 반발에서 무력증 같은 수동적인 자세에 이르기까지 다양한 것이었다. 여기다가 정치적 리더십 부족과 정당으로부터의 개혁에 대한 지지부족현상이 함께 일어날 때 공공부문개혁의 성과는 오리무중이 될 수밖에 없다. 개혁대상인 공무원에 대한 의식이 어떠하냐도 중요한 관건의 하나이다.

---

12) OECD, *Governance in Transition: Public Management Reform in OECD Countries*, Paris: OECD, 1995.

공무원 개인에 대한 부정적 인식을 바탕으로 개혁을 진행하기보다는 미국의 클린턴 행정부처럼 행정문제의 원인을 일하는 사람이 아니라 그들이 일하는 체계에서 찾도록 하는 것이 더 효과적일 수 있다. 이러한 관점에서 관료들에 대한 과도한 규제나 절차를 감축하고 관료들의 사기를 높일 수 있도록 정부의 운영방식을 변화시키는 것이 중요하다.

2001년 OECD기구의 공공행정위원회(PUMA)는 지난 10년간 OECD회원국가들이 실시한 정부개혁 전반에 대하여 폭넓게 고찰하고 그들의 추진방법과 내용을 분석한 후 다음과 같은 잠정적인 결론을 내리게 되었다.13) 첫째, 모든 나라에 공통적으로 적용되는 공공부문개혁의 최선의 모범사례(best practice)는 없다. 정부개혁에 한 가지 모델만 있는 것이 아니다. 둘째, 개혁의 추진수단과 방법이 중요한 것이 아니고 국정운영의 핵심가치(governance value)를 손상시키지 않으면서 새롭고 유동적인 상황에 적응할 수 있는 정부의 능력을 키우는 것이 중요하다.

이와 같은 공공행정위원회의 결론이 갖고 있는 의미는 정부개혁을 추진하는 각국은 개혁에 앞선 국가들의 사례를 무조건 모방해서는 안되며, 그 나라가 처한 상황에 맞게 개혁을 추진해야 하며 나아가서 국가 운영시스템 전반에 대한 검토 속에서 개혁 프로그램이 마련되어야 함을 강조하는 것이다. 공공행정위원회가 이러한 결론을 내리게 된 배경은 그동안 대부분의 OECD국가들이 신공공관리주의에 근거한 비슷한 수단들을 동원하였으나 그 결과는 매우 상이하였기 때문이다. 각국이 각기 다른 결과를 얻게 된 것은 정치적 의지(political will)보다는 다음과 같은 여섯 가지 주요 영향요인 때문이라고 보고 있다. 이를 간략히 살펴보면 다음과 같다.14)

1) 경제상황의 차이

재정위기를 겪은 몇 개 국가들은 매우 과격한 개혁을 추진하였다. 이들 국가에서는 공공개혁의 목표가 공공지출을 줄이는 것이었다. 그러나 경제사정이 좀 괜찮은 나라에서는 정치적으로 논란의 여지가 많은 공공관리 문제를 피하려는 경향이 있었다.

2) 노조영향력의 차이

정부가 정면으로 노조와 대결하고 있는 국가들에서는 공공분야에 유연성 있는

---

13) OECD PUMA, *Public Sector Modernisation: a Ten Year Perspective,* a report presented to the 24th OECD annual conference by PUMA Paris: OECD, 2001.
14) OECD PUMA, *Government of Future*, PUMA Policy Brief, June 2000.

인력정책이 도입되었다. 그러나 노조의 정치적 영향력이 강한 나라에서는 공공관리 면에서의 극적인 변화를 회피해왔으며, 정부와 노조가 합의에 도달해 온 국가들에게서는 정부의 개혁의지와 노조의 노조원 보호 사이에 적정한 타협(workable compromise)이 이루어지는 경향이 있었다.

3) 정부의 역할에 대한 국민의 인식차이

OECD국가 간에는 각국 국민들의 정부 역할에 대한 인식에 상당한 차이가 존재한다. 정부는 가능한 작게 유지되어야 한다는 의견에서부터 정부를 사회구성의 본질적 가치로 인식하여 중심적인 역할을 기대하는 견해까지 다양하다. 이러한 견해 차이는 공공관리에 대한 수용성에 영향을 줄 수밖에 없다.

4) 국가적 우선순위의 차이(정부의 역량 차이)

미국처럼 다양한 상업분야를 가지고 있을 뿐만 아니라 광범위한 비정부기구(NGO)가 존재하는 국가에서는 문제를 해결하는 능력이 크다. 그러나 소규모 국가들은 그런 여력이 없으므로 정부 스스로가 능력을 갖추어야 한다. 정부의 정책우선순위는 이와 같은 정부의 역량에 의해 좌우된다.

5) 행정문화의 차이

공식적인 규칙 및 제도와 사람들의 행동 사이에는 직접적인 관계가 없다고 하더라도, "행정문화"는 개혁을 통해 발생하는 규칙의 변화에 사람들이 어떻게 반응하는가를 결정짓는 중요한 변수이다. 규칙을 지키지 않는 문화에서는 좋은 정부가 형성되지 못하고 부패와 정실이 판치는 현상이 일어날 수 있는 반면에, 공익지향의 엘리트문화(an elite public-interest oriented culture)가 형성되어 있는 사회에서는 규제제도가 비록 번거롭지만 이를 선별적으로 잘 적용하여 국민에게 봉사가 이루어지도록 한다.

6) 헌정체제상의 차이

행정부와 입법부 사이의 권력분립관계, 중앙정부와 지방자치정부 간의 역할분담, 지방분권화의 정도 등에 따라 다양한 상황이 전개될 수 있다.

이처럼 공공분야의 관리 내지 개혁은 사회전반의 문화전통 및 제도와 깊은 관련을 가지고 있다. 따라서 모든 나라에 통하는 보편타당한 공공분야 개혁의 모범사례(best practice)란 있을 수 없다고 본다. 모범사례란 개념은 모범사회(best society)를 전제로 하면 성립 가능할지 모르나, 이 자체가 매우 위험한 생각일 수가 있다. 실제로 개발도상국이나 체제전환국(transition countries)에서는 개혁의 효과에 대하여 성급하게 긍정적 결론을 내렸다가 시간이 흐르면서 국정운영 전반에 부작용이 유발되고 있음이 드러난 경우가 있다. 예컨대, 적절한 법적 관리체제가 정비되지 않은 채 민영화를 추진했고, 믿을 만한 보고와 통제장치가 없는 상태에서 지방분권화를 밀어 붙였다. 또한, 규칙을 준수하는 행정문화가 없는 상태에서 관리·권한을 함부로 이양했고 현금회계도 제대로 안되고 있는데 발생주의 회계를 도입한 경우 등등이다. 개발도상국이나 체제전환국들은 국제자문기관이나 개발기관의 충고에 따라, 때로는 이들 기관의 대출조건으로 이러한 모범사례에 속한다고 여겨지는 시책들을 시행했다. 그러나 이들 국가 중에는 모범사례가 자신들의 사회에 적합한가를 판단할 능력조차 없는 경우가 있었기에, 개혁시책의 실패는 매우 심각한 결과를 초래하게 되었다. 결국 이들 국가들에게는 모범사례의 개념이 도리어 해악을 끼쳤다고 하겠다.

OECD국가들의 공공부문 개혁성과를 살펴보면서 우리가 얻게 되는 교훈은 여러 나라에서 채택된 시책들이 서로 다른 상황과 문화에 얼마나 적용할 수 있는지, 즉, 그 적용가능성(applicability)에 대해 제대로 평가하는 방법을 찾아내야 한다는 것이다. 도입초기에 성공할 것으로 기대를 모았던 시책이 예상치 않았던 문제 때문에 곧 사라지거나 중단되는 예가 발생했다면 그 원인이 무엇인지 경험적 정보가 절대 필요하다. 예컨대, OECD보고서에 의하면 OECD회원국 중 많은 나라가 예산관리에 있어서 전략적 관리 시스템(government strategic management system)을 시행하고 있다고 밝히고 있으나 이로 인해 과연 예산배분의 우선순위가 실제로 달라지고 예산운영의 효율성이 높아지고 있는지 확인해 볼 필요가 있다. 또한 회원국이 전자정부구축에 최우선 순위를 부여하고 있다고 말하고 있지만 대규모 IT 투자사업은 여전히 실패율이 매우 높다고 보고되고 있는 상황에서 전자정부화 사업의 내용을 정밀분석할 필요가 있다고 하겠다.

이와 같은 경험적 정보를 가지고 여러 개혁 프로그램을 진단한 후에 개혁의 구체적인 실천계획을 수립하여야 할 것이다. 실천계획에서 중요한 것은 정부가 너무 한꺼번에 그리고 너무 혁신적으로 계획을 수립하는 것은 온당치 않다는 점이다. 바꾸고 혁신할 필요성과 내부안정을 유지할 필요성 사이에서 적절한 균형을 모색해야 한다. 다시 말하여 혁신과 안정 사이에서 적절한 균형을 잡아줄 수 있는 국정관리체제(governance and management arrangements)를 찾아내는 것이 개혁 담당자들의 중요한 과제가 된다고 하겠다. 결론적으로, 성공적인 공공부문 개혁을 위해서는 다음과 같은 전제조건이 요구된다.

첫째, 새로운 환경변화에 부응하고 개혁수요에 대응하며 개혁목표가 명확한 비전(가치)의 정립이 필요하다.

둘째, 국가가 처한 상황과 문화에 적합한 개혁방향과 방식을 채택해야 하며, 지나치게 급격한 개혁일수록 실패에 대한 위험부담이 크므로 개혁은 점진적·상시적으로 추진한다. 이를 위하여 개혁의 중간 점검을 실시하고 실패사례에 대한 실증적 평가가 이루어지도록 한다.

셋째, 개혁이 성공하려면 정부에 대한 신뢰가 마련되어야 한다. 또한 개혁을 일관성 있게 추진하고 변화를 이끌어 갈 리더십이 무엇보다도 중요하다.

넷째, 국민과의 원활한 의사소통 전달체계를 확립하여 개혁에 대한 긍정적인 측면을 국민과 공유토록 해야 한다. 이를 위해 정부는 시민사회와 파트너십을 형성해야 한다.

다섯째, 강력한 추진체계의 구축을 통해서 개혁과정에서 발생하는 저항을 효과적으로 극복하고 조정할 수 있어야 한다. 또한 그 추진체계는 자율개혁을 유도하는 데 더 많은 역점을 두어야 할 것이다.

여섯째, 변화(성공)에 대하여 금전적·비금전적 보상이 제공되어야 하며, 결과에 대한 책임을 분명히 지우되 학습을 위한 시행착오는 허용되어야 할 것이다.

Ⅳ. 김대중 정부의 공공부문 개혁: 실적과 평가

김대중 정부(1998~2000)에서 추진했던 공공부문 개혁은 구미 선진국에서 활용되었던 신공공관리주의적 개혁 수단들의 대부분을 도입한 것이었다. 즉, 영국, 뉴질랜드 등의 Westminster Model과 미국의 Reinventing Government Model을 모두 망라한 개혁시도였다.

1997년 말의 외환위기가 직접적인 계기가 되면서 위기극복을 위해 김대중 정부가 추진한 4대 부문(기업, 금융, 노동, 공공)개혁 중의 하나로서 자리를 잡게 된 공공부문 개혁은 "작지만 효율적으로 봉사하는 정부구현"을 개혁의 모토(motto) 또는 비전(vision)으로 삼았다. 이 짧은 구호 속에는 정부가 민주주의와 시장경제의 기틀 속에서 경쟁과 개방을 통해 보다 효율적으로 봉사해야 한다는 정부개혁의 핵심적 요소가 모두 내포되어 있다고 하겠다.

"작은 정부"란 개념은 행정 환경의 변화에 따라 정부의 기능과 역할을 재조정하려는 노력을 가리킨다. 인력감축과 공기업 민영화를 통해 국민경제에서 차지하는 정부의 비중을 줄여 민간의 활동영역을 확대하는 한편, 불필요한 간섭과 규제를 축소하는 일이 이와 직결된다. "효율적인 정부" 구현은 경쟁과 성과원리도입을 통해 공공부문 내부의 비효율적이고 낭비적인 요소를 제거하여 경쟁력 있고 생산적인 정부를 구현하고자 하는 노력을 가리킨다. 마지막으로 "봉사하는 정부"란 공공부문 개혁의 궁극적인 목적은 공공서비스의 수혜자인 국민의 만족도를 높이는 데 있기에 향후의 국정운영을 행정기관이나 공무원중심으로 이끌지 않고, 국민(고객, 수요자)의 입장을 적극 배려하는 방향에서 추진하겠다는 의지를 뜻한다.

1. 주요 개혁내용 및 실적

김대중 정부에서 추진한 주요 공공부문 개혁의 내용 및 실적을 <표 1>을 중심으로 간략히 살펴보고자 한다.

1) 구조조정 부문

구조조정 부문의 개혁은 정부조직 및 인력감축, 공기업의 구조조정, 그리고 정부산하기관의 구조조정 등으로 구분된다.

우선 중앙정부의 조직개편은 제3차에 걸쳐 행해졌는데, 제1차 개편에서는 기구폐지와 신설, 그리고 통합 등 하드웨어적인 개편에 역점을 둔 데 비해, 제2차 개편에서는 정부기능조정에 중점을 두는 소프트웨어적 개편에 역점을 두었다. 제3차 개편은 취약점으로 지적되어 온 경제·사회분야 정책조정시스템을 보완하고, 경제정책조정과 인적자원 개발기능의 강화에 초점을 맞춰 추진되었다. 지방정부의 조직개편은 지방자치단체 계층 간 및 내부 간 기능의 조정, 행정수요를 감안한 조직개편, 업무재설계 및 정보화를 통한 업무의 효율화, 각종 규제-통제 및 내부지원 기능의 축소조정으로 요약될 수 있다.

또한 정부기능의 외부위탁에 있어서는 그 대상 업무가 대폭 확대되었고, 정부경쟁력 향상, 핵심 역량 강화 등의 목적의식을 가지고 적극적이고 전략적인 차원에서 이루어졌다. 외부위탁에 대상기관은 정부산하기관을 포함한 모든 가능한 대안을 검토하는 광범위한 것이었다. 그리고 중앙기능의 본격적인 지방이양을 추진하기 위한 법률제정 등 제도적 장치도 마련하였다. 이런 노력의 결과로 국가 공무원 수는 1997년 말 935,759명에서 47,898명을 감축하여 2002년 말에는 887,861명을 유지하였다.

공기업 민영화는 시장경제의 확대와 공기업의 비효율을 제거하기 위하여 새로이

| 표 1 | 공공부문 개혁의 주요 추진 내용

비전 : 작지만 효율적으로 봉사하는 정부구현

구조조정 (작은 정부)	운영시스템 혁신 (효율적인 정부)	대국민서비스 개선 (봉사하는 정부)
· 조직 – 인력 감축 · 공기업민영화 및 자회사 정리 · 산하기관 구조조정 · 외부위탁 – 자산매각	**자율 – 경쟁 – 성과원리도입** · 책임운영기관제 · 개방형직위제 · 성과연봉 – 상여금제 **공기업 및 산하기관 운영 시스템 개선** · 사외이사제 도입 · 사장경영계약제 도입 · 경영정보공개 – 연봉제 도입 · 퇴직금 누진제 폐지 **재정운영의 효율화** · 기금제도 정비 · 준조세정비 · 예산절약 인센티브 제도 · 복식부기제도 · 성과주의 예산제도	· 전자정부 구현 · 행정서비스 헌장 · 민원업무 개선

신설된 기획예산위원회(2차 개편에서 기획예산처로 됨)를 중심으로 추진되었다. 이와 함께 공기업의 자회사 정리, 인력감축 및 통폐합 등을 통해 조직의 슬림화를 꾀하였다. 정부산하기관에 대하여서도 기관의 통폐합 및 인력감축 등을 추진하였다. 1998년 7월에 발표된 1차 공기업 민영화 계획은 5개 공기업은 완전 민영화하고 6개 공기업은 단계적 민영화를 추진한다는 것이었다. 2002년 12월 기준 민영화 추진 실적을 보면 5개 공기업 완전 민영화 계획은 목표 달성하였고 다만 단계적 민영화 추진은 3개 공기업에 머물렀다. 자회사 정리는 당초 계획 77개에서 2002년 12월 현재 66개 자회사가 정리되었다. 공기업 및 산하기관에서의 인력감축 규모는 1998년부터 2001년 사이에 62,000여 명이 감축된 것으로 파악되었는데 이는 총인원의 25%에 달하는 것이었다.

2) 운영시스템 부문

공직사회의 경쟁과 실적 중심의 운영시스템을 구축하여 공공부문 생산성과 경쟁력을 높이기 위한 조직 – 인사제도의 개선책으로 개방형 임용제, 책임운영기관제, 연봉제 및 성과상여금제, 목표관리제 등을 도입하였다. 개방형 임용제는 우리나라에서는 상당히 획기적인 제도로서 그동안 폐쇄적으로 운영되던 공직사회를 민간부문에 개방하는 제도이다. 그러나 아직 시행초기라 그 실적은 그리 크지 못하여 2002년 11월 현재 119명의 임용대상 중 외부 임용은 22명(18%)에 그쳐 개방형 임용제의 취지를 살리지 못하고 있는 실정이다. 책임운영기관제는 영국의 executive agency제도를 모방한 것으로 2002년 말 현재 23개 기관을 시범기관으로 지정하여 운영하고 있다. 그러나 아직까지 책임운영기관장에게 충분한 인사, 조직, 재정상의 자율권한이 부여되지 못하고 있는 실정이다.

한편 운영시스템의 개혁은 공기업 및 산하기관에도 도입되었다. 사외이사제를 도입하여 이사회 기능을 강화하였고, 책임경영체제 구축을 위하여 비상임 이사대표와 사장이 경영계획에 대하여 계약을 체결하도록 하는 사장경영 계약제를 도입하였다. 그리고 그동안 방만경영과 도덕적 해이의 대표적 사례로 국민적 비판의 대상이 되었던 퇴직금 제도를 개선하였다. 즉, 민간기업이나 공무원과 비교하여 누진율을 높게 적용했던 퇴직금 지급기준을 근로기준법에 근거한 단수제로 변경하여 지급하도록 하였다. 그러나 공기업 및 산하기관이 운영시스템의 개선을 통한 성과를 지속적으로 높이기 위해서는 이들에 대한 정부의 간섭과 정치권으로부터의 관여가 축소되어야 한다. 성과에 대한 책임을 묻는 성과관리 방식으로 전환을 유도하면서도 자율성이 확보되지 않는다면 소기의 개혁목표를 달성할 수가 없다.

재정운영의 효율화를 위한 다양한 제도개선의 노력이 있었다. 기금운영의 방만함이 그동안 지적되어 왔기에 김대중 정부는 과거 어느 정부보다 강도 높게 기금에 대한 대폭적인 정비작업을 추진하였다. 그 결과 "기금관리기본법"을 개정하였으며 기금을 통폐합하여 1999년에 75개에 달하던 정부기금을 2002년에는 58개로 축소하였다. 그리고 "기금운용평가단"을 구성하여 매년 전 기금에 대한 운용실태를 점검하도록 하였다. 준조세의 성격을 지닌 각종 부담금에 대해서도 총괄적인 정비작업을 추진하여 그동안 9개의 부담금을 폐지시켰고, 문예진흥기금 및 국제교류기금은 그동안 논란이 있었으나 2004년 1월부터 폐지토록 하였다. 예산 운용제도의 개선으로는 예비타당성 조사 강화, 총 사업비관리 강화, 그리고 예산절약이 있을 때 이의 인센티브로 성과금을 지급하는 예산성과금제도의 도입이 있었다. 끝으로 아직 시범단계에 있으나 개혁 차원에서 매우 중요하게 평가되는 것으로 복식부기제도 및 성과주의 예산제도의 도입이 있었다. 이 제도들의 도입완료일정이 당초계획보다 상당히 연기된 측면이 있으므로 예산개혁의 기대효과 및 달성여부 평가는 아직 시기상조라 하겠다. 그러나 만약 이 제도들의 도입이 성공적으로 마무리될 수 있다면 이는 향후 재정운영체계에 큰 변화를 불러올 것이 분명하다. 성과지향형 재정운영에 있어서 전통적으로 중요하게 취급하고 있는 분야가 중기재정계획 수립, 다년도 예산제도 도입, 국고보조금의 효율적 운용, 중앙과 지방 간의 재정기능 조정, 재정운영의 투명성 제고 등등이다. 김대중 정부에서도 이런 분야들에 대한 검토와 일부 추진실적은 있었다. 그러나 두드러진 성과는 확인되지 않았다.

3) 대국민 서비스 부문

대국민 서비스의 개선을 위해서 김대중 정부가 가장 역점을 둔 분야는 전자정부의 구축이었다. 초고속 정보통신망의 구축과 인터넷 등 유·무선통신의 급속한 발달 등에 힘입어 행정업무의 전자화를 적극 추진할 필요성이 제기되었으며, 이에 따라 정부와 시민(G4C), 정부와 기업(G2B), 그리고 정부기관 간(G2G)에 이루어지는 행정 업무 중 연관효과가 특히 높은 11개 과제를 발굴하여 추진·완료하였다. 2002년 12월 현재 구현중인 전자정부 사업들의 운영실태를 다양한 방법으로 모니터링한 결과, 큰 기술적 결함이 없이 가동중에 있으며 국민의 이용도도 빠른 속도로 증가하고 있음이 발견되었다. 이러한 증가 현상은 국세 납부, 전자조달사업, 민원처리업무, 4대 보험 정보연계사업 등에서 비교적 명확하게 나타나고 있다. 또한 대국민 서비스 개선을 위해 구미선진국에서 채택하고 있는 행정서비스헌장제도를 공식적으로 채택하였다. 즉, 행정기관이 제공하는 서비스의 기준과 내용, 제공방법과 절차, 잘못된 서비스에 대한 사정 조치 등을 구체적으로 밝히고 국민에게 약속하는 제도로서 2000년 말 현재 4,000여 개(중앙정부 1,000개, 지방자치단체 3,000여 개)의 행정서비스헌장을 제정하여 운영하고 있다. 민원업무개선으로는 민원인이 민원처리상황을 인터넷을 통하여 실시간으로 확인가능하도록 하는 시스템을 구축하였고 증명민원서류의 감축을 추진하였다. 그리고 시민단체와 정부부처가 영역별로 협의하여 7개 분야 15개 핵심민생개혁 과제를 선정하여 이에 대한 개선 방안을 마련하고 해당부처가 이를 책임지고 추진토록 하여 국민들이 개혁성과에 쉽게 공감할 수 있도록 하였다.

2. 개혁성과에 대한 평가

김대중 정부의 공공부문 개혁성과에 대한 평가는 좀더 시간을 두고 이루어져야 하겠지만 현시점에서 개괄적인 평가는 가능하며, 평가에는 긍정적인 면과 부정적인 면을 모두 포함하고 있다.[15]

긍정적인 평가로 다음과 같은 것들을 들 수 있다. 첫째, 김대중 정부의 개혁정책은 과거 어느 정부보다도 광범위한 영역을 대상으로 강도 높은 개혁을 추진하였으며 신공공관리주의를 지향하여 정부의 경쟁력과 효율성을 제고시키려 한 것은 세계적인 흐름에 비춰 적절한 대응이었다는 점이다. 공공부문의 개혁은 타부문 개혁과 더불어 IMF위기를 조기 극복하는 데 상당히 기여하였다고 평가되며,[16] 일부 개혁정책이 해당부처와의 충분한 공감대 없이 추진되어 혼란이 야기된 바가 있으나 공기업 민영화와 공기업 및 산하기관의 방만경영을 개선시키는 등 나름대로 많은 긍정적인 성과를 구현하였다. 특히 과거와는 달리 공직사회에 개혁의 당위성을 인정하는 분위기가 조성되었다는 점은 매우 고무적인 변화라고 하겠다. 둘째, 기획예산위원회(기획예산처)에 정부개혁실을 두어 개혁업무를 총괄하며 개혁과 예산을 연계시켜 개혁성과를 높이려 한 것은 김대중 정부의 개혁에 대한 초기의 강력한 의지의 산물이라고 평가된다. 개혁의제를 선정하고 이를 추진하는 과정에서 범부처적인 합의를 도출하며 민간의 의견을 수렴하고자 민관합동의 "정부혁신추진위원회"가 2000년 8월 대통령 직속 자문기구로 발족한 것도 정부개혁을 계획에 따라 일관성 있게 추진하고자 노력한 결과인 것으로 평가된다. "정부혁신추진위원회"는 발족 이후 총 14차례의 전체회의와 28차례의 실무회의를 통해 공공개혁의 기본방향과 기관별 추진계획을 수립하고, 공공개혁의 추진계획 조정 및 추진실적의 점검·평가를 수행하는 한편, 분야별 신규개혁 과제의 발굴 등 총 71건의 안건을 심의 의결하였다.[17] 셋째, 개혁의 추진방식과 관련하여 상설 행정기관(기획예산처) 중심의 개혁추진체제를 통해 개혁의 지속성을 유지하고 개혁 추진자들이 개혁문제에 신속히 반응할 수 있도록 한 것도 긍정적인 측면이 있다. 물론 여전히 부처 간의 갈등발생으로 일부 개혁정책의 의미가 퇴색되어 버린 경우가 발생하였으나 의사결정방식을 초기의 하향식 접근방식에서 점차 상향식

---

15) 개혁성과에 대한 평가는 한국행정학회의 연구보고서(2002)를 참고하였음.
16) 공공부문 개혁이 IMF위기극복에 실제 얼마만큼 기여했는가에 대한 실증분석은 아직 없다. 다만 우리나라가 위기극복에 비교적 빨리 성공했고 이 과정에서 IMF와의 긴밀한 협력 속에 4대 부문 개혁이 진행되었기에 공공부문도 일정한 공헌을 했으리라 여겨진다.
17) 대통령자문 정부혁신추진위원회의 「활동보고서」(2002) 참조.

접근방식으로 전환시키면서 시민단체, 민간기업, NGO 등 다양한 이해집단의 참여를 시도한 것은 성공여부를 떠나서 긍정적인 시도라고 할 수 있다.

반면에 부정적인 평가로는 김대중 정부에서 다양한 개혁 수단들이 도입되었으나 아직 전반적으로 구체적인 성과(결과)를 확보하지 못하고 있다는 점과 무엇보다도 국민들이 실제로 피부로 느끼는 만족도가 미약하여 국민의 기대수준에 크게 못 미치고 있다는 점이다. 국민들로부터 높은 점수를 받지 못하고 있는 이유로 다음과 같은 몇 가지를 지적할 수 있겠다.

첫째, 김대중 정부에서의 공공부문 개혁이 주로 행정관리적 효율성 증진에 초점을 맞춘 것인 반면에 국민들은 정치권 및 공직사회의 부패척결, 권력남용방지, 사법 −교육−의료개혁 등을 공공개혁의 범주로 인식하여 이들 분야의 개혁부진을 전체 공공개혁의 부진으로 인식하고 있는 것에 기인한다. 다시 말하여 국민과 정부 간의 공공부문 개혁에 대한 눈높이가 서로 맞지 않았기 때문이며, 특히 김대중 정부 말기에 발생한 대통령 측근 비리문제는 그동안 정부가 쌓아온 공공부문 개혁의 성과를 일거에 무너뜨리는 결과를 초래하였다.

둘째, 공공부문 개혁에 있어서 상당 부분이 제도의 틀만 마련하는 것으로는 부족하고 개혁이 성과를 내기 위해서는 공직자의 의식과 행태의 변화가 일어나야 하는데, 이러한 공직 사회의 행태변화는 단기간에 해결하기 어렵다는 점이다.

셋째, 개혁추진 과정에서 일부과제의 경우(대표적인 예로 의료·복지관련 개혁 과제) 관련되는 부문 상호 간의 연관성이 부족하고 국민적 합의 등 전략적 요인을 충분히 고려하지 못한 탓으로 시행과정에 반발을 초래하게 된 것이 또다른 이유라 하겠다. 다시 말하여 너무 많은 것을 단기간에 이룩하려는 의욕은 있었으나 전략적 접근이 미흡한 경우가 다수 있었다.

넷째, 신공공관리주의적인 공공부문 개혁이 본래 의도한 성과지향적인 개혁을 이룩하려면 무엇보다도 정부조직 책임자들에게 자율권한이 부여되고 이에 근거한 책무성이 논의되어야 한다. 그러나 아직까지 우리 행정 환경은 신공공관리주의적인 개혁 조치들이 제대로 작동할 수 있는 환경에 합당한 것이라고 보기 어렵다. 신공공관리주의적인 수단들이 우리에게 맞지 않다는 의미가 아니라 우리의 행정 환경은 선진국과 비교하여 좀더 시간이 걸리더라도 변화되어야 한다는 점을 지적하고자 하는 것이다. 자율과 책임의 조화, 성과에 대한 객관적인 평가 등 해결해야할 선결과제가 많다. 이런 것에 대한 해결 없이 개혁을 추진하게 되면 갈등과 저항이 일게 되고 이로 인해 의도한 계획이 성공적으로 완료되지 못하고 형식에 그치게 되는 것이다. 결국 꾸준하고 지속적인 개혁노력을 통해 행정 환경을 변화시키는 것이 문제 해결의 열쇠라 생각된다.

V. 우리나라 공공부문 개혁의 새로운 비전 및 추진 전략

1. 새로운 비전 정립

우리는 지금까지 OECD국가들의 공공부문 개혁으로부터 얻게 되는 교훈을 논의했고 김대중 정부의 개혁성과를 개략적이나마 평가하여 보았다. 이제 새로운 정부의 등장과 더불어 향후 우리나라 공공부문 개혁의 추진 전략을 모색하기에 앞서, 공공개혁의 새로운 비전과 이념을 살펴볼 필요가 있다. 노무현 정부(2003-2007)가 출범한 지 1년 정도가 경과한 지금에 공공부문 개혁의 비전을 새삼 논한다는 것이 시기적으로 진부한 것으로 여겨질 수 있겠으나, 향후 국정의 성공적 운영을 위해서 그리고 새 정부의 공공부문 개혁이 역사적으로 의미 있게 자리매김되어지기 위해서도 비전과 이념을 새롭게 정립하는 것은 의미가 크다고 하겠다.

김대중 정부의 공공개혁의 비전은 "작지만 효율적으로 봉사하는 정부의 구현"이었다. 이는 앞에서 언급한 바처럼 주로 행정내부의 효율성 제고에 초점을 둔 것이었다. 그러나 공공부문의 개혁이 세계화(globalization)되어 가고 있는 지금의 상황에서 공공부문의 관리(management) 측면은 공공개혁의 총체적 그림 속에서의 한 부분에 불과하다. 전통적·권위주의적 관료제도를 좀더 능동적으로 대응하는 정부로 재창조되기 위해서는 관리적 측면의 공공개혁이 그 나라의 국정운영 시스템(governance system) 속에 적절히 용해되어야 하고 그래야만 국민들로부터 지지를 얻을 수 있다.

공공부문을 개혁한다는 것은 정부가 시민사회와 어떤 관계를 맺을 것이며, 이들과의 관계에서 발생되는 여러 문제들을 어떻게 해결하느냐에 관한 것으로 확대될 필요가 있다. 공공부문 개혁이 성공했느냐도 시민사회와의 관계라는 맥락에서 검토되어야 하며, 시민들의 희망과 욕구를 얼마만큼 충족시키고 또 이를 충족시킬 수 있는 역량이 얼마나 있느냐에 달려 있는 것이다. OECD의 공공행정위원회(PUMA)가 자체 보고서에서 앞으로의 공공개혁은 개혁의 수단과 방법을 논하기보다는 국정운영의 핵심가치(governance value)를 보존하면서 새로운 상황에 적극 대응할 수 있는 정부의 역량을 키우는 데 역점을 두어야 한다고 결론을 내리고 있는 것도 바로 이런 이유 때문이다.

결국 공공부문 개혁은 국정운영을 훌륭하게 수행하는 "좋은 거버넌스"(good governance)

에 달려 있는 것이다. "좋은 거버넌스"란 효율적이고 책임성 있는 공공관리의 차원을 넘어 자유민주주의 정신에 입각한 시민사회의 진정한 가치가 반영된 운영체제를 구축하는 것이다. 이러기 위해서는 공직자들을 훈련시켜야 하고, 투명한 법과 제도를 만들어야 하고, 부패 없는 그래서 신뢰받는 정부로 거듭나야 하는 것이다.

따라서 앞으로의 공공부문 개혁은 신공공관리주의라는 개혁의 기본이념은 유지하되, "좋은 거버넌스"를 구축하는 방향으로 개혁의 비전을 넓혀야 할 것이다. 김대중 정부에서 제대로 추진하지 못했던 개혁 과제의 발굴과 개혁에 따른 문제점의 보완을 통해 정부의 역량을 넓혀 나가야 할 것이다. 개혁의 내용에 있어서도 여전히 효율성과 경쟁을 강조하되, 행정 내부의 효율성을 뛰어넘는 성과지향적인 정부, 개혁대상의 참여가 보장되는 참여적 정부를 만드는 데 주력하여야 할 것이다. 이런 의미에서 지금의 노무현 정부에서 정부의 이념으로 제시하고 있는 "참여정부"란 용어는 시기적으로 매우 적절한 용어라고 하겠다. 다만 아직까지 그 속에 담고 있는 내용들이 명확하게 드러나지 않고 있는 것에 아쉬움이 있다.

2. 추진 전략 모색18)

1) 지속적 개혁의 필요성

신공공관리주의적 개혁이 일부에서는 외양과 형식에 그쳤을 뿐이라는 비판적 평가를 겸허히 받아들이면서 그러나 우리가 처해있는 제반 환경을 고려한다면 아직도 신공공관리적 개혁가치는 유효하며 따라서 지난 경험을 거울삼아 그동안 드러난 문제점을 보완하면서 이를 지속적으로 추진할 필요가 있다. 정부가 바뀔 때마다 과거 정부와 단절된 개혁을 추진하기보다는 이를 연계·발전시켜 나가는 모습으로 추진할 때 개혁에 대한 신뢰감을 높이고 개혁 피로감을 극복할 수 있다.

성공적인 개혁사례로 제시되는 영국·뉴질랜드의 경우에도 10년 이상의 장기적인 개혁을 추진하였다. 영국의 경우 보수당 정부에서 노동당 정부로 정권교체 이후에 효율성 위주의 공공부문관리 개혁과 더불어 국민에게 양질의 서비스를 제공하는 공공서비스 개혁에 초점을 두어 개혁을 항시화하였고, 이를 위해 개혁을 총괄하는 "내각부(Cabinet Office)" 산하에 "Office of Public Service Reform" 및 "PM's Delivery Unit" 등의 핵심 부서를 설치하여 운영하고 있다. 뉴질랜드에서는 상시개혁추진기구로 초당적인 "국가공직위원회"를 설치하였고 이를 뒷받침하는 입법조치로 Public Finance Act

---

18) 기획예산처의 「공공개혁백서」(2002)를 참고하였음.

(1989), Fiscal Responsibility Act(1994) 등을 통과시킨 바가 있다. 아일랜드에서도 정권이 교체되었음에도 전략적 관리계획(Strategic Management Initiative)의 수립을 통해 공공개혁을 지속적으로 추진하고 있고, 미국의 현 Bush 행정부는 Clinton 행정부의 공공개혁정책을 승계하여 정책의 일관성을 유지시키고 있다.

2) 개혁추진체계의 정비

효과적인 개혁추진을 위해서는 개혁추진기구의 위상을 명확하게 정립하고, 이를 토대로 적절한 역할을 부여할 필요가 있다. 선진국들의 공공개혁의 공통적인 성공요인은 정권교체와 상관없이 지속적인 개혁을 추진하면서 이에 걸맞은 추진체계를 정비하였다는 점이다.

개혁추진주체가 그 위상에 상응하는 기능을 수행할 수 있도록 개혁주체의 역량을 확보토록 하고, 다양한 부처에서 추진되어야 할 다양한 개혁 과제들을 전체적인 개혁틀 속에서 정리하고 합리적으로 조정하는 역할을 수행할 수 있도록 제도적 조치들을 마련해야 한다. 김대중 정부에서 추진된 많은 공공부문 개혁 과제들이 부처 간의 이견 등으로 제대로 추진되지 못하였다는 점을 상기할 때 개혁 과제들을 전체적인 틀 속에서 체계적으로 조정할 수 있는 기구를 갖춘다는 것은 너무나 중요한 일이다. 또한 개혁이 즉흥적인 것이 아니라 특정 정부를 넘어서 지속성을 확보하기 위해서는 개혁의 전문성을 유지할 수 있도록 충분한 인력을 확보하고 이를 지원할 수 있는 개혁의 매뉴얼 등이 만들어져야 할 것이다.

김대중 정부에서의 "정부혁신추진위원회"는 대통령 직속 자문기구로서 많은 개혁 과제를 능동적으로 추진하여 나름대로의 긍정적인 성과를 거두었다. 그러나 기획예산처 정부개혁실이 사무국의 역할을 하도록 하였기에 장점도 있었으나 문제점도 있었다. 가장 어려운 문제점으로 부처 간의 협력체제를 구축하는 것이었다. 이런 의미에서 지금의 노무현 정부에서 새롭게 구성된 "정부혁신·지방분권 위원회"가 대통령 직속기구로 격상하면서 자체 내에 사무국을 설치한 것은 바람직한 일이다. 아직 초기라 이 위원회의 위상에 대하여 논평하기는 이르다고 하겠으나 향후 효율적인 운영을 위한 법적·제도적 정비와 더불어 해당 관련 부처와의 협력관계 구축이 성공의 핵심요소인 것만은 분명하다.

3) 핵심개혁 과제의 발굴

개혁은 대상집단이나 국민들의 적극적인 지지를 얻지 못하면 성공하기 어렵다.

개혁의 공감대 형성이 중요하다. 그런데 일반 국민들과 공무원들 간에는 개혁의 범주와 내용, 접근 방법, 그리고 개혁성과에 대하여 다양한 의견들이 표출되고 있다. 각자가 처해있는 상황에 따라서는 소위 총론에는 공감하면서 각론에 가서는 반대하는 경우가 허다하며, 개혁진행에 대해서 국민들이 느끼는 체감도가 서로 다르다.

따라서 국민들로부터 적극적인 공감대를 형성하기 위해서는 국민들이 직접 체감할 수 있는 민생개혁 과제의 발굴이 필요하다. 그렇다고 너무 많은 것을 욕심 낼 수는 없다. 개혁추진기구 간에 적절히 요구하는 개혁 과제를 발굴하는 것이다. 영국의 블레어 정부가 출범한 후 공공개혁의 초점을 "고객에게 대응성 있는 고품질의 공공서비스 제공"(highly responsive public services)에 맞추고자 한 것도 이러한 이유 때문이다.

최근 OECD의 PGTD(구 PUMA)는 2003년 이후의 주요 공공개혁 의제로 다음과 같은 다섯 가지를 선정한 바 있다.

① 규제개혁
② 분권화
③ 민간기법 도입 및 성과기준 강화
④ 전자정부 구현을 통한 행정서비스 전달
⑤ 정부의 책임성 제고 및 부패방지

우리의 경우에는 이러한 OECD에서 제시하는 개혁 의제들과 더불어 보다 근본적인 영역에 대해서도 적극적인 개혁추진이 필요하다고 본다. 사회 내 고질적인 병폐의 교정과 관련된 것이라든가 미래사회의 변화에 대응하는 개혁 과제 등이 여기에 해당된다. 나아가서 김대중 정부에서 제대로 추진하지 못한 정치, 사법, 교육, 의료, 복지 등 광의의 의미에서의 공공부문 개혁도 현재보다 강도 높게 추진되어야 할 것이다.[19]

4) 개혁추진 과정의 개선

개혁을 성공적으로 추진하는 데에 있어서 성급함은 금물이다. 개혁이란 그 자체가 과정일 뿐 끝(end)이란 것이 있을 수 없다. 집권초반에 모든 개혁이 시작되고 집권기간 내에 마무리되어야 한다는 잘못된 사고에서 벗어나야 한다. OECD보고서에서 누차 강조하고 있듯이 국가적 맥락(national context)에서 종합적·거시적으로 개혁방향을 수립하고 이 속에서 개혁 과제를 단기와 중장기로 구분하여 추진할 필요가 있

---

19) 최근 우리나라의 정부개혁 과제에 대해서 깊이 논의하고 있는 연구로 윤성식(2004), 신강순(2002) 등이 있다.

다. 또한 다양한 정책의 연계화가 필요하다. 다시 말하여 개별 정책별로 분리 추진하기 보다는 연계성이 강한 정책을 하나의 패키지로 형성하여 체계적으로 추진하는 것이다. 예를 들어 성과주의예산, 성과급, 목표관리제, 직무분석은 연계성이 강하다는 점에서 개별적으로 추진하기보다는 패키지화하여 추진하는 것이 바람직하다.

개혁추진 방식에서 상향식이 좋은가 혹은 하향식이 좋은가로 논란이 있을 수 있다. 그러나 우리의 경우에는 상향식과 하향식을 절충하여 혼합적으로 사용하는 것이 합리적이라 판단된다. 개혁방향설정과 개혁 가이드라인을 각 해당부처에 제시하고 이를 점검·조정하는 단계에서는 하향식에 의존할 수밖에 없다. 그러나 일정기간이 경과하고 일선공무원의 개혁 역량이 축적된 단계부터는 상향식으로 점차 전환하는 것이다. 이러한 단계적·혼합적 접근 방식이 우리나라에서는 더 큰 효과를 거둘 수 있으리라 판단된다.[20]

중요한 것은 개혁추진 과정에서 보다 많은 사람들이 참여하는 것이다. 개혁추진 주체뿐만이 아니라 개혁의 대상 혹은 개혁집행 기관들이 적극적으로 참여하여 개혁이 자율적인 분위기에서 추진되도록 노력하는 것이 중요하다. 처음에는 개혁추진주체가 앞서서 추진할 필요가 있겠으나 기본적으로 개별기관들이 비록 제한적인 영역에서나마 주도권을 확보하고 개혁을 자율적으로 추진할 수 있도록 해야할 것이다. 이를 위해서 개혁과정 전반에 대한 내용과 절차가 공개되고, 개혁추진주체, 공무원 대상집단, 그리고 일반 시민들의 참여와 의견제시가 보장되는 공적 당론(public discourse)의 장이 형성되어야 할 것이다.[21] 이 길만이 공공개혁이 자칫 형식화되는 것에서 벗어나 내실 있는 결과를 도출하는 길인 것이다.

5) 성과협약의 재정운용 방식 채택

OECD국가들이 1980년대 이후 공공부문 개혁과정에서 가장 중요하게 채택한 수단의 하나가 성과협약(performance agreements)이다. 성과협약은 정부사업을 추진하는 행정기관과 일종의 계약관계를 설정하고 그 성과에 따른 대가지급을 중요시하는 재정운용 방식을 도입하는 수단을 뜻한다. 성과협약의 재정운용 방식을 채택한다면 공공부문의 조직과 제도, 행정, 규제, 인사, 보수 등 많은 분야에서 변화가 초래되어 정부개혁이 촉진될 수 있다. 정부개혁의 과정에서 재정이 중요한 역할을 수행하는 이유

---

20) (사)한국재정연구회, 「OECD 국가의 정부개혁 비교평가」(기획예산처 연구용역보고서, 2003.5), p. 264.
21) 기획예산처(2002), pp. 355−356.

가 바로 여기에 있는 것이다.

성과협약을 근간으로 하여 실행되는 프로그램들은 다양한 형태로 정리되어질 수 있다. 단순한 형태로는 영국 등에서 활용되고 있는 공공서비스협약(public service agreements)을 들 수 있다. 공공서비스협약(일명 PSA)은 성과와 책임을 분명히 하고자 각 부처가 재무성과 협의하여 3년 단위의 공공서비스에 대한 대국민 약속을 문서로 공식화하여 발표하는 것을 뜻한다. 협의내용은 막연한 것이 아닌 상당히 구체적으로 명시되고 있는데, 예컨대 교육부에서 예산 X파운드를 집행하여 Y년도까지 문맹률을 Z% 축소시키겠다는 것을 약속하는 식이다. 성과협약을 적극 도입하는 프로그램 중의 하나가 책임운영기관이며 이를 좀더 확대시키면 민간위탁, 민영화 등으로 발전하게 된다. 특정 사업을 민간위탁하거나 민영화시킬 때 이 모두는 성과협약이 전제됨으로써 가능해지는 것이다. 성과협약의 경험을 충분히 쌓은 연후에 이를 수단으로 구조조정을 추진한다면 그 어떤 형태도 용이하게 선택될 수 있을 것이다.[22]

우리나라에서도 김대중 정부에서 성과협약의 개념을 활용한 책임운영기관, 고객헌장제도 등이 도입되었고 성과주의 예산제도의 도입도 추진하고 있다. 그러나 앞 절에서 지적한 바대로 아직도 시행초기에 머무르고 있다. 성과협약을 통한 적절한 유인구조가 형성되기 위해서는 경쟁이 자연스럽게 용납되는 분위기가 형성되고 성과의 평가뿐만 아니라 성과와 보상이 연계되는 체제가 마련되어야 하는데 이것이 그리 쉽지 않은 것이다. 또한 정부의 예산체계와 관행이 정비되지 않은 한 성과협약이 원만히 도입되기가 곤란하다. 특히 단년도 예산주의에 따라 예산이 편성되고 투입과 통제 위주로 예산을 운영하는 관행은 성과협약의 도입을 사실상 불가능하게 만든다.

OECD의 PGTD Director인 Odlie Sallard는 한 서문(preface)에서 우리나라의 공공부문 개혁노력을 높이 평가하면서도 구시대적 예산운영 방식에 대해 날카롭게 비판적인 충고를 한 바 있다.[23] 즉, 투입중심 및 통제위주의 예산운영에서 산출·성과 중심의 예산운영으로 바꿔야 한다는 것이다. 이러한 OECD의 충고는 새삼스러운 것은 아니고 그동안 우리 내부에서도 줄기차게 지적되어온 내용이다. 이제 우리가 21세기에 접어들었고 새 정부도 출범했기에 우리의 예산운용 방식에는 분명한 변화가 있어야 할 것이다.

우리나라의 예산운용과 관련하여 두 가지 측면이 중요하다. 하나는 재정운영의

22) (사)한국재정연구회(2003), p. 268.
23) Ministry of Planning and Budget, How Korea Reformed the Public Sector: 1998－2002(Seoul: MPB, ROK, 2003)의 서문(preface) 참조.

건전성 확보이다. 건전성 측면에서는 아직도 많은 부분에서 비효율성과 낭비가 내재되어 있음에도 불구하고 그동안 예산당국에서 상당한 노력이 있었다. 향후 과제로서는 일정한 재정규율을 법제화하고(예컨대, 현재 국회에 계류 중인 "재정건전화특별법"의 제정), 중기재정운용계획에 따라 재정지출을 관리해나간다면 건전성 확보에는 큰 어려움이 없을 것이다. 또 하나의 측면이 바로 예산 운용을 성과와 결과를 중시하는 방향으로 전환시키는 것인데 이것에 대해서는 아직 별다른 진전이 없다. 성과의 평가지표 개발과 함께 결과에 대한 신뢰부족 때문에 성과주의 예산제도 등이 정착되기 위해서는 좀더 시간이 필요할지도 모른다. 현재 시행중인 시범 사업들을 적극적으로 추진하여 문제점을 보완하고 선진국들이 경험한 사례를 정밀하게 분석하여 우리에게 적합한 제도로 정착시키는 노력이 있어야 하겠다. 아울러 제도 변화와 함께 우리의 사회문화적 특성에 대한 충분한 고려가 "제도화" 과정에 반영되도록 하는 노력이 있어야 할 것이다.

참고문헌

기획예산처. (2002). 「공공개혁백서」.

대통령자문 정부혁신추진위원회. (2002). 「활동보고서」.

신강순. (2002). 「한국정부개혁 10대과제」. 한국경제신문.

윤성식. (2002). 「정부개혁의 비전과 전략」. 도서출판 열린책들.

총무처. (1997). 「신정부혁신론」.

한국재정연구회. (2003). 「OECD국가의 정부개혁 비교평가」. 기획예산처 연구용역보고서.

한국행정학회. (2002). 「공공부문 개혁의 성과평가와 성과에 대한 국민의 인식 차이의 원인분석에 관한 연구」, 기획예산처 용역보고서.

Boston, Jonathan, et al., (1996). *Public management – The New Zealand Model,* Oxford University Press.

Kettl, D. F., (2000). *The Global Public Management Revolution,* Brookings Institution.

Mascarenhas, R. C., (1993). "Building an Enterprise Culture in the Public Sector: Reform of the Public Sector in Australia, Britain, and New Zealand," *PAR,* vol.

53, no. 4, pp. 319−328.

Ministry of Planning and Budgeting, (2003). *How Korea Reformed the Public Sector: 1998−2002.* Seoul: MPB, ROK.

Osborne, David and Ted Gaebler. (1992). *Reinventing Government: How the Entrepreneurial Spirit is Transforming the Public Sector−From Schoolhouse to Statehouse,* Addison Wesley.

OECD, *Government of Future,* PUMA Policy Brief, June 2001.

_____, (2001). *Public Sector Modernisation: a Ten Year Perspective,* Paris: OECD.

_____, (1995). *Governance in Transition: Public Management Reform in OECD Countries,* Paris: OECD.

Pollitt, Christopher and Geert Bouckaert. (2000). *Public Management Reform,* Oxford University Press.

▶ ▶ ▶ **논평**

이원희(한경대학교 행정학과 교수)

1. 행정개혁을 통한 국가재설계의 시도

1997년 12월 3일 외환 230억불이 부족하여 IMF에 가서 빌려오는 사건이 있었다. 그러나 IMF는 그냥 돈만 빌려주지 않았다. 기업, 금융, 노동, 공공 등 우리 사회의 모든 영역에 구조 조정을 요구하였다. 그러한 혼돈 속에서 치룬 12월 19일의 대선에서 김대중 대통령이 당선되었다. 야당 출신, 호남 출신, 진보 성향이라는 개인적 특성에 더하여 이러한 시대 상황은 한국 사회를 전체적으로 개혁해야 할 시대적 소명을 요구하였다.

본 논문은 김대중 정부 시대에 진행된 그러한 개혁의 배경과 과정을 설명하고 있다. 15년 이상이 지난 사례에 대한 설명이지만, 행정 개혁에 대한 생각의 단초를 얻을 수 있는 다양한 측면들을 논의하고 있다.

우선 진보 성향의 대통령이지만 당시의 시대 상황에서 신공공관리의 기법에 기초한 행정개혁을 추진한 것이 매우 아이러니컬하다. 신공공관리는 개방, 경쟁, 성과를 중시하는 접근이기 때문에 진보 진영에서 주장하는 형평, 복지와는 거리가 있다. 그러나 당시 국제적인 정책 동향에 맞물려 김대중 정부의 개혁은 신공공관리라는 이론적 브랜드를 갖게 된다.

그리고 김대중 정부의 행정 개혁은 매우 체계적으로 이루어졌고, 이를 수행하기 위해 두 가지 조직이 설계되었다. 하나는 기획예산처에 있는 정부개혁실이고 다른 하나는 대통령 자문기구인 정부혁신위원회였다. 정부개혁실에는 개방형 인사들로 채워 그 자체가 개혁의 산실이었다.

이러한 조직을 통해 본 논문에서 제시된 바와 같이 광범위한 개혁이 시도되었다. 이는 70년대와 80년대 추진된 정부 주도형의 압축 성장을 뒷받침하기 위해 도입된 동원 체제를 탈바꿈하기 위한 노력이었다. 그리고 그것은 한국 사회가 세계 시장 질서에 개방되는 계기를 마련하게 되었다. 결국 1987년 6. 29 선언이 정치적인 민주화를 위한 전환기를 마련했다면, 1997년 체제는 행정과 사회 운영 방식을 전환시키는 과정이었다. 이때 모든 개혁의 내용을 관통하는 개념은 개방, 경쟁, 성과로 압축하여 이해할 수 있다.

2. 개혁의 연속과 단절. 변증법적 발전

김대중 대통령의 통치 이념을 이어받아 2002년 12월 19일 대선에서는 다시 진보 성향의 노무현 대통령이 당선되었다. 노무현 대통령은 우리 사회 전반의 개혁을 주창하면서 정부의 상징적인 브랜드를 분권과 혁신으로 설정하였다. 이를 추진하기 위해 '정부혁신 지방분권위원회'와 '지역발전위원회'를 설치하였다. 그리고 제대로 된 진보 성향의 행정 개혁을 추진하였다. 노무현 정부가 김대중 정부의 정치적 후계자라는 평가가 있지만, 행정 개혁의 영역에서는 방법과 범위를 달리하고 있다. 본 논문에서 설명되고 있는 행정개혁의 내용은 노무현 대통령 시대의 개혁과 비교해보면 더욱 흥미롭게 이해가 된다.

우선 공기업 민영화를 반대하였다. 그리고 공무원을 축소하는 것이 아니라, 일을 하게 하는 것이 중요하다는 입장이었다. 소위 인위적인 구조 조정을 하지 않은 이유이다.

그리고 노무현 정부에서는 지역 균형을 위한 대대적인 국토재설계를 하였다. 광화문에 있는 행정부를 세종시로 이전하고, 혁신도시를 통해 공공기관을 지방으로 이전시켰다. 복지 재정을 확대하기 위한 재정 구조 개혁을 추진하면서 재정 절차 개혁을 시도하였다. 이에 정부 수립 이후 지속하여 왔던 예산회계법을 폐지하고 국가재정법으로 전환시켰다. 이를 통해 3+1 재정개혁을 추진하여 재정 관리의 체계와 절차를 완전히 바꾸는 계기를 마련하였다. 김대중 정부 시대에 마련된 개혁의 밑그림을 바탕으로 발상의 전환을 요구하는 다양한 개혁 조치들이 추진되었다.

10년에 걸친 진보 성향의 개혁에 피로감을 느낀 국민은 2007년 12월 19일 대통령 선거에서는 보수 성향의 이명박 후보를 5백만 표 차이라는 극적인 상황에서 선택하였다. 그후 개혁은 10년의 개혁 색깔을 바꾸는 과정이었다. 그럼에도 행정 개혁의 측면에서는 그다지 흥미를 끄는 정책은 보이지 않았다. 당선 직후 광우병 파동으로 국정이 마비되다시피 한 상황에서 별다른 정책을 추진할 동력을 상실했기 때문이다. 그리고 2008년 전 세계를 강타한 금융위기가 발생하자 이를 극복하기 위한 대응에 모든 국정을 집중할 수밖에 없는 상황이었다. 제도 개혁을 위한 여력이 없는 시기였다.

표 1 정권별 행정개혁의 비교

	김대중 정부	노무현 정부	이명박 정부
이념	신공공관리	분권과 혁신	실용
추진 기구	기획예산처 정부혁신위원회	정부혁신 지방분권위원회 지역발전위원회	명확한 기구 없음
구조조정 조직개편	－ 조직 확대 개편	－ 조직 확대 개편	－ 조직 축소 개편 － 대국대과주의
구조조정 인력감축	－ 대규모 인력 감축	－ 인위적 인력 감축 없음	－ 인위적 인력 감축 없음
구조조정 공기업	－ 대규모 민영화	－ 민영화 거부	－ 선진화 대책 － 일부 민영화
운영시스템 인사	－ 고위공무원단 － 개방형 임용 － 책임운영기관 － 사외이사	－ 일하는 방식 개편 － 혁신	－ 특징적 개혁 없음
운영시스템 재정	－ 기금관리기본법 － 예산성과급 － 복식부기 도입 － 예산낭비 감시	－ 국가재정법 제정 － 3＋1 재정 개혁 추진	－ 감세 정책
국민서비스	－ 전자정부 － 서비스헌장	－ 정보 공개 강화 － 국민 참여 강화	－특징적 개혁 없음

3. 시대가 요구하는 과제들, 멈출 수 없는 개혁

시대의 변화를 읽어내고 행정의 역할과 기능을 재설계하는 것이 행정 개혁이라면 이는 항상 이루어져야 할 영역이고 행정학의 영원한 주제이다. 모든 시대를 관통하는 규범적 질서를 찾으면서 동시에 그 세대에서 요구되는 역할을 찾는 실용적 접근도 필요하다. 김대중 정부의 행정 개혁을 이해하면서 이제는 우리 세대에서 해야 할 행정 개혁의 이유, 전략, 방법, 과제를 생각해야 할 때이다.

첫째, 정부의 역할에 대한 새로운 연구가 필요하다. 1997년 외환위기 이후에 한국 사회는 국제적 질서를 생각하는 개방화의 시기를 경험하였다. 이후 2008년 금융위기는 미국발 위기가 동시다발적으로 전 세계에 확산된 사건이었다. 사악한 자본의 민낯을 보면서 공공의 역할을 다시 생각하는 계기가 되었다. 금융에 대한 규제가 다시 의미를 갖게 되면서, 시장 경제가 성숙되면서 공공의 기능은 약화되는 것이 아니라, 새로운 역할이 필요하다는 인식이 확산되었기 때문이다.

둘째 2014년 4월 16일의 세월호 사건, 2015년 5월의 메르스 확산 사건은 현대 사회에서 위기 대응 능력을 요구하는 우리의 새로운 도전 과제를 제시하고 있다. 현대 사회에서는 위기가 일상화 될 수 있다. 예측할 수 없는 위기에 대응하는 정부의 대응 체계 구축이 새로운 과제가 되고 있다.

셋째, 한국 행정 연구는 행정부의 세종시 이전과 이후, 그리고 공공기관의 혁신도시 이전과 이후의 구분에 따른 연구도 필요하다. 행정 체제가 세종, 서울, 대전으로 분리되어 운영되고 있는 상황에서 부처 간 조정과 협력을 어떻게 할 것인지가 주요한 쟁점이다. 무엇보다 새로운 인사 관리가 필요하다. 국회, 청와대와의 업무 협의 때문에 출장이 불가피한 상황에서 공무원의 조직 몰입도를 기대하기가 어렵다. 가족이 서울에 있는 고위급 공무원의 경우 생활의 불안정이 업무의 불안정으로 이어질 가능성이 높다. 이런 상황에서 세종시 이전에 따라 과연 과거와 같은 유능한 엘리트 공무원을 어떻게 확보할 것인지도 우려된다. 더군다나 최근 공무원 연금 축소, 퇴직 후 취업 제한 등의 조치로 직업으로서의 공무원에 대한 선택이 어떻게 될 것인지도 연구 대상이다.

넷째, 2005년 국가재정법 이후의 새로운 재정 관리체계를 모색하는 것도 필요하다. 저성장, 저금리, 저출산의 새로운 시대 환경에 부응하는 신재정 전략이 요구되고 있기 때문이다.

다섯째, 공공기관에 대한 개혁도 연구가 필요하다. 2007년 공공기관 운영에 관한 법률의 제정 이후에 도입된 공공기관의 관리 체계에 대한 문제점이 자주 등장하고 있다. 1984년에 도입된 공기업 경영평가 제도가 30년을 지나면서 공공기관의 이에 대한 반발이 심각하다. 평가에 참여한 평가위원조차 개편의 필요성을 제기하고 있다. 2015년 OECD가 공기업 관리의 가이드라인을 전면 개편하는 시기에 맞추어 개혁을 준비할 필요가 있다.

여섯째, 국가와 지방의 관계 개편 연구도 필요하다. 1994년 지방 자치가 도입되어 지방자치단체 장의 선출은 이루어지고 있지만, 중앙과 지방의 관계, 주민의 참여 장치 등에서 새로운 변화를 모색할 필요가 제기된다. 기능 이양은 더디고, 세입 구조는 여전히 중앙집권적이다. 2014년에 불거진 누리과정 예산부담, 영유아 보육료 부담, 무상급식 부담 등과 관련하여 발생한 갈등 구도는 지방자치의 재설계가 필요하다는 것을 보여 주고 있다.

행정 개혁의 주제는 전략, 대상, 방법과 관련하여 많은 연구 과제를 제기한다. 행정학을 전공하는 전문가들에게는 매우 흥미로운 주제이다. 본 논문이 한국 행정의 발전을 위해 그리고 학문적인 새로운 영역을 개발하기 위한 강호제현의 연구를 독려하는 계기가 되기를 기대한다.

교육개혁추진상의 영향요인과 저항

논문 | 김신복

    Ⅰ. 서 론

    Ⅱ. 교육개혁 연구의 대상

    Ⅲ. 한국 교육개혁 활동 개관

    Ⅳ. 교육개혁추진상의 영향요인

    Ⅴ. 교육개혁추진상의 저항요인과
       집단

    Ⅵ. 교육개혁의 실현 및 저항극복
       전략

논평 | 이근주

다시 읽고 싶은
한국행정학 좋은 논문 10선

교육개혁추진상의 영향요인과 저항*

김신복(서울대학교 행정대학원 명예교수)

༄ 프롤로그 ༄

 이 논문은 1996년에 작성·발간된 것이다. 미국·영국·프랑스·일본 등 선진국들은 80년대부터 국가적인 차원에서 교육개혁을 추진하였는데 각각 목표와 중점도 차이가 있었지만 추진실적도 상당한 차이가 있었다. 따라서 개혁의 성패와 실적에 영향을 미친 요인 등에 관한 비교연구들도 활발하였다.

 우리나라도 80년 중반부터 국가차원의 교육개혁을 추진해왔는데 그 성과와 실적이 미흡하여 그 요인들을 비교분석해보고 싶었다. 필자는 교육개혁심의회에서 3년(1985~'87)간 전문위원단장을 맡아 직접 참여한 경험이 있었기 때문에 그러한 연구를 수행하려는 의욕도 강했고 참여관찰과 생생한 자료의 확보도 가능하였다. 대통령직속 교육개혁추진 기구들은 전두환정부로부터 노무현정부에 이르기까지 명칭을 달리하면서 설치·운영해왔는데 이 논문에서는 약 10년(1985~'95) 동안을 분석대상으로 하였다.

 그때까지 우리나라에서는 국가적 교육개혁추진과정에서의 영향요인과 저항에 관한 논문들이 거의 없어서 선진국에서 수행한 연구의 분석틀을 준용하였는데 추상적이고 국가 간의 여건이 다르기 때문에 적절히 수정하면서 유연하게 적용할 수밖에 없었다. 자료수집도 간행물은 획득이 용이하였으나 내부적인 역학관계에 대해서는 주요인사 면담 등을 통해 파악할 수밖에 없었다.

 이 논문은 김영삼 정부 이후의 교육개혁추진 담당자들에게 참고가 되기를 기대하였다. 특히 김영삼, 김대중 두 대통령은 선거과정에서 교육대통령이 될

---

* 이 논문은 1996년 『행정논총』, 제34권 제1호, pp. 241−265에 게재된 글을 수정·보완하였다.

- 364 -

것이며 교육예산을 GDP의 각각 6%, 7%까지 확대하겠다고 공약했기 때문에 기대가 컸다. 실제로는 제시된 목표들보다 미흡했지만 상당한 성과가 있었고 최소한 그러한 의지와 노력에 대해서는 평가할 만하다.

필자는 2002~2003년에 걸쳐 교육인적자원부 정책자문위원장과 차관을 역임하면서 국가차원의 교육개혁을 구체화하고 집행하는데 미력이나마 관여하였다. 그 과정에서 개혁의 이론과 실제가 다르다는 점도 발견하였지만 선행연구들이 제시한 개혁의 영향요인과 저항요인들은 나름대로 잘 선정되었다고 평가할만 하다고 느꼈다.

교육개혁도 정부차원에서 보면 행정개혁의 한 분야 또는 유형이라고 할 수 있다. 여러 분야의 개혁영향요인들이 공통점도 있겠지만 차이점도 있을 것이므로 분야별 개혁의 실제에 도움을 주는 지침을 제공하면서도 일반화된 이론 도출에 기여할 수 있는 각 분야의 후속 연구들이 지속되기를 바라 마지않는다.

필자는 순수이론도출을 위한 논문보다는 정책지향적이고 시의성있는 주제들에 관한 정책연구나 분석들을 많이 수행해왔다. 따라서 논문이 쓰여지고 일정기간이 지나면 당시의 상황분석이나 제안된 내용이 현실과 괴리가 생겨 그 가치가 희석되는 경우가 많은데, 이 논문은 그나마 그러한 괴리가 적지 않을까 해서 이 책을 발간하는 데 추천하게 되었다.

I. 서 론

80년대 이후 주요 선진국들은 21세기 정보화·국제화사회에 능동적으로 대응하면서 국가 경쟁력을 확보하기 위한 노력의 일환으로 교육개혁을 경쟁적으로 추진하고 있다. 미국은 레이건 행정부의 「국가교육의 위기(The Nation at Risk)」 보고서 발간 (1983) 이후 부시 대통령은 교육대통령을 자임하면서 교육의 수월성 추구를 위한 「2000년의 교육목표(Goals 2000)」를 설정하여(1989) 추진해오고 있다(김신복, 1990). 영국도 대처 내각하에서 교육개혁법을 제정(1988)하여 시장원리를 도입하면서 국가교육과정을 개발한 바 있다. 프랑스에서도 교육개혁안을 작성·발표하였지만(1983, 1987) 학생들의 반대로 번번이 실패로 돌아갔다. 일본은 나카소네 내각에서 임시교육심의회를 설치·운영한 이래(1984) 개성을 중시하면서 생애학습체제를 구축하는 방향으로 교육개혁을 추진해오고 있다(최정웅 외, 1995).

이러한 선진제국의 교육개혁활동들은 목표와 중점도 차이가 있지만 추진실적도 상당한 차이가 있다. 따라서 개혁의 성패와 실적에 영향을 미치는 요인들에 관한 비교연구들이 활발히 전개되고 있으며 특히 저해요인 내지 저항에 관해서 큰 관심을 두고 있다.

우리의 경우도 후술하는 바와 같이 80년대 중반부터 잇달아 종합적인 교육개혁을 시도해왔다. 그러나 추진성과와 실적은 결코 만족스럽지 못하였으며 그 요인에 관한 분석도 체계적으로 이루어진 바 없다. 이와 관련하여 본 논문은 교육개혁추진상의 영향요인에 관한 선행연구들을 토대로 분석틀을 구성한 다음, 지난 10여 년간의 우리나라 교육개혁활동을 검토하여 관련요인들을 추출·평가해보고 개혁을 저해한 저항요인과 극복방안에 관해서 고찰해보고자 한다.

II. 교육개혁 연구의 대상

1. 교육개혁의 개념

개혁(reform)은 획기적인 개선을 가리킨다. 개혁의 개념 속에는 큰 폭의 바람직한 변동이라는 가치판단적인 요소가 내포되어 있다. 개혁과 혁신(innovation)은 엄밀하게 구분하기 곤란하지만 교육 부문의 경우 개혁은 제도적인 측면을, 혁신은 교육 프로그램 측면을 다루는 경우가 많은 것 같다.

따라서 교육개혁은 교육체제에 대한 중요하고 지속적인 변화를 가져오는 정책을 추진하거나 변경하거나 중단하는 조치로서 교육체제에서 산출되는 인적 자원과 부수적인 산물들이 사회의 이념적·정치적 구조와 우선 순위에 영향을 미칠만한 정도의 변화를 가리킨다(Weiler, 1982: 5).

2. 교육개혁 연구의 분석대상

교육개혁에 관한 대부분의 실증적인 연구들은 개혁을 채택하고 추진하는 체제와 과정에 초점을 둔다. 70년대에는 혁신의 모형을 연구개발모형, 사회적 상호작용모형, 문제해결모형 등으로 구분하여 설명하려는 시도가 있었다(Haverlock, 1973: 155~168). 그러나 그처럼 개괄적인 분석틀만으로는 교육개혁과 관련된 요인들을 규명하기 어렵다. 교육개혁추진체제와 과정을 분석하는 데 초점을 두어야 할 측면들은 다음과 같다

(Weiler, 1982: 16~24).

1) 개혁안의 특성

교육개혁에 관한 분석의 대상으로서 중요시되어야 할 개혁안 그 자체의 성격적 특성으로는 비용, 명료성, 합치성 등을 들 수 있다.

① **비용**: 비용은 개혁의 실현 가능성을 결정짓는 요소이다. 이 때 비용은 금전적, 재정적인 것뿐 아니라 조직의 갈등, 개혁이 정착되기까지의 저항, 보수 계층의 반대 등이 포함된다. 교육개혁의 비용은 정치권에서 보는 시각과 투자우선순위에 따라 영향을 미치는 정도가 달라질 수 있다.

② **명료성**: 개혁의 내용이 단순하고 명료한가는 개혁에 대한 지지 및 협조와 관련을 갖는다. 왜냐하면 의사소통의 용이성은 협조 획득 문제와 직결되기 때문이다. 교육개혁에 대한 지지를 얻기 위해서는 개혁의 목적과 특징을 보다 쉽게 많은 국민들이 이해할 수 있도록 단순화하는 것이 유리하다. 이러한 개혁 내용에 대한 이해 정도에 따라서 정당이나 선거직 관료 등 관련 집단들의 협조 태도에도 영향을 미치게 된다(Down & Mohr, 1976).

③ **합치성**: 교육개혁의 본질과 요구가 그것을 채택하고 실천할 현 관료체제의 시각이나 이해관계와 병존하거나 우호적인지 여부를 말한다. 일반적으로 교육개혁방안들 중에서도 관료적 안정성(bureaucratic safety)과 사회적 안정성을 조장하는 경우에 채택되고 원활히 추진될 가능성이 높다(Pincus, 1974: 118~121). 바꾸어 말하면 교육개혁이 그 나라의 기초 정치·경제적 구조나 이해관계와 상충될 때 더 큰 저항을 받게 된다. 따라서 조직과 행정체제의 변화를 요하는 개혁보다는 교육과정이나 학습방법과 관련된 개혁방안들의 실현 가능성이 높을 것임은 쉽게 납득할 수 있다.

이와 관련하여 교육개혁이 추구하는 목적이 무엇인지에 따라 실현 가능성과 저항의 정도가 달라질 것임을 예상할 수 있다. 즉, 잘못된 운영을 시정하고 능률을 향상시키며 효과를 개선하는 등의 개혁 목표보다는 교육의 민주화, 형평성 제고, 특정 이념에 의한 체제 개편 등의 개혁 목표들은 추진하는 데 더 큰 저항에 직면할 가능성이 높은 것이다.

2) 조직의 특성

교육개혁을 추진하는 체제의 핵심적 구성요소 중의 하나는 개혁을 추진하는 주체로서 또는 개혁대상이 되는 객체로서 교육(행정)조직이 갖는 특성이라고 할 수 있다.

① **자원:** 개혁추진조직이 활용할 수 있는 자원의 규모와 성격이 중요한 요소가 된다. 가용 재원과 인적 자원이 얼마나 되는지, 조직 구성원들의 개혁에 대한 의욕은 어떠한지가 개혁추진체제의 핵심이 된다. 물론 교육재정구조의 변경이나 지불보증제도(voucher system)의 채택처럼 자원조달 운영체제 자체가 개혁대상이 되기도 한다.

② **조직의 규범과 태도:** 조직을 지배하는 가치체계와 구성원들의 태도가 개혁 지향적인지 혹은 개혁에 대해 저항적인지는 개혁추진체제의 중요한 요소이다. 특히 고위 행정가들이나 교육계 지도자들의 가치체계는 후진국뿐 아니라 프랑스나 독일같은 선진국에서도 교육개혁의 가장 큰 제약 조건 중의 하나였다 (Merritt & Coombs, 1977: 267~268).

③ **조직의 구조:** 분권화된 체제와 집권화된 체제 중 어느 쪽이 교육개혁추진에 유리한지는 획일적으로 단언하기 어렵다. 물론 분권화된 체제에서는 상향식 개혁방식이 효과적이고 집권화된 체제에서는 하향식 개혁이 유리하다. 그러나 개혁의 규모와 성격, 문화적 규범과 풍토 등에 따라 어떤 조직구조가 개혁추진에 효과적인지는 달라진다.

④ **고객과의 관계:** 교육체제의 고객집단은 주로 학부모와 학생들이다. 후진사회일수록 이들 교육 수요자들은 흔히 서비스 선택권을 갖지 못하고 교육 공급자인 행정기관이나 학교가 더 큰 재량권을 갖는다. 그러한 상황에서는 공급자 중심의 일반적인 개혁이 시도되고 수요자들의 입장과 의견은 소홀히 되기 쉽다. 수요자들이 얼마만큼 선택권을 가지며 공급자들 간에 경쟁체제가 얼마만큼 확립되어 있는지가 분석 대상이 되어야 한다.

이와 관련하여 고객집단, 즉, 교육 수요자들이 교육개혁 과정에 얼마만큼 참여할 수 있는 기회가 제공되는지가 중요하다. 일반적으로 그러한 참여가 봉쇄되는 상황에서의 교육개혁은 상당한 저항에 직면하거나 무관심 내지 비협조로 연결되어 뿌리를 내리지 못하는 경우가 많다.

3) 과정상의 특성

교육개혁안을 수립하고 실천하는 과정에서 핵심적인 활동들이 어떻게 이루어지는가 역시 개혁에 대한 지지 혹은 저항을 유발하므로 중요한 연구 대상이 된다.

① **기획:** 교육개혁은 계획을 수립하는 준비 작업의 정도와 방식면에서 차이가 있

을 수 있으며 그에 따라 추진 효과에 차이를 가져온다. 일반적으로 기획과정이 충실하고 정밀한 분석·검토가 선행될수록 개혁은 성공할 가능성이 높다. 개혁 중에는 분야나 성격에 따라 폐쇄적으로 단기간에 단행해야 하는 경우도 있겠지만 교육개혁은 그러한 필요성이 거의 없다. 교육개혁은 전문적인 분석·검토를 바탕으로 공개적인 과정을 거쳐 관련집단의 의견을 충분히 수렴하면서 추진되어야 한다.

② **외부의 개입**: 교육개혁을 주관하는 조직 또는 행정기관 간의 관계는 개혁추진에 큰 영향을 미친다. 특히 중앙정부와 지방정부와의 관계, 지방자치단체와 교육행정기관과의 관계가 의미있는 분석 대상이 된다. 정치적 관계뿐 아니라 재정 지원 등 유인책(incentive)을 제공하는 방식과 감독 및 규제 장치 등이 중요한 변수가 될 것이다.

③ **시행 및 평가**: 교육개혁안을 실천에 옮기는 데 어떤 경로와 방식을 통해 이루어지는가 그리고 평가는 정밀하게 이루어지며 결과가 제대로 환류(feedback)되는가 역시 개혁추진에 중요한 요소이다. 또 성공적인 추진전략의 하나로서 전면적인 시행 이전에 실험적(experiment) 또는 시범적(pilot) 시행을 거치는지, 그리고 그 경우에 설계와 평가는 제대로 이루어졌는지를 분석하는 것도 중요하다.

Ⅲ. 한국 교육개혁 활동 개관

우리 나라에서 교육개혁을 시도한 사례는 많으며 오랜 역사를 가지고 있다. 1948년 정부 수립 이후 1947년 교육법 제정과 함께 새로운 학제를 제정·운영한 것을 교육개혁의 시초로 잡을 수도 있다. 그러나 종합적으로 교육개혁을 시도한 것은 1980년의 7·30 교육개혁 조치 이후의 교육개혁심의회의 구성부터라고 볼 수 있다. 이 이전까지는 입시제도의 개혁을 중심으로 중학교 무시험제도, 고교 평준화 정책, 그리고 대학개혁사업 등으로 체계적인 교육개혁을 시도하였다기보다는 입시제도의 개혁이 중심이 되어 왔다. 따라서 당시 부각된 문제 상황에 대처하는 단편적이고 증상치유적인 접근에 의존하였으며 체계적이고 종합적인 교육개혁을 추진했다고 보기 어렵다.

제5공화국 이후 교육개혁 사업의 큰 흐름을 세 가지로 규정할 수 있다. 첫째는 1985년에 구성하여 1987년 12월 31일까지 활동하였던 "교육개혁심의회"의 교육개혁에 관한 연구와 심의활동이었고, 둘째로는 1988년에 구성되어 1993년까지 활동한

"교육정책자문회의"의 연구 및 심의활동이었으며, 셋째는 1994년부터 구성·운영되고 있는 "교육개혁위원회"의 활동이다.

1. 교육개혁심의회

80년대 초에 제5공화국이 출범하면서 4대 국정지표의 하나로 '교육 혁신과 문화 창달'을 설정하여 전인교육, 정신교육, 과학교육 및 평생교육을 추진하였다. 1985년도 국정연설에서 대통령은 교육혁신을 위해 각계의 광범한 지혜와 역량을 모으는 것이 중요하다는 판단 아래 대통령 직속으로 교육개혁심의회를 설치하여 교육문제 전반에 관한 획기적인 개선안을 마련하겠다고 밝힌 바 있다. 그리하여 사상 초유로 대통령 직속기구로 교육개혁심의회를 설치하게 되었다(교육개혁심의회, 1986).

교육개혁심의회는 1985년 3월부터 1987년 12월까지 시한부 기구로 설치되어 대통령의 자문에 응했는데 그 기능은 첫째로 교육문제에 관한 국민 여론의 수렴, 둘째로 교육제도 전반에 관한 조사 연구, 셋째로 교육개혁을 위한 개선책의 연구·제안 및 심의, 넷째로 국가교육의 기본 정책 및 장·단기 교육발전계획의 수립 등이었다(교육개혁심의회, 1987).

교육개혁심의회는 발족 이래 여섯 차례에 걸쳐 대통령이 주재하는 회의에서 추진 상황과 주요 개혁안들을 보고한 바 있으며, 1987년 12월에 종합 건의안을 보고하고 최종 보고서를 제출함으로써 3년간의 시한부 활동을 마무리했다.

2. 교육정책자문회의

그 후 제6공화국이 출범하고 나서도 교육문제에 관한 최고 정책자문기구를 두어 교육정책에 관한 일관성 있고 지속적인 건의활동이 필요하다는 인식 아래 다시 대통령 직속의 교육정책자문회의를 설치하게 되었다. 1989년 2월에 설치된 교육정책자문회의는 사회적으로 문제가 부각된 교육정책과제들을 종합적으로 검토하고 장·단기 정책 대안을 구상하여 이를 범정부적 차원에서 수행할 수 있도록 대통령에 대한 자문 및 건의를 하는 기능을 담당하였다(교육정책자문회의, 1991). 교육정책자문회의는 원래 1990년말까지 존치시킬 계획이었으나 1993년 2월 대통령 임기말까지 연장·운영하기로 하였으며 매년 10회 이상의 전체 회의를 개최하고 2회 정도씩 대통령에게 교육정책 개선방안들을 건의한 바 있다.

3. 교육개혁위원회

김영삼 대통령은 선거공약으로 제시했던 교육개혁위원회 설치 운영을 취임후 1년여가 지난 1994년 2월에 발족시켰다. 동 위원회는 1년 3개월여의 작업 끝에 1995년 5월 31일 「신교육체제 수립을 위한 교육개혁방안」을 대통령에게 보고하는 형식으로 공표하였으며 그 후 교육부에 추진기획단을 두어 비교적 강력하게 추진하고 있다. 동 방안에서는 "열린교육사회 평생학습사회 기반구축" 등 7개 개혁방안 속에 27개 정도의 주요과제들을 제시하였다(교육개혁위원회, 1995). 이어서 1996년 2월 9일에는 교육개혁방안(II)을 발표하였다. 동 방안에서는 "신교육체제구축" 등 4개 개혁방안 속에 20여 개의 정책과제들을 건의하고 있다.

IV. 교육개혁추진상의 영향요인

교육개혁 추진에 영향을 미치는 요인은 수없이 많다. 왜 어떤 개혁은 성공하고 어떤 개혁은 실패했는지에 관해서 관심과 추측은 있었지만 추진과정의 복잡성을 인식하게 된 것은 80년대 와서의 일이다(Firestone & Corbett, 1988). 영향요인이 너무 많고 상호작용하는 방식이 너무 복잡하여 어떤 교육개혁이 어떤 맥락 속에서 추진될 때 성공할지를 예측하는 것은 오차의 위험이 상당히 높은 작업이라 할 수 있다.

따라서 추진과정의 각 단계를 신중하게 검토하여 관련 요인과 결과를 규명하는 노력이 필요하다. 개혁추진에의 영향요인은 열거하기 어려울 정도로 많지만 R. M. Thomas는 다음과 같은 열 가지를 제시하고 있다(Thomas, 1994). 이들 요인들은 개혁내용 내지 개혁(안)의 특징, 추진체제, 추진과정의 세 영역으로 구분할 수 있을 것이다. 각 요인별로 개념과 의의를 고찰하고 지난 10여 년 동안 우리나라 교육개혁 추진에 있어서의 특징과 변화를 살펴본다.

1. 개혁내용

1) 규모와 복잡성

개혁의 규모는 어느 정도의 변화를 가져올 것인가 하는 것이다. 개혁에의 기대는 기존 프로그램을 약간 수정하는 정도로부터 급격한 체제 변혁을 추구하는 수준까지 다양하다. 복잡성은 교육체제의 변화와 관련된 다양한 요소들의 수를 가리킨다.

미국에서의 연구에 의하면 학습의 개선을 겨냥한 단순하고 적은 규모의 개혁사업들이 목표달성도가 높다. 한편 복잡하고 야심적인 개혁사업들은 교원들의 행태에 더 큰 변화를 유발하는 경향이 있다(Berman, 1975).

지난 10여 년 동안 시도되어온 교육개혁작업들은 모두가 장기적 종합적 근원적인 개혁을 목표로 하였다. 따라서 작업 때마다 한국교육의 종합적인 문제점을 분석하고 21세기를 지향하는 의욕적인 개혁방안들을 제시하였다. 제출된 보고서들의 명칭만 하더라도 「기본방향」, 「종합구상」, 「종합보고서」 등이었다. 그것은 물론 증상치유위주의 단편적 임기응변적 개혁방안들을 내놓는 것보다는 바람직하다고 할 수 있다. 그러나 개혁추진의 실현가능성이라는 측면에서 보면 규모가 크고 종합적일수록 낮아질 수밖에 없다.

교육개혁심의회는 총 44개 정책과제를 설정하여 심의·의결하였으며 교육정책자문회의에서는 30개 과제를 설정하여 심의·의결한 바 있다. 이렇게 하여 제시·발표된 개혁방안들 중에서 어느 정도가 실현되었는지를 평가하는 것부터 쉬운 일이 아니다. 실천에 옮겨졌다고 볼 수 있는지는 관점에 따라 달라질 수 있기 때문이다. 일반적으로 보면 교육시설 개선, 교육내용과 방법 등에 관한 개혁 과제들은 부분적으로나마 실현되었지만 제도개혁과 관련된 과제들은 중단되거나 유보된 경우가 많았다.

교육개혁심의회(1985~1987)가 건의한 개혁 과제들만 보더라도 종합적인 학제개혁과 관련된 사항들은 거의 유보되었으며 수석교사제, 대학교수정년보장제, 대학 평가인정제 등은 70년대 이후에야 확립되었다. 종합적인 개혁안들은 실천에 투입되는 에너지와 자원이 분산되기 때문에 저해를 받는 경우가 많다. 또 관련 이해관계집단들로부터 개별 개혁 과제들에 대해 비판과 저항을 받는 경우에 집중적으로 설득하고 돌파해나가는 데도 애로가 있다. 반면에 부분적인 개혁안을 추진했던 이른바 7·30 교육개혁은 대부분 실천에 옮겨졌다. 대학입학정원확대 및 졸업정원제 실시, 대학본고사 폐지와 고교내신성적 반영, 과외금지 등은 초점이 분명한 단일영역의 개혁 과제였기 때문이다.

2) 구체성과 확정성

모든 교육개혁안들은 지향 목표에 대한 진술과 함께 예상되는 결과를 제시하는 것이 일반적이다. 이 때 예상되는 결과에 대한 시각과 제시 형태가 개혁 추진의 성패에 영향을 미친다. 교육개혁 초기에 주도세력들이 개혁에 대한 지지를 얻기 위해 개혁의 성과를 확정적으로 공표하는 경우에 그것은 국민에 대한 약속으로 되어 만일 그러한 성과가 나타나지 않을 경우에는 개혁의 실패로 간주되어 비판과 저항을 받게 된다. 흔히 개혁 주창자들은 개혁의 성과를 과대 포장하여 제시함으로써 정책의 우선순위나 투자배분에 있어 유리한 위치를 점하려 한다. 그러나 그것이 과잉 기대를 유발하고 나중에는 개혁의 지속적인 추진에 저해요인이 되기 쉽다.

반면에 개혁 청사진을 단계적인 사업으로 나누어 제시하면서 추진과정에서 목표와 성과를 조정할 수 있는 여유를 둔다면 실패라는 비판을 받을 가능성은 그만큼 감소된다. 더 나아가 교육개혁 프로그램 자체를 확정하기 전에 소규모로 실험적인 시행을 통해 성과를 점검하고 확대 실시 여부를 결정하기로 한다면 실패는 물론 저항을 유발할 가능성이 훨씬 적어진다. 예상했던 결과가 나타나지 않고 예기치 않았던 사태가 생기더라도 개혁 프로그램을 조정하면서 수용할 수 있기 때문이다.

군사정권에서 채택한 정책들은 대부분 최고 통치자에게 보고할 때까지 철저한 보안을 유지하여 공표 효과를 극대화하는 전략을 취하였다. 따라서 개혁안에 대해 충분한 검토나 의견 수렴 없이 확정·발표하였으며 일단 공표된 사항은 수정 없이 밀고 나가는 것이 대통령의 권위를 지키는 것이라고 간주되었다. 이러한 행태는 군사정권뿐 아니라 문민정부에 와서도 지속되고 있으며 교육개혁과 관련해서는 한층 강화된 느낌이다. 일부에서는 지난 1995년 5월 31일 발표를 깜짝쇼라고 비판한 적도 있거니와 금융실명제나 인사 조치와 같은 차원에서 교육정책 수립조차 보안을 유지한다는 것은 이해하기 힘들다.

그러다보니 이론상으로는 종합적(synoptic)이고 확정적(deterministic)인 접근방법을 채택해 왔다고 할 수 있다. 매우 세부적이고 구체적인 사항까지 확정 발표하여 수정은 거의 용납하지 않은 방식이다. 물론 개혁을 점진적(incremental)으로 추진하기는 어려울지 모르지만 급변하는 여건에 적응하면서 교육현장에서 나타나는 예상치 못한 문제들을 수용하려면 종합적·확정적 방식은 한계가 있을 수밖에 없다.

교육개혁은 타 부문과 달리 보안을 유지할 필요가 적고 장기적인 안목을 필요로 한다. 따라서 실험과 검증을 거쳐 시행 여부와 세부 방안을 결정짓는 것이 바람직하다. 그러나 문민정부하에서의 교육개혁추진 방식조차 그러한 과정을 생략한 채 조급한 시행을 통해 단기간에 성과를 거두고자 하는 행태는 지양해야 할 것이다. 이러한 조급함은 단임제 대통령임기 내에 실현하여 성과를 과시하고 싶은 욕심에서 비롯되는 바 크다고 하겠다.

3) 비용과 효과

개혁의 추진 여부를 합리적으로 결정하는 데뿐 아니라 실제로 개혁의 성패에 영향을 미치는 요인으로 가장 중요한 것은 소요되는 비용과 거두어지는 효과의 비교이다. 여기서 비용 속에는 금전적인 것뿐 아니라 시간과 노력, 그에 따른 희생과 비판, 저항 등이 모두 포함된다. 효과 역시 단기적, 직접적인 것뿐 아니라 장기적, 간접적인 것들이 함께 고려되지 않으면 안된다.

교육개혁방안을 작성할 때 이러한 비용과 효과를 정밀하게 비교·분석하는 경우는 많지 않다. 교육의 경우는 비용과 효과를 산출하기가 어려울 뿐 아니라 집단이나 입장에 따라서 평가가 달라질 수 있다.

우리의 교육개혁안 작성에 있어서도 비용 효과를 산출, 제시하여 우선적인 투자의 필요성을 제시하는 데 소홀했거나 미흡하였다. 우선 개혁방안들이 충분히 구체화되지 못하여 투자소요를 비롯한 비용조차 산출하기 어려운 경우가 많았다. 추상적인 방향제시나 미사여구(美辭麗句)로 표현되고 기대효과는 과대포장하여 발표한 사례가 많았다는 것이다.

따라서 교육개혁안이 타 부분의 투자대안과 경합될 때 비용과 효과를 비교하여 경제적 합리성을 기준으로 우선순위를 결정하기보다는 통치자의 결단이나 교육행정책임자들의 개인적 영향력에 의존하여 채택 여부결정과 재원동원을 시도하였다. 또 교육개혁은 누구나 일가견과 관심이 있는 사안이므로 전문가적인 판단을 존중하기보다는 상식적인 시각에서 영향을 미친 정책결정자들이 많았다고 하겠다. 그리고 효과가 장기적으로 나타나기 때문에 교육개혁은 성패에 대한 책무성 의식이 약하여 결정자들이 별 부담없이 급격한 변화를 시도하거나 결단을 내리는 경향조차 있다고 보여 진다.

2. 개혁추진체제

1) 환경여건의 적합성

어떤 학교 내에서의 개혁은 가용재원, 학생인구의 특성, 지역사회의 여건, 교원의 능력, 학부모의 기대, 사회문화적 가치관 등 환경여건을 고려하여 구상하고 추진할 수 있다. 그러나 대도시나 권역 또는 국가 차원의 개혁방안은 개별학교의 사회적 물리적 환경이 다양하기 때문에 심각한 애로에 봉착하는 경우가 많다.

국경을 넘어서 한 국가로부터 다른 국가로 교육체제나 프로그램을 이식시키려는

시도는 오랜 역사를 가지고 있다. 다른 나라를 침략하여 정복한 군대나 대규모 선교
활동을 편 집단들은 자기 나라 교육제도나 방식을 다른 나라에 보급시키려 하였다.
또 외국에서 유학했거나 시찰·연수를 한 사람들은 그 나라의 교육방식을 소개하고
도입하는 데 앞장선다.

제2차 세계대전 이후 한 국가의 교육제도나 교육 프로그램을 다른 국가에 이식
또는 도입하는 사례들이 많이 생겨났다. 실제로 각국의 교육개혁 중에 상당수는 자체
내에서 독창적으로 고안한 것보다는 외국의 제도나 프로그램을 모방한 경우가 많다.
각국의 교육개혁 운동에 관한 많은 조사 연구 보고서들에 의하면 이러한 수입된 프로
그램들 중에는 환경여건이 달라서 제대로 기능을 발휘하는 사례가 드물다는 결론을
제시하고 있다(Huberman & Miles, 1984).

따라서 교육개혁에 있어서는 고안된 방안이 환경여건에 적합한지를 신중하게 검
토해야 하며 외국의 제도나 프로그램을 도입하려는 경우에 특히 유의하지 않으면 안
된다. 교육개혁에 관한 비교연구에 있어서는 이처럼 문화적 차이가 개혁 추진의 성과
에 미치는 영향을 분석하는 것이 중요한 과제가 될 것이다(Firestone & Corbett, 1988).

우리 교육제도나 정책들 중에는 선진국의 사례를 도입하거나 모방한 경우가 많
다. 특히 일제식민지 교육 및 미국 교육의 영향을 받아 형성되어 그대로 유지된 제도
들만 하더라도 학제와 행정체제 등에서 적지 않게 발견할 수 있다. 지금도 개혁방안
이나 새로운 정책을 작성할 때 선진국의 경험이나 사례들을 많이 참조한다. 우리가
80년대 중반부터 행정수반 직속의 위원회를 설치하여 국가적인 교육개혁 노력을 전
개해온 것도 앞에서 살펴본 것처럼 선진국들의 동향이 하나의 계기가 된 것이다. 또
교육개혁의 기본이념으로서 정보화·국제화에 대응하고 자율화·다양화를 촉진하면
서 개성과 경쟁을 조장하는 등의 방향을 채택하고 있는 것은 대부분의 국가에서 공통
적으로 발견할 수 있다.

그러나 선진국의 제도를 우리 교육에 도입·채택하려고 시도한 것이 저항과 시행
착오를 일으킨 사례들도 있다. 예컨대 초·중등학교의 월반제·유급제는 우리 문화에
서 쉽게 수용하기 어려웠기 때문에 최근까지 계속해서 유보되어 왔으며 졸업정원제
는 강력한 저항에 부딪혀 중단되고 말았다. 선진국들의 경우 엄격한 학사관리로 대학
입학 후 졸업률이 50~70%에 머물고 있는 데 비해 우리의 경우는 95%를 넘고 있으
며 초·중등학교의 졸업률은 99%에 가까워 입학하면 거의 자동적으로 졸업하는 것으
로 인식되고 있기 때문이다.

국내적인 환경여건의 적합성과 관련하여 문제로 지적되어 온 것은 교육개혁이나

정책이 지역 및 학교들의 특수성을 감안하지 않고 획일적으로 적용되고 있다는 점이다. 90년대 이후 교육자치제 실시와 대학자율화조치로 상당한 개선이 있었지만 교육개혁에 있어 획일성과 경직성은 저항을 유발하는 중요한 요인이 되었다고 하겠다.

2) 정치·사회적 안정성

일단 개혁에 착수하면 그것을 발전시키고 확산시키는 데는 안정적인 환경 여건이 필요하다. 현저한 사회변화로 인해 이미 추진 중인 개혁사업이 중단되는 사례가 흔히 있다. 그러나 사회적인 변혁은 기존의 개혁 사업에 중단을 가져오기도 하지만 새로운 개혁시도를 촉진하기도 한다. 교육개혁의 시행은 중요한 사회변혁뿐만 아니라 사소한 정치적 사건들에 의해서도 지장을 받는다.

우리나라의 경우 18년간이나 집권했던 박정희 정권하에서는 1968~70년 중·고등학교 입시를 폐지한 조치 이외에는 특별히 종합적인 교육개혁을 시도한 바 없었으며 경제개발을 위한 기술인력양성교육에 역점을 두었다. 그 후 제5~6공화국에 와서는 정권창출과정에서 정통성을 확보하지 못한 집권층에서 국민들이 실감하고 있는 불만을 해소하여 지지를 얻고자 하는 돌파구로서 입시제도의 개혁 등 교육정책의 급격한 변화를 시도하였다(김신복, 1993).

8년여에 걸쳐 비교적 장기집권한 전두환정권의 경우에 7·30 교육개혁 이후 1985~1987년간 교육개혁심의회를 설치·운영하였으나 그 기간은 대통령임기의 후반기로서 개혁안을 실행하기에는 부적합한 시기였다. 5년 단임제의 노태우정권에서는 교육정책자문회의가 4년간 활동을 했지만 건의사항 중 독학에 의한 학위인정제, 교육전담방송체제 설립 등 몇 가지를 제외하고는 실현되지 못하였다. 1994년에 출범한 교육개혁위원회의 건의사항은 비교적 강력하게 추진되고 있으며 어느 정도 실현될지는 미지수이다.

정권의 안정성 이외에 경제적·재정적 여건의 안정성도 중요한 조건인데 우리의 경우 수립된 교육개혁안들이 안정적 재원을 확보하지 못하여 실현되지 못한 경험이 여러 번 있었다. 교육예산도 세부항목까지 예산당국과 국회의 사정, 심의를 받아야 하므로 교육행정기관 자체에서 판단한 교육개혁사업들 간의 우선순위에 따라 예산이 배분되는 것도 아니다. 따라서 개혁을 안정성있게 추진하기 위한 재원과 운영상 재량권의 확보가 중요하다고 본다. 교육자치제 실시 이후 지방교육재정은 오히려 운영상 자율성이 높아졌으며 그에 따라 지역단위의 교육개혁사업을 추진할 수 있는 여건은 그만큼 개선되었다고 하겠다.

3) 정치적 전략

결과적으로는 실패로 끝날 교육개혁 방안들이 발표 당시에는 정치적인 성과로 이용되는 경우가 많다. 정책결정자들이 교육개혁을 당장의 정치적 지지를 얻기 위한 수단으로 활용하는 사례가 여기에 해당한다. 그러한 교육개혁이 무리하고 급진적인 줄을 알면서도 역으로 과거 정권이 교육정책에 대해서 무관심하고 무능했다는 것을 반증하기 위해 개혁을 단행하는 경우도 있다. 이처럼 교육개혁을 정치적으로 이용하는 행태의 공통점은 충분한 검토나 재정적 뒷받침도 없이 제도를 변경하거나 교육기회를 확대하여 일반 국민들의 환영을 받으려 하는 기도 등이 대표적이다. 가장 전형적인 예가 1980년 7월 30일에 발표된 교육개혁안이었다. 졸업정원제를 실시하면서 입학인원을 2~3년 사이에 두 배로 늘렸고 강제력을 발동하여 과외공부를 일체 금지하였다. 대학의 교육여건이나 나중에 나타날 대졸실업자 사태 등은 별로 고려함이 없이 당시 학부모들의 인기와 지지를 얻는 데 초점을 두었다고 할 수 있다. 그 후에도 정권이 바뀔 때마다 대학 입시제도 개혁을 시도한 것도 이와 비슷한 정치적인 전략이 크게 작용하였다고 본다. 교육정책자문회의가 건의하여 채택된 독학학사학위수여제, 교육개혁위원회가 추진 중인 신대학 등도 고등교육의 질 유지보다는 누구나 학사학위를 받을 수 있게 문호를 개방한다는 측면을 더 중시한 시책인 것이다. 군사정권하에서의 교육개혁조치들 중에는 본질적으로 타당성이 인정되지만 취지가 정치적 전략을 내포하고 있어 저항을 받아 실패로 끝난 사례들이 있었다. 예컨대 졸업정원제, 학원안정법, 교수재임용제 등이 전형적인 예라 하겠다.

4) 리더십

Firestone & Corbett(1988)는 교육개혁에 관한 광범한 조사를 통해서 개혁에 필요한 리더십의 기능을 네 가지로 요약한 바 있다. 즉, 첫째로 자원을 획득하고, 둘째로 개혁 사업에 대한 외부로부터의 간섭을 배제하며, 셋째로 개혁 사업 종사자들을 격려하며, 넷째로 개혁 사업에 적합한 표준운영절차(Standard Operational Procedure)를 채택하는 기능이다.

여기서 자원 속에는 교육 기자재나 재정뿐 아니라 필요한 교직원 확보, 행정 지원 등이 포함된다. 그리고 외부 간섭의 배제는 개혁 반대 세력으로부터의 공격을 방어하고 정책 추진이나 예산 배정에 있어 개혁 사업의 우선순위를 낮추고자 하는 외부 세력의 기도를 봉쇄하는 일이다. 개혁 종사자들의 격려는 내부적인 보상과 인간관계

차원뿐 아니라 개혁 사업에 대한 외부로부터의 평가와 인식을 높여 종사자들의 위상을 제고하는 일이 포함된다.

마지막으로 기존의 법규나 절차가 개혁 추진에 방해가 되는 경우에는 그것을 조정해야 한다. 더 나아가서 교육체제 운영에 있어 개혁이 지속적으로 일어날 수 있는 제도적 장치와 여건을 조성하는 것이 중요하다.

대통령중심제하에서는 교육개혁에 관해서 가장 중요한 리더십은 대통령에 의해 발휘되어야 한다. 교육개혁에 대한 깊은 관심과 교육문제해결을 위한 의지, 그리고 추진과 실현을 위한 지원확보 등이 기대된다.

제5공화국 이후 역대 대통령들이 위원회형태의 교육개혁기구를 설치·운영하였지만 그러한 역할기대를 충족시켰다고 보기는 어렵다. 위원회의 위상을 존중하고 지원해주는 역할도 미흡했고 건의된 사항을 관계부처에 최우선적으로 실천하도록 지시한 경우도 드물었다(김신복, 1993).

물론 관련부처들의 협조를 위해 1987년에는 지원대책 실무위원회, 1991년에는 교육개혁추진위원회, 현재는 교육개혁실무협력위원회를 산하에 혹은 별도로 두어 운영하기도 했(하)지만 대통령의 의지가 반영되어 실효성있는 지원이 이루어진 것은 아니라고 하겠다.

실제 교육개혁방안의 추진을 담당하는 리더십은 교육(문교)부 장관이 발휘해야 한다. 그러나 5공 이후 교육담당장관의 재임기간은 평균 1년 정도에 불과하였으며 교수(총장)출신이 대부분으로서 정치력이나 재원 확보 능력, 부처내 관료들에 대한 장악력 등이 모두 미흡했다고 보여진다. 또 교육현장에서 개혁을 위한 리더십을 발휘해야 할 대학 총장이나 초·중등 학교장들은 끊임없이 학원 소요와 교원 노조 운동 등으로 인해 리더십이 매우 약화된 상태였다. 대학의 자율화 및 교육자치제 실시 이후에는 대학 총장이나 교육감들이 선거에 의해 임용되기 때문에 중앙정부나 교육부장관의 권한은 상당히 위축되었다고 할 수 있다. 반면에 민주적 행정체제하에서 발휘되어야 할 리더십 스타일은 아직 정착되지 못하고 있는 것 같다.

3. 개혁추진과정

1) 몰입(commitment)의 수준

사람들이 개혁에 몰입하는 수준은 개혁 추진에 바치는 시간과 에너지에 반영된다. 또 반대나 운영상의 애로에 봉착했을 때 그들의 역할에 충실하면서 흔들리지 않는 정도를 말한다.

개혁의 성공을 위해서는 교육행정(운영)의 모든 계층에서 몰입하는 것이 중요하다. 그러나 학교나 국가전체의 교육체제 전반에서 최고관리층 인사들의 강력한 몰입(지원)이 특히 중요하다. 교장이건 장관이건 최고 관리자는 개혁을 실행하는 데 필요로 하는 재화와 서비스를 제공할 수 있도록 권한과 자원을 동원할 수 있기 때문이다. 또한 최고위 행정가들은 하위계층에서 개혁 추진에 협력하는 사람들에게 보상이나 제재를 가할 수 있는 수단을 가진다.

80년대 중반이후 교육개혁작업들은 대통령직속의 위원회가 주관하여 건의안을 작성했다는 점에서 공통점이 있다. 교육문제, 특히 과열된 대학입시 경쟁해소문제는 모든 국민의 관심사이기 때문에 최고 통치자가 해결을 공약하고 구체적 방안을 마련하도록 하여 실천에 옮기려고 하는 것은 당연하다고 볼 수 있다.

그러나 대통령직속의 개혁위원회를 설치한 것은 교육개혁에 대해 그만큼 관심을 갖고 있다는 것을 국민들에게 과시하는데 그친 경우도 없지 않았다. 제5~6공화국에서 대통령들이 과연 얼마만큼 교육개혁에 구체적인 실천의지가 있었는지는 의문이다. 정책이나 투자의 우선순위면에서 교육개혁에 대한 특별한 배려가 없었다는 점에서 특히 그러하다.

종합적인 개혁안 또는 몇 가지 개혁방안들을 건의 받고는 전면적인 채택 및 추진을 지시하고 독려하기보다는 관련부처에서 검토하여 완급을 가려 추진하도록 지시한 경우가 대부분이었다. 결과적으로 예산당국이나 관련부처들의 비협조 내지 우선순위 경시자세로 인해 교육개혁에 필요한 자원을 확보하지 못하여 제대로 추진이 되지 못한 상황이 반복되어 왔던 것이다.

문민정부의 김영삼 대통령 역시 교육개혁에 대해 특별한 전문지식이나 관심을 가졌다고 보기는 어렵다. 그러나 선거공약으로 교육개혁위원회를 설치하여 개혁을 추진하고 교육재정을 GNP 5%까지 확대하겠다고 약속하였는데 비교적 강하게 추진되고 있으며 특히 교육재원 확대는 괄목할만한 진척이 있다고 보여 진다.

2) 참 여

흔히 국가적인 교육개혁은 하향식(top-down) 접근방법으로 이루어져 왔다. 중앙교육부처가 연구개발센터나 전문분야 교수들의 도움을 받아 개혁안을 작성하여 지방 교육청 및 학교에 시달하는 방식이었다. 학교장이나 교원들은 세부적인 실천계획을 일방적으로 전달받을 뿐 참여 기회가 거의 없었다. 그러나 개혁에 관한 많은 연구

결과에서 나타나듯이 교직원을 포함한 교육현장의 인사들이 개혁방안 작성의 초기 단계에 참여할수록 개혁 추진의 성공 가능성이 높아진다. 개혁방안의 현장 적합성을 높여줄 뿐 아니라 교원들이 개혁의 취지를 이해하고 동참하는 데 기여하기 때문이다. 또 개혁안 작성과정에서 광범한 참여가 이루어질수록 반대 세력의 목소리를 낮추고 예기치 못한 결과를 수용하는 데도 도움이 된다(Berman & McLaughlin, 1975).

이와 관련하여 중요한 것은 개혁추진체제 내지 행정체제를 분권화하는 일이다. 교육개혁안을 작성하고 추진함에 있어 교육현장에 가까운 곳에서 의사결정이 이루어질수록 타당성이 높아지고 지지를 받을 가능성이 높아지기 때문이다. 또한 권한을 하부로 이양할수록 행정의 효율성이 높아지고 책무성이 강화될 것으로 기대할 수 있다.

지난 10여 년 동안 위원회 중심의 교육개혁작업에서 교육 수요자인 학생과 학부모들의 참여는 물론 교육 활동의 주체인 교원들의 참여도 매우 제한적이었다. 우선 위원회 및 실무진 구성에 있어 초·중등교원대표가 1~2명씩에 불과하였으며 교육현장으로부터 문제 제기와 방안 제시 채널이 활성화되어 있지 못하였다.

1995년 11월에 한국교총에서 실시한 교원 대상의 설문조사에서도 교육개혁방안 수립과정에서 학교현장과 교원들의 의견을 수렴하는 노력이 별로 없었던 것으로 대부분 인식하고 있었다. 즉, "의견 수렴 노력이 별로 없었다" 54.9%, "상당한 정도 있었다" 18.5%, "잘 모르겠다" 15.4%로 나타났다(한국교총, 1996 미공개자료).

결과적으로 몇 번에 걸친 교육개혁종합방안들은 교육현장의 필요와 여건에 부합하지 못하고 그 취지와 방법들이 제대로 인식되지 못하여 실천으로 연결되지 못하고 있는 것이다. 1991년 12월에 교육개혁추진위원회에서 교원들을 대상으로 실시한 설문조사에서도 교육개혁안의 내용이 합당한 편이라고 평가한 사람은 12.1%에 불과한 반면 "부적절한 편이다" 33.2%, "아주 부적절하다" 10.9%, "그저 그렇다" 43.9%로 나타났다. 또 교육개혁이 학교현장에서 실천되고 있는 정도에 대해서도 "실천되고 있다" 20.7%, "별로 안되고 있다" 38.1%, "전혀 안되고 있다" 6.7%로 반응하고 있었다 (교육개혁추진위원회, 1991).

물론 실천이 부진한 이유가 교원의 참여 부족만은 아니겠지만 교육현장에서 개혁을 주도해야 할 교원들이 개혁안 작성과정에서 소외되어 이해가 부족하고 방관적이라면 실천의 가장 큰 저해요인이 될 수밖에 없는 것이다.

3) 실천인력의 확보

교육개혁방안 중에는 교육과정(curriculum)의 개정, 새로운 교육 매체(media)의 도입, 직업기술체제의 개편 등 전문적인 지식과 기술을 가진 인력이 대량으로 필요한 경우가 있다. 그렇지 않더라도 교육 내용과 방법의 쇄신에는 새로운 지식과 기술을 필요로 하며 제도의 개혁을 위해서는 그에 걸맞는 새로운 자질과 가치관을 가져야 한다.

교육개혁을 추진하면서 전문적인 인력을 확보하는 방안은 두 가지 대안이 있을 수 있다. 첫째는 이미 그러한 지식·기술을 보유한 인력을 추가로 충원하는 방안이며, 둘째는 기존의 교직원과 행정인력을 재훈련시켜 활용하는 방안이다.

교육개혁의 주체가 될 교원들에게 필요한 지식과 기술을 습득케 하는 것은 개혁의 성패를 가늠하는 과제라 하겠다. 그러한 자질과 가치관을 가진 교원들은 신규로 충원하는 것이 가장 바람직하며 여기에는 교원양성체제의 쇄신이 선행되지 않으면 안된다. 그러나 신규채용 인원에는 한계가 있으므로 현직 교원들을 재교육시키는 것이 중요하며 개혁 프로그램에 대한 이해와 추진 방법의 습득도 연수과정에 포함되어야 한다.

우리나라의 교육개혁은 대부분 하향식(top-down)으로 추진되었다. 대통령직속의 위원회에서 건의된 사항들 중에서 현실적으로 수용가능한 것들을 문교(교육)부에서 채택하여 교육청이나 대학에 시달하는 방식이었다. 그 과정에서 각 지역별로 교육개혁안에 관한 설명회를 개최하거나 학교별로 이른바 전달교육을 실시하기도 하였다. 그러나 교원양성기관의 교육과정에 반영하거나 체계적으로 모든 교원들에게 교육개혁의 취지와 내용, 방법을 장기간에 걸쳐 재교육하는 노력은 매우 미흡하였다. 따라서 중앙에서 작성한 교육개혁안들이 교육현장의 변화로 연결되지 못하고 구호에 그친 경우가 많았다. 예컨대 사고력과 창의력을 기르기 위한 탐구중심의 교육은 교육개혁방안마다 강조되었지만 구체적인 내용과 방법을 전체 교원들에게 습득시켜주지 못하였고 그러한 능력을 가진 교원들을 양성·배출하고자 하는 노력도 부족했다. 물론 여기에는 암기력 위주의 대학입시제도나 학급당 학생수의 과다 등 다른 요인들도 작용한 것이 사실이다.

이러한 현상은 우리나라뿐 아니라 미국의 교육개혁추진에 있어서도 유사하게 나타나고 있다. 예컨대 과학과 수학 분야의 학력을 높이기 위해 교육과정과 교과서를 개정하고 학습기자재를 확충하는 데 많은 지원을 하였지만 학교 그 자체는 거의 변화가 없었다는 지적을 받고 있다. 교육개혁을 위한 제도적인 지원을 아끼지 않았던 주지사들도 교육정책은 변했지만 교사들을 비롯한 학교구성원들의 행태에는 거의 변화가 없다는 사실을 인식한 것이다(National Governors Association, 1987).

V. 교육개혁추진상의 저항요인과 집단

앞에서 살펴본 영향요인들은 개혁에 대한 저항과 밀접한 관련이 있다. 여기서 저항 (resistance)은 개혁에 반대하거나 개혁의 실현을 저해하는 행동이나 태도를 말한다. 따라서 개혁의 성패에 영향을 미치는 요인들은 개혁을 저해하는 요소들을 포함하며 그것이 관련집단의 행태로 연결될 때 저항으로 나타나는 것이다.

저항의 행태는 여러 가지로 표출될 수 있다. 첫째는 적극적인 적대행동으로서 개혁활동을 방해하거나 반대시위를 하는 등 개혁을 저지하는 행동을 보이는 경우이다. 둘째는 소극적인 반대표시로서 성명서에 서명하거나 반대의견을 표명하는 형태이다. 셋째는 공개적인 반대행동은 보이지 않고 개혁에 무관심하거나 비협조적인 경우이다. 이처럼 다양한 형태의 저항은 정도의 차이는 있겠지만 개혁의 추진을 저해하고 심한 경우에는 중단 또는 실패를 유발한다. 그러나 어떤 경우에는 원래의 잘못된 개혁시도를 수정·중지시킴으로써 순기능을 하기도 한다.

1. 개혁내용상의 저항요인

개혁내용 측면에서 성패에 영향을 미치는 요인은 앞에서 지적한 바와 같이 규모와 복잡성, 명료성(구체성)과 확정성, 비용과 효과, 합치성 등을 들 수 있다. 우리 교육개혁과 관련하여 저항요인을 추출해보면 다음과 같다.

① 규모와 복잡성: 세 차례의 대통령직속 위원회에서 제시한 교육개혁안들은 방대하고 종합적인 성격의 것이었다. 따라서 안정을 선호하고 개혁이 가져올 미지의 상황에 불안을 느끼는 국민들이나 교원들의 경우 심리적으로 저항감을 갖게 된다. 학제개편은 물론 입시제도나 교원양성 및 인사제도의 개편 등은 교원들로 하여금 새로운 상황에 재적응하고 재교육을 받아야 하는 부담을 안게 되는 만큼 기본적으로 저항을 느끼는 사람들이 많을 수밖에 없다. 특히 학부모들의 경우는 조령모개식으로 변경되는 대학입시를 비롯한 교육제도에 대해 상당한 불만을 갖고 있는 터이므로 대폭적인 교육개혁안이 발표될 때마다 비판적인 반응을 보였다. 그러나 과열된 입시의 부작용이 너무 심하기 때문에 무언가 개혁이 있어야 한다고 느끼는 학부모들은 기대를 가지고 수용하는 계층도 있었다.

② 내용의 구체성과 확정성: 세 차례의 개혁안이 지나치게 구체적이고 확정적인 내용을 중앙으로부터 일방적이고 하향적인 방식으로 제시되는 형태여서 지방

교육행정기관이나 대학, 그리고 일선교원들이 소외감을 느끼고 무관심과 비협조적인 태도를 보였다. 특히 교원들의 참여기회가 부족하여 개혁안에 대한 이해가 부족했을 뿐 아니라 개혁안들의 현실 적합성과 실천 가능성에 회의적인 사람들도 많았다.

③ 비용과 효과: 대부분의 교육개혁방안들이 비용과 효과를 정밀하게 산출하여 설득력있게 제시하지 못하였다. 특히 교육여건개선 부분은 매우 의욕적이고 이상적인 개선목표를 설정하여 재정요소가 방대한 규모에 달하였음에도 불구하고 당위성만 강조했을 뿐 그것이 가져올 효과와 투자배분면에서 상대적인 시급성을 제시하지 못하였다고 본다. 따라서 예산당국자나 정책결정자들이 교육개혁에 우선적으로 재원을 배분해야 한다는 데 대해 동의하지 않고 오히려 비판적인 사람들이 적지 않았던 것이다.

비용 측면에서는 세부적인 방안별로 소요예산을 산출하여 첨부하였지만 기존체제에 이미 투입된 이른바 매몰비용(sunk cost)에 대한 고려와 비경제적인 측면의 비용에 대한 고려는 소홀하였다. 특히 특정의 개혁방안이 누구에게 부담을 주고 어떤 집단이나 계층에게 더 큰 혜택을 주는지에 관한 사회적 형평성(social equity)의 고려가 부족했다고 본다. 이러한 문제점은 곧 교육의 기회균등과 분배의 형평성을 중요시하는 진보적인 교사 및 학생집단으로부터 교육개혁의 기본이념과 방향에 관한 비판을 야기시켰다.

④ 합치성: 기존의 교육체제와 개혁방안들이 자본주의 사회경제구조를 강화시키고 불평등을 조장한다는 비판은 지속적으로 제기되어 왔다(Apple, 1978). 미국의 경우에 교육의 수월성(excellence)을 높이기 위해 개인 및 학교 간의 경쟁을 조장하는 방향으로 교육개혁을 추진하는 것은 기존 지배계층위주의 신우파(the New Right)적인 사고를 반영한 것이라는 비판을 면치 못하고 있다(Cooper, 1988). 우리의 경우에도 전국교원노조에서 기존 교육체제 및 80년대 후반의 교육개혁안에 대해 비슷한 맥락에서 공개적인 비판과 저항을 보여왔으며 그 대안으로 "참교육"을 제시한 것은 주지하는 바와 같다.

관료집단 및 교육공급자측의 이익과 상충되기 때문에 반발과 저항을 받은 개혁방안들도 있었다. 교육행정기관의 주요직위에 교원 보임을 확대하는 방안은 정부조직법이 개정되었음에도 불구하고 일반행정직들의 보이지 않는 저항 때문에 큰 진척이 없는 상태이다. 국민학교(초등학교) 취학연령을 5세로 인하하는 방안은 교육개혁심의회에서 1987년에 건의한 바 있으나 유치원 운영자

집단의 반발로 아직 실현되지 않고 있다. 기업체에 4년제 산업기술대학을 설립하는 방안 역시 전문대학협의회측의 강력한 반발로 저지되었다.

2. 추진체제 및 여건상의 저항요인

개혁추진체제와 여건 측면에서 교육개혁의 성패에 영향을 미치는 요인은 앞에서 살펴본 바와 같이 정치·사회적 안정성과 환경여건에의 적합성, 리더십 등이다. 우리 교육개혁에서도 이와 유사한 요인들에 의해서 저항을 받은 경험을 갖고 있다.

① 정치·사회적 갈등: 제5~6공화국은 정권 자체의 정통성이 약했기 때문에 그 기간 동안에 정부(위원회 포함)가 작성, 발표한 교육개혁안들은 내용에 상관없이 부정적으로 보는 경향이 있었다. 특히 대학의 자율성과 교수·학생의 자유를 제약하는 개혁안들은 일면 타당성이 인정됨에도 불구하고 그 저의를 의심받아 강한 저항에 직면하곤 하였다.

교육개혁심의회와 교육정책자문회의 구성원들이 대부분 엘리트 지배계층 위주로 구성되었기 때문에, 수립된 교육개혁안들도 그러한 이념과 성향을 반영하고 있다는 비판도 제기되었다. 이는 80년대 초 미국교육개혁보고서를 작성·발표했던 국가교육수월성위원회(National Commission on Excellence in Education)가 지나치게 백인 엘리트 지배계층으로 구성되어 경쟁과 선택을 조장하는 개혁방안을 제시했다는 비난을 받았던 것과 유사하다고 하겠다(Cooper, 1988).

② 관료제의 경직성: 대통령직속의 자문위원회가 작성·건의한 교육개혁안은 이상적이고 당위적인 방안들을 많이 포함하고 있었던 것이 사실이다. 그러한 방안들은 문교(교육)부를 비롯한 관계부처에서 구체화되고 실현가능한 형태로 보완되어 실천에 옮겨지기를 기대하였다. 그러나 관료들의 타성과 경직성, 그리고 보수적인 자세들로 인해 적극적으로 실천방안을 모색하기보다는 형식적인 검토에 그친 경우가 많았다. 범부처적인 협력을 위해 구성된 교육개혁추진위원회나 실무위원회에서도 자기부처의 이익에 반하거나 권한을 침해하는 사항들에 대해서는 별로 협조가 이루어지지 못하였다.

③ 문화 및 여건의 부적합: 교육개혁안 중에는 외국의 제도를 도입하고자 시도한 방안들의 경우 문화나 여건이 상이한 데에서 오는 저항을 벗어나지 못한 사례도 있었다. 예컨대 독일의 직업교육체제나 영국의 직업전문대학(Polytechnic)을 모방한 「2+1」체제의 공고와 개방대학이 우리 문화와 여건 속에서는 제대

로 정착되지 못하고 있다. 또 미국의 대학평가인정제도나 교원보수의 실적반
영제도 역시 우리 풍토에서는 엄정하게 이루어지지 못하고 있는 상태이다. 무
엇보다도 제5공화국 시절의 교육개혁심의회는 일본의 임시교육심의회를 그대
로 본따서 출범시킨 기구이지만 실제 교육개혁추진실적을 비교해보면 현저한
차이가 있다.

④ **재정 및 자원부족**: 우리나라에서 종합적인 교육개혁방안들이 제대로 실현되
지 못한 가장 큰 요인은 재원의 뒷받침이 안되었기 때문이었다고 하겠다. 필
요한 교원(인력)과 교육시설의 확보가 부진했던 것도 큰 제약요건이었으며 재
정문제와 밀접히 연결된다. 제한된 국가재원 속에서 교육재정을 확충하는 데
는 타 부문과 경쟁적 관계에 있기 때문에 다른 부처 및 예산당국으로부터 상
당한 저항을 받을 수밖에 없다. 김영삼 정권 출범 이후 교육재정 GNP 5%의
개념을 둘러싸고 경제기획원(재정경제원)에서는 공납금을 포함한 공교육비 개
념으로 해석하면서 정부부담을 축소하려고 한 것도 그러한 저항의 일환이라
고 볼 수 있을 것이다. 또 교육에 대한 지방자치단체의 재정지원 확대조항에
대해서 내무부와 시·도에서 반발한 것도 같은 맥락에서라 하겠다.

3. 추진과정상의 저항집단

교육개혁추진과정에서 저항을 보일 수 있는 집단은 다양하다. 앞에서 지적한 바
와 같이 이념적 지향성이 다른 국민들이나 보수적 관료집단도 잠재적인 저항가능집
단이라 할 수 있다. 그러나 교육개혁과 직접 관련되는 집단들 중에서 저항이 야기될
때 지대한 영향을 미치게 된다.

① **교직원**: 교육현장에서 교육개혁을 실천하는데 핵심이 되어야 할 주체가 교원
과 실무행정직원들이다. 그런데 90년대에 실시한 설문조사 결과에 의하면 교
원들은 발표된 교육개혁의 타당성에 대해 회의적이며 실천도 잘 안되고 있다
는 반응을 나타낸 바 있다. 일선교육행정기관이나 학교에 근무하는 일반행정
직원들의 시각도 비슷할 것으로 유추된다.

교육개혁에 대한 교원들의 저항은 일반적으로 냉소주의, 무관심 등으로 나타
나고 지시나 지침이 시달되더라도 형식적으로 이행하는데 그치는 소극적 협
조자세로 연결되었다. 그러나 1995년 초 한국교원단체총연합회가 앞장서서
졸속적인 교육개혁 조치를 중단하라는 서명운동을 벌인 것처럼 적극적인 반

대에 나서기도 하였다. 또 교원의 신분 및 처우와 관련된 사항들에 대해서는 교장협의회, 초등교사협의회 등의 단체에서 공개적인 비판을 제기하거나 성명을 발표하기도 하였다. 교원들이 이처럼 저항을 보이는 이유는 다양하다. 우선 개혁안 수립과정에서 의견수렴 등 참여기회가 없었던 데 대한 서운함, 개혁안의 취지와 내용에 대한 이해부족, 일방적 하향식 추진절차와 방식에 대한 반발심리 등이 작용하였다고 본다. 다음으로는 새로 변경되는 교육제도와 내용 및 방법에 적응해야 하는 부담과 그로 인한 업무량 증가 등을 우려하는 무사안일한 태도에서 비롯된 저항도 내포되었을 것이다.

이번 교육개혁위원회가 제안한 주요개혁방안 중에서도 교원들은 자신들과 관련되는 사항들에 대해서는 상당한 저항을 보이고 있다. 1995년 11월말 한국교총이 교원 1,800명을 대상으로 실시한 설문조사 결과에 의하면 <표 1>에서 보는 바와 같이 학교운영위원회구성·운영, 교원보수에 실적을 반영하여 차등지급하는 방안에 대해서 반대가 심하고 교장·교사 초빙제에 대해서도 반대가 많은 편이다. 그러나 대학입시제도 개선에 관해서는 찬성이 훨씬 많은 것으로 나타나고 있다.

표 1 최근 교육개혁방안에 대한 교원들의 의견분포

(단위: %)

	적극 찬성	다소찬성	보 통	다소 반대	적극 반대
학교운영위원회 구성	1.1	26.0	18.5	3.1	51.3
교 장 초 빙 제	12.5	22.4	26.9	20.0	18.2
교 사 초 빙 제	12.3	23.7	26.0	19.9	18.1
실적반영 교원보수제	18.5	36.6	26.3	13.1	25.8
종합생활기록부 도입	51.8	25.8	13.4	5.9	3.1
대입 본고사 폐지	11.4	22.2	23.5	20.5	22.4

자료: 한국교원단체총연합회, 교육개혁방안에 관한 교원인식조사, pp. 63~91. 1996. 1.

② 학부모와 학생: 교육수요자인 학부모와 학생들은 자신들과 직접 관련된 입시제도 개혁 등의 조치에 대해서는 민감한 반응을 보였다. 기본적으로 잦은 변경에 대해 거부감을 나타냄과 아울러 구체적인 사안에 대해서는 이해관계에 따라 다른 반응을 보였으며 이는 부정기적으로 실시된 설문조사에서 잘 나타나고 있다. 과거 교육개혁안 작성과정에서는 학부모와 학생대표들의 참여기

회가 전혀 없었음은 물론 교육수요자의 시각에서 문제를 접근하고 개선안을 마련하려는 자세도 별로 없었다고 하겠다. 그런 점에서 이번 교육개혁위원회가 교육수요자 중심의 개혁을 강조하고 있는 것은 바람직한 방향이라고 본다 (교육개혁심의회, 1995).

③ **교육관련 이익집단**: 교육정책과 관련된 이익집단으로는 대학교육협의회, 전문대학교육협의회, 대학법인협의회, 사립중고등학교교장회, 학원연합회 등이 활발한 활동을 하고 있고 교과서 및 부교재 출판업자들의 협의체도 상당한 활동을 하고 있다. 이들 단체들은 교육개혁안 중 자신들에게 불리한 사항들에 대해서 성명서를 발표하거나 세미나 형식의 비판집회를 갖는 등 반대의견을 표명하고 입법과정에 로비(lobby) 활동을 벌이기도 하였다. 저항의 대상이 되었던 개혁안들 중에는 사학의 자율성 확대를 위한 이사회 규제조치, 4년제 산업기술대학설립, 학원의 대외시장개방, 교장임기제실시 등이 포함되어 있었다.

VI. 교육개혁의 실현 및 저항극복전략

교육개혁의 성패에는 여러 가지 요인들이 작용하며 실현을 저해하는 가장 중요한 요인은 다양한 형태의 저항이라고 할 수 있다. 그러한 저항을 극복하고 교육개혁을 실현시키려면 저항을 가져온 원인을 해소하는 전략을 대상 집단별로 적절히 활용할 필요가 있다.

첫째로 개혁방안 자체의 타당성과 합리성을 확보해야 한다. 당면 교육문제를 해소하면서 미래 사회에 대비하는 개혁안이 작성되어야 하며, 교육발전에 기여할 뿐 아니라 교육현장의 필요를 반영하면서 실현 가능성도 확실해야 한다. 특히 계층 간에 교육기회를 균등하게 제공하고 부담 및 혜택이 골고루 미치는 개혁방안이 마련되어야 할 것이다. 이러한 개혁방안을 마련하기 위해서는 충분히 시간을 가지고 전문적인 분석·검토를 거쳐야 함은 물론, 교원과 관련집단의 의견을 충분히 수렴하고 현장 적용 가능성을 시험·평가하는 과정을 거치지 않으면 안된다.

둘째로 Etzioni가 제시한 절충탐색형(the mixed scanning)전략과 상향적(bottom-up) 의사결정방식을 결합한 개혁추진 방식이 바람직하다. 즉, 기본적인 개혁방향과 개혁안의 골자는 확정을 하더라도 구체적 시행내용과 방법은 상황변화와 새로운 정보를 토대로 수정해나가면서 교육현장으로부터의 의견과 아이디어가 아래로부터 위로 전달되어 합쳐지는 방식으로 추진되어야 한다는 것이다. 교육개혁의 경우는 하향식 개혁이나 강제력에 의한 추진방식은 저항에 직면하기 쉬우며 교육현장이 변하지 않고서는 개혁의 성공적인 실현이 있을 수 없기 때문이다.

셋째로 의사결정 및 집행과정에 교원들의 참여기회를 확대하고 관련집단에 대한 홍보 및 설득 활동을 강화해야 한다. 앞에서도 누차 지적한 바 있거니와 교원들의 참여확대는 아무리 강조해도 지나치지 않는다. 그리고 직원들은 물론 관련집단과 교육 수요자들에게 교육개혁안의 취지와 내용, 그것이 가져올 효과와 문제점에 대한 대비책 등을 정확히 이해시키고 협력을 구하는 노력이 있어야 한다. 특히 관료들을 비롯한 타 분야의 여론 지도자들에게 교육개혁안의 비용과 효과, 투자우선순위를 높여야 할 근거 등을 설득력있게 제시하여 저항을 최소화해야 할 것이다.

넷째로 우리의 문화와 조직풍토에 적합한 교육개혁방안을 채택하여 여건에 따라 다양하고 신축성있게 적용하도록 해야 한다. 외국의 교육제도를 충분한 검토도 없이 직수입하거나 우리 여건을 고려하지 않고 이상적인 제도를 채택하는 방식은 지양해야 할 것이다. 또 지역 간 차이와 학교 간의 차이들을 감안하여 적절하게 변형될 수 있어야 하며 전국적으로 획일적인 제도나 시책을 강요하여 불필요한 저항을 유발하고 성과도 거두지 못하는 일이 없어야 한다.

마지막으로 교육개혁추진주체의 정통성과 권위가 확립되어야 한다. 높게는 대통령을 비롯한 정권 자체의 정통성이 확보되어야 함은 물론, 최고자문기구인 위원회의 구성에 있어서도 특정 계층이나 집단에 치우치지 않고 전문성을 인정받을 수 있는 인사들이어야 한다. 이는 교육행정기관이나 각급 학교에서 교육개혁을 선도하는 간부들이나 담당요원들의 경우에도 마찬가지이다. 추진주체들의 낮은 신망이 교육개혁 그 자체에 대한 저항으로 나타나는 것을 방지하기 위해서도 그들의 신뢰성과 자질을 높이는 것은 기본적인 과제라 하겠다.

참고문헌

교육개혁심의회. (1987). 「교육개혁종합구상」. 교육개혁심의회 최종보고서. 1987. 12.

_____. (1986). 「제1차 교육개혁종합보고서」. 1986. 10.

_____. (1995). 교육개혁방안 참고설명자료. 1995. 5.

_____. (1992). 신 교육체제 수립을 위한 교육개혁방안. 1995. 5. 31.

교육개혁추진위원회 전문위원단. (1992). 「교육개혁추진의 과제와 전략에 관한 종합연구」.

1992. 11.

교육정책자문회의. (1991).「교육발전의 기본구상」. 교육정책자문회의. 1991.

_____. (1989).「기본운영계획」. 1989.

김신복. (1990). "80년대 미국 교육개혁의 평가".「행정논총」, 제28권 제2호. 서울대 행정대학원. pp. 152~168.

_____. (1993). "문민정부와 교육정책. 문민정부와 정치개혁". 한국정치학회 학술대회보고서. 12.

김영평·최병선. (1993).「행정개혁의 신화와 논리: 점진적 개혁의 지혜」. 서울: 나남.

오석홍. (1975).「행정개혁론」. 서울: 박영사.

최정웅. (1975).「비교교육발전론」. 서울: 교육과학사.

한국교원단체총연합회. (1996). "교육개혁방안에 관한 교원인식조사".「정책자료」, 제59집. 1996. 1.

Apple, Michael W. (1978). Ideology, Reproduction and Educational Reform, *Comparative Education Review* 23, pp. 367~387.

Berman, P. & Mclaughlin, M. W. (1975). *Federal Programs Supporting Educational Change,* Rand, Santa Monica: California.

Cooper, Bruce S. (1988). School Reform In the 1980s: The New Right Legacy, *Educational Administration Quarterly,* vol.24, No.3, pp. 282~298.

Downs, G. W. & Mohr, L. B. (1976). Conceptual Issues in the Study of Innovation, *Administration Science Quarterly* Vol.21, pp. 700~714.

Firestone, W. A. & Corbett, H. D. (1988). Planned Organizational Change, N. J. Boyan(ed.), *Handbook of Research on Education Administration,* Longman: N.Y.

Havelock, Ronald G. (1973). *The Change Agent's Guide to Innovation in Education,* Englewood Cliffs: N. J. Educational Technology Publication.

Huberman, A. M. & Mile, M. B. (1998). *Innovation Up Close: How School Improvement Works,* Plenum: N.Y.

Pincus, John. (1974). Incentives for Innovation in the Public Schools, *Review of Educational Research,* Vol.44, No.1(Winter). pp. 113~143.

National Governors Association, (1987). *Results in Education: 1987,* Washington

D.C.: Author.

Thomas, R. M. (1994). Implementation of Education Reform, T. Husen(ed.), *The International Encyclopedia of Education,* Elsevier Science Ltd.: N.Y., pp. 1852 ~1857.

Weilner, Hans N. (1982). The Politics of Educational Reform, Richard L. Merritt(ed.), *Handbook for the Comparative Study of Innovation.*

▶ ▶ ▶ **논평**

이근주(이화여자대학교 행정학과 교수)

김신복 교수님은 교육행정의 이론과 실무를 겸비한 우리나라 최고의 교육정책 전문가이다. 행정학자로서 평생을 교육정책 연구와 교육에 헌신함과 동시에 교육부 차관 등 교육행정 현장에서 이론을 실현하였다. 1996년 논문에서는 이론과 현장의 경험을 접목하여 교육개혁의 성공조건에 대하여 논하고 있다. 1980년대 교육개혁 사례를 다룬 논문이지만 행정개혁 전반에 적용될 수 있는 개혁에 대한 통찰력을 제공하고 있다. 특히, 개혁의 추진이 정치적으로 왜곡되어서는 안된다는 점, 개혁과정에서 참여의 중요성 그리고 개혁의 피로감과 불확실성 관리의 중요성 등 시대를 초월한 성공적인 개혁추진의 조건을 제시하고 있다는 점에서 실무자들은 물론 연구자들 모두에게 의미있는 메시지를 전달하고 있는 논문이다.

1. 1980년대: 교육개혁의 시대

1996년 행정논총에 게재된 김신복 교수님의 논문 "교육개혁추진상의 영향요인과 저항"은 1980년대 중반부터 1990년대 중반까지 10년에 걸쳐 추진된 교육개혁의 내용, 추진 조직 및 과정에 대한 분석적 평가를 통하여 개혁의 성공조건, 특히 저항 극복방안을 논의하고 있다.

1980년대 초반부터 1990년대 중반까지는 정치적으로 5공화국, 6공화국 그리고 김영삼 대통령 문민정부의 시기로 모든 정권이 정치적 정당성의 확보를 위하여 교육개혁을 핵심적인 수단으로 삼고 있었다. 사실 5공화국 이전의 교육정책은 단편적인 개선이 있었을 뿐이었으며 종합적이고 체계적인 교육개혁추진 노력은 존재하지 않았다. 1980년대 들어서면서 대통령 직속으로 교육정책을 다루는 조직을 설치한 것은 교육개혁을 핵심적인 정책의제로 삼았다는 것을 의미한다. 군사독재가 종식된 이후 등장한 정권이 이전과의 차별성을 갖고 국민으로부터 정치적 정당성을 확보하기 위한 지지를 얻기 위해서 국민의 가장 큰 관심사인 교육 문제를 대통령의 핵심의제로 선정한 것은 어쩌면 당연한 선택이었다.

물론 단순히 정권의 안정화를 위하여 교육개혁이 핵심 정책과제로 선정된 것은 아니다. 1980년대는 세계적으로도 교육개혁이 유행처럼 번지던 시점이었다. 정보화, 세계화 등 사회적 환경의 급격한 변화는 경제활동의 기본 조건의 변화를 가져와 과거와 같은 방식으로 인재를 육성하는 것이 더 이상 유효하지 않다는 판단하에 각국에서는 미래 인재를 육성하기 위한 교육개혁을 경쟁적으로 추진하고 있었다. 우리나라도 세계 경쟁에서 뒤처지지 않기 위해서는 1947년 교육법 제정 이후 큰 변화없이 유지되어온 교육정책을 근본적으로 검토할 필요성이 있었다.

2. 개혁 성공의 열쇠: 리더십 vs. 또다른 조건?

논문은 이러한 시대적 소명을 바탕으로 추진된 80년대 교육개혁추진 과정에 대한 면밀한 분석을 바탕으로 개혁 성공의 열쇠를 찾는 노력을 하고 있다.

행정학에서 리더십의 지속적인 관심과 지지는 정책이나 개혁의 원활한 추진과 성공에 있어 가장 중요한 영향요인으로 평가받고 있다. 따라서 교육개혁의 문제가 대통령 직할 조직에서 다루게 되었다는 것은 교육혁신이 대통령의 직접적이고 지속적인 관심하에 추진될 수 있는 제도적인 여건을 갖춘 것을 의미한다. 개혁 성공을 위한 가장 중요한 전제조건이 충족되었지만 교육개혁의 추진과정과 성과는 성공이라고 평가받기에는 한계가 있었다.

첫 번째는 대통령 직할 조직에서 교육개혁을 추진하였지만 실제 리더십은 대통령이 아니라 교육(문교)부 장관이 발휘해야 했다는 점이다. 대통령 의제로 관리되었으나 실제 추진은 교육(문교)부에서 담당하고 있어 장관이 실질적으로 리더십을 발휘해야 했다. 하지만 당시 장관은 평균 재임기간이 1년 정도에 불과하여 지속적이고 안정적으로 리더십을 발휘하는 데 한계가 있었다. 또한 대통령의 교육개혁에 대한 몰입 수준도 높지 않았다. 형식적으로는 대통령 직속 위원회에서 교육개혁이 추진되었으나 위원회의 실제 활동은 대통령의 지지와 관심 밖에서 이루어졌으며 대통령은 충분한 수준으로 교육개혁에 몰입하지 않았다. 이는 대통령 직속 위원회의 설치가 대통령의 진짜 정책의지를 반영하는 것이 아니었기 때문이다. 대통령 직속위원회의 설치가 정치적 '쇼'에 불과하여 실질적인 리더십의 발휘가 이루어지지 않았다.

> "결과적으로는 실패로 끝날 교육개혁 방안들이 발표 당시에는 정치적인 성과로 이용되는 경우가 많다. 정책결정자들이 교육개혁을 당장의 정치적 지지를 얻기 위한 수단으로 활용하는 사례가 여기에 해당한다."

두 번째는 개혁 성공을 위한 개혁의 대상이나 주요 이해관계집단의 소외문제이다. 위원회의 구성이 엘리트집단 중심으로 이루어져 교원 등 주요 이해관계자의 현장 목소리가 반영될 수 없었다. 특히 교원의 소외감은 교육혁신에 대한 저항으로 연결되어 혁신의 성공적 추진에 매우 부정적으로 작용하였다.

> "개혁안이 … 중앙으로부터 일방적이고 하향적인 방식으로 제시되는 형태여서 지방교육행정기관이나 대학, 그리고 일선 교원들이 소외감을 느끼고 무관심과 비협조적인 태도를 보였다. 특히 교원들의 참여기회가 부족하여…"

개혁은 국민들에게 밝은 미래를 보여줄 수 있어야 한다. 개혁이 더 나은 미래를 보여주기보다는 불확실성과 불안감을 주게 된다면 개혁은 성공적이 될 수 없다.

> "…개혁이 가져올 미지의 상황에 불안을 느끼는 국민들이나 교원들의 경우 심리적으로 저항감을 갖게 된다."

3. 잘 준비된 개혁만이 성공한다

논문의 제목은 비록 저항극복방안이지만 논문의 핵심 메시지는 성공적인 개혁을 위한 전제조건의 제기이다. 그리고 1996년도 논문에서 언급되고 있는 조건들은 아직까지도 유효하다. 2000년 이후에는 정부는 용어만 다를 뿐 내용적으로는 전 정부적인 개혁 노력을 지속적으로 추진하고 있다. 김대중 정부의 개혁, 노무현 대통령 시절의 정부혁신, 이명박 정부의 선진화, 박근혜 정부의 '정상화'와 '정부 3.0' 등은 모두 비합리적으로 비효율적인 구태를 벗고 더 나은 모습의 정부가 되기 위한 개혁노력이다. 그동안의 개혁을 평가해보면 1996년 논문에서 언급한 성공조건들의 중요성을 다시금 느낄 수 있을 것이다. 1996년 논문이 발표된 지 20년이 되었지만 아직도 논문에서 다루고 있는 주요 분석과 처방의 날카로움은 현재까지 관통하고 있다.

복지시설 민간위탁과정에 대한 평가: 서울시 청소년시설 위탁운영기관 선정 사례

논문 | 정윤수

    Ⅰ. 문제제기

    Ⅱ. 관련 문헌 검토

    Ⅲ. 민간위탁과정에 대한 평가
       분석틀

    Ⅳ. 서울시 청소년시설 위탁운영
       기관 선정에 대한 분석

    Ⅴ. 위탁운영기관 선정에 주는
       시사점

    Ⅵ. 맺음말

논평 | 허만형

복지시설 민간위탁과정에 대한 평가: 서울시 청소년시설 위탁운영기관 선정 사례*

정윤수(명지대학교 행정학과 교수)

✒ 프롤로그 ✒

우리 정부는 1987년 민주적 국정운영이 시작된 이래 국정의 책임있는 운영과 행정혁신을 위해 많은 노력을 기울여 왔다. 정권이 바뀔 때마다 정부조직 개편을 해왔으며, 다양한 형태의 새로운 제도를 도입해왔다. 본 논문의 주제인 민간위탁도 이러한 개혁의 일환으로 추진된 것이며, 민간부문의 활력과 전문성을 공공부문에 접목시키기 위한 노력이었다.

지난 28년간의 노력과 시행착오를 통해 정부의 많은 제도가 체계적으로 정착되고 실질적인 성과도 거두었다. 최근에는 우리 행정시스템을 수입하고 자문을 구하는 외국국가들도 생겨났다. 하지만 일각에서는 제도적 모습만 갖추었을 뿐 제도가 본래 추구하고자 했던 정부혁신의 모습을 보여주지 못하고 있다는 비판적 시각이 존재한다. 제도의 시행과정에서 많이 지적되었던 문제들이 여전히 반복해서 발생하고 있으며, 문제의 확인과 개선을 통한 정부의 학습능력이 뒷받침되지 못하고 있다는 비판도 있다.

본 논문은 한국정책학회보 1999년에 게재되었던 논문이다. 약 17년 전에 작성된 논문이기는 하나 논문에서 제기하였던 많은 문제들이 현재도 여전히 고쳐지지 않은 채 남아있는 것을 보게 된다. 그 당시는 우리나라가 IMF 국가부도위기를 맞아 신공공관리(New Public Management)를 기반으로 하여 정부와 공공부문에 대한 대대적인 개혁이 진행될 때였다. 저자는 고건 전 총리가

* 이 논문은 1999년 『한국정책학회보』, 제8권 3호, pp. 169-190에 게재된 글을 수정·보완하였다.

민선2기 서울특별시장에 취임하면서 만든 서울시정개혁실무위원회의 일원으로서 시정개혁안을 만들고 집행되는 과정을 지켜보았다.

본 논문은 그 중 서울시 청소년복지시설의 민간위탁기관 선정과정에 직접 참여하면서 보고 느꼈던 문제점과 생각들을 바탕으로 연구 분석틀을 만들어 추진과정을 분석한 것이다. 우리는 균형있게 구성된 선정심의위원회가 투명하고 공정한 절차를 거쳐 민간위탁기관을 선정하면 그 목적을 달성할 수 있을 것으로 생각한다. 그러나 제도와 절차가 완벽하다고 하더라도 실제로는 생각지 못한 많은 변수가 작용하여 기대한 성과를 달성하기 어렵다. 본 논문은 세 가지 분석요인(선정과정상 요인, 계약체결상 요인, 환경적 요인)을 중심으로 이러한 문제가 어떻게 발생하는가를 보여주고자 하였다. 특히 계약체결상 요인으로 제시한 '계약조건'과 '예산배정'에서 분석한 내용은 계약서 체결 및 예산배정이 공무원들에게 임의적으로 맡겨져서는 안 되는 이유들을 설명하고 있다.

본 논문은 저술 당시의 행정환경과 변화의 역동성을 보여주기 위하여 기존 논문을 최대한 그대로 소개하였다. 다만 현 시점의 독자를 위하여 2000년 이후에 진행된 민간위탁의 연구경향을 추가하는 등 부분적인 수정을 하였다.

I. 문제제기

국민의 정부가 들어선 이후 정부의 경쟁력을 제고시키기 위한 노력이 지속되었으며, 마침 불어닥친 IMF사태와 맞물려 정부의 비효율을 제거하고 생산성을 향상시키기 위한 공공부문의 구조조정이 활발하게 진행되었다. 최근의 공공부문 구조조정은 기구의 감축이나 통폐합을 통한 단순한 인원감축과 운영의 소프트웨어를 바꾸기 위한 노력이 함께 진행되었으며,[1] 민간이 잘 할 수 있는 부분은 과감하게 민간에게 넘기는 민영화 노력도 동시에 추진되었다.

그러나 이러한 노력이 공공부문별 업무의 성격에 따라 탄력적으로 추진되지 않고 획일적인 기준하에서 이루어진다면 원래의 목표를 달성하기보다는 오히려 부작용을 초래할 우려가 높다. 그동안의 짧은 시행기간에도 불구하고 공공부문에 새로운 활

---

[1] 이러한 노력의 일환으로 책임운영기관제, 기관장의 외부전문가 공채를 통한 책임경영제, 업무 성과에 따라 보상을 하는 성과급제, 목표관리제, 팀제 운영 등이 도입되었다.

력을 불러일으키는 긍정적인 효과도 가져왔으나, 일부영역에서는 이러한 우려가 현실로 나타나고 있다. 공공부문의 생산성을 높이고자 하는 노력과 관련하여서는 계량화하기 어려운 업무의 목표설정문제, 팀제의 형식적 운영, 공채를 통해 임용된 외부전문가의 업무장악력 부재 등의 이유로 인해 새로운 형태의 비효율이 나타나고 있다. 민영화 노력과 관련하여서는 부적절한 위탁운영기관의 선정과 부실한 운영의 문제가 대두되고 있다.

물론 보다 나은 방향으로 나아가기 위한 과도기적인 현상이라고 할 수도 있다. 그러나 그동안의 구조조정 비용과 사회적 비용을 고려할 때 이러한 문제들에 대한 보다 체계적인 분석과 시행착오를 줄이려는 평가작업의 필요성이 강하게 제기된다. 특히 복지서비스의 경우 구조조정의 방향이 일반의 다른 행정서비스와는 다소 성격을 달리 하고 있다. 구조조정의 중요한 원칙인 효율성과 일반적으로 사회적 약자인 복지수혜자의 입장을 고려한 공공성을 함께 추구해야 한다. 그동안 복지서비스는 다른 분야에 비해 민간위탁이 많이 진행되었음에도 불구하고[2] 민간위탁에 대한 평가는 제대로 이루어지지 않았다. 이는 복지서비스가 실적에 대한 성과측정이 어렵고, 인간적 서비스(soft service)라는 특성상 다양한 가치를 고려해야 하는 이유로 평가가 쉽지 않기 때문이다. 특히 효율성 척도만으로 측정이 가능한 쓰레기처리와 같은 물리적 서비스(hard service)와는 그 성격을 달리 한다.

평가의 부재로 인해 복지시설을 위탁받은 운영기관이 위탁목적을 달성하지 못하고 오히려 수익사업에 열중하는 부작용이 나타나고 있다.[3] 더 나아가 위탁운영기관이 기대한 만큼의 서비스를 효과적으로 제공하지 못할 때 재계약을 하지 않을 수 있다는 규정에도 불구하고 한번 위탁된 복지시설의 회수는 여러 가지 이유로 인해 거의 불가능한 실정이다(정윤수·허만형, 1999).

이처럼 심각한 문제점이 있음에도 불구하고 복지서비스는 민간이 운영하면 잘될 것이라는 막연한 생각에 사로잡혀 체계적인 평가없이 복지시설 민간위탁이 계속

---

[2] 박재희(1998)의 연구에 따르면, 사회복지시설 운영이 전체 위탁사업의 35%로 가장 높은 비중을 차지하고 있다. 각종 폐기물 처리는 15%, 주차장 운영은 12%, 그리고 여타 서비스가 38%를 차지하고 있다.

[3] 보건복지부와 감사원이 9월 27일에 국회에 제출한 사회복지관 관련 국정감사자료에 따르면, 생활보호대상자나 저소득층을 대상으로 한 자립·자활프로그램을 운영하는 것이 사회복지관 본래의 기능임에도 불구하고 운영비 조달을 위한다는 명목으로 중산층을 대상으로 한 에어로빅, 피아노, 서예교실 등을 앞다투어 운영하고 있다. 심지어는 정부지원금을 착복하는 복지관도 있는 것으로 나타났다(한국경제, 1999년 9월 28일자).

진행되고 있다. 다만 최근 들어 복지시설의 운영에 대한 평가모형을 개발하고[4] 이에 따라 복지시설 프로그램을 평가하고자 하는 노력이 증가하고 있는 것은 다행한 일이다.

복지시설 민간위탁의 원래 목적을 달성하기 위해서는 위탁운영기관으로 선정된 후에 제공되는 서비스에 대한 사후적 평가와 함께 위탁운영기관의 선정과정에 대한 평가도 이루어져야 한다. 부적절한 민간단체가 복지시설을 위탁운영하는 경우 민간위탁의 목적을 달성할 수 없음은 자명하다. 그러나 최근의 복지시설 민간위탁에 대한 논의는 사후적 평가에 초점을 두고 있으며, 위탁운영기관의 선정과정에 대한 논의는 일반적인 수준에 그치고 있다.

따라서 본 논문은 복지시설의 민간위탁과정에 대한 논의가 부족하다는 점에 문제의식을 갖고, 얼마 전에 실시된 서울시 청소년시설의 민간위탁과정을 평가해 보고자 한다. 우선 관련 문헌을 검토한 후 복지시설 민간위탁과정에 대한 평가분석틀을 제시해 본다. 이어서 분석 틀을 바탕으로 서울시 청소년시설의 위탁운영기관 선정사례를 분석하고, 분석결과를 바탕으로 위탁운영기관 선정에 주는 시사점을 제시한다.

Ⅱ. 관련 문헌 검토

공공서비스의 민간위탁은 민영화라는 큰 틀 속에서 논의되어 왔으며 구체적인 사례분석은 최근 들어 활발하게 진행되고 있다. 민영화에 대한 논의는 1970년대 말에 정부가 서비스를 효율적으로 제공하지 못하고 있다는 비판과 함께 재정위기를 극복하기 위한 새로운 시도로서 출발하였다. 이 당시 영국의 강력한 민영화 추진정책은 공공부문의 비효율 문제를 지니고 있는 세계 각국이 민영화 전략을 도입하는 데 기폭제 역할을 하였다. 특히 지방정부의 경우 증가하는 주민들의 욕구를 충족시키고 재정적자문제를 해소하기 위한 방안으로 공공서비스의 민영화를 적극적으로 추진하였다.

이와 함께 민영화에 대한 학문적 연구도 활발하게 진행되었다. 초기에는 민영화의 개념, 유형,[5] 필요성 등에 대한 일반적인 이론적 논의가 활발히 진행되었다. 특히

---

4) 서울시는 1998년 10월에 복지시설 운영시스템 합동감사를 실시하였으며, 서울시정개발연구원(1998)은 복지관 프로그램의 현황과 문제점을 진단하고 서울시 복지관 프로그램 운영 및 개선방안을 제시하였다.

5) 공공서비스의 민영화 유형은 연구자에 따라 다양한 형태로 분류되기도 하나 크게 적극적인 입장과 소극적인 입장으로 나눌 수 있다(박천오·박경효, 1996; Kolderie, 1986) 적극적인 이해는 공공서비스의 생산기능과 제공기능을 모두 민간에게 넘기는 것으로 완전민영화(complete

Savas(1987)와 Donohue(1989) 등을 중심으로 민영화의 장점과 단점, 민영화의 성공 조건 등에 대한 연구가 진행되었다. 미국의 경우 이러한 이론적 연구를 바탕으로 지방정부에서는 주지사와 의회지도자들의 적극적인 지원아래 비용을 절약하고 보다 나은 서비스를 제공하기 위한 민영화가 지속적으로 추진되어 왔다. 이에 따라 민영화된 공공서비스의 사례를 중심으로 민영화의 효과와 진행과정에 대한 연구가 활발히 진행되었다. 최근 미국의 50개 주정부의 민영화 노력에 대한 설문조사(Chi and Japer, 1998)에서 지난 5년 동안 계속적으로 많은 정부서비스가 민영화되어 왔으며, 앞으로도 이러한 추세가 지속될 것으로 나타났다. 서비스별로 보면 교통관련 서비스의 경우 대부분이 민영화되었으며, 교정, 사회복지서비스 등도 민영화가 많이 진행된 서비스에 해당된다. 교육, 노동, 공공안전, 예산회계관련 서비스는 민영화 수준이 아직도 낮은 분야로 나타났으며, 주정부가 도입한 민영화 사례의 80%가량은 민간위탁의 형태로 이루어졌다.

이처럼 민영화에 대한 이론과 효과 및 적용에 대한 사례연구는 활발하게 진행되었으나 민영화의 결정 및 집행과정과 관련한 연구는 많지 않았다. Wallin(1997)은 민영화에 대한 의사결정이 어떻게 이루어지는지에 대한 연구를 발표하였다. 그는 미국 매사추세츠 주를 사례로 하여 민영화에 대한 원칙은 어떻게 정해져야 하며, 어떤 기준하에 민영화가 진행되어야 하며 또 누가 그 과정에 참여하여야만 하는지 등을 다루었다.

우리나라의 경우 공공서비스의 민영화에 대한 학술적 논의는 1980년대 말과 1990년대 초에 비교적 활발하게 진행되었다. 민영화에 대한 개념정의와 함께 공공서비스에의 적용가능성 및 공급방안 등에 대한 연구가 진행되었다(김원, 1985; 남치호, 1989; 박경원, 1989). 그리고 공공서비스의 민영화에 대한 실패와 효과를 분석한 경험적 연구도 진행되었다(강창현, 1988; 이재관, 1989; 황윤원, 1991; 박성철, 1991). 한편 박경효(1992)는 서울시 쓰레기 수거업무를 사례로 하여 계약의 집행과정분석모형을 제시하고, 이에 따라 결과적 측면과 과정적 측면으로 나누어 민간위탁의 집행과정에 대한 체계적인 평가를 시도하였다. 이성우(1998)는 민간위탁의 장점을 최대한 살리면서 부작용을 최소화하는 방안으로 계약과정상의 투명성 확보, 경쟁적 민간사업자의 육성, 민간위탁관련 법제 개혁 등을 제시하였다.

---

privatization)에 해당된다. 이 경우 정부는 더 이상 서비스제공에 있어 결정이나 규제책임을 지지 않는다. 공기업의 민간매각은 여기에 해당한다. 소극적인 이해는 서비스의 생산기능은 민간부문이 참여하여 맡되 규제, 인가, 재정지원, 정책결정 등 서비스의 제공과 관련된 기능은 정부가 여전히 맡아 책임을 지는 것으로 민간위탁(contracting out) 등의 서비스공급의 민영화이다.

복지시설의 민간위탁과 관련한 구체적인 연구는 최근에 등장하였다. 김승현(1998)은 노원구의 위탁시설을 중심으로 지방자치단체의 복지서비스 계약공급의 실태를 분석하였으며, 김순양(1998)은 대구시 사회복지관 시설의 민간위탁과정을 중심으로 사회복지서비스 공급 민영화의 성공요건을 고찰하였다. 서울시정개발연구원(1998)은 현재 서울시가 민간위탁하고 있는 복지관 프로그램의 문제점을 지적하고 개선방안을 제시하였다. 이러한 연구들은 그동안 민간위탁 되어온 복지시설에 대한 평가를 통해 앞으로 개선방안을 도출하고자 하는 것들이다.[6]

Ⅲ. 민간위탁과정에 대한 평가분석틀

민간위탁과정에 대한 평가분석틀과 관련하여 박천오·박경효(1996)는 도시공공서비스의 민간위탁을 계약으로 보고, 계약의 집행과정을 대상서비스의 결정, 계약절차를 통한 민간업체의 선정, 그리고 계약업체의 실질적인 서비스생산과 전달의 세 단계로 나누었다. 아울러 전달된 서비스에 대한 정부와 시민의 감독 및 평가도 계약의 집행에 중요한 영향을 미치는 것으로 파악하였다. 한편 김승현(1998)은 복지서비스의 민간위탁을 민간조직과의 서비스 구매계약(purchase of service)으로 보고, 경쟁을 전제로 한 계약과정, 계약이 이루어진 이후 재정운용과 서비스전달에 대한 평가와 지도감독, 재계약 또는 보조금 지급의 세 단계로 나누었다. 김순양(1998)은 민간위탁과정을 민간위탁의 목적설정, 세부적인 실천계획 수립, 민간위탁을 위한 경쟁유치, 수탁자 선정 및 계약서 작성, 서비스전달 및 지도·감독, 그리고 결과평가 및 재계약의 다섯 단계로 나누었다.

이상의 연구들을 기초로 하여 민간위탁에 대한 평가를 크게 위탁 여부 결정단계, 위탁운영기관 선정단계, 그리고 선정된 위탁운영기관이 서비스를 제공하는 단계의 세 단계로 나누어 볼 수 있다. 위탁여부 결정단계에는 대상 서비스의 민간위탁 여부 결정이 합리적으로 이루어졌는지, 경제적, 행정적, 정치적 요인들이 균형있게 고려되었는지에 대한 평가가 포함된다. 위탁운영기관 선정단계에는 민간위탁 여부 결정 후 복

---

6) 박순애(2009)는 2000년 이후에 발표된 민간위탁 국내논문(2001년 – 2008년) 22편과 국외논문(2004년 – 2008년) 53편을 선정하고 내용분석을 실시하였다. 민간위탁 단계를 민간위탁 여부 결정단계, 수탁과정 단계, 그리고 위탁관리 및 사후 단계의 세 단계로 나누어 단계별 영향요인을 살펴보았다. 2010년부터는 민간위탁의 도입 및 결정요인(김주애, 2012; 김준기·김주애, 2013; 현승현·윤성식, 2011))과 민간위탁 성과 및 서비스 질에 영향을 미치는 요인에 대한 실증적 연구가 많이 나오고 있다(김인, 2011).

지서비스 제공업무를 시작하기 전까지의 모든 과정이 포함되며, 서비스 제공단계에는 위탁운영기관의 운영과 서비스 제공, 그리고 이에 대한 평가가 포함된다. 이 세 단계는 독립적인 것이 아니라 서로 역동적으로 영향을 미치며 순환적으로 연결된다. 본 논문에서는 위탁운영기관 선정단계에 초점을 맞추고자 하며, 기존의 연구와는 달리[7] 위탁운영기관 선정단계에서 이루어지는 선정과정과 계약체결과정을 분리하여 설명하고자 한다.

위탁운영기관 선정단계에서 자격을 갖춘 민간단체가 선정되고 이 단체가 민간위탁의 목적을 효과적으로 달성하는 데 영향을 미치는 요인은 크게 선정과정상 요인, 계약체결상 요인, 그리고 환경적 요인의 세 가지로 나눌 수 있다. 첫째, 선정과정상의 요인으로 민간위탁 목표설정, 선정심의주체, 선정기준, 평가방법, 그리고 경쟁의 공정성을 들 수 있다. 민간위탁 목표설정과 관련하여서는 복지서비스의 성격을 잘 반영하는 목표를 적절하고 광범위한 의견수렴절차를 거쳐 설정하였는가를 분석한다. 선정심의주체와 관련하여서는 선정심의를 담당하는 주체가 얼마나 객관적으로 선정되며, 전문성을 가지고 독립적인 결정을 내릴 수 있는가를 분석한다.[8] 선정기준과 관련하여서는 선정기준의 적절성과 구체성을 평가한다. 선정기준은 응모기관 간의 운영능력차이를 분별할 수 있을 정도로 구체적이어야 하며, 위탁하는 복지서비스의 성격을 적절히 반영하는 것이어야 한다. 평가방법과 관련하여서는 서류평가, 면접평가, 방문평가 중 어떤 방법을 선택하였는가를 살펴보고 문제점을 분석한다. 경쟁의 공정성과 관련하여서는 위탁운영기관 모집의 공개성과 선정기준에 대한 자세한 설명을 통해 응모할 의사가 있는 민간단체는 다 참여할 수 있게 되어 있는가를 분석한다.

둘째, 계약체결상의 요인으로 계약조건과 예산배정을 들 수 있다. 계약체결과정은 선정된 위탁운영기관이 위탁목표의 달성에 충실할 수 있도록 민간위탁협약서에 구체적인 계약조건을 명시하고 지원해야 할 보조금의 액수를 결정하는 중요한 과정이다. 계약조건과 관련하여서는 목표하는 복지서비스가 제공될 수 있도록 구체적이고

---

7) 박천오·박경효(1996)는 계약절차를 통한 민간업체의 선정에 선정과정과 계약체결과정을 다 포함시키고 있으며, 김승현(1998)은 경쟁을 전제로 한 계약과정에 이 둘을 포함하여 설명하고 있다. 한편, 김순양(1998)은 이 둘을 민간위탁의 목적설정, 세부적인 실천계획 수립, 민간위탁을 위한 경쟁유치, 수탁자 선정 및 계약서 작성으로 나누어 설명하고 있다. 본 논문에서는 현실적으로 이 두 과정의 심의 주체가 전혀 다르며, 과정에서 발생하는 역동성에 차이가 있다는 판단에서 구분하고자 한다.
8) 박천오·박경효(1996)는 선정심의주체가 자신들이 가진 정보나 또는 민간업체가 제출한 자료를 객관적이고 체계적으로 검토할 수 있는 능력과 동기부여가 있어야 한다고 하였다.

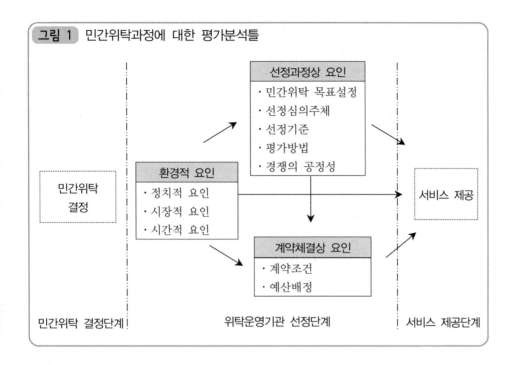

그림 1 민간위탁과정에 대한 평가분석틀

분명한 준수사항과 조건이 협약서에 명시되어 있는가를 분석한다. 예산배정과 관련하여서는 서울시 담당공무원이 사업계획을 분석할 능력과 이에 따라 적절하게 보조금을 배정해주는 합리적인 기준을 가지고 있는가를 평가한다. 이는 민간단체가 처음 신청을 할 때에 제출한 사업계획서상의 예산과 선정 후 서울시가 실제로 지급하는 사업예산 사이에 상당한 차이가 발생하기 때문에 중요하다.

셋째, 환경적 요인으로는 정치적 요인, 시장적 요인, 그리고 시간적 요인을[9] 들 수 있다. 정치적 요인과 관련하여서는 선정과정과 계약체결과정에 미치는 정치적 로비와 정치적 상황으로 인한 제약조건이 어떤 영향을 미쳤는가 분석한다. 시장적 요인은 복지시설을 위탁받아 운영할 수 있는 능력을 갖춘 민간단체들이 얼마나 존재하고 있는가, 즉, 관련 민간단체 역량과 관련된 것으로서 수탁경쟁률과 지원한 민간단체의 유사한 서비스 제공실적을 중심으로 분석한다. 시간적 요인과 관련하여서는 민간단체들이 충분한 시간적 여유를 가지고 선정과정과 계약체결과정에 참여하는가를 분석한다.

---

9) 시간적 요인은 민간위탁을 추진하기 위한 사전계획의 부실로 인해 발생할 수 있으므로 환경적 요인에 포함하기 어렵다는 시각이 있을 수 있다. 그러나 본 논문에서는 실제로 많은 경우 민간위탁결정이 합리적인 계획에 따라 이루어지기보다는 여러 가지 복합적인 상황으로 인해 외부적으로 시간적 제약이 주어지는 사태가 많이 발생하고 있는 점을 고려하여 환경적 요인으로 포함하였다.

이상의 세 요인들은 <그림 1>에서와 같은 관계를 가지는 것으로 그려볼 수 있다. 환경적 요인은 선정과정상 요인과 계약체결상 요인에 영향을 미치며, 선정과정상 요인은 계약체결상 요인에 영향을 미친다. 그리고 이들 세 요인들은 모두 위탁운영기관이 제공하는 서비스에 영향을 미친다.

이상의 평가분석틀에 따라 서울시 청소년시설 위탁운영기관 선정과정을 분석하기 위하여 담당공무원과의 면담, 선정된 위탁운영기관 대표들과의 면담, 청소년시설 민간위탁 선정심의위원과의 면담 및 회의자료, 관련 보도자료를 활용하였다.

Ⅳ. 서울시 청소년시설 위탁운영기관 선정에 대한 분석

1. 직영 청소년시설의 민간위탁 배경

서울시가 위탁운영하고 있는 청소년시설은 청소년수련시설, 청소년특화시설, 그리고 직영 청소년시설로 구분된다. 청소년수련시설로는 6개의 시립청소년수련관(수서, 목동, 문래, 보라매, 서울, 노원)과 4개의 구립청소년수련관(강서, 관악, 강남, 강동)이 있으며,10) 청소년특화시설로는 근로청소년복지관, 청소년종합상담실, 구로청소년쉼터, 신림청소년쉼터 4개가 있다. 직영 청소년시설로는 청소년사업관과 2개의 근로청소년회관이 있다.

직영 청소년시설 중 청소년사업관은 청소년의 건전육성과 비행예방, 선도 등 청소년복지에 관한 전문행정을 관장하기 위하여 설립된 시설이며, 근로청소년회관은 지방에서 서울로 상경한 여성근로청소년들이 빠른 시일 내에 정착하여 보다 나은 삶을 살아갈 수 있도록 돕기 위해 저렴한 가격으로 임대 아파트를 제공하고, 일과 후에는 근로청소년회관에서 필요한 기술교육을 받도록 하기 위해 1981년에 설립된 기관이다. 주요기능은 여성근로청소년의 복지증진을 위한 후생복지사업, 여가선용과 능력개발을 위한 기회제공, 고충을 접수·처리하는 상담사업이다. 그러나 시정개혁위원회의 조직진단 결과 청소년사업관은 사업목적이 불분명하고 청소년교육기능이 비효율적인 것으로 나타났으며, 근로청소년회관은 그 운영에 있어 여성근로청소년들에 대한 복지기능을 충분히 수행하지 못하고 오히려 복지남용을 초래하고 있는 것으로 나타났다. 또한 이들 기관의 담당공무원과 감독기관이 모두 복지에 대한 전문성과 이해가 부족하여 설립목적을 제대로 달성하지 못하고 있는 것으로 평가되었다(서울특별시 시정개

---

10) 청소년 수련시설이 아직 설치되지 못한 15개 자치구에 대해서는 99년에 9개소 건립을 추진 중에 있으며, 나머지 6개소에 대해서는 연차적으로 건립하여 민간에 위탁할 계획이다(서울특별시 청소년과, 1999).

혁실무위원회, 1998).

이러한 문제점들을 해결하기 위하여 서울시는 서울시정개혁위원회가 권고한 2단계 구조조정안에 따라 직영 청소년시설을 모두 민간위탁하기로 결정하였다. 서울시 체육청소년과(이전 청소년과)는 발표된 사업소 구조조정안에 따라 99년 2월에 청소년시설의 기능재정립을 위한 광범위한 의견수렴작업에 착수하였으며, 4월 23일에 시설별 기능정립 최종안을 확정하였다. 그리고 청소년 시설 수탁단체 선정계획에 따라 5월에 위탁운영기관 모집을 공고하고, 설명회를 거쳐 지원기관의 사업계획서를 접수하였다. 이어서 청소년시설 민간위탁선정심의위원회를 구성하고 3차례의 회의를 거친 후 6월 22일에 위탁운영기관을 최종 확정하였다. 6월 30일에는 이들 기관과 3년을 기간으로 하여 청소년시설 위탁운영협약을 체결하였다.

2. 위탁운영기관 선정과정

1) 민간위탁 목표설정

위탁시설의 운영은 민간단체가 하지만, 민간위탁을 통해 달성하고자 하는 목표는 정부가 구체적으로 정해야 한다. 민간위탁 목표는 현재 정부가 제공하고 있는 관련 시설의 현황과 서비스에 대한 수요를 체계적으로 분석한 후 이를 바탕으로 다른 시설 프로그램과의 연계 및 역할 분담에 대한 고려 속에서 미래지향적으로 설정되어야 한다.

서울시 직영 청소년시설의 민간위탁은 새로 건물을 지어 민간단체에 위탁하는 일반적인 방식과는 달리 기존에 특정목적을 가지고 서울시가 직영으로 운영하고 있던 시설을 민간단체에 위탁하는 것이었다. 기능 재정립을 위해 주무과인 청소년과는 먼저 현재 서울시에 있는 시·구립 청소년시설 현황을 살펴보고 이를 바탕으로 초안을 작성하였다. 이어서 청소년전문가, 청소년단체, 민간위탁대상 사업소장, 시의원을 포함한 자문회의를 통해 1차적으로 의견을 수렴하고, 2차적으로는 프로그램 수혜자, 자원봉사센터운영자, 시민대표를 포함한 10명으로부터 우편방식으로 의견을 수렴하였다. 마지막으로 서울시청소년위원회에서 시설별 기능정립 최종안을 확정하였다.

의견수렴과정을 평가해보면 몇 명의 담당자들에 의해 폐쇄적으로 이루어지던 기존의 사례와는[11] 달리 개방적으로 이루어졌다. 특히 청소년전문가, 민간위탁대상이 되는 사업소의 소장, 프로그램 수혜자 등 다양한 이해관계자의 의견을 수렴하였으며,

---

11) 대구복지관의 경우 민간위탁이 결정된 후에 위탁목표를 구체화하는 별도의 결정·자문기구가 없이 관련 담당자에 의해 관례적으로 이루어진 것으로 평가된다(김순양, 1999).

그 결과 담당과의 초안과 비교하여 다소 수정된 내용을 <표 1>과 같이 확정하였다.

표 1 청소년 시설별 기능 재정립 최종안('99.4.23)			
대상시설	규 모	새로운 명칭	재정립된 기능
청소년 사업관	건물 406평 (지하1, 지상4)	청소년 정보문화센터	- 청소년에 대한 각종 정보제공 및 문화센터 - 청소년 인터넷 방송 - 영상(멀티미디어)과학기능 - 청소년 동아리 활동지원 - 시민자원봉사단 운영
남부근로 청소년회관	건물 857평 (지하1, 지상3)	청소년 직업체험센터	- 직업교육, 직업체험센터 - 21C형 청소년문화센터 - 청소년실업대안 지원 - 근로청소년프로그램 운영
	건물 207평 (지하1, 지상3)	청소년 성문화센터	- 청소년 성교육자료 전시 - 성교육, 선도프로그램 - 약물중독 예방 및 상담치료 - 올바른 성문화 조성 프로그램 운영
동부근로 청소년회관	건물845평 (지하2, 지상3)	중랑 청소년수련관	- 문화·교육·체육활동장 - 청소년수련거리 보급 - 청소년상담·지도 - 근로청소년프로그램 운영

자료: 서울특별시 문화관광국(1999b) 2쪽을 재구성한 것임.

　　서울시는 직영 청소년시설의 민간위탁 목표를 21세기 미래를 이끌어갈 청소년들에게 새로운 비전을 제시하고 문화적 감성, 정보화 능력 및 전문적 직업능력을 배양할 수 있는 공간과 프로그램을 제공하는 것으로 정하였다. 이에 따라 동부근로청소년회관은 중랑구에 청소년수련시설이 없으므로 일반청소년들을 위한 청소년수련관으로 기능을 전환하기로 하였으며, 나머지 2개 시설은 청소년특화시설로 전환하였다.

　　청소년사업관은 청소년에 대한 각종 정보제공 및 문화센터, 청소년 인터넷 방송, 영상(멀티미디어)과학기능, 그리고 청소년 동아리 활동지원 등의 기능을 수행하는 청소년 정보문화센터로 바꾸었다. 남부근로청소년회관 2개 동 중 1개 동은 직업교육, 직업체험센터, 21C형 청소년문화센터, 청소년실업대안 지원 등의 기능을 수행하는 청소년 직업체험센터로 바꾸었다. 나머지 1개 동은 청소년 성교육자료 전시, 성교육, 약물중독 예방 및 상담치료, 올바른 성문화 조성 프로그램 운영 등의 기능을 수행하는 청소년 성문화센터로 바꾸었다(서울특별시 문화관광국, 1999a).

시설별 목표설정이 다양한 의견수렴과정을 거쳐 바람직한 방향으로 이루어진 반면, 이들 시설의 프로그램이 서로 연결되어 청소년복지라는 보다 큰 목표를 설정하는 노력은 거의 찾아볼 수 없다. 특히 청소년복지의 다양한 성격을 고려할 때 청소년시설의 연계 네트워크 형성이 필요하다. 특히 청소년 직업체험센터와 청소년 성문화센터는 장소적으로 붙어 있으므로 프로그램을 공유하고 활용하는 계획을 세워야 한다. 또한 청소년 정보문화센터의 프로그램과도 연계될 때 청소년복지의 전체적인 향상이라는 시너지 효과를 가져오게 된다. 또한 기존의 청소년 특화시설 및 민간이 직접 운영하는 청소년 시설 및 프로그램과도 밀접한 연계 속에서 운영되어야 한다. 위탁운영되는 모든 청소년시설에 해당되는 것이기는 하지만, 특히 청소년 정보문화센터의 경우 민간이 현재 운영하고 있는 다른 청소년 정보문화관련 단체 및 프로그램과 연계하는 것은 꼭 필요한 작업이다. 급속하게 발전하는 정보통신기술의 발달과 인터넷 사용의 증가는 이러한 작업의 중요성을 높이고 있다.

2) 선정심의주체

대부분의 지방자치단체는 수탁자 선정에 담당공무원이 주도적인 역할을 하였으며, 이에 따라 위탁과정의 로비문제가 제기되어 왔다.[12] 서울시는 이러한 문제에 대처하기 위하여 1998년 7월부터 시행된 '서울특별시공공시설설치및관리운영위탁에관한조례'에 독립된 선정심의위원회를 구성하여 운영하도록 규정을 만들었다.

이에 따라 서울시는 기존의 청소년위원회를 활용하지 않고 별도의 민간위탁선정심의위원회를 구성하였으며, 위원회를 통해 선정작업이 진행되도록 하였다. 선정심의위원회가 위탁운영기관 선정에 객관적이고 공정한 역할을 하기 위해서는 적절한 위원선정과 위원회운영의 독립성이 보장되어야 한다. 서울시는 위원들의 전문성을 확보하기 위하여 청소년전문가 3명과 사회복지 관련 대학교수 2명을 위원회에 포함시켰다. 이 과정에서 신청한 단체와 관련이 있는 청소년전문가를 제외함으로써 심사의 공정성을 보장하기 위한 노력을 기울였다. 또한 시정개혁실무위원 1명을 위원으로 선임하여 서울시 구조조정의 정신을 담으려고 하였으며, 시민단체 대표 1명을 포함하여 심사의 객관성을 유지하고자 하였다. 그리고 서울시의회 문교보사위원 2명, 담당과장과 예산담당과장이 위원으로 포함되었다. 전반적으로 볼 때 전문성을 갖춘 위원을 객관적으로 선정한 것으로 평가할 수 있으나 총 11명의 심의위원 중 시의원을 2명이나

---

12) 노원구 위탁시설의 계약공급에 관한 설문조사에서 위탁과정에 로비가 있었다는 의견에 공무원의 78.5%가, 시설종사자의 60%가 동의하였다(김승현, 1998).

포함한 것은 그 수가 많다고 생각된다. 의회로부터 예산배정 등의 협조를 얻어야 한다는 점을 인정하더라도 정치인인 시의원이 신청기관의 로비로부터 자유로울 수 없기 때문이다.

또한 심사의 공정성과 관련하여서는 서울시가 위원회운영의 독립성을 철저히 보장하였다는 점에서 높이 평가된다. 서울시는 심의와 관련 모든 문제를 전적으로 위원회의 논의와 결정에 맡겼다.[13] 그 결과 담당과에서 마련한 위원회 운영일정과 심사기준이 위원회의 토의를 거쳐 변경되기도 하였다.[14]

3) 선정기준

선정기준의 적절성과 구체성은 위탁운영능력을 갖춘 민간단체를 선정하는 데 중요한 역할을 한다. 선정기준은 위탁운영기관이 앞으로 운영해나가야 할 방향에도 영향을 주며, 제공된 서비스와 운영상태를 평가하는 데도 활용된다. 현행 '행정권한의 위임 및 위탁에 관한 규정' 제12조를 보면 민간위탁자를 선정할 때에는 인력과 기구, 재정부담능력, 시설과 장비, 기술보유정도, 책임능력과 공신력을 종합적으로 고려하도록 하고 있다.

서울시는 평가분야를 5개로 나누어 배점기준을 정하였다(<표 2> 참조). 법인의 설립목적 분야는 10점으로 청소년 건전육성을 기본목적으로 설립된 기관인지를 평가하는 것으로 청소년복지 관련 전문성을 평가하는 중요한 기준으로 판단된다. 사업계획의 적정여부 분야는 50점으로 프로그램의 참신성, 전문성, 실행가능성이 세부 분야로 나누어진다. 기능을 새롭게 재정립한 청소년시설의 방향과 일치하고 창의적인 프로그램을 어느 정도 도입하고자 하는가에 대한 평가로서 무리없는 기준으로 판단된다.

법인의 재정부담능력 분야는 15점으로 총소요사업예산 중 법인이 어느 정도 부담할 것인가에 따라 점수에 차등을 두기 위한 것이다. 서울시의 예산을 절감하려는 취지는 충분히 인정되나 제출된 사업계획서에 나와있는 법인부담비율만으로 평가하기에는 무리가 따른다. 사업계획서에는 부담비율을 높게 책정해 놓고 선정된 후에 이

---

13) 위원으로 참여한 담당과장은 심사와 관련한 모든 사항은 위원회에서 논의하여 독립적으로 결정할 수 있으며, 위원회의 독립성을 철저히 보장하는 것이 시장의 방침임을 재삼 강조하였다.
14) 당초 한번 회의에 2개 시설씩 2차에 걸쳐 하려던 심의·선정방식이 1차 회의에는 전체 설명회를 갖고 2차 회의에서 심의·선정하는 방식으로 바뀌었으며, 선정기준과 관련하여 배점기준의 조정이 있었으며, 위탁운영자 선정절차 및 방법과 관련하여 발표시간과 질의응답시간이 조정되었다(서울특별시 문화관광국, 1999b).

표 2 분야별 배점기준

분야별	배점기준
법인의 설립목적(10)	· 청소년 건전육성 등을 주된 목적으로 설립된 법인과 기타 법인을 구별하여 차등 배점
사업계획의 적정여부(50) · 프로그램의 참신성(20) · 프로그램의 전문성(15) · 프로그램의 실현가능성(15)	· 기존의 프로그램이 아닌 새롭고 창의로운 프로그램 · 프로그램의 내용이 시설의 기능과 부합정도 · 인력, 예산, 시설 등을 고려한 실행가능성
법인의 재정부담능력(15)	· 법인의 자산보유, 수익사업 및 제출된 신청서상의 시설운영을 위한 총 소요사업예산 중에서 법인(출연금, 이용료 수입, 후원금 등 포함) 부담비율
법인의 시설관리능력(15)	· 법인의 책임성과 공신력
신청시설 기능관련 추진실적(10)	· 단체의 추진실적 중 신청시설 기능과 관련된 실적

자료: 서울시 문화관광국. (1999b). 30쪽.

부담비율을 지키지 않을 가능성이 있기 때문이다. 이 경우 선정을 취소하기는 거의 불가능하다.

법인의 시설관리능력 분야는 15점으로 법인의 책임성과 공신력을 고려하여 배점을 차등을 두기 위한 것이므로 필요한 기준이기는 하나, 구체적인 측정지표 선정이 부족하다. 마지막으로 신청시설 기능과 관련된 추진실적 분야는 10점으로 법인의 설립목적과 청소년 복지관련 전문성을 평가하는 데 중요한 기준이 된다. 전반적으로 볼 때 선정기준의 적절성은 어느 정도 인정되나 그 구체성과 적용가능성에 있어서는 다소 미흡하여 평가의 정확성이 떨어진다.

4) 평가방법

1차 심의에서는 지원기관이 제출한 사업계획서를 중심으로 선정기준에 따라 서면평가로 진행되었다. 2차 심의에서는 1차 서류심사를 통과한 민간단체의 발표와 질의응답으로 진행되었다. 제출된 서류의 방대함으로 인해 짧은 기간에 충분한 검토를 하기는 거의 불가능하다. 이러한 문제점을 보완하기 위하여 담당과에서는 선정기준에 따라 사업계획서 내용의 개요표를 만들어 선정심의위원들에게 사업계획서와 함께 나누어줌으로써 짧은 시간에 효과적인 평가가 이루어지도록 하는 데 도움을 주었다.

그러나 지원기관의 운영능력에 대한 평가에 있어 기관을 직접 방문하지 않고 평가하는 데는 무리가 따른다.[15] 대구시의 민간위탁 복지관을 대상으로 한 담당공무원 설문조사에서도 충분한 사전조사를 실시한 후에 계약을 체결해야 한다는 의견이 강하게 제기되었다(김순양, 1999). 방문조사를 실시하지 못하는 경우 운영능력과는 관계없이 사업계획서를 잘 만드는 기관이 좋은 점수를 받게 되는 결과를 가져올 수 있다.

물론 2차 심의에서 지원단체의 설명과 추가적인 질의응답이 있기는 했으나, 발표기관의 응답내용에 의존할 수밖에 없다. 지원기관이 선정기준을 알고 있고 선정기준에 맞추어 자신들의 능력을 과대 포장할 경우 정보비대칭으로 인한 역선택(adverse selection)이 발생할 가능성이 높아진다.

이러한 문제 때문에 객관적이고 합리적인 기준을 가지고 공정한 절차에 따라 위탁운영기관을 선정할 경우에도 부적합한 기관이 선정될 수 있다. 따라서 지원기관이 제출한 사업계획서에 문제가 있음이 나중에 밝혀지는 경우 이에 대한 책임을 강력하게 물을 수 있는 제도적 장치—예를 들면 계약취소 등—가 마련되어야 하며, 또한 엄격하게 집행되어야 한다.

5) 경쟁의 공정성

그동안 복지시설의 민간위탁이 많은 경우 수의계약으로 이루어짐으로 인해 능력과 의욕을 갖춘 민간단체가 선정되지 못하는 사례가 많이 발생하였다. 이는 제공되는 복지서비스의 질 저하로 나타났다(김순양, 1999). 이러한 현상은 경쟁의 공정성이 확보되지 못하는 데 그 원인이 있다. 경쟁의 공정성은 위탁운영기관 모집의 공개성, 선정기준과 신청자격의 명확성, 그리고 혹시 선정과정에서 생산되는 정보에 대한 접근의 동등성이 모든 지원기관에게 보장될 때 가능해진다. 다시 말해서, 어느 민간단체이든 자격을 갖추고 있으면 동등한 조건에서 지원할 수 있어야 한다.

서울시는 경쟁의 공정성을 확보하기 위하여 모집공고안을 2개 일간지에 공고하였으며, 한 차례의 설명회를 통해 청소년 위탁운영계획에 대한 전반적인 설명을 하였다. 특히 수탁능력을 갖춘 단체는 2개 이상의 시설에 신청이 가능하도록 하였다. 또한 선정된 후 시설을 운영함에 있어 준수해야 할 원칙과 중요한 선정기준을 알려주었

---

15) 이러한 문제는 정부가 발주하는 여타의 사업에서도 같은 문제로 작용한다. 선정심의위원이 지원기관을 방문하여 그 기관의 운영능력을 평가하는 것이 바람직하기는 하나 현실적으로 시간적인 제약이 따르며, 그 과정에서 지원기관의 로비가 선정에 영향을 미칠 가능성이 높아진다. 예를 들면, 행정자치부가 추진하고 있는 민간단체 보조금 사업의 경우에도 지원기관이 너무 많아 시간적 제약으로 현실적으로 불가능했으며, 로비를 차단하기 위하여 선정위원들이 일정기간 외부와 단절한 상태에서 선정심의를 하였다.

으며, 평가에 필요한 자료의 준비도 요구하였다.16) 이러한 모든 노력은 경쟁의 공정성을 확보하기 위한 서울시의 긍정적인 노력으로 평가된다.

3. 계약체결

1) 계약조건

협약서의 내용은 크게 두 가지 관점에서 평가해야 한다. 하나는 민간위탁은 정부시설의 운영을 위탁하고 보조금도 지급하는 것이므로, 위탁운영기관이 민간위탁의 목적을 제대로 달성하는지 여부를 정부가 철저하게 지도·감독하여야 한다는 관점이다. 다른 하나는 민간의 효율성과 전문성을 활용하기 위하여 민간위탁을 하는 것이므로 위탁운영기관이 책임감을 가지고 자율적으로 서비스를 제공하도록 해야 한다는 관점이다.

지도·감독을 철저히 해야 한다는 첫 번째 관점에서 보면, 협약서에는 서울시가 청소년시설의 민간위탁 목표를 달성하는 데 필요한 내용들이 분명하고 구체적으로 명시되어야 한다. 만약 시설별로 재정립된 기능을 수행하는 데 필요한 구체적이고 분명한 준수사항과 조건이 협약서에 명시되지 않는 경우 계약이 체결된 후에 위탁운영기관의 도덕적 해이(moral hazard)가 발생할 수 있다. 협약서에 '협약의 해지' 조항이 있기는 하나 이는 협약서에 수록된 위탁사업을 소홀히 할 경우에만 해당된다.

협약서의 내용을 평가해 보면, 일반적인 지도감독에 관한 조항은 대부분 포함하고 있다. 그러나 서울시가 시대의 변화에 따라 적절한 청소년복지서비스를 효과적으로 제공하고 서울시의 예산도 이전보다 줄여가겠다는 민간위탁의 의도는 제대로 반영하지 못하고 있다. 선정기준의 하나로 지원기관의 재정적 부담능력이 포함되어 있으며, 설명회에서도 사업계획서 제출시 전체소요예산과 자체부담액 및 지원요구액을 구분하여 작성하여 제출하도록 요구하였다. 그러나 협약서에는 선정된 위탁운영기관이 사업계획서에서 제시한 자체부담액에 대한 구체적인 언급이 없이, 시설운영비용은 서울시 보조금, 시설운영에 따른 수익금, 위탁운영기관의 자부담으로 충당한다는 원칙만을 표방하였다.

이러한 문제는 공정하고 독립적인 선정심의위원회가 계약체결과정에 전혀 관여하지 못하고, 담당공무원의 독자적인 판단에 따라 계약조건이 결정되었기 때문이다.

---

16) 예를 들면, 사업계획서 제출 시 전체소요예산과 자체부담액 및 지원요구액을 구분하여 작성 제출하도록 요구하였다.

부실한 계약조건은 향후 위탁운영기관이 민간위탁의 목표를 달성하지 못할 경우 계약을 해지하기 어렵게 만드는 요인으로 작용할 우려가 있다. 현실적으로 대부분의 경우 한 번 위탁이 되면 재계약이 자동적으로 이루어지고 있으며, 문제가 있다고 판단되는 경우에도 정치적 영향으로 인해 재계약시 계약해지는 거의 발생하지 않고 있다.17)

운영의 자율성이라는 두 번째 관점에서 보면 위탁운영기관에 대한 일방적인 의무사항만을 부과하고 있다. 이용자나 참여자로부터 사용료를 징수할 경우, 사용료는 사업수행에 필요한 최소한의 비용으로 하되 서울시의 승인을 받도록 하였다. 청소년 복지가 가지는 공공성을 생각해 볼 때 민간위탁운영기관이 일방적으로 사용료를 정하여 징수하는 것은 무리가 있다고 생각하나, 합리적인 근거가 제시될 경우에는 사용료 징수의 융통성을 부여해주는 방안도 생각해 볼 수 있다. 서비스 제공 실적에 대한 평가를 강화함으로써 사전적인 규제보다는 사후적인 규제를 강화하는 방향으로 나아가야 한다. 특히 일상적인 보고나 회의참석 등 행정적인 사항에서 자유롭게 해 줄 필요가 있다.18)

2) 예산배정

계약체결과정에서 나타나는 가장 큰 문제 중의 하나는 응모할 때 제출한 사업계획예산과 정부보조금이 배정된 후의 사업계획예산 간에 차이가 발생한다는 점이다. 거의 대부분의 경우 정부보조금이 확정된 후의 사업계획예산이 당초 사업계획예산보다 훨씬 적다.19) 이 경우 선정된 위탁운영기관의 입장에서는 요청한 만큼의 정부보조

---

17) 정윤수·허만형(1999)은 서울대학교병원에서 위탁운영하고 있는 서울시립보라매병원을 대표적인 사례로 들고 있다.

18) 청소년 직업체험센터의 경우 기존의 개념으로는 이해하기 어려운 새로운 사업이 많으므로 기존의 틀로 지도·감독하기 어렵다고 하였다. 또한 청소년 성문화센터의 경우 선정된 위탁운영기관이 그동안 NGO로서 역할을 수행하여 왔으므로, 서울시에 모든 프로그램과 센터장의 외부강의 등에 대한 보고를 일일이 해야 한다는 점이 프로그램의 다양성과 확대가능성을 막는 결과를 초래할 수 있다고 하였다(선정된 위탁운영기관 대표들과의 면담내용). 그 결과 청소년 성문화센터의 경우 처음에 위탁기관으로 선정된 민간단체가 운영을 포기하였으며, 2001년부터는 YMCA가 운영을 위탁받아 청소년 성교육·성상담 전문기관으로 운영하고 있다.

19) 이러한 사례는 행정자치부가 1999년부터 시행하는 민간단체 보조금 사업에서도 똑같이 발생하였다. 정부가 책정한 예산은 150억 원이었던 반면에, 선정된 단체들이 요청한 예산의 총액은 900억 원이 넘었다. 사업간의 우선 순위와 중요성을 판단할 수 있는 기준마련이 현실적으로 어려워, 어쩔 수 없이 지원금액에 비례하여 예산을 일률적으로 삭감하는 방안으로 문제를 해결하였다(행정자치부 담당공무원 A씨와의 면담내용).

금이 배당되지 않았기 때문에 원래의 사업계획대로 수행할 수 없다는 논리를 제시하게 된다. 이에 따라 선정된 후 수정하여 제출하는 사업계획안은 응모할 당시의 계획안과 많이 달라진다. 이는 곧 민간위탁의 목표를 달성하지 못하는 결과를 초래하게 되며, 당초의 선정기준에 따라 다시 평가할 경우 기준에 미달할 가능성도 있다.

서울시 청소년시설 민간위탁 사례에서도 이러한 문제가 발생하였다. <표 3>에서 보는 바와 같이 당초예산액과 최종예산액 간에는 많은 차이가 있다. 청소년 성문화센터를 제외하고는 수정된 사업예산이 당초예산의 절반에 미치지 못하고 있다. 1999년의 사업기간이 6개월이기 때문에 당초예산액보다 적을 수밖에 없으나 초기 시설비가 많이 든다는 점을 고려할 때 절반보다 작다는 것은 문제가 있다. 특히 청소년 직업체험센터와 중랑청소년 수련관은 40%에 불과하다. 또한 시보조금의 배분에 있어 합리적 기준이 적용되었는지에 대해서도 의문이 간다. 사업예산액이 비슷한 청소년 정보문화센터와 청소년 직업체험센터를 비교해 보면 시설비에 있어 정보문화센터(336,542천원)가 청소년 직업체험센터(57,585천원)의 약 6배에 달함에도 불구하고 시보조금은 오히려 100,000천원이 적게 배정되었다. 이러한 문제는 기본적으로 사업계획에 대한 분석능력이 충분하지 못한 담당공무원의 판단에 예산배정이 전적으로 맡겨져 있었기 때문으로 판단된다.

표 3 청소년 민간위탁시설 예산 현황

(단위: 천원)

구분	예산과목	청소년 정보문화센터	청소년 직업체험센터	청소년 성문화센터	중랑 청소년수련관
예산액 (당초예산액)		642,130 (1,139,000)	634,900 (1,608,000)	158,579 (103,000)	697,516 (1,858,000)
세입	사업수입	42,130	25,710	22,000	145,516
	시보조금	500,000	600,000	83,000	550,000
	법인부담금	100,000	3,000	49,579	–
	기타 수입	–	6,190	4,000	2,000
세출	사업비	29,250	194,750	41,280	201,978
	인건비	66,301	210,545	32,879	190,943
	관리비	200,718	172,020	40,575	280,515
	시설비	336,542	57,585	43,845	24,080
	예비비	9,319	–	–	–

자료: 서울특별시 문화관광국(1999b)에서 재구성한 것임.

4. 환경적 요인

1) 정치적 요인

정치적 요인은 위탁운영기관의 선정과정과 계약체결과정에 모두 영향을 미치는 중요한 것으로 정치적 로비와 기타 정치적 제약요인으로 분류해 볼 수 있다. 신청민간단체가 시도할 수 있는 정치적 로비는 담당과장보다 상위직급인 공무원 혹은 의회를 통한 간접적 로비와 선정심의위원에 대한 직접적 로비로 분류해 볼 수 있으나 객관적인 자료를 가지고 평가하기는 어렵다. 서울시 직영 청소년시설 민간위탁의 경우 위탁운영기관 선정과정에서는 선정심의위원회가 공개된 객관적인 선정기준에 따라 독립적으로 심의·결정하였기 때문에, 선정심의위원회가 구성되지 않았던 이전보다 정치적 로비의 영향이 적었던 것으로 평가된다. 이에 반해 계약체결과정은 담당과가 주도함으로 인해 계약체결과정에서 생길 수 있는 로비를 막는 제도적 장치가 상대적으로 부족한 것으로 평가된다.

직영 청소년시설의 민간위탁은 기존의 청소년시설에 근무하던 공무원들의 고용 승계를 민간위탁의 조건으로 내세웠다. 이에 따라 선정된 위탁운영기관은 새로 정립된 기능에 맞지 않는 인력을 받아들여야 했다. 민간위탁으로 직장을 잃게 될 공무원의 입장은 이해되나, 이러한 제약조건은 근본적으로 민간단체의 전문성을 활용하여 청소년 복지서비스를 적은 비용으로 효과적으로 제공하고자 하는 민간위탁의 기본정신에 크게 위배되는 것이다. 협약서에도 근무하는 직원수의 범위 내에서 고용승계를 하여야 한다는 것을 수탁자의 의무조항으로 삽입하였다. 사업계획예산에서 차지하는 인건비의 비중이 적지 않다는 점을 고려할 때 위탁운영시설의 비효율적 운영을 서울시가 민간위탁의 초기단계에서부터 오히려 부추기는 결과를 가져왔다고 볼 수 있다.[20]

2) 시장적 요인

청소년시설을 위탁받아 운영할 수 있는 능력을 갖춘 관련 민간단체가 시장에 얼마나 존재하고 있으며, 전문적 역량이 어느 정도 되는지는 민간위탁의 성공 여부를 좌우하는 중요한 요인이다. 서울시 청소년시설의 경우 시설별로 차이가 있기는 하나 평균 8:1의 수탁경쟁률을 보였다.[21] 그러나 신청한 민간단체 중 청소년복지서비스 관련

---

20) 기존 시설에 근무하던 일반직 공무원과 자진해서 퇴직하는 별정직 공무원을 제외하면 고용을 승계해야 하는 인원은 얼마되지 않는다고는 하나(서울시 담당공무원 B씨와의 면담내용), 위탁운영기관이 처음부터 운영의 낭비요소를 가지고 출발하였다는 점은 부인할 수 없다.

실적이 전혀 없는 단체도 있었으며, 이들이 중복지원한 것을 고려할 때 수탁경쟁률은 그렇게 높은 편이 아니었다. 이것은 아직도 역량을 갖춘 청소년복지 관련 민간단체가 많이 존재하고 있지 않다는 것을 단편적으로 보여준다. 또한 이것은 서울시가 새로운 기능의 청소년시설에 대한 필요성을 인지하여 이전과는 다른 새로운 비전을 제시하고 문화적 감성, 정보화 능력 및 전문적 직업능력을 배양할 수 있는 공간과 프로그램을 제공하고자 하였기 때문이기도 한다.

3) 시간적 요인

민간위탁은 공고가 난 후 계약이 체결되기까지 2－3개월의 기간이 소요되며, 계약이 체결되면 다음날부터 시설을 운영해 나가야 한다. 특히 선정발표가 난 후 계약체결까지의 시간은 1개월도 되지 않는다. 이렇게 짧은 기간 동안에 인력을 충원하고 충분한 사업계획을 수립해 나갈 수 있을지가 의문이다.

서울시 청소년시설 민간위탁사례도 다른 복지시설의 경우와 마찬가지로 선정된 위탁운영기관이 충분한 준비를 갖추지 못한 채 계약을 체결하였다. 일부 기관의 경우 계약이 체결된 후에도 구체적인 사업실행계획이 전혀 없는 상태였다. 세부실행계획에는 서비스 대상이 되는 청소년들의 수요와 욕구를 충분히 고려하여야 하므로, 선정된 후에 시간적 여유를 가지고 개관을 준비하며, 개관 즉시 본격적인 업무수행이 진행될 수 있도록 하여야 한다.

V. 위탁운영기관 선정에 주는 시사점

이제까지 서울시 청소년시설 민간위탁을 사례로 하여 위탁운영기관 선정과정을 선정과정상 요인, 계약체결상 요인, 환경적 요인으로 나누어 평가해 보았다. 전체적으로 볼 때 서울시의 청소년시설 위탁운영기관 선정은 여러 측면에서 이전의 경우보다 투명하고 공정하게 수행되기는 하였으나 여전히 고쳐야 할 많은 문제점을 가지고 있는 것으로 나타났다. 어떤 문제는 쉽게 풀 수 있는 문제인 반면에 또 다른 문제는 근본적으로 풀 수 없는 문제이기도 하다. 서울시 청소년 시설 민간위탁 사례분석은

---

21) 시설별 위탁운영 신청접수 현황은 다음과 같다.

시설명	청소년정보문화센터	청소년직업체험센터	청소년성문화센터	중랑청소년수련관
접수단체수	10	10	5	8

위탁운영기관 선정과 관련하여 다음과 같은 시사점을 제공해 주고 있다.

첫째, 민간위탁의 목표를 극대화하기 위해서는 관련 서비스의 수급과 연계방안에 대한 전체적 그림을 가지고 접근하여야 한다. 서울시 사례는 이러한 전체적인 그림이 없이 선정과정이 진행되어 제한된 범위 내에서의 선택이 이루어질 수밖에 없었다. 민간위탁방침과 민간위탁의 목표를 결정하기 전에 우선 위탁하고자 하는 서비스에 대한 수요파악과 함께, 현재 제공되고 있는 관련 서비스의 현황과 관련 민간단체의 수탁능력에 대한 정확한 자료를 파악하는 작업이 선행되어야 한다. 이와 함께 민간위탁의 목표를 설정함에 있어 개별 시설별로 바람직한 목표를 설정함과 동시에 유사한 기능을 수행하는 여타 시설과의 연계방안도 고려하여야 한다. 더 나아가 유사한 기능을 하는 민간프로그램과의 연계 네트워크 구축도 추진하여야 한다.

둘째, 위탁운영기관 선정과정의 정치성을 최소화하고 합리성을 최대화하기 위한 조치를 강구하여야 한다. 위탁운영기관으로 선정될 경우 받게 되는 여러 가지의 이득을 생각할 때 현실적으로 로비가능성을 완전히 배제할 수는 없다. 문제는 어떻게 하면 로비로부터의 영향을 최소화하고 보다 독립적인 합리적 선택이 이루어지도록 하느냐는 것이다. 로비영향력의 차단을 위한 조치로서 선정심의위원회의 독립성을 최대한 보장하되 정치적 영향을 받기 쉬운 정치인이나 공무원의 수는 가능하면 줄이는 것이 바람직하다. 특히 최고의사결정자가 로비불가에 대한 강한 의지와 선정심의위원회의 독립성 확보를 공식적으로 표방할 때 그 효과를 높일 수 있다.

셋째, 위탁운영기관 계약체결과정의 투명성과 합리성을 높여야 한다. 선정과정에서는 선정심의위원회의 전문성과 독립성의 보장을 통해 어느 정도 합리적인 선택을 가능하게 할 수 있으나 계약체결과정에서는 위원회가 배제되어 공무원들의 자의적인 판단이 개입될 가능성이 높다. 그 결과 서울시 사례에서 보는 바와 같이 보조금 배정이 불합리하게 이루어졌으며, 중요한 선정기준이었던 법인의 재정부담능력이 계약서의 내용에 포함되지 못하였다. 이러한 문제를 해결하기 위해서는 계약체결과정에도 선정심의위원회가 관여하도록 하여 선정과정에서 논의되고 결정된 사항들이 계약서 내용과 예산배정 등에 충분히 반영되도록 하여야 한다. 이와 함께 계약체결을 담당하는 공무원들의 사업계획 분석능력을 향상시키고, 보조금 배정에 대한 합리적인 기준도 마련하여야 한다.

넷째, 평가의 정확성과 공정성을 확보할 수 있는 평가방법에 대한 논의가 활발히 진행되어야 한다. 최근에 수행되는 정부의 사업기관선정과 관련한 평가작업은 많은 경우 서면평가에 의존하고 있다. 시간적 제약과 로비가능성 차단을 주된 이유로 내세우고 있으나, 서면평가는 정확한 평가가 어렵다는 치명적인 약점을 가지고 있다. 신뢰성과 타당성이 높은 완벽한 평가지표를 개발하는 것 자체도 힘들지만, 설령 그러한 평가지표를 개발하였다고 하더라도 어떤 형태로든지 간에 현장평가가 이루어지지 않고서는 신청기관의 수탁능력에 대한 정확한 정보를 파악하기 어렵다. 서울시 사례에서도 현장방문이 없이 서류평가에 의존한 관계로 응모한 민간단체의 역량에 대한 보다 구체적인 정보를 얻지 못한 채 위탁운영기관이 선정되었다. 이러한 정보비대칭 문제를 해결하기 위해서는, 선정심의를 두 단계로 나누어 1단계에서는 서류심사를 통해 일정한 수의 후보를 결정하고 2단계에서는 후보민간단체를 직접 방문한 후 최종 선정을 하는 방안을 적극 검토하여야 한다.

다섯째, 위탁운영기관 선정작업이 충분한 시간적 여유를 가지고 진행되어야 한다. 이는 두 가지 측면에서 의미를 갖는다. 하나는 응모하는 민간단체가 위탁되는 서비스에 대한 충분한 조사를 통해 보다 체계적인 사업계획서를 제출할 수 있기 때문이다. 다른 하나는 위탁운영기관으로 선정된 민간단체가 여유를 가지고 서비스 제공을 위한 충분한 준비를 할 수 있기 때문이다. 서울시 사례에서도 급박한 일정에 따라 선정작업이 이루어진 관계로 응모하는 민간단체의 사업계획서 수준이 낮은 것이 많았으며, 위탁운영기관으로 선정된 민간단체의 준비가 미비하여 계약이 체결된 후에도 서비스의 제공이 개시되지 못하는 사태가 발생하였다. 이러한 문제점을 고려해 볼 때 위탁운영기관으로 선정된 민간단체들이 충분한 준비를 갖추도록 하기 위해서는 위탁운영기관 선정작업이 최소한 위탁업무 수행 3-6개월 전에 끝나도록 해야 한다. 또한 위탁공고 후 접수마감까지 충분한 기간을 두어 신청기관들이 보다 알찬 사업계획서를 만들 수 있도록 하여야 한다.

마지막으로, 협약서의 내용과 관련하여서는 지도감독과 자율적 운영 간에 적절한 조화를 통해 당초 민간위탁을 하기로 했을 때의 목표를 달성하는 데 초점이 모아져야 한다. 따라서 위탁운영기관의 프로그램 및 활동이 위축되지 않는 범위 내에서 이에 대한 철저한 지도감독사항을 협약서에 포함하여야 한다. 그러나 위탁운영기관이 민간위탁 목적을 달성하는 데 필요한 사업이나 활동인 경우에는 융통성을 발휘하여 신속하게 실현될 수 있도록 하는 제도적 장치를 마련해 주어야 한다.

VI. 맺음말

정부의 개혁을 평가해보고 개선방향을 제시하는 논의가 최근 활발하게 진행되고 있는 것은 참으로 바람직한 일이다. 그러나 개혁의 방향과 구체적 방안에 대한 비판과 토론은 많이 있었지만 개혁의 실질적인 집행과정에 대한 논의는 충분히 이루어지지 않고 있다. 그 결과 개혁 집행과정의 많은 부분이 전혀 공개되지 않은 상태에서 개혁의 목표를 달성하지 못한 채 진행되고 있다. 서울시 청소년시설 민간위탁 사례는 이러한 우리의 현실을 잘 보여주고 있다. 전체적으로 볼 때는 이전보다 훨씬 공개적이고 투명하게 위탁운영기관이 선정된 것으로 평가된다. 그러나 선정과정상의 요인, 계약체결상의 요인, 그리고 환경적 요인에 대해 제대로 대응할 수 있는 제도적 장치를 갖추고 있지 못함으로 인해 민간위탁의 목표를 제대로 달성할 수 있을지가 의문시된다. 이에 대한 보다 다양한 사례분석과 체계적인 연구를 통해 개혁의 집행과정에서 개혁의 목표를 달성할 수 있는 방안을 지속적으로 개발해나가야 한다. 그렇지 않을 경우 아무리 선정기준의 합리성과 절차의 공정성 및 투명성이 확보되더라도 수탁능력이 부족한 민간단체가 선정될 가능성은 상존하게 되며, 적합한 위탁운영기관이 선정된 후에도 기대하는 만큼의 서비스를 제공하지 못하는 사례가 발생하게 된다.

서울시 청소년시설 위탁운영기관 선정과정 사례 분석은 민간위탁과정의 근본적인 접근방법, 선정과정의 정치성과 합리성 등 거시적인 측면에서부터 계약체결과정의 투명성, 정확하고 공정한 평가방법, 시간적 요건, 협약서 내용 등 실제적인 문제에 이르기까지 많은 시사점을 던져주고 있다. 다만, 민간위탁을 둘러싼 행위자들 간의 역동적 관계에 대한 분석이 빠져 있는 점이 아쉬운 부분이라고 하겠다.

앞으로 복지시설이나 다른 정부시설의 민간위탁이 계속적으로 추진될 계획이므로 본 연구에 더하여 위탁운영기관 선정과정에 대한 보다 체계적이고 심도있는 사례연구가 계속적으로 진행되었으면 한다. 또한 복지시설의 서비스제공단계에 대한 보다 체계적인 평가작업도 함께 진행되어 복지시설의 민간위탁 전반에 대한 종합적인 평가분석모형이 확립되었으면 한다.

참고문헌

김순양. (1998). "사회복지서비스 공급 민영화의 성공요건 고찰: 사회복지관 시설의 민간위탁과정을 중심으로". 「한국정책학회보」, 7(3): 87-120.

김승현. (1998). "지방자치단체의 복지서비스 계약공급에 관한 연구: 노원구의 위탁시설을 중심으로". 「한국행정학보」, 32(3): 145-160.

김원. (1985). "도시공공서비스의 민간공급이론과 그 적용가능성에 관한 연구". 「국토계획」, 20(1): 41-46.

김인. (2011). "지방정부 고용서비스 민간위탁의 경쟁, 유인, 성과평가가 서비스 질에 미치는 영향: 사회복지서비스를 중심으로". 「한국행정논집」, 23(2): 605-633.

김주애. (2012). "지방공공서비스 민간위탁 도입 요인에 관한 연구, 정치-경제학적 접근을 중심으로". 「한국행정학보」, 46(4): 293-323

_____. (2012). "민간위탁 성과와 관리요인의 관계에 대한 계약기간의 조절효과 검증: 서울시 시설위탁에 대한 패널분석". 「행정논총」, 50(4): 163-194.

김준기·김주애. (2011). "지방공공서비스 민간위탁 결정의 영향요인에 관한 연구: 지방정부 수준에서 정치적 요인의 역할에 대한 검증". 「행정논총」, 49(3): 27-57.

남치호. (1989). "지방행정서비스의 민간공급가능성". 「한국행정학보」, 23(2): 557-577.

박경원. (1989). "민간부문과의 계약을 통한 도시서비스 공급방안에 관한 연구". 「한국행정학보」, 23(2): 771-794.

박경효. (1992). "공공서비스 생산의 민간화에 대한 평가". 「한국행정학보」, 25(4): 459-479.

박순애. (2009). "민간위탁 단계별 영향요인에 관한 연구:국내·외 민간위탁 연구에 대한 내용분석을 중심으로". 「행정논총」, 47(1): 101-131.

박천오·박경효. (1996). 「한국관료제의 이해: 현상과 변화」. 서울: 법문사.

박재희. (1998). 「행정서비스 공급방식 다원화 방안」. 한국행정연구원.

서울시 문화관광국. (1999a). 「시립청소년시설 민간위탁 선정심의위원회 회의자료」.

_____. (1999b). 「청소년시설 민간위탁 추진현황」.

서울시정개발연구원. (1998). 「서울시 복지관 프로그램 운영 및 개선방안」.

서울특별시. (1999). 「청소년 건전육성 1998년도 시행계획」

서울특별시 시정개혁실무위원회. (1998). 「구조조정 검토초안」.

서울특별시 시정개혁위원회. (1998). 「사업소 및 출연기관 구조조정안」.

서울특별시 청소년과. (1999). 「서울시 직영 청소년시설 민간위탁 추진관련 시설별 기능재정립을 위한 자문 및 의견수렴」.

이성우. (1998). "정부기능의 민간위탁 확대방안". 「한국정책학회보」, 7(3): 31-51.

정윤수·허만형. (1999). "시립병원 의료서비스의 공공성 분석". '99한국정책학회·한국

행정학회 하계학술대회 발표논문.

허만형·정윤수. (1999). "복지정책집행의 관점에서 본 공공복지서비스의 평가: 서울시 복지사업소 복지남용 사례". 「한국행정학보」, 33(1): 63-79.

현승현·윤성식. (2011). "지방자치단체 민간위탁의 경쟁성 및 결정요인 분석: 사회복지 분야 민간위탁을 중심으로". 「한국지방자치학회보」, 23(2): 5-27.

Chi, Keon S. and Cindy Jasper. (1998). Private Practices: A Review of Privatization in State Government. Lexington, NY: Council of State Governments.

Dilger, Robert Jay, Randolph R. Moffett, and Linda Struyk. (1997). Privatization of Municipal Services in America's Largest Cities. Public Administration Review 57(1): 21-26.

Donahue, John D. (1989). The Privatization Decision: Public Ends, Private Means. New York, NY: Basic Books.

Kolderie, Ted. (1986). Two Different Concept of Privatization. Public Administration Review 46(4): 285-291.

Miller, Hugh T. (1998). The Irony of Privatization. Administration & Society 30(5): 513-532.

Miranda, Rowan and Allan Lerner. (1995). Bureaucracy, Organizational Redundancy, and the Privatization of Public Services. Public Administration Review 55(2): 193-200.

Savas, E. S. (1987). Privatizing; the Key to Better Government. Chatham, New Jersey: Chatham House Publishers, Inc.

Wallin, Bruce A. (1997). The Need for a Privatization Process: Lessons from Development and Implementation. Public Administration Review, 57(1): 11-20.

▶ ▶ ▶ **논평**

허만형(중앙대학교 공공인재학부 교수)

1. 서 론

IMF 외환위기를 겪으면서 우리 사회의 공공영역은 효율성 제고를 위한 거대한 실험장이었다. 공기업의 민간매각, 규제개혁, 정리해고 등 외환위기를 극복하고 정부 실패를 해결할 다양한 정책수단이 쏟아져 나왔다. 민간위탁도 그런 정책수단 중 하나 였다. 당시 복지시설의 민간위탁에 관해서는 복지의 무분별한 시장화라는 비판이 제 기되기도 했지만 사회적 분위기에 편승하여 그대로 진행되는 경향이 강했다. 저자는 평가라는 방법을 동원하여 복지시설의 민간위탁 과정에 효율성뿐만 아니라 공익성을 어떻게 반영해야 하는지에 대해 잘 제시해주고 있다. 따라서 이 논문은 학술지에 실린 지 15년이 더 지났음에도 그 시각에 균형이 살아 있고, 내용면에서 여전히 새롭다.

민간위탁 과정에 대한 평가를 실시할 경우 대체로 위탁기관 선정의 공정성에 초 점을 맞추는 경향이 있는데 이 논문은 민간위탁 결정단계, 민간위탁운영기관 선정단 계, 서비스제공단계로 나누어 접근을 시도하였다는 방법론상의 장점도 의미가 있다. 위탁기관 선정단계에 대한 평가요소로 정치적 요인과 합리적 요인을 동시에 제시함 으로써 평가는 합리성을 바탕으로 실시되어야 하지만 정치성 또한 배제할 수 없다는 점도 평가분석틀에 잘 반영되어 있다.

복지시설의 민간위탁에 대해서는 조심스럽게 접근해야 할 필요가 있다. 복지영역 이 가지고 있는 공공성이 민간위탁으로 훼손될 가능성이 있기 때문이다. 그런데 이 논문에서는 복지시설의 민간위탁이 복지기능을 제고할 수도 있다는 점을 제시함으로 써 균형 잡힌 논지의 끈을 놓지 않고 있다. 저자는 서울시 복지시설의 민간위탁이 결 정된 이유를 "조직진단 결과 청소년사업관은 사업목적이 불분명하고, 근로청소년회관 은 여성근로청소년들에 대한 복지기능을 수행하지 못하고 오히려 복지남용을 초래하 고 있는 것으로 나타났다"고 밝히고 있다.

2. 주요내용

1) 개 요

저자가 밝히고 있듯이 이 논문은 "복지서비스는 다른 분야에 비해 민간위탁이 많이 진행되었음에도 불구하고 민간위탁에 대한 평가는 제대로 이루어지지 않았다"는 문제의식에서 출발했다. 연구대상은 서울시가 직영하던 청소년사업관, 남부근로청소년회관, 그리고 동부근로청소년회관과 같은 3개 기관이다. 남부근로청소년회관은 청소년직업체험센터와 청소년성문화센터라는 두 개의 기관으로 운영되고 있었다. 질적 분석 결과를 바탕으로 작성되었으며, 담당공무원과의 면담, 선정된 위탁운영기관 대표들과의 면담, 청소년시설 민간위탁 선정심의위원과의 면담 및 회의자료, 관련 보도자료 등 다양한 자료를 활용하였다.

민간위탁 과정에 대한 평가 결과를 이 논문에서는 다음 여섯 가지 사항으로 정리하고 있다. 첫째, 민간위탁의 목표를 극대화하기 위해서는 관련 서비스의 수급과 연계방안에 대한 전체적 그림을 가지고 접근하여야 한다. 둘째, 위탁기관 선정과정의 정치성을 최소화하고 합리성을 최대화하기 위한 조치가 필요하다. 셋째, 위탁기관 계약체결과정의 투명성과 합리성을 높여야 한다. 넷째, 평가의 정확성과 공정성을 확보할 수 있는 평가방법에 대한 논의가 활발히 진행되어야 한다. 다섯째, 위탁기관 선정작업은 충분한 시간적 여유를 가지고 진행되어야 한다. 여섯째, 협약서의 내용과 관련하여 지도감독과 자율적 운영 간에 적절한 조화를 통해 당초 민간위탁을 하기로 했을 때의 목표를 달성하는 데 초점이 모아져야 한다. 이상 분석 결과를 바탕으로 저자는 민간위탁을 정부개혁의 하나로 보고 다음과 같은 결론을 내리고 있다.

"집행과정에 대한 논의가 충분히 이루어지지 않아 개혁 집행과정의 많은 부분이 공개되지 않은 상태에서 개혁의 목표를 달성하지 못한 채 진행되고 있다. 서울시 청소년시설 민간위탁 사례는 이러한 우리의 현실을 보여주고 있다. 전체적으로 볼 때는 이전보다 공개적이고 투명하게 위탁기관이 선정된 것으로 평가된다. 그러나 선정과정상의 요인, 계약체결상의 요인, 그리고 환경적 요인에 대해 대응할 수 있는 제도적 장치를 갖추고 있지 못해 민간위탁의 목표를 제대로 달성할 수 있을지가 의문시된다."

2) 최근 상황과의 비교

민간위탁에 대한 의사결정은 크게 두 가지로 나눌 수 있다. 하나는 '무엇을 위한 민간위탁이냐'라는 영역이고, 다른 하나는 '무엇을 민간위탁 대상으로 하느냐'라는 영역이다(Ferris and Graddy, 1986). 전자에 대한 답변의 논리적 근거는 복지서비스의 효율적 제공이어야 하며, 후자에 대한 논리적 근거는 민간위탁을 고려중인 대상 복지서비스의 친시장성 여부이다. 이 두 가지 조건이 충족되어야 복지시설이나 서비스의 민간위탁이 기대한 수준의 성과를 낼 수 있다. 우리나라에서는 사례가 많지 않아서인지 복지시설이나 서비스의 민간위탁에 대한 의사결정의 정당성에 대한 연구가 대부분이고, 성과에 초점을 맞춘 연구가 많지 않았다.

복지시설이나 서비스의 민간위탁 정당성에 대한 연구는 2011년에 학술지에 게재된 박윤희·박천오의 논문이 있었다. 경기도 K시의 종합사회복지관의 민간위탁 사례를 위임자-대리인 이론의 관점에서 분석한 이 논문에서도 복지서비스 분야에서는 민간위탁이 비경쟁적으로 이루어지고 있어 긍정적 효과를 기대하기 어렵다는 회의적 시각에 동의한다는 정도의 연구결과가 나왔다. 민간위탁의 성과에 대한 연구가 있기는 하였지만 복지시설이나 복지서비스의 민간위탁을 대상으로 하지 않고 일정기간에 시행된 지방자치단체의 시설위탁 대상으로 분석한 연구였다. 이 논문에서는 이용자 비율과 이용자 만족도를 민간위탁의 성과로 범주화시키고 있다(김주애, 2012)는 점이 특징이었다.

그러나 미국이나 유럽 등지에서는 복지시설이나 서비스의 민간위탁이 활발하게 이루어지고 있으며, 성과평가에 대한 연구도 활발한 편이다. 미국에서는 2001년 이후 근로복지(Wekfare to Work) 관련 서비스에 대한 대대적인 민간위탁이 실시되었으며, 성과평가에 대한 연구도 다양하게 나왔다. 그 결과 복지서비스 제공과정에서의 경쟁 메커니즘 도입은 얼핏 보기에는 경쟁의 장점을 살린 의미 있는 접근법이라고 말할 수 있지만 위탁기관으로 선정된 그 순간부터 경쟁에 대한 망각현상에 사로잡히는 경향이 있어 경쟁의 장점이 지속되기 어렵다는 문제가 제기되기도 했다(Finn, 2007). 한 걸음 더 나아가 민간위탁이 고용에 미치는 영향에 대한 연구에서는 근무조건, 임금수준, 일자리의 질, 직업만족 등에서 긍정적인 점보다는 부정적인 점이 더 많았다는 결론을 내리고 있다(Vrangbæk, Petersen, and Hjelmar, 2015). 그렇지만 민간위탁의 성과는 행정비용을 줄이고 복지서비스 제공과정에서 규모의 경제를 충분히 살릴 수 있다는 장점에 대해서는 대체로 동의(Finn, 2007)하고 있었다.

3. 향후 연구에 대한 제언

IMF 경제위기를 맞아 신공공관리론을 기반으로 정부와 공공부문에 대한 개혁이 진행되었고, 사회복지 시설이나 서비스의 민간위탁도 그 일환 중 하나였다. 그러나 최근 신공공관리론에 대한 회의론과 함께 신베버주의(neo-Weberianism)의 장점이 논의 되고 있다. 신공공관리론은 경쟁을 바탕으로 효율성을 제고한다고 믿고 있지만 경쟁의 기반환경이라고 할 수 있는 다원주의 때문에 오히려 낭비가 심화될 수도 있다고 회의론 자들은 주장한다(Dunleavy et al., 2006). 다원주의를 중시한다면 다양한 경쟁 참여자 사이의 이해관계 조정이 수반되고 이 조정과정에서 합리성이 약화되어 낭비가 심화될 수도 있다는 의미이다. 저자도 이와 유사한 맥락에서 위탁기관의 선정과정에서 정치 성을 최소화하고, 합리성을 최대화할 수 있는 조치를 강구할 것을 주장한다.

신공공관리론의 또다른 회의론은 공익성에 그 뿌리를 두고 있다. 정부와 공공부 문의 효율성을 지나치게 강조함으로써 정부관료제가 서야 할 토대를 잃고 있다는 점 이다(Politt and Bouckaert, 2011). 민간기관이 사회복지 시설이나 서비스를 전달할 경 우 과연 이 기관이 위탁기관이라고 하더라도 공익을 위한 독립적 행위자라고 주장할 수 있느냐라는 점이다. 신베버주의는 관료제가 가지고 있는 원래 모습을 되찾으면 신 공공관리가 가지고 있는 문제를 해결할 수 있다고 보지만 케인즈주의로의 회귀를 경 계한다. 규제강화로 정부 역할을 강화하려는 것이 아니라 공익성을 회복하는 것이 관 건이라는 점을 강조한다.

민간위탁기관 스스로 공익성을 회복할 수 있는 방안을 모색하는 것도 하나의 대 안이 될 수 있지만 이것이 어렵거나 불가능할 경우 신베버주의가 하나의 대안이 될 수도 있다는 점도 주목할 필요가 있다. 저자가 이 논문의 한계라고 스스로 밝히고 있 듯이 민간위탁을 둘러싼 행위자들 간의 역동적 관계에 대한 분석이 진행된다면 신공 공관리론에 대한 회의론 극복방안이 신베버주의인지 새로운 관점에서의 신공공관리 론인지에 대한 답이 일부나마 나올 수 있을 것으로 보인다.

참고문헌

김주애. (2012). "민간위탁 성과와 관리요인의 관계에 대한 계약기간의 조절효과 검증: 서울시 시설위탁에 대한 패널분석". 「행정논총」, 50(4), 163-194.

박윤희·박천오. (2011). "사회복지서비스 민간위탁 실태에 관한 진단: 경기도 K시 종 합사회복지관을 중심으로". 「지방행정연구」, 25(2), 79-102.

Dunleavy, P., Margetts, H., Bastow, S., and Tinkler, J. (2006). New public management is dead: Long digital−era governance.

Ferris, James, and Graddy Elizabeth. (1986). Contracting out: For what? With whom? Public Administration Review, 46(4), 332−344.

Finn, Dan. (2007). Contracting out welfare to work in the USA: Delivery lessions. The Centre for Economic and Social Inclusion, University of Portsmouth.

Pollitt, C., and Bouckaert, G. (2011). Public management reform: A comparative analysis−new public management, governance, and the neo−Weberian state. Oxford University Press.

Vrangbæk, K., Petersen, O. H., and Hjelmar, U. (2015). Is contracting out good or bad for employees? A review of international experience. Review of Public Personnel Administration, 35(1), 3−23.

찾아보기

ㄱ

가치기준　69

감응성의 세계　202

개발도상국가　239

개방형 임용제　346

개혁추진과정　378

개혁추진체제　374

결산심의　11

결정 또는 영향기능　48

결정유형　34

경쟁성　207

경제규제　67

경제기획원　94

경제기획원장관　12

경제성장률　93

경제체계　205

계급제　173

계약체결　411

계층적 관계의식(階層的 關係意識)　149

고위관료　112

공공부문 개혁　322

공공서비스 계약　329

공공의 문제　73

공공정책 평가연구　66

공공후생　70

공익　70

공정성　77, 89

과다권력소유　182

관동청　124

관료사　108

관료제　110

관료제의 병리현상　176

관료행태　147

관존민비　162

광주 민주화 운동　256

교부세　66

교섭단체　13, 14, 21, 42

교육개혁　366, 371, 382, 387

교육개혁의 성패　384

교육기회　239

국가　67

국가의 개입　73

국가적 맥락　353

국민통합　46

국세청　88

국정 감사　5, 29

국정운영의 핵심가치　340

국제통화기금(International Monetary Fund: IMF)　260

국회　22, 77

국회 예산심의의 기능　47

권력엘리트　79, 80

권위주의　162, 164

귀결성의 논리(a logic of consequentiality)　205

규범적 기대　8

규제 기관의 생명주기론　88, 89

규제정책　93

규제정책론　67

근대적 관료제　110

금융실명제　66, 80

기금관리기본법　346

기능수행(functioning)　245

기업통폐합조치　66

기초적 재화(primary goods)　245

긴급명령　65

긴급조치　77, 88

김용환　79

김정렴　79

ㄴ

남덕우　79

남양청　124

내부 내각　89

노동시장의 유연화　260

ㄷ

단기적 관심　201

대내적 관심　201

대만총독부　124

대만총독부관제　133

대외적 관심　201

대통령긴급명령　77, 78

도덕적 판단　95

독립규제위원회　67

ㅁ

명령·통제적 접근방법　96, 97

모순의 관리　210

모순의 관리가능성　200

모순의 관리자　226

모순의 불가피성　200, 203, 207

모순의 허용　211

무한회귀(infinite regress)　205

문제 공간(problem space)　223

문치주의　157

문항정제　287

문화적 유전자　223

미국 국회 세출위원회　6

미군정　248

민간위탁　399

민간위탁과정　399

민정국(장)관　127

민족주의　164, 168

민주성　77, 96, 97

민주주의　238

ㅂ

박정희　80, 88

발전국가론　238

배분적 형평　71, 85

배분적 형평성　96

법관　114, 128

법만능주의 164, 166

법정기일 11, 45

법치주의 76

복지국가 240

복지시설 399

본 회의 33

본부국장 114, 128

본회의 10

부분 합리성의 201

분업과 소위원회 20, 28

불신풍조 164, 166

비밀주의 96

비용편익분석 93

비용효과분석 93

ㅅ

사무차관제 330

사무총장 127

사유재산 76

사채 66, 75, 91

사채시장 85

사채액 80

사회발전(social development) 247

사회부조 242

사회적 평등 238

사회정의 238

사회정책 240

사후평가 94, 96

상임위원회 6, 10, 14, 23

상임위원회 예비심사 30

상임위원회 중심 5

상충 70

상충성 207

상호의존성 208

상호적합성 223

새마을 운동 239

생산성의 세계 202

생산적 복지 259

서울시 399

선정 399

선택적(selective) 264

성과주의 예산제도 347, 355

성과협약 331, 354

세계화 322, 323, 350

세입과 세출의 조정 32, 40, 42

소득재분배 76, 85, 92

소유의식 289

수렴타당도 287, 299

수입대체산업화 251

시민참여 97

10.26 사태 256

10월유신 66

시장경제체제 96

시장지향적 접근방법 92, 97

시행착오 220

시행착오의 체계화 221

식민지 관료제 110

신공공관리 322, 324

신제도경제이론 330

신테일러리즘 326

실패의 허용 213

실험보험 242

심리적 소유 281

심리적 주인의식   281

ㅇ

Amartya Sen   238

안병영   238

안정성과 전문성   28

야당   15, 46

야당의원   15

엘리트   111

엘리트주의   96

여당   15, 46

여당의원들   15

여성정책   258

여야총무단   13

역관계   70, 79, 96

역기능   89

역사의 예지   223

역사적 경험의 고유성   224

역사적 연속성   110

역할   7

역할 개념   4

역할분석   7

역할취득   8

역할취득과정   9

역할행태   8

연금   242

엽관주의   177

영향요인   371

예산결산위원회   12

예산결산위원회 종합심사   31

예산결산특별위원회   6, 10, 11, 22, 25

예산과 결산심의의 괴리   34

예산심의과정   29

예산심의절차   5

예산안 국회제출과 본회의   29

예산총액의 결정   50

오차수정   220

옹호자   23

요인   384

위원회제도   6

위탁운영기관   399

위탁운영기관 선정과정   405

유신헌법   80

유엔개발기구(United Nations Development Programme)   247

윤리체계   205

의료보험   242

의회의 기능   4, 47

이익표명   50

이해타당도   301

인간개발보고서   247

일반관료   112

일본인관료   108

일본주식회사(Japan Inc.)   93

ㅈ

자유시장경제체제   73

잠재력(capability) 이론   245

장기적 관심   201

장애인 보호정책   258

장영자 사건   93

재무부   88, 94

재정경제위원회   11, 18, 23

저항극복전략   387

저항요인   382

저항적 민족주의의식   170

전략적 관리 시스템   342

전략적 관리계   352

전문성과 안정성   21

전문위원   19, 28

전체합리성   201

절차   69

절차적 공정성   96

정당   13

정부개입   89

정부규제   68, 70

정부기업관계   93

정부의 시정연설   29

정부재창조   333

정책 네트워크   202

정책대안   75, 96

정책목표   92, 207

정책문화   89

정책성패   207

정책수단   80, 84, 85

정책의 내용   69

정책평가   69, 95

정책평가연구   94

정책형성   48

정치문화   147

정치와 거버넌스   336

정치적 쟁점   46

정치적 쟁점과 예산안심의   45

정치체계   205

정치행정문화   147

정통성의 부여   49

정통성의 세계   201, 204

정통화 기능   48

정파 간의 이해관계   18

정합성   207, 208

제2금융권   91

제3공화국   5

제3공화국체제   49

제6대 국회   4, 5, 46

조선인관료   108

조선총독부   108

조선총독부관제   133

존재의 장   202

John Rawls   238

종교체계(또는 문화체계)   205

좋은 거버넌스   350, 351

주인－대리인 모형   279

주인의식   278, 283

주체(agency)   245

중앙집권체제   156

지니계수   263

지방장관   114, 128

지주계급   250

직급제   173

직업관료   79

진화 메커니즘을 도입   222

진화가 더 잘 이루어지는 조건   221

진화의 역설(the paradox of evolution)   2
  20

진화적 합리성   200, 219

집단적 인맥의식(集團的 關係意識)   149

집합적 행동   74

집행종결   88

ㅊ

책임운영기관   328

책임운영기관제   346

책임의식   290

척도 타당화   286

청소년시설의 위탁운영기관   399

청와대   89

체제분석   7

체제의 동질성   111

체제이론   4

총괄평가   89, 94, 96

최각규   79

최적화합의 공식   211

추진과정상의 저항집단   385

출산율   241

충격요법   88, 96

충원, 사회화 및 훈련기능   48

측정도구   286

7·4남북공동성명   66

ㅋ

킹슬리   110

ㅌ

토지개혁   239, 248

통제가능성   202

통합성의 세계   202

투명성   97

특정 정책의 합리성   201

ㅍ

파벌주의   164, 171

판별타당도   287, 299

8·3조치   65

평가분석   70

평등   238

포용적(inclusive)   264

포획론   80, 95

ㅎ

한국은행   66, 94

한일합방   111

한정적 합리성   200

한정적 합리성 이론   199

합리성 가정   200

합리성의 한계   199

합리적 기준의 기준   205

합법성   76, 77

행동의 상징적 복잡성(symbolic complexity)
   205

행동의 상황의존성(contingency)   205

행정   238

행정감사   48

행정관료   94

행정부   12

행정부 제출예산제도   5

행정서비스헌장제도   347

행정의 감독   51

행정절차법   78, 97

행정지도력   79

향리적 정치문화(Parochial Political Culture)
   152

현대의회의 기능   46

형성평가   94

화태청   124

환류   94, 96, 97

효과성   69, 89

효율성   69, 71, 89

저자약력

박순애

(현) 서울대학교 행정대학원 교수
(현) 서울대학교 공공성과관리연구센터 소장
(현) 공공기관운영위원회 위원
(현) 인사혁신추진위원회 민간위원
한국행정학회 연구위원장
University of Michigan 행정학(Planning) 박사

구민교

(현) 서울대학교 행정대학원 부교수
(현) 서울대학교 국제협력본부 부본부장
(현) 한국해로연구회 연구위원장
Harvard—Yenching Institute 방문학자
연세대학교 행정학과 조교수
University of California at Berkeley 정치학 박사

강신택

(현) 서울대학교 행정대학원 명예교수
(현) 대한민국학술원 회원
서울대학교 행정대학원 교수(원장)
서울대학교 교무처 부처장(처장)
한국행정학회 회장
University of Pennsylvania 정치학 박사

권혁주

(현) 서울대학교 행정대학원 교수
(현) 한국행정학회 편집위원장
(현) 국제개발협력실무위원회 위원
(현) Co—editor, Global Social Policy
Research Coordinator, UN Research Institute for Social Development
University of Oxford 정치학(사회정책) 박사

김동건

(현) 서울대학교 행정대학원 명예교수
(현) 한국철도문화재단 이사장
대통령자문 정부혁신추진위 위원장
한국재정학회 회장
University of Tennessee 경제학과 교수
University of Georgia 경제학 박사

김신복

(현) 가천대학교 재단이사장
(현) 서울대학교 행정대학원 명예교수
서울대학교 부총장
교육인적자원부 차관
한국행정학회 회장
University of Pittsburgh 행정학 박사

김영평

(현) 고려대학교 행정학과 명예교수
(현) 다산연구소 이사
한국행정학회 회장
한국행정연구원 원장
한국정책학회 초대 편집위원장
Indiana University 정치학 박사

안병만

(현) 한국외국어대학교 명예교수
한국외국어대학교총장(5, 7대)
교육과학기술부 장관
한국행정학회 회장
University of Florida 정치학 박사

안용식

(현) 연세대학교 행정학과 명예교수
연세대학교 행정학과 교수
한국지방공기업 학회장
연세대학교 행정대학원장
연세대학교 대학원 행정학 박사

유민봉

(현) 국회의원(새누리당 비례대표)
대통령 국정기획수석비서관
성균관대학교 행정학과 교수
한국행정학회 편집위원장
Ohio State University 행정학 박사

정용덕

(현) 서울대 명예교수, 금강대 석좌교수
한국사회과학협의회 회장
한국행정연구원 원장
한국행정학회 회장
University of Southern California 행정학 박사

정윤수

(현) 한국행정연구원(KIPA) 원장
(현) 명지대학교 행정학과 교수(휴직)
국무총리 정부업무평가위원회 민간위원장
한국정책학회 회장
University of Pennsylvania 정책학 박사

다시 읽고 싶은
한국행정학 좋은 논문 10선

초판인쇄	2016년 3월 2일
초판발행	2016년 3월 16일
엮은이	박순애 외
펴낸이	안종만
편 집	배근하
기획/마케팅	정병조
표지디자인	조아라
제 작	우인도 · 고철민
펴낸곳	(주) 박영사
	서울특별시 종로구 새문안로3길 36, 1601
	등록 1959. 3. 11. 제300-1959-1호(倫)
전 화	02)733-6771
f a x	02)736-4818
e-mail	pys@pybook.co.kr
homepage	www.pybook.co.kr
ISBN	979-11-303-0313-0 93350

정 가   29,000원